Wörterbuch Latein

Wörterbuch
Latein

Lateinisch – Deutsch
Deutsch – Lateinisch

Wörterbuch Latein
© 2009 Tandem Verlag GmbH
7Hill ist ein Imprint der Tandem Verlag GmbH
Genehmigte Lizenzausgabe
Alle Rechte vorbehalten

Einbandgestaltung: Simone Sticker
Einbandabbildung: picture-alliance/dpa/Bifab
Satz und Layout: InterMedia, Ratingen
Gesamtherstellung: Tandem Verlag GmbH, Königswinter
Printed in Slovakia

ISBN 978-3-8331-8012-5

10 9 8 7 6 5 4 3 2 1

Inhaltsverzeichnis

Vorwort

Latein ist wieder „in". Nicht nur die Zahl der Schüler, die Latein zumindest als zweite oder dritte Fremdsprache wählen, steigt seit ein paar Jahren wieder an. Auch das Interesse Erwachsener jeden Alters hat zugenommen, ganz abgesehen von der wachsenden Zahl derer, die das in der Schule versäumte Latinum als Voraussetzung für bestimmte Studienfächer gezwungenermaßen nachholen müssen.

Das vorliegende Nachschlagewerk wurde für alle Anfänger, Neueinsteiger und Wiedereinsteiger konzipiert. Es umfasst das Vokabular mit wichtigen Redewendungen bis zum Latinum und verknüpft dieses eng mit einer Referenzgrammatik. Durch die Beschränkung auf den Wortschatz der klassischen Literatur auf der einen Seite und die enge Verbindung dieses Wortschatzes mit dem umfangreichen Formenbestand der lateinischen Sprache auf der anderen Seite wurde ein Nachschlagewerk entwickelt, das genau dem Bedarf im Unterricht entspricht. Die Wörterbucheinträge sind nicht durch nachklassische oder gar neulateinische Bedeutungen überfrachtet, sondern bleiben auch für Schüler noch übersichtlich. Die Verknüpfung der Vokabeln mit den Beugungsschemata hilft beim Identifizieren der vorliegenden Form.

Im gewissen Sinne ist dieses Nachschlagewerk vom Konzept her ebenfalls „klassisch". Es bringt genau den Wortschatz und Formenbestand, der beim Erlernen des Latein als Sprache bis zum Latinum benötigt wird, nicht mehr und nicht weniger. Das Erlernen des Latein trainiert konsequentes Arbeiten, logisches Denken, analytisches Erfassen, sprachlichen Ausdruck und andere geistige Fähigkeiten wie kein anderes Schulfach. Demgegenüber läuft in der Schule der Lateinunterricht Gefahr, zu einem reinen Kulturfach zu verkommen, das gerade diesen wesentlichen Kern des Faches Latein vernachlässigt. Deshalb finden sich für die Eltern geplagter Schüler, für alle Anfänger und Liebhaber des Latein am Ende dieses Nachschlagewerkes noch ein paar nützliche Hinweise auf Lern- und Übungsliteratur bzw. auf die Nutzung des Internets, mit deren Hilfe man die Mängel des derzeitigen Unterrichtsstiles ausgleichen kann.

Herausgeber und Verlag wünschen allen Benutzern viel Erfolg beim Gebrauch dieses Nachschlagewerkes.

Hinweise zur Benutzung

Dieses Nachschlagewerk weist im Wörterbuchteil Lateinisch – Deutsch ein Konzept auf, das als besondere Hilfe entwickelt wurde. Es findet sich bei allen Substantiven, Pronomina, Adjektiven, Verben u.a. Wortarten immer ein Hinweis auf die Zuordnung zur Deklination bzw. Konjugation und die Seitenzahl in der Referenzgrammatik.

So bedeutet z. B. „coetus, coetus (u/350) m", dass das Substantiv „coetus" zur u-Deklination gehört, dessen Schema sich auf Seite 350 in der Referenzgrammatik befindet. Die Abkürzung „m" weist das Genus dieses Substantivs als Maskulinum aus, so wie im gesamten Wörterbuch bei allen Substantiven das Genus eigens angegeben wird. Zusätzlich wird bei jedem Substantiv der Genetiv mit angegeben, für den Kenner der schnellste Hinweis, wie das Wort zu deklinieren ist. Entsprechend werden bei den Adjektiven die Formen des Femininums und des Neutrums bzw., wo nötig, ebenfalls des Genetivs und Symbol mit Seitenzahl zum Deklinationsschema angegeben.

a	Erste bzw. a-Deklination
o	Zweite bzw. o-Deklination
kons.	Konsonantenstamm der Dritten Deklination
i	i-Stämme der Dritten Deklination
g	Gemischte Form der Dritten Deklination
u	Vierte bzw. u-Deklination
e	Fünfte bzw. e-Deklination

Bei den Pronomina und den Zahlwörtern mit eigenen Deklinationsschemata findet sich jeweils nur eine Seitenzahl ohne Symbol, wo das jeweilige Schema zu finden ist.

Analog zu den Substantiven und Adjektiven verhält es sich bei den Verben. Neben der üblichen Aufzählung der so genannten Stammformen, die man bei jedem Verbum auswendig lernt, wird im Wörterbuchteil Lateinisch – Deutsch bei jedem Verbum das Konjugationsschema und die entsprechende Seitenzahl der Referenzgrammatik angegeben. So bedeutet z. B. „cingere, cingo, cinxi, cinctum (3/380)", dass das Verbum zur Dritten Konjugation gehört, dessen Schema sich auf Seite 380 in der Referenzgrammatik befindet.

1 ā-Konjugation
2 ē-Konjugation
3 konsonantische Konjugation
4 ī-Konjugation
5 i-Konjugation

Bei den Deponentia wird eigens „Deponens" angegeben, die Seitenzahl führt dann zum Konjugationsschema für Deponentia einer jeden Konjugation. Bei unregelmäßigen Verben wird „unreg." mit einer Seitenzahl angegeben, die zum je eigenen Konjugationsschema in der Referenzgrammatik führt.

Das Nachschlagewerk wurde so konzipiert, dass sich der Benutzer nicht ständig in einem Abkürzungsverzeichnis erst mal über die Bedeutung eines bestimmten Hinweises im Wörterbuch vergewissern muss. Abgesehen von den oben angeführten Symbolen für die Deklinations- und Konjugationsschemata werden nur noch folgende Abkürzungen verwendet:

Adv	Adverb	ā, ē, ī, ō, ū	lange Vokale (nur an grammatikalisch entscheidenden Stellen verwendet)
f	Femininum	ë	nach Vokal für sich selbst gesprochenes e, z. B. in „aër"
Kj	Konjunktion	AcI	Akkusativ mit (cum) Infinitiv
m	Maskulinum	NcI	Nominativ mit (cum) Infinitiv
n	Neutrum	[…]	Ergänzungen zur allgemeinen Verwendung einer lateinischen Vokabel
Präp	Präposition	(…)	Angaben, die sich nur auf einen bestimmten Bedeutungszusammenhang beziehen

Um im Wörterbuchteil Deutsch – Lateinisch Platz zu sparen, wird der jeweilige Grundbegriff innerhalb desselben Eintrags mit der Tilde „~" wiederholt.

Lateinisch – Deutsch

a/ab/abs *(420) Präposition [Ablativ]* von, von … her, von … an, seit; *ab urbe* von der Stadt aus, von der Stadt her; *a secunda hora* von der zweiten Stunde an; *a Romanis vinci* von den Römern besiegt werden

A. Aulus (Vorname)

abalienare, abalieno, abalienavi, abalienatum *(1/380)* entfremden, abtrünnig machen; veräußern

abdere, abdo, abdidi, abditum *(3/380)* verbergen, entfernen, verstecken; *se in silvas abdere* sich in den Wäldern verstecken; *se in litteras abdere* sich zum Studium zurückziehen

abdicare, abdico, abdicavi, abdicatum *(1/380) [Ablativ]* abdanken (mit se), sich lossagen (von)

abducere, abduco, abduxi, abductum *(3/380)* abbringen, wegführen, davonführen; *in servitutem abduci* versklavt werden

aberrare, aberro, aberravi, aberratum *(1/380)* abirren, sich verirren

abesse, absum, afui, –, afuturus *(unreg./398)* abwesend sein, entfernt sein, fehlen, nicht da sein; *non multum afuit, quin* (mit Konjunktiv) es hätte nicht viel gefehlt, dass

abhinc *Adverb* von hier; von jetzt an, von nunmehr

abhorrēre, abhorreo, abhorrui, – *(2/380)* zurückschrecken, zurückschaudern; nicht passen zu; *Orationes abhorrent inter se.* Die Reden widersprechen sich.

abicere, abicio, abieci, abiectum *(5/380)* wegwerfen, ablegen

abies, abietis *(e/351) f* Tanne, Tannenholz; Speer; Schiff

abigere, abigo, abegi, abactum *(3/380)* verjagen, vertreiben

abīre, abeo, abii, abitum *(unreg./414) [Ablativ]* weggehen (von), verschwinden; zurücktreten (von einem

Amt), verzichten (auf); *diversis itineribus abire* sich in verschiedene Richtungen entfernen

abluere, abluo, ablui, ablutum *(3/380)* abwaschen

abnegare, abnego, abnegavi, abnegatum *(1/380)* verweigern, sich weigern

abnuere, abnuo, abnui, abnutum *(3/380)* abwinken, ablehnen, verweigern, versagen

abolēre, aboleo, abolevi, abolitum *(2/380)* beseitigen

abominari, abominor, abominatus sum, – *(1/Deponens/392)* verwünschen, verfluchen

abripere, abripio, abripui, abreptum *(5/380)* wegreißen, mit sich reißen, rauben, entführen

abrogare, abrogo, abrogavi, abrogatum *(1/380)* (durch Volksbeschluss) aufheben, abschaffen, entziehen

abrumpere, abrumpo, abrupi, abruptum *(3/380)* losreißen, abreißen

abscedere, abscedo, abscessi, abscessum *(3/380)* weggehen

abscīdere, abscīdo, abscīdi, abscīsum *(3/380)* abhauen, abschneiden

abscindere, abscindo, abscidi, abscissum *(3/380)* abreißen, trennen, spalten

abscondere, abscondo, abscondi(di), absconditum *(3/380)* verbergen, verheimlichen

absens, absentis *(i/342)* abwesend; *Caesare absente* in Cäsars Abwesenheit

absistere, absisto, abstiti, – *(3/380)* sich entfernen; ablassen, aufhören

absolutus, absoluta, absolutum *(o/a/329)* vollendet, vollkommen, unbedingt, absolut

absolvere, absolvo, absolvi, absolutum *(3/380)* losmachen, lösen, freisprechen; vollenden

absorbēre, absorbeo, absorbui, – *(2/380)* aufsaugen, hinunterschlucken

absterrēre, absterreo, absterrui, absterritum *(2/380)* abschrecken

abstinēre, abstineo, abstinui, abstentum *(2/380)* [(a) + *Ablativ]* abhalten, fern halten; sich enthalten, aufhören mit; *(ab) iniuriā abstinēre* sich des Unrechts enthalten; *Abstinete verbis!* Lasst das Reden!; *se abstinere a vino* keinen Wein trinken; *hostes ab oppido abstinere* die Feinde von der Stadt fern halten

abstrahere, abstraho, abstraxi, abstractum *(3/380)* wegschleppen, wegziehen, fortschleppen

absumere, absumo, absumpsi, absumptum *(3/380)* verbrauchen, vernichten

absurdus, absurda, absurdum *(o/a/329)* misstönend, sinnlos, falsch, unpassend; ungeschickt

abundantia, abundantiae *(a/325)* f Überfluss

abundare, abundo, abundavi, abundatum *(1/380)* [mit *Ablativ]* überströmen, im Überfluss besitzen, reich sein an; *auro abundare* Gold im Überfluss besitzen

abunde *Adverb* reichlich, übergenug, vollauf, im Überfluss

abuti, abutor, abusus sum, – *(3/Deponens/392)* [Ablativ] aufbrauchen, missbrauchen

ac *(422) Konjunktion* und, und dazu, und sogar, wie, ferner

accedere, accedo, accessi, accessum *(3/380)* herantreten, hinzutreten, herankommen, heranrücken, näher kommen, dazukommen, hinzukommen; *ad urbem accedere* an die Stadt heranrücken; *huc accessit, ut* dazu kam, dass; *ad rem publicam accedere* die politische Laufbahn einschlagen

accelerare, accelero, acceleravi, acceleratum *(1/380)* beschleunigen, sich beeilen

accendere, accendo, accendi, accensum *(3/380)* anzünden, entflammen

accessio, accessionis *(kons./333)* f Annäherung, Zuwachs

accessus, accessus *(u/350)* m Annäherung, Herankommen, Zutritt

accidere, accido, accidi, – *(3/380)* sich ereignen, geschehen, zustoßen; *accidit, ut* es ereignet(e) sich, dass

accingere, accingo, accinxi, accinctum *(3/380)* angürten, umgürten; *pugnae accingi* sich zur Schlacht fertigmachen

accipere, accipio, accepi, acceptum *(5/380)* annehmen, aufnehmen, empfangen, vernehmen; *sicut ab amicis accepi* wie ich von Freunden erfuhr; *ut accepimus* wie uns überliefert ist; *pecuniam accipere* Geld einkassieren, sich bestechen lassen

accipiter, accipitris *(kons./331)* m Habicht, Falke

accīre, accio, accivi/accii, accitum *(4/380)* herbeirufen, herbeiholen

acclivis, acclivis, acclive *(i/343)* ansteigend

accola, accolae *(a/325)* m Anwohner, Nachbar; *adjektivisch* angrenzend

accommodare, accommodo, accommodavi, accommodatum *(1/380)* anpassen, einrichten

accrescere, accrecso, accrevi, accretum *(3/380)* hinzuwachsen, anwachsen

acccumulare, acccumulo, acccumulavi, acccumulatum *(1/380)* anhäufen, überschütten, steigern

accuratus, accurata, accuratum *(o/a/329)* genau

accurrere, accurro, accurri, accursum *(3/380)* herbeilaufen

accusare, accuso, accusavi, accusatum *(1/380)* anklagen, beschuldigen; *aliquem multorum scelerum accusare* jemanden vieler Verbrechen beschuldigen

accusatio, accusationis *(kons./333)* f Anklage

accusator, accusatoris *(kons./331)* m Ankläger

acer, acris, acre *(i/344)* scharf, durchdringend, heftig, eifrig, feurig, tatkräftig; *fame acri vexari* von starkem Hunger gequält werden

acerbitas, acerbitatis *(kons./334)* f Herbheit, Bitterkeit

acerbus, acerba, acerbum *(o/a/329)* herb, bitter, streng, unreif, frühzeitig; *verba acerba* bittere Worte

acēre, aceo, acui, – *(2/380)* sauer sein

acervus, acervi *(o/326) m* Haufe, Masse

acetum, aceti *(o/327) n* Essig; Witz

Achilles, Achillis *(kons./331) m* Achill(es)

a. Chr. n. (ante Christum natum) vor Christi Geburt

acidus, acida, acidum *(o/a/329)* sauer

acies, aciei *(e/351) f* Schärfe, Sehkraft; Schlacht, Schlachtreihe, Schlachtordnung, Front; *aciem laedere* das Auge verletzen; *in acie vinci* in offener Schlacht besiegt werden

acquiescere, acquiesco, acquievi, acquietum *(3/380)* sich beruhigen, zur Ruhe kommen, schlafen, sterben

acquirere, acquiro, acquisivi, acquisitum *(3/380)* erwerben, gewinnen

acta, actorum *(o/327) n [plurale tantum]* Handlungen, Taten; Verfügungen; Protokoll, Chronik

actio, actionis *(kons./333) f* Ausführung, Handlung, Tätigkeit; Klage, Verteidigung, Verhandlung

Actium, Actii *(o/327) n* Aktium (Stadt in Griechenland)

actor, actoris *(kons./331) m* Ausführender, Betreiber, Darsteller; Kläger, Vertreter

actuarius, actuaria, actuarium schnell

actus, actus *(u/350) m* Handlung, Bewegung

acuere, acuo, acui, acutum *(3/380)* schärfen; anspornen

aculeus, aculei *(o/326) m* Stachel

acumen, acuminis *(kons./336) n* Spitze, Scharfsinn

acus, acus *(u/350) f* Nadel

acutus, acuta, acutum *(o/a/329)* spitzig, scharf; scharfsinnig

ad *(420) Präposition [Akkusativ]* zu, zu … hin, an, bei, bis zu, ungefähr, gegen; *ad urbem esse* bei der Stadt sein; *ad urbem venire* zur Stadt kommen; *ad multam noctem* bis tief in die Nacht hinein; *ad ducentos* an die 200; *ad usum* zum Gebrauch; *ad praeceptum* gemäß/entsprechend der Vorschrift; *ad hoc* dazu, außerdem

A. D. (ante diem) am …ten Tag vor …

A. D. (anno domini) im Jahr des Herrn

adaequare, adaequo, adaequavi, adaequatum *(1/380)* gleichmachen, angleichen, gleichkommen, erreichen; *adaequare patrem robure* dem Vater an Kraft gleichkommen

adamantinus, adamantina, adamantinum *(o/a/329)* stählern

adamare, adamo, adamavi, adamatum *(1/380)* lieb gewinnen

adamas, adamantis *(kons./334) m* Stahl

addere, addo, addidi, additum *(3/380)* hinzufügen; *malum malo addere* ein Übel noch verschlimmern

addicere, addico, addixi, addictum *(3/380)* zusprechen, günstig sein (Orakel)

adducere, adduco, adduxi, adductum *(3/380)* heranführen; veranlassen, verleiten; *irā adductus* aus Zorn

adeo *Adverb* so sehr, so weit, bis dahin

adesse, adsum, affui, –, affuturus *(unreg./398)* da sein, anwesend sein; beistehen, helfen; *amico adesse* dem Freund helfen; *comitiis adesse* an der Volksversammlung teilnehmen

adhaerēre, adhaereo, adhaesi, –, adhaesurus *(2/380)* haften an, kleben an, angrenzen an

adhibēre, adhibeo, adhibui, adhibitum *(2/380)* anwenden, hinzuziehen, herbeiziehen; *medicum adhibere* einen Arzt hinzuziehen

adhortari, adhortor, adhortatus sum, – *(1/Deponens/392)* aufmuntern, auffordern, anfeuern

adhuc *Adverb* bisher, bis jetzt, noch, noch immer

adicere, adicio, adieci, adiectum *(5/380)* hinzufügen, hinwerfen

adigere, adigo, adegi, adactum *(3/380)* herantreiben, herbeitreiben; drängen, zwingen

adimere, adimo, ademi, ademptum *(3/380)* wegnehmen, an sich nehmen, rauben; *omnem spem adimere* alle Hoffnung rauben; *regnum adimere* vom Thron stoßen

adipisci, adipiscor, adeptus sum, – *(3/Deponens/392)* erringen, erlangen, bekommen, erreichen; *Romulus regnum adeptus est.* Romulus erlangte die Königsherrschaft.

adīre, adeo, adii, aditum *(unreg./414)* herantreten, anrücken, herangehen, angreifen, besuchen, aufsuchen, auf sich nehmen, übernehmen; *periculum adire* eine Gefahr auf sich nehmen; *senatum adire* sich an den Senat wenden

aditus, aditus *(u/350) m* Zugang, Zutritt

adiumentum, adiumenti *(o/327) n* Hilfe, Hilfsmittel, Unterstützung

adiungere, adiungo, adiunxi, adiunctum *(3/380)* anschließen, zugesellen

adiutare, adiuto, adiutavi, adiutatum *(1/380)* helfen, fördern, unterstützen

adiutor, adiutoris *(kons./331) m* Helfer, Gehilfe

adiutrix, adiutricis *(kons./332) f* Helferin

adiuvare, adiuvo, adiuvavi, adiuvatum *(1/380) [Akkusativ]* helfen, unterstützen; *Adiuvate me!* Helft mir!

administer, administri *(o/328) m* Diener, Helfer, Gehilfe

administrare, administro, administravi, administratum *(1/380)* verwalten, leiten, besorgen

administratio, administrationis *(kons./333) f* Leitung, Verwaltung; Hilfeleistung

admirabilis, admirabilis, admirabile *(i/343)* bewundernswert, sonderbar, erstaunlich

admirari, admiror, admiratus sum, – *(1/Deponens/392) [Akkusativ]* bewundern, sich wundern (über)

admiratio, admirationis *(kons./333) f* Staunen, Bewunderung, Verwunderung; *alicui admirationi esse* von jemandem bewundert werden

admiscēre, admisceo, admiscui, admixtum *(2/380)* beimischen, vermischen

admittere, admitto, admisi, admissum *(3/380)* zulassen, einlassen, verschulden

admodum *Adverb* völlig, ganz, ganz und gar, sehr, ziemlich, ungefähr; *admodum adulescens* ein noch sehr junger Mann

admonēre, admoneo, admonui, admonitum *(2/380) [Genitiv; de + Ablativ]* erinnern, ermahnen, warnen; *aliquem huius facti/hoc de facto admonere* jemanden an diese Tat erinnern; *Illud te admoneo.* Daran erinnere ich dich.

admonitū *Adverb* auf Mahnung, auf Warnung

admovēre, admoveo, admovi, admotum *(2/380)* herantreiben, heranschaffen, heranbringen

adnectere, adnecto, adnexui, adnexum *(3/380)* anbinden, verbinden

adnīti, adnitor, adnisus, – *(3/Deponens/392)* sich stützen auf, sich anstrengen

adnuere, adnuo, adnui, adnutum *(3/380)* winken, nicken, zunicken, beistimmen

adolēre, adoleo, adolevi, adoletum *(2/380)* (als Brandopfer) entzünden, verbrennen, (Götter) ehren

adolescere, adolesco, adolevi, adultum *(3/380)* heranwachsen

adoptare, adopto, adoptavi, adoptatum *(1/380)* an Kindes Statt annehmen, adoptieren

adoptio, adoptionis *(kons./333) f* Adoption

adorare, adoro, adoravi, adoratum *(1/380)* verehren, anflehen, erflehen, anbeten

adorīri, adorior, adortus sum, –, adoriturus *(4/Deponens/392)* angreifen, unternehmen

13

adulari, adulor, adulatus sum, – *(1/Deponens/392)* schmeicheln, zutraulich sein

adulatio, adulationis *(kons./333) f* Schmeichelei, Kriecherei

adulescens, adulescentis *(kons./334) m* junger Mann, Jüngling; *adjektivisch* heranwachsend

adulescentia, adulescentiae *(a/325) f* Jugend

adulescentulus, adulescentula, adulescentulum *(o/a/329)* sehr jung

adulter, adultera, adulterum *(o/a/330)* ehebrecherisch; *substantivisch* Ehebrecher, Liebhaber

adulterium, adulterii *(o/327) n* Ehebruch, Treulosigkeit

adultus, adulta, adultum *(o/a/329)* erwachsen

adumbrare, adumbro, adumbravi, adumbratum *(1/380)* andeuten, skizzieren

aduncus, adunca, aduncum *(o/a/329)* (einwärts) gekrümmt, hakenförmig (gebogen)

adurere, aduro, adussi, adustum *(3/380)* brennen, anbrennen, verbrennen

advehere, adveho, advexi, advectum *(3/380)* heranführen, heranbringen

advena, advenae *(a/325) m* Ankömmling, Fremder; *adjektivisch* fremd

advenīre, advenio, adveni, adventum *(4/380)* ankommen, herankommen; *advenire in urbem Romam* in Rom ankommen

adventare, advento, adventavi, adventatum *(1/380)* anrücken, heranrücken

adventicius, adventicia, adventicium *(o/a/329)* ausländisch, fremd

adventus, adventus *(u/350) m* Ankunft, Anmarsch

adversari, adversor, adversatus sum, – *(1/Deponens/392) [Dativ]* entgegentreten, sich widersetzen

adversarius, adversarii *(o/326) m* Gegner; *adjektivisch* gegnerisch, feindlich

adversus, adversa, adversum *(o/a/329)* vorn, von vorn; gegen, entgegengesetzt, ungünstig, widrig, feindlich; *in rebus adversis* im Unglück

adversus *(420)* Präposition *[Akkusativ]* gegen, gegenüber

advertere, adverto, adversi, adversum *(3/380)* hinwenden, hinlenken

advesperascit *(3/380)* es wird Abend

advocare, advoco, advocavi, advocatum *(1/380)* herbeirufen, zu Hilfe rufen

advocatus, advocati *(o/326) m* Rechtsbeistand, Sachwalter

advolare, advolo, advolavi, advolatum *(1/380)* herbeieilen, herbeifliegen

adytum, adyti *(o/327) n* Allerheiligstes, Heiligtum, Tempel

aedes/aedis, aedis *(kons./334) f* Zimmer, Tempel; *Plural* **aedes, aedium** Haus; *senatum in aedem Iovis convocare* den Senat zur Sitzung in den Jupitertempel einberufen

aedificare, aedifico, aedificavi, aedificatum *(1/380)* bauen, erbauen, errichten

aedificium, aedificii *(o/327) n* Gebäude; *aedificium construere* ein Gebäude erbauen

aedilis, aedilis *(g/339) m* Ädil (römischer Beamter, Polizeibeamter)

aedilitas, aedilitatis *(kons./334) f* Amt des Ädilen

aeger, aegra, aegrum *(o/a/330)* krank, leidend, bekümmert; kummervoll, schmerzlich

aegre *Adverb* widerwillig, ungern; mit Mühe, kaum; *aegre ferre* schwer ertragen

aegrimonia, aegrimoniae *(a/325) f* Kummer

aegritudo, aegritudinis *(kons./333) f* Krankheit; Kummer, Gram

aegrotare, aegroto, aegrotavi, aegrotatum *(1/380)* krank sein, leiden

aegrotatio, aegrotationis *(kons./333) f* Kranksein, Krankheit

aegrotus, aegrota, aegrotum *(o/a/329)* krank, leidend

Aegyptus, Aegypti *(o/326)* f Ägypten

Ael. Aelius (Vorname)

aemulari, aemulor, aemulatus sum, – *(1/Deponens/392)* nacheifern, wetteifern; eifersüchtig sein

aemulatio, aemulationis *(kons./333)* f Eifersucht, Neid, Wetteifer

aemulus, aemula, aemulum *(o/a/329)* eifersüchtig, neidisch; wetteifernd

Aeneas, Aeneae *(a/325)* m Äneas

aen(e)us/aheneus/a(h)enus, aenea, aeneum *(o/a/329)* ehern, kupfern

aenum, aeni *(o/327)* n Kessel

aequabilis, aequabilis, aequabile *(i/343)* gleichmäßig, unparteiisch

aequabilitas, aequabilitatis *(kons./334)* f Gleichmäßigkeit, Unparteilichkeit

aequalis, aequalis, aequale *(i/343)* [Genitiv] eben, gleich, gleichmäßig, gleichförmig; gleichaltrig, gleichzeitig; *substantivisch* Altersgenosse, Zeitgenosse

aequalis, aequalis *(kons./331)* m Altersgenosse, Zeitgenosse

aequare, aequo, aequavi, aequatum *(1/380)* [Akkusativ] gleichmachen, angleichen; (jemandem) gleichkommen, erreichen; *tecta solo (Dativ) aequare* die Häuser dem Erdboden gleichmachen; *Romanos virtute aequare* den Römern an Tapferkeit gleichkommen

aequitas, aequitatis *(kons./334)* f Gleichheit, Billigkeit, Gerechtigkeit; Gelassenheit, Ausgeglichenheit, Gleichmut

aequor, aequoris *(kons./331)* n Ebene; Meeresfläche, Meeresspiegel, Meer

aequoreus, aequorea, aequoreum *(o/a/329)* Meer-

aequus, aequa, aequum *(o/a/329)* gleich, eben; gleichberechtigt, gerecht, billig; günstig; *aequam*

mentem servare Gleichmut bewahren; *aequo animo* mit Gelassenheit

aër, aëris *(kons./331)* m Luft, Nebel, Dunst; *per aera* durch die Luft

aerarium, aerarii *(o/327)* n Staatskasse

aeratus, aerata, aeratum *(o/a/329)* ehern

aereus, aerea, aereum *(o/a/329)* ehern

aerugo, aeruginis *(kons./333)* f Grünspan; Neid

aerumna, aerumnae *(a/325)* f Drangsal, Mühseligkeit; Kummer, Trübsal

aes, aeris *(kons./331)* n Kupfer, Bronze, Erz; (Kupfer-) Geld; *simulacrum ex aere factum* ein ehernes Götterbild; *aes alienum* Schulden; *aes alienum facere/contrahere* sich verschulden; *aere emere* um Geld kaufen; *aere vendere* um Geld verkaufen

Aesopus, Aesopi *(o/326)* m Äsop (griechischer Fabeldichter)

aestas, aestatis *(kons./334)* f Sommer, Sommerhitze; *aestate ineunte* zu Beginn des Sommers; *summa aestate* im Hochsommer

aestimare, aestimo, aestimavi, aestimatum *(1/380)* schätzen, abschätzen, einschätzen, beurteilen, meinen; *magni/pluris/plurimi aestimare* hoch/höher/sehr hoch schätzen

aestimatio, aestimationis *(kons./333)* f Abschätzung, Einschätzung

aestivus, aestiva, aestivum *(o/a/329)* sommerlich, Sommer-; *aestiva (castra)* Sommerlager, Sommerfeldzug

aestuare, aestuo, aestuavi, aestuatum *(1/380)* aufwallen, lodern, auflodern, glühen

aestuosus, aestuosa, aestuosum *(o/a/329)* glühend; brandend

aestus, aestus *(u/350)* m Hitze, Glut; Brandung, Flut, Strömung; *meridiei aestus* Mittagshitze; *aestu delatus* von der Strömung abgetrieben

15

aetas, aetatis *(kons./334) f* Lebensalter, Zeit, Zeitalter, Geschlecht, Epoche; *aetate imperatoris Claudii* zur Zeit des Kaisers Claudius

aeternitas, aeternitatis *(kons./334) f* Ewigkeit

aeternus, aeterna, aeternum *(o/a/329)* unvergänglich, ewig, unendlich

aether, aetheris *(kons./332) m* Luft, Himmel, Oberwelt

aetherius, aetheria, aetherium *(o/a/329)* luftig, himmlisch, oberirdisch

aevum, aevi *(o/327) n* Ewigkeit, Zeit, Zeitalter; Menschenalter, Lebenszeit; *omnis aevi homines* Menschen jedes Alters

affari, affor, affatus sum, – *(1/Deponens/392)* ansprechen, anreden, anflehen

affectare, affecto, affectavi, affectatum *(1/380)* (einen Weg) einschlagen, erstreben

affectio, affectionis *(kons./333) f* Eindruck, Zustand, Einwirkung, Stimmung, Zuneigung

affectus, affectus *(u/350) m* Gemütsverfassung, Zustand, Zuneigung

afferre, afferro, attuli, allatum *(unreg./400)* herbeitragen, beibringen, herbeibringen; melden; *vim afferre* Gewalt antun; *manus sibi afferre* Hand an sich legen, Selbstmord begehen

afficere, afficio, affeci, affectum *(5/380) [Ablativ]* versehen (mit), behaften (mit), behandeln; *aliquem laude afficere* jemanden loben; *cruciatibus afficere* quälen

affigere, affigo, affixi, affixum *(3/380)* anheften, festmachen; *aliquem cruci affigere* jemanden ans Kreuz schlagen, kreuzigen

affinis, affinis, affine *(i/343)* nahe stehend, verschwägert

affinitas, affinitatis *(kons./334) f* Verschwägerung, Verwandtschaft

affirmare, affirmo, affirmavi, affirmatum *(1/380)* bekräftigen, behaupten, bestätigen

afflare, afflo, afflavi, afflatum *(1/380)* anwehen, anhauchen

affligere, affligo, afflixi, afflictum *(3/380)* anschlagen, niederschlagen, niederwerfen, zu Boden schlagen; entmutigen

affluere, affluo, affluxi, – *(3/380)* heranfließen; im Überfluss vorhanden sein

Africa, Africae *(a/325) f* Afrika (Nordafrika)

agellus, agelli *(o/326) m* Gütchen, kleines Gut

ager, agri *(o/328) m* Acker, Feld, Gebiet, offenes Land

agere, ago, egi, actum *(3/380)* tun, treiben, betreiben, ausführen, verhandeln; *negotia agere* seinen Geschäften nachgehen; *gratias agere* danken; *causam agere* einen Prozess führen; *aetatem agere* das Leben verbringen; *curam agere* Sorge zeigen; *primas partes agere* die erste Rolle spielen; *temere agere* unüberlegt handeln; *de pace agere* über den Friedensschluss verhandeln; *id agere, ut* darauf bedacht sein, dass; *cum aliquo agere facinoris* gegen jemanden wegen eines Verbrechens klagen; *Quid agis?* Wie geht es dir?; *De me actum est.* Es ist um mich geschehen.; *Age, dic!* Los, sprich!

agger, aggeris *(kons./332) m* Wall, Damm

aggerare, aggero, aggeravi, aggeratum *(1/380)* aufschütten, aufhäufen

aggere, aggero, aggessi, aggestum *(3/380)* herbeitragen, beischleppen

aggredi, aggredior, aggressus sum, – *(5/Deponens/392)* herangehen, angreifen; unternehmen

aggregare, aggrego, aggregavi, aggregatum *(1/380)* beigesellen, anschließen

agilis, agilis, agile *(i/343)* beweglich, rührig, behend

agitare, agito, agitavi, agitatum *(1/380)* bewegen, eifrig betreiben; jagen, hetzen; verhandeln; *rem publicam agitare* den Staat verwalten; *rem mente agitare* eine Sache überlegen

agitatio, agitationis *(kons./333) f* heftige Bewegung, eifriges Betreiben

agmen, agminis *(kons./336) n* Zug, Heereszug, Schar; Schlacht; *agmen primum* Vorhut; *agmen novissimum* Nachhut

agna, agnae *(a/325) f* weibliches Lamm, Mutterschaf

agnoscere, agnosco, agnovi, agnitum *(3/380)* (wieder) erkennen, anerkennen

agnus, agni *(o/326) m* Lamm

agrarius, agraria, agrarium *(o/a/329)* das Staatsland/die Staatsländereien betreffend

agrestis, agrestis, agreste *(i/343)* ländlich, bäuerlich, bäurisch, roh

agrestis, agrestis *(kons./331) m* Bauer, Landmann; *Plural* **agrestes** Landleute

agricola, agricolae *(a/325) m* Bauer, Landmann

agricultura, agriculturae *(a/325) f* Ackerbau

ait, aio, –, – *[Plural aiunt]* sagt(e), behauptet(e); *ut aiunt* wie das Sprichwort sagt

ala, alae *(a/325) m* Achsel, Flügel; Heeresflügel, Reiterabteilung

alacer, alacris, alacre *(i/344)* lebhaft, munter, eifrig, freudig

alacritas, alacritatis *(kons./334) f* Eifer

alarius, alaria, alarium *(o/a/329)* auf dem Flügel stehend; *Plural* **alarii, alariorum** Flügeltruppen

Alba Longa, Albae Longae *(a/325) f* Alba Longa (Stadt südlich von Rom)

Albanus, Albana, Albanum *(o/a/329)* albanisch, Albaner-

albēre, albeo, albui, – *(2/380)* weiß, hell sein

albescere, albesco, –, – *(3/380)* weiß werden, hell werden

album, albi *(o/327) n* Anschlagtafel, Verzeichnis

albus, alba, album *(o/a/329)* weiß, hell, blass

alces, alcis *f* Elch

alea, aleae *(a/325) f* Würfel, Würfelspiel

alere, alo, alui, altum *(3/380)* nähren, ernähren, fördern, ausbilden; *venando ali* sich von der Jagd ernähren

ales, alitis *(kons./331) m* Vogel

Alexander (Magnus), Alexandri (Magni) *(o/328) m* Alexander (der Große)

Alexandria, Alexandriae *(a/325) f* Alexandria

algēre, algeo, alsi, – *(2/380)* frieren

alias *Adverb* ein andermal, sonst

alibi *Adverb* anderswo

alicubi *Adverb* irgendwo

alicunde *Adverb* irgendwoher

alienare, alieno, alienavi, alienatum *(1/380)* entfremden, abtrünnig machen, wegnehmen

alienigena, alienigenae *(a/325) m* Fremder, Ausländer; *adjektivisch* ausländisch

alienus, aliena, alienum *(o/a/329)* fremd, abgeneigt, feindselig, unpassend; *alieno animo esse ab aliquo* jemandem feindselig gegenüberstehen

alimentum, alimenti *(o/327) n* Nahrungsmittel, Nahrung

alio *Adverb* anderswohin

alioqui(n) *Adverb* im Übrigen, überhaupt, sonst

aliquamdiu *Adverb* eine Zeit lang

aliquando *Adverb* irgendeinmal, irgendwann, manchmal, einst, (endlich) einmal

aliquantum *Adverb* ziemlich viel

aliquantus, aliquanta, aliquantum ziemlich groß, beträchtlich; *aliquantum aurei* eine beträchtliche Menge Gold

aliqui, alicuius, aliqua, aliquod *[adjektivisch]* irgendein

aliquis, alicuius, aliquis, aliquid *[substantivisch]* irgendeiner, jemand

aliquo *Adverb* irgendwohin

aliquot einige

aliter *Adverb* anders, sonst, entgegengesetzt

aliunde *Adverb* anderswoher

alius, alterius, alia, alium *[Dativ alteri]* ein anderer; *alius ... alius* der eine ... der andere; *alius aliud dicit* der eine sagt dies, der andere das = jeder sagt etwas anderes; *alii ... alii* die einen ... die anderen; *Amicus alius alium hortati sunt.* Die Freunde sprachen sich gegenseitig Mut zu.

allabi, allabor, allapsus sum, – *(3/Deponens/392)* herangleiten

allaborare, allaboro, allaboravi, allaboratum *(1/380)* mühsam erstreben, sich abmühen

allicere, allicio, allexi, allectum *(5/380)* anlocken, verlocken

alligare, alligo, alligavi, alligatum *(1/380)* anbinden

alloqui, alloquor, allocutus sum, – *(3/Deponens/392)* zureden, anreden, ansprechen

alluere, alluo, allui, – *(3/380)* bespülen

almus, alma, almum *(o/a/329)* nährend, fruchtbar; Segen spendend, gütig

alnus, alni *(o/326) m* Erle; Kahn (aus Erlenholz gefertigt)

Alpes, Alpium *(kons./331) f [plurale tantum]* die Alpen

altaria, altarium *n [plurale tantum]* Altar

alter, alterius, altera, alterum *[Dativ alteri]* der eine (von zweien), der andere (von zweien); *substantivisch* der Nächste, Nebenmensch, Mitmensch; *alterum tantum* doppelt so groß/viel

alternus, alterna, alternum *(o/a/329)* jeder zweite, abwechselnd

alteruter, alterutra, alterutrum einer von beiden

altitudo, altitudinis *(kons./333) f* Höhe, Tiefe

altum, alti *(o/327) n* Höhe; die hohe See

altus, alta, altum *(o/a/329)* hoch, tief; *alta turris* ein hoher Turm; *flumen altum* ein tiefer Fluss

alumnus, alumni *(o/326) m* Zögling, Pflegesohn; *adjektivisch* erzogen

alveus, alvei *(o/326) m* Bauch; Höhlung, Mulde; Wanne, Kanne; Flussbett; Bienenkorb

alvus, alvi *(o/326) f* Bauch; Höhlung

a. m. (ante meridiem) vor Mittag

amabilis, amabilis, amabile *(i/343)* liebenswert, liebenswürdig

amans, amantis *(i/342)* liebevoll, anhänglich, zugetan

amare, amo, amavi, amatum *(1/380)* lieben, gern haben; *amabo* ich bitte! sei so gut!

amarus, amara, amarum *(o/a/329)* bitter, herb

amator, amatoris *(kons./331) m* Freund, Liebhaber

ambages, ambagum *(kons./331) f [plurale tantum]* Umwege, Umschweife, Ausflüchte, Irrwege

ambigere, ambigo, –, – *(3/380)* zweifeln, anzweifeln; streiten, schwanken

ambiguus, ambigua, ambiguum *(o/a/329)* zweideutig, schwankend, zweifelhaft, unsicher

ambire, ambio, ambivi/ambii, ambitum *(4/380)* herumgehen; umschließen; umwerben

ambitio, ambitionis *(kons./333) f* Bewerbung (um ein politisches Amt); Ehrgeiz

ambitiosus, ambitiosa, ambitiosum *(o/a/329)* ehrgeizig

ambitus, ambitus *(u/350) m* Umweg; Amtserschleichung

ambo, ambae, ambo beide zusammen, beide

ambulare, ambulo, ambulavi, ambulatum *(1/380)* umhergehen, spazieren gehen, reisen

amburere, amburo, ambussi, ambustum *(3/380)* (ringsum) brennen, anbrennen, verbrennen

amens, amentis *(i/342)* wahnsinnig, unsinnig

amentia, amentiae *(a/325) f* Wahnsinn; Sinnlosigkeit

amica, amicae *(a/325) f* Freundin

amicire, amicio, amicui, amictum *(4/380)* bekleiden, einhüllen

amicitia, amicitiae *(a/325) f* Freundschaft

amictus, amictus *(u/350) m* Überwurf, Umhang, Mantel

amicus, amici *(o/326) m* Freund

amicus, amica, amicum *(o/a/329)* befreundet, freundlich

amissio, amissionis *(kons./333)* f Verlust

amittere, amitto, amisi, amissum *(3/380)* wegschicken, loslassen, aufgeben, verlieren

amnis, amnis *(g/339)* m Strom, Fluss, Wildbach; *secundo amne* stromabwärts; *adverso amne* stromaufwärts; *amne transmisso* nach Überquerung des Stromes

amoenitas, amoenitatis *(kons./334)* f Liebreiz, Lieblichkeit

amoenus, amoena, amoenum *(o/a/329)* lieblich, reizend (gelegen), anmutig, angenehm

amor, amoris *(kons./331)* m Liebe; *amore motus* aus Liebe; *amor matris* die Liebe der/zur Mutter

Amor, Amoris *(kons./331)* m Amor (Liebesgott)

amovēre, amoveo, amovi, amotum *(2/380)* fortschaffen, wegschaffen, entfernen

amphitheatrum, amphitheatri *(o/327)* n Amphitheater

amphora, amphorae *(a/325)* f Krug, Amphore

amplectere, amplecto, amplexi, amplecum *(3/380)* umfassen, umfangen, umarmen

amplecti, amplector, –, – *(3/Deponens/392)* umfassen, umschlingen, umarmen, ins Herz schließen

amplexari, amplexor, amplexatus sum, – *(1/Deponens/392)* umarmen, umfassen, ins Herz schließen

amplexus, amplexus *(u/350)* m Umfassung, Umarmung

amplificare, amplifico, amplificavi, amplificatum *(1/380)* steigern, vermehren

amplitudo, amplitudinis *(kons./333)* f Weite, Größe, Großartigkeit, Bedeutung

amplius *Adverb* weiter, mehr; *nihil amplius* nichts weiter

amplus, ampla, amplum *(o/a/329)* weit, geräumig, groß, großartig, glänzend, bedeutend, stattlich; *amplissimi viri* hochangesehene Männer

amputare, amputo, amputavi, amputatum *(1/380)* beschneiden, abschneiden

Amulius, Amulii *(o/326)* m Amulius (König von Alba Longa)

an etwa, ob, oder; *(utrum) ... an* (ob ...) oder; *quaerere, an* fragen, ob; *haud scio, an* ich weiß nicht, ob ... nicht = vielleicht

anceps, ancipitis *(i/342)* zweideutig, zweiseitig, unentschieden; *ancipiti fortunā* mit wechselndem Glück

Anchises, Anchisis *(kons./331)* m Anchises (Vater des Äneas)

ancilla, ancillae *(a/325)* f Magd, Dienerin

ancillula, ancillulae *(a/325)* f junge Magd

ancora, ancorae *(a/325)* f Anker

angere, ango, anxi, – *(3/380)* bedrücken, ängstigen

angiportum, angiporti *(o/327)* n enger Durchgang, Seitengasse

angor, angoris *(kons./331)* m Angst, Beklemmung

anguis, anguis *(g/339)* m/f Schlange, Drache

angulus, anguli *(o/326)* m Ecke, Winkel

angustiae, angustiarum *(a/325)* f *[plurale tantum]* Enge, Engpass; Verlegenheit, Not; *angustiae temporis* Zeitnot

angustus, angusta, angustum *(o/a/329)* eng, knapp, schmal; engherzig; *Res in angusto est.* Die Lage ist kritisch.

anhelus, anhela, anhelum *(o/a/329)* keuchend, zum Keuchen bringend

anilis, anilis, anile *(i/343)* altweiberhaft

anima, animae *(a/325)* f Lufthauch, Seele, Atem, Lebenskraft; *animam edere* die Seele aushauchen, sterben

animadversio, animadversionis *(kons./333)* f Wahrnehmung; Bestrafung, Rüge

animadvertere, animadverto, animadverti, animadversum *(3/380)* *[in + Akkusativ]* wahrnehmen, bemerken, beachten, Acht geben; einschreiten gegen, vorgehen gegen; strafen

animal, animalis *(i/338) n* Lebewesen, Tier

animalis, animalis, animale *(i/343)* luftig, belebt

animans, animantis *(i/342)* lebend; *substantivisch* Lebewesen

animare, animo, animavi, animatum *(1/380)* beseelen, beleben, ermutigen

animosus, animosa, animosum *(o/a/329)* leidenschaftlich, mutig

animus, animi *(o/326) m* Seele, Geist, Herz, Verstand, Sinn, Gemüt, Mut, Gesinnung, Absicht; *bono animo esse* guten Mutes sein; *animo (Ablativ) intendere* beabsichtigen; *animum attendere* aufpassen, beachten; *iuvenes bono animo erant.* Die jungen Leute waren gut gelaunt.; *animi motus efferre* Gefühlsregungen Ausdruck geben

annales (libri), annalium *(kons./331) m* Jahrbücher, Annalen

annalis, annalis, annale *(i/343)* auf das Jahr bezogen; *annales (libri)* Jahrbücher

anniversarius, anniversaria, anniversarium *(o/a/329)* jährlich, jedes Jahr wiederkehrend

annona, annonae *(a/325) f* Jahresernte; Marktpreis; Teuerung

annosus, annosa, annosum *(o/a/329)* alt, bejahrt

annus, anni *(o/326) m* Jahr; Jahreszeit; *tot per annos* so viele Jahre lang; *multos annos* viele Jahre lang; *puer novem annorum* ein Junge von neun Jahren; *eodem anno* im gleichen Jahr

annuus, annua, annuum *(o/a/329)* einjährig, jährlich

anquirere, anquiro, anquisivi, anquisitum *(3/380)* aufspüren, aufsuchen, untersuchen

anser, anseris *(kons./332) m* Gans

ante *Adverb* vorher, früher; *paucis mensibus ante* wenige Monate zuvor

ante *(420) Präposition [Akkusativ]* vor

antea *Adverb* vorher, früher

antecapere, antecapio, antecepi, antecaptum *(5/380)* vorwegnehmen, im Voraus besetzen, vorher beschaffen

antecedere, antecedo, antecessi, antecessum *(3/380)* vorangehen, vorausgehen, überholen; übertreffen

antecellere, antecello, –, – *(3/380)* sich auszeichnen, hervorragen, übertreffen

anteferre, antefero, antetuli, antelatum *(unreg./400)* vorantragen; vorziehen

antegredi, antegredior, antegressus sum, – *(5/Deponens/392)* vorausgehen

ant(e)hac *Adverb* vorher

anteīre, anteeo, anteii, – *(unreg./414)* vorangehen, überholen, übertreffen

antemna, antemnae *(a/325) f* Segelstange, Rahe

anteponere, antepono, anteposui, antepositum *(3/380)* voranstellen, vorziehen

antequam *(422) Konjunktion* (mit Indikativ/Konjunktiv) ehe, bevor

antesignanus, antesignani *(o/326) m* Vorkämpfer, Elitesoldat

antevenīre, antevenio, anteveni, anteventum *(4/380)* zuvorkommen

antiquitas, antiquitatis *(kons./334) f* Altertum, (hohes) Alter

antiquitus *Adverb* von alters her, vor langer Zeit, seit alter Zeit

antiquus, antiqua, antiquum *(o/a/329)* alt, vergangen, altertümlich, altehrwürdig, wichtig; *antiquis temporibus* in früheren Zeiten

Antonius, Antonii *(o/326) m* Marcus Antonius, Mark Anton (Gegner Oktavians)

antrum, antri *(o/327) n* Höhle, Grotte

anulus, anuli *(o/326) m* Ring, Siegelring, Ritterring

anus, anus *(u/350) f* alte Frau, Greisin; *adjektivisch* alt, bejahrt

anxius, anxia, anxium *(o/a/329)* ängstlich, unruhig, besorgt, beunruhigend

Ap(p)enninus, Apennini *(o/326) m* Apenninen

aper, apri *(o/328) m* Wildschwein, Eber, Keiler

aperīre, aperio, aperui, apertum *(4/380)* öffnen, eröffnen, aufdecken; enthüllen, aufklären; *apertum est* es ist offenbar

apertus, aperta, apertum *(o/a/329)* offen, zugänglich, offenkundig

apex, apicis *(kons./332) m* Spitze, Kuppe, Priestermütze, Helm

apis, apis *(g/339) f* Biene

apisci, apiscor, aptus sum, – *(3/Deponens/392)* erringen, erlangen, bekommen, erreichen

apium, apii *(o/327) n* Sellerie

Apollo, Apollinis *(kons./333) m* Apollo

apparare, apparo, apparavi, apparatum *(1/380)* vorbereiten, zubereiten; erwerben, rüsten

apparatus, apparatus *(u/350) m* Zurüstung, Aufwand; Gerät, Prunk

apparēre, appareo, apparui, –, appariturus *(2/380)* erscheinen, sich zeigen; klar sein, offenkundig sein; *apparet* es ist klar, es ist offensichtlich/offenkundig; *Apparet te errare.* Offensichtlich irrst du dich.; *Frater vocatus statim apparuit.* Auf den Ruf hin erschien der Bruder sofort.

appellare, appello, appellavi, appellatum *(1/380)* anreden, nennen, ernennen; *(a mit Ablativ)* benennen (nach); *aliquem amicum appellare* jemanden als Freund bezeichnen

appellere, appello, appuli, appulsum *(3/380)* herantreiben, landen (lassen)

appetere, appeto, appetivi, appetitum *(3/380)* aufsuchen, angreifen, begehren, nahen, erstreben, verlangen; *gloriae appetens* ruhmsüchtig

appetitio, appetitionis *(kons./333) f [Genitiv]* Verlangen, Streben (nach)

appetitus, appetiti *(o/326) m [Genitiv]* Verlangen, Streben (nach)

applicare, applico, applicavi, applicatum *(1/380)* anfügen, andrücken, landen, anlanden

apponere, appono, apposui, appositum *(3/380)* hinzustellen, beifügen, hinzufügen

apportare, apporto, apportavi, apportatum *(1/380)* herbeitragen, herbeibringen

approbare, approbo, approbavi, approbatum *(1/380)* erproben, prüfen, billigen, darlegen, beweisen

approbatio, approbationis *(kons./333) f* Billigung, Zustimmung; Beweis

appropinquare, appropinquo, appropinquavi, appropinquatum *(1/380) [Dativ]* nahen, sich nähern

apricus, aprica, apricum *(o/a/329)* sonnig, besonnt

aptare, apto, aptavi, aptatum *(1/380)* anpassen, ausrüsten, zurechtmachen

aptus, apta, aptum *(o/a/329)* zusammengefügt, passend, geeignet; *orator aptus ad dicendum* ein guter Redner

apud *(420) Präposition [Akkusativ]* bei, nahe bei

aqua, aquae *(a/325) f* Wasser; *Plural* **aquae, aquarum** Gewässer, Heilquellen, Bad

aquaeductus, aquaeductus *(u/350) m* Wasserleitung, Aquädukt

aquari, aquor, aquatus sum, – *(1/Deponens/392)* Wasser holen

aquila, aquilae *(a/325) f* Adler, Legionsfeldzeichen

aquilo, aquilonis *(kons./333) m* Nordwind, Norden

aquosus, aquosa, aquosum *(o/a/329)* wasserreich, regenreich

ara, arae *(a/325) f* Altar

arare, aro, aravi, aratum *(1/380)* pflügen, ackern

aratio, arationis *(kons./333) f* Pflügen, Ackerbau

arator, aratoris *(kons./331) m* Pflüger, Pächter

aratrum, aratri *(o/328) n* Pflug

arbiter, arbitri *(o/328) m* Schiedsrichter, Augenzeuge

arbitrari, arbitror, arbitratus sum, – *(1/Deponens/392)* beobachten, annehmen, meinen, glauben, halten für, entscheiden

arbitratus, arbitratus *(u/350) m* Belieben, Ermessen; *arbitratu meo* nach meinem Gutdünken

arbitrium *(o/327) n* Entscheidung, Urteil, Willkür, Ermessen

arbor, arboris *(kons./331) f* Baum; *arbor Iovis* Eiche; *arbores caedere* Bäume fällen

arboreus, arborea, arboreum *(o/a/329)* baumartig, Baum-

arbustum, arbusti *(o/327) n* Baumpflanzung, Weingarten

arca, arcae *(a/325) f* Kiste, Truhe

arcanus, arcana, arcanum *(o/a/329)* verschwiegen, geheim

arcēre, arceo, arcui, – *(2/380)* in Schranken halten, fern halten, abhalten, abwehren

arcessere, arcesso, arcessivi, arcessitum *(3/380)* holen, herbeiholen, kommen lassen; vor Gericht fordern

Archimedes, Archimedis *(kons./334) m* Archimedes (griechischer Mathematiker)

architectus, architecti *(o/326) m* Baumeister, Architekt

arcus, arcus *(u/350) m* Bogen

ardēre, ardeo, arsi, arsurus *(2/380)* in Brand stehen, glühen, brennen

ardescere, ardesco, arsi, – *(3/380)* in Brand geraten, entbrennen, erglühen

ardor, ardoris *(kons./331) m* Glut, Hitze, Leidenschaft, Eifer, Begeisterung

arduus, ardua, arduum *(o/a/329)* hochragend, steil, schwierig

area, areae *(a/325) f* freie Fläche, Tenne, Bauplatz, Hof

arena, arenae *(a/325) f* Sand, Sandfläche; Kampfplatz

arēre, areo, arui, – *(2/380)* trocken sein, dürr sein; durstig sein

argentarius, argentarii *(o/326) m* Geldwechsler, Bankier

argentum, argenti *(o/327) n* Geld, Silber, Silbergeld; *argentum grave* massives Silber

arguere, arguo, argui, argutum *(3/380)* anklagen, bloßstellen, beschuldigen, erweisen; *aliquem sceleris arguere* jemanden eines Verbrechens bezichtigen

argumentari, argumentor, argumentatus sum, – *(1/Deponens/392)* Beweise anführen; überlegen

argumentum, argumenti *(o/327) n* Beweis, Beweismittel, Grund; Thema, Inhalt, Stoff

argutus, arguta, argutum *(o/a/329)* ausdrucksvoll, scharfsinnig, deutlich, helltönend

aridus, arida, aridum *(o/a/329)* trocken, dürr, durstig, Durst hervorrufend

aries, arietis *(kons./331) m* Widder, Sturmbock, Rammbock

arista, aristae *(a/325) f* Ähre, Spitze der Ähre, Granne

arma, armorum *(o/327) n [plurale tantum]* Rüstung, Waffen, Gerät; *arma capere* zu den Waffen greifen

armamenta, armamentorum *(o/327) n [plurale tantum]* Takelwerk, Segelwerk, Takelage

armare, armo, armavi, armatum *(1/380)* ausrüsten, bewaffnen

armatura, armaturae *(a/325) f* Bewaffnung, Truppengattung, Waffengattung

armatus, armati *(o/326) m* der Bewaffnete

armentum, armenti *(o/327) n* Großvieh, Rudel, Herde

armiger, armigera, armigerum *(o/a/330)* Waffen tragend, Waffen führend, kriegerisch

armipotens, armipotentis *(i/342)* kriegerisch, kriegsstark, waffenstark

armus, armi *(o/326) m* Arm, Schulterblatt, Vorderbug (eines Tieres)

arridēre, arrideo, arrisi, arrisum *(2/380) [Dativ]* anlächeln, zulächeln; gefallen

arrigere, arrigo, arrexi, arrectum *(3/380)* aufrichten, in gespannte Erwartung versetzen, anregen

arripere, arripio, arripui, arreptum *(5/380)* an sich reißen, an sich raffen, festhalten; *morbo arripi* von einer Krankheit befallen werden

arrogans, arrogantis *(i/342)* anmaßend

arrogantia, arrogantiae *(a/325) f* Anmaßung, Hochmut, Überheblichkeit

arrogare, arrogo, arrogavi, arrogatum *(1/380)* (durch Volksbeschluss) zuweisen; *sibi arrogare* sich anmaßen

ars, artis *(g/340) f* Kunst, Kunstgriff; Fertigkeit, Handwerk, Geschicklichkeit; Eigenschaft; *ars dicendi* Rhetorik, Redekunst; *malae artes* üble Machenschaften; *bonae artes* gute Eigenschaften

articulus, articuli *(o/326) m* Gelenk, Glied

artifex, artificis *(kons./332) m* Künstler, Schöpfer; *adjektivisch* kunstfertig

artificiosus, artificiosa, artificiosum *(o/a/329)* kunstvoll, kunstreich

artificium, artificii *(o/327) n* Kunstwerk, Handwerk, Fertigkeit; Theorie; *simulacrum summo artificio perfectum* ein künstlerisch vollendetes Götterbild

artus, artus *(u/350) m* Gelenk, Glied

artus, arta, artum *(o/a/329)* eng, knapp

arvum, arvi *(o/327) n* Ackerland, Gefilde, Flur, Getreidefeld

arx, arcis *(kons./332) f* Burg, Berggipfel; *septem arces Romanae* die sieben Hügel Roms

as, assis *(g/340) m* As (römische Münze)

ascendere, ascendo, ascendi, ascensum *(3/380)* hinaufsteigen, ersteigen, besteigen, erklimmen; *murum ascendere* auf die Mauer steigen

ascensus, ascensus *(u/350) m* Aufstieg

ascīre, ascio, ascivi, ascitum *(4/380)* annehmen, aufnehmen

asciscere, ascisco, ascivi, ascitum *(3/380)* annehmen, aufnehmen; sich aneignen, zuordnen

ascribere, ascribo, ascripsi, ascriptum *(3/380)* hinzufügen, hinzuschreiben, eintragen

asellus, aselli *(o/326) m* Esel

Asia, Asiae *(a/325) f* Asien, Kleinasien

asinus, asini *(o/326) m* Esel

aspectare, aspecto, aspectavi, aspectatum *(1/380)* anblicken, anschauen

aspectus, aspectus *(u/350) m* Aussehen, Anblick

asper, aspera, asperum *(o/a/330)* rau, grob, roh; bitter, herb; streng, barsch; *loca aspera* eine raue Gegend

aspergere, aspergo, aspersi, aspersum *(3/380)* bespritzen, besprengen

asperitas, asperitatis *(kons./334) f* Rauheit, schroffes Wesen

aspernari, aspernor, aspernatus sum, – *(1/Deponens/392)* ablehnen, verachten, verschmähen

aspicere, aspicio, aspexi, aspectum *(5/380)* anschauen, erblicken

aspirare, aspiro, aspiravi, aspiratum *(1/380)* wehen, entgegenwehen

asportare, asporto, asportavi, asportatum *(1/380)* wegschaffen, wegtragen, forttragen

assensio, assensionis *(kons./333) f* Zustimmung, Beifall

assensus, assensus *(u/350) m* Zustimmung, Beifall

assentari, assentor, assentatus sum, – *(1/Deponens/392)* beistimmen, zustimmen, schmeicheln

assentatio, assentationis *(kons./333) f* Schmeichelei

assentator, assentatoris *(kons./331) m* Schmeichler

assentīri, assentior, assensus sum, – *(4/Deponens/392)* zustimmen, beistimmen, beipflichten; *Id tibi non assentior.* Darin stimme ich dir nicht zu.

assequi, assequor, assecutus sum, – *(3/Deponens/392)* nachfolgen, einholen, erreichen, erlangen

asseverare, assevero, asseveravi, asseveratum *(1/380)* ernstlich verfahren, ernsthaft behaupten

assidēre, assideo, assedi, assessum *(2/380)* *[Dativ]* sitzen (bei), betreuen, beistehen; belagern

assiduitas, assiduitatis *(kons./334) f* Beharrlichkeit

assiduus, assidua, assiduum *(o/a/329)* fleißig, unermüdlich, beharrlich

assignare, assigno, assignavi, assignatum *(1/380)* zuweisen, verschreiben

assimulare, assimulo, assimulavi, assimulatum *(1/380)* vergleichen, für ähnlich halten; nachbilden, vortäuschen

assistere, assisto, astiti, – *(3/380)* sich hinstellen, dazutreten; beistehen, helfen

assuefacere, assuefacio, assuefeci, assuefactum *(5/380)* gewöhnen

assuescere, assuesco, assuevi, assuetum *(3/380)* sich gewöhnen; *(Perfekt)* gewohnt sein (etwas zu tun), pflegen

assuetus, assueta, assuetum *(o/a/329)* gewohnt

assumere, assumo, assumpsi, assumptum *(3/380)* annehmen

assurgere, assurgo, assurrexi, assurrectum *(3/380)* aufstehen, sich erheben

assus, assa, assum *(o/a/329)* trocken; gebraten

ast *(422) Konjunktion* aber, jedoch, hingegen

astare, asto, astiti, – *(1/380)* dabeistehen; aufrecht stehen

astringere, astringo, astrinxi, astrictum *(3/380)* anziehen, zusammenziehen, fesseln

astrologus, astrologi *(o/326) m* Sterndeuter, Astrologe, Astronom

astrum, astri *(o/327) n* Gestirn, Stern, Sternbild

astus, astus *(u/350) m* List, Finte

astutus, astuta, astutum *(o/a/329)* listig, verschlagen

at *(422) Konjunktion* aber, jedoch, hingegen

ater, atra, atrum *(o/a/330)* schwarz, düster, dunkel, unheilvoll, böswillig; *dies ater* Unglückstag

Athenae, Athenarum *(a/325) f [plurale tantum]* Athen

Atheniensis, Atheniensis *(g/339) m* Athener

atomus, atomi *(o/326) m* Atom

atque *(422) Konjunktion* und, und dazu, und sogar, wie, ferner

atqui(n) *(422) Konjunktion* aber, doch, und doch, gleichwohl

atramentum, atramenti *(o/327) n* Tinte

atrium, atrii *(o/327) n* Halle, Atrium

atrocitas, atrocitatis *(kons./334) f* Wildheit, Grässlichkeit

atrox, atrocis *(i/342)* schrecklich, furchtbar, grässlich; wild, trotzig

attendere, attendo, attendi, attentum *(3/380)* aufmerken, Acht geben

attentus, attenta, attentum *(o/a/329)* aufmerksam, gespannt

atterere, attero, attrivi, attritum *(3/380)* abreiben, abschleifen, abnutzen; schwächen

Atticus, Attici *(o/326) m* Titus Pomponius Atticus (Freund Ciceros)

attinēre, attineo, attinui, attentum *(2/380)* zurückhalten, festhalten; von Belang sein

attingere, attingo, attigi, attactum *(3/380)* berühren, anrühren

attollere, attollo, –, – *(3/380)* emporheben, aufrichten

attonare, attono, attonavi, attonatum *(1/380)* betäuben; begeistern

attonitus, attonita, attonitum *(o/a/329)* (vom Donner) betäubt, bestürzt

attribuere, attribuo, attribui, attributum *(3/380)* zuteilen, zuweisen, zuschreiben

auceps, aucupis *(kons./331)* m Vogelfänger

auctio, auctionis *(kons./333)* f Versteigerung

auctor, auctoris *(kons./331)* m Förderer, Urheber, Gründer; Verfasser, Schriftsteller; Zeuge, Gewährsmann; *Caesare auctore* auf Veranlassung Cäsars

auctoritas, auctoritatis *(kons./334)* f Ansehen, Einfluss; Beschluss; Gutachten; Glaubwürdigkeit; *auctoritatem maiorum sequi* sich nach dem Beispiel der Vorfahren richten

audacia, audaciae *(a/325)* f Mut, Kühnheit, Verwegenheit, Wagemut, Keckheit

audax, audacis *(i/342)* mutig, kühn, frech, waghalsig, verwegen, keck

audēre, audeo, ausus sum, – *(2/380)* wagen, sich trauen, sich erdreisten; *audeo dicere* ich wage zu behaupten

audīre, audio, audivi, auditum *(4/380)* hören, anhören, zuhören

auditor, auditoris *(kons./331)* m Hörer, Schüler

auditus, auditus *(u/350)* m Gehör, Hörsinn; Hören, Hörfähigkeit

auferre, aufero, abstuli, ablatum *(unreg./400)* forttragen, wegnehmen, wegtragen; *se auferre* sich entfernen, verschwinden; *curas auferre* Sorgen beheben

aufugere, aufugio, aufugi, –, aufugiturus *(5/380)* entfliehen

augēre, augeo, auxi, auctum *(2/380)* vermehren, steigern, vergrößern, fördern

augur, auguris *(kons./336)* m Wahrsager, Augur

augurare, auguro, auguravi, auguratum *(1/380)* weissagen, ahnen

augurari, auguror, auguratus sum, – *(1/Deponens/392)* Wahrzeichen beobachten, weissagen, voraussagen, ahnen

augurium, augurii *(o/327)* n Vogelschau, Vorzeichen, Weissagung

augustus, augusta, augustum *(o/a/329)* erhaben, ehrwürdig, ehrfurchtsvoll; *mensis Augustus* Monat August

aula, aulae *(a/325)* f Halle, Hof; Fürstenhof, Königshof

aulaeum, aulaei *(o/327)* n Vorhang, Decke, Teppich

aura, aurae *(a/325)* f Luft, Lufthauch, Luftzug; Gunst; *aura popularis* Volksgunst

auratus, aurata, auratum *(o/a/329)* vergoldet

aureus, aurea, aureum *(o/a/329)* golden; *aetas aurea* das goldene Zeitalter

auricula, auriculae *(a/325)* f Ohrläppchen, Ohr

auriga, aurigae *(a/325)* m Wagenlenker, Fuhrmann

auris, auris *(g/339)* f Ohr; *aures dare/praebere* Gehör schenken, zuhören

aurora, aurorae *(a/325)* f Morgenröte

aurum, auri *(o/327)* n Gold

auscultare, ausculto, auscultavi, auscultatum *(1/380)* zuhören, anhören; gehorchen

auspex, auspicis *(kons./332)* m Vogelschauer; Leiter, Führer

auspicari, auspicor, auspicatus sum, – *(1/Deponens/392)* Vogelschau halten

auspicium, auspicii *(o/327)* n Vorzeichen; Vogelschau; Oberbefehl, Führung

auster, austri *(o/328)* m Südwind, Süden

austerus, austera, austerum *(o/a/329)* ernst, streng, herb

australis, australis, australe *(i/343)* südlich

ausum, ausi *(o/327)* n Wagnis

aut *(422)* Konjunktion entweder, oder; *aut … aut* entweder … oder

autem *(422)* Konjunktion *[nachgestellt]* aber, jedoch, ferner

autumnus, autumni *(o/326)* m Herbst

auxiliari, auxilior, auxiliatus sum, – *(1/Deponens/392)* helfen

auxiliaris, auxiliaris, auxiliare *(i/343)* helfend; *Plural* **auxiliares, auxiliarium** Hilfstruppen

auxiliarius, auxiliaria, auxiliarium *(o/a/329)* helfend, Hilfs-

auxilium, auxilii *(o/327) n* Hilfe, Unterstützung; *Plural* **auxilia, auxiliorum** Hilfstruppen, Hilfsmittel; *auxilio venire* zu Hilfe kommen; *auxilio mittere* zu Hilfe schicken

avaritia, avaritiae *(a/325) f* Geiz, Habgier, Habsucht

avarus, avara, avarum *(o/a/329) [Genitiv]* geizig, habgierig, habsüchtig

avehere, aveho, avexi, avectum *(3/380)* wegführen, wegbringen

avellere, avello, avelli/vulsi, avulsum *(3/380)* ausreißen, ausraufen, abreißen, wegreißen

avena, avenae *(a/325) f* Hafer, Halm, Rohr; Hirtenpfeife

Aventinus, Aventini *(o/326) m* Aventin (Hügel Roms)

avēre, aveo, –, – *(2/380)* begehren, verlangen

aversari, aversor, aversatus sum, – *(1/Deponens/392)* sich abwenden, zurückweisen

avertere, averto, averti, aversum *(3/380)* wegwenden, abwenden, abwehren

avia, aviae *(a/325) f* Großmutter

avidus, avida, avidum *(o/a/329) [Genitiv]* begierig nach, gierig, süchtig

avis, avis *(g/339) f* Vogel, Vorzeichen; *bonis avibus* mit guter Vorbedeutung

avitus, avita, avitum *(o/a/329)* großväterlich, ererbt

avius, avia, avium *(o/a/329)* abgelegen, einsam

avocare, avoco, avocavi, avocatum *(1/380)* wegrufen, ablenken, abziehen, abberufen

avunculus, avunculi *(o/326) m* Onkel (Bruder der Mutter)

avus, avi *(o/326) m* Großvater, Vorfahre

axis, axis *(g/339) m* Achse, Wagen, Himmelsgewölbe, Pol

B

babae potztausend!

baca, bacae *(a/325) f* Beere, Olive, Perle

bacchari, bacchor, bacchatus sum, – *(1/Deponens/392)* feiern, schwärmen, rasen

bacillum, bacilli *(o/327) n* Stäbchen

baculum, baculi *(o/327) n* Stab, Stock

balare, balo, balavi, balatum *(1/380)* blöken

balatus, balatus *(u/350) m* Blöken

balbus, balba, balbum *(o/a/329)* stammelnd, lallend, stotternd

ballista, ballistae *(a/325) f* Schleudermaschine

balneum, balnei *(o/327) n* Bad

balteus, baltei *(o/326) m* Gürtel, Wehrgehenk

barathrum, barathri *(o/327) n* Abgrund

barba, barbae *(a/325) f* Bart

barbaria, barbariae *(a/325) f* Ausland, Fremde; Barbarei, Rohheit

barbaricus, barbarica, barbaricum *(o/a/329)* ausländisch, fremd

barbarus, barbara, barbarum *(o/a/329)* ausländisch, ungebildet, roh; *substantivisch* Ausländer, Barbar

barbatus, barbata, barbatum *(o/a/329)* bärtig

basilica, basilicae *(a/325) f* Halle, Markthalle; Königshalle, Gerichtshalle

beare, beo, beavi, beatum *(1/380)* beschenken, beglücken

beatus, beata, beatum *(o/a/329)* glücklich, gesegnet, begütert, reich, beglückt

bellare, bello, bellavi, bellatum *(1/380)* Krieg führen, kämpfen

bellator, bellatoris *(kons./331) m* Krieger; *adjektivisch* kriegerisch, Kriegs-

bellicosus, bellicosa, bellicosum *(o/a/329)* kriegerisch, streitbar

bellicus, bellica, bellicum *(o/a/329)* zum Krieg gehörig, kriegerisch, Kriegs-; *laus bellica* Kriegsruhm

bellum, belli *(o/327)* n Krieg, Feldzug, Kampf; *bellum gerere* einen Krieg führen; *bellum ducere* den Krieg in die Länge ziehen

bellus, bella, bellum *(o/a/329)* hübsch, fein, nett

belua, beluae *(a/325)* f Untier, Ungeheuer

bene *Adverb* gut; *bene iudicare* richtig urteilen

beneficentia, beneficentiae *(a/325)* f Wohltätigkeit

beneficium, beneficii *(o/327)* n Wohltat, Gunsterweis, Gefälligkeit, Auszeichnung

beneficus, benefica, beneficum *(o/a/329)* wohltätig, gefällig

benevolentia, benevolentiae *(a/325)* f Wohlwollen

benevolus, benevola, benevolum *(o/a/329)* wohlwollend

benficium, benficii *(o/327)* n Wohltat, Auszeichnung, Vergünstigung

benignitas, benignitatis *(kons./334)* f Güte, Freigebigkeit

benignus, benigna, benignum *(o/a/329)* gutartig, gütig, freigebig

bestia, bestiae *(a/325)* f wildes Tier, Raubtier

bibere, bibo, bibi, – *(3/380)* trinken

bibulus, bibula, bibulum *(o/a/329)* durstig, aufsaugend

biceps, bicipitis *(i/342)* doppelköpfig

bidens, bidentis *(kons./334)* f Opfertier, Schaf

biduum, bidui *(o/327)* n Zeitraum von 2 Tagen, 2 Tage

biennium, biennii *(o/327)* m Zeitraum von 2 Jahren

bigae, bigarum *(a/325)* f [plurale tantum] Zweigespann

biiugus/biiugis, biiuga/biiugis, biiugum/biiuge *(o/a/329)* zweispännig; *substantivisch* Zweigespann

bilis, bilis *(g/339)* f Galle, Zorn

bini, binae, bina *(o/a/329)* je zwei

bipennis, bipennis, bipenne *(i/343)* zweischneidig; *substantivisch* Doppelaxt

bis *Adverb* zweimal

blandimentum, blandimenti *(o/327)* n Schmeichelei; *Plural* **blandimenta, blandimentorum** Lockung, Reiz

blandīri, blandior, blanditus sum, – *(4/Deponens/392)* schmeicheln

blanditia, blanditiae *(a/325)* f Schmeichelei; *Plural* **blanditiae, blanditiarum** Lockung, Reiz

blandus, blanda, blandum *(o/a/329)* schmeichelnd, einschmeichelnd, zärtlich, freundlich, einnehmend, lockend

bonitas, bonitatis *(kons./334)* f Vorzüglichkeit, Güte, Rechtschaffenheit

bonum, boni *(o/327)* n das Gut, das Gute, gute Eigenschaft, Nutzen; *Plural* **bona, bonorum** Güter, Besitz; *summum bonum* das höchste Gut; *bono esse* vorteilhaft sein

bonus, bona, bonum *(o/a/329)* gut, tüchtig, anständig

boreas, boreae m Nordwind, Norden

bos, bovis *(kons./331)* m/f Ochse, Rind, Kuh

braca, bracae *(a/325)* f Hose

bracchium, bracchii *(o/327)* n Arm

brevi *Adverb* bald darauf, nächstens

brevis, brevis, breve *(i/343)* kurz, gering; *brevi tempore* bald darauf, in kurzer Zeit

brevitas, brevitatis *(kons./334)* f Kürze

Britannia, Britanniae *(a/325)* f Britannien

Britannus, Britanni *(o/326)* m Britannier

bruma, brumae *(a/325)* f Wintersonnenwende, Winter, Winterkälte

Brutus, Bruti *(o/326) m* Lucius Iunius Brutus (Befreier Roms von der Königsherrschaft); Decimus Iunius Brutus (Mörder Cäsars)

bubulus, bubula, bubulum *(o/a/329)* Rinder-, Ochsen-

bustum, busti *(o/327) n* Grabmal, Grab

buxus, buxi *(o/326) f* Buchsbaum, Buchsbaumholz; Flöte; Kreisel; Kamm

C

C. Caesar

C. Gaius (Vorname)

C (centum) hundert

caballus, caballi *(o/326) m* Pferd, Gaul

cacumen, cacuminis *(kons./336) n* Spitze, Gipfel, Wipfel

cadaver, cadaveris *(kons./332) n* Leichnam, Aas

cadere, cado, cecidi, –, casurus *(3/380)* fallen, stürzen, in etwas geraten; umkommen; *Sidera cadunt.* Die Sterne gehen unter.; *in servitutem cadere* in Knechtschaft geraten; *Sol cadit* Die Sonne sinkt/geht unter.

caducus, caduca, caducum *(o/a/329)* hinfällig, vergänglich; *spes caduca* nichtige Hoffnung

cadus, cadi *(o/326) m* Krug

caecitas, caecitatis *(kons./334) f* Blindheit, Verblendung

caecus, caeca, caecum *(o/a/329)* blind, dunkel, verblendet; unsichtbar

caedere, caedo, cecidi, caesum *(3/380)* hauen, niederhauen, schlagen, fällen, töten

caedes, caedis *f* Morden, Mord, Blutbad, Gemetzel

caelebs, caelibis *(i/342)* unvermählt, unverheiratet, ehelos (Mann)

caeles, caelitis *(i/342)* himmlisch

caelestes, caelestium *(kons./331) m/f* Götter, Gottheiten

caelestis, caelestis, caeleste *(i/343)* himmlisch, göttlich, am Himmel

caelicola, caelicolae *(a/325) m* Himmelsbewohner, Gottheit

caelites, caelitum *(kons./331) m [poetisch]* die Himmlischen, Götter

caelum, caeli *(o/327) n* Himmel, Wetter, Klima; *caelum mutare* einen Ortswechsel vornehmen; *caelum salubre* heilsames Klima

caementum, caementi *(o/327) n* Haustein

caenum, caeni *(o/327) n* Schmutz, Unrat

caerimonia, caerimoniae *(a/325) f* Verehrung, religiöse Feier, Feierlichkeit, Ehrfurcht

caeruleus/caerul(e)us, caerulea, caeruleum *(o/a/329)* blau, dunkel, dunkelfarbig

Caesar, Caesaris *(kons./331) m* Gaius Iulius Caesar

caesaries, caesariei *(e/351) f* Haupthaar, Mähne

caespes, caespitis *(kons./331) m* Rasen, Rasenstück

caestus, caestus *(u/350) m* Schlagriemen, Kampfriemen (des Faustkämpfers)

caetra, caetrae *(a/325) f* leichter Lederschild

caetratus, caetrata, caetratum *(o/a/329)* mit leichtem Schild bewaffnet

calamitas, calamitatis *(kons./334) f* Schaden, Unglück, Unheil, Unglücksfall, Niederlage, Unfall

calamitosus, calamitosa, calamitosum *(o/a/329)* schädlich, unheilvoll, verderblich

calamus, calami *(o/326) m* Rohr, Halm, Stängel; Rohrflöte

calathus, calathi *(o/326) m* Korb, Schale

calcar, calcaris *n* Sporn

calcare, calco, calcavi, calcatum *(1/380)* (auf etwas) treten, betreten, stampfen, mit Füßen treten, unterdrücken

calceus, calcei *(o/326) m* Schuh, Stiefel, Halbstiefel

calēre, caleō, calui, – *(2/380)* warm sein, heiß sein, glühen

calidus, calida, calidum *(o/a/329)* warm, hitzig, heiß

caligo, caliginis *(kons./333)* f dunkler Nebel, Finsternis, Qualm, Dunkel, Finsternis

calix, calicis *(kons./332)* m Becher, Kelch, Schüssel

calliditas, calliditatis *(kons./334)* f Klugheit, Gewandtheit, Schläue

callidus, callida, callidum *(o/a/329)* gewitzigt, gewitzt, gewandt, erfahren, klug, verschlagen, schlau

calo, calonis *(kons./333)* m Trossknecht

calor, caloris *(kons./331)* m Wärme, Hitze; Leidenschaft

calumnia, calumniae *(a/325)* f falsche Anklage, Verleumdung, Schikane

calumniari, calumnior, calumniatus sum, – *(1/Deponens/392)* fälschlich anklagen, verleumden

calx, calcis *(kons./332)* f Kalk

calx, calcis *(kons./331)* f Ferse, Huf

caminus, camini *(o/326)* m Kamin, Kaminfeuer, Ofen, Schmelzofen, Esse

Campania, Campaniae *(a/325)* f Kampanien (Landschaft südlich von Rom)

campester, campestris, campestre *(i/344)* in der Ebene befindlich, eben

campus, campi *(o/326)* m Ebene, Feld, freier Platz; *campus Martius* das Marsfeld

canalis, canalis *(g/339)* m Röhre, Wasserrinne

cancelli, cancellorum *(o/326)* m *[plurale tantum]* Gitter, Schranken

cancer, cancri *(o/328)* m Krebs

candēre, candēo, candui, – *(2/380)* weiß sein, glänzen, schimmern

candidatus, candidata, candidatum *(o/a/329)* weiß gekleidet; *substantivisch* Amtsbewerber

candidus, candida, candidum *(o/a/329)* blendend weiß, glänzend; lauter; *candida hora* glückliche Stunde; *candidus amicus* aufrichtiger Freund

candor, candoris *(kons./331)* m weißer Glanz, Klarheit; Aufrichtigkeit

canere, cano, cecini, – *(3/380)* singen, besingen; (ein Instrument) spielen, blasen; *signum canere* ein Signal blasen (zum Angriff, Rückzug …)

canēre, caneo, –, – *(2/380)* grau sein, weiß sein

canis, canis *(g/341)* m/f Hund, Hündin; *Cave canem!* Vorsicht vor dem Hund!

canities, canitiei *(e/351)* f Grau, graues Haar, Alter

canna, cannae *(a/325)* f Rohr, Schilf

Cannae, Cannarum *(a/325)* f Cannä (Ort in Apulien)

canorus, canora, canorum *(o/a/329)* wohltönend, harmonisch

cantare, canto, cantavi, cantatum *(1/380)* singen, besingen; spielen

cantor, cantoris *(kons./331)* m Sänger

cantus, cantus *(u/350)* m Gesang, Klang, Schall; *cantum movere* ein Lied anstimmen

canus, cana, canum *(o/a/329)* grau, alt

capax, capacis *(i/342)* viel fassend, geräumig, empfänglich

capella, capellae *(a/325)* f Ziege

caper, capri *(o/328)* m Ziegenbock

capere, capio, cepi, captum *(5/380)* fassen, nehmen, ergreifen, erobern, besetzen, bekommen, begreifen; *consilium capere* einen Beschluss fassen; *consulatum capere* das Konsulat antreten; *praemium capere* eine Belohnung erhalten; *dolorem capere* Schmerz empfinden; *infamiam capere* Schande auf sich laden; *quietem capere* Ruhe finden; *homines liberalitate capere* die Leute durch Freigiebigkeit für sich gewinnen; *urbem capere* die Stadt einnehmen; *castra capere* das Lager erobern; *montem capere* den Berg besetzen; *naves capere* Schiffe kapern; *mente/animo capere* begreifen; *mente captus* schwachsinnig

capessere, capesso, capessivi, capessitum *(3/380)* ergreifen, packen; *praedam capessere* sich die Beute schnappen; *rem publicam capessere* die politische Laufbahn einschlagen, sich für das Gemeinwesen einsetzen

capillus, capilli *(o/326) m* Haar

capitalis, capitalis, capitale *(i/343)* das Leben betreffend, tödlich

Capitolium, Capitolium *(o/327) n* Kapitol (Hügel Roms mit Burg und Tempel Jupiters)

capra/caprella, caprae/caprellae *(a/325) f* Ziege

caprea, capreae *(a/325) f* Reh, wilde Ziege

capsa, capsae *(a/325) f* Behälter, Kapsel

captare, capto, captavi, captatum *(1/380)* zu fassen versuchen, haschen, greifen, fangen; *misericordiam captare* auf Mitleid aus sein

captiosus, captiosa, captiosum *(o/a/329)* betrügerisch, verfänglich

captivitas, captivitatis *(kons./334) f* Gefangenschaft, Eroberung

captivus, captivi *(o/326) m* Gefangener, Kriegsgefangener; *adjektivisch* gefangen, kriegsgefangen

capulus, capuli *(o/326) m* Griff, Schwertgriff

caput, capitis *(kons./336) n* Kopf, Haupt; Hauptsache; Hauptstadt; *poena capitis* Todesstrafe; *capitis accusare* auf Tod und Leben verklagen; *capitis damnare* zum Tode verurteilen; *caput amnis* Quelle/Mündung eines Flusses; *capite demisso* mit gesenktem Haupt

carbo, carbonis *(kons./333) m* Kohle

carcer, carceris *(kons./332) n* Gefängnis, Kerker; *Plural* **carceres, carcerum** Schranken

cardo, cardinis *(kons./333) m* Türangel, Drehpunkt, Achse

carēre, careo, carui, –, cariturus *(2/380) [Ablativ]* nicht haben, entbehren; sich enthalten; frei sein; *pecuniā carere* kein Geld haben; *amicis carere* keine Freunde haben; *vino carere* keinen Wein haben (auf Wein verzichten); *libertate carere* keine Freiheit haben

carina, carinae *(a/325) f* Schiffskiel, Schiff

caritas, caritatis *(kons./334) f* hoher Wert, Liebe, liebevolle Zuwendung, Fürsorge; Teuerung, hohe Lebenshaltungskosten

carmen, carminis *(kons./336) n* Lied, Gesang, Gedicht, Spruch, Formel

carnifex, carnificis *(kons./332) m* Henker, Scharfrichter, Peiniger

caro, carnis *(kons./331) f* Fleisch

carpere, carpo, carpsi, carptum *(3/380)* pflücken, abreißen, genießen

carrus, carri *(o/326) m* Karren, vierrädriger Wagen

Carthaginiensis, Carthaginiensis, Carthaginiense *(i/343)* karthagisch; *substantivisch* Karthager

Carthago, Carthaginis *(kons./333) f* Karthago

carus, cara, carum *(o/a/329)* lieb, wert, wertvoll, teuer

casa, casae *(a/325) f* Hütte

caseus, casei *(o/326) m* Käse

Cassius, Cassii *(o/326) m* Gaius Cassius Longinus (Mörder Cäsars)

castanea, castaneae *(a/325) f* Kastanienbaum, Kastanie

castellum, castelli *(o/327) n* Befestigung, Schanze, kleines Lager, Kastell

castigare, castigo, castigavi, castigatum *(1/380)* züchtigen, strafen, tadeln

castrensis, castrensis, castrense *(i/343)* zum Lager gehörig

castrum, castri *(o/327) n* fester Platz, Burg; *Plural* **castra, castrorum** Lager, Feldlager, Kriegsdienst

castus, casta, castum *(o/a/329)* rein, sittenrein, fromm, keusch

casu *Adverb* zufällig

casus, casus *(u/350) m* Fall, Zufall; Untergang, Unfall; *Plural* **casus, casuum** Wechselfälle (des Lebens); *in casu positum esse* auf Zufall beruhen

catena, catenae *(a/325) f* Kette, Fessel

caterva, catervae *(a/325) f* Schar, Trupp

Catilina, Catilinae *(a/325) f* Lucius Sergius Catilina

catillus, catilli *(o/326) m* Schüsselchen

catinus, catini *(o/326) m* Schüssel, Napf

Cato, Catonis *(kons./333) m* Marcus Porcius Cato Uticensis

catulus, catuli *(o/327) m* Junges, junger Hund

catus, cata, catum *(o/a/329)* gescheit, gewitzt, schlau

cauda, caudae *(a/325) f* Schweif, Schwanz

caulis, caulis *(g/339) f* Stängel; Kohl

caupo, cauponis *(kons./333) m* Gastwirt

caupona, cauponae *(a/325) f* Schenke, Gastwirtschaft

caurus, cauri *(o/326) m* Nordwestwind

causa, causae *(a/325) f* Ursache, Grund; Rechtssache, Rechtsstreit, Prozess, Sache; *mea causā* meinetwegen; *aliqua ex causa* aus irgendeinem Grund; *his de causis* aus folgenden Gründen; *amicorum causā* wegen der Freunde, um der Freunde willen; *ea/qua de causa* aus diesem Grund, deshalb, deswegen; *salutis causā* um der Rettung willen; *discendi causā* um zu lernen, zum Lernen; *rei publicae causā* um des Staates willen; *per causam* unter dem Vorwand; *causam agere* einen Prozess führen; *causam alicuius dicere* jemanden vor Gericht verteidigen; *dies causae dicendae* Prozesstermin

cautes, cautis *f* Klippe, Riff

cautus, cauta, cautum *(o/a/329)* vorsichtig, gewitzt

cavare, cavo, cavavi, cavatum *(1/380)* aushöhlen

cavea, caveae *(a/325) f* Käfig; Zuschauerraum (im Theater)

cavēre, caveo, cavi, cautum *(2/380) [Akkusativ]* sich vorsehen, sich hüten, sich in Acht nehmen vor, Acht geben; *Cave canem!* Nimm dich vor dem Hund in Acht!; *Cave(, ne) credas!* Glaub das bloß nicht!

caverna, cavernae *(a/325) f* Höhlung, Höhle

cavus, cava, cavum *(o/a/329)* hohl, gewölbt

cedere, cedo, cessi, cessum *(3/380)* gehen, weichen, nachgeben, zufallen; *loco cedere* von der Stelle weichen

cedo! *[Plural cette!]* gib her! gebt her! her damit!

cedrus, cedri *(o/326) f* Zeder, Zedernholz, Zedernöl

celare, celo, celavi, celatum *(1/380)* verhüllen, verhehlen, verbergen, verheimlichen; *Consilium meum te celo.* Ich verberge meinen Plan vor dir.

celeber, celebris, celebre *(i/344)* volkreich, viel besucht, dicht bevölkert, gefeiert, berühmt, kultiviert

celebrare, celebro, celebravi, celebratum *(1/380)* besuchen, umdrängen, beleben, preisen, feiern, verherrlichen

celebritas, celebritatis *(kons./334) f* Belebtheit; Berühmtheit

celer, celeris, celere *(i/344)* schnell, rasch; *spe celerius* unerwartet schnell

celerare, celero, celeravi, celeratum *(1/380)* eilen, beschleunigen

celeritas, celeritatis *(kons./334) f* Schnelligkeit

cella, cellae *(a/325) f* Zelle, Keller, Kammer

celsus, celsa, celsum *(o/a/329)* hochragend, erhaben, großherzig

cena, cenae *(a/325) f* Mahl, Mahlzeit, Essen; *ad cenam invitare* zum Essen einladen

cenare, ceno, cenavi, cenatum *(1/380)* essen, speisen

censēre, censeo, censui, censum *(2/380)* schätzen, abstimmen, beschließen, meinen; *Cato censuit Cartha-*

ginem delendam esse. Cato meinte, dass Karthago zerstört werden müsse.; *Senatus censuit, ut Carthago deleretur.* Der Senat beschloss, Karthago zu zerstören.

censor, censoris *(kons./331) m* Schätzer, Zensor (römischer Beamter)

censorius, censoria, censorium *(o/a/329)* zensorisch

censura, censurae *(a/325) f* Amt des Zensors, Zensur

census, census *(u/350) m* Schätzung, Vermögensschätzung; geschätztes Vermögen

centesimus, centesima, centesimum *(o/a/329)* der hundertste

centimanus, centimana, centimanum *(o/a/329)* hundertarmig

centum hundert

centuria, centuriae *(a/325) f* Hundertschaft, Zenturie (60. Teil einer Legion)

centurio, centurionis *(kons./333) m* Führer einer Zenturie, Zenturio

cera, cerae *(a/325) f* Wachs, Wachstafel

cerebrum, cerebri *(o/327) n* Hirn, Gehirn, Verstand

Ceres, Cereris *(kons./331) f* Ceres

cernere, cerno, crevi, cretum *(3/380)* scheiden, sichten, wahrnehmen, erkennen, sehen

certamen, certaminis *(kons./336) n* Kampf, Streit, Wettstreit, Wettkampf

certare, certo, certavi, certatum *(1/380)* streiten, kämpfen, wetteifern

certatim um die Wette

certatio, certationis *(kons./333) f* Wetteifer, Wettkampf, Streit

certe *Adverb* mit Gewissheit, sicherlich, wenigstens

certo *Adverb* sicher

certus, certa, certum *(o/a/329)* bestimmt, sicher, gewiss, zuverlässig; *aliquem certiorem facere* jemanden benachrichtigen/unterrichten

cerva, cervae *(a/325) f* Hirschkuh, Hirsch

cervisia, cervisiae *(a/325) f* Bier

cervix, cervicis *(kons./332) f [meist Plural]* Hals, Nacken

cervus, cervi *(o/326) m* Hirsch

cessare, cesso, cessavi, cessatum *(1/380)* zögern, säumen, rasten, nachlassen, aufhören, ruhen

ceteri, ceterae, cetera *(o/a/329)* die übrigen

ceterum *Adverb* übrigens, im übrigen, aber, doch

ceu *Adverb* so wie, wie, wie wenn

chaos *n [Ablativ chao]* Chaos, Leere, Unterwelt

charta, chartae *(a/325) f* Papyrus, Papier, Blatt, Schriftstück, Schriftrolle

chlamys, chlamydis *(kons./331) f* Kriegsmantel, Überwurf

chorda, chordae *(a/325) f* Saite

chorea, choreae *(a/325) f* Chortanz, Reigen

chorus, chori *(o/326) m* Chor, Schar, Reigen

Christiani, Christianorum *(o/326) m* die Christen

Christus, Christi *(o/326) m* Christus; *ante Christum natum (a.Chr.n.)* vor Christi Geburt, vor Christus; *post Christum natum (p.Chr.n.)* nach Christi Geburt, nach Christus

cibaria, cibariorum *(o/327) n* Lebensmittel

cibus, cibi *(o/326) m* Speise, Essen, Nahrung; *copia ciborum* Vorrat an Nahrungsmitteln; *levis cibus* leichte Kost

cicada, cicadae *(a/325) f* Grille, Zikade

cicer, ciceris *(kons./332) n* Kichererbse

Cicero, Ciceronis *(kons./333) m* Marcus Tullius Cicero

ciconia, ciconiae *(a/325) f* Storch

cicuta, cicutae *(a/325) f* Schierling

ciēre, cieo, civi, citum *(2/380)* in Bewegung setzen, rufen, herbeirufen

Cincinnatus, Cincinnati *(o/326) m* Lucius Qinctius Cincinnatus (Konsul und Diktator)

cingere, cingo, cinxi, cinctum *(3/380)* umgürten, umschließen, umzingeln, umgeben

cingulum, cinguli *(o/327)* n Gürtel

cinis, cineris *(kons./331)* m Asche

cippus, cippi *(o/326)* m Spitzsäule (als Grabmal)

circa/circum *(420) Präposition [Akkusativ]* ringsum, um … herum, bei (zeitlich gegen), über; *adverbial* ringsum

circiter *Adverb* ungefähr

circu(m)itus, circuitus *(u/350)* m Umweg, Umfang, Umkreis

circulus, circuli *(o/326)* m Kreis, Versammlung, Kreisbahn

circum *(420) Präposition [Akkusativ]* um herum

circumagere, circumago, circumegi, circumactum *(3/380)* wenden, im Kreis drehen, umhertreiben

circumcidere, circumcido, circumcidi, circumcisum *(3/380)* (ringsum) abschneiden

circumdare, circumdo, circumdedi, circumdatum *(1/380)* umgeben

circumducere, circumduco, circumduxi, circumductum *(3/380)* herumführen; betrügen, prellen

circumfundere, circumfundo, circumfusi, circumfusum *(3/380)* herumgießen, umgeben

circumicere, circumicio, circumieci, circumiectum *(5/380)* legen, stellen um, mit etwas umgeben *(mit Ablativ)*

circumīre, circumeo, circumii, circumitum *(unreg./414)* herumgehen, umgehen, umschreiten, umzingeln, besichtigen

circummittere, circummitto, circummisi, circummissum *(3/380)* (um etwas) herumschicken

circummunīre, circummunio, circummunivi, circummunitum *(4/380)* (rings) ummauern, umgeben

circumsedēre, circumsedeo, circumsedi, circumsessum *(2/380)* umzingeln, belagern

circumsistere, circumsisto, circumsteti/circumstiti, – *(3/380)* umringen

circumspicere, circumspicio, circumspexi, circumspectum *(5/380)* sich umschauen, suchen; mustern, betrachten; erwägen

circumstare, circumsto, circumsteti, – *(1/380)* herumstehen, umherstehen, umringen

circumvallare, circumvallo, circumvallavi, circumvallatum *(1/380)* verschanzen, einschließen

circumvehi, circumvehor, circumvectus sum, – *(3/Deponens/392)* herumfahren, umfahren

circumvenīre, circumvenio, ccircumveni, circumventum *(4/380)* umschließen, umzingeln, umringen, bedrängen

circus, circi *(o/326)* m Ring, Kreis, Rennbahn, Zirkus

cis/citra *(420) Präposition* diesseits

citare, cito, citavi, citatum *(1/380)* beschleunigen, herbeirufen, aufrufen, vorladen

citerior, citerior, citerius *(i/343)* diesseitig

cithara, citharae *(a/325)* f Zither

cito *Adverb* schnell

citra *Adverb* diesseits

citra *(420) Präposition [Akkusativ]* diesseits, (zeitlich) vor

citus, cita, citum *(o/a/329)* schnell, eilig

civicus, civica, civicum *(o/a/329)* bürgerlich, Bürger-

civilis, civilis, civile *(i/343)* bürgerlich, öffentlich, staatlich, politisch; *bellum civile* Bürgerkrieg

civis, civis *(g/339)* m Bürger, Mitbürger, Staatsbürger; *societas civium* Gemeinschaft aller Bürger

civitas, civitatis *(kons./334)* f Bürgerrecht, Staat, Gemeinde, Bürgerschaft

clades, cladis f Unglück, Niederlage, Schaden, Verlust; *cladem accipere* eine Niederlage einstecken; *aliquem clade afficere* jemandem eine Niederlage einbringen

clam *Adverb* heimlich, insgeheim

clamare, clamo, clamavi, clamatum *(1/380)* schreien, rufen, nennen

clamitare, clamito, clamitavi, clamitatum *(1/380)* schreien

clamor, clamoris *(kons./331) m* Lärm, Geschrei; *clamore sublato* unter großem Geschrei

clanculum *Adverb* heimlich

clandestinus, clandestina, clandestinum *(o/a/329)* heimlich

clangor, clangoris *(kons./331) m* Klang, Geschrei, Schmettern

claritudo, claritudinis *(kons./333) f* Helle, Berühmtheit

clarus, clara, clarum *(o/a/329)* laut, klar, hell, berühmt

classis, classis *(g/339) f* Aufgebot, Abteilung; Flotte; Klasse, Steuerklasse, Stand; *classem ornare* eine Flotte ausrüsten

claudere, claudo, clausi, clausum *(3/380)* schließen, verschließen, abschließen, einschließen

claudus, clauda, claudum *(o/a/329)* lahm

claustra, caustrorum *(o/327) n [plurale tantum]* Riegel, Verschluss

clavis, clavis, clave *(i/343)* Schlüssel

clavus, clavi *(o/326) m* Nagel; Steuerruder; Pupursaum

clemens, clementis *(i/342)* mild, sanft, nachsichtig

clementia, clementiae *(a/325)* Milde, Sanftheit, Nachsicht; *clementia in victos uti* die Besiegten milde behandeln

Cleopatra, Cleopatrae *(a/325) f* Kleopatra

cliens, clientis *(kons./334) m* der Hörige, Schützling, Klient

clientela, clientelae *(a/325) f* Abhängigkeit; Anhang, Klientel

clipeus/clupeus, clipea, clipeum *(o/a/329)* Rundschild, Scheibe

clitellae, clitellarum *(a/325) f* Packsattel, Saumsattel

clivus, clivi *(o/326) m* Abhang, Anstieg, Hügel

clunis, clunis *(g/339) f* Steiß, Hinterbacken

Cn. Gnaeus (Vorname)

coaequare, coaequo, coaequavi, coaequatum *(1/380)* angleichen, einebnen

coalescere, coalesco, coalui, coalitum *(3/380)* zusammenwachsen, anwachsen

coarguere, coarguo, coargui, coargutum *(3/380)* deutlich dartun; überführen

codex, codicis *(kons./332) m* Stamm, Baumstamm; Schreibtafel, Buch

codicilli, codicillorum *(o/326) m [plurale tantum]* Schreibtafel, Brief

coëmere, coëmo, coëmi, coëmptum *(3/380)* zusammenkaufen, aufkaufen

coepisse, coepi, coeptum, – *(3/380)* angefangen haben

coeptare, coepto, coeptavi, coeptatum *(1/380)* anfangen, beginnen

coeptum, coepti *(o/327) n* Vorhaben, Unternehmen

coërcēre, coërceo, coërcui, coërcitum *(2/380)* zusammenhalten, festhalten, in Schranken halten, zügeln, strafen, züchtigen; *iram coercere* den Zorn bezwingen

coetus, coetus *(u/350) m* Zusammentreffen, Zusammenkunft, Vereinigung, Versammlung; *coetūs occulti* geheime Zusammenkünfte

cogere, cogo, coegi, coactum *(3/380)* zwingen; zusammentreiben, sammeln, versammeln; *cogi (Infinitiv Passiv)* sich sammeln; *metu coactus* aus Furcht; *In patriam redire coactus sum.* Ich bin gezwungen, in die Heimat zurückzukehren.

cogitare, cogito, cogitavi, cogitatum *(1/380)* denken, erdenken, bedenken, überlegen, erwägen, beabsichtigen, planen; *Multa cum animo cogitabam.* Ich machte mir viele Gedanken.; *Quid nunc facere cogitas?* Was hast du jetzt vor?

cogitatio, cogitationis *(kons./333) f* Denken, Gedanke, Überlegung

cognatio, cognationis *(kons./333) f* (Bluts-)Verwandtschaft, Sippe

cognatus, cognata, cognatum *(o/a/329)* blutsverwandt

cognitio, cognitionis *(kons./333)* f Erkenntnis, Untersuchung

cognitor, cognitoris *(kons./331)* m Rechtsanwalt

cognitus, cognita, cognitum *(o/a/329)* erprobt, erkannt

cognomen, cognominis *(kons./336)* n Beiname

cognoscere, cognosco, cognovi, cognitum *(3/380)* erkennen, bemerken, erfahren, untersuchen, kennen lernen; *cognovisse* kennen; *Cognovi vos integros fidosque.* Ich kenne euch als anständige und zuverlässige Männer.; *causa cognita* nach Untersuchung des Streitfalles

cohaerēre, cohaereo, cohaesi, –, cohaesurus *(2/380)* zusammenhängen

coheres, coheredis *(kons./334)* m/f Miterbe, Miterbin

cohibēre, cohibeo, cohibui, cohibitum *(2/380)* zusammenhalten, festhalten, aufhalten, einschließen, zügeln, bezähmen

cohors, cohortis *(g/340)* f Gehege, Gefolge, Kohorte (10. Teil einer Legion), Schar

cohortari, cohortor, cohortatus sum, – *(1/Deponens/392)* aufmuntern, auffordern, anfeuern

cohortatio, cohortationis *(kons./333)* f Aufmunterung, Ansprache

coīre, coeo, coii, coitum *(unreg./414)* zusammenkommen, sich vereinigen

coitus, coitus *(u/350)* m Vereinigung, Beischlaf

colere, colo, colui, cultum *(3/380)* pflegen; ehren, verehren; bebauen, bewohnen; ausbilden; *agros colere* Felder bestellen; *hortum colere* einen Garten anlegen, im Garten arbeiten; *urbem colere* in einer Stadt wohnen; *corpus colere* Körperpflege betreiben, sich schmücken; *matrem colere* die Mutter respektvoll behandeln; *bonos mores colere* die guten Sitten in Ehren halten; *deos colere* die Götter verehren; *sacra colere* ein Opfer darbringen; *oratio culta* eine gewählte Rede, wohl gesetzte Worte; *animus cultus* Bildung

collabi, collabor, collapsus sum, – *(3/Deponens/392)* zusammenstürzen, zusammensinken

collatio, collationis *(kons./333)* f Zusammentragen; Vergleich; Beitrag (Geld)

collaudare, collaudo, collaudavi, collaudatum *(1/380)* wortreich rühmen, nachdrücklich loben

collega, collegae *(a/325)* m Amtsgenosse

collegium, collegii *(o/327)* n Beamtenkörper, Vereinigung

collidere, collido, collisi, collisum *(3/380)* zusammenstoßen (transitiv), zerschlagen

colligare, colligo, colligavi, colligatum *(1/380)* zusammenbinden, verbinden, verknüpfen

colligere, colligo, collegi, collectum *(3/380)* zusammensuchen, sammeln, auflesen

collis, collis *(g/339)* m Hügel, Anhöhe

collocare, colloco, collocavi, collocatum *(1/380)* aufstellen, anlegen, errichten, unterbringen

colloqui, colloquor, collocutus sum, – *(3/Deponens/392)* sich unterreden, sich besprechen, sich unterhalten

colloquium, colloquii *(o/327)* n Unterredung, Gespräch

collucēre, colluceo, colluxi, – *(2/380)* leuchten, glänzen

collum, colli *(o/327)* n Hals; Stängel (einer Pflanze)

collustrare, collustro, collustravi, collustratum *(1/380)* (hell) erleuchten, genau betrachten, mustern

colonia, coloniae *(a/325)* f Siedlung, Ansiedlung, Kolonie, Niederlassung; *coloniam constituere* eine Niederlassung gründen

colonus, coloni *(o/326)* m Bauer, Siedler, Pächter, Kolonist

color, coloris *(kons./331)* m Farbe, Färbung

coluber, colubri *(o/328)* m (kleine) Schlange

columba, columbae *(a/325)* f Taube

columen, columinis *(kons./336)* n Gipfel, First

columna, columnae *(a/325)* f Säule, Pfeiler

coma, comae *(a/325)* f Haupthaar; (poetisch) Laub

comans, comantis *(i/342)* behaart; belaubt

comburere, comburo, combussi, combustum *(3/380)* verbrennen

comedere, comedo, comedi, comesum *(3/380)* verzehren, aufessen, verprassen

comere, como, compsi, comptum *(3/380)* kämmen, flechten, umwinden

comes, comitis *(kons./331) m/f* Begleiter, Begleiterin, Gefährte, Gefährtin, Gefolgsmann

comicus, comica, comicum *(o/a/329)* zum Lustspiel gehörig, zur Komödie gehörig, komisch; *comicus poeta* Komödiendichter

comis, comis, come *(i/343)* gefällig, freundlich, umgänglich

comitari, comitor, comitatus sum, – *(1/Deponens/392)* begleiten; *paucis comitantibus* mit wenigen Begleitern

comitas, comitatis *(kons./334) f* Freundlichkeit, Höflichkeit, Leutseligkeit, Umgänglichkeit

comitatus, comitatus *(u/350) m* Geleit, Gefolgschaft, Begleitung

comitium, comitii *(o/327) n* Versammlungsplatz, Komitium; *Plural* **comitia, comitiorum** Versammlung, Volksversammlung

commaculare, commaculo, commaculavi, commaculatum *(1/380)* beflecken

commeare, commeo, commeavi, commeatum *(1/380)* ein- und ausgehen, verkehren, seinen Weg nehmen

commeatus, commeatus *(u/350) m* Verkehr, Transport, Zufuhr, Nachschub, Verpflegung; Urlaub; *commeatu intercludere* von der Zufuhr abschneiden

commemorare, commemoro, commemoravi, – *(1/380)* gedenken, erwähnen, sich erinnern; *ut supra commemoravimus* wie bereits oben erwähnt

commendare, commendo, commendavi, commendatum *(1/380)* empfehlen, anvertrauen

commendatio, commendationis *(kons./333) f* Empfehlung

commentari, commentor, commentatus sum, – *(1/Deponens/392)* reiflich überlegen, einstudieren

commentarius (liber), commentarii *(o/326) m* Entwurf, Tagebuch, Aufzeichnung

commenticius, commenticia, commenticium *(o/a/329)* versonnen, erfunden

commercium, commercii *(o/327) n* Handel, Verkehr, Umgang

commerēre, commereo, commerui, commeritum *(2/380)* verdienen

commilito, commilitonis *(kons./333) m* Kriegskamerad

comminisci, comminiscor, commentus sum, – *(3/Deponens/392)* ersinnen, ausdenken

comminus *Adverb* in der Nähe, im Nahkampf

commiscēre, commisceo, commiscui, commixtum *(2/380)* vermischen, vermengen

committere, committo, commisi, commissum *(3/380)* zusammenfügen, beginnen, ausführen, begehen, zustande bringen, anvertrauen; *suam salutem amico committere* sein Wohlergehen in die Hände des Freundes legen; *scelus committere* ein Verbrechen begehen; *proelium committere* ein Gefecht liefern; *fratro epistulam committere* dem Bruder einen Brief anvertrauen

commoditas, commoditatis *(kons./334) f* Zweckmäßigkeit, Annehmlichkeit, Zugänglichkeit

commodum, commodi *(o/327) n* Vorteil, Vergünstigung; *commodo esse* von Vorteil sein

commodus, commoda, commodum *(o/a/329)* angemessen, bequem, günstig

commorari, commoror, commoratus sum, – *(1/Deponens/392)* sich aufhalten, verweilen, verzögern

commotio, commotionis *(kons./333) f* Erregung, Aufregung

commovēre, commoveo, commovi, commotum *(2/380)* bewegen, erregen, rühren, beeindrucken, veranlassen; *misericordiā commotus* aus Mitleid; *his rebus commotus* dadurch verursacht

communicare, communico, communicavi, communicatum *(1/380)* vereinigen; mitteilen

communīre, communio, communivi, communitum *(4/380)* befestigen

communis, communis, commune *(i/343)* gemeinsam, allgemein, öffentlich; *salus communis* Gemeinwohl

communitas, communitatis *(kons./334) f* Gemeinschaft, Gemeinsinn

commutare, commuto, commutavi, commutatum *(1/380)* verändern, austauschen

commutatio, commutationis *(kons./333) f* Veränderung, Wechsel

comoedia, comoediae *(a/325) f* Lustspiel, Komödie

comparare, comparo, comparavi, comparatum *(1/380)* vergleichen; beschaffen, verschaffen; bereiten, vorbereiten, erwerben; *Aeneas haud raro cum Ulixe comparatur.* Aeneas wird oft mit Odysseus verglichen.; *sibi comparare* sich verschaffen

comparatio, comparationis *(kons./333) f* Vergleich

compellare, compello, compellavi, compellatum *(1/380)* anreden, anrufen; schelten, tadeln, anklagen

compellere, compello, compuli, compulsum *(3/380)* zusammentreiben; nötigen, veranlassen

compensare, compenso, compensavi, compensatum *(1/380)* abwägen, ausgleichen, ersetzen

comperīre, comperio, comperi, compertum *(4/380)* erfahren, in Erfahrung bringen; ertappen, überführen

compes, compedis *(kons./334) f* Fußfessel

compescere, compesco, compescui, – *(3/380)* zähmen, bezähmen

compilare, compilo, compilavi, compilatum *(1/380)* plündern, ausplündern

compitum, compiti *(o/327) n* Kreuzweg, Weggabelung

complectere, complecto/complector, complexi/complexus sum, complectum *(3/380)* umfassen, umfangen, umarmen

complecti, complector, complexus sum, – *(3/Deponens/392)* umarmen, umfassen, erfassen

complēre, compleo, complevi, completum *(2/380)* anfüllen, erfüllen

complexus, complexus *(u/350) m* Umarmung, Umfassung

complures, complures, complura *(i/343)* mehrere, ziemlich viele, einige

componere, compono, composui, compositum *(3/380)* zusammenstellen, vergleichen; ordnen; verfassen; *librum componere* ein Buch verfassen

comportare, comporto, comportavi, comportatum *(1/380)* zusammentragen, herbeischaffen

compos, compotis *(kons./345) [Genitiv]* mächtig, teilhaftig

compositio, compositionis *(kons./333) f* Zusammensetzung, Anordnung; Beilegung, Einigung, Versöhnung

comprehendere, comprehendo, comprehendi, comprehensum *(3/380)* zusammenfassen, festnehmen, ergreifen, in die Hand nehmen, begreifen

comprehensio, comprehensionis *(kons./333) f* Zusammenfassung; Begriff

comprimere, comprimo, compressi, compressum *(3/380)* zusammenpressen, zusammendrücken, unterdrücken

comprobare, comprobo, comprobavi, comprobatum *(1/380)* billigen, bestätigen, genehmigen

comptus, compta, comptum *(o/a/329)* gepflegt

computare, computo, computavi, computatum *(1/380)* zusammenrechnen, errechnen, berechnen

conamen, conaminis *(kons./336) n* Versuch, Bemühung, Anstrengung

conari, conor, conatus sum, – *(1/Deponens/392)* versuchen, wagen, unternehmen

conatus, conatus *(u/350) m* Versuch, Unternehmen; *hoc conatu desistere* von diesem Vorhaben Abstand nehmen

concavus, concava, concavum *(o/a/329)* hohl, gewölbt, gekrümmt

concedere, concedo, concessi, concessum *(3/380)* zugestehen, erlauben, zulassen, nachgeben; zugeben, einräumen; weichen; *Epicurus concessit deos esse.* Epikur räumte ein, dass es Götter gebe.; *Non concedo, ut abeas.* Ich lasse nicht zu, dass du weggehst.

concentus, concentus *(u/350) m* Zusammenklang, Übereinstimmung, Harmonie

concha, conchae *(a/325) f* Muschel, Muschelschale; Perle; Purpur

concidere, concido, concidi, – *(3/380)* zusammenstürzen, zusammenbrechen, fallen, einstürzen, zugrunde gehen

concīdere, concīdo, concīdo, concīsum *(3/380)* zusammenhauen, zerhauen, niederhauen, verprügeln

conciēre, concieo, concivi, concitum *(2/380)* zusammenbringen; erregen, antreiben, aufregen, aufwiegeln, reizen, aufreizen

conciliare, concilio, conciliavi, conciliatum *(1/380)* vermitteln, zusammenbringen; anempfehlen; befreunden, versöhnen; (für sich) gewinnen; *fratrem sorori conciliare* den Bruder mit der Schwester versöhnen; *sibi amico conciliare* Freunde gewinnen

concilium, concilii *(o/327) n* Senatsversammlung, Volksversammlung; *in concilio adesse* an einer Versammlung teilnehmen

concinere, concino, concinui, concentum *(3/380)* zusammen singen, übereinstimmen

concinnus, concinna, concinnum *(o/a/329)* kunstgerecht, gefällig, zierlich; ausgeglichen

concipere, concipio, concepi, conceptum *(5/380)* aufnehmen, auffassen, empfangen, erfassen; verfassen; *animo percipere* verstehen; *spem concipere* Hoffnung schöpfen; *ignem concipere* Feuer fangen

concitare, concito, concitavi, concitatum *(1/380)* antreiben, aufregen, aufwiegeln, reizen, aufreizen

concitatio, concitationis *(kons./333) f* Aufruhr, Auflauf

conclamare, conclamo, conclamavit, conclamatum *(1/380)* zusammenrufen, laut rufen, schreien

conclave, conclavis *(i/338) n* Zimmer

concludere, concludo, conclusi, conclusum *(3/380)* einschließen, abschließen; folgern

conclusio, conclusionis *(kons./333) f* Einschließung, Abschluss; Folgerung

concordia, concordiae *(a/325) f* Eintracht, Einigkeit

concors, concordis *(i/342)* einträchtig

concremare, concremo, concremavi, concrematum *(1/380)* verbrennen

concrescere, concresco, concrescevi, concrescetum *(3/380)* zusammenwachsen; erstarren

concubitus, concubiti *(o/326) m* Beischlaf

concumbere, concumbo, concubui, concubitum *(3/380) [cum mit Ablativ]* sich zu jemandem legen, mit jemandem schlafen

concupiscere, concupisco, concupivi, concupitum *(3/380)* heftig begehren

concurrere, concurro, concurri, concursum *(3/380)* zusammenlaufen, zusammenstoßen

concursare, concurso, concursavi, concursatum *(1/380)* wiederholt zusammenlaufen

concursio, concursionis *(kons./333) f* Zusammentreffen

concursus, concursus *(u/350) m* Zusammenlauf, Zusammenstoß, Ansturm

concutere, concutio, concussi, concussum *(5/380)* zusammenschlagen, (jemanden) sehr erschrecken, erschüttern, zerrütten; *Hoc fatum homines concusserat.* Dieses Ereignis hatte die Menschen sehr erschüttert.

condemnare, condemno, condemnavi, condemnatum *(1/380)* verurteilen

condere, condo, condidi, conditum *(3/380)* gründen, verwahren, bergen, verbergen, bestatten; *ab urbe condita* seit Gründung der Stadt (Rom)

condicio, condicionis *(kons./333) f* Bedingung, Lage, Vereinbarung; *eā condicione, ut/ne* unter der Bedingung, dass/dass nicht

condimentum, condimenti *(o/327) m* Würze, Gewürz

condīre, condio, condivi, conditum *(4/380)* würzen, einbalsamieren

condiscere, condisco, condidici, – *(3/380)* lernen, erlernen

conditor, conditoris *(kons./331) m* Gründer, Stifter, Urheber, Verfasser

condonare, condono, condonavi, condonatum *(1/380)* schenken, erlassen, vergeben, überlassen

conducere, conduco, conduxi, conductum *(3/380)* zusammenführen, versammeln, anwerben, mieten; *conducit* es nützt; *mercede conducere* um Sold anwerben

conducti, conductorum *(o/326) m [plurale tantum]* Söldner

conectere, conecto, conexui, conexum *(3/380)* verbinden, verknüpfen

conferre, confero, contuli, collatum *(unreg./400)* vergleichen, zusammentragen, sammeln, zusammenbringen, beitragen; *se conferre* sich begeben; *beneficium conferre (in mit Akkusativ)* (jemandem) eine Wohltat erweisen; *se Romam conferre* sich nach Rom begeben

confertus, conferta, confertum *(o/a/329) [Ablativ]* vollgestopft mit, dichtgedrängt, voll von

confessio, confessionis *(kons./333) f* Geständnis, Bekenntnis

confestim *Adverb* eilens, sofort, unverzüglich

conficere, conficio, confeci, confectum *(5/380)* zustande bringen, anfertigen; vollenden, erledigen, ausführen; erschöpfen, aufreiben; *itinere confecto* nach Beendigung der Reise; *vulneribus confectus* tödlich verwundet

confidere, confido, confisus sum, – *(3/380)* *[Dativ/Ablativ]* vertrauen, hoffen; *viribus confisus* im Vertrauen auf seine Kraft

configere, configo, confixi, confixum *(3/380)* zusammenheften, durchbohren

confinium, confinii *(o/327) n* Grenzgebiet, Grenzscheide

confirmare, confirmo, confirmavi, confirmatum *(1/380)* stärken, bestärken, bestätigen, ermutigen, beteuern, kräftigen, bekräftigen

confitēri, confiteor, confessus sum, – *(2/Deponens/392)* gestehen, eingestehen, bekennen, zeigen, offenbaren; *Confitere, quod sentias!* Bekenne, was du denkst!; *Se vinci confitebantur.* Sie erklärten sich für besiegt.

conflare, conflo, conflavi, conflatum *(1/380)* anblasen, anfachen, anstiften, zusammenbringen, zustande bringen

conflictare/conflictari, conflicto/conflictor, conflictavi/conflictatus sum, conflictatum *(1/380)* schwer zu kämpfen haben, schwer treffen

confligere, confligo, conflixi, conflictum *(3/380)* aneinander geraten, zusammenstoßen, kämpfen

confluere, confluo, confluxi, – *(3/380)* zusammenfließen

conformare, conformo, conformavi, conformatum *(1/380)* bilden, gestalten

conformatio, conformationis *(kons./333) f* Bildung, Gestalt, Gestaltung

confringere, confringo, confregi, confractum *(3/380)* brechen, zerbrechen, vergeuden

confugere, confugo, confugi, –, confugiturus *(3/380)* seine Zuflucht nehmen, sich flüchten

confundere, confundo, confudi, confusum *(3/380)* vermengen, vermischen, verwirren; *voces confusae* wirres Geschrei

confusio, confusionis *(kons./333)* f Vermischung, Vereinigung, Verwirrung

congerere, congero, congessi, congestum *(3/380)* zusammentragen, anhäufen

conglobare, conglobo, conglobavi, conglobatum *(1/380)* zusammenballen, zusammenscharen

congredi, congredior, congressus sum, – *(5/Deponens/392)* zusammentreffen, zusammenstoßen, kämpfen

congregare, congrego, congregavi, congregatum *(1/380)* versammeln, vereinigen

congressus, congressus *(u/350)* m Zusammenstoß, Zusammenkunft

congruere, congruo, congrui, – *(3/380)* zusammenfallen, zusammentreffen, übereinstimmen

conicere, conicio, conieci, coniectum *(5/380)* schleudern, werfen, zusammenwerfen, hinwerfen; vermuten

coniectare, coniecto, coniectavi, coniectatum *(1/380)* vermuten

coniector, coniectoris *(kons./331)* m Wahrsager, Deuter, Traumdeuter

coniectura, coniecturae *(a/325)* f Vermutung, Deutung

coniti, conitor, conisus, – *(3/Deponens/392)* sich anstrengen, sich bemühen

coniugium, coniugii *(o/327)* n Ehe

coniunctio, coniunctionis *(kons./333)* f Verbindung, Freundschaft, Verwandtschaft, Ehe, Beziehung

coniungere, coniungo, coniunxi, coniunctum *(3/380)* verbinden, vereinigen; *dextras coniungere* sich die Hände geben

coniu(n)x, coniugis *(kons./331)* f Gattin, Ehefrau

coniurare, coniuro, coniuravi, coniuratum *(1/380)* sich verschwören, sich eidlich verbünden

coniurati, coniuratorum *(o/326)* m *[plurale tantum]* die Verschworenen, Verschwörer

coniuratio, coniurationis *(kons./333)* f Verschwörung; *in coniuratione esse* an einer Verschwörung beteiligt sein

coniuratus, coniurata, coniuratum *(o/a/329)* gemeinsam eidlich verpflichtet; *substantivisch* Verschworener

coniux/coniunx, coniugis *(kons./331)* m/f Gatte, Gattin, Gemahlin

connectere, connecto, connexui, connexum *(3/380)* verbinden, verknüpfen

conqueri, conqueror, conquestus sum, – *(3/Deponens/392)* klagen, sich beschweren

conquiescere, conquiesco, conquievi, conquietum *(3/380)* sich beruhigen, zur Ruhe kommen, ruhen, ausruhen, rasten

conquirere, conquiro, conquisivi, conquisitum *(3/380)* zusammensuchen, sammeln

Cons./Cos./Coss. (consul/es) Konsul/Konsuln

consanguineus, consanguinea, consanguineum *(o/a/329)* blutsverwandt

conscendere, conscendo, conscendi, conscensum *(3/380)* besteigen; *navem conscendere* sich einschiffen

conscientia, conscientiae *(a/325)* f Mitwissen, Gewissen, Bewusstsein; *Conscientiā scelerum agitatur.* Sein schlechtes Gewissen lässt ihm keine Ruhe.

consciscere, conscisco, conscivi, conscitum *(3/380)* beschließen

conscius, conscia, conscium *(o/a/329) [Genitiv]* eingeweiht in; *substantivisch* Mitwisser; *coniurationis conscius* Mitwisser einer Verschwörung; *sibi conscius* selbstbewusst

conscribere, conscribo, conscripsi, conscriptum *(3/380)* abfassen, verfassen, anwerben, rekrutieren; *legiones conscribere* Truppen rekrutieren

consecrare, consecro, consecravi, consecratum *(1/380)* weihen, zur Gottheit erheben

consectari, consector, consectatus sum, – *(1/Depo-nens/392)* nachjagen, verfolgen

consenescere, consenesco, consenui, – *(3/380)* alt werden, altern

consensio, consensionis *(kons./333)* f Übereinstimmung

consensus, consensus *(u/350)* m Übereinstimmung; *consensu omnium* einstimmig

consentaneus, consentanea, consentaneum *(o/a/329)* übereinstimmend

consentīre, consentio, consensi, consensum *(4/380)* übereinstimmen, zustimmen; *cum consilio consentire* mit dem Beschluss einverstanden sein

consequi, consequor, consecutus sum, – *(3/Depo-nens/392)* nachfolgen, erreichen, einholen

conserere, consero, conserui, consertum *(3/380)* zusammenreihen, verknüpfen

conserere, consero, consevi, consitum *(3/380)* anpflanzen, bepflanzen, besäen

conservare, conservo, conservavi, conservatum *(1/380)* bewahren, aufbewahren, retten; beachten

conservatio, conservationis *(kons./333)* f Aufbewahrung, Erhaltung, Bewahrung, Rettung

conservator, conservatoris *(kons./331)* m Erhalter, Bewahrer

conservus, conservi *(o/326)* m Mitsklave

consessus, consessus *(u/350)* m Versammlung

considerare, considero, consideravi, consideratum *(1/380)* überlegen, erwägen, betrachten, bedenken

considere, consido, consedi, – *(3/380)* sich setzen, sich lagern, sich ansiedeln, sich niederlassen; *sub arbore considere* sich unter einen Baum setzen

consignare, consigno, consignavi, consignatum *(1/380)* siegeln, bekräftigen, bestätigen

consilium, consilii *(o/327)* n Rat, Ratschlag, Ratsversammlung, Beratung, Plan, Absicht, Vorsatz, Überlegung, Entschluss; *consilium habere* beratschlagen;

consilium capere/inire einen Plan fassen; *consilium omittere* einen Plan aufgeben; *consilium sequi* einen Rat befolgen; *consilium suum aperire* seinen Plan bekannt geben; *eo consilio, ut* in der Absicht, dass

consimilis, consimilis, consimile *(i/343)* ganz ähnlich

consistere, consisto, constiti, – *(3/380)* sich hinstellen, Halt machen, stehen bleiben, sich niederlassen, bestehen aus

consobrina, consobrinae *(a/325)* f Base

consobrinus, consobrini *(o/326)* m Vetter

consolari, consolor, consolatus sum, – *(1/Depo-nens/392)* trösten, lindern, mildern

consolatio, consolationis *(kons./333)* f Trost, Tröstung

consonare, consono, consonui, –, consonaturus *(1/380)* zusammenklingen, übereinstimmen

consors, consortis *(i/342)* gemeinsam, beteiligt; *substantivisch* Teilhaber, Gefährte, Genosse

conspectus, conspectus *(u/350)* m Aussehen, Anblick; *in conspectu esse* sichtbar sein

conspicari, conspicor, conspicatus sum, – *(1/Depo-nens/392)* erblicken

conspicere, conspicio, conspexi, conspectum *(5/380)* erblicken, wahrnehmen

conspicuus, conspicua, conspicuum *(o/a/329)* sichtbar, ansehnlich, auffallend, hervorragend

conspirare, conspiro, conspiravi, conspiratum *(1/380)* zusammenwirken, sich verschwören

constans, constantis *(i/342)* standhaft, beständig

constantia, constantiae *(a/325)* f Ausdauer, Standhaftigkeit

Constantinus, Constantini *(o/326)* m Konstantin (Kaiser 306–337 n. Chr.)

constare, consto, constiti, –, constaturus *(1/380)* fest stehen, unverändert bleiben; *([ex mit] Ablativ)* bestehen (aus); kosten; *constat* es ist bekannt, es steht fest; *Animalia loqui non posse constat.* Tiere können bekanntlich nicht sprechen.; *Hae res parvo/magno constant.* Diese Sachen kosten wenig/viel.

consternare, consterno, consternavi, consternatum *(1/380)* scheu machen, erschrecken, aufjagen

consternere, consterno, constravi, constratum *(3/380)* bedecken, niederwerfen, erschrecken

constituere, constituo, constitui, constitutum *(3/380)* aufstellen, einsetzen, beschließen, festsetzen; *diem concilio constituere* den Termin für die Versammlung festsetzen

constitutio, constitutionis *(kons./333) f* Bestimmung, Verfassung

constringere, constringo, constrinxi, constrictum *(3/380)* zusammenschnüren, fesseln, beschränken

construere, construo, construxi, constructum *(3/380)* aufschichten, errichten, erbauen

consuescere, consuesco, consuevi, consuetum *(3/380)* sich gewöhnen; *(Perfekt)* gewohnt sein (etwas zu tun), pflegen; *consuevisse* gewohnt sein, pflegen; *sicut fieri consuevit* wie es zu geschehen pflegt; *Id cottidie consuevi facere.* Dies pflege ich täglich zu tun.

consuetudo, consuetudinis *(kons./333) f* Gewohnheit, Brauch, Umgang, geselliger Verkehr; *consuetudo amici* Umgang mit dem Freund; *ex consuetudine* gewohnheitsmäßig

consul, consulis *(kons./331) m* Konsul (ranghöchster Beamter); *Cn. Pompeio (et) M. Crasso consulibus* unter dem Konsulat von Gnaeus Pompeius und Marcus Crassus

consularis, consularis, consulare *(i/343)* konsularisch

consularis, consularis *(kons./331) m* gewesener Konsul

consulatus, consulatus *(u/350) m* Konsulat, Amt des Konsuls

consulere, consulo, consului, consultum *(3/380) [Akkusativ/in + Akkusativ/Dativ]* beraten, beratschlagen, befragen, um Rat fragen; sorgen für *(mit Dativ)*; vorgehen gegen; beschließen; *oraculum consulere* das Orakel

befragen; *Consulamus peritiores!* Fragen wir Erfahrenere um Rat!; *Consules saluti civium consulant* Die Konsuln sollen für das Wohl der Bürger sorgen.; *consulere in inimicos* gegen die Feinde Maßnahmen ergreifen

consultare, consulto, consultavi, consultatum *(1/380)* befragen, beratschlagen, sorgen für

consulto *Adverb* absichtlich, überlegt

consultor, consultoris *(kons./331) m* Rat Suchender; Ratgeber

consultum, consulti *(o/327) n* Beschluss

consultus, consulta, consultum *(o/a/329)* wohlüberlegt, erfahren (in etwas), kundig; *iuris consultus* Rechtskundiger

consumere, consumo, consumpsi, consumptum *(3/380)* verwenden auf, aufbrauchen, verbrauchen, vergeuden, verschwenden; *tempus consumere in litteris* seine Zeit auf die Wissenschaften verwenden; *res familiares consumere* sein Vermögen vergeuden

consurgere, consurgo, consurrexi, consurrectum *(3/380)* aufstehen, sich erheben

contabulatio, contabulationis *(kons./333) f* Stockwerk

contagio, contagionis *(kons./333) f* Berührung, Ansteckung, Einfluss

contaminare, contamino, contaminavi, contaminatum *(1/380)* beflecken, entweihen, verderben

contegere, contego, contexi, contectum *(3/380)* decken, bedecken, verhüllen, verbergen

contemnere, contemno, contempsi, contemptum *(3/380)* verachten, missachten, verschmähen, gering schätzen

contemplari, contemplor, contemplatus sum, – *(1/Deponens/392)* anschauen, betrachten

contemplatio, contemplationis *(kons./333) f* Betrachtung

contemptio, contemptionis *(kons./333) f* Verachtung, Geringschätzung, Missachtung

contemptus, contemptus *(u/350) m* Verachtung, Geringschätzung

contendere, contendo, contendi, contentum *(3/380)* anspannen, sich messen, sich anstrengen, eilen; kämpfen; behaupten; *Amicus auxilium ferre contendit.* Der Freund beeilte sich, Hilfe zu holen.; *de principatu contendere* um die Vorherrschaft streiten; *Contendo hoc numquam factum esse.* Ich behaupte, dass dies nie geschehen ist.

contentio, contentionis *(kons./333)* f Anstrengung, Streit

contentus, contenta, contentum *(o/a/329)* gespannt, straff

contentus, contenta, contentum *(o/a/329)* zufrieden

conterere, contero, contrivi, contritum *(3/380)* zerreiben, zerbröseln; abnutzen, aufreiben; vergeuden

contestari, contestor, contestatus sum, – *(1/Deponens/392)* als Zeugen anrufen; bezeugen

contexere, contexo, contexui, contextum *(3/380)* zusammenfügen, verflechten, verbinden

conticescere, conticesco, conticui, – *(3/380)* verstummen

continens, continentis *(i/342)* zusammenhängend, unmittelbar folgend, enthaltsam, mäßig

continens, continentis *(kons./331)* f Festland; *in continenti (terra)* auf dem Festland

continentia, continentiae *(a/325)* f Enthaltsamkeit, Mäßigung, Selbstbeherrschung

continēre, contineo, continui, contentum *(2/380)* festhalten, einschließen, enthalten, umfassen, zusammenhalten, mäßigen, zurückhalten

contingere, contingo, contigi, contactum *(3/380)* gelingen, zuteil werden, glücken, berühren; *mihi contingit, ut* mir gelingt/glückt es, dass

continuare, continuo, continuavi, continuatum *(1/380)* fortsetzen

continuo *Adverb* sogleich, sofort

continuus, continua, continuum *(o/a/329)* zusammenhängend, ununterbrochen, fortwährend

contio, contionis *(kons./333)* f Versammlung, Volksversammlung; Rede

contionari, contionor, contionatus sum, – *(1/Deponens/392)* eine Rede halten

contorquēre, contorqueo, contorsi, contortum *(2/380)* herumdrehen; schleudern

contra *(420) Präposition [Akkusativ]* gegen (feindlich), gegenüber

contra *Adverb* gegenüber, dagegen, im Gegenteil; *Utrumque contra accidit.* Beides ist ganz anders gekommen.

contractio, contractionis *(kons./333)* f Zusammenziehung, Verkürzung

contrahere, contraho, contraxi, contractum *(3/380)* zusammenziehen, sammeln, einschränken

contrarius, contraria, contrarium *(o/a/329)* gegenüberliegend, entgegengesetzt, gegensätzlich

controversia, controversiae *(a/325)* f Streit, Meinungsverschiedenheit

contubernium, contubernii *(o/327)* n gemeinsames Zelt, Zeltgemeinschaft

contuēri, contueor, contuitus sum, – *(2/Deponens/392)* betrachten, beschauen

contumacia, contumaciae *(a/325)* f Trotz, Unnachgiebigkeit

contumelia, contumeliae *(a/325)* f Beschimpfung, Beleidigung, Kränkung, Schmach

contundere, contundo, contudi, contusum *(3/380)* zerschlagen, zerschmettern, vernichten

conturbare, conturbo, conturbavi, conturbatum *(1/380)* verwirren

contus, conti *(o/326)* m Stange, Ruderstange, Wurfspieß

conubium, conubii *(o/327)* n Ehe, Heiratsrecht

convalescere, convalesco, convalui, – *(3/380)* erstarken, wieder erstarken, sich erholen

convallis, convallis *(g/339)* f Tal, Talkessel

convehere, conveho, convexi, convectum *(3/380)* zusammenbringen

convellere, convello, convelli/vulsi, convulsum *(3/380)* losreißen, erschüttern

conveniens, convenientis *(i/342)* übereinstimmend, einig, einträchtig, passend

convenientia, convenientiae *(a/325) f* Übereinstimmung

convenīre, convenio, conveni, conventum *(4/380)* zusammenkommen, besuchen, übereinkommen, sich einigen, passen zu; *convenit* es passt; *in forum convenire* auf dem Marktplatz zusammenkommen; *convenire ad amicum* bei einem Freund zusammenkommen; *convenire amicum* einen Freund besuchen; *Amici in eo manebant, quod convenerant.* Die Freunde blieben bei dem, was sie vereinbart hatten.; *Pax convenit inter nos.* Wir einigen uns auf den Frieden.; *Hoc ei/in eum non convenit.* Das passt nicht zu ihm.; *Res inter se conveniunt.* Die Sachen passen zusammen.

conventus, conventus *(u/350) m* Zusammenkunft, Versammlung, Gerichtstag

conversio, conversionis *(kons./333) f* Umkehrung, Umdrehung, Umlauf

convertere, converto, conversi, conversum *(3/380)* wenden, umwenden, hinwenden, hinlenken; verändern

convexa, convexorum *(o/327) n* Himmelsgewölbe; Talkessel

convexus, convexa, convexum *(o/a/329)* gewölbt (nach außen), steil

convicium, convicii *(o/327) n* Gekreisch, Gezänk, Scheltrede, Schmähung, Spottrede, Schimpfwort, Tadel

convictor, convictoris *(kons./331) m* Tischgenosse, Gesellschafter

convincere, convincio, convici, convictum *(5/380)* (einer Schuld) überführen (mit Genitiv); widerlegen *(mit Akkusativ)*, beweisen; *aliquem sceleris convincere* jemanden eines Verbrechens überführen

conviva, convivae *(a/325) f* Tischgenosse, Gast

convivium, convivii *(o/327) n* Gastmahl, Gelage; *in convivio interesse* an einem Gastmahl teilnehmen

convocare, convoco, convocavi, convocatum *(1/380)* zusammenrufen, berufen

coorīri, coorior, coortus sum, –, cooriturus *(4/Deponens/392)* entstehen, losbrechen

cooperīre, cooperio, cooperui, coopertum *(4/380)* verschließen, bedecken, zudecken, verhüllen

copia, copiae *(a/325) f* Fähigkeit, Möglichkeit; Vorrat, Fülle, Menge; *Plural* **copiae, copiarum** Vorräte, Vermögen, Truppen, Streitkräfte; *copia frumenti* eine Menge Getreide; *copias Alpes traducere* Truppen über die Alpen führen; *copias in Germaniam transferre* Truppen nach Germanien verlegen; *copia navalis* Seemacht

copiosus, copiosa, copiosum *(o/a/329)* reich, wortreich, beredet

copula, copulae *(a/325) f* Band

copulare, copulo, copulavi, copulatum *(1/380)* zusammenbinden, verknüpfen, verbinden

coquere, coquo, coxi, coctum *(3/380)* kochen, erhitzen

cor, cordis *(kons./336) n* Herz, Gemüt, Verstand; *cordi esse* am Herzen liegen; *Res mihi cordi est.* Die Sache liegt mir am Herzen.

coram *Adverb* persönlich, mit eigenen Augen

coram *(420) Präposition [Ablativ]* angesichts, in Gegenwart von, vor

Corinthus, Corinthi *(o/326) f* Korinth

corium, corii *(o/327) m* Fell, Haut, Leder

corniger, cornigera, cornigerum *(o/a/330)* gehörnt

cornix, cornicis *(kons./332) f* Krähe

cornu, cornus *(u/350) n* Horn; Heeresflügel; Landzunge; *Plural* **cornua, cornuum** Geweih

cornum, corni *(o/327) n* Kornelkirsche

corona, coronae *(a/325) f* Krone, Kranz; Zuhörerkreis, Versammlung

coronare, corono, coronavi, coronatum *(1/380)* bekränzen, krönen

corpus, corporis *(kons./335)* n Körper, Leib, Leiche; Körperschaft, Gesamtheit

correctio, correctionis *(kons./333)* f Verbesserung, Berichtigung, Zurechtweisung

corrigere, corrigo, correxi, correctum *(3/380)* zurechtweisen, verbessern, berichtigen

corripere, corripio, corripui, correptum *(5/380)* ergreifen, zusammenraffen, packen, verkürzen

corruere, corruo, corrui, –, corruiturus *(3/380)* einstürzen, zusammenstürzen

corrumpere, corrumpo, corrupi, corruptum *(3/380)* verderben, vernichten; bestechen; fälschen; *mores corrupti* Sittenverfall

corruptela, corruptelae *(a/325)* f Verderben, Verderbnis, Verführung, Bestechung

cortex, corticis *(kons./332)* m Rinde, Kork

coruscare, corusco, coruscavi, coruscatum *(1/380)* zucken lassen, zucken; schimmern, blinken, blitzen

➤ **coruscus**, corusca, coruscum *(o/a/329)* zitternd, zuckend, schwankend; blinkend, blitzend

corvus, corvi *(o/326)* m Rabe

cos, cotis *(kons./331)* f Wetzstein

costa, costae *(a/325)* f Rippe

cothurnus, cothurni *(o/326)* m Kothurn

cottidianus, cottidiana, cottidianum *(o/a/329)* täglich, alltäglich; *sermo cottidinanus* Alltagssprache

cottidie *Adverb* täglich, Tag für Tag

cras *Adverb* morgen

crassitudo, crassitudinis *(kons./333)* f Dicke

crassus, crassa, crassum *(o/a/329)* dick, plump

crastinus, crastina, crastinum *(o/a/329)* morgig

crater/cratera, crateris/craterae *(kons./331)* m Mischkrug, Mischkessel; Schlund, Krater

cratis, cratis *(g/339)* f Flechtwerk, Hürde

creare, creo, creavi, creatum *(1/380)* erzeugen, verursachen, hervorbringen, erschaffen; wählen

creber, crebra, crebrum *(o/a/330)* häufig, zahlreich, dicht

crebro *Adverb* häufig, oft

credere, credo, credidi, creditum *(3/380)* glauben, vertrauen, anvertrauen; *crederes* man hätte glauben können

credibilis, credibilis, credibile *(i/343)* glaubhaft

credulitas, credulitatis *(kons./334)* f Leichtgläubigkeit

credulus, credula, credulum *(o/a/329)* leichtgläubig

cremare, cremo, cremavi, crematum *(1/380)* verbrennen

crepare, crepo, crepui, crepitum *(1/380)* knarren, schallen

crepitare, crepito, crepitavi, crepitatum *(1/380)* schallen, rauschen, klirren, krachen

crescere, cresco, crevi, cretum *(3/380)* wachsen, zunehmen, sich entwickeln; *crescente invidiā* bei zunehmender Antipathie; *Flumen crescit.* Der Fluss schwillt an.

creta, cretae *(a/325)* f Kreide

Creta, Cretae *(a/325)* f Kreta

crimen, criminis *(kons./336)* n Vorwurf, Schuld, Verbrechen; *crimen horrere* vor einem Verbrechen zurückschrecken

criminari, criminor, criminatus sum, – *(1/Deponens/392)* beschuldigen, vorwerfen

criminatio, criminationis *(kons./333)* f Anschuldigung, Verdächtigung

crinis, crinis *(g/339)* m Haar

crista, cristae *(a/325)* f Helmbusch

croceus, crocea, croceum *(o/a/329)* safrangelb, Safran-

crocodilus, crocodili *(o/326)* m Krokodil

crocus, croci *(o/326)* m Safran

Croesus, Croesi *(o/326) m* Krösus (durch seinen Reichtum bekannter König)

cruciare, crucio, cruciavi, cruciatum *(1/380)* kreuzigen, quälen, martern

cruciatus, cruciatus *(u/350) m* Marter, Qual, Folter, Hinrichtung

crudelis, crudelis, crudele *(i/343)* roh, grausam; *se crudelem praebere* sich grausam zeigen

crudelitas, crudelitatis *(kons./334) f* Grausamkeit

crudus, cruda, crudum *(o/a/329)* blutig, roh, gefühllos

cruentus, cruenta, cruentum *(o/a/329)* blutig, blutbefleckt, blutdürstig

cruor, cruoris *(kons./331) m* (vergossenes) Blut

crus, cruris *(kons./335) n* Schenkel, Bein, Schienbein

crux, crucis *(kons./332) f* Kreuz, Kreuzzeichen, Kreuzigung

cubare, cubo, cubavi, cubatum *(1/380)* liegen

cubiculum, cubiculi *(o/327) n* Schlafzimmer, Schlafraum

cubile, cubilis *(i/338) n* Lager, Lagerstätte

cubitus/cubitum, cubiti *(o/326) m/n* Ellenbogen, Elle

culex, culicis *(kons./332) m* Mücke

culina, culinae *(a/325) f* Küche

culmen, culminis *(kons./336) n* Giebel, First, Dach, Gipfel

culmus, culmi *(o/326) m* Halm, Strohhalm, Ähre

culpa, culpae *(a/325) f [Genitiv]* Schuld (an); *vacare culpā* unschuldig sein

culpare, culpo, culpavi, culpatum *(1/380)* beschuldigen, tadeln

culter, cultri *(o/328) m* Messer

cultor, cultoris *(kons./331) m* Bearbeiter, Bebauer, Ansiedler, Bewohner, Verehrer

cultura, culturae *(a/325) f* Anbau, Pflege, Ausbildung, Bearbeitung

cultus, cultus *(u/350) m* Anbau, Verehrung, Pflege; Bildung, Bearbeitung; Lebensweise; *cultus agrorum* Ackerbau; *cultus deorum* Götterverehrung; *cultus corporis* Körperpflege, Schmuck; *cultus animi* geistige Beschäftigung

cultus, culta, cultum *(o/a/329)* geschmückt, gebildet

cum *(422) Konjunktion* als, nachdem; *(mit Indikativ Perfekt)* immer, wenn; sooft; *(mit Konjunktiv)* während dagegen, wohingegen, obwohl, obgleich, weil, da; *tum cum* damals, als; *modo cum* eben, als; *cum ... tum* sowohl ... als auch ganz besonders

cum *(420) Präposition [Ablativ]* mit

cumba, cumbae *(a/325) f* Kahn

cumulare, cumulo, cumulavi, cumulatum *(1/380)* anhäufen, überschütten; steigern

cumulus, cumuli *(o/326) m* Haufe

cunae, cunarum *(a/325) f [plurale tantum]* Wiege

cunctari, cunctor, cunctatus sum, – *(1/Deponens/392)* zögern, zaudern; *Noli cunctare!* Zögere nicht!

cunctatio, cunctationis *(kons./333) f* Zögern

cunctus, cuncta, cunctum *(o/a/329)* gesamt, ganz; *Plural* **cuncti, cunctae, cuncta** alle

cuneus, cunei *(o/326) m* Keil, keilförmige Schlachtordnung

cuniculus, cuniculi *(o/326) m* Kaninchen; unterirdischer Gang, Schacht

cupere, cupio, cupivi, cupitum *(5/380)* begehren, wünschen, wollen

cupiditas, cupiditatis *(kons./334) f* Begehrlichkeit, Begierde, Leidenschaft, Verlangen

cupido, cupidinis *(kons./333) f* Begehrlichkeit, Begierde, Verlangen, Leidenschaft

cupidus, cupida, cupidum *(o/a/329) [Genitiv]* begierig nach, eifrig in; *imperii cupidus* herrschsüchtig; *gloriae cupidus* ruhmsüchtig

cupressus, cupressi *(o/326) f* Zypresse

cuprum, cupri *(o/327) n* Kupfer

cur *Adverb* warum?

46

cura, curae *(a/325) f [Genitiv]* Sorge (für), Besorgnis, Fürsorge, Sorgfalt, Pflege; *curis liberatus* sorgenfrei; *Res mihi (maximae) curae est.* Die Sache liegt mir (sehr) am Herzen.; *sine cura esse* unbesorgt sein

curare, curo, curavi, curatum *(1/380)* sorgen für, besorgen, pflegen, sich kümmern um

curatio, curationis *(kons./333) f* Wartung, Behandlung, Pflege, Verwaltung, Besorgung

curia, curiae *(a/325) f* Rathaus, Ratsversammlung, Kurie

curiosus, curiosa, curiosum *(o/a/329)* sorgfältig, neugierig

currere, curro, cucurri, cursum *(3/380)* laufen, rennen

curriculum, curriculi *(o/327) n* Rennbahn, Wettlauf

currus, currus *(u/350) m* Wagen, Streitwagen, Rennwagen

cursor, cursoris *(kons./331) m* Läufer

cursus, cursus *(u/350) m* Lauf, Kurs, Laufbahn; *cursum tenere* Kurs halten; *cursum honorum* Ämterlaufbahn

curtus, curta, curtum *(o/a/329)* verkürzt, verstümmelt

sella curulis, sellae curulis *(kons./331) f* Amtsstuhl

curvare, curvo, curvavi, curvatum *(1/380)* krümmen, biegen, wölben

curvus, curva, curvum *(o/a/329)* krumm, gekrümmt, gebogen, gewölbt

cuspis, cuspidis *(kons./332) f* Spitze, Stachel, Lanze

custodia, custodiae *(a/325) f* Wache, Bewachung, Haft

custodīre, custodio, custodivi, custoditum *(4/380)* bewahren, verwahren, bewachen, hüten, behüten

custos, custodis *(kons./331) m/f* Wächter, Wächterin, Küster, Küsterin, Beschützer, Beschützerin

cutis, cutis *(g/339) f* Haut

cycnus, cycni *(o/326) m* Schwan

cylindrus, cylindri *(o/326) m* Walze, Zylinder

D

D. (dominus) Herr
D. (dies) Tag
D (quingenti) fünfhundert
Daedalus, Daedali *(o/326) m* Dädalus
damma, dammae *(a/325) f* Reh, Gazelle, Gemse
damnare, damno, damnavi, damnatum *(1/380)* verurteilen, schuldig sprechen; *proditionis damnare* wegen Verrats verurteilen; *pecuniā damnare* zu einer Geldstrafe verurteilen; *capitis damnare* zum Tode verurteilen
damnatio, damnationis *(kons./333) f* Verurteilung
damnosus, damnosa, damnosum *(o/a/329)* schädlich, verderblich
damnum, damni *(o/327) n* Schaden, Verlust, Einbuße
Danaus, Danai *(o/326) m* Danaus (Vater der Danaiden)
Danuvius, Danuvii *(o/326) m* Donau
daps, dapis *(kons./331) f* Mahl, Schmaus; *Plural* **dapes, dapum** Festmahl, Opfermahl
dare, do, dedi, datum *(1/380)* geben; zahlen; gewähren; bewirken, verursachen; *se dare* sich hingeben, sich widmen
de *(420)* Präposition *[Ablativ]* von, von … herab, von … an, von … weg, über
dea, deae *(a/325) f* Göttin
debellare, debello, debellavi, debellatum *(1/380)* niederkämpfen, niederringen, besiegen; den Krieg beenden
debēre, debeo, debui, debitum *(2/380)* schulden, verdanken, müssen, sollen; *non debere* nicht dürfen; *Sorori gratiam debeo.* Ich bin meiner Schwester Dank schuldig.
debilis, debilis, debile *(i/343)* kraftlos, schwach

debilitare, debilito, debilitavi, debilitatum *(1/380)* schwächen, lähmen

debilitas, debilitatis *(kons./334) f* Schwäche, Gebrechlichkeit

debitum, debiti *(o/327) n* Schuld, Verpflichtung

Dec. (december) Dezember

decedere, decedo, decessi, decessum *(3/380)* weggehen, weichen, fortgehen; vergehen, sterben; *de vita decedere* sterben; *sol decedit* die Sonne geht unter

decem zehn

December, Decembris, Decembre *(i/344)* zum Dezember gehörig; *mensis December* Dezember

decemvir, decemviri *(o/328) m [meist Plural]* Dezemvir (eines Zehnmännerkollegiums)

decēre, deceo, decui, – *(2/380) [meist decet, decuit]* zieren, sich geziemen, passen, sich gehören

decernere, decerno, decrevi, decretum *(3/380)* entscheiden, beschließen, festsetzen; zuerkennen; *Caesar Rhenum transire decrevit.* Cäsar beschloss den Rhein zu überqueren.

decerpere, decerpo, decerpsi, decerptum *(3/380)* abpflücken

decertare, decerto, decertavi, decertatum *(1/380)* bis zur Entscheidung kämpfen

decidere, decido, decidi, decisum *(3/380)* herabfallen; sterben

decīdere, decido, decidi, decisum *(3/380)* abhauen, abschneiden; ein Abkommen treffen, abmachen, vereinbaren

decie(n)s *Adverb* zehnmal

decimus/decumus, decima, decimum *(o/a/329)* der zehnte

decipere, decipio, decepi, deceptum *(5/380)* täuschen

declamare, declamo, declamavi, declamatum *(1/380)* laut hersagen

declarare, declaro, declaravi, declaratum *(1/380)* erklären, öffentlich verkünden

declinare, declino, declinavi, declinatum *(1/380)* ablenken, abweichen, ausweichen, vermeiden

declinatio, declinationis *(kons./333) f* Abweichung

declivis, declivis, declive *(i/343)* abschüssig, geneigt

decor, decoris *(kons./331) m* Anstand, Würde; Anmut; Schmuck

decorare, decoro, decoravi, decoratum *(1/380)* schmücken, auszeichnen, ehren

decorus, decora, decorum *(o/a/329)* geschmückt, schön, zierlich; geziemend, schicklich

decretum, decreti *(o/327) n* Beschluss, Lehrsatz

decuma, decumae *(a/325) f [oft Plural]* Zehntel, Zehnter (Abgabe)

decumanus, decumana, decumanum *(o/a/329)* zehntpflichtig, zur 10. Legion gehörig, zur 10. Kohorte gehörig

decuria, decuriae *(a/325) f* Zehntschaft, (kleine) Abteilung

decurio, decurionis *(kons./333) m* Dekurio, Führer einer Abteilung

decurrere, decurro, decurri, decursum *(3/380)* herabeilen, durcheilen, hineilen

decus, decoris *(kons./335) n* Zierde, Schmuck, Würde, Ehre; *mihi decori est* es gereicht mir zur Ehre

decutere, decutio, decussi, decussum *(5/380)* herunterschlagen, abschütteln

dedecēre, dedeceo, dedecui, – *(2/380)* schlecht anstehen, sich nicht ziemen, sich nicht schicken

dedecus, dedecoris *(kons./335) n* Unehre, Schande, Schmach; *per dedecus* schändlich

dedere, dedo, dedidi, deditum *(3/380)* widmen, hingeben, übergeben, ausliefern, weggeben; *litteris se dedere* sich den Wissenschaften widmen; *se dedere* sich ergeben

dedicare, dedico, dedicavi, dedicatum *(1/380)* weihen, widmen

dedignari, dedignor, dedignatus sum, – *(1/Deponens/392)* verschmähen

dediticius, dediticia, dediticium *(o/a/329)* untertänig

deditio, deditionis *(kons./333)* f Übergabe, Unterwerfung; *in deditionem venire* sich ergeben

deditius, deditia, deditium *(o/a/329)* unterworfen; *substantivisch* Untertan

deditus, dedita, deditum *(o/a/329)* ergeben, hingegeben

deducere, deduco, deduxi, deductum *(3/380)* abführen, wegführen

deesse, desum, defui, –, defuturus *(unreg./398)* fehlen, mangeln, abwesend sein, im Stich lassen

defatigare, defatigo, defatigavi, defatigatum *(1/380)* ganz ermüden

defectio, defectionis *(kons./333)* f Abfall, Verfall, Ausgehen

defendere, defendo, defendi, defensum *(3/380)* abwehren, verteidigen; *ab iniuria defendere* vor Unrecht schützen; *ab hostibus defendere* vor den Feinden/gegen die Feinde verteidigen

defensare, defenso, defensavi, defensatum *(1/380)* verteidigen

defensio, defensionis *(kons./333)* f Verteidigung

defensor, defensoris *(kons./331)* m Verteidiger

deferre, defero, detuli, delatum *(unreg./400)* übertragen, überbringen, melden, herabbringen, hinabtragen, verschlagen

defessus, defessa, defessum *(o/a/329)* müde, ermüdet, erschöpft, ermattet

defetisci, defetiscor, defessus sum, – *(3/Deponens/392)* ermüden, ermatten

deficere, deficio, defeci, defectum *(5/380)* ausgehen, fehlen, nachlassen, ermatten; abfallen (von einem Verbündeten), im Stich lassen, verlassen; *Tempus me deficit.* Ich habe keine Zeit.; *Pecunia me deficit.* Mir geht das Geld aus.; *animo deficere* mutlos werden, den Mut verlieren; *a Romanis deficere* von den Römer abfallen

defigere, defigo, defixi, defixum *(3/380)* hineinstoßen, starr richten auf

definire, definio, definivi, definitum *(4/380)* genau abgrenzen, feststellen

definitio, definitionis *(kons./333)* f Festsetzung, Angabe, Definition

deflagrare, deflagro, deflagravi, deflagratum *(1/380)* niederbrennen (transitiv und intransitiv)

deflectere, deflecto, deflexi, deflectum *(3/380)* abbiegen (intransitiv), abweichen

deflēre, defleo, deflevi, defletum *(2/380)* weinen, beweinen

defluere, defluo, defluxi, – *(3/380)* herabfließen, herabgleiten

defodere, defodio, defodi, defossum *(5/380)* vergraben, eingraben

deformare, deformo, deformavi, deformatum *(1/380)* entstellen

deformis, deformis, deforme *(i/343)* entstellt, hässlich

defundere, defundo, defudi, defusum *(3/380)* herabgießen, ausgießen, eingießen

defungi, defungor, defunctus sum, – *(3/Deponens/392)* [Ablativ] erledigen, überstehen, verscheiden, sterben; *vitā defungi* sterben

degener, degeneris *(i/342)* entartet

degenerare, degenero, degeneravi, degeneratum *(1/380)* entarten

degere, dego, –, – *(3/380)* verbringen, leben, verleben

degredi, degredior, degressus sum, – *(5/Deponens/392)* hinabgehen, weggehen

dehinc *Adverb* von hier aus, hierauf

dehiscere, dehisco, –, – *(3/380)* sich öffnen, sich spalten

deicere, deicio, deieci, deiectum *(5/380)* herabwerfen, niederwerfen, umwerfen; verjagen

deinceps *Adverb* der Reihe nach

deinde *Adverb* nachher, dann, darauf

delabi, delabor, delapsus sum, – *(3/Deponens/392)* herabsinken, herabgleiten

delatio, delationis *(kons./333)* f Anzeige

delator, delatoris *(kons./331)* m Denunziant

delectare, delecto, delectavi, delectatum *(1/380)* freuen, erfreuen, entzücken, unterhalten, ergötzen

delectatio, delectationis *(kons./333)* f Entzücken, Unterhaltung, Vergnügen

delectus, delectus *(u/350)* m Auswahl, Aushebung

delenīre, delenio, delenivi, delenitum *(4/380)* beschwichtigen, für sich gewinnen, für sich einnehmen

delēre, deleo, delevi, deletum *(2/380)* tilgen, zerstören, vernichten

deliberare, delibero, deliberavi, deliberatum *(1/380)* abwägen, beraten, überlegen, erwägen

deliberatio, deliberationis *(kons./333)* f Überlegung

delicatus, delicata, delicatum *(o/a/329)* fein, reizend, verwöhnt

deliciae, deliciarum *(a/325)* f Wonne, Lust, Vergnügen

delictum, delicti *(o/327)* n Vergehen

deligare, deligo, deligavi, deligatum *(1/380)* anbinden

deligere, deligo, delegi, delectum *(3/380)* wählen, auswählen; *locum castris deligere* einen Platz für das Lager auswählen; *aliquem consulem deligere* jemanden zum Konsul wählen

delinquere, delinquo, deliqui, delictum *(3/380)* sich vergehen, Fehler machen

delirare, deliro, deliravi, deliratum *(1/380)* schwachsinnig sein, wahnsinnig sein

delirus, delira, delirum *(o/a/329)* schwachsinnig, wahnsinnig

Delphi, Delphorum *(o/326)* m *[plurale tantum]* Delphi

Delphicus, Delphica, Delphicum *(o/a/329)* delphisch

delphinus/delphin, delphini/delphinis *(o/326)* m Delphin

delubrum, delubri *(o/327)* n Heiligtum, Tempel

demens, dementis *(i/342)* wahnsinnig, unsinnig

dementia, dementiae *(a/325)* f Wahnsinn, Sinnlosigkeit

demere, demo, dempsi, demptum *(3/380)* wegnehmen, abnehmen; *arma demere* entwaffnen

demergere, demergo, demersi, demersum *(3/380)* tauchen, eintauchen, versenken

demigrare, demigro, demigravi, demigratum *(1/380)* auswandern, weggehen

deminuere, deminuo, deminui, deminutum *(3/380)* vermindern, schmälern, schwächen

demissus, demissa, demissum *(o/a/329)* niedrig, bescheiden

demittere, demitto, demisi, demissum *(3/380)* hinablassen, herablassen, eintauchen, hinabschicken, hinabführen, senken, sinken lassen; *animum demittere* den Mut sinken lassen; *capite demisso* mit gesenktem Haupt

demolīri, demolior, demolitus sum, – *(4/Deponens/392)* niederreißen, zerstören

demonstrare, demonstro, demonstravi, demonstratum *(1/380)* zeigen, hinweisen, beweisen, nachweisen, darlegen

demorari, demoror, demoratus sum, – *(1/Deponens/392)* zögern, verzögern, aufhalten

demovēre, demoveo, demovi, demotum *(2/380)* fortschaffen, entfernen

demum *Adverb* endlich, gerade, erst, schließlich

denarius, denarii *(o/326)* m Zehnasstück, Denar

denegare, denego, denegavi, denegatum *(1/380)* abschlagen, verweigern, leugnen

deni, denae, dena *(o/a/329)* je zehn

denique *Adverb* zuletzt, endlich, schließlich, überhaupt

dens, dentis *(kons./334)* m Zahn, Zacken

densare, denso, densavi, densatum *(1/380)* dicht machen, verdichten

densēre, denseo, densui, – *(2/380)* dicht machen, verdichten

densus, densa, densum *(o/a/329)* dicht, dichtgedrängt

denuntiare, denuntio, denuntiavi, denuntiatum *(1/380)* ankündigen, androhen

denuo *Adverb* von neuem, wieder

deorsum *Adverb* abwärts, nach unten, unten

depascere, depasco, depavi, depatum *(3/380)* abweiden (lassen), abfressen

depellere, depello, depuli, depulsum *(3/380)* vertreiben, verdrängen, verjagen

deperdere, deperdo, deperdidi, deperditum *(3/380)* zu Grunde richten, ganz verlieren

deplorare, deploro, deploravi, deploratum *(1/380)* jammern, bejammern, beklagen

deponere, depono, deposui, depositum *(3/380)* ablegen, absetzen, abstellen, wegstellen, verwahren, niederlegen, aufgeben

depopulari, depopulor, depopulatus sum, – *(1/Deponens/392)* entvölkern, verheeren, verwüsten

depopulatio, depopulationis *(kons./333)* f Verheerung, Plünderung

deportare, deporto, deportavi, deportatum *(1/380)* wegbringen, verbannen

deposcere, deposco, depoposci, – *(3/380)* dringend verlangen

depravare, depravo, depravavi, depravatum *(1/380)* entstellen, verschlechtern

deprecari, deprecor, deprecatus sum, – *(1/Deponens/392)* bittend abzuwenden suchen, anflehen, erflehen

deprehendere, deprehendo, deprehendi, deprehensum *(3/380)* auffangen, ertappen

deprimere, deprimo, depressi, depressum *(3/380)* niederdrücken, unterdrücken

depromere, depromo, deprompsi, depromptum *(3/380)* hervorholen, entnehmen

depugnare, depugno, depugnavi, depugnatum *(1/380)* bis zur Entscheidung kämpfen, um die Entscheidung kämpfen

deputare, deputo, deputavi, deputatum *(1/380)* abschneiden, halten für

deridēre, derideo, derisi, derisum *(2/380)* verlachen, auslachen, verspotten

deripere, deripio, deripui, dereptum *(5/380)* herabreißen, wegreißen, entreißen

derisor, derisoris *(kons./331)* m Spötter

derivare, derivo, derivavi, derivatum *(1/380)* ableiten

descendere, descendo, descendi, descensum *(3/380)* herabsteigen, hinabgehen

desciscere, descisco, descivi, descitum *(3/380)* abfallen, sich abwenden

describere, describo, descripsi, descriptum *(3/380)* beschreiben, schildern

deserere, desero, deserui, desertum *(3/380)* im Stich lassen, verlassen, aufgeben

deserta, desertorum *(o/327)* n *[plurale tantum]* Einöde, Wüste

desertor, desertoris *(kons./331)* m Flüchtling, Fahnenflüchtiger, Deserteur, Verräter

desertus, deserta, desertum *(o/a/329)* verlassen, einsam, unbewohnt, öde

deses, desidis *(i/342)* untätig, träg

desiderare, desidero, desideravi, desideratum *(1/380)* *[Akkusativ]* begehren, ersehnen, sich sehnen nach, verlangen, vermissen; *Te desideramus socium.* Dich brauchen wir (unbedingt) als Verbündeten.

desidēre, desideo, desedi, desessum *(2/380)* müßig sein

desiderium, desiderii *(o/327) n [Genitiv]* Sehnsucht, Verlangen (nach)

desidia, desidiae *(a/325) f* Trägheit, Untätigkeit, Müßiggang

designare, designo, designavi, designatum *(1/380)* bezeichnen, ernennen

desilīre, desilio, desilui, – *(4/380)* herabspringen

desinere, desino, desii, desitum *(3/380)* ablassen, aufhören; *Non desiit flere.* Er hörte nicht auf zu weinen.

desipere, desipio, –, – *(5/380)* unsinnig sein, töricht sein

desistere, desisto, destiti, – *(3/380) [Ablativ]* ablassen von, aufhören mit; *consilio desistere* einen Plan aufgeben; *ludibrio desistere* mit dem Spott aufhören; *laborare desistere* aufhören zu arbeiten; *incepto desistere* von seinem Vorhaben ablassen

despectus, despectus *(u/350) m* Ausblick, Aussicht, Verachtung

desperare, despero, desperavi, desperatum *(1/380)* die Hoffnung aufgeben, verzweifeln (an); *desperare salutem/de salute* die Hoffnung auf Rettung aufgeben; *desperatis rebus* in verzweifelter Lage

desperatio, desperationis *(kons./333) f* Verzweiflung, Hoffnungslosigkeit

despicere, despicio, despexi, despectum *(5/380)* herabsehen, geringschätzen, verachten

despondēre, despondeo, despondi, desponsum *(2/380)* förmlich versprechen

destinare, destino, destinavi, destinatum *(1/380)* festmachen, festsetzen, bestimmen, sich entschließen

destituere, destituo, destitui, destitutum *(3/380)* zurücklassen, verlassen, im Stich lassen

destringere, destringo, destrinxi, destrictum *(3/380)* ziehen, zücken (Waffe)

destruere, destruo, destruxi, destructum *(3/380)* niederreißen, zerstören

desuetus, desueta, desuetum *(o/a/329)* entwöhnt, ungewohnt

desuper *Adverb* von oben herab

detegere, detego, detexi, detectum *(3/380)* aufdecken, entdecken, enthüllen

deterior, deterior, deterius *(i/343)* weniger gut, schlechter, geringer

deterrēre, deterreo, deterrui, deterritum *(3/380)* abschrecken, abbringen

deterrimus, deterrima, deterrimum *(o/a/329)* der schlechteste, geringste

detestabilis, detestabilis, detestabile *(i/343)* abscheulich, verabscheuenswürdig

detestari, detestor, detestatus sum, – *(1/Deponens/392)* verwünschen, verabscheuen

detinēre, detineo, detinui, detentum *(2/380)* festhalten, vorenthalten

detorquēre, detorqueo, detorsi, detortum *(2/380)* wegwenden, abwenden, verdrehen, drehen, hindrehen

detractare/detrectare, detracto, detractavi, detractatum *(1/380)* ablehnen, herabsetzen

detrahere, detraho, detraxi, detractum *(3/380)* herabziehen, entreißen

detrimentum, detrimenti *(o/327) n* Nachteil, Verlust, Schaden; *detrimentum facere* Schaden erleiden; *Videant consules, ne quid detrimenti res publica capiat!* Die Konsuln sollen darauf achten, dass der Staat keinen Schaden nimmt!

detrudere, detrudo, detrusi, detrusum *(3/380)* hinabstoßen, verdrängen

deturbare, deturbo, deturbavi, deturbatum *(1/380)* wegdrängen, verjagen

deus, dei *(o/326) m* Gott, Gottheit

devehere, deveho, devexi, devectum *(3/380)* herabbringen, wegbringen, wegschaffen

devenīre, devenio, deveni, deventum *(4/380)* hinkommen, gelangen

devertere/deverti, deverto/devertor, deverti, – *(3/380)* einkehren

devexus, devexa, devexum *(o/a/329)* abschüssig, abwärts geneigt, abgewandt

devincere, devincio, devici, devictum *(5/380)* völlig besiegen

devincīre, devincio, devinxi, devinctum *(4/380)* festbinden, fesseln

devius, devia, devium *(o/a/329)* abgelegen, einsam

devorare, devoro, devoravi, devoratum *(1/380)* verschlingen, fressen, verzehren

devotus, devota, devotum *(o/a/329)* ergeben, verflucht

devovēre, devoveo, devovi, devotum *(2/380)* weihen, verfluchen

dexter, dext(e)ra, dext(e)rum *(o/a/330)* rechts; Glück verheißend; *dextra (manus)* die Rechte; *ad dextram (manum)* zur Rechten (Hand), auf der rechten Seite

dica, dicae *(a/325)* f Prozess, Klage

dicare, dico, dicavi, dicatum *(1/380)* weihen, widmen

dicax, dicacix *(i/342)* witzig, spottend

dicere, dico, dixi, dictum *(3/380)* sagen, sprechen, nennen; ernennen, festsetzen; behaupten, meinen; *Homerus caecus fuisse dicitur.* Homer soll blind gewesen sein.

dicio, dicionis *(kons./333)* f Gewalt, Herrschaft, Weisung, Befehl; *sub dicione alicuius esse* unter jemandes Herrschaft stehen

dictare, dicto, dictavi, dictatum *(1/380)* (oft) vorsagen, diktieren, vorsprechen

dictator, dictatoris *(kons./331)* m Diktator

dictatura, dictaturae *(a/325)* f Diktatur, Amt des Diktators

dictitare, dictito, dictitavi, dictitatum *(1/380)* zu sagen pflegen, wiederholt sagen, oft sagen

dictum, dicti *(o/327)* m Wort, Ausspruch, Äußerung

diducere, diduco, diduxi, diductum *(3/380)* auseinander ziehen, trennen; öffnen

dies, diei *(e/351)* m/f Tageslicht, Tag; Frist, Termin; *in dies* von Tag zu Tag; *multo die* spät am Tag; *multos dies* viele Tage lang; *dies noctesque (Akkusativ)* Tag und Nacht; *die certā* zu einem bestimmten Termin; *per totum diem* den ganzen Tag lang

differentia, differentiae *(a/325)* f Unterschied

differre, differo, distuli, dilatum *(unreg./400)* zerstreuen, aufschieben; verschieden sein, sich unterscheiden; *differt* es besteht ein Unterschied; *Quod differetur, non auferetur.* Aufgeschoben ist nicht aufgehoben.

differtus, differta, differtum *(o/a/329)* vollgestopft, voll

difficilis, difficilis, difficile *(i/343)* schwer, schwierig, mühsam; *homo difficilis* ein unzugänglicher Mensch

difficultas, difficultatis *(kons./334)* f Schwierigkeit; Unzugänglichkeit (eines Menschen)

diffidere, diffido, diffisus sum, – *(3/380)* [Dativ/Ablativ] misstrauen

diffindere, diffindo, diffidi, diffissum *(3/380)* spalten, zerspalten

diffingere, diffingo, finxi, diffictum *(3/380)* umbilden

diffugere, diffugo, diffugi, –, diffugiturus *(3/380)* auseinander stieben, sich zerstreuen

diffundere, diffundo, diffusi, diffusum *(3/380)* ausgießen, verbreiten, zerstreuen

digerere, digero, digessi, digestum *(3/380)* zerteilen; einteilen, ordnen

digitus, digiti *(o/326)* m Finger, Zehe

dignari, dignor, dignatus sum, – *(1/Deponens/392)* würdigen, für würdig halten; sich entschließen, geruhen

dignatio, dignationis *(kons./333)* f Rang, Würde; Würdigung, Hochachtung, Ehre, Wertschätzung

dignitas, dignitatis *(kons./334)* f Würde, Rang, Ansehen

dignoscere, dignosco, dignovi, dignotum *(3/380)* unterscheiden

dignus, digna, dignum *(o/a/329)* *[Ablativ]* würdig (einer Sache), wert, angemessen, verdient; *memoriā digna res* eine erwähnenswerte Sache; *laude dignus* lobenswert; *servus verberibus dignus est* der Sklave verdient Schläge

digredi, digredior, digressus sum, – *(5/Deponens/392)* sich trennen, auseinander gehen, abschweifen

diiudicare, diiudico, diiudicavi, diiudicatum *(1/380)* entscheiden, unterscheiden

dilabi, dilabor, dlilapsus sum, – *(3/Deponens/392)* zerfallen, entweichen

dilatare, dilato, dilatavi, dilatatum *(1/380)* erweitern, ausdehnen

dilectus, dilectus *(u/350)* m Aushebung, Rekrutierung von Soldaten; *dilectum habere* Truppen ausheben

diligens, diligentis *(i/342)* sorgfältig, gewissenhaft, umsichtig; *diligens salutis tuae* auf deine Rettung bedacht

diligentia, diligentiae *(a/325)* f Sorgfalt, Pünktlichkeit, Gewissenhaftigkeit, Umsicht; *diligentiam adhibere* sorgfältig verfahren

diligere, diligo, dilexi, dilectum *(3/380)* schätzen, hochschätzen, lieben

dilucidus, dilucida, dilucidum *(o/a/329)* durchsichtig, klar, deutlich

diluere, diluo, dilui, –, diluiturus *(3/380)* auflösen, (Vorwürfe) entkräften

diluvium, diluvii *(o/327)* n Überschwemmung, Sintflut

dimicare, dimico, dimicavi, dimicatum *(1/380)* kämpfen

dimicatio, dimicationis *(kons./333)* f Kampf

dimidius, dimidia, dimidium *(o/a/329)* halb

dimittere, dimitto, dimisi, dimissum *(3/380)* entsenden, entlassen, wegschicken; aufgeben; *senatum dimittere* die Senatssitzung beenden

dimovēre, dimoveo, dimovi, dimotum *(2/380)* trennen, entfernen, teilen

Diocletianus, Diocletiani *(o/326)* m Diokletian (Kaiser 284-304 n. Chr.)

Diogenes, Diogenis *(kons./331)* m Diogenes (griechischer Philosoph)

directus, directa, directum *(o/a/329)* gerade, geradlinig, einfach, direkt

dirigere, dirigo, direxi, directum *(3/380)* ausrichten, lenken, hinlenken

dirimere, dirimo, diremi, diremptum *(3/380)* trennen, unterbrechen; schlichten

diripere, diripio, diripui, direptum *(5/380)* plündern, abreißen, wegreißen, rauben; *Dux militibus oppidum diripiendum permisit.* Der Feldherr erlaubte den Soldaten, die Stadt zu plündern.

diruere, diruo, dirui, dirutum *(3/380)* einreißen, zerstören

dirus, dira, dirum *(o/a/329)* verderblich, grausig, schrecklich

dis, ditis *(i/342)* reich

discedere, discedo, discessi, discessum *(3/380)* weggehen, sich entfernen, auseinander gehen, sich zerstreuen; *in tres partes discedere* sich in drei Teile spalten

disceptare, discepto, disceptavi, disccptatum *(1/380)* verhandeln, erörtern, streiten; entscheiden

disceptatio, disceptationis *(kons./333)* f Erörterung, Diskussion, Verhandlung, Streit, Entscheidung

discere, disco, didici, – *(3/380)* lernen, erfahren; *Cottidie aliquid novi discitur.* Täglich lernt man etwas Neues.; *docendo discere* lehrend lernen

discernere, discerno, discrevi, discretum *(3/380)* trennen, unterscheiden

discessus, discessus *(u/350)* m Abzug, Abreise, Trennung

discinctus, discincta, discinctum *(o/a/329)* locker, sorglos

discingere, discingo, discinxi, discinctum *(3/380)* aufgürten, losgürten

disciplina, disciplinae *(a/325) f* Unterricht, Fach, Lehre, Bildung, Erziehung, Zucht

discipula, discipulae *(a/325) f* Schülerin

discipulus, discipuli *(o/326) m* Schüler

disconvenīre, disconvenio, disconveni, disconventum *(4/380)* nicht übereinstimmen, uneinig sein, schlecht passen

discordare, discordo, discordavi, discordatum *(1/380)* uneinig sein

discordia, discordiae *(a/325) f* Zwietracht, Uneinigkeit, Meuterei

discors, discordis *(i/342)* zwieträchtig, uneinig, uneins, widersprechend

discrepare, discrepo, discrepavi, discrepatum *(1/380)* verschieden sein, sich unterscheiden, nicht übereinstimmen

discribere, discribo, discripsi, discriptum *(3/380)* einteilen, zuteilen

discrimen, discriminis *(kons./336) n* Unterschied; Entscheidung; Gefahr, kritischer Augenblick; *in ipso discrimine rerum* mitten in der Gefahr; *in summo discrimine* in höchster Gefahr, höchst gefährlich

discriptio, discriptionis *(kons./333) f* Einteilung, Zuteilung, Verteilung

discumbere, discumbo, discubui, discubitum *(3/380)* sich zu Tisch legen

discurrere, discurro, discurri, discursum *(3/380)* auseinander laufen

discus, disci *(o/326) m* Wurfscheibe, Diskus

discutere, discutio, discussi, discussum *(5/380)* zersprengen, zerstreuen

disertus, diserta, disertum *(o/a/329)* klar, wohlgesetzt, redegewandt, beredt

disicere, disicio, diseci, disectum *(5/380)* zersprengen, zerstreuen, zerstören

disiungere, disiungo, disiunxi, disiunctum *(3/380)* losbinden, trennen, scheiden, unterscheiden

dispalari, dispalor, dispalatus sum, – *(1/Deponens/392)* sich zerstreuen, umherstreifen

dispar, disparis *(i/342)* ungleich, verschieden

dispergere, dispergo, dispersi, dispersum *(3/380)* zerstreuen, ausstreuen, ausbreiten, verbreiten

dispertīre, dispertio, dispertivi, dispertitum *(4/380)* aufteilen, verteilen, zuteilen

dispicere, dispicio, dispexi, dispectum *(5/380)* wahrnehmen, erblicken, erkennen; bedenken

displicēre, displiceo, displicui, displicitum *(2/380)* missfallen

disponere, dispono, disposui, dispositum *(3/380)* verteilen, ordnen; *vigilias per urbem disponere* Wachen in der Stadt postieren

disputare, disputo, disputavi, disputatum *(1/380)* auseinander setzen, erörtern, diskutieren

disputatio, disputationis *(kons./333) f* Erörterung, Untersuchung

distribuere, distribuo, distribui, distributum *(3/380)* verteilen

dissensio, dissensionis *(kons./333) f* Meinungsverschiedenheit, Uneinigkeit, Zwist, Widerspruch

dissentīre, dissentio, dissensi, dissensum *(4/380) [a mit Ablativ]* verschiedener Meinung sein, uneins sein, widersprechen, nicht beistimmen; *a Sulla dissentire* mit Sulla nicht einer Meinung sein

disserere, dissero, disserui, dissertum *(3/380)* auseinander setzen, besprechen, erörtern, sprechen über; *de artibus disserere* über die Künste diskutieren

dissidēre, dissideo, dissedi, dissessum *(2/380)* nicht übereinstimmen, abweichen, widersprechen, uneins sein

dissilīre, dissilio, dissilui, dissultum *(4/380)* zerspringen, zerbersten

dissimilis, dissimilis, dissimile *(i/343) [Ablativ]* verschieden, unähnlich (in)

dissimilitudo, dissimilitudinis *(kons./333) f* Unähnlichkeit, Verschiedenheit

dissimulare, dissimulo, dissimulavi, dissimulatum *(1/380)* verheimlichen, verbergen, ableugnen, sich verstellen, etwas verhehlen; *Marcus se aegrum esse dissimulat.* Marcus verheimlicht seine Krankheit.; *omnia dissimulare* alles vertuschen

dissimulatio, dissimulationis *(kons./333) f* Verstellung, Verleugnung, Verheimlichung

dissipare, dissipo, dissipavi, dissipatum *(1/380)* zerstreuen, zersprengen, vergeuden

dissolutus, dissoluta, dissolutum *(o/a/329)* aufgelöst, sorglos, leichtfertig, zügellos

dissolvere, dissolvo, dissolvi, dissolutum *(3/380)* loslösen, auflösen, aufheben

dissonus, dissona, dissonum *(o/a/329)* verschieden (tönend), verworren

dissuadēre, dissuadeo, dissuasi, dissuasum *(2/380)* widerraten

distare, disto, –, – *(1/380)* entfernt sein, sich unterscheiden

distendere, distendo, distendi, distentum *(3/380)* ausdehnen, ausbreiten

distinctio, distinctionis *(kons./333) f* Unterscheidung, Unterschied

distinēre, distineo, distinui, distentum *(2/380)* getrennt halten, beschäftigen

distinguere, distinguo, distinxi, distinctum *(3/380)* unterscheiden, trennen, ausschmücken; *vera a falsis distinguere* Wahres von Falschem unterscheiden

distorquēre, distorqueo, distorsi, distortum *(2/380)* verdrehen; *diem colloquio dicere* den Tag für eine Unterredung festsetzen

distrahere, distraho, distraxi, distractum *(3/380)* zerreißen, zerteilen, trennen; *(Passiv)* sich entzweien

distribuere, distribuo, distribui, distributum *(3/380)* verteilen, einteilen, zuteilen

disturbare, disturbo, disturbavi, disturbatum *(1/380)* auseinander treiben, zerstören

ditare, dito, ditavi, ditatum *(1/380)* bereichern

diu *Adverb* lange Zeit, lange

diu *Adverb* am Tage, bei Tage

diurnus, diurna, diurnum *(o/a/329)* täglich, bei Tag, Tages-

diutinus/diuturnus, diutina, diutinum *(o/a/329)* lang dauernd, dauernd

diutius *Adverb* länger

diuturnitas, diuturnitatis *(kons./334) f* lange Dauer

diuturnus, diuturna, diuturnum *(o/a/329)* lang dauern, anhaltend

divellere, divello, divelli/divulsi, divulsum *(3/380)* auseinander reißen, zerreißen, wegreißen, losreißen

diversitas, diversitatis *(kons./334) f* Unterschied, Veschiedenheit, Gegensatz

diversus, diversa, diversum *(o/a/329)* verschieden, entgegengesetzt; *Legati diversi abierunt.* Die Gesandten entfernten sich in verschiedene Richtungen.

dives, divitis *(kons./345)* reich

dividere, divido, divisi, divisum *(3/380)* trennen, teilen, verteilen, zuteilen; *in duas partes dividere* in zwei Teile teilen

divinare, divino, divinavi, divinatum *(1/380)* ahnen, weissagen

divinatio, divinationis *(kons./333) f* Sehergabe, Weissagung

divinitas, divinitatis *(kons./334) f* Göttlichkeit

divinus, divina, divinum *(o/a/329)* göttlich, heilig, weissagend

divisio, divisionis *(kons./333) f* Teilung, Einteilung, Verteilung

divitiae, divitiarum *(a/325) f [plurale tantum]* Schätze, Reichtum, Kleinodien, Geld; *Magnae divitiae mihi non sunt.* Ich besitze keine großen Reichtümer.; *divitiis abundare* Geld im Überfluss haben

divulgare, divulgo, divulgavi, divulgatum *(1/380)* unter die Leute bringen, veröffentlichen

divum, divi *(o/327) n* freier Himmel, das Freie; *sub divo* unter freiem Himmel

divus, diva, divum *(o/a/329)* göttlich, verewigt; *substantivisch* Gott; *divus Augustus* der zum Gott erhobene Augustus

docēre, doceo, docui, doctum *(2/380)* unterrichten, lehren; zeigen, darlegen; *aliquem litteras docere* jemanden in den Wissenschaften unterrichten; *amicum de fraude docere* den Freund von dem Betrug unterrichten

docilis, docilis, docile *(i/343)* gelehrig

doctor, doctoris *(kons./331) m* Lehrer

doctrina, doctrinae *(a/325) f* Bildung, Gelehrsamkeit, Lehre, Lehrfach, Unterricht, Wissenschaft

doctus, docta, doctum *(o/a/329)* gelehrt, gebildet; *litteris doctus esse* in den Wissenschaften gebildet sein

documentum, documenti *(o/327) n* Beweis, (warnendes) Beispiel

dolēre, doleo, dolui, –, doliturus *(2/380)* Schmerz empfinden, leiden, bedauern; *fortunam dolere* über sein Unglück Schmerz empfinden

dolium, dolii *(o/327) n* Fass

dolor, doloris *(kons./331) m* Schmerz, Leid, Kummer; *magno dolore affici* sehr betrübt sein

dolosus, dolosa, dolosum *(o/a/329)* arglistig, betrügerisch, hinterlistig

dolus, doli *(o/326) m* List, Betrug, Täuschung, Hinterlist; *fraude ac dolo* mit List und Tücke

domare, domo, domavi, domatum *(1/380)* zähmen, bändigen, bezwingen

domesticus, domestica, domesticum *(o/a/329)* häuslich, heimisch

domicilium, domicilii *(o/327) n* Wohnung, Haus, Wohnsitz

domina, dominae *(a/325)* Herrin

dominari, dominor, dominatus sum, – *(1/Deponens/392)* herrschen

dominatio, dominationis *(kons./333) f* Herrschaft, Alleinherrschaft

dominatus, dominatus *(u/350) m* Herrschaft, Alleinherrschaft

dominium, dominii *(o/327) n* Herrschaft, Besitz

dominus, domini *(o/326) m* Herr, Gebieter, Besitzer

domitor, domitoris *(kons./331) m* Bändiger, Bezwinger

domus, domus *(u/350) f* Haus, Heimat; *domo abire* von zu Hause weggehen; *domum redire* nach Hause zurückkehren; *domi esse* zu Hause sein; *belli domique* in Krieg und Frieden; *domi militiaeque* zu Haus und im Feld

donare, dono, donavi, donatum *(1/380)* geben, schenken, beschenken, weihen, opfern

donec *(422) Konjunktion (mit Indikativ)* solange als; *(mit Indikativ/Konjunktiv)* solange bis, bis

donum, doni *(o/327) n* Gabe, Geschenk, Opfer

dormīre, dormio, dormivi, –, dormiturus *(4/380)* schlafen

dormitare, dormito, dormitavi, dormitatum *(1/380)* einnicken, schläfrig sein, einschlafen

dorsum, dorsi *(o/327) n* Rücken (eines Tieres oder eines Berges), Gebirgskamm

dos, dotis *(kons./331)* f Mitgift, Gabe

draco, draconis *(kons./333)* f Drache, Schlange

Druida, Druidae *(a/325)* m *[meist Plural, auch Druides, Druidum]* Druide, keltischer Priester

dryas, dryadis *(kons./331)* f Dryade, Baumnymphe

dubitare, dubito, dubitavi, dubitatum *(1/380)* schwanken, zögern, zweifeln; *Num dubitas id facere? Zögerst du etwa, dies zu tun?;* *Dubitamus, num hoc verum sit.* Wir bezweifeln, dass dies wahr ist.; *Non dubito, quin verum dicas.* Ich zweifle nicht daran, dass du die Wahrheit sagst.

dubitatio, dubitationis *(kons./333)* f Zweifel, Bedenken, Zögern

dubium, dubii *(o/327)* n Zweifel; *sine dubio* ohne Zweifel, ohne Zögern

dubius, dubia, dubium *(o/a/329)* zweifelhaft, ungewiss, unsicher; *haud dubie* zweifellos

ducenti, ducentiae, ducentia *(o/a/329)* zweihundert

ducere, duco, duxi, ductum *(3/380)* führen, ziehen; halten für, glauben; *id bonum ducere* dies für gut halten; *aliquid nefas ducere* etwas für einen Frevel halten; *in latronum numerum duci* unter die Räuber gerechnet werden; *uxorem (in matrimonium) ducere* eine Frau in die Ehe führen, eine Frau heiraten

ductare, ducto, ductavi, ductatum *(1/380)* führen, anführen, befehligen, (eine Frau) heiraten

ductor, ductoris *(kons./331)* m Führer, Anführer

ductus, ductus *(u/350)* m Führung, Leitung, Zug

dudum *Adverb* seit langem, längst, binnen kurzem; *iam dudum* schon längst

dulcedo, dulcedinis *(kons./333)* f Süßigkeit, Süße, Lieblichkeit

dulcis, dulcis, dulce *(i/343)* angenehm, liebenswürdig, süß, lieb, lieblich

dum *(422) Konjunktion* (mit Indikativ Präsens) während; *(mit Indikativ)* solange wie; (mit Indikativ/Konjunktiv) solange bis; *(mit Konjunktiv)* wenn nur

dumetum, dumeti *(o/327)* n Gebüsch, Dickicht

dummodo *(422) Konjunktion [mit Konjunktiv]* wenn nur

dumtaxat *Adverb* höchstens, lediglich, wenn auch nur

dumus, dumi *(o/326)* m Gestrüpp

duo, duae, duo *(377)* zwei

duodecim zwölf

duodecimus, duodecima, duodecimum *(o/a/329)* der zwölfte

duodeviginti achtzehn

duplex, duplicis *(i/342)* zweifach, doppelt; doppelzüngig, falsch

duplicare, duplico, duplicavi, duplicatum *(1/380)* verdoppeln

durare, duro, duravi, duratum *(1/380)* dauern, ausharren, bestehen; härten, abhärten

duritia, duritiae *(a/325)* f Härte, Abhärtung

durus, dura, durum *(o/a/329)* hart, hartherzig, derb

duumvir, duumviri *(o/328)* m *[meist Plural]* Duumvir (eines Zweimännerkollegiums)

dux, ducis *(kons./332)* m Führer, Anführer, Feldherr; *Aenea duce* unter der Führung des Aeneas

e/ex *(420) Präposition [Ablativ]* aus, aus … heraus, von … an, seit, infolge; *e secunda hora* von der zweiten Stunde an; *e lege* gemäß dem Gesetz

ea *Adverb* da, dort

ebrius, ebria, ebrium *(o/a/329)* trunken, betrunken, berauscht

ebur, eboris *(kons./335) n* Elfenbein

eburn(e)us, eburnea, eburneum *(o/a/329)* elfenbeinern

ecce *Adverb* siehe da! seht! schau! schaut!

eculeus, eculei *(o/326) m* Füllen; Folterbank

edax, edacis *(i/342)* gefräßig

edere, edo, edi, esum *(3/380)* essen, fressen

ēdere, edo, edidi, editum *(3/380)* herausgeben, hervorbringen, verbreiten, bekannt machen

edicere, edicio, edixi, edictum *(5/380)* verkünden, verkündigen, anordnen, verordnen, bekannt geben

edictum, edicti *(o/327) n* Verordnung, Anordnung, Verfügung, Bekanntmachung

ediscere, edisco, edidici, – *(3/380)* auswendig lernen, erlernen

editus, edita, editum *(o/a/329)* hoch, hervorragend

edocēre, edoceo, edocui, edoctum *(2/380)* gründlich belehren

educare, educo, educavi, educatum *(1/380)* erziehen, aufziehen; *liberos bene educare* die Kinder gut erziehen

educere, educo, eduxi, eductum *(3/380)* herausführen, herausziehen, aufziehen

effari, effor, effatus sum, – *(1/Deponens/392)* aussprechen

effector, effectoris *(kons./331) m* Urheber, Schöpfer

effeminare, effemino, effeminavi, effeminatum *(1/380)* verweichlichen

efferatus, efferata, efferatum *(o/a/329)* verwildert

efferre, effero, extuli, elatum *(unreg./400)* hinaustragen, herausheben, erheben; bestatten, beerdigen; *laudibus efferre* rühmen

efferus, effera, efferum *(o/a/329)* wild, roh

effetus, effeta, effetum *(o/a/329)* erschöpft

efficax, efficacis *(i/342)* wirksam, erfolgreich

efficere, efficio, effeci, effectum *(5/380)* herstellen, zu etwas machen; fertig bringen, bewirken, durchsetzen, vollenden

effigies, effigiei *(e/351) f* Bild, Abbild, Ebenbild, Gestalt

effingere, effingo, effingxi, effictum *(3/380)* nachbilden, darstellen, ausdrücken

efflare, efflo, efflavi, efflatum *(1/380)* aushauchen; *animam efflare* sterben

efflorescere, effloresco, efflorui, – *(3/380)* erblühen, aufblühen

effluere, effluo, effluxi, – *(3/380)* herausfließen, verschwinden, vergehen

effodere, effodio, effodi, effossum *(5/380)* ausgraben, aufgraben, ausstechen, durchwühlen

effrenatus, effrenata, effrenatum *(o/a/329)* zügellos, unbändig

effugere, effugio, effugi, – *(5/380) [Akkusativ]* entrinnen, vermeiden, entgehen, entfliehen, entkommen; *periculum effugere* der Gefahr entkommen

effugium, effugii *(o/327) n* Ausweg, Flucht

effulgēre, effulgeo, effulsi, – *(2/380)* hervorleuchten

effundere, effundo, effusi, effusum *(3/380)* ausschütten, verschwenden

egens, egentis *(i/342)* arm, bedürftig

egenus, egena, egenum *(o/a/329)* arm, bedürftig

egēre, egeo, egui, – *(2/380) [Ablativ]* nicht haben, darben, nötig haben, bedürfen; *auxilio egere* auf Hilfe angewiesen sein, Hilfe brauchen, der Hilfe bedürfen; *pecuniā egere* kein Geld haben, Geld brauchen

egestas, egestatis *(kons./334) f* Armut, Mangel, Not

ego, mei *(358)* ich; *Memento mei!* Denk an mich!

egredi, egredior, egressus sum, – *(5/Deponens/392) [Ablativ]* herausgehen, verlassen

egregius, egregia, egregium *(o/a/329)* auserlesen, rühmlich, hervorragend, ausgezeichnet

egressus, egressus *(u/350) m* Ausgang

eicere, eicio, eieci, eiectum *(5/380)* hinauswerfen, vertreiben

eiusmodi *Adverb* derartig, so

elabi, elabor, elapsus sum, – *(3/Deponens/392)* entgleiten, entwischen, entschlüpfen

elaborare, elaboro, elaboravi, elaboratum *(1/380)* (sorgfältig) ausarbeiten, sich anstrengen

elatio, elationis *(kons./333) f* Schwung, Aufschwung, Erhebung

electrum, electri *(o/327) n* Bernstein, Elektron (Legierung aus Gold und Silber)

elegans, elegantis *(i/342)* geschmackvoll, feingebildet, gewählt

elegantia, elegantiae *(a/325) f* Geschmack, Feinheit, gewählte Art, Anstand

elegi, elegorum *(o/326) m* elegische Verse

elementum, elementi *(o/327) n* Grundstoff, Element; *Plural* **elementa, elementorum** Anfangsgründe, Alphabet

elephantus, elephanti *(o/326) m* Elefant, Elfenbein

elicere, elicio, elexi, electum *(5/380)* entlocken, hervorlocken, herauslocken

elidere, elido, elisi, elisum *(3/380)* herausstoßen, zerschmettern

eligere, eligo, elegi, electum *(3/380)* auswählen, wählen

eloquens, eloquentis *(i/342)* beredt, redegewandt

eloquentia, eloquentiae *(a/325) f* Beredsamkeit, Redegewandtheit

eloqui, eloquor, elocutus sum, – *(3/Deponens/392)* aussprechen, sich äußern

eloquium, eloquii *(o/327) n* Redeweise

elucēre, eluceo, eluxi, – *(2/380)* hervorleuchten

eludere, eludo, elusi, elusum *(3/380)* verspotten, ausweichen

em! da hast du! siehe da!

emendare, emendo, emendavi, emendatum *(1/380)* verbessern

emendatus, emendata, emendatum *(o/a/329)* fehlerfrei

emere, emo, emi, emptum *(3/380)* nehmen, kaufen; *magno emere* teuer kaufen; *parvo emere* billig kaufen; *domum de aliquo emere* von jemandem ein Haus kaufen

emerēre, emereo, emerui, emeritum *(2/380)* verdienen, sich verdient machen

emergere, emergo, emersi, emersum *(3/380)* auftauchen (lassen)

emeritus, emerita, emeritum *(o/a/329)* ausgedient

emetīri, emetior, emensus sum, – *(4/Deponens/392)* durchmessen, durchwandern

emicare, emico, emicavi, emicatum *(1/380)* hervorspringen, hervorzucken, hervorstrahlen

emigrare, emigro, emigravi, emigratum *(1/380)* auswandern

eminēre, emineo, eminui, – *(2/380)* hervorragen

eminus *Adverb* aus der Ferne, im Fernkampf

emittere, emitto, emisi, emissum *(3/380)* wegschicken, weglassen, herauslassen, freilassen, schleudern

emolumentum, emolumenti *(o/327) n* Vorteil, Nutzen, Gewinn

emori, emorior, emortuus sum, – *(5/Deponens/392)* (langsam) sterben, versterben, absterben

emovēre, emoveo, emovi, emotum *(2/380)* fortschaffen, wegschaffen, vertreiben, erschüttern

emptio, emptionis *(kons./333) f* Kauf

emptor, emptoris *(kons./331) m* Käufer

en hier ist! da ist! wohl, denn

enicare, enico, enicui/enecavi, enectum *(1/380)* umbringen

enim *(422) Konjunktion [nachgestellt]* nämlich, denn

enim *Adverb* fürwahr, in der Tat, sicherlich

enimvero *Adverb* in der Tat, fürwahr

eniti, enitor, enixus/enisus sum, – *(3/Deponens/392)* sich anstrengen, sich emporarbeiten

ensis, ensis *(g/339) m* Schwert

enumerare, enumero, enumeravi, enumeratum *(1/380)* aufzählen, ausrechnen

enuntiare, enuntio, enuntiavi, enuntiatum *(1/380)* aussprechen, ausplaudern

enuntiatio, enuntiationis *(kons./333) f* Aussage, Satz

eo *Adverb* dahin, daher, deswegen, dorthin; *eo convenire* dort zusammenkommen

eodem *Adverb* ebendorthin

Eos, Eos *f [undekliniert]* Morgenröte

eous, eoa, eoum *(o/a/329)* östlich; *substantivisch* Morgenstern

epistula, epistulae *(a/325) f* Brief; *epistulam solvere* einen Brief öffnen

epulae, epularum *(a/325) f [plurale tantum]* Speisen, Mahlzeit

epulari, epulor, epulatus sum, – *(3/Deponens/392)* speisen, essen, verzehren

equa, equae *(a/325) f* Stute

eques, equitis *(kons./331) m* Reiter, Ritter

equester, equestris, equestre *(i/344)* ritterlich, beritten; *pugna equestris* Reitergefecht

equidem *Adverb* allerdings, freilich, fürwahr

equile, equilis *(i/338) n* Pferdestall

equinus, equina, equinum *(o/a/329)* Pferde-

equitare, equito, equitavi, equitatum *(1/380)* reiten

equitatus, equitatus *(u/350) m* Reiterei, Ritterstand

equus, equi *(o/326) m* Pferd, Hengst

era, erae *(a/325) f* Herrin, Hausherrin

erga *(420) Präposition [Akkusativ]* in der Umgebung von, gegen, gegenüber, in Bezug auf; *gratus erga te* dankbar gegen dich

ergo *(422) Konjunktion* folglich, also, daher

erigere, erigo, erexi, erectum *(3/380)* aufrichten, emporheben

eripere, eripio, eripui, ereptum *(5/380)* wegreißen, entreißen, befreien

errare, erro, erravi, erratum *(1/380)* irren, sich irren, sich täuschen, sich verirren

error, erroris *(kons./331) m* Irrtum, Fehler, Irrfahrt; *errores Ulixis* die Irrfahrten des Odysseus

erubescere, erubesco, erubui, – *(3/380)* erröten, sich schämen

erudīre, erudio, erudivi, eruditum *(4/380)* bilden, ausbilden, unterrichten; *liberos artibus multis erudire* die Kinder in vielen Fertigkeiten unterrichten

eruditio, eruditionis *(kons./333) f* Erziehung, Bildung, Unterricht

eruere, eruo, erui, erutum *(3/380)* ausgraben, umgraben, zerstören; aufstöbern, ausfindig machen

erumpere, erumpo, erupi, eruptum *(3/380)* hervorstürzen, ausfallen, ausbrechen, hervorbrechen

eruptio, eruptionis *(kons./333) f* Ausfall, Ausbruch

erus, eri *(o/326) m* Herr, Hausherr

esca, escae *(a/325) f* Speise, Futter, Köder

escendere, escendo, escendi, escensum *(3/380)* hinaufsteigen, besteigen

Esquiliae, Esquiliarum *(a/325) f [plurale tantum]* Esquilin (Hügel Roms)

esse, sum, fui, –, futurus *(unreg./398)* sein, da sein, vorhanden sein; *esse + Dativ* besitzen, haben, dienen; *esse + Genitiv* besitzen bzw. bestehen aus, es ist Aufgabe von; *mihi est* mir gehört; *decori est* es dient als Schmuck

essedarius, essedarii *(o/326) m* Wagenkämpfer

essedum, essedi *(o/327) n* Streitwagen

esurīre, esurio, esurivi, esuritum *(4/380)* Hunger haben, hungern

et *(422) Konjunktion* und, auch; *et … et* sowohl … als auch

etc. (et cetera) und so weiter (usw.)

etenim *Adverb* nämlich, allerdings, denn

etiam *(422) Konjunktion* auch, ferner, sogar, noch

etiamsi *(422) Konjunktion [mit Indikativ/Konjunktiv]* wenn auch, auch wenn, selbst wenn, obgleich

Etruria, Etruriae *(a/325) f* Etrurien (Landschaft in Mittelitalien)

Etruscus, Etrusca, Etruscum *(o/a/329)* etruskisch; *substantivisch* Etrusker

etsi *(422) Konjunktion [mit Indikativ/Konjunktiv]* wenn auch, selbst wenn, obgleich

eunuchus, eunuchi *(o/326) m* Kastrat, Eunuch

Europa, Europae *(a/325) f* Europa

eurus, euri *(o/326) m* Südostwind

Eurydica, Eurydicae *(a/325) f* Eurydike (Gattin des Orpheus)

evadere, evado, evadi, evasum *(3/380)* hervorkommen, hinausgehen, entkommen

evanescere, evanesco, evanui, – *(3/380)* vergehen, sich verlieren

evehere, eveho, evexi, evectum *(3/380)* hinausbringen, emporführen, erheben

evellere, evello, evelli/evulsi, evulsum *(3/380)* ausreißen, entreißen

evenīre, evenio, eveni, eventum *(4/380)* sich ereignen, widerfahren, passieren

eventum, eventi *(o/327) n* Ausgang, Ereignis

eventus, eventus *(u/350) m* Ereignis, Ausgang, Erfolg, Ergebnis; *malos eventūs habere* ein schlimmes Ende haben

evertere, everto, everti, eversum *(3/380)* zerstören, umstürzen, umwerfen

evidens, evidentis *(i/342)* einleuchtend, eindeutig

evincere, evinco, evici, evictum *(5/380)* völlig besiegen

evincīre, evincio, evinxi, evinctum *(4/380)* umbinden, umwinden

evocare, evoco, evocavi, evocatum *(1/380)* herausrufen, aufrufen

exaestuare, exaestuo, exaestuavi, exaestuatum *(1/380)* aufwallen, auflodern

exaggerare, exaggero, exaggeravi, exaggeratum *(1/380)* aufhäufen, vergrößern, steigern

exagitare, exagito, exagitavi, exagitatum *(1/380)* aufjagen, aufwiegeln, aufreizen, verfolgen

examen, examinis *(kons./336) n* Schwarm; Prüfung

examinare, examino, examinavi, examinatum *(1/380)* prüfen

exanimare, exanimo, exanimavi, exanimatum *(1/380)* erschöpfen, erschrecken, entseelen, töten

exanimis, exanimis, exanime *(i/343)* entsetzt, leblos, tot, entseelt

exardescere, exardesco, exarsi, – *(3/380)* entbrennen, erglühen; ausbrechen (Krieg)

exaudīre, exaudio, exaudivi, exauditum *(4/380)* deutlich hören, erhören

excedere, excedo, excessi, excessum *(3/380)* hinausgehen, herausgehen; *modum excedere* das Maß überschreiten

excellens, excellentis *(i/342)* hervorragend, vortrefflich

excellentia, excellentiae *(a/325) f* Vortrefflichkeit

excellere, excello, –, – *(3/380)* hervorragen, sich auszeichnen

excelsus, excelsa, excelsum *(o/a/329)* hoch, hochragend, erhaben

excerpere, excerpo, excerpsi, excerptum *(3/380)* herausnehmen, wegnehmen; auslesen, auswählen

excidere, excido, excidi, excisum *(3/380)* herausfallen, herabfallen; untergehen

excīdere, excīdo, excīdi, excīsum *(3/380)* aushauen, abhauen, zerstören

excidium, excidii *(o/327) n* Fall, Untergang

excipere, excipio, excepi, exceptum *(5/380)* ausnehmen, wegfangen, herausnehmen, aufnehmen

excīre, excio, excivi/excii, excitum *(4/380)* aufwecken, aufscheuchen, aufjagen, erregen, herbeiholen

excitare, excito, excitavi, excitatum *(1/380)* aufjagen, aufwecken, ermutigen, erregen, aufschrecken; *ignem excitare* ein Feuer entfachen; *turrim excitare* einen Turm errichten

exclamare, exclamo, exclamavi, exclamatum *(1/380)* ausrufen, aufschreien

excludere, excludo, exclusi, exclusum *(3/380)* ausschließen, absperren

excogitare, excogito, excogitavi, excogitatum *(1/380)* erdenken, ersinnen

excolere, excolo, excolui, excultum *(3/380)* bearbeiten, ausbilden

excors, excordis *(i/342)* einfältig, dumm, ohne Verstand

excruciare, excrucio, excruciavi, excruciatum *(1/380)* kreuzigen, quälen, martern

excubare, excubo, excubavi, excubatum *(1/380)* draußen liegen; Wache halten

excubiae, excubiarum *(a/325) f [plurale tantum]* Wache, Wachposten

excudere, excudo, excudi, excusum *(3/380)* herausschlagen, bilden, formen

excursio, excursionis *(kons./333) f* Ausfall, Streifzug

excusare, excuso, excusavi, excusatum *(1/380)* (sich) entschuldigen

excusatio, excusationis *(kons./333) f* Entschuldigung, Ausrede

excutere, excutio, excussi, excussum *(5/380)* abschütteln, herausstoßen, wegstoßen; schütteln, ausbreiten, verbreiten; untersuchen, durchsuchen

exedere, exedo, exedi, exesum *(3/380)* verzehren, aufessen, zerfressen, vernichten

exemplar, exemplaris *n* Abbild, Vorbild, Muster

exemplum, exempli *(o/327) n* Beispiel, Muster, Vorbild; *exemplo (Dativ) esse* als Beispiel dienen; *exempli gratiā/causā* zum Beispiel

exercēre, exerceo, exercui, – *(2/380)* üben, betreiben, plagen; *medicinam exercere* die Heilkunst ausüben; *se armis exercere* sich in den Waffen üben

exercitare, exercito, exercitavi, exercitatum *(1/380)* tüchtig üben, plagen

exercitatio, exercitationis *(kons./333) f* Übung

exercitatus, exercitata, exercitatum *(o/a/329)* geübt, gequält

exercitus, exercitus *(u/350) m* Heer

exhalare, exhalo, exhalavi, exhalatum *(1/380)* ausatmen, aushauchen; *animam exhalare* sterben

exhaurīre, exhaurio, exhausi, exhaustum *(4/380)* ausschöpfen, leeren

exhibēre, exhibeo, exhibui, exhibitum *(2/380)* herausholen, herausgeben, ausliefern, vorzeigen

exhortari, exhortor, exhortatus sum, – *(1/Deponens/392)* aufmuntern, auffordern, anfeuern

exigere, exigo, exegi, exactum *(3/380)* heraustreiben, wegtreiben, vertreiben; eintreiben, fordern, einfordern, verlangen; vollenden; abmessen, bemessen

exiguitas, exiguitatis *(kons./334) f* Knappheit, Kürze

exiguus, exigua, exiguum *(o/a/329)* knapp, klein, gering, unbedeutend, winzig

exilis, exilis, exile *(i/343)* mager, dünn, schmächtig, dürftig

ex(s)ilium, exilii *(o/327) n* Verbannung

eximere, eximo, exemi, exemptum *(3/380)* herausnehmen, wegnehmen, beseitigen

eximius, eximia, eximium *(o/a/329)* ausnehmend, außerordentlich; *templum eximie ornatum* ein außerordentlich prächtig geschmückter Tempel

exinde *Adverb* hierauf, dann, von da aus

exīre, exeo, exii, exitum *(unreg./414)* herausgehen, hinausgehen, weggehen, ausrücken

existimare, existimo, existimavi, existimatum *(1/380)* schätzen, einschätzen, urteilen, beurteilen, meinen

existimatio, existimationis *(kons./333) f* Meinung, Ruf, Einschätzung, Urteil

exitiosus, exitiosa, exitiosum *(o/a/329)* verderblich, unheilvoll

exitium, exitii *(o/327) n* Untergang, Verderben

exitus, exitus *(u/350) m* Ausweg, Ausgang, Ende, Ergebnis

exolescere, exolesco, exolevi, exoletum *(3/380)* aus der Mode kommen, verschwinden, vergehen

exoletus, exoleta, exoletum *(o/a/329)* erwachsen, veraltet, liederlich; *exoletus (puer)* Lustknabe

exoptare, exopto, exoptavi, exoptatum *(1/380)* herbeiwünschen, ersehnen

exorare, exoro, exoravi, exoratum *(1/380)* erflehen

exordīri, exordior, exorsus sum, – *(4/Deponens/392)* anfangen, beginnen

exordium, exordii *(o/327) n* Anfang, Ursprung

exorīri, exorior, exortus sum, –, exoriturus *(4/Deponens/392)* entstehen, losbrechen

exornare, exorno, exornavi, exornatum *(1/380)* ausschmücken, ausrüsten, ausstatten; verherrlichen

exosus, exosa, exosum *(o/a/329) [Akkusativ]* (jemanden) hassend, voll Hass (gegen jemanden)

expedīre, expedio, expedivi, expeditum *(4/380)* frei machen, befreien, bereit machen, in Bereitschaft setzen; *expedit* es ist zuträglich; *naves expedire* die Schiffe segelfertig machen

expeditio, expeditionis *(kons./333) f* Feldzug, Streifzug, Unternehmung

expeditus, expedita, expeditum *(o/a/329)* unbehindert, leicht bepackt, kampfbereit

expellere, expello, expuli, expulsum *(3/380)* vertreiben, verbannen, heraustreiben, hinaustreiben

expendere, expendo, expendi, expensum *(3/380)* abwägen, erwägen, prüfen, bezahlen, ausgeben

expensum, expensi *(o/327) n* Ausgabe

expergisci, expergiscor, experrectus sum, – *(3/Deponens/392)* erwachen, aufwachen

experientia, experientiae *(a/325) f* Probe, Versuch, Erfahrung

experimentum, experimenti *(o/327) n* Versuch, Probe, Beweis

experīri, experior, expertus sum, – *(4/Deponens/392)* versuchen, erproben, prüfen, erfahren; *Expertus dico.* Ich spreche aus Erfahrung.

expers, expertis *(i/342)* unteilhaftig, unbeteiligt; *rationis expers* unvernünftig; *consilii expers* nicht in den Plan eingeweiht

expetere, expeto, expetivi, expetitum *(3/380)* erstreben, aufsuchen, verlangen

expiare, expio, expiavi, expiatum *(1/380)* entsühnen, versöhnen

explanare, explano, explanavi, explanatum *(1/380)* erklären

explēre, expleo, explevi, expletum *(2/380)* ausfüllen, anfüllen, erfüllen, befriedigen

explicare, explico, explicavi, explicatum *(1/380)* entfalten, erklären, entwickeln

explicatio, explicationis *(kons./333) f* Deutung, Darlegung, Erklärung, Erörterung

explodere, explodo, explosi, explosum *(3/380)* auszischen, auspfeifen, zurückweisen, verwerfen

explorare, exploro, exploravi, exploratum *(1/380)* erforschen, auskundschaften, prüfen

explorator, exploratoris *(kons./331) m* Kundschafter, Späher

exponere, expono, exposui, expositum *(3/380)* aussetzen, auseinander setzen, darlegen; *rem breviter exponere* eine Sache kurz darstellen

exportare, exporto, exportavi, exportatum *(1/380)* fortschaffen, ausführen

exposcere, exposco, expoposci, – *(3/380)* verlangen, fordern, erbitten

expostulare, expostulo, expostulavi, expostulatum *(1/380)* verlangen, fordern

exprimere, exprimo, expressi, expressum *(3/380)* herauspressen, erpressen; ausdrücken, darstellen; *expressis verbis* ausdrücklich

exprobrare, exprobro, exprobravi, exprobratum *(1/380)* vorwerfen

expugnare, expugno, expugnavi, expugnatum *(1/380)* erobern, besiegen

expurgare, expurgo, expurgavi, expurgatum *(1/380)* reinigen, rechtfertigen, entschuldigen

exquirere, exquiro, exquisivi, exquisitum *(3/380)* ausforschen, prüfen, ermitteln

exquisitus, exquisita, exquisitum *(o/a/329)* auserlesen, ausgezeichnet

exsanguis, exsanguis, exsangue *(i/343)* blutlos, leblos, tot; entkräftet

exscindere, exscindo, exscidi, exscissum *(3/380)* vernichten, zerstören, ausrotten

exsecare, exseco, exsecui, exsectum *(1/380)* herausschneiden

ex(s)ecrari, exsecror, exsecratus sum, – *(1/Deponens/392)* verwünschen, verfluchen

ex(s)equi, ex(s)equor, ex(s)ecutus sum, – *(3/Deponens/392)* verfolgen, geleiten, ausführen, vollziehen

ex(s)equiae, ex(s)equiarum *(a/325) f [plurale tantum]* Leichenbegängnis

exsilīre, exsilio, exsilui, exsultum *(4/380)* herausspringen

ex(s)istere, exsisto, exstiti, – *(3/380)* auftreten, erscheinen, entstehen; *ex eo existit (mit AcI/ut)* daraus folgt, dass

exsolvere, exsolvo, exsolvi, exsolutum *(3/380)* auflösen, loslösen

ex(s)pectare, exspecto, exspectavi, exspectatum *(1/380)* ausschauen, warten, erwarten, abwarten

exspectatio, exspectationis *(kons./333) f* Erwartung

ex(s)pirare, exspiro, exspiravi, exspiratum *(1/380)* aushauchen, sterben

ex(s)tare, exsto, –, – *(1/380)* hervorstehen, vorhanden sein

exstimulare, exstimulo, exstimulavi, exstimulatum *(1/380)* aufstacheln

exstinguere, exstinguo, exstinxi, exstinctum *(3/380)* auslöschen, tilgen, vernichten

exstirpare, exstirpo, exstirpavi, exstirpatum *(1/380)* mit der Wurzel ausrotten

ex(s)truere, exstruo, exstruxi, exstructum *(3/380)* aufschichten, errichten, erbauen; *aggerem exstruere* einen Wall aufschütten

ex(s)ultare, exsulto, exsultavi, exsultatum *(1/380)* frohlocken, jubeln, jauchzen, aufspringen, übermütig sein

exsuperare, exsupero, exsuperavi, exsuperatum *(1/380)* übersteigen, überwinden, übertreffen

exta, extorum *(o/327) n [plurale tantum, poetisch]* Eingeweide

extemplo *Adverb* sogleich, sofort

extendere, extendo, extendi, extentum *(3/380)* ausdehnen, ausspannen

extenuare, extenuo, extenuavi, extenuatum *(1/380)* dünn machen, mindern, vermindern, verringern

exterior, exterior, exterius *(i/343)* der äußere

exterminare, extermino, exterminavi, exterminatum *(1/380)* vertreiben

externus, externa, externum *(o/a/329)* ausländisch, fremd, auswärtig

exterrēre, exterreo, exterrui, exterritum *(2/380)* erschrecken, aufschrecken

exter(us), extera, exterum *(o/a/329)* außen befindlich, auswärtig, ausländisch

extimescere, extimesco, extimui, – *(3/380)* in Furcht geraten, sich fürchten

extollere, extollo, extuli, – *(3/380)* emporheben, aufrichten, ermutigen

extorquēre, extorqueo, extorsi, extortum *(2/380)* entwinden, entreißen, abtrotzen, erpressen

extra *(420) Präposition [Akkusativ]* außer, außerhalb

extrahere, extraho, extraxi, extractum *(3/380)* herausziehen, hinausziehen, in die Länge ziehen, verschleppen

extremitas, extremitatis *(kons./334) f* (äußerster) Rand, Grenze

extremus, extrema, extremum *(o/a/329)* der äußerste, der letzte; *Extrema passus est.* Er musste das Äußerste ertragen.; *extremo anno* am Ende des Jahres

extrinsecus *Adverb* von außen (her), außen

extrudere, extrudo, extrusi, extrusum *(3/380)* hinausstoßen, wegstoßen

extundere, extundo, extudi, extusum *(3/380)* heraushämmern, heraustreiben

exturbare, exturbo, exturbavi, exturbatum *(1/380)* hinausdrängen, wegdrängen, verstoßen, vertreiben

exuere, exuo, exui, exutum *(3/380)* ausziehen, ablegen; berauben

ex(s)ul, exulis *(kons./331) m* Verbannter; *adjektivisch* verbannt

ex(s)ulare, exulo, exulavi, exulatum *(1/380)* in der Verbannung leben, verbannt sein

exurere, exuro, exussi, exustum *(3/380)* (gänzlich) verbrennen, wegbrennen

exuviae, exuviarum *(a/325) f* (dem Feind) abgenommene Rüstung, Raub, Beute

F. (filius, filia) Sohn, Tochter

faba, fabae *(a/325) f* Bohne

fabella, fabellae *(a/325) f* kleine Erzählung, Fabel, kurzes Schauspiel

faber, fabri *(o/328) m* Handwerker, Schmied, Zimmermann, Künstler, Arbeiter, Pionier; *adjektivisch* kunstfertig, geschickt

fabrica, fabricae *(a/325) f* Handwerk; Baukunst; Werkstatt

fabricare/fabricari, fabrico/fabricor, fabricavi/fabricatus sum, fabricatum *(1/380)* schmieden, zimmern, herstellen, anfertigen, verfertigen

fabula, fabulae *(a/325) f* Erzählung, Fabel, Sage, Märchen, Schauspiel, Theaterstück, Geschichte, Gerede; *fabulam narrare* eine Geschichte erzählen; *fabulam agere* ein Schauspiel aufführen

fabulosus, fabulosa, fabulosum *(o/a/329)* sagenhaft, sagenumwoben

facere, facio, feci, factum *(5/380)* tun, machen, bewirken, handeln; *certiorem facere de + Ablativ* informieren über, benachrichtigen von; *aliquem dictatorem facere* jemanden zum Diktator machen; *cum aliquo facere* zu jemandem halten, jemandes Partei ergreifen

facessere, facesso, facessivi, facessitum *(3/380)* (transitiv) ausführen, ausrichten; (intransitiv) sich entfernen, sich packen

facetus, faceta, facetum *(o/a/329)* fein, anmutig, elegant, witzig

facies, faciei *(e/351) f* Gesicht, Antlitz; Gestalt, Aussehen

facile *Adverb* leicht

facilis, facilis, facile *(i/343)* leicht, mühelos, beweglich; willig, machbar; bequem; *haud facile (Adverb) dictu* schwer zu sagen; *multo facilius* viel (um vieles) leichter; *eo facilius* umso leichter; *facilis dictu* leicht zu sagen

facilitas, facilitatis *(kons./334)* f Leichtigkeit, Umgänglichkeit, Bereitwilligkeit

facinus, facinoris *(kons./335)* n Tat, Untat, Missetat, Verbrechen

factio, factionis *(kons./333)* f Partei, politische Gruppe, Klüngel

factiosus, factiosa, factiosum *(o/a/329)* einflussreich

factitare, factito, factitavi, factitatum *(1/380)* gewöhnlich tun, zu tun pflegen

factum, facti *(o/327)* n Ereignis, Tat, Handlung, Heldentat

facultas, facultatis *(kons./334)* f Fähigkeit, Möglichkeit, Gelegenheit; *Plural* **facultates, facultatum** Mittel; *facultas dicendi* Rednertalent

facundia, facundiae *(a/325)* f Redegewandtheit, Redefähigkeit, Beredsamkeit

facundus, facunda, facundum *(o/a/329)* beredt, redegewandt

faex, faecis *(kons./332)* f Hefe, Weinhefe, Bodensatz

fagus, fagi *(o/326)* f Buche

fallax, fallacis *(i/342)* trügerisch, betrügerisch

fallere, fallo, fefelli, – *(3/380)* täuschen; unbemerkt bleiben, verborgen bleiben, entgehen; *me fallit* es entgeht mir, bleibt mir verborgen; *Non me fallit te mentiri.* Es entgeht mir nicht, dass du lügst.; *spem alicuius fallere* jemanden in seiner Hoffnung täuschen

falso *Adverb* fälschlich

falsus, falsa, falsum *(o/a/329)* falsch, irrig; betrügerisch

falx, falcis *(kons./332)* f Sichel

fama, famae *(a/325)* f Gerücht, Ruf, Berühmtheit, Kunde; *fama fert* es geht das Gerücht; *famae consulere* für seinen (guten) Ruf sorgen

fames, famis f Hunger, Hungersnot; *famem depellere* den Hunger stillen; *fame interficere* aushungern

familia, familiae *(a/325)* f Hausgemeinschaft, Gesinde, Dienerschaft, Familie; *vetus et illustris familia* eine alte, vornehme Familie

familiaris, familiaris, familiare *(i/343)* zum Haus gehörig, zur Familie gehörig, häuslich, vertraut, bekannt, freundschaftlich, befreundet; *res familiaris* Vermögen, Besitz; *aliquo familiariter uti* mit jemandem befreundet sein

familiaris, familiaris *(kons./331)* m vertrauter Freund, Vertrauter

familiaritas, familiaritatis *(kons./334)* f vertrauter Umgang, Freundschaft

famosus, famosa, famosum *(o/a/329)* berühmt, berüchtigt

famula, famulae *(a/325)* f Dienerin

famulus, famuli *(o/326)* m Diener

fanum, fani *(o/327)* n Heiligtum, Tempel

far, farris *(kons./331)* n Dinkel, Spelt, Opfermehl, Brot

farcīre, farcio, farsi, fartum *(4/380)* voll stopfen, füllen

fari, for, fatus sum, – *(1/Deponens/392)* sagen, verkünden

farina, farinae *(a/325)* f Mehl

fas n *[nur Nominativ und Akkusativ Singular]* (göttliches) Recht, sittliche Pflicht, Gebot, Schicksal; *contra ius fasque* wider menschliches und göttliches Recht; *fas est* es ist erlaubt

fascis, fascis *(g/339)* m Bündel; *Plural* **fasces, fascium** Rutenbündel

fasti, fastorum *(o/326)* m Kalender

fastidiosus, fastidiosa, fastidiosum *(o/a/329)* überdrüssig; wählerisch; widerwärtig

fastidīre, fastidio, fastidivi, fastiditum *(4/380)* verschmähen, Überdruss empfinden, Ekel empfinden

fastidium, fastidii *(o/327)* n Ekel, Überdruss, Widerwille; Hochmut; *in fastidio esse* verschmäht werden

fastigium, fastigii *(o/327)* n Spitze, Steigung, Neigung, Giebel, Gipfel

fastus, fastus *(u/350) m* Dünkel, Naserümpfen, Hochmut

fatalis, fatalis, fatale *(i/343)* vom Schicksal bestimmt, verhängnisvoll, Schicksal-; *casus fatalis* Schicksalsschlag

fatēri, fateor, fassus sum, – *(2/Deponens/392)* gestehen, bekennen, eingestehen, kundtun

fatigare, fatigo, fatigavi, fatigatum *(1/380)* ermüden, erschöpfen, mürbe machen, quälen

fatiscere, fatisco, –, – *(3/380)* bersten; erschlaffen, ermatten

fatum, fati *(o/327) n [oft Plural]* Götterspruch, Weissagung; Schicksal, Geschick, Verhängnis; *sua fata dolere* sein Schicksal beklagen

fauces, faucium *(kons./331) f [plurale tantum]* Schlund, Rachen; Schlucht, Engpass; *Vox faucibus haesit.* Er brachte kein Wort heraus.

faustus, fausta, faustum *(o/a/329)* günstig, Glück bringend

fautor, fautoris *(kons./331) m* Beschützer, Gönner, Anhänger, Beifallspender

favēre, feveo, favi, fautum *(2/380) [Dativ]* günstig sein, gewogen sein, begünstigen, schwärmen (für); *Di faveant, ut …* Gebe der Himmel/Geben die Götter, dass …

favilla, favillae *(a/325) f* (heiße) Asche

favor, favoris *(kons./331) m* Gunst, Beifall

favus, favi *(o/326) m* Honig, Honigwabe

fax, facis *(kons./332) f* Fackel, Licht, Flamme; *prima face* bei Einbruch der Dunkelheit

febris, febris *(i/338) f* Fieber; *Febris crescit.* Das Fieber steigt.

fecundus, fecunda, fecundum *(o/a/329)* fruchtbar, ergiebig, reichlich

felicitas, felicitatis *(kons./334) f* Glück, Erfolg

felis/feles, felis *(g/339) f* Katze

felix, felicis *(i/342)* fruchtbar, erfolgreich, glücklich

femina, feminae *(a/325) f* weibliches Wesen, Frau

femineus, feminea, femineum *(o/a/329)* weiblich, weibisch

femur, feminis/femoris *(kons./335) n* Schenkel, Oberschenkel

fenerator, feneratoris *(kons./331) m* Geldverleiher

fenestra, fenestrae *(a/325) f* Fenster

fenus, fenoris *(kons./335) n* Zinsen, Wucher

fera (bestia), ferae *(a/325) f* Tier, wildes Tier

feralis, feralis, ferale *(i/343)* Toten-, Leichen-; *Plural* **feralia, feralium** Totenfest

ferax, feracis *(i/342)* ertragreich, fruchtbar, ergiebig

fere/ferme *Adverb [meist nachgestellt]* etwa, ungefähr, fast, in der Regel, meist; *tres fere* ungefähr drei; *omnes fere* fast alle

feriae, feriarum *(a/325) f* Feiertage, Ruhetage, Ferien

ferinus, ferina, ferinum *(o/a/329)* von wilden Tieren

ferīre, ferio, –, – *(4/380)* schlagen, treffen, schlachten; *foedus ferire* ein Bündnis schließen

feritas, feritatis *(kons./334) f* Wildheit, Rohheit

ferocia, ferociae *(a/325) f* wilder Mut, Unerschrockenheit, Verwegenheit, Trotz

ferox, ferocis *(i/342)* wild, trotzig, unbändig, grimmig

ferratus, ferrata, ferratum *(o/a/329)* eisenbeschlagen

ferre, ferro, tuli, latum *(unreg./400)* tragen, ertragen; bringen, einbringen, hervorbringen; berichten; *aliquid aegre ferre* über etwas ärgerlich sein; *alicui auxilium ferre* jemandem Hilfe bringen; *aliquid graviter ferre* über etwas ungehalten sein; *aliquid moleste ferre* über etwas empört sein; *laudem ferre* Lob ernten; *ab aliquo responsum ferre* eine Antwort von jemandem erhalten; *legem ferre* ein Gesetz einbringen; *in hostes ferri* auf die Feinde losstürzen; *homo non ferendus* ein unerträglicher Mensch; *fama fert* es geht das Gerücht, das Gerücht behauptet

ferreus, ferrei *(o/326) m* eisern

ferri, feror, latus sum, – *(unreg./402)* stürzen, eilen

ferrugo, ferruginis *(kons./333)* f (Eisen-)Rost, dunkle Farbe

ferrum, ferri *(o/327)* n Eisen, Schwert; *ferro ignique* mit Feuer und Schwert/mit Mord und Brand

fertilis, fertilis, fertile *(i/343)* ertragreich, fruchtbar

ferus, fera, ferum *(o/a/329)* wild, grausam, ungezähmt, roh; *fera (bestia)* wildes Tier

fervēre, ferveo, ferbui, – *(2/380)* glühen, sieden, brausen, wogen

fervidus, fervida, fervidum *(o/a/329)* glühend, siedend, hitzig, heiß, wallend

fervor, fervoris *(kons./331)* m Hitze, Glut, Leidenschaft

fessus, fessa, fessum *(o/a/329)* morsch, müde, ermüdet, erschöpft, ermattet; *fessus aetate* altersschwach

festinare, festino, festinavi, festinatum *(1/380)* eilen, sich beeilen, beschleunigen; *Sulla in Italiam redire festinavit.* Sulla kehrte eilig nach Italien zurück.

festinatio, festinationis *(kons./333)* f Hast, Eile

festum, festi *(o/327)* n Fest, Feier

festus, festa, festum *(o/a/329)* festlich, feierlich

fetus, feta, fetum *(o/a/329)* fruchtbar, reich an, angefüllt; säugend

fetus, fetus *(u/350)* m Junges, Frucht

fibra, fibrae *(a/325)* f Faser

fibula, fibulae *(a/325)* f Spange, Schnalle, Klammer

ficus, fici *(o/326)* f Feigenbaum, Feige

fidelis, fidelis, fidele *(i/343)* treu, zuverlässig

fidere, fido, fisus sum, – *(3/380)* [Dativ/Ablativ] trauen, vertrauen

fides, fidei *(e/351)* f Glaube, Treue, Vertrauen, Verlässlichkeit, Schutz; *fidem dare* sein Wort geben; *fidem servare* sein Wort halten; *fidem facere* Vertrauen erwecken, Glauben finden; *fidem habere* Glauben schenken; *alicui fidem habere* jemandem glauben; *fidem liberare* sein Wort einlösen, sein Versprechen erfüllen; *alicui fidem praestare/in fide manere* jemandem die Treue halten, treu bleiben; *in fidem recipere* seinem Schutz unterstellen; *fidem prodere/frangere/laedere* sein Wort brechen

fides, fidium *(kons./331)* f [plurale tantum] Saite, Saitenspiel, Laute, Leier

fidicen, fidicinis *(kons./336)* m Lautenspieler

fiducia, fiduciae *(a/325)* f Vertrauen, Zuversicht, Zuverlässigkeit; *fiducia sui* Selbstvertrauen

fidus, fida, fidum *(o/a/329)* treu, zuverlässig

fieri, fio, factus sum, – *(unreg./416)* [Passiv zu facere] werden, gemacht werden, geschehen, entstehen; *magni fieri* viel gelten; *Clamor ingens fit.* Ein ungeheures Geschrei erhebt sich.; *Gallia Romanorum fit.* Gallien wird Besitz der Römer.

figere, figo, fixi, fixum *(3/380)* heften, anheften, befestigen; durchbohren

figulus, figuli *(o/326)* m Töpfer

figura, figurae *(a/325)* f Gebilde, Figur, Gestalt

filia, filiae *(a/325)* f Tochter

filius, filii *(o/326)* m Sohn

filum, fili *(o/327)* n Faden

fimum, fimi *(o/327)* n Dünger, Mist

findere, findo, fidi, fissum *(3/380)* spalten, zerspalten

fingere, fingo, fingxi, fictum *(3/380)* formen, gestalten, bilden; sich vorstellen, erdichten; *fabula ficta* Märchen; *ars fingendi* Bildhauerkunst

finīre, finio, finivi, finitum *(4/380)* begrenzen, abgrenzen; beenden, beendigen

finis, finis *(g/339)* m Grenze, Ende; Ziel, Zweck; *Plural* **fines, finium** Gebiet; *dicendi finem facere* eine Rede beenden; *Rubico erat finis Galliae.* Der (Fluss) Rubikon bildete die Grenze Galliens.

finitimus, finitima, finitimum *(o/a/329)* angrenzend, benachbart, nahe stehend, verwandt; *gentes finitimae* Nachbarstämme

firmare, firmo, firmavi, firmatum *(1/380)* stärken, kräftigen, bekräftigen, sichern, befestigen

firmitas, firmitatis *(kons./334) f* Festigkeit, Stärke, Ausdauer

firmus, firma, firmum *(o/a/329)* stark, fest, zuverlässig, standhaft

fiscus, fisci *(o/326) m* Korb, Kasse, Staatskasse, Geldkasse

fissum, fissi *(o/327) n* Spalt, Einschnitt

fistula, fistulae *(a/325) f* Wasserrohr, Hirtenpfeife, Fistel

flagellum, flagelli *(o/327) n* Peitsche, Geißel; Ranke, Sprössling

flagitare, flagito, flagitavi, flagitatum *(1/380)* ungestüm fordern, dringend fordern

flagitiosus, flagitiosa, flagitiosum *(o/a/329)* schändlich, schmachvoll, niederträchtig

flagitium, flagitii *(o/327) n* Schande, Schandtat, Bosheit

flagrare, flagro, flagravi, flagratum *(1/380)* brennen, glühen, lodern

flamen, flaminis *(kons./336) m* Opferpriester (einer bestimmten Gottheit)

flamen, flaminis *(kons./331) n* Blasen, Wehen, Wind

Flaminius, Flaminii *(o/326) m* Gaius Flaminius (Konsul)

flamma, flammae *(a/325) f* Flamme, Feuer, Glut

flammare, flammo, flammavi, flammatum *(1/380)* (transitiv) entzünden, verbrennen; (intransitiv) brennen, lodern

flare, flo, flavi, flatum *(1/380)* blasen, wehen

flatus, flatus *(u/350) m* Blasen, Wehen, Wind, Atem

flavēre, flaveo, flavui, – *(2/380)* gelb sein, blond sein

flavus, flava, flavum *(o/a/329)* gelb, goldgelb, blond

flebilis, flebilis, flebile *(i/343)* beklagenswert, kläglich, klagend, weinend

flectere, flecto, flexi, flexum *(3/380)* biegen, beugen, lenken, wenden, umwenden, umstimmen; *cursum flectere* den Kurs ändern

flēre, fleo, flevi, fletum *(2/380)* weinen, beweinen

fletus, fletus *(u/350) m* das Weinen

flexus, flexus *(u/350) m* Biegung, Wendung, Umweg

florēre, floreo, florui, – *(2/380)* blühen; *urbes florentes* wohlhabende Städte

flos, floris *(kons./332) m* Blume, Blüte; Zierde

fluctuare, fluctuo, fluctuavi, fluctuatum *(1/380)* treiben, dahintreiben, schwanken

fluctus, fluctus *(u/350) m* Flut, Strömung; *fluctibus excitatis* bei aufgewühlter See

fluentum, fluenti *(o/327) n* Fluss, Strom, Strömung

fluere, fluo, fluxi, – *(3/380)* fließen, strömen

fluitare, fluito, fluitavi, fluitatum *(1/380)* treiben, dahintreiben; schwanken

flumen, fluminis *(kons./336) n* Fluss, Strom, Strömung; *secundo flumine* flussabwärts; *adverso flumine* flussaufwärts

fluvius, fluvii *(o/326) m* Fluss, Strom

fluxus, fluxa, fluxum *(o/a/329)* fließend, schlaff, haltlos, vergänglich

focus, foci *(o/326) m* Feuerstätte, Herd, Haus und Hof

fodere, fodio, fodi, fossum *(5/380)* stechen, graben

foedare, foedo, foedavi, foedatum *(1/380)* verunstalten, entstellen, beflecken, besudeln, entehren

foederatus, foederata, foederatum *(o/a/329)* verbündet; *substantivisch* Verbündeter

foedus, foeda, foedum *(o/a/329)* hässlich, grässlich, furchtbar, abstoßend; *homo foedus* ein hässlicher Mensch

foedus, foederis *(kons./331) n* Treuebund, Bündnis, Vertrag; *foedera violare/rumpere* Verträge brechen

folium, folii *(o/327) n* Blatt

fomentum, fomenti *(o/327) n* Verband, Umschlag; *Plural* **fomenta, fomentorum** Linderungsmittel

fons, fontis *(kons./334) m* Quelle, Ursprung

foramen, foraminis *(kons./336) n* Öffnung, Loch

foras *Adverb* hinaus

forceps, forcipis *(kons./331) m* Zange

fore = futurum esse

forensis, forensis, forense *(i/343)* zum Forum gehörig, zum Gericht gehörig

foris, foris *(g/339) f* Tür, Türflügel, Eingang; *fores claudere* die Haustür schließen

foris *Adverb* draußen, nach draußen, von draußen

forma, formae *(a/325) f* Form, Gestalt, Aussehen, Figur, Schönheit; *eximiā formā mulier* eine außergewöhnlich schöne Frau

formare, formo, formavi, formatum *(1/380)* formen, bilden, gestalten

formica, formicae *(a/325) f* Ameise

formidare, formido, formidavi, formidatum *(1/380)* sich fürchten, sich entsetzen

formido, formidinis *(kons./333) f* Grausen, Furcht, Gespenst

formidolosus/formidulosus, formidolosa, formidolosum *(o/a/329)* grauenvoll, Furcht erregend, fürchterlich, schrecklich; furchtsam

formosus, formosa, formosum *(o/a/329)* schön

formula, formulae *(a/325) f* Norm, Maßstab, Regel; Vertrag

fornax, fornacis *(kons./332) f* Ofen, Schmelzofen

fornix, fornicis *(kons./332) m* Wölbung, Bogen, Gewölbe; Bordell

fors, fortis *(g/340) f* Zufall

forsitan *Adverb* vielleicht

fortasse/fortassis *Adverb* vielleicht

forte *Adverb* zufällig, durch Zufall; *si forte (contigit)* wenn es glückt

fortis, fortis, forte *(i/343)* stark, tapfer, mutig; *viri fortes* Helden

fortitudo, fortitudinis *(kons./333) f* Tapferkeit, Tatkraft, Mut

fortuito *Adverb* zufällig, aufs Geratewohl

fortuitus, fortuita, fortuitum *(o/a/329)* zufällig

fortuna, fortunae *(a/325) f* Glück, Schicksal; *Plural* **fortunae, fortunarum** Glücksgüter, Reichtum; *fortunae cedere* sich in sein Schicksal fügen; *Audentem fortuna iuvat.* Dem Mutigen hilft das Glück.

Fortuna, Fortunae *(a/325) f* Fortuna (Glücksgöttin)

fortunatus, fortunata, fortunatum *(o/a/329)* glücklich, beglückt; wohlhabend, reich

forum, fori *(o/327) n* Platz, Markt, Marktplatz, Forum, das öffentliche Leben; *forum Romanum* DAS Forum (Roms), DER Marktplatz von Rom

fossa, fossae *(o/327) f* Graben; *castra vallo fossāque circumdare* das Lager mit Wall und Graben umgeben

fovea, foveae *(a/325) f* Grube, Fallgrube

fovēre, foveo, fovi, fotum *(2/380)* wärmen, hegen, pflegen, begünstigen

fragilis, fragilis, fragile *(i/343)* zerbrechlich, hinfällig

fragmentum, fragmenti *(o/327) n* Bruchstück, Splitter

fragor, fragoris *(kons./331) m* Krachen, Dröhnen, Lärm

fragrare, fragro, fragravi, fragratum *(1/380)* riechen, duften

framea, frameae *(a/325) f* Wurfspeer, Frame

frangere, frango, fregi, fractum *(3/380)* brechen, zerbrechen; schwächen, zwingen, überwinden; *bracchium frangere* (sich) den Arm brechen

frater, fratris *(g/340) m* Bruder

fraternus, fraterna, fraternum *(o/a/329)* brüderlich

fraudare, fraudo, fraudavi, fraudatum *(1/380) [Ablativ]* täuschen, betrügen (um), unterschlagen

fraudulentus, fraudulenta, fraudulentum *(o/a/329)* betrügerisch

fraus, fraudis *(kons./333) f* Täuschung, Betrug, Irrtum, Schaden

fraxinus, fraxini *(o/326) f* Esche

fremere, fremo, fremui, fremitum *(3/380)* brummen, lärmen, murren, brausen, tosen; *dentibus fremere* mit den Zähnen knirschen

fremitus, fremitus *(u/350) m* Getöse, Lärm, Murren, Brummen

frenare, freno, frenavi, frenatum *(1/380)* im Zaum halten, zügeln, lenken

frendere, frendo, –, frensum *(3/380)* knirschen

frenum, freni *(o/327) n* Zaum, Zügel

frequens, frequentis *(i/342)* dichtbevölkert, häufig, zahlreich; *urbs tectis frequens* eine Stadt mit vielen Häusern

frequentare, frequento, frequentavi, frequentatum *(1/380)* bevölkern, besuchen

frequentia, frequentiae *(a/325) f* Andrang, Volksmenge

fretum, freti *(o/327) n* Brandung, Meerenge

fretus, freta, fretum *(o/a/329) [Ablativ]* vertrauend (auf); *auxilio fretus* auf Hilfe vertrauend

frigēre, frigeo, –, – *(2/380)* kalt sein, frieren

frigidus, frigida, frigidum *(o/a/329)* kalt, kühl, matt; *frigidissimo anni tempore* zur kältesten Zeit des Jahres

frigus, frigoris *(kons./335) n* Kälte, Schauer, Frost

frondēre, frondeo, –, – *(2/380)* belaubt sein

frondosus, frondosa, frondosum *(o/a/329)* laubreich, belaubt

frons, frontis *(kons./334) f* Stirn, Gesicht; Front, Vorderseite; *a fronte* von vorne

frons, frondis *(kons./331) f* Laub

fructuosus, fructuosa, fructuosum *(o/a/329)* fruchtbar, ergiebig, einträglich

fructus, fructus *(u/350) m* Frucht, Ertrag, Nutzen, Gewinn

frugalitas, frugalitatis *(kons./334) f* Rechtschaffenheit, Wirtschaftlichkeit, Mäßigung

frugi *[undekliniert, Komparativ frugalior, frugalius, Superlativ frugalissimus]* wacker, rechtschaffen; sparsam, mäßig; besonnen, überlegt

frugifer, frugifera, frugiferum *(o/a/330)* fruchtbringend, fruchtbar

frui, fruor, fruitus/fructus sum, –, fruiturus *(3/Deponens/392) [Ablativ]* genießen, sich erfreuen an; *vitā frui* das Leben genießen

frumentari, frumentor, frumentatus sum, – *(1/Deponens/392)* Getreide holen

frumentarius, frumentaria, frumentarium *(o/a/329)* Getreide-, Korn-; *res frumentaria* Getreideversorgung

frumentatio, frumentationis *(kons./333) f* Getreidebeschaffung

frumentum, frumenti *(o/327) n* Getreide

frustra *Adverb* vergebens, grundlos, umsonst; *frustra tempus consumere* seine Zeit verschwenden

frustrari, frustror, frustratus sum, – *(1/Deponens/392)* täuschen

frustum, frusti *(o/327) n* Bissen, Stückchen

frutex, fruticis *(kons./332) m* Busch, Strauch

frux, frugis *(kons./331) f* Feldfrucht, Ertrag; *Plural* **fruges, frugum** Ackerfrüchte, Feldfrüchte, Getreide

fucus, fuci *(o/326) m* Purpurfarbe, Schminke

fuga, fugae *(a/325) f* Flucht, Verbannung; *fugā salutem petere* die Rettung in der Flucht suchen; *fugam capessere* die Flucht ergreifen

fugare, fugo, fugavi, fugatum *(1/380)* in die Flucht schlagen, verjagen, vertreiben, verbannen

fugax, fugacis *(i/342)* flüchtig, vergänglich

fugere, fugio, fugi, –, fugiturus *(5/380) [Akkusativ]* fliehen (vor), meiden, entgehen; *fugit* (mit Akkusativ) es entgeht; *Illud me fugit.* Das ist mir entgangen.; *hostes fugere* vor den Feinden fliehen

fugitare, fugito, fugitavi, fugitatum *(1/380)* eilig fliehen, meiden, vermeiden

fugitivus, fugitiva, fugitivum *(o/a/329)* flüchtig, entlaufen; *substantivisch* Ausreißer

fulcīre, fulcio, fulsi, fultum *(4/380)* stützen

fulgēre, fulgeo, fulsi, – *(2/380)* blitzen, glänzen, leuchten

fulgor, fulgoris *(kons./331)* m Blitzen, Glanz

fulgur, fulguris *(kons./336)* n Blitz, Wetterleuchten

fulmen, fulminis *(kons./336)* n Blitz, Blitzstrahl, Blitzschlag; *fulmine ictus* vom Bitz erschlagen; *Fulmen cadit.* Ein Blitz schlägt ein.

fulvus, fulva, fulvum *(o/a/329)* rotgelb, bräunlich

fumare, fumo, fumavi, fumatum *(1/380)* rauchen, dampfen

fumus, fumi *(o/326)* n Rauch, Dampf

funda, fundae *(a/325)* f Schleuder, Wurfnetz

fundamentum, fundamenti *(o/327)* n Grund, Grundlage, Fundament

fundare, fundo, fundavi, fundatum *(1/380)* sichern, gründen, befestigen

fundere, fundo, fusi, fusum *(3/380)* gießen, ausgießen, ausbreiten, zerstreuen; *crines fusi* herabwallende Haare

funditor, funditoris *(kons./331)* m Schleuderer

funditus *Adverb* von Grund auf, völlig

fundus, fundi *(o/326)* m Boden, Grundstück, Landgut

funebris, funebris, funebre *(i/343)* zur Bestattung gehörig, tödlich

funestus, funesta, funestum *(o/a/329)* verderblich, todbringend, unselig

fungi, fungor, functus sum, – *(3/Deponens/392) [Ablativ]* leisten, ausüben, verwalten, verrichten; *munere optime fungi* ein Amt sehr gut verwalten; *officio fungi* seine Pflicht tun

funis, funis *(g/339)* m Seil, Tau

funus, funeris *(kons./335)* n Leichenbegängnis, Bestattung, Begräbnis, Begräbnisfeier

fur, furis *(kons./336)* m/f Dieb, Diebin

furari, furor, furatus sum, – *(1/Deponens/392)* stehlen

furca, furcae *(a/325)* f Gabel

furcifer, furciferi *(o/328)* m Galgenstrick, Halunke

furere, furo, –, – *(3/380)* toben, rasen, wüten

Furia, Furiae *(a/325)* f Rachegeist, Furie

furialis, furialis, furiale *(i/343)* wahnsinnig, rasend, wütend, tobend

furibundus, furibunda, furibundum *(o/a/329)* rasend

furiosus, furiosa, furiosum *(o/a/329)* wahnsinnig, rasend, wütend, tobend, besessen

furnus, furni *(o/326)* m Backofen

furor, furoris *(kons./331)* m Raserei, Wahnsinn, Wut; *in furorem incidere* in Wahnsinn verfallen

furtim *Adverb* verstohlen, heimlich

furtivus, furtiva, furtivum *(o/a/329)* gestohlen, verstohlen, heimlich

furtum, furti *(o/327)* n Diebstahl, Hinterlist

fuscus, fusca, fuscum *(o/a/329)* dunkel, schwärzlich; dumpf (Stimme)

fustis, fustis *(g/339)* f Knüppel, Stock, Prügel

futilis, futilis, futile *(i/343)* nichtig, wertlos, vergeblich; unzuverlässig

futurus, futura, futurum *(o/a/329)* künftig, zukünftig; *Plural* **futura, futurorum** Zukunft; *res futura providere* die Zukunft vorhersehen

G

galea, galeae *(a/325) f* Lederhelm, Helm

Gallia, Galliae *(a/325) f* Gallien; *Gallia Cisalpina* das diesseitige Gallien (Norditalien)

gallina, gallinae *(a/325) f* Henne, Huhn

gallus, galli *(o/326) m* Hahn

Gallus, Galli *(o/326) m* Gallier, Kelte

garrīre, garrio, –, – *(4/380)* schwätzen, plappern

garrulus, garrula, garrulum *(o/a/329)* geschwätzig

gaudēre, gaudeo, gavisus sum, – *(2/380)* sich freuen; *in sinu gaudere* sich ins Fäustchen lachen

gaudium, gaudii *(o/327) n* Freude, Vergnügen

gaza, gazae *(a/325) f* Vorrat, Schatz

gelidus, gelida, gelidum *(o/a/329)* eiskalt, starr

gelu, gelus *(u/350) n* Eiskälte, Frost

gemere, gemo, gemui, gemitum *(3/380)* seufzen, stöhnen

geminare, gemino, geminavi, geminatum *(1/380)* verdoppeln, wiederholen

geminus/gemellus, gemina, geminum *(o/a/329)* doppelt, Zwillings-; *Plural* **gemini, geminorum** Zwillinge

gemitus, gemitus *(u/350) m* Seufzen, Stöhnen

gemma, gemmae *(a/325) f* Knospe, Edelstein, Siegelring

gena, genae *(a/325) f* Wange, Backe

gener, generi *(o/328) m* Schwiegersohn

generalis, generalis, generale *(i/343)* allgemein, General-

generare, genero, generavi, generatum *(1/380)* erzeugen, erschaffen

generatim *Adverb* nach Geschlechtern, nach Gattungen, im Allgemeinen

generosus, generosa, generosum *(o/a/329)* edelgeboren, hochherzig, edel, edelmütig

genetrix, genetricis *(kons./332) f* Erzeugerin, Mutter

genialis, genialis, geniale *(i/343)* dem Genius geweiht, hochzeitlich, fröhlich, festlich

genitor, genitoris *(kons./331) m* Erzeuger, Vater

genitrix, genitricis *(kons./332) f* Mutter

genius, genii *(o/326) m* Schutzgeist, Genius

gens, gentis *(kons./334) f* Geschlecht, Sippe, Stamm, Volk; *amplissimo genere ortus* aus vornehmstem Geschlecht; *gens Cornelia* der Familienverband/die Sippe der Cornelier

gentilis, gentilis, gentile *(i/343)* einer Sippe angehörig, einem Volk angehörig

genu, genus *(u/350) n* Knie

genus, generis *(kons./335) n* Abkunft, Abstammung, Geschlecht, Gattung; Art und Weise; *genus hominum* das Menschengeschlecht, die Menschheit

geometres, geometrae *m* Feldmesser

geometria, geometriae *(a/325) f* Geometrie, Feldmesskunst, Landvermessung

geometricus, geometrica, geometricum *(o/a/329)* geometrisch

gerere, gero, gessi, gestum *(3/380)* führen; ausführen, verrichten; tragen, zur Schau tragen; *se gerere* sich betragen, sich benehmen, sich verhalten; *se honeste gerere* ehrlich sein; *res bene gesta* Erfolg; *bellum gerere* Krieg führen; *rem gerere* seine Aufgabe verrichten; *magistratum gerere* ein Amt bekleiden

Germania, Germaniae *(a/325) f* Germanien; *Germania Inferior* Untergermanien; *Germania Superior* Obergermanien

Germanicus, Germanica, Germanicum *(o/a/329)* germanisch

Germanus, Germani *(o/326) m* Germane

germanus, germana, germanum *(o/a/329)* leiblich; *substantivisch* Bruder, Schwester; *frater germanus* leiblicher Bruder; *soror germana* leibliche Schwester

gestare, gesto, gestavi, gestatum *(1/380)* (bei sich) tragen (Waffen und Kleider)

gestīre, gestio, gestivi, gestitum *(4/380)* heftig verlangen; frohlocken, ausgelassen sein

gestus, gestus *(u/350) m* Haltung, Gebärde

gignere, gigno, genui, genitum *(3/380)* zeugen, erzeugen, hervorbringen, gebären; *Venus Aeneam genuit.* Venus hat Aeneas geboren.

glacies, glaciei *(e/351) f* Eis

gladiator, gladiatoris *(kons./331) m* Fechter, Gladiator, Schwertkämpfer

gladius, gladii *(o/326) m* Schwert; *gladiis strictis* mit gezückten Schwertern

glaeba/gleba, glaebae *(a/325) f* Erdscholle

glans, glandis *(kons./331) f* Eichel, Schleuderkugel

glaucus, glauca, glaucum *(o/a/329)* blaugrau, graugrün

gliscere, glisco, –, – *(3/380)* sich steigern, anwachsen

globosus, globosa, globosum *(o/a/329)* rund, kugelförmig

globus, globi *(o/326) m* Kugel, Ball; Haufe, Rotte, Schwarm

glomerare, glomero, glomeravi, glomeratum *(1/380)* zusammenballen, zusammendrängen

gloria, gloriae *(a/325) f* Ruhm, Ehre, Zierde; Ehrgeiz; Prahlerei

gloriari, glorior, gloriatus sum, – *(1/Deponens/392)* sich rühmen, prahlen, sich brüsten

gloriosus, gloriosa, gloriosum *(o/a/329)* ruhmvoll, prahlerisch, ehrgeizig

gnarus, gnara, gnarum *(o/a/329)* kundig, bekannt

gnavus, gnava, gnavum *(o/a/329)* regsam, emsig, tatkräftig

gracilis, gracilis, gracile *(i/343)* schlank, schmächtig, mager, dürr

gradatim *Adverb* schrittweise, stufenweise

gradi, gradior, gressus sum, – *(5/Deponens/392)* schreiten

gradus, gradus *(u/350) m* Schritt, Stufe, Grad, Rang; *gradus honorum* die Ämterlaufbahn; *gradus aetatis* Altersstufe

Graecia, Graeciae *(a/325) f* Griechenland

Graecus, Graeca, Graecum *(o/a/329)* griechisch; *substantivisch* Grieche; *Plural* **Graeci, Graecorum** Griechen

gramen, graminis *(kons./336) n* Gras

gramineus, graminea, gramineum *(o/a/329)* aus Gras, grasbedeckt

grammatica, grammaticae *(a/325) f* Grammatik, Sprachkunde, Philologie

grammaticus, grammatica, grammaticum *(o/a/329)* grammatisch, sprachwissenschaftlich; *substantivisch* Grammatiker, Philologe

grandis, grandis, grande *(i/343)* groß, erwachsen, erhaben

grando, grandinis *(kons./333) f* Hagel

granum, grani *(o/327) n* Korn

grassari, grassor, grassatus sum, – *(1/Deponens/392)* vorgehen; sich ausbreiten

gratari, grator, gratatus sum, – *(1/Deponens/392)* gratulieren, Glück wünschen

grates *(kons./331) f [nur Nominativ, Akkusativ und Ablativ]* Dank

gratia, gratiae *(a/325) f* Beliebtheit, Gunst, Anmut, Dank; *meā gratiā* meinetwegen; *gratiam habere* dankbar sein; *gratiam referre* Dank abstatten; *gratias agere* (mit Worten) danken; *Gratias tibi ago.* Ich danke dir.; *gratiam referre* sich (mit Taten) dankbar erweisen, sich revanchieren, Dank abstatten; *in gratia esse apud plebem* bei den einfachen Leuten beliebt sein; *in gratiam redire cum uxore* sich mit seiner Frau wieder vertragen; *gratiā* zu Gunsten, um … willen; *amicitiae gratiā* um der Freundschaft willen;

hominum gratiā der Menschen wegen; *gratis (Ablativ Plural)* umsonst, unentgeltlich

gratificari, gratifico, gratificatus sum, – *(1/Deponens/392)* einen Gefallen tun, opfern

gratiosus, gratiosa, gratiosum *(o/a/329)* beliebt, freundlich; *substantivisch* Günstling

gratis *Adverb* unentgeltlich

gratuito *Adverb* unentgeltlich, umsonst

gratuitus, gratuita, gratuitum *(o/a/329)* unentgeltlich; freiwillig

gratulari, gratulor, gratulatus sum, – *(1/Deponens/392)* gratulieren, Glück wünschen

gratulatio, gratulationis *(kons./333) f* Glückwunsch, Danksagung

gratus, grata, gratum *(o/a/329)* angenehm, gefällig, dankbar, willkommen

gravare, gravo, gravavi, gravatus sum *(1/380)* beladen, belasten, erschweren

gravidus, gravida, gravidum *(o/a/329) [Ablativ]* schwanger, voll von

gravis, gravis, grave *(i/343)* schwer, schwergewichtig, drückend, bedeutend, ernst, wichtig, würdevoll, angesehen; *onus grave* eine schwere Last; *graviter ferre* (mit Akkusativ) ungern ertragen, sich ärgern (über)

gravitas, gravitatis *(kons./334) f* Schwere, Bedeutung, Ernst, Würde

gregarius, gregaria, gregarium *(o/a/329)* gemein, gewöhnlich

gremium, gremii *(o/327) n* Schoß

gressus, gressus *(u/350) m* Gang, Schritt

grex, gregis *(kons./331) m* Herde, Schar, Rotte; *gregem facere* sich versammeln, sich zusammenrotten

grus, gruis *(kons./331) f/m* Kranich

gubernaculum, gubernaculi *(o/327)* Steuerruder

gubernare, guberno, gubernavi, gubernatum *(1/380)* steuern, lenken, leiten

gubernator, gubernatoris *(kons./331) m* Steuermann, Lenker, Leiter

gula, gulae *(a/325) f* Kehle, Schlund

gurges, gurgitis *(kons./331) m* Strudel, Wirbel; Schlund, Abgrund

gustare, gusto, gustavi, gustatum *(1/380)* kosten, genießen, zu sich nehmen

gutta, guttae *(a/325) f* Tropfen

guttur, gutturis *(kons./336) n* Gurgel, Kehle

gymnasium, gymnasii *(o/327) n* Gymnasion, Turnschule, Ringerschule

gyrus, gyri *(o/326) m* Kreis, Ring, Kreislauf

habena, habenae *(a/325) f* Zügel, Riemen

habēre, habeo, habui, habitum *(2/380)* haben, halten, besitzen; *se habere* sich verhalten, beschaffen sein; *res se aliter habet* es verhält sich anders; *in animo habere* im Sinn haben, vorhaben; *contionem habere* eine Versammlung abhalten; *aliquem pro amico habere* jemanden als Freund behandeln

habilis, habilis, habile *(i/343)* handlich, tauglich, geeignet

habitare, habito, habitavi, habitatum *(1/380)* wohnen, bewohnen

habitus, habitus *(u/350) m* Haltung, Aussehen, Kleidung, Zustand, Stimmung; *habitus animi* die seelische Verfassung; *optimo habitū* bei bestem Befinden

hac *Adverb* hier, hierher

hāc (viā) *Adverb* hier

hactenus *Adverb* so weit, bis hierher

Hadrianus, Hadriani *(o/326) m* Hadrian (Kaiser)

haedus, haedi *(o/326) m* junger Ziegenbock, Zicklein

haerēre, haereo, haesi, –, haesurus *(2/380)* hängen, festsitzen, hängen bleiben, stecken bleiben, haften; *in equo haerere* fest im Sattel sitzen

haesitare, haesito, haesitavi, haesitatum *(1/380)* stecken bleiben, stottern

Hamilcar, Hamilcaris *(kons./331) m* Hamilkar (Vater Hannibals)

hamus, hami *(o/326) m* Haken, Angelhaken

Hannibal, Hannibalis *(i/338) m* Hannibal

harena, harenae *(a/325) f* Sand, Sandfläche, Kampfplatz

harundo, harundinis *(kons./333) f* Schilfrohr, Rohrpfeife

haruspex, haruspicis *(kons./332) m* Opferschauer, Weissager

haruspicina, haruspicinae *(a/325) f* Eingeweideschau

hasta, hastae *(a/325) f* Schaft, Speer, Spieß, Lanze

hastatus, hastata, hastatum *(o/a/329)* speerbewaffnet; *substantivisch* Speerträger

hastile, hastilis *(i/338) n* Speer, Speerschaft, Lanze, Lanzenschaft

haud *Adverb* nicht

haudquaquam *Adverb* keineswegs, durchaus nicht

haurīre, haurio, hausi, haustum *(4/380)* schöpfen, trinken, herausschöpfen; gierig aufnehmen; nehmen, entnehmen; *aquam haurire* Wasser schöpfen

hebes, hebetis *(i/342)* stumpf, matt, schwerfällig

hebescere, hebesco, –, – *(3/380)* stumpf werden; ermatten

hedera, hederae *(a/325) f* (poetisch) Efeu

herba, herbae *(a/325) f* Gras, Pflanze, Kraut, Heilkraut

Hercules, Herculis *(kons./331) m* Herkules

hereditas, hereditatis *(kons./334) f* Erbschaft

heres, heredis *(kons./334) m/f* Erbe, Erbin

heri *Adverb* gestern

heros, herois *(kons./331) m* Heros, Held

hesperius, hesperia, hesperium *(o/a/329)* abendländisch, westlich

Hesperus, Hesperi *(o/326) m* Abendstern

hesternus, hesterna, hesternum *(o/a/329)* gestrig

heu wehe, ach; *heu me!* wehe mir!

hiare, hio, hiavi, hiatum *(1/380)* klaffen; den Mund aufsperren, gähnen

hiatus, hiatus *(u/350) m* Kluft, Öffnung

hibernaculum, hibernaculi *(o/327) n* Winterzelt; *Plural* **hibernacula, hibernaculorum** Winterlager

hibernare, hiberno, hibernavi, hibernatum *(1/380)* überwintern

hibernus, hiberna, hibernum *(o/a/329)* winterlich; *Plural* **hiberna, hibernorum (castra)** Winterlager

hic *Adverb* hier, jetzt

hic, huius, haec, hoc *(362)* dieser, folgender, hiesig, jetzig

hiemare, hiemo, hiemavi, hiematum *(1/380)* überwintern

hiems, hieme *(kons./331) f* Winter, Kälte, Sturm; *hieme ineunte* bei Beginn des Winters; *hieme exeunte* gegen Ende des Winters

hilaris, hilaris, hilare *(i/343)* heiter, froh, vergnügt

hilaritas, hilaritatis *(kons./334) f* Heiterkeit

hilarus, hilara, hilarum *(o/a/329)* heiter, froh, vergnügt

hinc *Adverb* von hier aus, von da an, von jetzt an, daher

hircus, hirci *(o/326) m* Bock, Ziegenbock; Gestank

hirsutus, hirsuta, hirsutum *(o/a/329)* stachelig, borstig, struppig

hirundo, hirundinis *(kons./333) f* Schwalbe

Hispania, Hispaniae *(a/325) f* Spanien

hispidus, hispida, hispidum *(o/a/329)* rau, struppig

historia, historiae *(a/325) f* Geschichte, Erzählung; Forschung

histrio, histrionis *(kons./333) m* Schauspieler

hodie *Adverb* heute

hodiernus, hodierna, hodiernum *(o/a/329)* heutig

holus, holeris *(kons./335) n* Gemüse, Kohl

homo, hominis *(kons./333) m* Mensch, Mann; *Plural* **homines, hominum** Leute

honestas, honestatis *(kons./334) f* Ehre, Ehrbarkeit, Anstand, Würde

honestus, honesta, honestum *(o/a/329)* ehrenhaft, angesehen, geehrt, anständig, ehrbar, ehrenvoll

honorare, honoro, honoravi, honoratum *(1/380)* ehren, auszeichnen

honorificus, honorifica, honorificum *(o/a/329)* ehrenvoll

honos, honoris *(kons./332) m* Ansehen, Ehre; Ehrenstelle, Ehrenamt; *in summo honore esse* in höchstem Ansehen stehen; *cursus honorum* die Ämterlaufbahn; *honore afficere* (mit Akkusativ) (jemandem) eine Ehre erweisen

hora, horae *(a/325) f* Stunde, Zeit, Jahreszeit

Horatius, Horatii *(o/326) m* Quintus Horatius Flaccus, Horaz (römischer Dichter)

hordeum, hordei *(o/327) n* Gerste

hornus, horna, hornum *(o/a/329)* diesjährig, heurig

horrendus, horrenda, horrendum *(o/a/329)* schrecklich

horrēre, horreo, horrui, – *(2/380) [Akkusativ]* starren, schaudern, sich entsetzen, zittern vor; *crudelitatem tyranni horrere* vor der Grausamkeit des Tyrannen zittern

horrescere, horresco, horrui, – *(3/380)* starren, schaudern, sich entsetzen, zittern vor

horreum, horrei *(o/327) n* Scheune, Getreidespeicher

horribilis, horribilis, horribile *(kons./331)* schauerlich, schrecklich; *horribile dictu!* schrecklich!

horridus, horrida, horridum *(o/a/329)* rau, roh, schaurig, entsetzlich

horror, horroris *(kons./331) m* Schauder, Schrecken

hortamen, hortaminis *(kons./336) n* Aufmunterung

hortari, hortor, hortatus sum, – *(1/Deponens/392)* auffordern, mahnen, ermahnen, ermuntern

hortulus, hortuli *(o/326) m* Gärtchen

hortus, horti *(o/326) m* Garten; *horti Caesaris* die Gartenanlagen Cäsars

hospes, hospitis *(kons./331) m* Gastgeber, Gastfreund, Gast, Fremder

hospitalis, hospitalis, hospitale *(i/343)* gastfreundlich

hospitium, hospitii *(o/327) n* Gastfreundschaft, Herberge; *aliquem hospitio accipere* jemanden gastlich aufnehmen

hospitus, hospita, hospitum *(o/a/329)* gastfreundlich, fremd

hostia, hostiae *(a/325) f* Opfertier

hostilis, hostilis, hostile *(i/343)* feindlich

hostis, hostis *(g/339) m/f* Feind, Landesfeind, Feindin

huc *Adverb* hierher, (bis) hierher, hierzu, hierhin

huiusmodi *[undekliniert]* derartig

humanitas, humanitatis *(kons./334) f* Menschlichkeit, Freundlichkeit; Bildung; *cultus atque humanitas* Kultur, Zivilisation

humanus, humana, humanum *(o/a/329)* gebildet, menschlich, freundlich, menschenfreundlich

humare, humo, humavi, humatum *(1/380)* beerdigen

humidus, humida, humidum *(o/a/329)* feucht

humilis, humilis, humile *(i/343)* niedrig, gering, demütig, niedergeschlagen; *humilis statura esse* von kleiner Gestalt sein

humilitas, humilitatis *(kons./334) f* Niedrigkeit, Unterwürfigkeit, Unbedeutendheit, Schwäche

humor, humoris *(kons./331) m* Feuchtigkeit

humus, humi *(o/326) f* Boden, Erdboden, Erdreich, Erde; *humi iacēre* am Boden liegen

hydrus/hydra, hydri/hydrae *(o/326) m/f* Wasserschlange

hymenaeus, hymenaei *(o/326) m* Hochzeitslied, Hochzeit

I (unus) eins

iacere, iacio, ieci, iactum *(5/380)* werfen, schleudern, aufwerfen, errichten; *lapides iacere* Steine werfen

iacēre, iaceo, iacui, – *(2/380)* liegen, daliegen, daniederliegen

iactare, iacto, iactavi, iactatum *(1/380)* werfen, schleudern, hin- und herwerfen, schütteln; im Munde führen, erörtern, rühmen; *manūs iactare* gestikulieren; *se iactare* sich brüsten, sich rühmen

iactura, iacturae *(a/325)* f Einbuße, Verlust

iactus, iactus *(u/350)* m Wurf

iaculari, iaculor, iaculatus sum, – *(1/Deponens/392)* schleudern

iaculum, iaculi *(o/327)* n Wurfspieß

iam *Adverb* schon, nun, bereits; *non iam* nicht mehr

Ianiculum, Ianiculi *(o/327)* n Janiculum (Hügel Roms)

ianitor, ianitoris *(kons./331)* m Türhüter, Pförtner

ianua, ianuae *(a/325)* f Türe, Haustüre, Eingang, Zugang, Öffnung

Ianuarius, Ianuaria, Ianuarium *(o/a/329)* dem Janus geweiht; *mensis Ianuarius* Januar

Ianus, Iani *(o/326)* Janus (Gott der Türen und Tore)

ibi *Adverb* da, dort

ibidem *Adverb* ebenda

Icarus, Icari *(o/326)* m Ikarus (Sohn des Dädalus)

ictus, icta, ictum *(o/a/329)* geschlagen, getroffen, erregt

ictus, ictus *(u/350)* m Schlag, Stoß, Hieb, Schuss

ID. (Idus) die Iden (der 15. oder 13. eines Monats)

idcirco *Adverb* deswegen

idem, eiusdem, eadem, idem *(364)* (eben)derselbe, der nämliche, der Gleiche; *uno eodemque tempore* zu ein und derselben Zeit

identidem *Adverb* mehrfach, wiederholt, immer wieder

ideo *Adverb* deswegen, deshalb

idoneus, idonea, idoneum *(o/a/329)* passend, geeignet, tauglich, fähig; *locus idoneus ad animum reficiendum* ein passender Ort zur Erholung

Idus, Iduum *(u/350)* f *[plurale tantum]* die Iden (Monatsmitte, 13. bzw. 15. Tag); *Idus Martiae* die Iden des März (15. März)

i. e. (id est) das heißt (d.h.)

iecur, iecoris *(kons./335)* n Leber

ieiunium, ieiunii *(o/327)* n Nüchternheit, Fasten, Hunger

ieiunus, ieiuna, ieiunum *(o/a/329)* nüchtern, hungrig

igitur *(422)* *Konjunktion* daher, also, folglich

ignarus, ignara, ignarum *(o/a/329)* unwissend, unkundig, unbekannt; *litterarium ignarus* ungebildet

ignavia, ignaviae *(a/325)* f Trägheit, Untätigkeit, Feigheit

ignavus, ignava, ignavum *(o/a/329)* träge, untätig, kraftlos, feige

igneus, ignea, igneum *(o/a/329)* feurig, glühend

ignis, ignis *(g/339)* m Feuer; *ignem facere* Feuer machen

ignobilis, ignobilis, ignobile *(i/343)* unbekannt, unbedeutend, unberühmt, von niederer Abkunft

ignominia, ignominiae *(a/325)* f Schande, Beschimpfung, Schmach

ignorantia, ignorantiae *(a/325)* f Unkenntnis, Unwissenheit

ignorare, ignoro, ignoravi, ignoratum *(1/380)* nicht wissen, nicht kennen; *haud ignorare* genau wissen; *non ignorare* sehr gut wissen, genau wissen, genau kennen

ignoratio, ignorationis *(kons./333)* f Unkenntnis, Unwissenheit

ignoscere, ignosco, ignovi, ignotum *(3/380)* verzeihen

ignotus, ignota, ignotum *(o/a/329)* unbekannt

ii (ei), eae, ea sie (Plural)

ilex, ilicis *(kons./332)* f Steineiche

ilia, ilium *(o/327) n [plurale tantum]* Eingeweide, Unterleib

ilico *Adverb* auf der Stelle, sofort

illabi, illabor, illapsus sum, – *(3/Deponens/392)* hineingleiten, einstürzen

illacrimabilis, illacrimabilis, illacrimabile *(i/343)* unbeweint, ungerührt, unerbittlich

ille, illius, illa, illud *(363)* jener

illecebra, illecebrae *(a/325) f* Verlockung, Verführung

illic *Adverb* da, dort

illicere, illicio, illexi, illectum *(5/380)* anlocken, verlocken

illidere, illido, illisi, illisum *(3/380)* hineinstoßen, dagenstoßen, anstoßen

illigare, illigo, illigavi, illigatum *(1/380)* anbinden

illinc *Adverb* von dort

illinere, illino, illevi, illitum *(3/380)* aufstreichen, bestreichen

illo *Adverb* dorthin

illuc *Adverb* dorthin, dahin

illudere, illudo, illusi, illusum *(3/380)* verspotten

illustrare, illustro, illustravi, illustratum *(1/380)* erleuchten, erhellen, bescheinen; erklären, verherrlichen

illustris, illustris, illustre *(i/343)* hell, klar, glänzend; erlaucht, vornehm, berühmt

illutus, illuta, illutum *(o/a/329)* ungewaschen, schmutzig

imago, imaginis *(kons./333) f* Bild, Abbild, Bildnis; Trugbild; *imago picta* Porträtbild

imbecillitas, imbecillitatis *(kons./334) f* Schwäche, Hilflosigkeit

imbecillus, imbecilla, imbecillum *(o/a/329)* schwach, kraftlos, matt

imbellis, imbellis, imbelle *(i/343)* unkriegerisch, friedlich

imber, imbris *(g/339) m* Regen, Regenguss

imberbis, imberbis, imberbe *(i/343)* bartlos

imbuere, imbuo, imbui, imbutum *(3/380)* benetzen, erfüllen; vertraut machen

imitari, imitor, imitatus sum, – *(1/Deponens/392)* nachahmen, nachbilden

imitatio, imitationis *(kons./333) f* Nachahmung

imitator, imitatoris *(kons./331) m* Nachahmer

immanis, immanis, immane *(i/343)* ungeheuer, schrecklich, riesig

immanitas, immanitatis *(kons./334) f* Wildheit, Rohheit, Schrecklichkeit, Unmenschlichkeit

immemor, immemoris *(i/342) [Genitiv]* uneingedenk, nicht denkend an, vergessend, undankbar; *sui immemor* ohne an sich zu denken

immensus, immensa, immensum *(o/a/329)* unermesslich, ungemein

immerens, immerentis *(i/342)* unschuldig

immeritus, immerita, immeritum *(o/a/329)* unschuldig, unverdient

immigrare, immigro, immigravi, immigratum *(1/380)* einwandern

imminēre, immineo, –, – *(2/380)* hereinragen, drohen, drohend bevorstehen

imminuere, imminuo, imminui, imminutum *(3/380)* vermindern, schwächen, schmälern, beeinträchtigen

immiscēre, immisceo, immiscui, immixtum *(2/380)* beimischen, einmischen; verbinden

immitis, immitis, immite *(i/343)* hart, rau, streng, grausam

immittere, immitto, immisi, immissum *(3/380)* hineinschicken, werfen; anstiften

immo (vero) *(422) Konjunktion* im Gegenteil, ja sogar, nein vielmehr

immobilis, immobilis, immobile *(i/343)* unbeweglich

immoderatus, immoderata, immoderatum *(o/a/329)* unbegrenzt, maßlos

immodestia, immodestiae *(a/325)* f Unbescheidenheit, Zügellosigkeit

immodicus, immodica, immodicum *(o/a/329)* übermäßig, maßlos

immolare, immolo, immolavi, immolatum *(1/380)*
opfern; *Iovi boves immolare* dem Jupiter Rinder
opfern

immortalis, immortalis, immortale *(i/343)* unsterblich;
di immortales die unsterblichen Götter

immortalitas, immortalitatis *(kons./334)* f Unsterblichkeit

immotus, immota, immotum *(o/a/329)* unbewegt,
unbeweglich, unerschütterlich

immundus, immunda, immundum *(o/a/329)* unrein

immunis, immunis, immune *(i/343)* abgabenfrei

immutabilis, immutabilis, immutabile *(i/343)* unveränderlich

immutare, immuto, immutavi, immutatum *(1/380)* verändern

immutatio, immutationis *(kons./333)* f Veränderung

IM(P). (imperator) Kaiser

impar, imparis *(i/342)* ungleich, ungerade (Zahl)

impatiens, impatientis *(i/342)* unfähig zu ertragen,
ungeduldig

impavidus, impavida, impavidum *(o/a/329)* unerschrocken

impedimentum, impedimenti *(o/327)* n Hindernis; *Plural* **impedimenta, impedimentorum** Gepäck, Tross

impedīre, impedio, impedivi, impeditum *(4/380)* hindern, behindern, verhindern, fesseln; *impedire, ne*
(mit Konjunktiv) daran hindern dass, verhindern dass

impeditus, impedita, impeditum *(o/a/329)* behindert, unzugänglich, unwegsam, schwierig, nicht
schlagfertig

impellere, impello, impuli, impulsum *(3/380)* antreiben, veranlassen; *spe impulsus* in der Hoffnung

impendere, impendo, impendi, impensum *(3/380)*
aufwenden, ausgeben; *tempus impendere ad* (mit
Akkusativ) Zeit aufwenden für

impendēre, impendeo, –, – *(2/380)* darüberhängen,
drohend bevorstehen, drohen

impendium, impendii *(o/327)* n Aufwand, Kosten

impensa (pecunia), impensae *(a/325)* f Aufwand,
Kosten

imperare, impero, imperavi, imperatum *(1/380)* [Dativ]
auftragen, befehlen, gebieten, herrschen (über); *finiti-
mis gentibus imperare* die Nachbarvölker beherrschen

imperator, imperatoris *(kons./331)* m Herrscher, Kaiser, Feldherr

imperatorius, imperatoria, imperatorium *(o/a/329)*
kaiserlich, Feldherrn-

imperiosus, imperiosa, imperiosum *(o/a/329)* mächtig, herrisch, tyrannisch, gebieterisch

imperitare, imperito, imperitavi, imperitatum *(1/380)*
[Dativ] befehligen, herrschen über

imperitia, imperitiae *(a/325)* f Unerfahrenheit

imperitus, imperita, imperitum *(o/a/329)* unerfahren,
unkundig

imperium, imperii *(o/327)* n Befehl, Gewalt, Macht,
Reich, Herrschaft; *imperium Romanum* das Römische
Reich; *imperium maritimum* Oberkommando zur See;
sub imperio Caesaris unter dem Befehl Cäsars

impertīre, impertio, impertivi, impertitum *(4/380)* zuteilen

impetrare, impetro, impetravi, impetratum *(1/380)*
erreichen, erlangen, erwirken, durchsetzen

impetus, impetus *(u/350)* m Ansturm, Andrang,
Anprall, Angriff, Schwung, Drang, Ungestüm; *impe-
tum facere* angreifen

impiger, impigra, impigrum *(o/a/330)* unverdrossen,
rastlos, fleißig

impius, impia, impium *(o/a/329)* gottlos, pflichtvergessen, gewissenlos

implacabilis, implacabilis, implacabile *(i/343)* unversöhnlich

implēre, impleo, implevi, impletum *(2/380)* anfüllen, erfüllen, einfüllen, ausfüllen, voll gießen; *se vino implere* sich mit Wein voll laufen lassen

implicare, implico, implicavi, implicatum *(1/380)* einwickeln, verbinden, verwirren

implorare, imploro, imploravi, imploratum *(1/380)* anrufen, anflehen, erflehen

imponere, impono, imposui, impositum *(3/380)* auflegen, hineinlegen, auferlegen, aufbürden; *populo leges severas imponere* dem Volk strenge Gesetze auferlegen

importare, importo, importavi, importatum *(1/380)* einführen, verursachen

importunus, importuna, importunum *(o/a/329)* ungünstig; unzugänglich; rücksichtslos

impotens, impotentis *(i/342)* machtlos, ohne Macht, ohne Gewalt; unbeherrscht, zügellos

impransus, impransa, impransum *(o/a/329)* nüchtern

imprimere, imprimo, impressi, impressum *(3/380)* hineindrücken, eindrücken, einprägen

imprimis *Adverb* vor allem, vorzüglich, besonders

improbare, improbo, improbavi, improbatum *(1/380)* missbilligen, verwerfen

improbitas, improbitatis *(kons./334) f* Ruchlosigkeit, Schlechtigkeit

improbus, improba, improbum *(o/a/329)* unredlich, ruchlos, böse, schlecht, unverschämt, frech

improvisus, improvisa, improvisum *(o/a/329) [Adverb improviso]* unvermutet, unvorhergesehen; *de/ex improviso* unversehens

imprudens, imprudentis *(i/342)* unabsichtlich; unkundig, unklug

imprudentia, imprudentiae *(a/325) f* Absichtslosigkeit, Unabsichtlichkeit; Unkenntnis

impubis, impubis, impube *(i/343)* unberührt, unerfahren

impudens, impudentis *(i/342)* unverschämt, schamlos

impudentia, impudentiae *(a/325) f* Unverschämtheit, Schamlosigkeit

impudicitia, impudicitiae *(a/325) f* Unkeuschheit, Unzucht

impudicus, impudica, impudicum *(o/a/329)* unkeusch, schamlos, unverschämt

impugnare, impugno, impugnavi, impugnatum *(1/380)* bekämpfen, angreifen

impulsus, impulsus *(u/350) m* Antrieb, Anstoß

impune *Adverb* ungestraft, straflos

impunitas, impunitatis *(kons./334) f* Straflosigkeit, Zügellosigkeit

impurus, impura, impurum *(o/a/329)* schmutzig, unrein, lasterhaft

imputare, imputo, imputavi, imputatum *(1/380)* anrechnen

imus, ima, imum *(o/a/329)* der unterste, der geringste

in *(420) Präposition* (Akkusativ) in, nach, gegen, bis … in, in … hinein, zu, für; (Ablativ) in, an, auf, innerhalb, während, bei

inaedificare, inaedifico, inaedificavi, inaedificatum *(1/380)* hineinbauen, anbauen, verbauen

inanimus, inanima, inanimum *(o/a/329)* unbelebt, leblos

inanis, inanis, inane *(i/343)* leer, hohl, eitel, wertlos, nichtig, unnütz

inautidus, inautida, inautidum *(o/a/329)* ungehört, unerhört

incalescere, incalesco, incalui, – *(3/380)* heiß werden

incassum *Adverb* erfolglos, vergeblich

incautus, incauta, incautum *(o/a/329)* unvorsichtig, sorglos, ungeschützt

incedere, incedo, incessi, incessum *(3/380)* einhergehen, schreiten, einherschreiten, heranrücken an, hineingehen; *Timor fratrem incessit.* Furcht befiel den Bruder.

incendere, incendo, incendi, incensum *(3/380)* anzünden, in Brand stecken, entflammen, erregen; *irā incensu* zornentbrannt; *amore incendere* in Liebe entbrennen

incendium, incendii *(o/327) n* Feuer, Brand, Feuersbrunst, Brandstiftung; *incendium facere* Feuer legen; *incendium exstinguere* ein Feuer löschen

inceptare, incepto, inceptavi, inceptatum *(1/380)* anfangen, beginnen

inceptum, incepti *(o/327) n* Anfang, Beginn, Beginnen, Vorhaben

incertus, incerta, incertum *(o/a/329)* unsicher, ungewiss, unbestimmt, unzuverlässig

incessere, incesso, incessivi, incessitum *(3/380)* anfallen, eindringen auf, angreifen

incessus, incessus *(u/350) m* Gang, Vordringen, Vorrücken, Einfall

incestus, incesta, incestum *(o/a/329)* unrein, befleckt

incidere, incido, incidi, – *(3/380) [in mit Akkusativ]* hineinfallen, geraten (in), stoßen auf, hineingeraten; *in morbum incidere* krank werden

incīdere, incīdo, incīdi, incīsum *(3/380)* einschneiden, unterbrechen, durchschneiden

incingere, incingo, incinxi, incinctum *(3/380)* umgürten, umgeben

incipere, incipio, incepi/coepi, inceptum/coeptum *(5/380)* anfangen, beginnen; *Hospites aegre ferre coeperunt.* Die Gäste wurden allmählich ärgerlich.

incitamentum, incitamenti *(o/327) n* Anreiz

incitare, incito, incitavi, incitatum *(1/380)* antreiben, aufregen, aufwiegeln, reizen, aufreizen

inclinare, inclino, inclinavi, inclinatum *(1/380)* neigen, ins Wanken bringen, beugen, sich beugen, sich hinneigen

inclinatio, inclinationis *(kons./333) f* Beugung, Wendung, Zuneigung

includere, includo, inclusi, inclusum *(3/380)* einschließen, verschließen

inclutus/inclitus, incluta, inclutum *(o/a/329)* berühmt, bekannt

incohare, incoho, incohavi, incohatum *(1/380)* anfangen, beginnen

incola, incolae *(a/325) m* Einwohner, Bewohner; *adjektivisch* einheimisch

incolere, incolo, incolui, incultum *(3/380)* wohnen, siedeln, bewohnen; *trans Alpes incolere* jenseits der Alpen wohnen

incolumis, incolumis, incolume *(i/343)* unverletzt, unversehrt, heil, mit heiler Haut

incolumitas, incolumitatis *(kons./334) f* Unverletztheit, Unversehrtheit

incommodum, incommodi *(o/327) n* Unbequemlichkeit, Nachteil, Unglück, Schaden

incommodus, incommoda, incommodum *(o/a/329)* unpassend, unbequem, beschwerlich

incomptus, incompta, incomptum *(o/a/329)* ungepflegt

inconcinnus, inconcinna, inconcinnum *(o/a/329)* ungeschickt, unharmonisch, plump

inconditus, incondita, inconditum *(o/a/329)* ungeordnet, kunstlos

inconstans, inconstantis *(i/342)* unbeständig, schwankend

inconstantia, inconstantiae *(a/325) f* Unbeständigkeit

inconsultus, inconsulta, inconsultum *(o/a/329)* unüberlegt, übereilt

incontinens, incontinentis *(i/342)* unbeherrscht, unmäßig, maßlos, begehrlich

incorruptus, incorrupta, incorruptum *(o/a/329)* unverdorben, unversehrt, echt, unbestechlich

incredibilis, incredibilis, incredibile *(i/343)* unglaublich, erstaunlich

increpare, increpo, increpavi, increpatum *(1/380)* schelten, anschreien

increpitare, increpito, increpitavi, increpitatum *(1/380)* tadeln, schelten, höhnen

incruentus, incruenta, incruentum *(o/a/329)* unblutig, unverletzt

incubare, incubo, incubavi, incubatum *(1/380)* *[Dativ]* liegen auf

incultus, inculta, incultum *(o/a/329)* unbearbeitet, ungepflegt, ungebildet

incumbere, incumbo, incubui, incubitum *(3/380)* *[Dativ]* *[+ in]* sich (auf etwas) legen, sich widmen; *litteris incumbere* sich den Wissenschaften widmen

incuria, incuriae *(a/325)* f Sorglosigkeit, Nachlässigkeit

incuriosus, incuriosa, incuriosum *(o/a/329)* sorglos, nachlässig

incurrere, incurro, incurri, incursum *(3/380)* hineinlaufen, anstürmen, angreifen, stoßen auf

incursare, incurso, incursavi, incursatum *(1/380)* anstürmen, angreifen

incursio, incursionis *(kons./333)* f Einfall, Angriff

incursus, incursus *(u/350)* m Angriff, Ansturm

incus, incudis *(kons./333)* f Amboss

incusare, incuso, incusavi, incusatum *(1/380)* beschuldigen, anklagen

incutere, incutio, incussi, incussum *(5/380)* hineinstoßen, einflößen

I. N. D. (in nomine dei/domini) im Namen Gottes/des Herrn

indagare, indago, indagavi, indagatum *(1/380)* aufspüren, erforschen

inde *Adverb* von dort, von da, danach, daher; *inde ab* von … an

indecoris, indecoris, indecore *(i/343)* schimpflich, unrühmlich

indecorus, indecora, indecorum *(o/a/329)* hässlich, unschicklich, unrühmlich

indere, indo, indidi, inditum *(3/380)* hineintun, anfügen, einflößen

index, indicis *(kons./332)* m Anzeiger, Angeber, Verräter, Kennzeichen, Aufschrift, Titel

indicare, indico, indicavi, indicatum *(1/380)* anzeigen, melden

indicere, indico, indixi, indictum *(3/380)* ansagen, ankündigen, bekannt machen; auferlegen, befehlen

indicium, indicii *(o/327)* n Aussage, Anzeige, Kennzeichen; Beweis

indidem *Adverb* ebendaher

indigena, indigenae *(a/325)* m Eingeborener, Inländer; *adjektivisch* einheimisch

indigentia, indigentiae *(a/325)* f Mangel, Not, Bedürftigkeit

indigēre, indigeo, indigui, – *(2/380)* *[Ablativ]* darben, nötig haben, bedürfen; *auxilio egere* auf Hilfe angewiesen sein

indignari, indignor, indignatus sum, – *(1/Deponens/392)* *[Akkusativ]* sich entrüsten, sich aufregen, unwillig, entrüstet sein, empört sein, sich ärgern (über); *indignari iniuriam* sich über ein Unrecht empören

indignatio, indignationis *(kons./333)* f Entrüstung, Unmut

indignitas, indignitatis *(kons./334)* f Nichtswürdigkeit, Schmach, Entrüstung

indignus, indigna, indignum *(o/a/329)* unwürdig, unziemlich, schmachvoll, unverdient

individuus, individua, individuum *(o/a/329)* unteilbar

indocilis, indocilis, indocile *(i/343)* ungelehrig, ungelehrt

indoctus, indocta, indoctum *(o/a/329)* ungebildet, ungeschickt

indolentia, indolentiae *(a/325)* f Schmerzlosigkeit, Unempfindlichkeit

indoles, indolis f *[nur Singular]* natürliche Anlagen, Begabung

indolescere, indolesco, indolui, – *(3/380)* Schmerz empfinden, Kummer empfinden

indomitus, indomita, indomitum *(o/a/329)* ungezähmt, unbezwinglich, wild

indotatus, indotata, indotatum *(o/a/329)* arm, ohne Mitgift

inducere, induco, induxi, inductum *(3/380)* einführen, verleiten

induere, induo, indui, indutum *(3/380)* anziehen, anlegen

indulgentia, indulgentiae *(a/325)* f Nachsicht, Willfährigkeit

indulgēre, indulgeo, indulsi, indultum *(2/380)* Nachsicht schenken, nachsichtig sein, sich hingeben

industria, industriae *(a/325)* f Regsamkeit, Fleiß, Engagement, Unternehmungsgeist

indutiae, indutiarum *(a/325)* f [plurale tantum] Waffenstillstand

inedia, inediae *(a/325)* f Hungern, Fasten

ineptus, inepta, ineptum *(o/a/329)* unpassend; einfältig, albern, töricht

inermis, inermis, inerme *(i/343)* waffenlos, wehrlos, unbewaffnet

iners, inertis *(i/342)* untätig, träge, zaghaft, ungeschickt, untüchtig

inertia, inertiae *(a/325)* f Ungeschicklichkeit, Untätigkeit, Trägheit

inesse, insum, infui, –, infuturus *(unreg./398)* darin sein, enthalten sein, sich befinden in/an/auf, innewohnen

inexpertus, inexperta, inexpertum *(o/a/329)* unerfahren, unerprobt

infamia, infamiae *(a/325)* f übler Ruf, Schande

infamis, infamis, infame *(i/343)* verrufen, berüchtigt, schimpflich, schändlich

infandus, infanda, infandum *(o/a/329)* grässlich, unsagbar

infans, infantis *(kons./334)* m/f Kleinkind (das noch nicht sprechen kann); *ab infante* von Kindheit an

infaustus, infausta, infaustum *(o/a/329)* ungünstig, unglücklich

infectus, infecta, infectum *(o/a/329)* ungeschehen; *infectis rebus* unverrichteter Dinge

infelix, infelicis *(i/342)* unglücklich, unglückselig, unheilvoll

infensus, infensa, infensum *(o/a/329)* erbittert, feindselig, aufgebracht

inferi, inferorum *(o/328)* m [plurale tantum] die unterirdischen Götter

inferiae, inferiarum *(a/325)* f [plurale tantum] Totenopfer

inferior, inferior, inferius *(i/343)* der untere, der tiefere, der geringere, der unterlegene, der schwächere; *aetate inferior* jünger

infernus, inferna, infernum *(o/a/329)* unten befindlich, unterirdisch, zur Unterwelt gehörig

inferre, infero, intuli, illatum *(unreg./400)* hineintragen, zufügen; *poenam inferre* eine Strafe verhängen; *iniurium inferre* Unrecht zufügen

inferus, infera, inferum *(o/a/329)* unten befindlich, der untere; *Plural* **inferi, inferorum** die Unterirdischen, die Unterwelt

infestus, infesta, infestum *(o/a/329)* feindselig, feindlich, gefährlich, kampfbereit, angriffsbereit

inficere, inficio, infeci, infectum *(5/380)* färben, anstecken, vergiften

infidelis, infidelis, infidele *(i/343)* treulos, unzuverlässig

infidus, infida, infidum *(o/a/329)* treulos, unzuverlässig

infigere, infigo, infixi, infixum *(3/380)* hineinstoßen, anheften

infimus, infima, infimum *(o/a/329)* der unterste, der geringste; *in infimo mari* auf dem Meeresgrund

infinitas, infinitatis *(kons./334)* f Unendlichkeit

infinitio, infinitionis *(kons./333)* f Unendlichkeit

infinitus, infinita, infinitum *(o/a/329)* unbegrenzt, unbestimmt, unendlich

infirmare, infirmo, infirmavi, infirmatum *(1/380)* schwächen

infirmitas, infirmitatis *(kons./334) f* Schwäche, Krankheit

infirmus, infirma, infirmum *(o/a/329)* kraftlos, schwach, krank

infitiari, infitior, infitiatus sum, – *(1/Deponens/392)* leugnen

inflammare, inflammo, inflammavi, inflammatum *(1/380)* entflammen

inflare, inflo, inflavi, inflatum *(1/380)* hineinblasen, aufblasen

inflectere, inflecto, inflexi, inflexum *(3/380)* krümmen, biegen, beugen

influere, influo, influxi, – *(3/380)* hineinfließen, hineinströmen

infodere, infodio, infodi, infossum *(5/380)* eingraben, vergraben

informare, informo, informavi, informatum *(1/380)* formen, bilden, gestalten

informis, informis, informe *(i/343)* unförmig, ungestalt, hässlich

infra *(420)* Präposition *[Akkusativ]* unter, unterhalb, darunter

infra *Adverb* unten

infringere, infringo, infregi, infractum *(3/380)* einbrechen, einschlagen, zerschlagen; entkräften

infula, infulae *(a/325) f* Stirnbinde

infundere, infundo, infusi, infusum *(3/380)* eingießen, hineingießen

ingeminare, ingemino, ingeminavi, ingeminatum *(1/380)* verdoppeln

ingemiscere, ingemisco, ingemui, – *(3/380)* aufseufzen

ingeniosus, ingeniosa, ingeniosum *(o/a/329)* talentiert, geistreich, begabt

ingenium, ingenii *(o/327) n* Naturanlage, Begabung, Charakter, Wesen, Geist, Geisteskraft, Genie; *vir magni ingenii* ein geistvoller Mann

ingens, ingentis *(i/342)* groß, gewaltig, ungeheuer

ingenuus, ingenua, ingenuum *(o/a/329)* freigeboren, anständig, edel

inglorius, ingloria, inglorium *(o/a/329)* unrühmlich, ruhmlos

ingratus, ingrata, ingratum *(o/a/329)* unangenehm, undankbar

ingravescere, ingravesco, –, – *(3/380)* drückend werden, sich verschlimmern

ingredi, ingredior, ingressus sum, – *(5/Deponens/392)* einherschreiten, betreten, hineingehen; beginnen

ingruere, ingruo, ingrui, – *(3/380)* hereinbrechen, anstürmen

inguen, inguinis *(kons./336) n* Unterleib

inhaerere, inhaereo, inhaesi, –, inhaesurus *(2/380)* haften an, festhängen

inhiare, inhio, inhiavi, inhiatum *(1/380)* den Mund aufsperren, trachten nach *(mit Dativ)*

inhibere, inhibeo, inhibui, inhibitum *(2/380)* anhalten, hemmen, anwenden

inhonestus, inhonesta, inhonestum *(o/a/329)* unehrenhaft, schändlich, unansehnlich, hässlich

inhospitalis, inhospitalis, inhospitale *(i/343)* ungastlich, unwirtlich

inhumanus, inhumana, inhumanum *(o/a/329)* unmenschlich, ungebildet

inhumatus, inhumata, inhumatum *(o/a/329)* unbeerdigt

inicere, inicio, inieci, iniectum *(5/380)* hineinwerfen, einflößen, einjagen; verursachen

inimicitiae, inimicitiarum *(a/325) f [plurale tantum]* Feindschaft

inimicus, inimici *(o/326) m* Feind

inimicus, inimica, inimicum *(o/a/329)* feindlich

iniquitas, iniquitatis *(kons./334)* f Unebenheit; Ungunst; Ungleichheit, Ungerechtigkeit

iniquus, iniqua, iniquum *(o/a/329)* uneben, ungleich; ungünstig; ungerecht, unbillig

inīre, ineo, inii, initum *(unreg./414)* hineingehen; beginnen, antreten; *hieme ineunte* zu Anfang des Winters

initi, initor, inisus sum, – *(3/Deponens/392)* sich stützen auf, beruhen auf

initium, initii *(o/327)* n Anfang, Beginn

iniungere, iniungo, iniunxi, iniunctum *(3/380)* auferlegen, aufbürden

iniuria, iniuriae *(a/325)* f Unrecht, Ungerechtigkeit; Kränkung, Beleidigung; *iniuriam facere* Unrecht tun

iniuriosus, iniuriosa, iniuriosum *(o/a/329)* ungerecht, unrechtmäßig; gewalttätig

iniurius, iniuria, iniurium *(o/a/329)* ungerecht

iniussū *Adverb [Ablativ]* ohne Auftrag, ohne Befehl

iniustitia, iniustitiae *(a/325)* f Ungerechtigkeit

iniustus, iniusta, iniustum *(o/a/329)* ungerecht

innare, inno, innavi, innatum *(1/380)* hineinschwimmen, schwimmen, fahren

innasci, innascor, innatus sum, – *(3/Deponens/392)* geboren werden, entstehen, wachsen

innatare, innato, innatavi, innatatum *(1/380)* hineinschwimmen, schwimmen, fahren

innatus, innata, innatum *(o/a/329)* angeboren

innectere, innecto, innexui, innexum *(3/380)* anknüpfen, verknüpfen

innocens, innocentis *(i/342)* unschuldig, unschädlich, rechtschaffen

innocentia, innocentiae *(a/325)* f Unschuld, Rechtschaffenheit

innocuus, innocua, innocuum *(o/a/329)* unschädlich, unschuldig, rechtschaffen

innoxius, innoxia, innoxium *(o/a/329)* unschädlich, unschuldig, rechtschaffen

innumerabilis, innumerabilis, innumerabile *(i/343)* unzählig

innumerus, innumera, innumerum *(o/a/329)* zahllos

innummerabilis, innummerabilis, innummerabile *(i/343)* unzählbar, zahllos

innupta, innuptae *(a/325)* f Jungfrau; *adjektivisch* unverheiratet

inopia, inopiae *(a/325)* f Mangel, Not, Armut

inopinans, inopinantis *(i/342)* ahnungslos, nichts ahnend; *Caesar Helvetios inopinantes aggressus est.* Cäsar griff die Helvetier an, die darauf nicht gefasst waren.

inopinatus, inopinata, inopinatum *(o/a/329)* unvermutet, unerwartet, überraschend; ahnungslos

inops, inopis *(i/342)* machtlos, hilflos, arm

inquam *[inquis, inquit]* sage ich, sagte ich

inquietus, inquieta, inquietum *(o/a/329)* unruhig

inquinare, inquino, inquinavi, inquinatum *(1/380)* verunreinigen, beschmutzen, beflecken

inquirere, inquiro, inquisivi, inquisitum *(3/380)* untersuchen, erkunden

inquit, inquam, –, – *[Plural inquiunt]* sagt, sagte

insania, insaniae *(a/325)* f Wahnsinn, Verrücktheit

insanīre, insanio, insanivi, insanitum *(4/380)* wahnsinnig sein, verrückt sein

insanus, insana, insanum *(o/a/329)* wahnsinnig, rasend, unsinnig, verrückt

insciens, inscientis *(i/342)* unwissend, ohne Wissen; ohne Absicht, unabsichtlich

inscientia, inscientiae *(a/325)* f Unwissenheit, Unkenntnis

inscitia, inscitiae *(a/325)* f Ungeschick, Unverstand, Unkenntnis, Unüberlegtheit

inscitus, inscita, inscitum *(o/a/329)* ungeschickt, unklug, unverständig

inscius, inscia, inscium *(o/a/329)* unwissend, unkundig

inscribere, inscribo, inscripsi, inscriptum *(3/380)* einschreiben, betiteln

insecare, inseco, insecavi, insecatum *(1/380)* einschneiden

insectari, insector, insectatus sum, – *(1/Deponens/392)* verfolgen

inseparabilis, inseparabilis, inseparabile *(i/343)* untrennbar, unzertrennlich

insequi, insequor, insecutus sum, – *(3/Deponens/392)* nachfolgen, verfolgen

inserere, insero, inserui, insertum *(3/380)* einreihen, einfügen, hineinstecken

inserere, insero, insevi, insitum *(3/380)* einpflanzen, (auf)propfen

insidere, insido, insedi, – *(3/380)* sich setzen auf, sich niederlassen

insidiae, insidiarum *(a/325) f [plurale tantum]* Hinterhalt, Anschlag, Nachstellungen, Hinterlist; *insidias parare* auflauern; *per insidias* hinterlistigerweise

insidiari, insidior, insidiatus sum, – *(1/Deponens/392)* auflauern, nachstellen

insigne, insignis *(i/338) n* Abzeichen, Kennzeichen, Ehrenzeichen

insignis, insignis, insigne *(i/343)* ausgezeichnet, kenntlich, auffallend, kennzeichnend; *homo insigni virtute* ein auffallend tüchtiger Mensch

insilīre, insilio, insilui, – *(4/380)* hineinspringen, hinaufspringen

insimulare, insimulo, insimulavi, insimulatum *(1/380)* verdächtigen, bezichtigen, beschuldigen

insinuare, insinuo, insinuavi, insinuatum *(1/380)* eindringen, sich eindrängen

insipiens, insipientis *(i/342)* unverständig, töricht, albern

insistere, insisto, institi, – *(3/380)* sich hinstellen, nachsetzen, eifrig betreiben, bleiben bei; *consilium meum insisto* ich bleibe bei meinem Plan

insolens, insolentis *(i/342)* ungewohnt, überheblich, anmaßend

insolentia, insolentiae *(a/325) f* Ungewöhnlichkeit, Anmaßung, Unverschämtheit

insolitus, insolita, insolitum *(o/a/329)* ungewohnt, fremd, selten

insonare, insono, insonavi, insonatum *(1/380)* tönen, ertönen, erschallen, sich hören lassen

insons, insontis *(i/342)* unschuldig

inspectare, inspecto, inspectavi, inspectatum *(1/380)* hinblicken, zuschauen

inspicere, inspicio, inspexi, inspectum *(5/380)* hineinsehen, ansehen, prüfen

inspirare, inspiro, inspiravi, inspiratum *(1/380)* einhauchen

instare, insto, institi, instaturus *(1/380)* drohen, drohend bevorstehen, bedrängen

instaurare, instauro, instauravi, instauratum *(1/380)* veranstalten, wiederherstellen

instigare, instigo, instigavi, instigatum *(1/380)* anstacheln

instillare, instillo, instillavi, instillatum *(1/380)* einträufeln

instituere, instituo, institui, institutum *(3/380)* aufstellen, einrichten; unternehmen, anfangen; unterrichten, unterweisen, anordnen; veranstalten

institutio, institutionis *(kons./333) f* Einrichtung, Anleitung, Unterricht

institutum, instituti *(o/327) n* Vorhaben, Einrichtung, Grundsatz, Brauch

instruere, instruo, instruxi, instructum *(3/380)* einrichten, aufstellen, ausrüsten, ausstatten; unterrichten, unterweisen; *litteris instruere* in den Wissenschaften unterrichten

instrumentum, instrumenti *(o/327) n* Gerät, Werkzeug, Hilfsmittel

insuetus, insueta, insuetum *(o/a/329)* ungewohnt, nicht gewohnt

insula, insulae *(a/325) f* Mietshaus, Häuserblock; Insel

insultare, insulto, insultavi, insultatum *(1/380)* verhöhnen

insumere, insumo, insumpsi, insumptum *(3/380)* verwenden, aufwenden

insuper *Adverb* darüber, außerdem

insurgere, insurgo, insurrexi, insurrectum *(3/380)* aufstehen, sich erheben, sich aufrichten

intactus, intacta, intactum *(o/a/329)* unberührt, unversehrt

integer, integra, integrum *(o/a/330)* unangetastet, unversehrt, rein, unberührt, anständig, vernünftig, unbescholten; *vitae integer* von reinem/unbescholtenem Lebenswandel

integere, intego, intexi, intectum *(3/380)* bedecken

integritas, integritatis *(kons./334) f* Unversehrtheit, Redlichkeit

intellegentia, intellegentiae *(a/325) f* Einsicht, Verstand, Kenntnis

intellegere, intellego, intellexi, intellectum *(3/380)* wahrnehmen, einsehen, erkennen, verstehen; *Intellego, quid loquar.* Ich bin mir darüber im Klaren, was ich sage.

intemperantia, intemperantiae *(a/325) f* Unbeherrschtheit, Zügellosigkeit

intempestivus, intempestiva, intempestivum *(o/a/329)* unzeitig, unangebracht, ungelegen

intempestus, intempesta, intempestum *(o/a/329)* tief, dunkel (Nacht)

intendere, intendo, intendi, intentum *(3/380)* beabsichtigen, anspannen, hinstrecken, richten, sich anstrengen; *Quod intenderat, perficere potuit.* Was er beabsichtigt hatte, konnte er erreichen.

intentare, intento, intentavi, intentatum *(1/380)* richten gegen, zücken (Waffe)

intentus, intenta, intentum *(o/a/329)* gespannt, angespannt, eifrig, schlagfertig, erwartungsvoll; *intentis oculis intueri* aufmerksam beobachten

inter *(420) Präposition [Akkusativ]* zwischen, (mitten) unter, während

intercedere, intercedo, intercessi, intercessum *(3/380)* dazwischentreten, Einspruch erheben

intercessio, intercessionis *(kons./333) f* Einspruch, Vermittlung, Bürgschaft

intercipere, intercipio, intercepi, interceptum *(5/380)* wegnehmen, entreißen, abfangen, unterbrechen

intercludere, intercludo, interclusi, interclusum *(3/380)* absperren, abschneiden

interdicere, interdico, interdixi, interdictum *(3/380)* untersagen, verbieten; *interdicere, ne* (mit Konjunktiv) untersagen, dass

interdictum, interdicti *(o/327) n* Verbot, Ausschluss, Anordnung

interdiu *Adverb* am Tag, tagsüber, bei Tage, untertags

interdum *Adverb* manchmal, zuweilen, bisweilen

interea *Adverb* unterdessen, inzwischen

interesse, intersum, interfui, –, interfuturus *(unreg./398)* dabei sein, teilnehmen an; dazwischenliegen, sich unterscheiden; *interest* es ist von Interesse, es ist wichtig, es liegt (jemandem) daran, es ist ein Unterschied; *patris (magni/multum) interest* dem Vater liegt (viel) daran; *interest inter* (mit Akkusativ) es besteht ein Unterschied zwischen; *Mea multum interest, quid sentias.* Mir liegt viel an deiner Meinung.; *Amici parvi interest te assentiri.* Dem Freund liegt wenig an deiner Zustimmung.; *Multum interest inter eos.* Zwischen ihnen besteht ein großer Unterschied.; *ludis interesse* an den Spielen teilnehmen

interfector, interfectoris *(kons./331) m* Mörder

interficere, interficio, interfeci, interfectum *(5/380)* niedermachen, töten, umbringen

intericere, intericio, interieci, interiectum *(5/380)* einfügen

interim *Adverb* unterdessen, inzwischen

interimere, interimo, interemi, interemptum *(3/380)* aus dem Weg räumen, beseitigen, vernichten, töten

interior, interior, interius *(i/343)* der innere; *interior pars aedium* das Innere des Hauses

interīre, intereo, interii, interitum *(unreg./414)* untergehen, zugrunde gehen, umkommen, sterben; *famen interire* verhungern

interitus, interitus *(u/350)* m Untergang, Vernichtung

intermittere, intermitto, intermisi, intermissum *(3/380)* unterbrechen; vorübergehen lassen; *quattuor diebus intermissis* nach Ablauf von vier Tagen

internecio, internecionis *(kons./333)* f Vernichtung

internoscere, internosco, internovi, internotum *(3/380)* unterscheiden

internus, interna, internum *(o/a/329)* innerlich, einheimisch

interpellare, interpello, interpellavi, interpellatum *(1/380)* unterbrechen, stören, ins Wort fallen

interponere, interpono, interposui, interpositum *(3/380)* dazwischenstellen, einschieben

interpres, interpretis *(kons./331)* m Vermittler, Dolmetscher, Übersetzer

interpretari, interpretor, interpretatus sum, – *(1/Deponens/392)* auslegen, deuten, beurteilen, übersetzen

interpretatio, interpretationis *(kons./333)* f Auslegung, Erklärung, Übersetzung

interregnum, interregni *(o/327)* n Zwischenregierung

interrex, interregis *(kons./331)* m Zwischenkönig, Reichsverweser

interritus, interrita, interritum *(o/a/329)* unerschrocken

interrogare, interrogo, interrogavi, interrogatum *(1/380)* fragen, befragen

interrogatio, interrogationis *(kons./333)* f Frage, Befragung, Verhör

interrumpere, interrumpo, interrupi, interruptum *(3/380)* unterbrechen, abbrechen

intervallum, intervalli *(o/327)* n Zwischenraum

intervenīre, intervenio, interveni, interventum *(4/380)* dazwischenkommen, unterbrechen

intestinus, intestina, intestinum *(o/a/329)* innerlich, inwendig

intexere, intexo, intexui, intextum *(3/380)* einweben, umflechten, umgeben

intimus, intima, intimum *(o/a/329)* der innerste, der geheimste, der vertrauteste

intolerabilis, intolerabilis, intolerabile *(i/343)* unerträglich

intolerandus, intoleranda, intolerandum *(o/a/329)* unerträglich

intonare, intono, intonavi, intonatum *(1/380)* donnern, dröhnen, laut dröhnen, ertönen (lassen)

intonsus, intonsa, intonsum *(o/a/329)* ungeschoren

intorquēre, intorqueo, intorsi, intortum *(2/380)* flechten, einflechten; schwingen, schleudern; drehen, verdrehen

intra *(420)* *Präposition [Akkusativ]* innerhalb, binnen

intrare, intro, intravi, intratum *(1/380)* hineingehen, betreten, eintreten

intro *Adverb* hinein

introducere, introduco, introduxi, introductum *(3/380)* hineinführen, einrücken lassen

introīre, introeo, introii, introitum *(unreg./414)* hineingehen, betreten

introitus, introitus *(u/350)* m Eintritt, Einzug, Zugang, Eingang

intromittere, intromitto, intromisi, intromissum *(3/380)* hineinschicken, hineinlassen

introrsum *Adverb* hinein, nach innen

introrsus *Adverb* nach innen

introspicere, introspicio, introspexi, introspectum *(5/380)* hineinblicken, hineinschauen; betrachten, prüfen

intuēri, intueor, intuitus/intutatus sum, – *(2/Deponens/392)* anschauen, ansehen, betrachten

intumescere, intumesco, intumui, – *(3/380)* anschwellen, sich überheben, zornig werden

intus *Adverb* innen, drinnen, nach innen

intutus, intuta, intutum *(o/a/329)* ungeschützt, unsicher, unzuverlässig

inultus, inulta, inultum *(o/a/329)* ungerächt, ungestraft

inundare, inundo, inundavi, inundatum *(1/380)* überschwemmen

inunguere, inunguo, inunxi, inunctum *(3/380)* einreiben, salben

inusitatus, inusitata, inusitatum *(o/a/329)* ungebräuchlich, ungewohnt, unerhört

inutilis, inutilis, inutile *(i/343)* nutzlos, unbrauchbar, schädlich

invadere, invado, invasi, invasum *(3/380)* eindringen, angreifen, befallen, überfallen

invalidus, invalida, invalidum *(o/a/329)* schwach

invasor, invasoris *(kons./331) m* Angreifer, Eroberer

invehere, inveho, invexi, invectum *(3/380)* hineinführen, hineinbringen

invehi, invehor, invectus sum, – *(3/Deponens/392)* hineinfahren, eindringen, losfahren

invenīre, invenio, inveni, inventum *(4/380)* finden, erfinden, entdecken

inventio, inventionis *(kons./333) f* Erfindung, Erfindungsgabe

inventor, inventoris *(kons./331) m* Erfinder

inventum, inventi *(o/327) n* Erfindung, Erkenntnis

invertere, inverto, inverti, inversum *(3/380)* umdrehen, umwenden, umstürzen

investigare, investigo, investigavi, investigatum *(1/380)* aufspüren, erkunden, erforschen

investigatio, investigationis *(kons./333) f* Erforschung

inveterare, invetero, inveteravi, inveteratum *(1/380)* alt werden (lassen), einwurzeln

inveterascere, inveterasco, inveteravi, – *(3/380)* alt werden, sich einbürgern, einwurzeln

invicem *Adverb* abwechselnd, wechselweise

invictus, invicta, invictum *(o/a/329)* unbesiegt, unbesiegbar

invidēre, invideo, invidi, invisum *(2/380) [Dativ]* beneiden; *fratro (Dativ) invidere* den Bruder beneiden; *Tibi invideo.* Ich beneide dich.

invidia, invidiae *(a/325) f* Abneigung, Neid, Unzufriedenheit, Anfeindung, Missgunst, Hass; *Hoc tibi invidiae erit.* Dafür wird man dich hassen.

invidiosus, invidiosa, invidiosum *(o/a/329)* neidisch, verhasst

invidus, invida, invidum *(o/a/329) [Dativ]* neidisch, missgünstig

inviolatus, inviolata, inviolatum *(o/a/329)* unverletzt, unverletzlich

invisere, inviso, invisi, – *(3/380)* betrachten, besuchen

invisus, invisa, invisum *(o/a/329)* verhasst; *omnibus invisum esse* allen verhasst sein

invitare, invito, invitavi, invitatum *(1/380)* einladen

invitus, invita, invitum *(o/a/329)* ungern, gegen den Willen, widerwillig; *Inviti profecti sumus.* Nur ungern sind wir abgereist.; *eo invito* gegen seinen Willen; *consule invito* gegen den Willen des Konsuls

invius, invia, invium *(o/a/329)* unwegsam

invocare, invoco, invocavi, invocatum *(1/380)* anrufen

involvere, involvo, involvi, involutum *(3/380)* hineinwälzen, hinaufwälzen; einwickeln, einhüllen

iocari, iocor, iocatus sum, – *(1/Deponens/392)* scherzen

iocosus, iocosa, iocosum *(o/a/329)* scherzhaft

iocus, ioci *(o/326) m* Scherz, Spaß, Kurzweil

ipse, ipsius, ipsa, ipsum *(364)* selbst, persönlich, gerade; *Ipse dixit!* Er selbst hat es gesagt!; *Cicero ipse* Cicero persönlich; *haec ipsa nox* gerade diese Nacht

ira, irae *(a/325)* f Zorn, Wut; *irā incensus* in heller Wut

iracundia, iracundiae *(a/325)* f Jähzorn, Leidenschaft

iracundus, iracunda, iracundum *(o/a/329)* jähzornig, leidenschaftlich

irasci, irascor, –, – *(3/Deponens/392)* zornig werden, zürnen

iratus, irata, iratum *(o/a/329)* erzürnt, zornig, wütend

īre, eo, ii, itum *(unreg./414)* gehen; *equo ire* reiten

irridēre, irrideo, irrisi, irrisum *(2/380)* lachen, auslachen, verlachen, verspotten

irrigare, irrigo, irrigavi, irrigatum *(1/380)* bewässern

irriguus, irrigua, irriguum *(o/a/329)* bewässert, bewässernd

irritare, irrito, irritavi, irritatum *(1/380)* erregen, erzürnen, reizen

irritus, irrita, irritum *(o/a/329)* ungültig, erfolglos; *ad/in irritum cadere* fehlschlagen; *aliquid irritum redigere* vereiteln

irruere, irruo, irrui, – *(3/380)* hineinrennen, hineinstürzen, eindringen

irrumpere, irrumpo, irrupi, irruptum *(3/380)* einbrechen, eindringen

is, sui, ea, id *(359/363)* er, sie (Singular), es; der, dieser, derjenige

iste, istius, ista, istud *(362)* der da, dieser da (bei dir)

istic Adverb dort

istinc Adverb von dort

isto/istuc Adverb dorthin, dahin

ita Adverb so, auf diese Weise; *ita … ut* so … wie; *quae cum ita sint* da dies so ist, unter diesen Umständen

Italia, Italiae *(a/325)* f Italien

Italicus, Italica, Italicum *(o/a/329)* italisch

itaque *(422)* Konjunktion daher, deshalb, demnach, folglich

item Adverb ebenso, ebenfalls, auch; *item … ut/quasi/quemadmodum* ebenso … wie

iter, itineris *(kons./331)* n Reise, Marsch, Weg; *iter facere* reisen, eine Reise machen, marschieren; *magnum iter* Eilmarsch; *magnis itineribus* in Eilmärschen; *in itinere* unterwegs

iterare, itero, iteravi, iteratum *(1/380)* wiederholen

iterum Adverb zum zweiten Mal, wiederum; *iterum atque iterum* immer wieder

itidem Adverb ebenso, gleichfalls

iuba, iubae *(a/325)* f Mähne

iubēre, iubeo, iussi, iussum *(2/380)* [Akkusativ] heißen, lassen, befehlen, beauftragen, anordnen; *Caesar milites arcem claudere iussit.* Cäsar befahl den Soldaten, die Burg zu schließen.; *Caesar arcem claudi iussit.* Cäsar befahl den Soldaten, die Burg zu schließen.; *Milites arcem claudere iussi sunt.* Den Soldaten wurde befohlen, die Burg zu schließen.; *Arx claudi iussa est.* Man befahl, die Burg zu schließen.

iubilare, iubilo, iubilavi, iubilatum *(1/380)* jubeln, jauchzen

iucunditas, iucunditatis *(kons./334)* f Annehmlichkeit, Liebenswürdigkeit

iucundus, iucunda, iucundum *(o/a/329)* erfreulich, willkommen, angenehm, beliebt

iudex, iudicis *(kons./332)* m Richter

iudicare, iudico, iudicavi, iudicatum *(1/380)* urteilen, beurteilen, entscheiden, halten für, meinen, Recht sprechen; *virum idoneum iudicare* einen Mann für geeignet halten

iudicium, iudicii *(o/327)* n Urteil, Gericht, Gerichtsverhandlung, Prozess; *omnium iudicio* nach allgemeinem Urteil; *reum in iudicium adducere* einen Angeklagten vor Gericht stellen

iugalis, iugalis, iugale *(i/343)* zusammengespannt, ehelich

iugerum, iugeri *(o/327) n* ein Morgen Landes

iugis, iugis, iuge *(i/343)* zusammengespannt, unversiegbar

iugulare, iugulo, iugulavi, iugulatum *(1/380)* die Kehle abschneiden, erstechen, ermorden, vernichten

iugulum, iuguli *(o/327) n* Kehle

iugum, iugi *(o/327) n* Joch, Gespann; Bergrücken, Pass

iumentum, iumenti *(o/327) n* Zugtier, Lasttier

iunctura, iuncturae *(a/325) f* Verbindung

iungere, iungo, iunxi, iunctum *(3/380)* verbinden, vereinigen; *amicitiam iungere* Freundschaft schließen; *flumen ponte iungere* einen Fluss überbrücken; *pacem iungere cum Germanis* mit den Germanen Frieden schließen

iunior, iunioris *(i/342)* jünger; *Plural* **iuniores, iuniorum** die Jüngeren, die junge, waffenfähige Mannschaft

Iuno, Iunonis *(kons./333) f* Juno

Iuppiter, Iovis *m* Jupiter

iurare, iuro, iuravi, iuratum *(1/380)* schwören; *per deos iurare* bei den Göttern schwören; *falsum iurare* einen Meineid schwören

iuratus, iurata, iuratum *(o/a/329)* vereidigt; *substantivisch* Geschworener

iurgare, iurgo, iurgavi, iurgatum *(1/380)* streiten, zanken

iurgium, iurgii *(o/327) n* Streit, Wortwechsel, Zank

ius, iuris *(kons./335) n* Recht, Vorrecht, Macht; *ius est* es ist rechtens; *optimo iure* mit vollem Recht; *nullum ius* Rechtlosigkeit; *iuris consultus* rechtskundig; *in ius vocare* vor Gericht bringen/rufen, anklagen; *ius dicere/reddere* Recht sprechen; *ius suum persequi* sein Recht geltend machen; *sui/proprii iuris esse* sein eigener Herr/unabhängig/selbstständig sein

ius iurandum/iusiurandum, iuris iurandi *(kons./331) n* Eid, Schwur

ius *(kons./331) n* Brühe, Suppe

iussu *Adverb [Ablativ]* auf Befehl, auf Geheiß; *iussu Caesaris* auf Befehl Cäsars

iussum, iussi *(o/327) n* Befehl

iustitia, iustitiae *(a/325) f* Gerechtigkeit

iustus, iusta, iustum *(o/a/329)* gerecht, rechtmäßig

iuvare, iuvo, iuvi, iutum *(1/380) [Akkusativ]* freuen, erfreuen, unterstützen, helfen; *iuvat* es erfreut, es macht Spaß; *Iuvat edere.* Essen macht Spaß.

iuvenalis, iuvenalis, iuvenale *(i/343)* jugendlich, Jugend-

iuvencus, iuvenci *(o/326) m* junges Rind, junger Stier

iuvenilis, iuvenilis, iuvenile *(i/343)* jugendlich

iuvenis, iuvenis *(g/341) m* Jüngling, junger Mann; *adjektivisch* jung

iuventa, iuventae *(a/325) f* Jugend

iuventas, iuventatis *(kons./334) f* Jugend

iuventus, iuventutis *(kons./333) f* Jugend, Jungmannschaft

iuxta *(420)* Präposition *[Akkusativ]* neben, nahe bei, unmittelbar nach

iuxta *Adverb [Akkusativ]* daneben, in der Nähe

K

K. Kaeso (Vorname)

Kal. (Kalendae/Calendae) die Kalenden (der Monatserste)

Kalendae, Kalendarum *(a/325) f* die Kalenden (der 1. Monatstag)

L. Lucius (Vorname)

labare, labo, labavi, labatum *(1/380)* schwanken, wanken

labefacere, labefacio, labefeci, labefactum *(5/380)* wankend machen, erschüttern

labefactare, labefacto, labefactavi, labefactatum *(1/380)* zum Wanken bringen, heftig erschüttern

labes, labis *f* Fall, Unheil, Schandfleck, Makel

labi, labor, lapsus sum, – *(3/Deponens/392)* gleiten, sinken, herabfallen

labor, laboris *(kons./331) m* Plage, Arbeit, Mühe, Anstrengung; *laborem perferre* Mühe ertragen

laborare, laboro, laboravi, laboratum *(1/380)* leiden an *(mit Ablativ)*, arbeiten, sich anstrengen; *morbo laborare* an einer Krankheit leiden; *(e) pedibus laborare* an den Beinen krank sein

laboriosus, laboriosa, laboriosum *(o/a/329)* mühsam, beschwerlich, geplagt

labrum, labri *(o/327) n* Lippe, Rand

lac, lactis *(kons./337) n* Milch

Lacedaemonii, Lacedaemoniorum *(o/326) m* die Spartaner (Bewohner der Landschaft Lakedämon)

lacer, lacera, lacerum *(o/a/330)* zerrissen

lacerare, lacero, laceravi, laceratum *(1/380)* zerreißen, zerfleischen

lacerta, lacertae *(a/325) f* Eidechse

lacertus, lacerti *(o/326) m* Arm, Oberarm, Kraft

lacessere, lacesso, lacessivi, lacessitum *(3/380)* reizen, herausfordern; *proelio lacessere* zum Kampf herausfordern

lacrima, lacrimae *(a/325) f* Träne, Zähre; *multis cum lacrimis* unter vielen Tränen

lacrimare, lacrimo, lacrimavi, lacrimatum *(1/380)* Tränen vergießen, weinen

lacrimosus, lacrimosa, lacrimosum *(o/a/329)* tränenreich, weinerlich, tränenerregend

lacteus, lactea, lacteum *(o/a/329)* milchig

lactuca, lactucae *(a/325) f* Salat, Kopfsalat

lacuna, lacunae *(a/325) f* Lache, Loch, Lücke

lacus, lacus *(u/350) m* der See, Teich

laedere, laedo, laesi, laesum *(3/380)* stoßen, verletzen, beleidigen, kränken; *fidem laedere* sein Wort brechen

laetari, laetor, laetatus sum, – *(1/Deponens/392) [(de) + Ablativ]* sich freuen; *malo alieno laetari* schadenfroh sein

laetitia, laetitiae *(a/325) f* Freude, Fröhlichkeit

laetus, laeta, laetum *(o/a/329)* froh, munter, erfreulich, fröhlich, üppig; *victoriā laetus* froh über den Sieg

laevus, laeva, laevum *(o/a/329)* link, linkisch

lagoena, lagoenae *(a/325) f* Flasche, Krug

lambere, lambo, lambi, lambitum *(3/380)* lecken, belecken

lamenta, lamentorum *(o/327) n* Wehklagen

lamentari, lamentor, lamentatus sum, – *(1/Deponens/392)* klagen, wehklagen, jammern, bejammern, beklagen

lamentatio, lamentationis *(kons./333) f* Wehklagen

lampas, lampadis *(kons./331) f* Fackel, Licht, Leuchter, Lampe

lana, lanae *(a/325) f* Wolle

lancea, lanceae *(a/325) f* Wurfspeer, Lanze

laneus, lanea, laneum *(o/a/329)* aus Wolle, wollen

languēre, langueo, langui, – *(2/380)* matt, schlaff, welk sein

languescere, languesco, langui, – *(3/380)* schlaff werden, ermatten

languidus, languida, languidum *(o/a/329)* matt, schlaff

languor, languoris *(kons./331) m* Mattigkeit, Trägheit

laniare, lanio, laniavi, laniatum *(1/380)* zerfleischen, zerfetzen

laniger, lanigera, lanigerum *(o/a/330)* Wolle tragend; *substantivisch* Widder

lanius, lanii *(o/326) m* Metzger

lanx, lancis *(kons./332) f* Schüssel, Schale

Laocoon, Laocoontis *(kons./331) m* Laokoon (trojanischer Priester)

lapideus, lapidea, lapideum *(o/a/329)* steinern

lapillus, lapilli *(o/326) m* Steinchen, Kiesel

lapis, lapidis *(kons./332) m* Stein

lapsus, lapsus *(u/350) m* Gleiten, Sturz, Fehltritt, Versehen

laqueus, laquei *(o/326) m* Schlinge, Strick

Lar, Laris *(kons./331) m [meist Plural]* Schutzgott, Hausgott

largīri, largior, largitus sum, – *(4/Deponens/392)* (reichlich) schenken, gewähren, spenden

largitio, largitionis *(kons./333) f* Freigebigkeit, Bestechung

largus, larga, largum *(o/a/329)* freigebig, reichlich

lar(i)dum, lar(i)di *(o/327) n* Speck

lascivia, lasciviae *(a/325) f* Ausgelassenheit, Mutwille, Zügellosigkeit

lascivīre, lascivio, lascivivi, lascivitum *(4/380)* ausgelassen sein, mutwillig sein

lascivus, lasciva, lascivum *(o/a/329)* ausgelassen, mutwillig, zügellos

lassare, lasso, lassavi, lassatum *(1/380)* müde machen

lassitudo, lassitudinis *(kons./333) f* Ermüdung, Mattigkeit

lassus, lassa, lassum *(o/a/329)* müde, matt

latebra, latebrae *(a/325) f* Schlupfwinkel, Versteck

later, lateris *(kons./332) m* Ziegelstein

latēre, lateo, latui, – *(2/380)* verborgen sein, verborgen bleiben, unbekannt sein; *latet* es ist unbekannt

latericius, latericia, latericium *(o/327)* aus Ziegel

latex, laticis *(kons./332) m* Wasser, Nass, Flüssigkeit

latibulum, latibuli *(o/327) f* Schlupfwinkel

Latinus, Latina, Latinum *(o/a/329)* lateinisch

latitudo, latitudinis *(kons./333) f* Breite, Ausdehnung, Fülle, Größe

latrare, latro, latravi, latratum *(1/380)* bellen

latratus, latratus *(u/350) m* Gebell, Gekläff

latro, latronis *(kons./333) m* Söldner, Räuber, Straßenräuber

latrocinium, latrocinii *(o/327) n* Räuberei, Raubzug

latus, lateris *(kons./335) n* Seite, Flanke; *a latere* von der Seite; *ab uterque latere* auf beiden Seiten

latus, lata, latum *(o/a/329)* breit, ausgedehnt, weit, ausführlich; *longe lateque* weit und breit

laudabilis, laudabilis, laudabile *(i/343)* lobenswert

laudare, laudo, laudavi, laudatum *(1/380)* loben, preisen, befürworten, gutheißen

laudatio, laudationis *(kons./333) f* Lobrede

laudator, laudatoris *(kons./331) m* Lobredner

laurea (corona), laureae *(a/325) f* Lorbeerkranz

laurus, lauri *(o/326) f* Lorbeerbaum, Lorbeer

laus, laudis *(kons./333) f* Lob, Ruhm, Anerkennung, Verdienst; *laudem sibi parere* sich Ruhm erwerben; *Hoc tibi laudi non est.* Das macht dir keine Ehre.; *laudem ferre* Lob davontragen; *laude affici* Lob ernten

lautus, lauta, lautum *(o/a/329)* sauber, stattlich, fein, gewaschen

lavare, lavo, lavavi, lautum/lavatum *(1/380)* waschen

laxare, laxo, laxavi, laxatum *(1/380)* lockern, erleichtern

laxus, laxa, laxum *(o/a/329)* schlaff, locker, lose, geräumig

lectica, lecticae *(a/325) f* Sänfte

lector, lectoris *(kons./331) m* Leser, Vorleser

lectus, lecti *(o/326) m* Bett, Ruhelager, Liege; *lecto teneri* das Bett hüten müssen, ans Bett gefesselt sein

legalis, legalis, legale *(i/343)* gesetzlich, rechtmäßig

legare, lego, legavi, legatum *(1/380)* gesetzlich verfügen, vermachen, abordnen

legatio, legationis *(kons./333)* f Gesandtschaft

legatum, legati *(o/327)* n Vermächtnis

legatus, legati *(o/326)* m Legat, Gesandter, Diplomat; Unterfeldherr, Statthalter einer Provinz, Unterstatthalter; *Ab Helvetiis legati venerunt pacem petitum (Supin).* Von den Helvetiern kamen Gesandte, um um Frieden zu bitten.

legere, lego, legi, lectum *(3/380)* sammeln, auflesen, lesen, auswählen; *spolia caesorum legere* die Rüstungen der Gefallenen einsammeln

legio, legionis *(kons./333)* f Legion

legionarius, legionarii *(o/326)* m Legionssoldat

legitimus, legitima, legitimum *(o/a/329)* gesetzlich, rechtmäßig

lembus, lembi *(o/326)* m Kahn, Boot, Barke

lenīre, lenio, lenivi, lenitum *(4/380)* mildern, besänftigen, begütigen, lindern

lenis, lenis, lene *(i/343)* ruhig, sanft, lind, mild, gelassen

lenitas, lenitatis *(kons./334)* f Sanftheit, Milde

leno, lenonis *(kons./333)* f Zuhälter, Kuppler

lentus, lenta, lentum *(o/a/329)* biegsam, zäh, langsam, träge

leo, leonis *(kons./333)* m Löwe

lepidus, lepida, lepidum *(o/a/329)* fein, anmutig, zierlich, unterhaltsam

lepos/lepor, leporis *(kons./332)* m Feinheit, Anmut, Witz

lepus, leporis *(kons./335)* m Hase

letalis, letalis, letale *(i/343)* tödlich

letum, leti *(o/327)* n Tod, Untergang; *letum petere* den Tod suchen

levamen/levamentum, levaminis/levamenti *(kons./331)* n Linderung, Linderungsmittel

levare, levo, levavi, levatum *(1/380)* aufrichten, aufheben, in die Höhe heben; leichter machen, erleichtern; *sitim levare* den Durst stillen

levatio, levationis *(kons./333)* f Erleichterung, Verminderung, Linderung

levis, levis, leve *(i/343)* leicht, leichtgewichtig, leichtsinnig, unbedeutend, geringfügig; *levi animo esse* leichtsinnig sein

levis, levis, leve *(i/343)* glatt

levitas, levitatis *(kons./334)* f Leichtigkeit, Leichtsinn

lex, legis *(kons./331)* f Gesetz, Vorschrift, Gebot, Bedingung; *legem ferre/rogare* ein Gesetz einbringen/beantragen; *eā lege, ut* unter der Bedingung, dass; *legem tollere* ein Gesetz aufheben

libare, libo, libavi, libatum *(1/380)* ausgießen, weihen, (Trankopfer) spenden

libellus, libelli *(o/326)* m Büchlein, Heft, Notizbuch

libens, libentis *(i/342)* gern, willig

libenter *Adverb* gerne

liber, libera, liberum *(o/a/330)* frei, unbeschränkt, ungebunden, freimütig; *liber atque solutus* völlig ungebunden; *liber (a) metu* frei von Furcht

liber, libri *(o/328)* m Buch

liberalis, liberalis, liberale *(i/343)* großzügig, edel, hochherzig, vornehm, gütig, freigiebig

liberalitas, liberalitatis *(kons./334)* f edle Gesinnung, Freigebigkeit, Güte

liberare, libero, liberavi, liberatum *(1/380)* [a mit Ablativ] befreien (von), freisprechen; *aliquem periculo liberare* jemanden aus der Gefahr befreien; *liberare culpā* von der Schuld freisprechen

liberi, liberorum *(o/328)* m [plurale tantum] Kinder

libertas, libertatis *(kons./334)* f Freiheit, Freiheitsliebe, Freimut, Freiheitssinn, Unabhängigkeit; *libertate uti* frei sein; *adepta libertate* nach Erlangung der Freiheit

libertinus, libertini *(o/326)* m Freigelassener; *adjektivisch* freigelassen

libertus, liberti *(o/326)* m Freigelassener, ehemaliger Sklave

libet, libet, libuit/libitum est, – es beliebt, es gefällt; *ut libet* nach Belieben

libidinosus, libidinosa, libidinosum *(o/a/329)* ausschweifend, zügellos, willkürlich

libido, libidinis *(kons./333)* f Begierde, Genusssucht, Lust; Willkür; *ex libidine* nach Laune

libra, librae *(a/325)* f Waage, Pfund

librare, libro, libravi, libratum *(1/380)* im Gleichgewicht halten, schwingen, schleudern

libum, libi *(o/327)* n Kuchen, Opferkuchen

licens, licentis *(i/342)* frei, ungebunden, zügellos

licentia, licentiae *(a/325)* f Freiheit, Erlaubnis, Willkür, Zügellosigkeit

licēre, liceo, licui, – *(2/380)* feil sein

licēri, liceor, licitus sum, – *(2/Deponens/392)* auf etwas bieten

licet, licet, licuit/licitum est, – es steht frei, es ist erlaubt; *Nunc tibi licet otioso esse.* Jetzt darfst du ausruhen.

lictor, lictoris *(kons./331)* m Liktor (Begleiter höherer Beamter und Priester)

ligare, ligo, ligavi, ligatum *(1/380)* binden, festbinden, umbinden

lignari, lignor, lignatus sum, – *(1/Deponens/392)* Holz holen

lignum, ligni *(o/327)* n Holz; Baum; *ligna in silvam ferre* Überflüssiges tun

ligo, ligonis *(kons./333)* m Hacke

ligurrīre, ligurrio, ligurrivi, ligurritum *(4/380)* [Akkusativ] lüstern sein nach

lilium, lilii *(o/327)* n Lilie

lima, limae *(a/325)* f Feile

limare, limo, limavi, limatum *(1/380)* feilen, abfeilen, vermindern, glätten

limen, liminis *(kons./336)* n Schwelle, Eingang, Haus, Anfang

limes, limitis *(kons./331)* m Rain, Grenze, Grenzwall, Pfad

limus, limi *(o/326)* m Schlamm, Schmutz

linea, lineae *(a/325)* f leinene Schnur, Richtschnur, Linie

lineamentum, lineamenti *(o/327)* n Strich, Linie, Umriss, Züge

linere, lino, levi/livi, – *(3/380)* beschmieren, bestreichen

lingua, linguae *(a/325)* f Zunge, Sprache; Landzunge

lingula, lingulae *(a/325)* f Feinschmeckerzunge

linquere, linquo, liqui, lictum *(3/380)* verlassen, zurücklassen

linter, lintris *(kons./331)* f Kahn, Nachen

linteum, lintei *(o/327)* n Leinentuch, Segel

linum, lini *(o/327)* n Flachs, Leinwand, Schnur

lippus, lippa, lippum *(o/a/329)* triefäugig

liquefacere, liquefacio, liquefeci, liquefactum *(5/380)* auflösen, schmelzen

liquere, liquo, liqui/licui, – *(3/380)* flüssig, klar, deutlich sein

liquescere, liquesco, licui, – *(3/380)* flüssig werden, schmelzen

liqui, liquor, –, – *(3/Deponens/392)* flüssig sein, fließen, zerfließen

liquidus, liquida, liquidum *(o/a/329)* flüssig, fließend, hell, klar

liquor, liquoris *(kons./331)* m Flüssigkeit, Wasser

litis, litis *(kons./331)* f Streit, Rechtsstreit, Prozess

littera, litterae *(a/325)* f Buchstabe; *Plural* **litterae, litterarum** Brief, Literatur, Wissenschaften; *litteras dare ad aliquem* jemandem einen Brief schreiben; *atrocissimae litterae* Schreckenspost

litura, liturae *(a/325) f* Korrektur (auf der Wachstafel ausgestrichene Stelle)

litus, litoris *(kons./335) n* Meeresufer, Küste, Strand

lituus, litui *(o/326) m* Signalhorn, Krummstab

livēre, liveo, –, – *(2/380)* bleifarbig sein, bläulich sein, neidisch sein

lividus, livida, lividum *(o/a/329)* bläulich, neidisch

Livius, Livii *(o/326) m* Titus Livius (Geschichtsschreiber)

livor, livoris *(kons./331) m* blauer Fleck, Neid

lixa, lixae *(a/325) f* Marketender

loc. (locus) Ort, Stelle

locare, loco, locavi, locatum *(1/380)* stellen, aufstellen, vermieten

loc. cit. (loco citato) am angeführten Ort

loculus, loculi *(o/326) m* Behälter, Kästchen

locuples, locupletis *(kons./331)* reich, begütert, wohlhabend

locupletare, locupleto, locupletavi, locupletatum *(1/380)* bereichern

locus, loci *(o/326) m* Rang, Ort, Platz, Stelle, Posten, Standpunkt; *Plural* **loca, locorum** Orte, Gegend; *loca superiora* Anhöhen; *eā locā incolere* diese Gegend bewohnen; *locum dare* Platz machen; *ex loco superiore* von einem höher gelegenen Platz aus; *illo loco* an jener Stelle; *loco hostium habere* als Feind ansehen

longaevus, longaeva, longaevum *(o/a/329)* hochbetagt

longe *Adverb* weithin, von weitem, bei weitem

longinquitas, longinquitatis *(kons./334) f* Entfernung, Länge

longinquus, longinqua, longinquum *(o/a/329)* weit entfernt, langwierig, fern

longitudo, longitudinis *(kons./333) f* Länge

longurius, longurii *(o/326) m* Stange, Latte

longus, longa, longum *(o/a/329)* lang, dauernd, lang dauernd, ausgedehnt, weit; *longum est ea dicere* es

würde zu weit führen, davon zu sprechen; *nihil longius est quam* nichts ist langweiliger als; *navis longa* Kriegsschiff; *longe optimus* der bei weitem beste

loquax, loquacis *(i/342)* geschwätzig, redselig

loqui, loquor, locutus sum, – *(3/Deponens/392)* sagen, reden, sprechen, im Munde führen; *linguā Latinā loqui* Lateinisch sprechen

lorica, loricae *(a/325) f* Panzer, Harnisch, Brustwehr

lorum, lori *(o/327) n* Riemen, Zügel, Peitsche

lubricus, lubrica, lubricum *(o/a/329)* schlüpfrig, glatt, unsicher

lucellum, lucelli *(o/327) n* kleiner Gewinn

lucēre, luceo, luxi, – *(2/380)* leuchten, hell sein; *Lucet. Es ist Tag.*

lucerna, lucernae *(a/325) f* Lampe, Öllampe

lucescit, (illuxit) es wird hell, es wird Tag

lucidus, lucida, lucidum *(o/a/329)* hell, leuchtend, deutlich

lucifer, lucifera, luciferum *(o/a/330)* Licht bringend

lucrum, lucri *(o/327) n* Gewinn, Profit, Vorteil

luctari, luctor, luctatus sum, – *(1/Deponens/392)* ringen, sich bemühen

luctuosus, luctuosa, luctuosum *(o/a/329)* traurig, kläglich, jammervoll

luctus, luctus *(u/350) m* (laute) Trauer

luculentus, luculenta, luculentum *(o/a/329)* hell, glänzend

lucus, luci *(o/326) m* Hain

ludere, ludo, lusi, lusum *(3/380)* spielen, scherzen, necken

ludibrium, ludibrii *(o/327) n* Spielzeug, Spott, Beleidigung, Gespött; *hominibus ludibrio esse* zum Gespött der Menschen gereichen

ludicer/ludicrus, ludicra, ludicrum *(o/a/330)* spielerisch, kurzweilig, unterhaltsam

ludicrum, ludicri *(o/327) n* Kurzweil, Sport, Spiel

ludus, ludi *(o/326) m* Spiel, Scherz, Schauspiel, Schule, Grundschule; *Plural* **ludi, ludorum** Zirkusspiele; *per ludum* im Scherz; *ludum exercere* Schule halten

luere, luo, lui, –, luiturus *(3/380)* lösen, büßen, sühnen, bezahlen

lugēre, lugeo, luxi, luctum *(2/380)* trauern, betrauern

lugubris, lugubris, lugubre *(i/343)* zur Trauer gehörig, traurig gestimmt

lumbus, lumbi *(o/326) m* Lende

lumen, luminis *(kons./336) n* Licht, Glanz, Leuchtkörper, Lampe, Augenlicht

luna, lunae *(a/325) f* Mond; *lunā plenā* bei Vollmond

lupinus, lupina, lupinum *(o/a/329)* Wolfs-

lupus, lupi *(o/326) m* Wolf

luridus, lurida, luridum *(o/a/329)* gelblich, fahl

luscinia, lusciniae *(a/325) f* Nachtigall

lustrare, lustro, lustravi, lustratum *(1/380)* reinigen, sühnen, mustern

lustrum, lustri *(o/327) n* Sühneopfer, Zeitraum von fünf Jahren

lusus, lusi *(o/326) m* Spiel

lutulentus, lutulenta, lutulentum *(o/a/329)* schlammig, schmutzig

lutum, luti *(o/327) n* Schlamm, Lehm, Schmutz

lux, lucis *(kons./332) f* Licht, Helligkeit, Tageslicht, Öffentlichkeit; *primā luce* bei Tagesanbruch

luxuria, luxuriae *(a/325) f* Üppigkeit, Zügellosigkeit, Ausschweifung, Verschwendung, Überfluss, Genusssucht

luxuriare, luxurio, luxuriavi, luxuriatum *(1/380)* üppig wachsen, schwellen, anschwellen, ausgelassen sein, schwelgen, ausschweifend leben

luxuriosus, luxuriosa, luxuriosum *(o/a/329)* ausschweifend, üppig, verschwenderisch

luxus, luxus *(u/350) m* Aufwand, Pracht, Ausschweifung

lynx, lyncis *(kons./332) f* Luchs

lyra, lyrae *(a/325) f* Leier, Laute, Lyra

M

M. Marcus (Vorname)

M. (mensis) Monat

M (mille) tausend

Macedones, Macedonum *(kons./331) m* die Makedonen

Macedonia, Macedoniae *(a/325) f* Makedonien

macellum, macelli *(o/327) n* Fleischmarkt

macer, macra, macrum *(o/a/330)* mager

macerare, macero, maceravi, maceratum *(1/380)* schwächen, aufzehren, entkräften

machina, machinae *(a/325) f* Vorrichtung, Maschine; List; *machina tractoria* Traktor

machinari, machinor, machinatus sum, – *(1/Deponens/392)* ersinnen

machinatio, machinationis *(kons./333) f* Fertigkeit, Kunstgriff, Erfindung

macies, maciei *(e/351) f* Magerkeit

mactare, macto, mactavi, mactatum *(1/380)* ehren, (durch Opfer) verherrlichen, beschenken, weihen, schlachten, opfern

macte (esto) Heil dir!

macula, maculae *(a/325) f* Fleck, Schandfleck, Makel

maculare, maculo, maculavi, maculatum *(1/380)* beflecken, besudeln, entweihen

madefacere, madefacio, madefeci, madefactum *(5/380)* nass machen, tränken, befeuchten, betrunken machen

madēre, madeo, madui, – *(2/380)* nass sein, triefen

madidus, madida, madidum *(o/a/329)* nass, feucht; betrunken

maerēre, maereo, maerui, – (2/380) trauern, betrübt sein, betrauern; amici mortem maerere über den Tod des Freundes trauern

maeror, maeroris (kons./331) m Trauer, Betrübnis, Gram

maestitia, maestitiae (a/325) f Trauer, Traurigkeit

maestus, maesta, maestum (o/a/329) traurig, betrübt; maestus pecuniā amissā traurig über den Verlust des Geldes

magicus, magica, magicum (o/a/329) magisch, Zauber-

magis Adverb mehr, in höherem Grade; eo magis, quod um so mehr, als

magister, magistri (o/328) m Anführer, Meister, Ratgeber, Lehrer

magistratus, magistratus (u/350) m Amt; Beamter, Amtsträger; Plural **magistratus, magistratuum** Behörde; magistratum gerere ein Amt ausüben

magnanimus, magnanima, magnanimum (o/a/329) hochherzig

magnificentia, magnificentiae (a/325) f Großartigkeit, Pracht, Prahlerei

magnificus, magnifica, magnificum (o/a/329) großartig, glänzend, prächtig, prahlerisch

magnitudo, magnitudinis (kons./333) f Größe, Bedeutung, Würde

magnopere Adverb sehr, überaus

magnus, magna, magnum (o/a/329) groß, bedeutend; magni (pretii) esse viel wert sein; magni putare hoch einschätzen

magus, magi (o/326) m Magier, Zauberer

maiestas, maiestatis (kons./334) f Glanz, Erhabenheit, Ansehen, Größe, Hoheit, Würde

maior, maior, maius (i/343) größer, älter; natu maior älter

maiores, maiorum (kons./331) m [plurale tantum] Vorfahren; more maiorum nach dem Brauch der Vorfahren

mala, malae (a/325) f Backe, Kinnbacke, Wange

male Adverb schlecht

maledicere, maledicco, maledixi, maledictum (3/380) [Dativ] schmähen, lästern

maledictum, maledicti (o/327) n Schmähung, Verleumdung

maleficium, maleficii (o/327) n Übeltat, Feindseligkeit

malignus, maligna, malignum (o/a/329) bösartig, boshaft

malitia, malitiae (a/325) f Schlechtigkeit, Bosheit

malitiosus, malitiosa, malitiosum (o/a/329) boshaft, arglistig, heimtückisch

malle, malo, malui, – (unreg./412) lieber wollen

malum, mali (o/327) n Unheil, Übel, Fehler, Schaden

malum, mali (o/327) n Apfel

malus, mala, malum (o/a/329) schlecht, gering, böse, schlimm

malus, mali (o/326) m Balken, Mastbaum, Mast

malus, mali (o/326) f Apfelbaum

malva, malvae (a/325) f Malve

mamma, mammae (a/325) f Brust, Brustwarze, Euter

manare, mano, manavi, manatum (1/380) fließen, rinnen, sich verbreiten

mancipium, mancipii (o/327) n Kauf, Kaufvollzug, Eigentum, Besitz, Sklave

mancus, manca, mancum (o/a/329) verstümmelt, verkrüppelt; mangelhaft, unvollständig, kraftlos

mandare, mando, mandavi, mandatum (1/380) übergeben, anvertrauen, auftragen; se fugae mandare fliehen

mandatum, mandati (o/327) n Auftrag, Weisung, Befehl

mandere, mando, mandi, mansum (3/380) kauen, essen, verzehren

mane Adverb morgens, frühmorgens, am Morgen

manēre, maneo, mansi, mansurus (2/380) bleiben, dauern, erwarten, warten auf; eodem loco manere am selben Ort bleiben

manes, manium *(kons./331) m [plurale tantum]* die abgeschiedenen Seelen, Manen

manifestus, manifesta, manifestum *(o/a/329)* handgreiflich, offenbar, erwiesen

manipularis, manipularis, manipulare *(i/343)* zu einem Manipel gehörig; *substantivisch* gewöhnlicher/einfacher Soldat

manipulus, manipuli *(o/326) m* Schar, Manipel

Manlius, Manlii *(o/326) m* Marcus Manlius Capitolinus (Konsul und Retter des Kapitols)

mannus, manni *(o/326) m* Pony

mansio, mansionis *(kons./333) f* Bleibe, Zuhause

mansuefacere, mansuefacio, mansuefeci, mansuefactum *(5/380)* zähmen, bändigen

mansuetudo, mansuetudinis *(kons./333) f* Milde, Sanftheit, Umgänglichkeit

mansuetus, mansueta, mansuetum *(o/a/329)* zahm

manubiae, manubiarum *(a/325) f [plurale tantum]* Beute, Kriegsbeute, Raub

manus, manus *(u/350) f* Hand, Schar, Mannschaft; Handgemenge; *sua manu* eigenhändig; *manūs Germanorum* die Scharen der Germanen; *in manus venire* in Kampf geraten

mappa, mappae *(a/325) f* Mundtuch, Serviette; Signaltuch, Flagge

mare, maris *(i/338) n [Ablativ mare und mari]* Meer, die See; *terrā marique* zu Wasser und zu Land; *mare nostrum* das Mittelmeer

margarita, margaritae *(a/325) f* Perle

margo, marginis *(kons./333) f* Rand, Grenze

marinus, marina, marinum *(o/a/329)* zum Meer gehörig, am Meer gelegen, Meer-, See-, Küsten-

maritimus, maritima, maritimum *(o/a/329)* zum Meer gehörig, am Meer gelegen, Meer-, See-, Küsten-; *urbes maritimae* Küstenstädte

maritus, mariti *(o/326) m* Ehegatte, Ehemann, Gemahl; *adjektivisch* verheiratet

marmor, marmoris *(kons./331) n* Marmor; (glänzende) Meeresfläche

marmoreus, marmorea, marmoreum *(o/a/329)* aus Marmor, marmorn; *mensis Martius* März

Mars, Martis *(g/340) m* Mars

Martius, Martia, Martium *(o/a/329)* dem Mars gehörend, Mars-

mas, maris *(kons./331) m* Männchen; *adjektivisch* männlich

masculus, mascula, masculum *(o/a/329)* männlich

mater, matris *(g/340) f* Mutter; *mater familiae/familias* Hausfrau

materia/materies, materiae/materiei *f* Stoff, Grundstoff, Baustoff, Holz; Anlass

maternus, materna, maternum *(o/a/329)* mütterlich

mathematicus, mathematici *(o/326) m* Mathematiker, Astrologe

matrimonium, matrimonii *(o/327) n* Ehe; *aliquam in matrimonium ducere* (eine Frau) heiraten; *alicui nubere* (einen Mann) heiraten

matrona, matronae *(a/325) f* Ehefrau, verheiratete Frau, Dame

maturare, maturo, maturavi, maturatum *(1/380)* beschleunigen, sich beeilen

maturescere, maturesco, maturui, – *(3/380)* reifen

maturitas, maturitatis *(kons./334) f* Reife, Vollendung

maturus, matura, maturum *(o/a/329)* reif, rechtzeitig, frühzeitig

matutinus, matutina, matutinum *(o/a/329)* morgendlich, Morgen-

maxime *Adverb* am meisten, im höchsten Grad, besonders

maximus, maxima, maximum *(o/a/329)* der größte, der älteste

meare, meo, meavi, meatum *(1/380)* gehen

medēri, medeor, –, – *(2/Deponens/392) [Dativ]* heilen, abhelfen

medicamen, medicaminis *(kons./336) n* Heilmittel, Zaubertrank, Gift

medicamentum, medicamenti *(o/327) n* Heilmittel, Zaubertrank, Gift

medicina (ars), medicinae *(a/325) f* Heilkunst, Heilmittel, Arznei, Medizin

medicus, medici *(o/326) m* Arzt

mediocris, mediocris, mediocre *(i/343)* mittelmäßig, gering, unbedeutend

mediocritas, mediocritatis *(kons./334) f* Mittelmaß, Mittelmäßigkeit, Mäßigung

meditari, meditor, meditatus sum, – *(1/Deponens/392) [Akkusativ/de + Ablativ]* überdenken, nachdenken über, sinnen auf, (sich) vorbereiten; *nihil aliud meditari nisi* an nichts anderes denken als

meditatio, meditationis *(kons./333) f* Einübung, Vorbereitung, Nachdenken

mediterranea, mediterraneorum *(o/327) n* Binnenland

mediterraneus, mediterranea, mediterraneum *(o/a/329)* binnenländisch

medium, medii *(o/327) n* Mitte, Öffentlichkeit; *in medium prodire* in der Öffentlichkeit auftreten; *in medium proferre* in die Öffentlichkeit bringen

medius, media, medium *(o/a/329)* mitten gelegen, der mittlere; *media in urbe* mitten in der Stadt; *medio die* mitten am Tag; *media nocte* um Mitternacht; *medio in monte* auf halber Höhe des Berges

medulla, medullae *(a/325) f* Mark (in Knochen und Pflanzen)

meherc(u)le! beim Herkules!

mel, mellis *(kons./337) n* Honig

melior, melior, melius *(i/343) [Komparativ von bonus]* besser, tüchtiger

membrana, membranae *(a/325) f* Haut, Pergament

membrum, membri *(o/327) n* Glied, Teil

meminisse, memini, –, – *(unreg./418) [Genitiv]* sich erinnern (an), daran denken, gedenken; *Memento mei!* Denk an mich!

memor, memoris *(i/342) [Genitiv]* eingedenk, denkend an, im Bewusstsein von, ermahnend; *iniuriae acceptae memor* im Bewustsein des erlittenen Unrechts

memorabilis, memorabilis, memorabile *(i/343)* denkwürdig

memorare, memoraro, memoravi, memoratum *(1/380) [Akkusativ]* gedenken, erwähnen, berichten, erinnern an; *mira memorare* wundersame Dinge berichten

memoria, memoriae *(a/325) f* Gedächtnis, Erinnerung, Überlieferung; *aliquid memoriae mandare* sich etwas einprägen, merken; *memoriā tenere* im Gedächtnis behalten; *memoriae prodere/tradere* der Nachwelt überliefern; *patrum nostrorum memoriā* zur Zeit unserer Väter

memoriter *Adverb* auswendig

mendacium, mendacii *(o/327) n* Lüge, Täuschung

mendax, mendacis *(i/342)* lügnerisch, trügerisch, täuschend (echt)

mendicus, mendica, mendicum *(o/a/329)* Bettler

mendosus, mendosa, mendosum *(o/a/329)* fehlerhaft

mendum, mendi *(o/327) n* Fehler, Versehen

mens, mentis *(kons./334) f* Sinnesart, Gedanke, Sinn, Seele, Geist, Verstand, Denkvermögen; *hac mente* in dieser Absicht; *mihi in mentem venit/incidit* mir kommt in den Sinn, mir fällt ein; *suae mentis esse* bei Verstand sein

mensa, mensae *(a/325) f* Tisch, Gericht, Essen; *mensas cibis exstruere* Speisen auftischen

mensis, mensis *(g/339) m* Monat

mensura, mensurae *(a/325)* f Messung, Maß
mentio, mentionis *(kons./333)* f Erwähnung, Vorschlag
mentīri, mentior, mentitus sum, – *(4/Deponens/392)*
ersinnen, erdichten, lügen
mentum, menti *(o/327)* n Kinn
mercari, mercor, mercatus sum, – *(1/Deponens/392)*
Handel treiben, kaufen
mercator, mercatoris *(kons./331)* m Kaufmann, Händler
mercatura, mercaturae *(a/325)* f Handel, Markt
mercen(n)arius, mercennaria, mercennarium
(o/a/329) gekauft, gemietet; *substantivisch* Söldner,
Tagelöhner
merces, mercedis *(kons./334)* f Lohn, Sold, Honorar
Mercurius, Mercurii *(o/326)* m Merkur (Götterbote)
merēre, mereo, merui, meritum *(2/380)* verdienen,
erwerben, Kriegsdienst tun; *merito* verdientermaßen,
zu Recht
merēri, mereor, meritus sum, – *(2/Deponens/392)* sich
verdient machen, verdienen; *de re publica bene
mereri* sich um den Staat verdient machen
meretricius, meretricia, meretricium *(o/a/329)* Dirnen-
meretrix, meretricis *(kons./332)* f Dirne
mergere, mergo, mersi, mersum *(3/380)* tauchen, eintauchen, versenken
meridianus, meridiana, meridianum *(o/a/329)* mittägig, südlich
meridies, meridiei *(e/351)* m Süden, Mittag; *a meridie*
auf der Südseite; *in dies* von Tag zu Tag
merito *Adverb* nach Verdienst, verdientermaßen, mit
Recht
meritum, meriti *(o/327)* n Verdienst, Gebühr, Schuld
mersare, merso, mersavi, mersatum *(1/380)* eintauchen
merula, merulae *(a/325)* f Amsel
merum, meri *(o/327)* n reiner Wein, unvermischter Wein
merus, mera, merum *(o/a/329)* unvermischt, rein,
echt; nichts weiter als, nur

merx, mercis *(kons./332)* f Ware
messis, messis *(g/339)* f Ernte
-met selbst; *egomet* ich selbst
meta, metae *(a/325)* f Kegel, Pyramide; spitze Säule,
Zielsäule; Wendepunkt, Ziel
metallum *(o/327)* n Bergwerk, Metall
metere, meto, (messem feci), messum *(3/380)* ernten,
mähen
metiri, metior, mensus sum, – *(5/Deponens/392)*
messen, ermessen, beurteilen, bemessen; *aliquem
virtute metiri* jemanden nach seiner Tugend beurteilen
metrum, metri *(o/327)* n Maß, Versmaß
metuere, metuo, metui, – *(3/380)* fürchten, befürchten
metus, metus *(u/350)* m Angst, Furcht, Besorgnis;
metum inicere Furcht einjagen, Furcht einflößen;
metus mortis Todesfurcht; *metu commotus/impul-
sus/excitatus* aus Furcht
meus, mea, meum *(o/a/329)* mein
micare, mico, micavi, micatum *(1/380)* zucken, schimmern, blitzen
migrare, migro, migravi, migratum *(1/380)* wandern,
übersiedeln
miles, militis *(kons./331)* m Soldat, Krieger
milita, militae *(a/325)* f Kriegsdienst
militare, milito, militavi, militatum *(1/380)* Kriegsdienst
leisten, dienen
militaris, militaris, militare *(i/343)* militärisch, soldatisch, kriegerisch, zum Kriegswesen gehörig, Kriegs-;
res militaris Heerwesen
militia, militiae *(a/325)* f Kriegsdienst, Krieg, Truppe
mille *(378)* [Plural milia, milium] tausend; *duo milia*
zweitausend
millesimus, millesima, millesimum *(o/a/329)* der tausendste

mima, mimae *(a/325) f* Schauspielerin, Mimin, Possenreißerin

mimus, mimi *(o/326) m* Posse, Mimus, Schauspieler, Mime, Possenreißer

minae, minarum *(a/325) f [plurale tantum]* Drohungen; Spitzen, (hohe) Mauerzinnen

minari, minor, minatus sum, – *(1/Deponens/392)* (mit Worten) drohen, androhen

minax, minacis *(i/342)* drohend

Minerva, Minervae *(a/325) f* Minerva

mingere, mingo, minxi, mi(n)ctum *(3/380)* pissen

minime *Adverb* am wenigsten, sehr wenig, keineswegs

minimus, minima, minimum *(o/a/329)* sehr klein, der kleinste, der geringste

minister, ministri *(o/328) m* Diener, Gehilfe, Untergebener

ministerium, ministerii *(o/327) n* Dienstleistung, Amt

ministrare, ministro, ministravi, ministratum *(1/380)* bedienen, verschaffen, ausführen, besorgen

minitari, minitor, minitatus sum, – *(1/Deponens/392)* drohen, androhen

minor, minor, minus *(i/343)* minder, kleiner, geringer; *minor natu* jünger

Minotaurus, Minotauri *(o/326) m* Minotaurus

minuere, minuo, minui, minutum *(3/380)* vermindern, schwächen, verkleinern, verringern; *auctoritatem senatus minuere* das Ansehen des Senats schmälern

minus *Adverb* weniger; *paulo minus valere* sich ein wenig schwach fühlen

minutus, minuta, minutum *(o/a/329)* klein, unbedeutend, winzig

mirabilis, mirabilis, mirabile *(i/343)* bewundernswert, erstaunlich

miraculum, miraculi *(o/327) n* Wunder, Wunderding

mirari, miror, miratus sum, – *(1/Deponens/392) [Akkusativ]* bewundern, sich wundern (über), staunen

mirificus, mirifica, mirificum *(o/a/329)* erstaunlich, bewundernswert, außerordentlich

mirus, mira, mirum *(o/a/329)* wunderbar, sonderbar, auffallend, erstaunlich, seltsam; *mirum in modum* auf wunderbare Weise

miscēre, misceo, miscui, mixtum *(2/380)* mischen, vermischen, verwirren; *falsa veris miscēre* Lügen und Wahrheiten vermischen

miser, misera, miserum *(o/a/330)* arm, kläglich, bejammernswert, unglücklich, elend, armselig

miserabilis, miserabilis, miserabile *(i/343)* bejammernswert, kläglich

miserari, miseror, miseratus sum, – *(1/Deponens/392)* bejammern, bedauern, beklagen; *fortunam miserari* sein Schicksal beklagen

miseratio, miserationis *(kons./333) f* Jammern, Mitgefühl, Mitleid

miserēri, misereor, miseritus sum, – *(2/Deponens/392) [Genitiv]* sich erbarmen, bemitleiden, Mitleid haben; *Miserere mei!* Erbarme dich meiner!

miseret *[Genitiv]* es jammert, es tut Leid; *me eius miseret* er tut mir Leid

miseria, miseriae *(a/325) f* Elend, Unglück, Not

misericordia, misericordiae *(a/325) f* Mitleid, Barmherzigkeit; *misericordiam habere* Mitleid verdienen/erregen

missile, missilis *(i/338) n* Wurfgeschoss

missilis, missilis, missile *(i/343)* werfbar

missio, missionis *(kons./333) f* Sendung, Entsendung, Entlassung, Abschied, Beendigung

mitigare, mitigo, mitigavi, mitigatum *(1/380)* mildern, lindern, besänftigen

mitis, mitis, mite *(i/343)* mild, weich, sanft, friedlich

mittere, mitto, misi, missum *(3/380)* gehen lassen, schicken, senden, werfen; *legatos de pace mittere*

Gesandte wegen Friedensverhandlungen schicken; *subsidio (Dativ) mittere* zu Hilfe schicken

mobilis, mobilis, mobile *(i/343)* beweglich, unbeständig, wankelmütig

mobilitas, mobilitatis *(kons./334)* f Beweglichkeit, Schnelligkeit, Wankelmut, Unbeständigkeit

moderari, moderor, moderatus sum, – *(1/Deponens/392)* mäßigen, lenken, einrichten, ordnen

moderatio, moderationis *(kons./333)* f Mäßigung, Beherrschung, Selbstbeherrschung, Leitung

moderator, moderatoris *(kons./331)* m Lenker, Leiter

moderatus, moderata, moderatum *(o/a/329)* gemäßigt, maßvoll, besonnen

modestia, modestiae *(a/325)* f Anstand, Mäßigung, Bescheidenheit, Zurückhaltung; *modestia vitae* anspruchsloses Leben

modestus, modesta, modestum *(o/a/329)* anständig, maßvoll, bescheiden

modicus, modica, modicum *(o/a/329)* angemessen, mäßig, bescheiden

modius, modii *(o/326)* m Scheffel (Getreidemaß)

modo *Adverb* soeben, eben, erst, nur; *non modo ... sed etiam* nicht nur ... sondern auch; *nullo modo* auf keinen Fall, keinesfalls

modo – modo *Adverb* bald ... bald, mal ... mal

modo *(422)* Konjunktion [mit Konjunktiv] wenn nur

modulus, moduli *(o/326)* m Maß, Maßstab

modus, modi *(o/326)* m Art, Weise, Grenze, Maß, Mäßigung; *modum adhibere* Maß halten; *sine modo modestiaque* ohne Mäßigung; *quoquo modo poterat* auf jede erdenkliche Weise; *modus vitae/vivendi* Lebensweise

moecha, moechae *(a/325)* m Ehebrecherin

moechus, moechi *(o/326)* m Ehebrecher

moenia, moenium *(kons./331)* n [plurale tantum] Mauern, Mauerring, Befestigung, Stadtmauern

mola, molae *(a/325)* f Mühle, Mühlstein

molere, molo, molui, molitum *(3/380)* mahlen

moles, molis f Last, Masse, Damm; Anstrengung

molestia, molestiae *(a/325)* f Verdruss, Ärger, Beschwerlichkeit

molestus, molesta, molestum *(o/a/329)* lästig, beschwerlich, verdrießlich; *moleste ferre, quod* darüber ärgerlich sein, dass

moliri, molior, molitus sum, – *(4/Deponens/392)* in Bewegung setzen, fortbewegen; ins Werk setzen, bewerkstelligen, unternehmen; sich plagen; *montes sede suā moliri* Berge versetzen

mollire, mollio, mollivi, mollitum *(4/380)* weich machen, erweichen, mildern, besänftigen

mollis, mollis, molle *(i/343)* weich, sanft, mild, nachgiebig, weichlich, freundlich gesonnen

mollitia/mollities, mollitiae/mollitiei Weichlichkeit, Milde

momentum, momenti *(o/327)* n Bewegung, Gewicht, Ursache, Bedeutung

monere, moneo, monui, monitum *(2/380)* mahnen (mit ut), ermahnen, warnen (mit ne), erinnern (mit AcI); *Moniti sunt, ne hoc experirentur.* Sie wurden davor gewarnt, dies zu versuchen.

monitor, monitoris *(kons./331)* m Mahner, Warner

monitum, moniti *(o/327)* n Ermahnung

monitus, monitus *(u/350)* m Ermahnung

mons, montis *(kons./334)* m Berg, Hügel, Gebirge; *sub monte* am Fuß des Berges; *in summo monte* auf dem Gipfel des Berges

monstrare, monstro, monstravi, monstratum *(1/380)* zeigen, vorschreiben, verordnen

monstrum, monstri *(o/327)* n Scheusal, Ungeheuer, Wahrzeichen, Wunderzeichen

montani, montanorum *(o/326)* m Bergbewohner

montanus, montana, montanum *(o/a/329)* im Gebirge befindlich, gebirgig

monumentum, monumenti *(o/327) n* Augenblick, Zeitraum; Ausschlag, Bedeutung; Denkmal, Grabmal; Urkunde; *Plural* **monumenta, monumentorum** Urkunden, Akten

mora, morae *(a/325) f* Pause, Rast, Aufenthalt, Verzögerung, Aufschub

morari, moror, moratus sum, – *(1/Deponens/392)* verweilen, aufhalten, hindern, aufhalten, sich aufhalten, zögern, verzögern

moratus, morata, moratum *(o/a/329)* gesittet, geartet, mit Charakter

morbus, morbi *(o/326) m* Krankheit; *morbō laborare* krank sein

mordax, mordacis *(i/342)* bissig, beißend

mordēre, mordeo, momordi, morsum *(2/380)* beißen, kränken

mori, morior, mortuus sum, –, moriturus *(5/Deponens/392)* sterben, vergehen

moribundus, moribunda, moribundum *(o/a/329)* sterbend

mors, mortis *(g/340) f* Tod; *mortem obire* sterben

morsus, morsus *(u/350) m* Biss

mortalis, mortalis, mortale *(i/343)* sterblich, irdisch; *Plural* **mortales, mortalium** die Menschen

mortifer, mortifera, mortiferum *(o/a/330)* todbringend, tödlich

mortuus, mortua, mortuum *(o/a/329)* tot, verstorben

mos, moris *(kons./332) m* Sitte, Brauch, Gewohnheit; *Plural* **mores, morum** Sinnesart, Charakter, Sitten; *his moribus* beim heutigen Zeitgeist; *more Persarum* nach Sitte der Perser; *mos maiorum* Sitte/Art/Lebensart der Vorfahren; *ut mos est amicorum* wie es unter Freunden Brauch ist

motio, motionis *(kons./333) f* Bewegung

motus, motus *(u/350) m* Bewegung, Aufstand, Erregung, Unruhe; *motus animi* Gemütsbewegung

movēre, moveo, movi, motum *(2/380)* bewegen, antreiben, fortschaffen, beeinflussen, verursachen; *suspicionem movere* Verdacht erregen; *castra movere* weiterziehen, das Lager abbrechen

mox *Adverb* bald

Mucius, Mucii *(o/326) m* Gaius Mucius Scaevola (Held der Frühgeschichte)

mucro, mucronis *(kons./333) m* Schwertspitze, Dolch

mugīre, mugio, mugivi, mugitum *(4/380)* brüllen, dröhnen, krachen

mugitus, mugitus *(u/350) m* Brüllen, Dröhnen, Krachen

mulcēre, mulceo, mulsi, mulsum *(2/380)* streicheln, beschwichtigen, beruhigen

muliebris, muliebris, muliebre *(i/343)* weiblich

mulier, mulieris *(kons./332) f* Weib, Frau, Ehefrau

multa, multae *(a/325) f* Buße, Geldstrafe

multare, multo, multavi, multatum *(1/380)* strafen, bestrafen, büßen lassen

multi, multae, multa *(o/a/329)* viele

multiplicare, multiplico, multiplicavi, multiplicatum *(1/380)* vervielfältigen, vermehren

multitplex, multitplicis *(i/342)* vielfältig, zahlreich

multitudo, multitudinis *(kons./333) f* Menge, Vielzahl, Masse, Menschenmenge, Übermacht

multum *Adverb* viel, sehr, weit, oft; *Me multum adiuvit.* Er hat mir sehr geholfen.

multus, multa, multum *(o/a/329)* viel, zahlreich, reichlich; *Plural* **multa, multorum** substantivisch viel(es); *multis verbis* ausführlich, weitschweifig; *multum temporis* viel Zeit; *multo die* spät am Tag; *multa nocte* tief in der Nacht; *multo maior* weitaus größer; *ad multum diem* bis weit in den Tag

mulus/mula, muli/mulae *m/f* Maultier

munditia/mundities, munditiae/munditiei *f* Sauberkeit

mundus, mundi *(o/326) m* Welt, Weltall

mundus, munda, mundum *(o/a/329)* rein, sauber, schmuck, elegant

munia, munium *(o/327) n [plurale tantum]* Pflichten, Leistungen

municeps, municipis *(kons./331) m* Bürger einer Landstadt

municipium, municipii *(o/327) n* Landstadt, Kleinstadt

munificentia, munificentiae *(a/325) f* Freigebigkeit

munimentum, munimenti *(o/327) n* Befestigung, Schutz

munīre, munio, munivi, munitum *(4/380)* schanzen, verschanzen, befestigen, sichern, schützen; *viam munire* eine feste Straße anlegen, bahnen

munitio, munitionis *(kons./333) f* Befestigung, Wegebau

munus, muneris *(kons./335) n* Leistung, Abgabe; Geschenk; Aufgabe, Amt, Pflicht; *aliquid muneri dare* etwas als Geschenk geben; *munere fungi* ein Amt verwalten; *munus praestare* seinen Dienst leisten

murex, municis *(kons./332) m* Pupurschnecke, Purpur

muria, muriae *(a/325) f* Salzlake

murmur, murmuris *(kons./336) n* Gemurmel, Murren, dumpfes Geräusch, Dröhnen

murra, murrae *(a/325) f* Myrrhe

murtus, murti *(o/326) f* Myrte, Myrtenholz

murus, muri *(o/326) m* Mauer

mus, muris *(kons./335) m* Maus

Musae, Musarum *(a/325) f [plurale tantum]* Musen (Göttinen der Künste, Töchter des Zeus)

musca, muscae *(a/325) f* Fliege

musculus, musculi *(o/326) m* Mäuschen; Muskel

muscus, musci *(o/326) m* Moos

musica, musicae *(a/325) f* Kunst der Musen, Musik, Dichtkunst

musicus, musica, musicum *(o/a/329)* musikalisch; *substantivisch* Musiker

mutabilis, mutabilis, mutabile *(i/343)* veränderlich

mutare, muto, mutavi, mutatum *(1/380)* tauschen, vertauschen, verwandeln, wechseln, ändern, verändern; *Tempora mutantur, nos et mutamur in ilis.* Die Zeiten ändern sich, wir ändern uns mit ihnen.

mutatio, mutationis *(kons./333) f* Änderung, Wechsel

mutuari, mutuor, mutuatus sum, – *(1/Deponens/392)* borgen, leihen, entleihen

mutus, muta, mutum *(o/a/329)* stumm, lautlos

mutuus, mutua, mutuum *(o/a/329)* wechselseitig, gegenseitig, geborgt; *mutuum dare* borgen, leihen

myrica, myricae *(a/325) f* Tamariske

myrrha, myrrhae *(a/325) f* Myrrhe

myrtus, myrti *(o/326) f* Myrte, Myrtenholz

mysterium, mysterii *(o/327) n* Geheimnis; *Plural* **mysteria, mysteriorum** Geheimlehren, Geheimkult, Mysterien

naias, naiadis *(kons./331) f* Wassernymphe, Najade

nam *(422)* Konjunktion denn, nämlich; *quid nam?* was denn?

namque *(422)* Konjunktion denn, fürwahr

nancisci, nanciscor, na(n)ctus sum, – *(3/Deponens/392)* (zufällig) erlangen, erreichen, erhalten, bekommen; *Captivus occasionem nactus effugit.* Der Gefangene floh, als sich ihm zufällig eine Gelegenheit bot.

narcissus, narcissi *(o/326) m* Narzisse

nardus, nardi *(o/326) f* Narde, Nardenöl

nare, no, navi, natum *(1/380)* schwimmen

naris, naris *(g/339) f* Nasenloch; *Plural* **nares, narum** Nase

narrare, narro, narravi, narratum *(1/380)* erzählen, erwähnen

nasci, nascor, natus sum, – *(3/Deponens/392)* geboren werden, entstehen, vorkommen; *ante/post Christum natum* vor/nach Christi Geburt; *decem annos natus* zehn Jahre alt

nasus, nasi *(o/326) m* Nase

natalis, natalis, natale *(i/343)* zur Geburt gehörig; *dies natalis* Geburtstag

natalis, natalis *(kons./331) m* Geburtstag

natare, nato, natavi, natatum *(1/380)* schwimmen, treiben

natio, nationis *(kons./333) f* Herkunft, Abstammung, Volk, Volksstamm, Nation

nativus, nativa, nativum *(o/a/329)* angeboren, natürlich

natu *Adverb* von Geburt, dem Alter nach

natura, naturae *(a/325) f* natürliche Beschaffenheit, Natur, Wesen, Schöpfung, Weltall; *rerum natura* das Wesen der Dinge; *loci natura* Beschaffenheit des Geländes

naturalis, naturalis, naturale *(i/343)* natürlich, angeboren

natus, nata, natum *(o/a/329)* geboren; *summo loco natus* von hoher Abkunft

naufragium, naufragii *(o/327) n* Schiffbruch, Ruin

naufragus, naufraga, naufragum *(o/a/329)* schiffbrüchig, ruiniert

nausea, nauseae *(a/325) f* Seekrankheit

nauta, nautae *(a/325) m* Schiffer, Seemann, Matrose

nauticus, nautica, nauticum *(o/a/329)* Schiffs-, See-; *substantivisch* Seemann

navalis, navalis, navale *(i/343)* zu Schiffen gehörig, Schiffs-, See-

navicula, naviculae *(a/325) f* Schifflein

navigare, navigo, navigavi, navigatum *(1/380)* segeln, zu Schiff fahren, zur See fahren

navigatio, navigationis *(kons./333) f* Schifffahrt, Seefahrt

navigium, navigii *(o/327) n* Schiff, Boot, Fahrzeug

navis, navis *(g/339) f* Schiff; *navis longa* Kriegsschiff; *navem solvere* in See stechen; *navem flectere* den Kurs ändern; *naves litore deducere* Schiffe zu Wasser bringen

navus, nava, navum *(o/a/329)* regsam, emsig, tatkräftig

ne *(422) Konjunktion (mit Konjunktiv)* dass, damit (nicht); *Hannibal verens, ne dederetur, Cretam venit.* Da Hannibal befürchtete, ausgeliefert zu werden, begab er sich nach Kreta.; *ne ... quidem* nicht ... einmal

-ne etwa? ob?; *Venisne mecum?* Kommst du mit mir?; *-ne ... an* (ob ...) oder

nebula, nebulae *(a/325) f* Nebel, Dunst, Wolke

nebulo, nebulonis *(kons./333) f* Windbeutel, Taugenichts

nec *(422) Konjunktion* und nicht, auch nicht; *nec ... nec* weder ... noch

necare, neco, necavi, necatum *(1/380)* töten, umbringen, vernichten

necessarii, necessariorum *(o/326)* Verwandte, Nahestehende

necessarius, necessaria, necessarium *(o/a/329)* *[Adverb necessario]* notwendig, nötig; nahe stehend, verwandt; *res ad vitam necessariae* lebensnotwendige Dinge

necesse est es ist notwendig, es ist unausweichlich

necessitas, necessitatis *(kons./334) f* Notwendigkeit, Notlage, Zwangslage

necessitudo, necessitudinis *(kons./333) f* Not, Notlage, Notwendigkeit; enge Verbindung, Freundschaft

necne *(422) Konjunktion* oder nicht

necopinatus, necopinata, necopinatum *(o/a/329)* unvermutet, unerwartet

nectar, nectaris *n* Nektar, Göttertrank

nectere, necto, nexui, nexum *(3/380)* knüpfen, verknüpfen

nedum *(422) Konjunktion (mit Konjunktiv)* geschweige denn, dass

nefandus, nefanda, nefandum *(o/a/329)* frevelhaft, ruchlos, verrucht

nefarius, nefaria, nefarium *(o/a/329)* gottlos, frevelhaft, ruchlos, verbrecherisch; *nefaria facere* Schandtaten begehen

nefas *n [nur Nominativ und Akkusativ Singular]* Sünde, Frevel, Unrecht

nefastus, nefasta, nefastum *(o/a/329)* unheilig, verboten, frevelhaft

negare, nego, negavi, negatum *(1/380)* (mit AcI) leugnen, verneinen, sagen, dass nicht; verweigern, behaupten, dass nicht; *Negat se meminisse.* Er sagt, er erinnert sich nicht.

neglegentia, neglegentiae *(a/325) f* Nachlässigkeit, Vernachlässigung

neglegere, neglego, neglexi, neglectum *(3/380)* vernachlässigen, übersehen, nicht beachten; *iniurias non neglegere* über Ungerechtigkeit nicht hinweggehen

negotiari, negotior, negotiatus sum, – *(1/Deponens/392)* Handel treiben

negotiator, negotiatoris *(kons./331) m* Großhändler, Geschäftsmann, Bankier

negotium, negotii *(o/327) n* Beschäftigung, Geschäft, Aufgabe, Tätigkeit, Auftrag; *Quid tibi hic negotii est?* Was hast du hier zu tun?; *negotia aliena curare* sich um fremder Leute Geschäfte kümmern

nemo, nullius *(367) [substantivisch]* niemand, keiner; *Nemo nostrum hoc faciet.* Niemand von uns wird das tun.

nempe *Adverb* doch, also doch, wirklich

nemus, nemoris *(kons./335) n* Hain, Wald

nenia, neniae *(a/325) f* Klagelied, Trauerlied

nepos, nepotis *(kons./331) m* Enkel, Neffe

neptis, neptis *(g/339) f* Enkelin

Neptunus, Neptuni *(o/326) m* Neptun

nequam *[undekliniert]* nichtsnutzig

nequaquam *Adverb* keineswegs, durchaus nicht

neque *(422) Konjunktion* und nicht, auch nicht (nach non); *neque/nec ... neque/nec* weder ... noch

nequiquam *Adverb* vergeblich, umsonst, erfolglos

nequīre, nequeo, nequii, nequitum *(unreg./414)* nicht können

nequitia, nequitiae *(a/325) f* Wertlosigkeit, Untauglichkeit, Nichtsnutzigkeit, Liederlichkeit

Nero, Neronis *(kons./333) m* Nero (Kaiser)

nervus, nervi *(o/326) m* Sehne, Saite, Muskel, Kraft

nescīre, nescio, nescivi, nescitum *(4/380)* nicht wissen, nicht kennen

nescius, nescia, nescium *(o/a/329)* unwissend, unfähig, unbekannt

neuter, neutrius, neutra, neutrum *(o/a/330) [Dativ neutri]* (*substantivisch* und *adjektivisch*) keiner von beiden

neutiquam *Adverb* keineswegs, keinesfalls

neve/neu *(422) Konjunktion* oder nicht, und nicht (nach ne)

nex, necis *(kons./332) f* (gewaltsamer) Tod, Mord

nexus, nexus *(u/350) m* Verbindung, Verpflichtung

nidor, nidoris *(kons./331) m* Duft, Dunst, Dampf, Qualm, Gestank

nidus, nidi *(o/326) m* Nest

niger, nigra, nigrum *(o/a/330)* schwarz, dunkel, düster

nigrans, nigrantis *(kons./334)* dunkel, schwarz

nihil/nil, nullius rei nichts; *nihil novi* nichts Neues; *nihil nisi* nichts außer

nihilominus/nihilo minus *Adverb* nichtsdestoweniger, trotzdem

nihilum, nihili *(o/327) n [Nominativ und Dativ nicht gebräuchlich]* Nichts; *ex nihilo creare* aus dem Nichts erschaffen

nimbus, nimbi *(o/326) m* Regenwolke, Nebel, Regenschauer

nimirum *Adverb* freilich, allerdings

nimis *Adverb* zu sehr, allzu (sehr); *Ne quid nimis!* Nichts im Übermaß!

nimium *Adverb* außerordentlich, überaus, allzu

nimius, nimia, nimium *(o/a/329)* zu groß, zu viel, übermäßig

nisi/ni *(422) Konjunktion* wenn ... nicht; *non ... nisi* nur, außer

nisus, nisus *(u/350) m* Anstrengung, Schwung

nitēre, niteo, nitui, – *(2/380)* glänzen

niti, nitor, nixus/nisus sum, – *(3/Deponens/392)* sich bemühen, streben, sich stützen auf; *summā ope niti* sich mit aller Kraft bemühen

nitidus, nitida, nitidum *(o/a/329)* glänzend

nitor, nitoris *(kons./331) m* Glanz

nivalis, nivalis, nivale *(i/343)* verschneit, schneebedeckt, schneeweiß

niveus, nivea, niveum *(o/a/329)* verschneit, schneebedeckt, schneeweiß

nix, nivis *(kons./331) f* Schnee; *nives* Schneemassen

N. N. (non nominatus) nicht bekannt

N. N. (nomen nescio) Name unbekannt

nobilis, nobilis, nobile *(i/343)* edel, adlig, berühmt, vornehm, bekannt; *substantivisch* Adliger; *nobilissimi civitatis* die vornehmsten Bürger der Stadt

nobilitare, nobilito, nobilitavi, nobilitatum *(1/380)* bekannt machen, berühmt machen

nobilitas, nobilitatis *(kons./334) f* Berühmtheit, Adel; *coniuratio nobilitatis* eine Verschwörung des Adels

nocens, nocentis *(i/342)* schädlich, schuldig, verbrecherisch

nocēre, noceo, nocui, nocitum *(2/380)* schaden

noctu *Adverb* bei Nacht, nachts

nocturnus, nocturna, nocturnum *(o/a/329)* nächtlich

nodosus, nodosa, nodosum *(o/a/329)* knotig

nodus, nodi *(o/326) m* Knoten, Verwicklung

nolle, nolo, nolui, – *(unreg./410)* nicht wollen; *Nollem id dixisses!* Hättest du das doch nicht gesagt!; *Noli impudens esse!* Sei nicht unverschämt!

nomen, nominis *(kons./336) n* Name, Titel; *Nomen mihi est Titus./Mihi est nomen Tito.* Ich heiße Titus.; *nomen trahere a* (mit Ablativ) den Namen bekommen von

nominare, nomino, nominavi, nominatum *(1/380)* nennen, ernennen, benennen, erwähnen

nominatim *f* namentlich

non *Adverb* nicht

N(on.) (Nonae) die Nonen (der 5. oder 7. eines Monats)

Nonae, Nonarum *(a/325) f [plurale tantum]* die Nonen (der 9. Tag vor den Iden, d.h. der 5. bzw. der 7. Tag eines Monats)

nonagesimus, nonagesima, nonagesimum *(o/a/329)* der neunzigste

nonaginta neunzig

nondum *Adverb* noch nicht

nonne etwa nicht? denn nicht? ob nicht?; *Nonne meministi?* Erinnerst du dich etwa nicht?

nonnemo mancher

nonnullus, nonnulla, nonnullum *(o/a/329)* mancher, manche, manches; *Plural* **nonnulli, nonnullorum** einige, manche

nonnumquam *Adverb* manchmal, bisweilen

nonus, nona, nonum *(o/a/329)* der neunte

norma, normae *(a/325) f* rechter Winkel, Richtschnur, Regel

nos, nostri/nostrum *(358)* wir

noscere, nosco, novi, notum *(3/380)* kennen, lernen, kennen lernen, erfahren; *Novi nomen tuum.* Ich habe deinen Namen erfahren/ich kenne deinen Namen.

noster, nostra, nostrum *(o/a/330)* unser

nota, notae *(a/325) f* Zeichen, Mal, Merkmal, Schriftzeichen

notabilis, notabilis, notabile *(i/343)* bemerkenswert, auffallend

notare, noto, notavi, notatum *(1/380)* zeichnen, bezeichnen; tadeln, rügen; wahrnehmen, beobachten

notio, notionis *(kons./333) f* Untersuchung, Kenntnis; Begriff

notitia, notitiae *(a/325) f* Bekanntschaft, Kenntnis; Begriff

notus, nota, notum *(o/a/329)* bekannt; *Nomen meum vobis notum est.* Mein Name ist euch bekannt.

notus, noti *(o/326) m* Südwind, Wind

novare, novo, novavi, novatum *(1/380)* erneuern

novem neun

noverca, novercae *(a/325) f* Stiefmutter

novie(n)s *Adverb* neunmal

novisse, novi, –, – *(3/380) [Perfekt von nosco]* wissen

novissimus, novissima, novissimum *(o/a/329)* der äußerste, letzte

novitas, novitatis *(kons./334) f* Neuheit

novus, nova, novum *(o/a/329)* neu, neuartig, ungewöhnlich; *Nihil novi sub sole.* Es geschieht nichts Neues unter der Sonne.; *novis rebus studere* nach Umsturz streben; *homo novus* Emporkömmling, Aufsteiger; *novus venio* ich komme als letzter; *novum agmen* Nachhut

nox, noctis *(g/340) f* Nacht, Finsternis; *primā nocte* bei Einbruch der Nacht; *sub noctem* bei Einbruch der Nacht; *multā nocte* tief in der Nacht; *hac nocte* in dieser Nacht; *nox instat* die Nacht bricht an

noxa, noxae *(a/325) f* Schaden, Schuld, Bestrafung, Strafe

noxia, noxiae *(a/325) f* Schuld, Vergehen

noxius, noxia, noxium *(o/a/329)* schädlich, schuldig, strafbar

nubere (viro), nubo, nupsi, nuptum *(3/380)* heiraten (einen Mann)

nubes, nubis *f* Wolke, dichte Schar

nubilus, nubila, nubilum *(o/a/329)* wolkig, trüb

nudare, nudo, nudavi, nudatum *(1/380)* entblößen, entkleiden, berauben

nudus, nuda, nudum *(o/a/329)* nackt, kahl, entblößt, leicht bewaffnet

nuere, nuo, nui, nutum *(3/380)* winken, nicken, zunicken, beistimmen

nugae, nugarum *(a/325) f [plurale tantum]* Kleinigkeiten, Possen

nugari, nugor, nugatus sum, – *(1/Deponens/392)* Possen treiben

nullus, nullius, nulla, nullum *[Dativ nulli]* *(adjektivisch)* keiner, kein

num nun noch, etwa?, ob; *Num quis dubitat?* Zweifelt etwa jemand?

numen, numinis *(kons./336) n* göttlicher Befehl, göttlicher Wille; Gottheit, Macht, Gott; *numine deorum regi* sich vom Willen der Götter leiten lassen

numerare, numero, numeravi, numeratum *(1/380)* zählen, einreihen

numerus, numeri *(o/326) m* Zahl, Menge, Rang, Takt, Anzahl; *Herculem in deorum numero referre/ponere* Hercules zu den Göttern zählen; *in numero atque honore esse* Rang und Namen haben

Numitor, Numitoris *(kons./331) m* Numitor (Großvater von Romulus und Remus)

nummus, nummi *(o/326) m* Münze, Geldstück

numquam *Adverb* nie, niemals

nunc *Adverb* jetzt, jüngst, vor kurzem, neulich, nun; *etiam nunc* auch jetzt noch

nunciam *Adverb* jetzt eben

nuncupare, nuncupo, nuncupavi, nuncupatum *(1/380)* feierlich erklären, feierlich aussprechen, nennen, benennen

nuntiare, nuntio, nuntiavi, nuntiatum *(1/380)* melden, verkünden

nuntius, nuntii *(o/326) m* Bote, Botschaft, Nachricht; *hoc nuntio allato* auf diese Nachricht hin

nuper *Adverb* vor kurzem, jüngst, neulich

nupta, nuptae *(a/325) f* Braut

nuptiae, nuptiarum *(a/325) f [plurale tantum]* Hochzeit, Vermählung

nurus, nurus *(u/350) f* Schwiegertochter, junge Frau

nusquam *Adverb* nirgends

nutare, nuto, nutavi, nutatum *(1/380)* schwanken, wanken, nicken

nutrire, nutrio, nutrivi, nutritum *(4/380)* nähren, ernähren, säugen, pflegen

nutrix, nutricis *(kons./332) f* Amme, Ernährerin

nutus, nutus *(u/350) m* Wink, Befehl, Zustimmung

nux, nucis *(kons./332) f* Nuss

nympha, nymphae *(a/325) f* Nymphe

ob *(420) Präposition [Akkusativ]* gegen, gegen … hin, gegenüber, wegen; *ob eam causam* aus diesem Grund, deswegen

obducere, obduco, obduxi, obductum *(3/380)* bedecken, führen (gegen)

obesse, obsum, obfui/offui, –, obfuturus *(unreg./398)* hinderlich sein, dagegen sein, schaden

obicere, obicio, obieci, obiectum *(5/380)* entgegenwerfen, vorwerfen, Vorwürfe machen

obiectare, obiecto, obiectavi, obiectatum *(1/380)* entgegenwerfen, vorwerfen

ob(i)ex, obicis *(kons./332) f* Riegel, Damm, Hindernis

obire, obeo, obii, obitum *(unreg./414)* entgegengehen, herangehen, besuchen, bereisen, sterben; *provinciam obire* eine Provinz bereisen; *mortem obire* sterben

obitus, obitus *(u/350) m* Untergang, Tod

obiurgare, obiurgo, obiurgavi, obiurgatum *(1/380)* tadeln, schelten

oblectare, oblecto, oblectavi, oblectatum *(1/380)* unterhalten, erheitern

oblectatio, oblectationis *(kons./333) f* Unterhaltung, Genuss, Zeitvertreib

obligare, obligo, obligavi, obligatum *(1/380)* festbinden, verbinden, verpflichten

oblinere, oblino, oblevi, oblitum *(3/380)* bestreichen, beschmieren

obliquus, obliqua, obliquum *(o/a/329)* schräg, tief

oblitterare, oblittero, oblitteravi, oblitteratum *(1/380)* ausstreichen, in Vergessenheit bringen, auslöschen

oblivio, oblivionis *(kons./333) f* Vergessenheit, Vergesslichkeit

oblivisci, obliviscor, oblitus sum, – *(3/Deponens/392) [Genitiv]* vergessen; *Huius rei paene oblitus sum.* Das hätte ich beinahe vergessen.

oblivium, oblivii *(o/327) f* Vergessenheit, Vergesslichkeit

obmutescere, obmutesco, obmutui, – *(3/380)* verstummen

obniti, obnitor, obnisus sum, – *(3/Deponens/392)* sich entgegenstemmen

obnoxius, obnoxia, obnoxium *(o/a/329)* schuldig, verpflichtet; unterwürfig

oboedire, oboedio, oboedivi, oboeditum *(4/380)* gehorchen, Gehör schenken

oboriri, oborior, obortus sum, –, exoriturus *(4/Deponens/392)* entstehen, aufgehen, sich zeigen

obruere, obruo, obrui, obrutum *(3/380)* überschütten, bedecken, erdrücken

obsc(a)enus, obscena, obscenum *(o/a/329)* schmutzig, unanständig; unheilvoll

obscurare, obscuro, obscuravi, obscuratum *(1/380)* verdunkeln, verhüllen, verbergen

obscuritas, obscuritatis *(kons./334) f* Dunkelheit, Unbekanntheit

obscurus, obscura, obscurum *(o/a/329)* dunkel, unbekannt, versteckt, unklar, niedrig; *obscuro loco natus* von unbekannter Herkunft

obsecrare, obsecro, obsecravi, obsecratum *(1/380)* beschwören, anflehen; *orare atque obsecrare* inständig bitten

obsequi, obsequor, obsecutus sum, – *(3/Deponens/392)* willfahren, nachgeben, gehorchen, sich hingeben

obsequium, obsequii *(o/327) n* Willfährigkeit, Nachgiebigkeit, Gehorsam

observare, observo, observavi, observatum *(1/380)* beobachten, beachten, Acht geben auf, befolgen, einhalten; *imperium observare* einen Befehl befolgen

observatio, observationis *(kons./333) f* Beobachtung

obses, obsidis *(kons./331) m/f* Geisel, Bürge

obsessio, obsessionis *(kons./333) f* Belagerung, Blockade

obsidēre, obsideo, obsedi, obsessum *(2/380)* besetzt halten, belagern

obsidio, obsidionis *(kons./333) f* Belagerung, Blockade

obsidium, obsidii *(o/327) n* Belagerung, Blockade

obsignare, obsigno, obsignavi, obsignatum *(1/380)* siegeln, versiegeln, besiegeln

obsistere, obsisto, obstiti, – *(3/380)* sich entgegenstellen, sich widersetzen, Widerstand leisten

obsoletus, obsoleta, obsoletum *(o/a/329)* unscheinbar, alltäglich, abgenutzt, schäbig

obsonium, obsonii *(o/327) n* Zukost (zum Brot), Fisch, Fleisch

obstare, obsto, obstiti, –, obstaturus *(1/380)* im Weg stehen, entgegenstehen, hindern

obstetrix, obstetricis *(kons./332) f* Hebamme

obstinatus, obstinata, obstinatum *(o/a/329)* fest entschlossen, hartnäckig

obstrepere, obstrepo, obstrepui, obstrepitum *(3/380)* entgegentönen, übertönen, stören

obstringere, obstringo, obstrinxi, obstrictum *(3/380)* zubinden, fesseln, verstricken, verpflichten

obstruere, obstruo, obstruxi, obstructum *(3/380)* verbauen, verschließen

obstupescere, obstupesco, obstupui, – *(3/380)* verblüfft sein, erstaunen, erstarren

obsurdescere, obsurdesco, obsurdui, – *(3/380)* taub werden

obtemperare, obtempero, obtemperavi, obtemperatum *(1/380)* gehorchen

obtendere, obtendo, obtendi, obtentum *(3/380)* vorziehen, vorschützen; verhüllen, einhüllen

obterere, obtero, obtrivi, obtritum *(3/380)* zertreten

obtestari, obtestor, obtestatus sum, – *(1/Deponens/392)* bitten, beschwören, beteuern; *Per omnes deos te obtestor, ut …* Bei allen Göttern beschwöre ich dich, dass …

obtinēre, obtineo, obtinui, obtentum *(2/380)* festhalten, (eine Stellung) behaupten, besitzen; *numerum deorum obtinere* zu den Göttern gehören; *magistratum obtinere* ein Amt bekleiden; *oppidum obtinere* eine Stadt (besetzt) halten

obtingere, obtingo, obtigi, obtactum *(3/380)* zustoßen, zuteil werden, widerfahren

obtrectare, obtrecto, obtrectavi, obtrectatum *(1/380)* *[Dativ]* entgegenarbeiten, anfeinden; herabsetzen

obtrectatio, obtrectationis *(kons./333) f* Missgunst, Neid

obtruncare, obtrunco, obtruncavi, obtruncatum *(1/380)* verstümmeln, niederschlagen, niedermachen

obtundere, obtundo, obtudi, obtu(n)sum *(3/380)*
abstumpfen

obtutus, obtutus *(u/350) m* Blick, Betrachtung

obvenīre, obvenio, obveni, obventum *(4/380)* zuteil
werden, zufallen

obvertere, obverto, obverti, obversum *(3/380)* zuwenden

obviam *Adverb* entgegen; *obviam ire* entgegengehen, entgegentreten

obvius, obvia, obvium *(o/a/329)* begegnend, am Weg
liegend, entgegenkommend

occaecare, occaeco, occaecavi, occaecatum *(1/380)*
blenden

occasio, occasionis *(kons./333) f [Genitiv]* Gelegenheit (zu); *occasionem praetermittere* sich eine
Chance entgehen lassen

occasus, occasus *(u/350) m* Untergang, Abend, Westen

occidens, occidentis *(kons./334) m* Westen

occidere, occido, occidi, –, occasurus *(3/380)* niederfallen, niedersinken, zugrunde gehen, umkommen,
sterben, untergehen; *in bello occidere* im Krieg fallen

occīdere, occido, occidi, occisum *(3/380)* niederschlagen, niederhauen, töten, umbringen

occipere, occipio, occepi, occeptum *(5/380)* anfangen, unternehmen

occulere, occulo, occului, occultum *(3/380)* verdecken, verbergen

occultare, occulto, occultavi, occultatum *(1/380)* verbergen, verstecken

occultus, occulta, occultum *(o/a/329)* verborgen, versteckt, geheim

occumbere, occumbo, occubui, occubitum *(3/380)*
niedersinken, sterben

occupare, occupo, occupavi, occupatum *(1/380)*
überfallen, einnehmen, besetzen; beschäftigen,
erfassen; *(in) re occupatus* mit einer Sache beschäftigt; *luctu occupatus* von Trauer egriffen

occupatio, occupationis *(kons./333) f* Besetzung,
Beschäftigung

occupatus, occupata, occupatum *(o/a/329)* beschäftigt

occurrere, occurro, occurri, occursum *(3/380)* entgegenlaufen, entgegeneilen, begegnen

occursare, occurso, occursavi, occursatum *(1/380)*
begegnen, entgegenlaufen, entgegentreten

ocellus, ocelli *(o/326) m* Äuglein

ocior, ocior, ocius *(i/343)* schneller

ocius, ocissime *Adverb* schneller

Octavianus, Octaviani *(o/326) m* Gaius Iulius Octavianus (Kaiser Augustus)

octavus, octava, octavum *(o/a/329)* der achte

octingenti, octingentae, octingenta *(o/a/329)* achthundert

octo acht

octogesimus, octogesima, octogesimum *(o/a/329)*
der achzigste

octoginta achtzig

oculus, oculi *(o/326) m* Auge

odiosus, odiosa, odiosum *(o/a/329)* verhasst, widerwärtig

odisse, odi, –, –, osurus *(unreg./419)* hassen

odium, odii *(o/327) n* Hass, Abneigung; *alicui odio
esse* jemandem verhasst sein

odor, odoris *(kons./331) m* Geruch, Duft; Ahnung, Vermutung

odorari, odoror, odoratus sum, – *(1/Deponens/392)*
riechen, wittern

odoratus, odorata, odoratum *(o/a/329)* duftend, wohlriechend

offendere, offendo, offendi, offensum *(3/380)* angreifen, anstoßen; beleidigen, kränken, verletzen; *animum alicuius offendere* jemanden beleidigen

offensa, offensae *(a/325) f* Beleidigung, Anstoß

offensio, offensionis *(kons./333) f* Beleidigung,
Anstoß, Verdruss, Ärger; Erkrankung; Unfall

offensus, offensa, offensum *(o/a/329)* beleidigt, zuwider

offerre, offero, obtuli, oblatum *(unreg./400)* entgegenbringen, anbieten; *occasione oblata* wenn sich eine Gelegenheit bietet; *se offerre* entgegentreten

officere, officio, offeci, offectum *(5/380) [Dativ]* hindern, sich entgegenstellen

officina, officinae *(a/325) f* Werkstatt

officiosus, officiosa, officiosum *(o/a/329)* hilfsbereit, gefällig, freiwillig

officium, officii *(o/327) n* Beruf, Dienst, Dienstleistung; Pflicht, Pflichtgefühl; *in officio esse* im Gehorsam bleiben; *officia praestare* seine Pflichten erfüllen

offundere, offundo, offusi, offusum *(3/380)* eingießen, hineingießen

olea, oleae *(a/325) f* Olive, Ölbaum

oleaster, oleastri *(o/328) m* wilder Ölbaum

olēre, oleo, olui, – *(2/380) [Akkusativ/Ablativ]* riechen (nach), stinken (nach)

oleum, olei *(o/327) n* Olive, Ölbaum

olim *Adverb* einst, vor langer Zeit

oliva, olivae *(a/325) f* Olive, Ölbaum

olivum, olivi *(o/327) n* Öl, Olivenöl

olor, oloris *(kons./331) m* Schwan

olus, oleris *(kons./335) n* Gemüse, Kohl

Olympia, Olympiae *(a/325) f* Olympia

Olympus, Olympi *(o/326) m* Olymp (Berg in Griechenland)

omen, ominis *(kons./336) n* Vorzeichen, Vorbedeutung; *bonis cum ominibus incipere* unter guten Vorzeichen beginnen

ominari, ominor, ominatus sum, – *(1/Deponens/392)* verkünden, weissagen

omittere, omitto, omisi, omissum *(3/380)* unterlassen, verstreichen lassen, aufgeben, übergehen, wegwerfen; *omnibus rebus omissis* unter Hintanstellung aller anderen Dinge

omnes, omnes, omnia *(i/343)* alle; *omnes praeter unum* alle außer einem; *ad unum omnes* alle bis zum letzten, alle ohne Ausnahme, bis auf den letzten Mann

omnino *Adverb* gänzlich, ganz und gar, überhaupt

omnipotens, omnipotentis *(i/342)* allmächtig

omnis, omnis, omne *(i/343)* all, jeder, ganz

onerare, onero, oneravi, oneratum *(1/380)* beladen, belasten

onerarius, oneraria, onerarium *(o/a/329)* lasttragend

onus, oneris *(kons./335) n* Last, Ladung, Bürde

onustus, onusta, onustum *(o/a/329)* beladen

opacus, opaca, opacum *(o/a/329)* schattig, dunkel

opera, operae *(a/325) f* Dienst, Arbeit, Mühe; *Plural* **operae, operarum** Arbeiter; *operam dare* (mit Dativ) sich Mühe geben um/mit

operari, operor, operatus sum, – *(1/Deponens/392)* arbeiten, sich beschäftigen, opfern

operīre, operio, operui, opertum *(4/380)* verschließen, bedecken, zudecken, verhüllen

operosus, operosa, operosum *(o/a/329)* tätig, mühevoll

opifex, opificis *(kons./332) m* Handwerker, Schöpfer

opimus, opima, opimum *(o/a/329)* fett; reich, ansehnlich, stattlich

opinabilis, opinabilis, opinabile *(i/343)* vermutlich; eingebildet (z.B. Schmerz)

opinari, opinor, opinatus sum, – *(1/Deponens/392)* meinen, vermuten

opinatio, opinationis *(kons./333) f* Vermutung, Einbildung

opinio, opinionis *(kons./333) f* Meinung, Vermutung, guter Ruf, Gerücht; *praeter opinionem* wider Erwarten; *opinione celerius* über Erwarten schnell

oportet, oportuit es gehört sich, es ist in Ordnung; *oportuit* es hätte sich gehört; *Hoc iam prius fieri oportuit.* Das hätte schon früher geschehen müssen.

opperīri, opperior, oppertus sum, – *(4/Deponens/392)* warten, erwarten

oppetere, oppeto, oppetivi, oppetitum *(3/380)* erleiden; *mortem oppetere* den Tod erleiden, sterben

oppidanus, oppidana, oppidanum *(o/a/329)* städtisch, kleinstädtisch; *substantivisch* Städter

oppido *Adverb* ungemein, überaus, äußerst

oppidum, oppidi *(o/327) n* Festung, Stadt, Landstadt

opponere, oppono, opposui, oppositum *(3/380)* entgegenstellen, entgegenhalten, einwenden

opportunitas, opportunitatis *(kons./334) f* günstige Lage, Gelegenheit, Vorteil

opportunus, opportuna, opportunum *(o/a/329)* günstig gelegen, geeignet

opprimere, opprimo, oppressi, oppressum *(3/380)* unterdrücken, überfallen, überrumpeln, überwältigen, überraschen

opprobrium, opprobrii *(o/327) n* Vorwurf, Schande, Beschimpfung

oppugnare, oppugno, oppugnavi, oppugnatum *(1/380)* angreifen, bestürmen, belagern

oppugnatio, oppugnationis *(kons./333) f* Sturmangriff, Belagerung

ops, opis *(kons./331) f* Macht, Kraft, Stärke, Hilfe; *Plural* **opes, opum** Hilfsmittel, Macht, Streitmacht, Schätze, Reichtum, Truppen; *summis opibus* mit aller Macht; *opibus valere* reich sein, mächtig sein; *suis opibus aliorum inopiam levare* mit seinem Reichtum die Armut anderer lindern

optabilis, optabilis, optabile *(i/343)* wünschenswert

optare, opto, optavi, optatum *(1/380)* bitten, wünschen

optimates, optimatium *(kons./331) m* die Aristokraten, die Vornehmen, Adelspartei, Optimaten

optimus, optima, optimum *(o/a/329) [Superlativ von bonus]* der beste; *optimus quisque* gerade die besten (jeder beste)

optio, optionis *(kons./333) f* Wahl, Wahlmöglichkeit

opulentia, opulentiae *(a/325) f* Reichtum, Macht

opulentus, opulenta, opulentum *(o/a/329)* wohlhabend, reich, mächtig, glänzend

opus, operis *(kons./335) n* Werk, Arbeit, Befestigung; *opus est* es ist nötig, man braucht; *Multis rebus mihi opus est.* Ich brauche viele Dinge.

opusculum, opusculi *(o/327) n* kleines Werk (Literatur)

ora, orae *(a/325) f* Küste, Rand, Zone

oraculum, oraculi *(o/327) n* Orakel, Orakelstätte, Götterspruch, Orakelspruch; *oraculum adire* ein Orakel befragen; *oraculum ēdere* ein Orakel verkünden

orare, oro, oravi, oratum *(1/380)* verhandeln, reden, bitten, beten

oratio, orationis *(kons./333) f* Rede, Redegabe, Vortrag; *orationem habere* eine Rede halten; *figurae orationis* Redewendungen

orator, oratoris *(kons./331) m* Redner

oratorius, oratoria, oratorium *(o/a/329)* rednerisch

orbare, orbo, orbavi, orbatum *(1/380)* berauben

orbis, orbis *(g/339) m* Kreis, Scheibe, Erdkreis; *toto orbe terrarum* auf der ganzen Welt

orbitas, orbitatis *(kons./334) f* Elternlosigkeit, Kinderlosigkeit

orbus, orba, orbum *(o/a/329)* verwaist

ordinare, ordino, ordinavi, ordinatum *(1/380)* ordnen, einreihen

ordīri, ordior, orsus sum, – *(4/Deponens/392)* anfangen, beginnen

ordo, ordinis *(kons./333) m* Abteilung, Reihe, Klasse, Stand, Ordnung; *ordo senatorius* der Senatorenstand; *in ordinem/ordine* der Reihe nach, ordentlich; *ordo equester* Ritterstand

orgia, orgiorum *(o/327) n* Orgien, (Bacchus-)Feier

oriens (sol), orientis *(kons./334) m* aufgehende Sonne, Osten; *ad orientem spectare* im Osten liegen

origo, originis *(kons./333) f* Ursprung, Abkunft, Abstammung, Anfang, Herkunft

orīrī, orior, ortus sum, –, oriturus *(4/Deponens/392)* sich erheben, entstehen, abstammen, anfangen; *Sol oritur.* Die Sonne geht auf.

ornamentum, ornamenti *(o/327) n* Schmuck, Schmuckstück; Ausrüstung, Auszeichnung; *ornamenta eloquentiae* Redeschmuck

ornare, orno, ornavi, ornatum *(1/380)* ausstatten, schmücken, ehren

ornatus, ornatus *(u/350) m* Schmuck, Ausrüstung

ornatus, ornata, ornatum *(o/a/329)* ausgezeichnet, angesehen

ornus, orni *(o/326) f* Bergesche

Orpheus, Orphei *(o/326) m* Orpheus

ortus, ortus *(u/350) m* Aufgang, Entstehung

os, oris *(kons./331) n* Mund, Sprache; Gesicht, Antlitz, Miene; *in ore omnium esse* in aller Munde sein; *os Tiberis* Tibermündung

os, ossis *(g/340) n* Knochen; *Plural* **ossa, ossium** Gebein(e)

osculum, osculi *(o/327) n* Kuss

osidere, osido, osedi, – *(3/380)* besetzen

ostendere, ostendo, ostendi, ostentum *(3/380)* darlegen, zeigen, in Aussicht stellen

ostentare, ostento, ostentavi, ostentatum *(1/380)* zeigen, prahlen, zur Schau stellen

ostentatio, ostentationis *(kons./333) f* Prahlerei, Zurschaustellung; Schein, Täuschung

ostentum, ostenti *(o/327) n* Wunder; Ungeheuer

ostium, ostii *(o/327) n* Mündung, Eingang; *ostium Tiberis* die Tibermündung

ostrea, ostreae *(a/325) f* Auster

ostrum, ostri *(o/327) n* Purpur, Purpurgewand

otiosus, otiosa, otiosum *(o/a/329)* ruhig, geruhsam, untätig, müßig, unbeschäftigt, ohne öffentliches Amt

otium, otii *(o/327) n* freie Zeit, Freizeit, Ruhe, Muße, beschauliches Dasein; *otium cum dignitate* ehrenvoller Ruhestand

ovare, ovo, ovavi, ovatum *(1/380)* jubeln, frohlocken, triumphieren

Ovidius, Ovidii *(o/326) m* Publius Ovidius Naso (Dichter)

ovile, ovilis *(i/338) n* Schafstall, Pferch

ovis, ovis *(g/339) f* Schaf

ovum, ovi *(o/327) n* Ei

P

P. Publius (Vorname)

p. a. (per annum/pro anno) pro Jahr

pabulari, pabulor, pabulatus sum, – *(1/Deponens/392)* Futter holen

pabulatio, pabulationis *(kons./333) f* Futterholen, Furagieren

pabulator, pabulatoris *(kons./331) m* Futterholer

pabulum, pabuli *(o/327) n* Futter, Nahrung

pacare, paco, pacavi, pacatum *(1/380)* befrieden, unterwerfen

pacatus, pacata, pacatum *(o/a/329)* befriedet, ruhig, friedlich

pacisci, paciscor, pactus sum, – *(3/Deponens/392)* Vertrag schließen, verabreden

pactio, pactionis *(kons./333) f* Vereinbarung, Übereinkommen, Versprechen

pactum, pacti *(o/327) n* Vertrag, Abkommen, Bedingung; *in pacto manere* sich an den Vertrag halten; *eodem pacto* auf dieselbe Weise

paedagogus, paedagogi *(o/326) m* Pädagoge, Erzieher

paelex, paelicis *(kons./332) f* Nebenfrau, Mätresse

paene *Adverb* beinahe, fast; *paene dixi* beinahe hätte ich gesagt; *Paene cecidi.* Beinahe wäre ich hingefallen.

paeninsula, paeninsulae *(a/325) f* Halbinsel

paenitentia, paenitentiae *(a/325) f* Reue

paenitēre, paeniteo, paenitui, – *(2/380)* bereuen, unzufrieden sein; *paenitet* es reut, verdrießt; *Consilii mei me paenitet.* Ich bereue meine Absicht.

paganus, pagani *(o/326) m* Gaubewohner, Bauer; Heide

pagina, paginae *(a/325) f* Blatt, Papier, Seite

pagus, pagi *(o/326) m* Gau, Dorfgemeinde

palaestra, palaestrae *(a/325) f* Ringschule, Ringkunst

palam *Adverb* öffentlich, offen

palam *(420)* *Präposition [Ablativ]* in Gegenwart von

palari, palor, palatus sum, – *(1/Deponens/392)* sich zerstreuen, umherstreifen

Palatium, Palatii *(o/327) m* Palatin (Hügel Roms)

palatum, palati *(o/327) n* Gaumen

palla, pallae *(a/325) f* langer Umhang, Mantel

pallēre, palleo, pallui, – *(2/380)* fahl sein, blass sein

pallescere, pallesco, pallui, – *(3/380)* erblassen, sich ängstigen

pallidus, pallida, pallidum *(o/a/329)* fahl, blass

pallor, palloris *(kons./331) m* Blässe, Angst

palma, palmae *(a/325) f* flache Hand, Handfläche; Palme, Siegespreis

palmes, palmitis *(kons./331) f* Schössling, Rebschössling

palus, paludis *(kons./333) f* Sumpf, Pfütze

palus, pali *(o/326) m* Pfahl

paluster, palustris, palustre *(i/344)* sumpfig

pampineus, pampinea, pampineum *(o/a/329)* aus Weinlaub bestehend

pampinus, pampini *(o/326) m* Weinranke, Weinlaub

pandere, pando, pandi, passum *(3/380)* ausbreiten, öffnen

pandus, panda, pandum *(o/a/329)* gekrümmt, gebogen

pangere, pango, pepigi, pactum *(3/380)* befestigen, festsetzen, verfassen

panis, panis *(g/339) m* Brot

pannus, panni *(o/326) m* Lappen, Lumpen

papaver, papaveris *(kons./332) n* Mohn

par, paris *(i/342)* gleich, gleichwertig, entsprechend, angemessen; *Ego pariter (Adverb) gaudeo ac tu.* Ich freue mich genauso wie du.

par, paris *(kons./331) n* Paar

parare, paro, paravi, paratum *(1/380)* bereiten, vorbereiten, sich anschicken (mit Infinitiv), vorhaben, verschaffen, erwerben; *bellum parare* zum Kriege rüsten; *Proficisci paro.* Ich beabsichtige abzureisen.

parasitus, parasiti *(o/326) m* (ständiger) Tischgast, Parasit, Schmarotzer

paratus, paratus *(u/350) m* Vorbereitung, Beschaffung, Ausstattung

parcere, parco, peperci, parsurus *(3/380) [Dativ]* schonen, verschonen, sparen; *tempori parcere* mit der Zeit sparsam umgehen; *Parce valetudini tuae!* Nimm Rücksicht auf deine Gesundheit!

parcus, parca, parcum *(o/a/329)* schonend, sparsam, kärglich

parens, parentis *(kons./334) m/* Vater, Mutter; *Plural* **parentes, parentum** Eltern

parere, pario, peperi, partum, pariturus *(5/380)* zeugen, gebären, hervorbringen, erwerben; *sibi divitias parere* Reichtümer erwerben; *victoriā partā* als der Sieg errungen war; *Terra fruges parit.* Die Erde bringt Früchte hervor.

parēre, pareo, parui, pariturus *(2/380)* gehorchen, sich richten nach

paries, parietis *(kons./331) m* Wand

pariter *Adverb* gleichermaßen, gleichzeitig

parma, parmae *(a/325) f* (kleiner, leichter) Rundschild

parochus, parochi *(o/326) m* Gastgeber, Gastwirt, Wirt, Hausherr

parricida, parricidae *(a/325) m/f* Mörder, Vatermörder, Verwandtenmörder

parricidium, parricidii *(o/327) n* Mord, Verwandtenmord, Verbrechen

pars, partis *(g/340) f* Teil, Anteil, Seite, Stück; *Plural* **partes, partium** Rolle, Partei; *maximam partem/ex maxima parte* zum größten Teil; *(in) omnibus partibus* in jeder Hinsicht, überall; *partes Caesaris sequi* sich Cäsars Partei anschließen; *ex altera parte* andererseits

parsimonia, parsimoniae *(a/325) f* Sparsamkeit

particeps, participis *(kons./345)* teilhaftig, beteiligt

particula, particulae *(a/325) f* Teilchen

partim *Adverb* zum Teil, teils, teilweise; *partim … partim* teils … teils

partīri, partior, partitus sum, – *(4/Deponens/392)* teilen

partitio, partitionis *(kons./333) f* Teilung

parturīre, parturio, parturivi, parturitum *(4/380)* gebären (wollen)

partus, partus *(u/350) m* Geburt, Leibesfrucht, Kind, Junges

parum *Adverb* zu wenig, nicht genug; *parum sapientiae* zu wenig Einsicht

parumper *Adverb* (auf) kurze Zeit

parvulus, parvula, parvulum *(o/a329)* sehr klein, sehr jung, ganz jung

parvus, parva, parvum *(o/a329)* klein, gering, unbedeutend; *parvo (pretio) vendere* billig verkaufen; *minoris vendere* billiger verkaufen; *parvi facere/aestimare* gering achten; *parvi esse* wenig gelten

pascere, pasco, pavi, pastum *(3/380)* hüten, weiden; füttern, nähren

pascuum, pascui *(o/327) n* Weideland

passim *Adverb* weit und breit, überall, ringsum, allenthalben

passus, passus *(u/350) m* Schritt, Doppelschritt, 1,5 Meter; *mille passus* 1 römische Meile (1,5 km); *duo milia passuum* 2 römische Meilen

pastor, pastoris *(kons./331) m* Hirte

pastus, pastus *(u/350) m* Fütterung, Futter; Weide

patefacere, patefacio, patefeci, patefactum *(5/380)* öffnen, aufdecken

pater, patris *(g/340) m* Vater; *Plural* **patres, patrum** die Senatoren; *pater familiae/familias* Familienoberhaupt, Hausherr; *Patres conscripti!* Meine Herren Senatoren!

patera, paterae *(a/325) f* Schale, Opferschale

patēre, pateo, patui, – *(2/380)* offen stehen, offenbar sein, sich erstrecken; *paetet (mit AcI)* es ist klar, es ist offenbar, dass; *Via patet.* Der Weg ist gangbar.

paternus, paterna, paternum *(o/a329)* väterlich, ererbt, heimatlich, heimisch

pati, patior, passus sum, – *(5/Deponens/392)* dulden, leiden, ertragen, aushalten, zulassen

patiens, patientis *(i/342)* geduldig, ausdauernd

patientia, patientiae *(a/325) f* Geduld, Ausdauer

patina, patinae *(a/325) f* Schüssel, Pfanne

patrare, patro, patravi, patratum *(1/380)* vollbringen, vollenden, ausführen, zustande bringen

patria, patriae *(a/325) f* Vaterland, Vaterstadt, Heimat

patricius, patricia, patricium *(o/a329)* adelig; *substantivisch* Patrizier

patrimonium, patrimonii *(o/327) n* (väterliches) Erbe

patrius, patria, patrium *(o/a/329)* väterlich, heimisch, vaterländisch, heimatlich

patrocinium, patrocinii *(o/327) n* Schutz, Patronat, Schutzherrschaft, Vertretung, Verteidigung

patronus, patroni *(o/326) m* Schutzherr, Beschützer, Anwalt, Verteidiger

patruus, patrui *(o/326) m* Onkel (Bruder des Vaters)

patulus, patula, patulum *(o/a/329)* ausgebreitet, offen (stehend), weit, breit, zugänglich

pauci, paucae, pauca *(o/a/329)* wenige; *ut paucis dicam* um es kurz zu machen

paucitas, paucitatis *(kons./334) f* geringe Zahl

paul(l)atim *Adverb* allmählich

pau(l)lisper *Adverb* eine Zeitlang, ein Weilchen

paulo *Adverb* (um) ein wenig; *paulo ante(a)* ein wenig früher, etwas eher, kurz zuvor; *paulo post* wenig später, kurz darauf

paul(l)ulus, paulula, paululum *(o/a/329)* gering, wenig, winzig

paul(l)um *Adverb* wenig, ein wenig, etwas

paul(l)us, paula, paulum *(o/a/329)* klein, gering

pauper, pauperis *(kons./345)* arm, bescheiden

pauperies, pauperiei *(e/351) f* Armut, Not

paupertas, paupertatis *(kons./334) f* Armut, Not

pavēre, paveo, pavi, – *(2/380)* sich ängstigen, beben, zittern

pavidus, pavida, pavidum *(o/a/329)* verängstigt, furchtsam, bebend, zitternd

pavo, pavonis *(kons./333) m* Pfau

pavor, pavoris *(kons./331) m* Angst, Beben, Zittern

pax, pacis *(kons./332) f* Friede; *de pace agere* über den Friedensschluss verhandeln; *media in pace* mitten im Frieden

p. c. (pro centum) Prozent (%)

p. Chr. n. (post Christum natum) nach Christi Geburt

peccare, pecco, peccavi, peccatum *(1/380)* sündigen, fehlen, ein Versehen begehen, etwas verkehrt machen; *Multa peccantur.* Es werden viele Fehler gemacht.

peccatum, peccati *(o/327) n* Fehler, Irrtum, Vergehen, Sünde

pecten, pectinis *(kons./336) n* Kamm, Weberkamm

pectus, pectoris *(kons./335) n* Brust, Herz, Seele; *toto pectore* von ganzem Herzen

peculatus, peculatus *(u/350) m* Unterschleif, Unterschlagung

pecunia, pecuniae *(a/325) f* Vermögen, Geld; *pecuniam dare mutuam* Geld verleihen

pecus, pecoris *(kons./335) n* Vieh, Kleinvieh, Schafe, Ziegen, Schweine, Herde

pecus, pecudis *(kons./331) f* Stück Vieh, Schaf, Haustier; *Plural* **pecudes, pecudum** Vieh

pedes, peditis *(kons./331) m* Soldat zu Fuß, Infanterist

pedester, pedestris, pedestre *(i/344)* zu Fuß, zu Land sich bewegend; *copiae pedestres* Fußtruppen

peditatus, peditatus *(u/350) m* Fußvolk, Infanterie

peierare, peiero, peieravi, peieratum *(1/380)* falsch schwören

peior, peior, peius *(i/343) [Komparativ]* schlechter, geringer

pelagus, pelagi *(o/326) n* Meer

pellere, pello, pepuli, pulsum *(3/380)* schlagen, stoßen; treiben, vertreiben; *patriā pellere* aus der Heimat vertreiben

pellicere, pellicio, pellexi, pellectum *(5/380)* anlocken, verlocken

pellis, pellis *(g/339) f* Fell, Haut, Pelz

penates, penatium *(kons./331) m [plurale tantum]* Penaten, Hausgötter; Haus

pendere, pendo, pependi, pensum *(3/380)* aufhängen, wägen, abwägen, abwiegen, schätzen; zahlen, bezahlen; *sua parvi pendere* sein Eigentum gering schätzen

pendēre, pendeo, pependi, pensum *(2/380)* hängen, abhängen, schweben, schwanken; *ex arbore pendere* am Baum hängen; *Fortuna belli pendet.* Der Ausgang des Krieges ist ungewiss.

penes *(420)* *Präposition [Akkusativ]* im Besitz, bei

penetralia, penetralium *(o/327)* n das Innere eines Hauses (oder Tempels), Gemächer, Hausheiligtum

penetralis, penetralis, penetrale *(i/343)* innerlich

penetrare, penetro, penetravi, penetratum *(1/380)* eindringen, durchdringen

penitus *Adverb* tief hinein, innen; gründlich, völlig

penna, pennae *(a/325)* f Feder, Flügel

pensare, penso, pensavi, pensatum *(1/380)* abwägen, überlegen, bezahlen

pensum, pensi *(o/327)* n Aufgabe, Tagewerk

penuria, penuriae *(a/325)* f Mangel

per *(420)* *Präposition [Akkusativ]* durch, hindurch, durch … hindurch, über … hin, während, mittels

peragere, perago, peregi, peractum *(3/380)* ausführen, durchführen, vollenden; *vitam peragere* das Leben verbringen

peragrare, peragro, peragravi, peragratum *(1/380)* durchwandern, durchstreifen

perambulare, perambulo, perambulavi, perambulatum *(1/380)* durchschreiten, durchwandern

percellere, percello, perculi, perculsum *(3/380)* stoßen, niederwerfen, erschüttern

perceptio, perceptionis *(kons./333)* f Wahrnehmung, Erkenntnis

percipere, percipio, percepi, perceptum *(5/380)* wahrnehmen, aufnehmen, erfassen, empfangen, sich aneignen; *oculis percipere* sehen

percontare, perconto, percontavi, percontatum *(1/380)* erforschen, fragen, ausfragen

percontari, percontor, percontatus sum, – *(1/Deponens/392)* fragen, befragen, ausfragen, erforschen, sich erkundigen

percurrere, percurro, percurri, percursum *(3/380)* durcheilen, hinlaufen

percussor, percussoris *(kons./331)* m Mörder

percutere, percutio, percussi, percussum *(5/380)* treffen, erschüttern, durchbohren; *calamitate percussus* vom Unglück tief getroffen

perdere, perdo, perdidi, perditum *(3/380)* verlieren, zu Grunde richten, vernichten, verderben

perdifficilis, perdifficilis, perdifficile *(i/343)* sehr schwierig

perducere, perduco, perduxi, perductum *(3/380)* hinführen, hinbringen, veranlassen

peregre *Adverb* in der Fremde, in die Fremde

peregrinus, peregrina, peregrinum *(o/a/329)* fremd, ausländisch; *substantivisch* Fremder, Ausländer, Pilger

perennis, perennis, perenne *(i/343)* das ganze Jahr dauernd, ganzjährig, beständig

pererrare, pererro, pererravi, pererratum *(1/380)* durchirren, durchstreifen

perfacilis, perfacilis, perfacile *(i/343)* sehr leicht; *haud facile (Adverb) dictu* schwer zu sagen

perfectio, perfectionis *(kons./333)* f Vollendung, Vollkommenheit

perfectus, perfecta, perfectum *(o/a/329)* vollendet, vollkommen

perferre, perfero, pertuli, perlatum *(unreg./400)* hinbringen, überbringen, ertragen, aushalten; *omnia pati et perferre* alles erdulden und aushalten; *Fama Romam perlata est.* Das Gerücht gelangte nach Rom.

perficere, perficio, perfeci, perfectum *(5/380)* zu Stande bringen, vollenden, beenden, durchsetzen

perfidia, perfidiae *(a/325)* f Treulosigkeit

perfidus, perfida, perfidum *(o/a/329)* treulos, verräterisch, falsch

perforare, perforo, perforvi, perforatum *(1/380)* durchbohren, durchlöchern

perfordere, perfordio, perfordi, perfossum *(5/380)* durchbohren

perfringere, perfringo, perfregi, perfractum *(3/380)* durchbrechen, zerbrechen, zunichte machen

perfrui, perfruor, perfruitus/perfructus sum, –, perfruiturus *(3/Deponens/392) [Ablativ]* auskosten

perfuga, perfugae *(a/325) m* Überläufer

perfugere, perfugo, perfugi, –, perfugiturus *(3/380)* sich flüchten, überlaufen

perfugium, perfugii *(o/327) n* Zuflucht, Zufluchtsort

perfundere, perfundo, perfusi, perfusum *(3/380)* begießen, übergießen, erfüllen

perfungi, perfungo, perfunctus sum, – *(3/380) [Ablativ]* gehörig verrichten, überstehen

pergere, pergo, perrexi, perrectum, perrecturus *(3/380)* fortfahren, fortsetzen, weitermachen, vorrücken; *Perge, qua coepisti!* Mach weiter, wie du begonnen hast!

perhibēre, perhibeo, perhibui, perhibitum *(2/380)* angeben, nennen, anführen

perhorrescere, perhorresco, perhorrui, – *(3/380)* schaudern, sich entsetzen

Pericles, Periclis *(kons./331) m* Perikles (athenischer Staatsmann)

periclitari, periclitor, periclitatus sum, – *(1/Deponens/392)* Gefahr laufen, in Gefahr geraten, bedroht sein; erproben, versuchen

periculosus, periculosa, periculosum *(o/a/329)* gefährlich

periculum, periculi *(o/327) n* Gefahr; Versuch, Probe; *magno (cum) periculo* unter großer Gefahr

perimere, perimo, peremi, peremptum *(3/380)* vernichten, zerstören

perinde *Adverb* ebenso

perīre, pereo, perii, peritum *(unreg./414)* umkommen, zu Grunde gehen, (gewaltsam) sterben

peritia, peritiae *(a/325) f* Kenntnis, Erfahrung

peritus, perita, peritum *(o/a/329) [Genitiv]* erfahren (in etwas), kundig, geschickt (in); *iuris peritus* rechtskundig; *peritissimus rerum civilium* in der Politik sehr erfahren

periurare, periuro, periuravi, periuratum *(1/380)* falsch schwören

periurium, periurii *(o/327) n* Meineid

periurus, periura, periurum *(o/a/329)* meineidig

perlegere, perlego, perlegi, perlectum *(3/380)* durchlesen

perlucidus, perlucida, perlucidum *(o/a/329)* durchsichtig, durchscheinend, sehr hell

perlustrare, perlustro, perlustravi, perlustratum *(1/380)* durchmustern, durchwandern

permagnus, permagna, permagnum *(o/a/329)* sehr groß

permanare, permano, permanavi, permanatum *(1/380)* fließen, hinfließen, eindringen

permanēre, permaneo, permansi, –, permansurus *(2/380)* verbleiben, ausharren, verharren; dauern, fortdauern

permiscēre, permisceo, permiscui, permixtum *(2/380)* vermischen, verwirren

permittere, permitto, permisi, permissum *(3/380)* anvertrauen, erlauben, durchgehen lassen, überlassen; *eā re permissā* nachdem die Erlaubnis dazu gegeben war; *se permittere* sich ergeben

permovēre, permoveo, permovi, permotum *(2/380)* heftig bewegen, erregen, beunruhigen, veranlassen, ergreifen

permulcēre, permulceo, permulsi, permulsum *(2/380)* streicheln, beschwichtigen, beruhigen

permulti, permultae, permulta *(o/a/329)* sehr viele

permultus, permulta, permultum *(o/a/329)* sehr viel

permutare, permuto, permutavi, permutatum *(1/380)* austauschen, verändern

perna, pernae *(a/325) f* Schinken

pernicies, perniciei *(e/351) f* Untergang, Verderben, Vernichtung

perniciosus, perniciosa, perniciosum *(o/a/329)* verderblich, schädlich

pernix, pernicis *(i/342)* ausdauernd, behend, schnell, hurtig, flink

pernoctare, pernocto, pernoctavi, pernoctatum *(1/380)* übernachten

pernoscere, pernosco, pernovi, pernotum *(3/380)* gründlich kennen lernen

perorare, peroro, peroravi, peroratum *(1/380)* seine Rede beenden, eine Schlussrede halten

perosus, perosa, perosum *(o/a/329) [Akkusativ]* (jemanden) hassend, voll Hass (gegen jemanden)

perpauci, perpaucae, perpauca *(o/a/329)* sehr wenige

perpellere, perpello, perpuli, perpulsum *(3/380)* durchsetzen

perperam *Adverb* falsch, irrtümlich, aus Versehen

perpeti, perpetior, perpessus sum, – *(5/Deponens/392)* erdulden, ertragen, erleiden

perpetrare, perpetro, perpetravi, perpetratum *(1/380)* vollführen, vollziehen, vollbringen, durchsetzen

perpetuitas, perpetuitatis *(kons./334) f* Fortdauer

perpetuus, perpetua, perpetuum *(o/a/329) [Adverb perpetuo]* ununterbrochen, fortdauernd, beständig; *in perpetuum* für immer

perquirere, perquiro, perquisivi, perquisitum *(3/380)* durchforschen

perrumpere, perrumpo, perrupi, perruptum *(3/380)* durchbrechen, hindurchbrechen

Persae, Persarum *(a/325) m* die Perser

persaepe *Adverb* sehr oft

perscribere, perscribo, perscripsi, perscriptum *(3/380)* niederschreiben; (Geld) anweisen

persequi, persequor, persecutus sum, – *(3/Deponens/392)* verfolgen, einholen, strafen

perseverare, persevero, perseveravi, perseveratum *(1/380)* verharren, beharren, fortfahren

persolvere, persolvo, persolvi, persolutum *(3/380)* abzahlen, abstatten, erfüllen

persona, personae *(a/325) f* Maske, Person

personare, persono, personavi, personatum *(1/380)* widerhallen (lassen)

perspicax, perspicacis *(i/342)* einsichtsvoll, scharfsinnig

perspicere, perspicio, perspexi, perspectum *(5/380)* durchschauen, erkennen; besichtigen; *voluntatem alicuius perspicere* jemandes Absicht durchschauen

perspicuitas, perspicuitatis *(kons./334) f* Deutlichkeit

perspicuus, perspicua, perspicuum *(o/a/329)* deutlich, klar, durchsichtig

perstare, persto, perstiti, –, perstaturus *(1/380)* stehen bleiben, beharren, ausdauern, fortdauern

perstringere, perstringo, perstrinxi, perstrictum *(3/380)* streifen, berühren; tadeln

persuadēre, persuadeo, persuasi, persuasum *(2/380) [Dativ]* überreden, überzeugen; *mihi persuasum est (mit AcI)* ich bin überzeugt; *Mihi persuasum est Homerum maximum poetam fuisse.* Ich bin überzeugt davon, dass Homer der größte Dichter war.; *Persuadeo tibi, ut maneas.* Ich überrede dich zu bleiben.; *Id mihi persuasi/id mihi persuasum est.* Davon bin ich überzeugt.

pertemptare, pertempto, pertemptavi, pertemptatum *(1/380)* prüfen, überlegen

perterrēre, perterreo, perterrui, perterritum *(2/380)* (jemanden) sehr erschrecken, einschüchtern

pertimescere, pertimesco, pertimui, – *(3/380)* in Furcht geraten, sich fürchten

pertinacia, pertinaciae *(a/325) f* Hartnäckigkeit, Beharrlichkeit

pertinax, pertinacis *(i/342)* beharrlich, hartnäckig

pertinēre, pertineo, pertinui, – *(2/380) [ad mit Akkusativ]* sich erstrecken, sich beziehen (auf), betreffen, gehören (zu); *Montes ad flumen pertinet.* Das Gebirge erstreckt sich bis zum Fluss.; *Hoc nihil ad me pertinet.* Das betrifft mich nicht.

pertractare, pertracto, pertractavi, pertractatum *(1/380)* behandeln, bearbeiten, untersuchen

perturbare, perturbo, perturbavi, perturbatum *(1/380)* verwirren, beunruhigen, verängstigen

perturbatio, perturbationis *(kons./333) f* Verwirrung, Leidenschaft

perunguere, perunguo, perunxi, perunctum *(3/380)* einreiben, salben

perurere, peruro, perussi, perustum *(3/380)* (gänzlich) verbrennen

pervadere, pervado, pervasi, pervasum *(3/380)* durchdringen, hindurchdringen

pervenīre, pervenio, perveni, perventum *(4/380) [ad/in mit Akkusativ]* hinkommen, hingelangen, gelangen (zu/nach), ans Ziel gelangen

perversus, perversa, perversum *(o/a/329)* verdreht, verkehrt, falsch

pervertere, perverto, perverti, perversum *(3/380)* umdrehen, umstürzen, zugrunde richten

pervestigare, pervestigo, pervestigavi, pervestigatum *(1/380)* durchforschen, auskundschaften

pervicax, pervicacis *(i/342)* beharrlich, hartnäckig, eigensinnig

pervincere, pervincio, pervici, pervictum *(5/380)* durchsetzen, völlig besiegen

pervius, pervia, pervium *(o/a/329)* zugänglich, passierbar

pes, pedis *(kons./334) m* Fuß; *pedibus ire* zu Fuß gehen; *pedem referre* zurückweichen; *nudis pedibus* barfuß

pessimus, pessima, pessimum *(o/a/329) [Superlativ]* sehr schlecht, der schlechteste, der schlimmste, der geringste

pestifer, pestifera, pestiferum *(o/a/330)* verderblich, unheilbringend

pestilens, pestilentis *(i/342)* ungesund, verderblich

pestilentia, pestilentiae *(a/325) f* Pest, Seuche

pestis, pestis *(g/339) f* Pest, Seuche, Unheil, Verderben

petere, peto, petivi, petitum *(3/380)* aufsuchen, erstreben, zu erreichen (ver)suchen, sich bewerben, (er)bitten, verlangen, angreifen, holen; *curiam petere* zum Rathaus eilen, das Rathaus aufsuchen; *Naves litus petunt.* Die Schiffe halten Kurs auf die Küste.; *Cicero consulatum petivit.* Cicero bewarb sich um das Konsulat.; *Alexander telis petebatur.* Man versuchte Alexander mit Speerwürfen zu treffen.; *Mons caelum petit.* Der Berg ragt zum Himmel.; *Marcus ab amicis auxilium petit.* Marcus bittet die Freunde um Hilfe.; *Fugā salutem petit.* Er versucht sich durch Flucht zu retten.

petitio, petitionis *(kons./333) f* Angriff; Bitte, Bewerbung; Anspruch

petorritum, petorriti *(o/327) n* (offener) Wagen, Kutsche

petulans, petulantis *(i/342)* mutwillig, frech

petulantia, petulantiae *(a/325) f* Ausgelassenheit, Mutwille

phalanx, phalangis *(kons./331) f* Schlachtreihe

pharetra, pharetrae *(a/325) f* Köcher

philosophari, philosophor, philosophatus sum, – *(1/Deponens/392)* philosophieren

philosophia, philosophiae *(a/325) f* Philosophie

philosophus, philosophi *(o/326) m* Philosoph, Gelehrter

physicus, physica, physicum *(o/a/329)* naturkundlich, die Natur betreffend, physikalisch, naturphilosophisch

piaculum, piaculi *(o/327) n* Sühneopfer, Strafe

piare, pio, piavi, piatum *(1/380)* sühnen, besänftigen, versöhnen

picea, piceae *(a/325) f* Kiefer

piceus, picea, piceum *(o/a/329)* aus Pech, pechschwarz

pictor, pictoris *(kons./331) m* Maler
pictura, picturae *(a/325) f* Malerei, Gemälde
pietas, pietatis *(kons./334) f* liebevolle Gesinnung, Anhänglichkeit; Pflichtgefühl, Ehrfurcht, Frömmigkeit; *pietas erga parentes* Liebe (der Kinder) zu den Eltern
piger, pigra, pigrum *(o/a/330)* verdrossen, träge, widerwillig, langsam
piget, piguit es verdrießt
pignus, pignoris/pigneris *(kons./335) n* Pfand, Unterpfand, Bürgschaft
pigritia, pigritiae *(a/325) f* Faulheit, Trägheit
pila, pilae *(a/325) f* Ball
pila, pilae *(a/325) f* Pfeiler
pilum, pili *(o/327) n* Wurfspieß, Speer
pineus, pinea, pineum *(o/a/329)* Fichten-
pingere, pingo, pinxi, pictum *(3/380)* malen, ausmalen, schildern
pinguis, pinguis, pingue *(i/343)* fett, schwerfällig
pinna, pinnae *(a/325) f* Feder, Flügel
pinus, pini *(o/326) f* Fichte, Föhre
piper, piperis *(kons./332) n* Pfeffer
pirata, piratae *(a/325) m* Seeräuber, Pirat
pirum, piri *(o/327) n* Birne
pirus, piri *(o/326) f* Birnbaum
piscator, piscatoris *(kons./331) m* Fischer
piscis, piscis *(g/339) m* Fisch
Pisistratus, Pisistrati *(o/326) m* Peisistratos (Tyrann von Athen)
pistrinum, pistrini *(o/327) n* Mühle, Getreidemühle
pituita, pituitae *(a/325) f* Schleim, Schnupfen
pius, pia, pium *(o/a/329)* liebevoll, pflichtbewusst, pflichtgetreu, rechtschaffen, fromm
pix, picis *(kons./332) f* Pech
placabilis, placabilis, placabile *(i/343)* versöhnlich

placare, placo, placavi, placatum *(1/380)* glätten, besänftigen, beschwichtigen, beruhigen, versöhnen
placenta, placentae *(a/325) f* Kuchen
placere, placeo, placui, placitum *(2/380)* gefallen, zusagen; *placet* (mit Dativ) es gefällt, man beschließt; *Mihi placet.* Es gefällt mir.; *Hi libri mihi placent.* Diese Bücher gefallen mir.; *Senatui placuit, ut Carthago deleretur.* Der Senat beschloss, Karthago zu zerstören.; *Eis placuit tabulas intueri.* Sie beschlossen, die Bilder anzusehen.
placidus, placida, placidum *(o/a/329)* eben, sanft, still, ruhig, freundlich, friedlich
placitus, placita, placitum *(o/a/329)* angenehm, gefällig
plaga, plagae *(a/325) f* Schlag, Hieb, Stich
plaga, plagae *(a/325) f* Gegend, Fläche
plane *Adverb* deutlich, gänzlich, völlig
plangere, plango, planxi, planctum *(3/380)* (an die Brust) schlagen (zum Zeichen der Trauer), trauern
plangor, plangoris *(kons./331) m* Schlagen (zum Zeichen der Trauer), (laute) Wehklage, Trauer
planities, planitiei *(e/351) f* Ebene; *planities deserta* unbewohnte Ebene
planta, plantae *(a/325) f* Pflanze
planus, plana, planum *(o/a/329)* flach, eben, deutlich, klar
platanus, platani *(o/326) f* Platane
platea, plateae *(a/325) f* Straße, Weg
Plato, Platonis *(kons./333) m* Plato (griechischer Philosoph)
plaudere, plaudo, plausi, plausum *(3/380)* (Beifall) klatschen
plausor, plausoris *(kons./331) m* Beifallklatscher
plaustrum, plaustri *(o/327) n* Wagen, Lastwagen
plausus, plausus *(u/350) m* Klatschen, Beifallklatschen
plebeius, plebeia, plebeium *(o/a/329)* bürgerlich, niedrig; *substantivisch* Plebejer

plebes, plebei *(e/351) f* Menge, Haufe, Bürgerstand, Volksmenge, Plebejer (Plural)

plebiscitum, plebisciti *(o/327) n* Beschluss, Volksbeschluss

plebs, plebis *(kons./334) f* Volk, Menge, Haufe, Bürgerstand, Volksmenge; Plebejer (Plural), die Armen

plecti, plector, –, – *(3/Deponens/392)* geschlagen werden, geprügelt werden, bestraft werden

plectrum, plectri *(o/327) n* Schlagstäbchen (zum Zitherspiel), Zither, Laute; Ton, Lied

plenus, plena, plenum *(o/a/329)* [Genitiv] voll (von/mit); *plenus timoris* voller Furcht; *Animus meus est plenus spei.* Ich bin voller Hoffnung.

plerique, pleraeque, pleraque sehr viele, die meisten

plerumque *Adverb* meist, meistens

plicare, plico, plicavi, plicatum *(1/380)* falten, zusammenfalten, zusammenrollen, zusammenwickeln

Plinius, Plinii *(o/326) m* Gaius Plinius Secundus (der Ältere); Gaius Plinius Caecilius Secundus (der Jüngere)

plorare, ploro, ploravi, ploratum *(1/380)* wehklagen, weinen, beklagen

pluit, pluit es regnet

pluma, plumae *(a/325) f* Feder, Flaum

plumbum, plumbi *(o/327) n* Blei

plures, plures, plurea mehr; *pluribus verbis dicere* ausführlicher darstellen; *plures … quam* mehr … als

plurimi, plurimae, plurima *(o/a/329)* die meisten, sehr viele

plurimum *Adverb* sehr viel, am meisten; *plurimum valere* sehr großen Einfluss haben

plurimus, plurima, plurimum *(o/a/329)* sehr viel, der meiste

plus *Adverb* mehr

plus, pluris *(i/342) n* mehr

pluteus/pluteum, plutei *(o/326) m/n* Schirmdach, Brustwehr

pluvia, pluviae *(a/325) f* Regen, Regenguss

pluvius, pluvia, pluvium *(o/a/329)* Regen bringend, regnerisch

p. m. (post meridiem) nach Mittag

p. m. (per mensem/pro mense) pro Monat

poculum, poculi *(o/327) n* Becher, Trinkbecher; *poculum exhaurire* austrinken

poema, poematis *(kons./331) n* Gedicht

poena, poenae *(a/325) f* Strafe, Buße, Bußgeld; Rache

poeta, poetae *(a/325) m* Dichter

polīre, polio, polivi, politum *(4/380)* glätten, polieren, verfeinern; *homo politus* gebildeter, feiner Mensch

pollēre, polleo, pollui, – *(2/380)* vermögen, können, stark sein

pollex, pollicis *(kons./332) m* Daumen

pollicēri, polliceor, pollicitus sum, – *(2/Deponens/392)* versprechen; *maria montesque polliceri* goldene Berge versprechen

pollicitatio, pollicitationis *(kons./333) f* Versprechen

polluere, polluo, pollui, pollutum *(3/380)* beflecken, besudeln, entweihen

polus, poli *(o/326) m* Erdachse, Pol, Himmel

pomifer, pomifera, pomiferum *(o/a/330)* obsttragend

pompa, pompae *(a/325) f* Umzug, Prozession, Leichenzug, Festzug; Pracht, Pomp, Gepränge, Prunk

Pompei, Pompeiorum *(o/326) m [plurale tantum]* Pompeji

Pompeianus, Pompeiana, Pompeianum *(o/a/329)* pompejanisch, aus Pompeji; *Plural* **Pompeiani, Pompeianorum** Pompejaner

Pompeianus, Pompeiani *(o/326) m* Pompeianer (Anhänger des Pompeius)

Pompeius, Pompeii *(o/326) m* Gnaeus Pompeius Magnus

pomum, pomi *(o/327) n* Baumfrucht; *Plural* **poma, pomorum** Obst

ponderare, pondero, ponderavi, ponderatum *(1/380)* wägen, abwägen, erwägen, beurteilen

pondo *Adverb* an Gewicht, Pfund

pondus, ponderis *(kons./335) n* Gewicht, Last, Bedeutung, Masse

pone *Adverb* hinten

pone *(420) Präposition [Akkusativ]* hinter

ponere, pono, posui, positum *(3/380)* setzen, stellen, legen, einreihen; *in dubio ponere* in Zweifel ziehen

pons, pontis *(kons./334) m* Brücke

pontifex, pontificis *(kons./332) m* Oberpriester; *pontifex maximus* Oberpriester

pontificius, pontificia, pontificium *(o/a/329)* priesterlich, oberpriesterlich

pontus, ponti *(o/326) m* Meer

popina, popinae *(a/325) f* Garküche, Kneipe

poples, poplitis *(kons./331) m* Knie, Kniekehle

populares, popularium *(kons./331) m* Volkspartei, Popularen

populari, populor, populatus sum, – *(1/Deponens/392)* entvölkern, verheeren, verwüsten

popularis, popularis, populare *(i/343)* volkstümlich, volksfreundlich; *substantivisch* Landsmann

populatio, populationis *(kons./333) f* Verheerung, Plünderung

populeus, populea, populeum *(o/a/329)* Pappel-

populus, populi *(o/326) m* Volk, Volksmenge

populus, populi *(o/326) f* Pappel

porcus, porci *(o/326) m* Schwein

porrigere, porrigo, porrexi, porrecturus *(3/380)* ausstrecken, darreichen, gewähren

porro *Adverb* vorwärts, ferner

porrum/porrus, porri *(o/327) n/m* Lauch

Porsenna, Porsennae *(a/325) f* Porsenna (etruskischer König)

porta, portae *(a/325) f* Tor, Tür, Pforte

portare, porto, portavi, portatum *(1/380)* tragen, bringen

portendere, portendo, portendi, portentum *(3/380)* ankündigen, voraussagen

portenderi, portendor, portentus sum, – *(3/Deponens/392)* bevorstehen

portentum, portenti *(o/327) n* Vorzeichen, Wunder, Ungeheuer

porticus, porticus *(o/326) f* Säulengang, Halle

portio, portionis *(kons./333) f* Anteil

portorium, portorii *(o/327) n* Hafenzoll

portus, portus *(u/350) m* Hafen

poscere, posco, poposci, – *(3/380)* fordern, verlangen; *Verres populum pecuniam poposcit.* Verres forderte Geld vom Volk.; *Pater ab filiis auxilium poscit.* Der Vater verlangt Hilfe von den Söhnen.

posse, possum, potui, – *(unreg./404)* vermögen, können, imstande sein; *fieri potuit* es wäre möglich gewesen; *multum posse* viel vermögen, großen Einfluss haben

possessio, possessionis *(kons./333) f* Besitz

possidere, possido, possedi, possessum *(3/380)* in Besitz nehmen, besetzen

possidēre, possideo, possedi, possessum *(2/380)* besitzen, haben

post *Adverb* hinten, später, nachher; *paulo post* ein wenig später, bald darauf

post *(420) Präposition [Akkusativ]* nach, hinter

postea *Adverb* hernach, später, nachher

posteri, posterorum *(o/328) m* Nachkommen

posterior, posterior, posterius *(i/343)* der spätere, der geringere

posteritas, posteritatis *(kons./334) f* Zukunft, Nachwelt

posterus, postera, posterum *(o/a/329)* folgend, nachkommend

posthac *Adverb* künftig, später

postilla *Adverb* danach, später

postis, postis *(g/339) m* Pfosten, Türpfosten

postponere, postpono, postposui, postpositum *(3/380)* zurückstellen, hintanstellen

postquam *(422) Konjunktion (mit Indikativ Perfekt)* nachdem

postremo *Adverb* zuletzt, schließlich

postremum *Adverb* zuletzt, zum letzten Mal

postremus, postrema, postremum *(o/a/329)* der letzte, der geringste

postridie *Adverb* am folgenden Tag, tags darauf; *postridie eius diei* am darauffolgenden Tag

postulare, postulo, postulavi, postulatum *(1/380)* fordern, verlangen; *Pater ab filiis auxilium postulat.* Der Vater verlangt Hilfe von den Söhnen.

postulatum, postulati *(o/327) n* Forderung

postumus, postuma, postumum *(o/a/329)* nachgeboren, spätgeboren

potare, poto, potavi, potatum *(1/380)* trinken, zechen

potens, potentis *(i/342)* mächtig, stark

potentia, potentiae *(a/325) f* Macht, Einfluss, Gewalt

potestas, potestatis *(kons./334) f* Macht, Amtsgewalt, Möglichkeit, Gelegenheit; *populi potestas* Macht des Volkes

potio, potionis *(kons./333) f* Trank

potior, potior, potius *(i/343)* vorzüglicher, tüchtiger, besser, wichtiger

potīri, potior, potitus sum, – *(4/Deponens/392) [Ablativ]* sich bemächtigen, in seine Gewalt bringen, erlangen, erobern; *magnā praedā potiri* reichliche Beute machen; *rerum potiri* die Macht an sich reißen, sich der Herrschaft bemächtigen

potis, potis, pote *(i/343)* möglich

potissimum *Adverb* vornehmlich, hauptsächlich, am liebsten, vorzugsweise, gerade; *eo potissimum tempore* hauptsächlich zu dieser Zeit

potissimus, potissima, potissimum *(o/a/329)* der vorzüglichste, der tüchtigste, der beste, der wichtigste

potius *Adverb* vielmehr, eher, lieber; *potius quam* eher als, lieber als

potor, potoris *(kons./331) m* Trinker, Zecher

potus, potus *(u/350) m* Trank

potus, pota, potum *(o/a/329)* getrunken, betrunken

P. P. (Pater patriae) Vater des Vaterlandes

prae *(420) Präposition [Ablativ]* vor, im Vergleich zu, wegen; *prae se ferre* (deutlich) zeigen

praeacutus, praeacuta, praeacutum *(o/a/329)* vorne zugespitzt

praebēre, praebeo, praebui, praebitum *(2/380)* darreichen, gewähren; *se praebere* (mit Akkusativ) sich zeigen (als); *se fortem praebere* sich tapfer zeigen

praecedere, praecedo, praecessi, praecessum *(3/380)* vorangehen, übertreffen

praecellere, praecello, –, – *(3/380)* sich auszeichnen, hervorragen, übertreffen

praeceps, praecipitis *(i/342)* nach vorne geneigt, abschüssig, steil; voreilig, kopfüber, überstürzt

praeceptor, praeceptoris *(kons./331) m* Lehrer

praeceptum, praecepti *(o/327) n* Vorschrift, Lehre, Lehrsatz, Befehl; *praecepta philosophorum* philosophische Lehren

praecīdere, praecīdo, praecīdi, praecīsum *(3/380)* abschneiden, entfernen

praecingere, praecingo, praecinxi, praecinctum *(3/380)* umgürten

praecipere, praecipio, praecepi, praeceptum *(5/380)* vorwegnehmen, vorschreiben, befehlen, lehren

praecipitare, praecipito, praecipitavi, praecipitatum *(1/380)* kopfüber herabstürzen (intransitiv), beschleunigen, übereilen, untergehen

praecipue *Adverb* vornehmlich, besonders

praecipuus, praecipua, praecipuum *(o/a/329)* vorzüglich, hervorragend

praeclarus, praeclara, praeclarum *(o/a/329)* ausgezeichnet, glänzend, berühmt, vortrefflich

praecludere, praecludo, praeclusi, praeclusum *(3/380)* verschließen

praeco, praeconis *(kons./331) m* Herold, Ausrufer

praeconium, praeconii *(o/327) n* Bekanntmachung, Lobpreis

praecordia, praecordiorum *(o/327) m [plurale tantum]* Zwerchfell, Eingeweide, Herz, Brust, Brusthöhle

praecurrere, praecurro, praecurri, praecursum *(3/380)* vorauslaufen, zuvorkommen, überholen

praeda, praedae *(a/325) f* Beute, Vorteil, Gewinn

praedari, praedor, praedatus sum, – *(1/Deponens/392)* erbeuten, plündern, rauben, berauben

praedicare, praedico, praedicavi, praedicatum *(1/380)* bekannt machen, rühmen, preisen, aussagen

praedicere, praedico, praedixi, praedictum *(3/380)* vorhersagen, weissagen; festlegen, befehlen

praedictio, praedictionis *(kons./333) f* Vorhersage, Prophezeiung

praedictum, praedicti *(o/327) n* Vorhersage; Befehl; Verabredung

praediscere, praedisco, praedidici, – *(3/380)* vorher lernen, vorher erfahren

praeditus, praedita, praeditum *(o/a/329)* ausgestattet, begabt; *ratione praeditus* vernunftbegabt

praedium, praedii *(o/327) n* Grundstück, Landgut

praedo, praedonis *(kons./333) m* Räuber, Straßenräuber

praeesse, praesum, praefui, –, praefuturus *(unreg./398) [Dativ]* an der Spitze stehen, vorstehen, leiten, befehligen; *qui praesunt* die Vorgesetzten; *exercitui praeesse* ein Heer führen

praefectura, praefecturae *(a/325) f* Kommando, Befehlsstelle, Provinzverwaltung

praefectus, praefecti *(o/326) m* Befehlshaber, Statthalter

praeferre, praefero, praetuli, praelatum *(unreg./400)* vorantragen, vorziehen, an den Tag legen

praeficere, praeficio, praefeci, praefectum *(5/380)* an die Spitze stellen, die Befehlsgewalt übergeben; *Pompeius classi praefectus est.* Pompeius wurde das Kommando über die Flotte übertragen.

praefigere, praefigo, praefixi, praefixum *(3/380)* vorne beschlagen, vorne versehen mit

praegravare, praegravo, praegravavi, praegravatus sum *(1/380)* belasten, niederdrücken

praegredi, praegredior, praegressus sum, – *(5/Deponens/392)* vorangehen, zuvorkommen

praeire, praeeo, praeii, praeitum *(unreg./414)* vorangehen

praemittere, praemitto, praemisi, praemissum *(3/380)* vorausschicken

praemium, praemii *(o/327) n* Lohn, Belohnung, Auszeichnung, Gewinn; *praemia exponere* eine Belohnung aussetzen

praeoccupare, praeoccupo, praeoccupavi, praeoccupatum *(1/380)* vorher besetzen, zuvorkommen

praeparare, praeparo, praeparavi, praeparatum *(1/380)* vorbereiten

praeponere, praepono, praeposui, praepositum *(3/380)* an die Spitze stellen, vorziehen

praepotens, praepotentis *(i/342)* (überaus) mächtig

praeruptus, praerupta, praeruptum *(o/a/329)* schroff, steil abfallend, abschüssig

praescius, praescia, praescium *(o/a/329)* vorherwissend

praescribere, praescribo, praescripsi, praescriptum *(3/380)* vorschreiben, verordnen

praescriptum, praescripti *(o/327) n* Vorschrift, Verordnung

praesens, praesentis *(i/342)* anwesend, gegenwärtig, wirksam, persönlich (anwesend); *te praesente* in deiner Anwesenheit; *te praesente absente* ob du da bist oder nicht; *ad/in praesens* für den Augenblick

praesensio, praesensionis *(kons./333) f* Ahnung

praesentia, praesentiae *(a/325) f* Anwesenheit, Gegenwart

praesentīre, praesentio, praesensi, praesensum *(4/380)* vorherempfinden, ahnen

praes(a)epe, praes(a)epis *(i/338) n* Krippe, Stall

praesertim (cum) *(422) Konjunktion [mit Konjunktiv]* in erster Linie, besonders, zumal (da)

praesidēre, praesideo, praesedi, praesessum *(2/380)* den Vorsitz führen, schützen, verteidigen, befehligen

praesidium, praesidii *(o/327) n* Schutz, Besatzung, Posten, Stützpunkt; *praesidio (Dativ) mittere* zu Hilfe schicken

praestabilis, praestabilis, praestabile *(i/343)* vortrefflich, vorzüglich

praestans, praestantis *(i/342)* vortrefflich, vorzüglich

praestantia, praestantiae *(a/325) f* Vortrefflichkeit, Vorzug

praestare, praesto, praestiti, praestitum, praestaturus *(1/380) [Akkusativ]* voranstehen, sich auszeichnen, beweisen, leisten, erweisen, verbürgen, gewährleisten; *(mit Dativ)* übertreffen; *se praestare* sich erweisen als; *praestat* es ist besser; *multo praestare* weit (um vieles) übertreffen; *fratri praestare* den Bruder übertreffen; *se fortem praestare* sich als tapfer erweisen; *officia diligenter praestare* seine Pflichten gewissenhaft erfüllen; *Praestate vos clementes!* Zeigt euch klug!; *Tibi prudentiā praesto.* Ich bin klüger als du.; *Praestat ridere quam flere.* Es ist besser zu lachen als zu weinen.

praesto *Adverb* gegenwärtig, zugegen, zur Verfügung, zur Hand

praesumere, praesumo, praesumpsi, praesumptum *(3/380)* vorwegnehmen, vermuten

praetendere, praetendo, praetendi, praetentum *(3/380)* vorstrecken, vorgeben, vorschützen

praeter *(420) Präposition [Akkusativ]* an … vorbei, vorbei an, über … hinaus, außer, wider

praeterea *Adverb* außerdem

praeterīre, praetereo, praeterii, praeteritum *(unreg./414)* vorübergehen, überholen, übergehen; *praeterit me* es entgeht mir, bleibt mir verborgen; *tempus praeteritum* vergangene Zeit

praetermittere, praetermitto, praetermisi, praetermissum *(3/380)* vorbeigehen lassen, vorübergehen lassen, übergehen, auslassen, unterlassen, weglassen

praetexere, praetexo, praetexui, praetextum *(3/380)* verbrämen, vorschützen, vorgeben

praetexta (toga), praetextae (togae) *(a/325) f* purpurbesetzte Toga

praetor, praetoris *(kons./331) m* Feldherr, Statthalter, Prätor (für das Gerichtswesen zuständiger Beamter)

praetorianus, praetoriana, praetorianum *(o/a/329)* zur kaiserlichen Leibwache gehörig

praetorium, praetorii *(o/327) n* Feldherrnzelt, Kriegsrat

praetorius, praetoria, praetorium *(o/a/329)* zum Feldherrn gehörig, zum Prätor gehörig

praetura, praeturae *(a/325) f* Prätorenamt, Prätur

praevalēre, praevaleo, praevalui, – *(2/380)* besonders stark sein, das Übergewicht haben

praevalidus, praevalida, praevalidum *(o/a/329)* sehr stark, zu stark, bedeutend, mächtig, übermächtig

praevenīre, praevenio, praeveni, praeventum *(4/380)* zuvorkommen

praevertere, praeverto, praeverti, praeversum *(3/380)* zuvorkommen

praefluere, praefluo, praefluxi, – *(3/380)* vorbeifließen
prandēre, prandeo, prandi, pransum *(2/380)* frühstücken
prandium, prandii *(o/327) n* Frühstück
pratum, prati *(o/327) n* Wiese
pravitas, pravitatis *(kons./334) f* Krümmung, Verunstaltung, Schlechtigkeit, Verkehrtheit
pravus, prava, pravum *(o/a/329)* verkehrt, schlecht,
verdorben
precari, precor, precatus sum, – *(1/Deponens/392)*
bitten, beten, wünschen, anflehen; *deos precari* zu
den Göttern beten
precarius, precaria, precarium *(o/a/329)* auf Bitte
gewährt, widerruflich, unsicher
preces, precum *(kons./331) f [plurale tantum]* Bitten,
Gebet, Verwünschung; *his precibus adductus* auf
diese Bitten hin
prehendere, prehendo, prehendi, prehensum *(3/380)*
fassen, ergreifen
premere, premo, pressi, pressum *(3/380)* drücken,
drängen, bedrängen, belasten
prensare, prenso, prensavi, prensatum *(1/380)* fassen, ergreifen, nehmen
pretiosus, pretiosa, pretiosum *(o/a/329)* wertvoll,
kostbar
pretium, pretii *(o/327) n* Preis, Wert, Lohn; Lösegeld;
pretium quaerere (a mit Ablativ) (jemanden) nach
dem Preis fragen; *operae pretium esse* der
Mühe/Anstrengung wert sein, sich lohnen; *maxime
dare operam* sich größte Mühe geben
pridem *Adverb* vor langer Zeit, längst
pridie *Adverb* am vorhergehenden Tag, tags zuvor
primarius, primaria, primarium *(o/a/329)* vornehm,
hervorragend
primo *Adverb* anfangs, zuerst
primordium, primordii *(o/327) n* Anfang, Ursprung
primores, primorum *(kons./331) m* die Vornehmsten

primoris, primoris, primore *(i/343)* der vorderste, der
vornehmste
primum *Adverb* zuerst, zum ersten Mal
primus, prima, primum *(o/a/329)* der vorderste, der
erste; *primus adesse* als Erster da sein
princeps, principis *(kons./345) m* der führende Mann,
der Erste, Führer, Fürst, Herrscher; *adjektivisch* führend, erster; *principes philosophorum* die führenden
Philosophen; *principes civitatis* die führenden Männer des Staates
principatus, principatus *(u/350) m* Vorrang, Vorrangstellung, der Prinzipat, die erste Stelle
principium, principii *(o/327) n* Anfang, Grundlage
prior, prior, prius *(i/343)* der vordere, der frühere;
priore aestate vorigen Sommer
priscus, prisca, priscum *(o/a/329)* alt, altertümlich, altehrwürdig
pristinus, pristina, pristinum *(o/a/329)* früher, vormalig;
in pristinum restituere in den früheren Zustand bringen
prius *Adverb* eher, früher
priusquam *(422) Konjunktion* (mit Indikativ/Konjunk-
tiv) ehe, bevor
privare, privo, privavi, privatum *(1/380) [Ablativ]* (einer
Sache) berauben, befreien (von); *libertate privatus* der
Freiheit berauben; *vitā privare* des Lebens berauben
privatim *Adverb* für die eigene Person, als Privatmann
privatus, privata, privatus *(o/a/329) [Adverb privatim]*
privat, persönlich zu eigen; *nihil privati* nichts Priva-
tes, kein Privatbesitz
privignus, privigni *(o/326) m* Stiefsohn
privus, priva, privum *(o/a/329)* einzeln, je einer, eigen
pro *(420) Präposition [Ablativ]* vor, für, anstelle von,
gemäß, im Verhältnis zu
proavus, proavi *(o/326) m* Urgroßvater, Ahn
probabilis, probabilis, probabile *(i/343)* annehmbar,
glaublich, wahrscheinlich

probare, probo, probavi, probatum *(1/380)* erproben, prüfen, billigen, darlegen, beweisen; *consilium probare* einen Plan billigen

probatus, probata, probatum *(o/a/329)* erprobt, geachtet

probitas, probitatis *(kons./334)* f Rechtschaffenheit

probrosus, probrosa, probrosum *(o/a/329)* entehrend, schimpflich, schändlich, entehrt

probrum, probri *(o/327)* n Vorwurf, Beschimpfung, Schande; Ehebruch; *alicui avaritiam probro dare* jemandem seinen Geiz zum Vorwurf machen

probus, proba, probum *(o/a/329)* vortrefflich, tüchtig, gut, rechtschaffen, anständig

procax, procaci *(i/342)* frech, zudringlich, begierig

procedere, procedo, processi, processum *(3/380)* vorwärts gehen, vorrücken, vorankommen, hervortreten; Erfolg haben; *procedente tempore* im Verlauf der Zeit

procella, procellae *(a/325)* f Sturm, Wirbelsturm

proceres, procerum *(kons./331)* m *[plurale tantum]* die Vornehmen, die Adeligen

procerus, procera, procerum *(o/a/329)* hochgewachsen, schlank

procidere, procido, procidi, procisum *(3/380)* niederfallen

proclivis, proclivis, proclive *(i/343)* abschüssig, ansteigend, geneigt

proconsul, proconsulis *(kons./331)* m Statthalter, stellvertretender Konsul

procreare, procreo, procreavi, procreatum *(1/380)* zeugen, hervorbringen

procul Adverb fern, weit, aus/in d. Ferne

procumbere, procumbo, procubui, procubitum *(3/380)* sich niederwerfen, niederfallen

procurare, procuro, procuravi, procuratum *(1/380)* besorgen, verwalten

procuratio, procurationis *(kons./333)* f Verwaltung, Amt eines Prokurators

procurator, procuratoris *(kons./331)* m Verwalter, Prokurator

procurrere, procurro, procurri, procursum *(3/380)* vorrücken, vorstürmen

procus, proci *(o/326)* m Freier

prodere, prodo, prodidi, proditum *(3/380)* verraten, preisgeben, ausliefern, bekannt machen, überliefern; *memoriae prodere* der Nachwelt überliefern

prodesse, prosum, profui, –, profuturus *(unreg./406)* förderlich sein, nützen; *Divitiae mihi prosunt.* Geld nützt mir.

prodigium, prodigii *(o/327)* n Vorzeichen, Wunder, Wunderzeichen; Ungeheuer; *prodigii simile esse* an ein Wunder grenzen

prodigus, prodiga, prodigum *(o/a/329)* verschwenderisch

prodīre, prodeo, prodii, proditum *(unreg./414)* hervorgehen, hervorkommen, hervortreten, auftreten, vorrücken

proditio, proditionis *(kons./333)* f Verrat

proditor, proditoris *(kons./331)* m Verräter

producere, produco, produxi, productum *(3/380)* vorführen, ausdehnen, befördern

proeliari, proelior, proeliatus sum, – *(1/Deponens/392)* streiten, fechten, kämpfen

proelium, proelii *(o/327)* n Gefecht, Treffen, Schlacht, Kampf; *proelium committere* sich eine Schlacht liefern

profanus, profana, profanum *(o/a/329)* gottlos, unheilig, ungeweiht

profectio, profectionis *(kons./333)* f Abreise, Abmarsch, Aufbruch

profecto Adverb tatsächlich, in der Tat, fürwahr, wahrhaftig, gewiss, sicherlich, wirklich

proferre, profero, protuli, prolatum *(unreg./400)* hervorbringen, veröffentlichen; vorwärts tragen; verschieben, verlängern

profestus, profesta, profestum *(o/a/329)* werktäglich

proficere, proficio, profeci, profectum *(5/380)* Fortschritte machen, nützen; *Intellego te multum in medicina profecisse.* Ich sehe, dass du in der Heilkunst große Fortschritte gemacht hast.

proficisci, proficiscor, profectus sum, – *(3/Deponens/392)* sich aufmachen, aufbrechen, reisen, abreisen, marschieren, abmarschieren; von etwas ausgehen

profitēri, profiteor, professus sum, – *(2/Deponens/392)* gestehen, (offen) bekennen, offen erklären, verheißen, versprechen

profligare, profligo, profligavi, profligatum *(1/380)* zu Boden werfen, niederschlagen, überwältigen

profugere, profugo, profugi, –, profugiturus *(3/380)* entfliehen, sich flüchten, meiden

profugus, profuga, profugum *(o/a/329)* flüchtig, heimatlos, verbannt; *substantivisch* Flüchtling

profundere, profundo, profusi, profusum *(3/380)* vergießen, hingeben, verschwenden

profundus, profunda, profundum *(o/a/329)* tief

progenies, progeniei *(e/351)* f Abstammung, Nachkommenschaft, Nachkomme

prognatus, prognata, prognatum *(o/a/329)* entsprossen, abstammend

progredi, progredior, progressus sum, – *(5/Deponens/392)* weitergehen, vorrücken, Fortschritte machen

progressio, progressionis *(kons./333)* f Fortschritt

prohibēre, prohibeo, prohibui, prohibitum *(2/380)* *[a mit Ablativ]* fern halten, abhalten (von), hindern, verhindern, schützen (vor); *(a) finibus prohibere* von einem Gebiet abhalten; *itinere prohiberi* am Marsch gehindert werden

proicere, proicio, proieci, proiectum *(5/380)* vorwerfen, hinwerfen, wegwerfen, preisgeben; *se proicere* sich zu Boden werfen; *se ad pedes alicuius proicere* sich jemandem zu Füßen werfen

proinde *Adverb* demgemäß, ebenso, also, daher

prolabi, prolabor, prolapsus sum, – *(3/Deponens/392)* vorwärts gleiten, stürzen, einstürzen

prolatare, prolato, prolatavi, prolatatum *(1/380)* erweitern, vergrößern, aufschieben

proles, prolis f Sprößling, Nachkomme

prologus, prologi *(o/326)* m Vorrede, Prolog

proloqui, proloquor, prolocutus sum, – *(3/Deponens/392)* aussprechen

proluere, proluo, prolui, –, proluiturus *(3/380)* ausspülen, wegspülen, wegwaschen

promere, promo, prompsi, promptum *(3/380)* hervorholen, enthüllen

Prometheus, Promethei *(o/326)* m Prometheus

prominēre, promineo, prominui, – *(2/380)* hervorragen

promiscu(u)s, promiscua, promiscuum *(o/a/329)* vermischt, gemischt, gemeinsam, unterschiedlos, gewöhnlich

promissum, promissi *(o/327)* n Versprechen

promittere, promitto, promisi, promissum *(3/380)* in Aussicht stellen, versprechen; *Plura promittit quam praestat.* Er verspricht mehr, als er hält.

promonturium/promunturium, promonturii *(o/327)* n Bergvorsprung, Kap, Vorgebirge

promovēre, prormoveo, prormovi, prormotum *(2/380)* vorschieben, vortreiben; fördern, befördern

promptus, prompta, promptum *(o/a/329)* bereit, entschlossen, schlagfertig (mit ad), sichtbar; *in promptu* in Bereitschaft, bereit

promulgare, promulgo, promulgavi, promulgatum *(1/380)* veröffentlichen

pronuntiare, pronuntio, pronuntiavi, pronuntiatum *(1/380)* verkünden, vortragen

pronus, prona, pronum *(o/a/329)* geneigt, abschüssig; gewogen; leicht

propagare, propago, propagavi, propagatum *(1/380)* fortpflanzen, erweitern, ausdehnen

propago, propagonis *(kons./333)* f Setzling, Ableger, Sprössling

propalam *Adverb* öffentlich

prope *Adverb* nahe, beinahe, in der Nähe

prope *(420)* *Präposition [Akkusativ]* nahe bei, neben, um, um ... herum, gegen (zeitlich)

propellere, propello, propuli, propulsum *(3/380)* vorwärts treiben; abwehren, vertreiben

propemodum *Adverb* beinahe, fast

propensus, propensa, propensum *(o/a/329)* sich zuneigend, geneigt

properare, propero, properavi, properatum *(1/380)* eilen, sich beeilen, beschleunigen

propere *Adverb* eilens

properus, propera, properum *(o/a/329)* eilig

propinquare, propinquo, propinquavi, propinquatum *(1/380)* sich nähern

propinquitas, propinquitatis *(kons./334)* f Nähe, Verwandtschaft

propinquus, propinqua, propinquum *(o/a/329)* nahestehend, verwandt, benachbart, nahe, nahe bevorstehend

propior, propior, propius *(i/343)* näher

propitius, propitia, propitium *(o/a/329)* geneigt, gewogen, gnädig

propius *Adverb* näher

proponere, propono, proposui, propositum *(3/380)* öffentlich aufstellen, vorlegen, darlegen, vorschlagen, in Aussicht stellen; sich vornehmen; *sibi proponere* sich vornehmen

propositum, propositi *(o/327)* n Vorsatz, Plan

propraetor, propraetoris *(kons./331)* m stellvertretender Prätor, Statthalter

proprius, propria, proprium *(o/a/329)* eigen, persönlich, eigentümlich, wesentlich, charakteristisch

propter *(420)* *Präposition [Akkusativ]* nahe bei, neben, um, um ... herum, gegen (zeitlich), wegen

propterea *Adverb* deswegen, deshalb; *propterea quod* deswegen weil

propugnaculum, propugnaculi *(o/327)* n Schutzwehr, Bollwerk

propugnare, propugno, propugnavi, propugnatum *(1/380)* zum Angriff vorgehen, verteidigen

propulsare, propulso, propulsavi, propulsatum *(1/380)* abwehren, vertreiben, zurückschlagen

prora, prorae *(a/325)* f Schiffsbug, Vorderdeck

prorepere, prorepo, prorepsi, proreptum *(3/380)* hervorkriechen

prorogare, prorogo, prorogavi, prorogatum *(1/380)* verlängern

prorsus *Adverb* geradewegs, durchaus

proruere, proruo, prorui, prorutum *(3/380)* einstürzen (lassen), einreißen

prorumpere, prorumpo, prorupi, proruptum *(3/380)* hervorbrechen, zum Ausbruch kommen

proscribere, proscribo, proscripsi, proscriptum *(3/380)* bekannt geben, ächten

proscriptio, proscriptionis *(kons./333)* f Ausschreibung, Ächtung

prosequi, prosequor, prosecutus sum, – *(3/Deponens/392)* geleiten, verfolgen

prosilīre, prosilio, prosilui, – *(4/380)* hervorspringen, hervorstürzen

prospectare, prospecto, prospectavi, prospectatum *(1/380)* (aus der Ferne) anschauen, erwarten

prospectus, prospectus *(u/350)* m Aussicht, Anblick

prosper(us), prospera, prosperum *(o/a/330)* günstig, glücklich, erwünscht

prospicere, prospicio, prospexi, prospectum *(5/380)* Ausschau halten; (Akkusativ) vorhersehen; besorgen, beschaffen; (Dativ) sorgen für, vorsorgen; *futura prospicere* die Zukunft voraussehen; *saluti suae prospicere* für sein Wohlergehen sorgen

prosternere, prosterno, prostravi, prostratum *(3/380)* zu Boden werfen, niederstrecken, vernichten

protegere, protego, protexi, protectum *(3/380)* schützen, beschützen, bedecken

protendere, protendo, protendi, protentum *(3/380)* hervorstrecken

proterere, protero, protrivi, protritum *(3/380)* zerreiben, niedertreten, vernichten

protervus, proterva, protervum *(o/a/329)* dreist, frech, ungestüm

protinus *Adverb* vorwärts, weiter, sofort, unverzüglich

proturbare, proturbo, proturbavi, proturbatum *(1/380)* forttreiben, niederwerfen

prout *(422) Konjunktion* je nachdem

provehere, proveho, provexi, provectum *(3/380)* fortführen, wegbringen, emporheben; befördern, weiterbringen

provenīre, provenio, proveni, proventum *(4/380)* hervorkommen, auftreten, entstehen, gelingen

proverbium, proverbii *(o/327) n* Sprichwort

providentia, providentiae *(a/325) f* Vorsorge, Fürsorge, Vorsehung

providēre, provideo, providi, provisum *(2/380)* (Akkusativ) vorausssehen, vorhersehen, (Dativ) sorgen für, vorsorgen; *frumentum providere* Getreide besorgen; *futura providere* die Zukunft voraussehen; *saluti suae providere* für sein Wohlergehen sorgen

providus, provida, providum *(o/a/329)* seherisch, vorausssehend; vorsichtig, fürsorglich

provincia, provinciae *(a/325) f* Amtsbezirk, Provinz

provincialis, provincialis, provinciale *(i/343)* Provinz-; *Plural* **provinciales, provincialium** Provinzbewohner

provocare, provoco, provocavi, provocatum *(1/380)* hervorrufen, auffordern, herausfordern, Berufung einlegen

provocatio, provocationis *(kons./333) f* Berufung

provolvere, provolvo, provolui, provolutum *(3/380)* vorwärts rollen, sich niederwerfen

proximus, proxima, proximum *(o/a/329)* der nächste, der nächstverwandte, letzte; *Plural* **proximi, proximorum** die Angehörigen, Verwandten; *proximum iter per Alpes* der kürzeste Weg über die Alpen; *proximus a* (mit Ablativ) ganz nahe bei

prudens, prudentis *(i/342)* klug

prudentia, prudentiae *(a/325) f* Klugheit; *mulier summae prudentiae* eine äußerst kluge Frau

pruina, pruinae *(a/325) f* Reif, Raureif

P. S. (Postscriptum) Nachschrift

psaltria, psaltriae *(a/325) f* Zitherspielerin

puber, puberis *(i/342)* erwachsen, kräftig

pubertas, pubertatis *(kons./334) f* Mannbarkeit, Jugendkraft

pubes, puberis *(i/342)* erwachsen, mannbar

pubes, pubis *(kons./331) f* junge (waffenfähige) Mannschaft

publicanus, publicani *(o/326) m* Steuerpächter

publicare, publico, publicavi, publicatum *(1/380)* verstaatlichen, beschlagnahmen, einziehen; veröffentlichen

publice *Adverb* auf Staatskosten, von Staats wegen, allgemein, öffentlich

publicus, publica, publicum *(o/a/329)* staatlich, öffentlich; *vincula publica* Staatsgefängnis; *in publico* in der Öffentlichkeit; *in publicum prodire* an die Öffentlichkeit treten; *res publica* Gemeinwesen, Staat

pudendus, pudenda, pudendum *(o/a/329)* schändlich, schimpflich

pudens, pudentis *(i/342)* verschämt, sittsam, züchtig, bescheiden

pudet, puduit es beschämt; *Cur te pudet huius facti? Warum schämst du dich dieser Tat?*

pudicitia, pudicitiae *(a/325)* f Keuschheit, Sittsamkeit

pudicus, pudica, pudicum *(o/a/329)* schamhaft, keusch

pudor, pudoris *(kons./331)* m Scham, Schamgefühl, Ehrgefühl; *pulso pudore* schamlos

puella, puellae *(a/325)* f Mädchen

puer, pueri *(o/328)* m Knabe, Junge, Kind; *a puero/a pueris* von Kindheit an

puerilis, puerilis, puerile *(i/343)* kindlich, kindisch

pueritia, pueritiae *(a/325)* f Kindheit; *inde a pueritia* von Kindheit an

puerpera, puerperae *(a/325)* f Gebärende, Wöchnerin

pugil, pugilis *(kons./331)* m Boxer, Faustkämpfer

pugio, pugionis *(kons./333)* m Dolch

pugna, pugnae *(a/325)* f Handgemenge, Kampf, Gefecht, Schlacht

pugnare, pugno, pugnavi, pugnatum *(1/380)* kämpfen, streiten; *id secum pugnat* das widerspricht sich

pugnax, pugnacis *(i/342)* kampflustig, streitbar

pugnus, pugni *(o/326)* m Faust

pulcher, pulchra, pulchrum *(o/a/330)* schön, trefflich

pulchritudo, pulchritudinis *(kons./333)* m Schönheit

pullus, pulli *(o/326)* m Junges (eines Tieres)

pullus, pulla, pullum *(o/a/329)* dunkel, schwärzlich

pulmentum, pulmenti *(o/327)* n Fleischstück

pulmo, pulmonis *(kons./333)* m Lunge

pulpitum, pulpiti *(o/327)* n Brettergerüst, Bühne, Tribüne

pulsare, pulso, pulsavi, pulsatum *(1/380)* klopfen, anklopfen, schlagen, stoßen

pulsus, pulsus *(u/350)* m Anstoß, Stoßen, Schlagen

pultare, pulto, pultavi, pultatum *(1/380)* klopfen (an die Tür)

pulverulentus, pulverulenta, pulverulentum *(o/a/329)* staubig

pulvinar, pulvinaris n Polstersitz, Göttersitz, Göttermahl

pulvis, pulveris *(kons./331)* m Staub

pumex, pumicis *(kons./332)* m Bimsstein

punctum, puncti *(o/327)* n Stich, Punkt; Augenblick

pungere, pungo, pupugi, punctum *(3/380)* stechen, verletzen

puniceus, punicea, puniceum *(o/a/329)* punisch; purpurn

punire, punio, punivi, punitum *(4/380)* strafen, bestrafen, Rache nehmen

pupillus, pupilli *(o/326)* m Mündel, Waise

puppis, puppis *(i/338)* f Achterdeck, Hinterdeck, Heck

purgare, purgo, purgavi, purgatum *(1/380)* reinigen, säubern, sühnen, rechtfertigen

purpura, purpurae *(a/325)* f Purpurfarbe, Purpurkleid

purpuratus, purpurati *(o/326)* m Höfling

purpureus, purpurea, purpureum *(o/a/329)* purpurn

purus, pura, purum *(o/a/329)* rein, lauter, unvermischt

pusillus, pusilla, pusillum *(o/a/329)* winzig, kleinlich

putare, puto, putavi, putatum *(1/380)* beschneiden; meinen, glauben, halten für; rechnen, berechnen, schätzen; *magni putare* hochschätzen; *aliquem stultum putare* jemanden für dumm halten

puter, putris, putre *(i/344)* morsch, verfallen, faul, locker, welk, schlaff, matt

putēre, puteo, putui, – *(2/380)* faulig riechen, stinken

puteus, putei *(o/326)* m Brunnen, Grube

putidus, putida, putidum *(o/a/329)* faulig, modrig, widerlich

pyra, pyrae *(a/325)* f Scheiterhaufen

Pythagoras, Pythagorae *(a/325) m* Pythagoras (griechischer Philosoph)

Pythia, Pythiae *(a/325) f* Pythia (Orakelpriesterin in Delphi)

Q

Q. Quintus (Vorname)

q. e. d. (quod erat demonstrandum) was zu beweisen war

qua *Adverb* wo, wie

quadragesimus, quadragesima, quadragesimum *(o/a/329)* der vierzigste

quadraginta vierzig

quadrans, quadrantis *(kons./334) m* Viertelas

quadrare, quadro, quadravi, quadratum *(1/380)* viereckig machen, voll machen, abschließen; viereckig sein, passen

quadratus, quadrata, quadratum *(o/a/329)* viereckig

quadrigae, quadrigarum *(a/325) f [plurale tantum]* Viergespann

quadringenti, quadringentae, quadringenta *(o/a/329)* vierhundert

quadrupes, quadrupedis *(kons./334)* vierfüßig

quaerere, quaero, quaesivi, quaesitum *(3/380) [ex/ab mit Ablativ]* forschen, (jemanden) fragen, erwerben (wollen), zu bekommen versuchen, untersuchen, suchen; *de morte alicuius quaerere* jemandes Tod untersuchen; *Ab/ex te quaero, ubi fueris.* Ich frage dich, wo du warst.; *Totā urbe te quaesivi.* Ich habe dich in der ganzen Stadt gesucht.

quaeritare, quaerito, quaeritavi, quaeritatum *(1/380)* eifrig suchen

quaeso/quaesumus ich bitte/wir bitten

quaestio, quaestionis *(kons./333) f* Frage, Untersuchung

quaestor, quaestoris *(kons./331) m* Schatzmeister, Quästor (römischer Finanzbeamter)

quaestura, quaesturae *(a/325) f* Amt des Quästors, Quästur

quaestus, quaestus *(u/350) m* Erwerb, Gewinn, Gewerbe; *provinciam quaestui habere* eine Provinz als persönliche Erwerbsquelle betrachten

qualis, qualis, quale wie beschaffen, von welcher Art

qualiscumque, qualiscumque, qualecumque wie (beschaffen) auch immer

qualitas, qualitatis *(kons./334) f* Eigenschaft, Beschaffenheit

quam *Adverb* wie, wie sehr, als (Vergleich); *maior quam* größer als; *quam optime* möglichst gut; *quam celerrime* möglichst schnell; *quam maxime* äußerst

quam ob rem *Adverb* deswegen

quamlibet *Adverb* wie (sehr) auch

quamquam *(422) Konjunktion [mit Indikativ]* obwohl, obgleich

quamvis *(422) Konjunktion [mit Konjunktiv]* wie sehr auch, obwohl, wenn auch (noch so)

quamvis *Adverb* beliebig

quando *Adverb* wann

quandocumque *Adverb* wann auch immer

quandoque *Adverb* irgendeinmal

quandoque *(422) Konjunktion* sooft

quantum, quanti wie viel

quantus, quanta, quantum wie groß

quapropter *(422) Konjunktion* warum, weshalb, deshalb

quare *Adverb* warum, weshalb, deshalb (relativer Satzanschluss)

quartus, quarta, quartum *(o/a/329)* der vierte

quasi *Adverb [+ Konjunktiv]* wie wenn, gleichsam, als ob, ungefähr

quassare, quasso, quassavi, quassatum *(1/380)* heftig erschüttern, schütteln

quatenus insofern als

quater *Adverb* viermal

quatere, quatio, –, quassum *(5/380)* schütteln, stoßen, erschüttern

quattuor vier

-que *(422) Konjunktion* und; *senatus populusque Romanus* Senat und Volk von Rom

quemadmodum/quomodo wie, auf welche Weise

quercus, quercus *(u/350) f* Eiche

querela, querelae *(a/325) f* Klage, Beschwerde

queri, queror, questus sum, – *(3/Deponens/392) [Akkusativ]* klagen, (sich) beklagen (über), sich beschweren (über); *Iniuriam sibi illatam questus est.* Er beklagte sich über das Unrecht, das man ihm angetan hatte.

querimonia, querimoniae *(a/325) f* Klage, Beschwerde

querulus, querula, querulum *(o/a/329)* klagend, kläglich

questus, questus *(u/350) m* Klage, Beschwerde

qui, cuius, quae, quod *(365)* welcher/welche/welches, der/die/das; *sunt, qui dicant* es gibt welche, die sagen

qui, cuius, qua, quod *[adjektivisch]* irgendein; *si qua spes est* wenn noch irgendeine Hoffnung besteht

qui, cuius, quae, quod *[adjektivisch]* welcher/welche/welches; *Quo modo (quomodo) res se habet?* Wie verhält es sich?

qui *Adverb* wie? wie denn? wodurch?

quia *(422) Konjunktion [mit Indikativ]* weil, da

quicumque, cuiuscumque, quaecumque, quodcumque wer auch immer, jeder der; *Rogavi, quoscumque potui.* Ich fragte alle möglichen Leute.

quidam, cuiusdam, quaedam, quiddam/quoddam *(substantivisch* und *adjektivisch)* ein bestimmter, irgendeiner, einer, ein gewisser; Plural einige; *maxi-*

mus quidam der allergrößte; *Accurit quidam notus mihi nomine tantum.* Da läuft einer heran, der mir nur dem Namen nach bekannt ist.; *divinā quādam mente praeditus* mit geradezu göttlichem Verstand begabt

quidem *(422) Konjunktion* wenigstens, zwar, gewiss, freilich; *ne … quidem* nicht einmal

quidni *Adverb* warum nicht?

quies, quietis *(e/351) f* Ruhe, Stille, Rast, Erholung, Tatenlosigkeit, Schlaf, Friede; *quietem capere* sich erholen

quiescere, quiesco, quievi, –, quieturus *(3/380)* zur Ruhe kommen, ruhen, ausruhen

quietus, quieta, quietum *(o/a/329)* ruhig, gelassen, still, friedlich

quilibet, quaelibet, quidlibet/quodlibet *(substantivisch* und *adjektivisch)* jeder beliebige

quin *Adverb* warum nicht? gewiss, ja sogar; *quin etiam* ja sogar

quin *(422) Konjunktion* dass (nicht)

quindecim fünfzehn

quingenti, quingentae, quingenta *(o/a/329)* fünfzig

quini, quinae, quina *(o/a/329)* je fünf

quinquagesimus, quinquagesima, quinquagesimum *(o/a/329)* der fünfzigste

quinquaginta fünfzig

quinque fünf

quinquennis, quinquennis, quinquenne *(i/343)* fünfjährig

quinquennium, quinquennii *(o/327) m* Zeitraum von 5 Jahren

quinqueremis (navis), quinqueremis *(g/339) f* Fünfruderer, Fünfdecker

Quintilianus, Quintiliani *(o/326) m* Marcus Fabius Quintilianus (Lehrer der Rhetorik)

quintus, quinta, quintum *(o/a/329)* der fünfte

quippe *Adverb* freilich, natürlich, allerdings

quīre, queo, quivi, quitum *(unreg./414)* können

quis, cuiuc, quis, quid *(366) [substantivisch]* irgendeiner, jemand; *se quis dicat* wenn jemand sagen sollte; *quid novi?* welche Neuigkeit?

quis, cuius, quis, quid *[substantivisch]* wer, was; *Quid faciam?* Was soll ich tun?

quisnam wer denn?

quisquam, cuiusquam, quisquam, quicquam *[substantivisch]* irgendeiner, jemand; *vix quisquam* kaum jemand

quisque, quaeque, quidque/quodque *(substantivisch und adjektivisch)* jeder; *optimus quisque* jeder Beste

quisquis, cuiuscuius, quisquis, quidquid/quicquid wer auch immer, jeder, der; *quoquo modo se res habet* es sei, wie es wolle

quivis, cuiusvis, quaevis, quidvis/quodvis *(substantivisch und adjektivisch)* jeder beliebige

quo *Adverb* wohin; *quo … eo* je … desto; *quo celerius, eo melius* je schneller, desto besser

quoad *(422) Konjunktion* so weit, solange, bis

quoad *(420) Präposition [Akkusativ]* hinsichtlich, was betrifft

quocirca *Adverb* daher, deshalb

quocumque *Adverb* wohin auch immer

quod *(422) Konjunktion [mit Indikativ]* da, weil, dass

quodsi *(422) Konjunktion* wenn aber, wenn also, wenn nun

quominus *(422) Konjunktion (mit Konjunktiv)* dass nicht

quomodo *Adverb* auf welche Weise, wie

quondam *Adverb* einmal, einst

quoniam *(422) Konjunktion [mit Konjunktiv]* weil nun, weil ja, da ja

quoque *(422) Konjunktion [nachgestellt]* auch, sogar, noch

quorsum *Adverb* wohin? wozu? zu welchem Zweck?

quot wie viele

quotannis *Adverb* jährlich, alljährlich, Jahr für Jahr

quotiens wie oft, sooft

quotie(n)scumque *Adverb* wie oft auch immer

quotus, quota, quotum der wievielte

R

rabidus, rabida, rabidum *(o/a/329)* wütend, rasend, toll, begeistert

rabies, rabiei *(e/351) f* Wut, Raserei, Tollwut, Begeisterung

racemus, racemi *(o/326) m* Weinbeere, Weintraube

radere, rado, rasi, rasum *(3/380)* kratzen, scheren

radiare, radio, radiavi, radiatum *(1/380)* strahlen

radicitus *Adverb* mit der Wurzel, völlig, von Grund auf

radius, radii *(o/326) m* Strahl, Radspeiche, Schiffchen (Webstuhl)

radix, radicis *(kons./332) f* Wurzel

raeda, raedae *(a/325) f* Reisewagen

ramus, rami *(o/326) m* Zweig, Ast

rana, ranae *(a/325) f* Frosch, Kröte

rapax, rapacis *(i/342)* räuberisch, reißend; unwiderstehlich

rapere, rapio, rapui, raptum *(5/380)* rauben, raffen, erraffen, fortreißen

rapidus, rapida, rapidum *(o/a/329)* reißend, ungestüm, schnell

rapina, rapinae *(a/325) f* Raub, Räuberei

raptare, rapto, raptavi, raptatum *(1/380)* rauben, plündern, fortschleppen, fortreißen

raptim *Adverb* eilens, hastig

raptor, raptoris *(kons./331) m* Räuber, Entführer

raptum, rapti *(o/327) n* Beute, Raub
raptus, raptus *(u/350) m* Raub, Entführung
rapulum, rapuli *(o/327) n* kleine Rübe
raro *Adverb* selten, vereinzelt; *haud raro* nicht selten
rarus, rara, rarum *(o/a/329)* selten, vereinzelt
raster, rastri *(o/328) m [meist Plural]* Hacke, Karst
ratio, rationis *(kons./333) f* Vernunft, Überlegung, Berechnung; Methode, Art und Weise, Lehre, Angelegenheit; *ratio est + Infinitiv* es ist vernünftig; *ratio belli gerendi* Methode der Kriegsführung, Kriegstaktik; *rationem reddere* Rechenschaft ablegen; *rationem habere* Rücksicht nehmen; *omni ratione* auf jede Weise; *ratio dicendi* Lehrmethode; *ultima ratio* die letzte Möglichkeit
ratis, ratis *(g/339) f* Floß
ratus, rata, ratum *(o/a/329)* berechnet, gültig
raucus, rauca, raucum *(o/a/329)* rau, heiser, dumpf
ravus, rava, ravum *(o/a/329)* graugelb
reapse *Adverb* in der Tat, wirklich
rebellare, rebello, rebellavi, rebellatum *(1/380)* sich auflehnen, sich empören, den Krieg erneuern
rebellio, rebellionis *(kons./333) f* Aufstand, Empörung, Wiederaufnahme des Krieges
rebellis, rebellis, rebelle *(i/343)* aufständisch
recedere, recedo, recessi, recessum *(3/380)* zurückweichen, sich zurückziehen; *in extremas partes Italiae recedere* sich in die abgelegensten Gebiete Italiens zurückziehen
recens, recentis *(i/342)* jung, neu, frisch; *iniuria recens* soeben zugefügtes Unrecht
recensēre, recenseo, recensui, recensum *(2/380)* mustern
receptus, receptus *(u/350) m* Rückzug, Rücktritt; Zuflucht
recessus, recessus *(u/350) m* Rückzug, Zurückgehen; Abgeschiedenheit

recīdere, recīdo, recīdi, recīsum *(3/380)* abhauen, abschneiden, beschränken
recinere, recino, –, – *(3/380)* widerhallen
recipere, recipio, recepi, receptum *(5/380)* zurücknehmen, zurückziehen; aufnehmen; wiedererlangen, wieder bekommen; *se recipere* sich zurückziehen; *fugā se recipere* sich fluchtartig zurückziehen; *se ex terrore recipere* sich vom Schrecken erholen; *officium recipere* eine Pflicht übernehmen
recitare, recito, recitavi, recitatum *(1/380)* vortragen, vorlesen, aufsagen
reclinare, reclino, reclinavi, reclinatum *(1/380)* zurücklehnen, anlehnen
recludere, recludo, reclusi, reclusum *(3/380)* aufschließen, öffnen
reconciliare, reconcilio, reconciliavi, reconciliatum *(1/380)* wiedergewinnen, wiederherstellen, zurückgewinnen, versöhnen
recondere, recondo, recondi(di), reconditum *(3/380)* verbergen, verwahren
reconditus, recondita, reconditum *(o/a/329)* abgelegen, verborgen
recordari, recordor, recordatus sum, – *(1/Deponens/392) [Akkusativ/de + Ablativ]* sich erinnern, beherzigen; *Illud tempus recordor.* Ich erinnere mich an jene Zeit.
recordatio, recordationis *(kons./333) f* Erinnerung
recreare, recreo, recreavi, recreatum *(1/380)* wiederherstellen, erquicken, erfrischen; *se recreare* sich erholen
recte *Adverb* geradeaus, richtig, zu Recht, gut
rector, rectoris *(kons./331) m* Lenker, Leiter
rectus, recta, rectum *(o/a/329)* richtig, recht, gerade, geradeaus
recubare, recubo, recubavi, recubatum *(1/380)* ruhen, liegen

recumbere, recumbo, recubui, recubitum *(3/380)* sich niederlegen

recuperare, recupero, recuperavi, recuperatum *(1/380)* wiedererlangen, zurückgewinnen

recuperator, recuperatoris *(kons./331) m* Erstattungsrichter

recurrere, recurro, recurri, recursum *(3/380)* zurücklaufen

recurvus, recurva, recurvum *(o/a/329)* rückwärts gebogen, zurückgebogen

recusare, recuso, recusavi, recusatum *(1/380)* zurückweisen, ablehnen, sich weigern

redarguere, redarguo, redargui, redargutum *(3/380)* widerlegen

reddere, reddo, reddidi, redditum *(3/380)* zurückgeben, zu etwas machen; *Me iratum reddis.* Du machst mich zornig.; *mare tutum reddere* das Meer sicher machen; *gentem nobilem reddere* eine Familie berühmt machen

redigere, redigo, redegi, redactum *(3/380)* zurücktreiben, einbringen, eintreiben; in eine Lage versetzen, in einen Zustand versetzen

redimere, redimo, redemi, redemptum *(3/380)* zurückkaufen, loskaufen, befreien

redimīre, redimio, redimivi, redimitum *(4/380)* umwinden, bekränzen

redintegrare, redintegro, redintegravi, redintegratum *(1/380)* wiederherstellen

redīre, redeo, redii, reditum *(unreg./414)* zurückgehen, zurückkehren, (als Ertrag) eingehen

reditus, reditus *(u/350) m* Rückkehr, Heimkehr; Einkommen

redonare, redono, redonavi, redonatum *(1/380)* wieder schenken

reducere, reduco, reduxi, reductum *(3/380)* zurückführen, zurückziehen

redundare, redundo, redundavi, redundatum *(1/380)* überfließen, sich ergießen; im Überfluss vorhanden sein

redux, reducis *(i/342)* zurückführend, zurückkehrend, zurückkommend

refellere, refello, refelli, – *(3/380)* widerlegen, zurückweisen

refercīre, refercio, refersi, refertum *(4/380)* voll stopfen

referre, refero, rettuli, relatum *(unreg./400)* zurückbringen, abliefern, melden, berichten; *his nuntiis ad Caesarem relatis* als Cäsar diese Nachrichten erhalten hatte; *pedem referre* sich (langsam) zurückziehen; *refert* es ist wichtig, ist daran gelegen

refertus, referta, refertum *(o/a/329) [Ablativ]* vollgestopft mit, dichtgedrängt, voll von

reficere, reficio, refeci, refectum *(5/380)* wiederherstellen, neu beleben, bessern; *se reficere* sich erholen

refigere, refigo, refixi, refixum *(3/380)* losmachen, abreißen, abschaffen

reflectere, reflecto, reflexi, reflexum *(3/380)* rückwärts biegen, abwenden

refluere, refluo, refluxi, – *(3/380)* zurückfließen

reformidare, reformido, reformidavi, reformidatum *(1/380)* sich fürchten, sich entsetzen

refringere, refringo, refregi, refractum *(3/380)* aufbrechen

refugere, refugo, refugi, –, refugiturus *(3/380)* fliehen, zurückweichen

refulgēre, refulgeo, refulsi, – *(2/380)* aufleuchten

refundere, refundo, refusi, refusum *(3/380)* zurückgießen

regalis, regalis, regale *(i/343)* königlich

regere, rego, rexi, rectum *(3/380)* lenken, leiten, beherrschen, regieren

regia (domus), regiae *(a/325) f* Königsschloss, Hof, Königsfamilie

regimen, regiminis *(kons./336) n* Leitung, Lenkung, Verwaltung

regina, reginae *(a/325) f* Königin

regio, regionis *(kons./333) f* Grenzlinie, Landstrich, Gegend, Gebiet, Richtung; *eandem regionem petere* die gleiche Richtung einschlagen

regius, regia, regium *(o/a/329)* königlich

regnare, regno, regnavi, regnatum *(1/380)* (als König) herrschen, regieren; *Tarquinio regnante* unter der Herrschaft des Tarquinius

regnator, regnatoris *(kons./331) m* Herrscher

regnum, regni *(o/327) n* Königtum, Königreich, Herrschaft

regredi, regredior, regressus sum, – *(5/Deponens/392)* zurückgehen, zurückkehren

regressus, regressus *(u/350) m* Rückkehr, Rückzug

regula, regulae *(a/325) f* Richtschnur, Maßstab, Lineal, Regel

Regulus, Reguli *(o/326) m* Marcus Attilius Regulus (römischer Konsul)

regulus, reguli *(o/326) m* Häuptling, Fürst, Prinz, König (eines kleinen Landes)

reicere, reicio, reieci, reiectum *(5/380)* zurückwerfen, zurückweisen, abweisen, ablehnen; *Senatus pacis condiciones reiecit.* Der Senat lehnte die Friedensbedingungen ab.

relabi, relabor, relapsus sum, – *(3/Deponens/392)* zurückfallen, zurückgleiten

relaxare, relaxo, relaxavi, relaxatum *(1/380)* lockern, erleichtern

relegare, relego, relegavi, relegatum *(1/380)* fortschicken, wegschicken, verbannen, ausweisen, zurückweisen

relevare, relevo, relevavi, relevatum *(1/380)* (wieder) aufheben, erleichtern, lindern, mildern

religare, religo, religavi, religatum *(1/380)* emporbinden, zurückbinden, anbinden, festbinden

religio, religionis *(kons./333) f* Gewissenhaftigkeit, Frömmigkeit, Glaube, Gottesfurcht, Religion, Götterverehrung, Kult, Aberglaube, Bedenken

religiosus, religiosa, religiosum *(o/a/329)* gewissenhaft, fromm, heilig, religiös, bedenklich

relinquere, relinquo, reliqui, relictum *(3/380)* verlassen, übriglassen, zurücklassen

reliquiae, reliquiarum *(a/325) f [plurale tantum]* Überbleibsel, Rest

reliquus, reliqua, reliquum *(o/a/329)* übrig, künftig; *in reliquum (tempus)* für die Zukunft; *reliquum diei* Rest des Tages; *nihil reliqui facere* nichts übrig lassen

remanēre, remaneo, remansi, –, remansurus *(2/380)* zurückbleiben, verbleiben

remeare, remeo, remeavi, remeatum *(1/380)* zurückkehren, zurückkommen

remedium, remedii *(o/327) n* Heilmittel, Abhilfe

remex, remigis *(kons./331) m* Ruderer

remigare, remigo, remigavi, remigatum *(1/380)* rudern

remigium, remigii *(o/327) n* Ruderwerk, Rudervolk, Rudermannschaft

reminisci, reminiscor, (recordatus sum), – *(3/Deponens/392)* sich erinnern

remissus, remissa, remissum *(o/a/329)* gelassen, nachlässig, locker, schlaff, sanft

remittere, remitto, remisi, remissum *(3/380)* erlassen, nachlassen, zurückschicken; *arma remittere* die Waffen sinken lassen

remorari, remoror, remoratus sum, – *(1/Deponens/392)* (transitiv) aufhalten; (intransitiv) sich aufhalten, verweilen

remotus, remota, remotum *(o/a/329)* entfernt, fern, entlegen, abgelegen

removēre, removeo, removi, remotum *(2/380)* zurückbewegen, wegschaffen, entfernen

remugīre, remugio, remugivi, remugitum *(4/380)* zurückbrüllen, dröhnen

remus, remi *(o/326) m* Ruder, Riemen

Remus, Remi *(o/326) m* Remus (Bruder des Romulus)

renasci, renascor, renatus sum, – *(3/Deponens/392)* wieder geboren werden, nachwachsen

renes, renium/renum *(kons./331)* m *[plurale tantum]* Nieren

renidēre, renideo, –, – *(2/380)* zurückstrahlen, lächeln, (vor Freude) strahlen

renovare, renovo, renovavi, renovatum *(1/380)* erneuern, wiederherstellen

renuere, renuo, renui, renutum *(3/380)* abwinken, ablehnen

renuntiare, renuntio, renuntiavi, renuntiatum *(1/380)* berichten, melden, verkünden, aufkündigen

reparare, reparo, reparavi, reparatum *(1/380)* wiederherstellen, wiedergewinnen

repellere, repello, reppuli, repulsum *(3/380)* zurückstoßen, wegstoßen, zurücktreiben, abweisen, verschmähen

repens, repentis *(i/342)* unerwartet, plötzlich

repente *Adverb* plötzlich

repentinus, repentina, repentinum *(o/a/329)* unerwartet, unvermutet, plötzlich; *repentinum venenum* schnell wirkendes Gift

repere, repo, repsi, reptum *(3/380)* kriechen

reperīre, reperio, repperi, repertum *(4/380)* finden, wiederfinden, auffinden, ermitteln

repetere, repeto, repetivi, repetitum *(3/380)* zurückfordern, wiedergewinnen, wiederholen; *sermonem memoriā repetere* ein Gespräch aus dem Gedächtnis wiederholen

replēre, repleo, replevi, repletum *(2/380)* auffüllen, ergänzen

reponere, repono, reposui, repositum *(3/380)* zurückstellen, zurücklegen, vergelten, zurückgeben, ersetzen

reportare, reporto, reportavi, reportatum *(1/380)* zurücktragen, zurückbringen

reposcere, reposco, repoposci, – *(3/380)* zurückfordern, zurückverlangen

reprehendere, reprehendo, reprehendi, reprehensum *(3/380)* zurechtweisen, tadeln, kritisieren

reprehensio, reprehensionis *(kons./333)* f Tadel

reprimere, reprimo, repressi, repressum *(3/380)* zurückdrängen, beschwichtigen

repudiare, repudio, repudiavi, repudiatum *(1/380)* zurückweisen, verschmähen, ablehnen

repugnare, repugno, repugnavi, repugnatum *(1/380)* Widerstand leisten, widerstreben, widerstehen, widersprechen

repulsa, repulsae *(a/325)* f Zurückweisung, Abweisung

reputare, reputo, reputavi, reputatum *(1/380)* überlegen, erwägen, berechnen

requies, requietis *(e/351)* f Ruhe, Stille, Rast, Erholung, Tatenlosigkeit, Schlaf, Friede; *quietem capere* sich erholen

requiescere, requiesco, requievi, –, quieturus *(3/380)* zur Ruhe kommen, ruhen, ausruhen

requirere, requiro, requisivi, requisitum *(3/380)* verlangen, fordern, erfordern, aufsuchen, nachforschen, nach etwas fragen, sich erkundigen; *Multae res requiruntur.* Viele Dinge sind erforderlich.

rēri, reor, ratus sum, – *(2/Deponens/392)* meinen, glauben; rechnen, berechnen; *ratus (mit AcI)* in der Annahme, dass

res, rei *(e/351)* f Besitz, Sache, Ding, Tatsache, Lage, Ereignis, Angelegenheit; *res familiaris* Vermögen; *res secundae* Glück; *res adversae* Unglück; *res publica* Staat, Politik, Staatsgeschäfte; *res gestae (Plural)* Taten, Leistungen; *res divinae* Gottesdienst; *ex mea re est* es liegt in meinem Interesse; *rem publicam capessere/ad rem publicam accedere* die politische Laufbahn einschlagen; *in re publica versari* sich politisch betätigen; *Non est e re publica.* Es liegt nicht im Interesse des Staates.; *in optima re publica* unter günstigen politischen Verhältnissen; *rei publicae* *forma* Verfassung; *res novae* Umsturz; *Catilina novis rebus studuit.* Catilina plante einen Umsturz.

rescindere, rescindo, rescidi, rescissum *(3/380)* einreißen, abbrechen, vernichten

resciscere, rescisco, rescivi, rescitum *(3/380)* erfahren

rescribere, rescribo, rescripsi, rescriptum *(3/380)* zurückschreiben, neu schreiben, umschreiben

resecare, reseco, resecui, resectum *(1/380)* wegschneiden, beschneiden

reserare, resero, reseravi, reseratum *(1/380)* entriegeln, öffnen

reservare, reservo, reservavi, reservatum *(1/380)* aufbewahren, erhalten

residere, resido, resedi, – *(3/380)* sich setzen

residēre, resideo, resedi, resessum *(2/380)* sitzen bleiben, zurückbleiben

resignare, resigno, resignavi, resignatum *(1/380)* entsiegeln, öffnen

resistere, resisto, restiti, – *(3/380)* stehen bleiben, Widerstand leisten, sich widersetzen; *resistere hostibus* sich gegen die Feinde zur Wehr setzen

resolvere, resolvo, resolvi, resolutum *(3/380)* auflösen, lösen, befreien

resonare, resono, resonui, –, resonaturus *(1/380)* widerhallen, ertönen

respicere, respicio, respexi, respectum *(5/380)* zurückblicken, berücksichtigen, beachten; *aetatem alicuius respicere* auf jemandes Alter Rücksicht nehmen

respirare, respiro, respiravi, respiratum *(1/380)* aufatmen, sich wieder erholen

respondēre, respondeo, respondi, responsum *(2/380)* antworten; entsprechen

responsare, responso, responsavi, responsatum *(1/380)* antworten; widerstehen

responsum, responsi *(o/327) n* Antwort

respublica, respublicae *(a/325) f* Gemeinwesen, Staat

respuere, respuo, respui, resputum *(3/380)* verschmähen

restare, resto, restiti, – *(1/380)* übrig bleiben, zurückbleiben, Widerstand leisten

restaurare, restauro, restauravi, restauratum *(1/380)* wiederherstellen, erneuern

restinguere, restinguo, restinxi, restinctum *(3/380)* auslöschen, tilgen, vernichten

restituere, restituo, restitui, restitutum *(3/380)* wiederherstellen, wieder einsetzen; zurückführen, zurückversetzen; *oppidum restituere* eine Stadt wieder aufbauen

resultare, resulto, resultavi, resultatum *(1/380)* zurückspringen, abprallen, widerhallen

resumere, resumo, resumpsi, resumptum *(3/380)* wieder aufnehmen, erneuern

resupinus, resupina, resupinum *(o/a/329)* zurückgelehnt, auf dem Rücken liegend

resurgere, resurgo, resurrexi, resurrectum *(3/380)* wieder aufstehen, sich erneut erheben

retardare, retardo, retardavi, retardatum *(1/380)* verzögern, aufhalten

rete, retis *(i/338) n* Netz

retegere, retego, retexi, retectum *(3/380)* aufdecken, entdecken, öffnen, entblößen

retemptare, retempto, retemptavi, retemptatum *(1/380)* nochmals versuchen

reticēre, reticeo, reticui, – *(2/380)* schweigen, verschweigen

retinēre, retineo, retinui, retentum *(2/380)* zurückhalten, festhalten, beibehalten, (im Besitz) behalten

retorquēre, retorqueo, retorsi, retortum *(2/380)* zurückdrehen, wegdrehen, abwenden

retractare, retracto, retractavi, retractatum *(1/380)* zurückziehen, sich zurückziehen; sich weigern, sich sträuben; erneut ergreifen, neu behandeln

retrahere, retraho, retraxi, retractum *(3/380)* zurückziehen, erneut hervorziehen

retro *Adverb* rückwärts, zurück

retrorsum *Adverb* rückwärts, zurück

reus, rei *(o/326) m* Angeklagter; *reum facere* anklagen

revehere, reveho, revexi, revectum *(3/380)* zurückführen, zurückbringen

revellere, revello, revelli/revulsi, revulsum *(3/380)* aufreißen, herausreißen

reverentia, reverentiae *(a/325) f* Ehrfurcht, Ehrerbietung, Achtung, Scheu

reversus, reversa, reversum *(o/a/329)* zurückgekehrt

reverti, revertor, reverti, – *(3/Deponens/392)* zurückkehren, umkehren

revincīre, revincio, revinxi, revinctum *(4/380)* festbinden

revisere, reviso, revisi, revisum *(3/380)* wieder aufsuchen

revocare, revoco, revocavi, revocatum *(1/380)* zurückrufen, abberufen

revolvere, revolvo, revolvi, revolutum *(3/380)* zurückwälzen, aufrollen

rex, regis *(kons./331) m* König, Tyrann, Herrscher

Rhenus, Rheni *(o/326) m* Rhein

rhetor, rhetoris *(kons./331) m* Redelehrer, Redner

rhetoricus, rhetorica, rhetoricum *(o/a/329)* die Redekunst betreffend, rednerisch

rhombus, rhombi *(o/326) m* Plattfisch, Steinbutt

rictus/rictum, ricti *(o/326) m/n* offener Mund, Rachen

ridēre, rideo, risi, risum *(2/380) [Akkusativ]* lachen, auslachen, sich lustig machen über

ridiculus, ridicula, ridiculum *(o/a/329)* lächerlich, witzig

rigare, rigo, rigavi, rigatum *(1/380)* bewässern

rigēre, rigeo, rigui, – *(2/380)* starren, steif sein

rigidus, rigida, rigidum *(o/a/329)* steif, starr, hart, rau

rigor, rigoris *(kons./331) m* Erstarrung, Härte

rima, rimae *(a/325) f* Riss, Spalt, Ritze

rimari, rimor, rimavi, rimatum *(1/Deponens/392)* spalten, durchwühlen, durchsuchen, durchforschen

ripa, ripae *(a/325) f* Ufer; *ripam attingere* das Ufer erreichen

risus, risus *(u/350) m* Gelächter, Lachen

rite *Adverb* dem Brauch gemäß, gehörig

ritus, ritus *(u/350) m* Brauch, Satzung, Sitte

rivalis, rivalis *(g/339) m* Nebenbuhler, Rivale

rivus, rivi *(o/326) m* Bach

rixa, rixae *(a/325) f* Zank, Streit, Rauferei

rixare, rixor, rixatus sum, – *(1/380)* streiten

robur, roboris *(kons./335) n* Kernholz; Stärke, Kraft; Kerntruppe

robustus, robusta, robustum *(o/a/329)* eichen, stark, kräftig

rodere, rodo, rosi, rosum *(3/380)* benagen, verzehren, herabsetzen

rogare, rogo, rogavi, rogatum *(1/380)* fragen, bitten; *auxilium rogare* um Hilfe bitten; *Patres sententiam rogantur.* Die Senatoren werden um ihre Meinung gefragt.

rogatio, rogationis *(kons./333) f* Bitte, Antrag, Frage; Gesetzesvorschlag

rogitare, rogito, rogitavi, rogitatum *(1/380)* (erneut/wiederholt) fragen

rogus, rogi *(o/326) m* Scheiterhaufen

Roma, Romae *(a/325) f* Rom; *Romam* nach Rom; *Romae* in Rom

Romanus, Romana, Romanum *(o/a/329)* römisch; *substantivisch* Römer

Romulus, Romuli *(o/326) m* Romulus (der Sage nach Gründer Roms)

rorare, roro, roravi, roratum *(1/380)* tauen, betauen, feucht sein, befeuchten, tropfen

ros, roris *(kons./332) m* der Tau, Feuchtigkeit, Nass

rosa, rosae *(a/325) f* Rose, Rosenstrauch

roscidus, roscida, roscidum *(o/a/329)* tauend, betaut

roseus, rosea, roseum *(o/a/329)* rosig, Rosen-

rostrum, rostri *(o/327) n* Schnabel, Schiffsschnabel; *Plural* **rostra, rostrorum** Rednerbühne auf dem Forum

rota, rotae *(a/325) f* Rad, Scheibe

rotare, roto, rotavi, rotatum *(1/380)* (im Kreis) herumdrehen, schwingen

rotundus, rotunda, rotundum *(o/a/329)* rund, vollkommen

ruber, rubra, rubrum *(o/a/330)* rot

rubēre, rubeo, rubui, – *(2/380)* rot sein, prangen, schimmern

rubescere, rubesco, rubui, – *(3/380)* rot werden

rubor, ruboris *(kons./331) m* Röte, Scham, Schamröte, Schande

rudens, rudentis *(kons./334) m* Seil, Schiffstau

rudere, rudo, rudivi, – *(3/380)* brüllen, schreien, knarren

rudis, rudis, rude *(i/343)* ungebildet, ungeschickt, unerfahren, bearbeitet, kunstlos, roh

ruere, ruo, rui, –, ruiturus *(3/380)* stürzen, anstürmen, eilen; *Quo ruis?* Wo rennst du hin?

ruga, rugae *(a/325) f* Runzel, Falte

ruina, ruinae *(a/325) f* Sturz, Einsturz, Fall, Untergang; *Plural* **ruinae, ruinarum** Trümmer

rumor, rumororis *(kons./331) m* Geräusch, Gerede, Gerücht, Ruf; *rumorem excipere* Geflüster aufschnappen; *rumoribus falsis terreri* sich durch falsche Gerüchte erschrecken lassen

rumpere, rumpo, rupi, ruptum *(3/380)* brechen, zerbrechen, zerreißen; *vincula rumpere* die Fesseln sprengen

rupes, rupis *f* Fels, Schlucht, Felsenschlucht, Klippe

ruricola, ruricolae *(a/325) m* Bauer, Stier; *adjektivisch* ländlich

rursus/rursum *Adverb* wieder, wiederum, andererseits, rückwärts

rus, ruris *(kons./335) n* Land, Feld, Landgut; *rus ire* aufs Land gehen; *ruri vivere* auf dem Land leben; *rure redire* vom Land zurückkehren

rusticus, rustica, rusticum *(o/a/329)* ländlich, bäuerlich, bäuerisch, plump; *substantivisch* Bauer

rutilus, rutila, rutilum *(o/a/329)* rötlich

S

S. Sextus (Vorname)

Sabinus, Sabini *(o/326) m* Sabiner

saccus, sacci *(o/326) m* Sack

sacer, sacra, sacrum *(o/a/330)* [Genitiv] heilig, (jemandem) geweiht, verflucht; *sanguis sacer* Opferblut

sacerdos, sacerdotis *(kons./331) m/f* Priester, Priesterin

sacerdotium, sacerdotii *(o/327) n* Priesteramt

sacramentum, sacramenti *(o/327) n* Fahneneid, Eid, Treueid; *sacramentum dicere* (mit Dativ) den Treueid leisten (auf)

sacrare, sacro, sacravi, sacratum *(1/380)* weihen, heiligen, verewigen

sacrarium, sacrarii *(o/327) n* Heiligtum, Kapelle

sacrificare, sacrifico, sacrificavi, sacrificatum *(1/380)* opfern

sacrificium, sacrificii *(o/327) n* Opfer; *sacrificium perficere* ein Opfer vollziehen

sacrilegium, sacrilegii *(o/327) n* Tempelraub, Frevel

sacrilegus, sacrilega, sacrilegum *(o/a/329)* tempelräuberisch, gottlos, verrucht; *substantivisch* Tempelräuber

sacrosanctus, sacrosancta, sacrosanctum *(o/a/329)* unverletzlich, hochheilig

sacrum, sacri *(o/327) n* Heiligtum, Gottesdienst, Opfer; *sacra facere* Opfer bringen

saeculum, saeculi *(o/327) n* Zeitalter, Menschenalter, Jahrhundert, Zeitgeist, Mode

saepe *Adverb* oft, oftmals

saepenumero *Adverb* oft, oftmals

saepes, saepis *f* Zaun, Gehege

saepīre, saepio, saepsi, saeptum *(4/380)* umzäunen, einzäunen, umhegen, einschließen, sichern

saeta, saetae *(a/325) f* Borste

saevīre, saevio, saevivi, saevitum *(4/380)* toben, wüten, rasen

saevitia, saevitiae *(a/325) f* Wut

saevus, saeva, saevum *(o/a/329)* wild, wütend, grimmig

sagacitas, sagacitatis *(kons./334) f* scharfer Blick, scharfer Sinn, Schärfe

sagax, sagacis *(i/342)* scharfsinnig, schlau

sagitta, sagittae *(a/325) f* Pfeil

sagittarius, sagittarii *(o/326) m* Pfeilschütze, Bogenschütze

sagum/sagulum, sagi/saguli *(o/327) n* Soldatenmantel, Kriegsmantel

sal, salis *(i/338) m/n* Salz, Meer, Witz, Geschmack

salīre, salio, salui, – *(4/380)* springen, hüpfen

salix, salicis *(kons./332) f* Weide(nbaum)

salsus, salsa, salsum *(o/a/329)* salzig, gesalzen, scharf, witzig

saltare, salto, saltavi, saltatum *(1/380)* tanzen

saltem *Adverb* wenigstens

saltus, saltus *(u/350) m* Schlucht, Waldschlucht, Pass, Waldgebirge

saltus, saltus *(u/350) m* Sprung

saluber, salubris, salubre *(o/328)* heilsam, gesund; *Aqua huius fontis salubris est.* Das Wasser dieser Quelle ist gesund.

salus, salutis *(kons./333) f* Gesundheit, Wohl, Wohlergehen, Heil, Rettung; Gruß; *communi saluti servire* dem Gemeinwohl dienen; *saluti esse* zur Rettung beitragen

salutare, saluto, salutavi, salutatum *(1/380)* grüßen, begrüßen

salutaris, salutaris, salutare *(i/343)* wohlbehalten, heilsam, nützlich, rettend

salutatio, salutationis *(kons./333) f* Begrüßung

salve/salvete sei/seid gegrüßt!

salvus, salva, salvum *(o/a/329)* wohlbehalten, unverletzt, unversehrt, mit heiler Haut, gesund; *Amici salvi redierunt.* Die Freunde kehrten wohlbehalten zurück.

sanare, sano, sanavi, sanatum *(1/380)* heilen, wiedergutmachen, beruhigen, zur Vernunft bringen

sancīre, sancio, sanxi, sanctum *(4/380)* weihen, festsetzen, bekräftigen, bestätigen; bestrafen, verbieten

sanctitas, sanctitatis *(kons./334) f* Heiligkeit, Unverletzlichkeit, Rechtschaffenheit

sanctus, sancta, sanctum *(o/a/329)* heilig, geweiht, ehrwürdig; unverletzt

sane *Adverb* wohl, freilich, wirklich, gewiss, allerdings

sanguineus, sanguinea, sanguineum *(o/a/329)* blutig, aus Blut, rot, blutdürstig

sanguinulentus, sanguinulenta, sanguinulentum *(o/a/329)* blutbefleckt

sanguis, sanguinis *(kons./331) m* Blut, Blutvergießen

sanies, saniei *(e/351) f* Eiter, Gift

sanitas, sanitatis *(kons./334) f* Gesundheit, Vernunft, Besonnenheit

sanus, sana, sanum *(o/a/329)* gesund, heil, besonnen, vernünftig; *aliquem sanum facere* jemanden gesund machen; *pro sano facere* handeln wie ein vernünftiger Mensch

sapere, sapio, sapivi/sapii, – *(5/380)* schmecken; verständig sein, einsichtig sein, Verstand haben

sapiens, sapientis *(i/342)* weise, vernünftig, verständig; *substantivisch* der Weise, Philosoph

sapientia, sapientiae *(a/325) f* Weisheit, Einsicht, Philosophie; *studium sapientiae* eifriges Bemühen um die Weisheit

sapor, saporis *(kons./331) m* Geschmack, Urteil

sarcina, sarcinae *(a/325) f* Bündel, Gepäck; *Plural* **sarcinae, sarcinarum** Gepäck, Marschgepäck

sarcīre, sarcio, sarci, sartum *(4/380)* flicken, ausbessern, wiedergutmachen

sata, satorum *(o/327) n* Saaten, Saatfelder, Pflanzungen

satelles, satellitis *(kons./331) m* Leibwächter, Trabant, Helfershelfer

satiare, satio, satiavi, satiatum *(1/380)* sättigen

satietas, satietatis *(kons./334) f* Sättigung, Überdruss

satis/sat *Adverb* genug, ausreichend; *satius est* es ist besser; *Satis verborum!* Genug geredet!; *In magnis voluisse sat est.* Bei großen Dingen genügt der Wille.

satisfacere, satisfacio, satisfeci, satisfactum *(5/380)* zufrieden stellen, entschädigen, Genüge tun, Genüge leisten, befriedigen

satur, satura, saturum *(o/a/329)* satt, reich

satura, saturae *(a/325) f* Satire

saturare, saturo, saturavi, saturatum *(1/380)* sättigen

satus, satus *(u/350) m* Säen, Pflanzen, Saat, Same, Zeugung

Satyrus, Satyri *(o/326) m* Satyr

sauciare, saucio, sauciavi, sauciatum *(1/380)* verwunden

saucius, saucia, saucium *(o/a/329)* verwundet

saxum, saxi *(o/327) n* Stein, Fels, Felsblock, Steinblock, Klippe; *Sisyphus frustra saxum in summum*

montem volvere studuit. Sisyphus versuchte vergeblich, den Fels auf die Bergspitze zu rollen.

S. C. (senatus consultum) Senatsbeschluss

scabies, scabiei *(e/351) f* Rauheit, Krätze, Jucken

scaena, scaenae *(a/325) f* Bühne, Szene, Schauplatz

scalae, scalarum *(a/325) f [plurale tantum]* Leiter, Treppe

scalpere, scalpo, scalpsi, scalptum *(3/380)* kratzen, eingravieren

scandere, scando, scandi, scansum *(3/380)* steigen, besteigen

scapha, scaphae *(a/325) f* Kahn, Boot

sceleratus, scelerata, sceleratum *(o/a/329)* frevelhaft, verbrecherisch, entweiht, befleckt

scelestus, scelesta, scelestum *(o/a/329)* frevelhaft, verbrecherisch, verrucht

scelus, sceleris *(kons./335) n* Frevel, Verbrechen; Verbrecher, Schurke

sceptrum, sceptri *(o/327) n* Zepter, Reich, Herrschaft

schola, scholae *(a/325) f* Schule

sciens, scientis *(i/342)* wissentlich, bewusst, kundig, erfahren (in etwas), geschickt

scientia, scientiae *(a/325) f* Wissen, Wissenschaft, Kenntnis, Einsicht; *scientiā atque usu* in Theorie und Praxis

scilicet *Adverb* selbstverständlich, natürlich

scindere, scindo, scidi, scissum *(3/380)* zerreißen, spalten

Scipio, Scipionis *(kons./333) m* Publius Scipio (Sieger über Hannibal)

scīre, scio, scivi, scitum *(4/380)* wissen, kennen, verstehen; *quod sciam* soweit ich weiß; *Scio te hoc dixisse.* Ich weiß, dass du das gesagt hast.

sciscere, scisco, scivi, scitum *(3/380)* erfahren, beschließen

scitum, sciti *(o/327) n* Beschluss, Volksbeschluss

scitus, scita, scitum *(o/a/329)* kundig, geschickt, klug, nett

scleratus, sclerata, scleratum *(o/a/329)* verbrecherisch

scopulus, scopuli *(o/326) m* Felsen, Klippe

scorpio, scorpionis *(kons./333) m* Skorpion, Wurfmaschine

scortum, scorti *(o/327) n* Prostituierte, Dirne

scriba, scribae *(a/325) m* Schreiber

scribere, scribo, scripsi, scriptum *(3/380)* schreiben, verfassen; *epistulam scribere* einen Brief schreiben

scrinium, scrinii *(o/327) n* Kapsel

scriptor, scriptoris *(kons./331) m* Schriftsteller, Geschichtsschreiber, Schreiber; *rerum scriptor* Geschichtsschreiber

scriptum, scripti *(o/327) n* Schrift, Buch; Linie (auf dem Spielbrett)

scriptura, scripturae *(a/325) f* Schreiben, Schreibweise, Schriftstück

scrobis, scrobis *(g/339) m/f* Grube, Loch

scrupulus, scrupuli *(o/326) m* (spitzes) Steinchen, Besorgnis, Skrupel, Bedenken

scruta, scrutorum *(o/327) n [plurale tantum]* Gerümpel, Plunder

scrutari, scrutor, scrutatus sum, – *(1/Deponens/392)* untersuchen, erforschen

scrutatio, scrutationis *(kons./333) f* Untersuchung, Durchsuchung

scurra, scurrae *(a/325) m* Spaßmacher, Schmeichler

scurrari, scurror, scurratus sum, – *(1/Deponens/392)* Spaßmacher sein, schmeicheln

scutum, scuti *(o/327) n* (der) Schild

scyphus, scyphi *(o/326) m* Becher, Pokal

secare, seco, secui, sectum *(1/380)* schneiden, abschneiden, durchschneiden

secedere, secedo, secessi, secessum *(3/380)* weggehen, sich trennen

secernere, secerno, secrevi, secretum *(3/380)* trennen, absondern, unterscheiden

secessio, secessionis *(kons./333) f* Absonderung, Auszug, Trennung

secreto *Adverb* insgeheim

secretum, secreti *(o/327) n* Abgeschiedenheit, Geheimnis

secretus, secreta, secretum *(o/a/329)* abgesondert, geheim

sectari, sector, sectatus sum, – *(1/Deponens/392)* *[Akkusativ]* nachjagen, nachlaufen

secundum *(420)* Präposition *[Akkusativ]* entlang, längs, sogleich nach, unmittelbar nach; entsprechend, gemäß

secundus, secunda, secundum *(o/a/329)* der folgende, der zweite; günstig; *in rebus secundis* im Glück; *vento secundo* mit günstigem Wind

securis, securis *(i/338) f* Beil

securitas, securitatis *(kons./334) f* Sorglosigkeit, Nachlässigkeit; Sicherheit

securus, secura, securum *(o/a/329)* sorgenlos, sorglos, unbekümmert, sicher

secus *Adverb* anders

sed *(422) Konjunktion* aber, jedoch, sondern

sedare, sedo, sedavi, sedatum *(1/380)* beruhigen, zur Ruhe bringen, stillen, mildern; *bellum sedare* den Krieg beilegen

sedatio, sedationis *(kons./333) f* Beruhigung

sedatus, sedata, sedatum *(o/a/329)* ruhig; *sedate ferre* ruhig ertragen

sedecim sechzehn

sedēre, sedeo, sedi, sessum *(2/380)* sitzen

sedes, sedis *f* Sitz, Wohnsitz; *sedibus incertis vagari* ohne festen Wohnsitz herumziehen

sedile, sedilis *(i/338) n* Stuhl, Sitz, Bank, Sessel

seditio, seditionis *(kons./333) f* Trennung, Zwiespalt, Zwist, Aufstand, Aufruhr, Meuterei; *seditionem facere* einen Aufstand machen

seditiosus, seditiosa, seditiosum *(o/a/329)* aufrührerisch, meuternd

seducere, seduco, seduxi, seductum *(3/380)* beiseite führen, trennen

sedulitas, sedulitatis *(kons./334) f* Eifer, Emsigkeit, Fleiß

sedulo *Adverb* ohne Arg, fleißig

sedulus, sedula, sedulum *(o/a/329)* fleißig, eifrig, willig

seges, segetis *(kons./331) f* Saat, Saatfeld, Ertrag

segnis, segnis, segne *(i/343)* langsam, träge, schlaff, lässig; *nihilo segnius* umso eifriger

segnitia, segnitiae *(a/325) f* Langsamkeit, Trägheit, Schlaffheit

segregare, segrego, segregavi, segregatum *(1/380)* absondern, trennen

seiungere, seiungo, seiunxi, seiunctum *(3/380)* trennen, unterscheiden

selectio, selectionis *(kons./333) f* Auswahl

sella, sellae *(a/325) f* Sessel, Stuhl

semel *Adverb* einmal

semen, seminis *(kons./336) n* Same, Samenkorn, Samen

sementis, sementis *(g/339) f* Aussaat

seme(n)stris, semestris, semestre *(i/343)* sechsmonatig

semianimis, semianimis, semianime *(i/343)* halb tot

seminex, seminecis *(i/342)* halb tot

semita, semitae *(a/325) f* Fußpfad

semovēre, semoveo, semovi, semotum *(2/380)* entfernen, ausschließen, absondern

semper *Adverb* immer, stets

sempiternus, sempiterna, sempiternum *(o/a/329)* ewig, immerwährend

senator, senatoris *(kons./331) m* Senator, Mitglied des Senats

senatorius, senatoria, senatorium *(o/a/329)* senatorisch

senatus, senatus *(u/350) m* Rat der Alten, Senat, Senatsversammlung; *senatūs consultum* Senatsbeschluss; *senatūs consultum ultimum* der äußerste Senatsbeschluss (im Notfall)

Seneca, Senecae *(a/325) m* Seneca (römischer Philosoph)

senecta, senectae *(a/325) f* (hohes) Alter, Greisenalter

senectus, senectutis *(kons./333) f* (hohes) Alter, Greisenalter

senescere, senesco, senui, – *(3/380)* alt werden, altern; verkümmern, verwelken, verfallen

senex, senis *(kons./331) m* alt, bejahrt; *substantivisch* alter Mann, Greis

seni, senae, sena *(o/a/329)* je sechs

senilis, senilis, senile *(i/343)* greisenhaft

senior, senioris *(i/342) [Komparativ zu senex]* älter; *Plural* **seniores, seniorum** die Älteren

sensim *Adverb* allmählich, bedächtig

sensus, sensus *(u/350) m* Sinn, Gesinnung, Verstand, Empfindung, Gefühl, Gedanke; *sensus communis* gesunder Menschenverstand; *Morte omnis sensus exstinguitur.* Durch den Tod wird jede Empfindung ausgelöscht.

sententia, sententiae *(a/325) f* Meinung, Urteil, Gedanke, Sinn, Satz, Sinnspruch; *meā sententiā* meiner Meinung nach; *sententiam dicere/ferre* die Stimme abgeben

sentīre, sentio, sensi, sensum *(4/380)* fühlen, spüren, merken, wahrnehmen, meinen; *Idem sentio ac tu.* Ich meine dasselbe wie du.

sentis, sentis *(g/339) m* Dornstrauch, Dornbusch

separare, separo, separavi, separatum *(1/380)* trennen, absondern

separatim *Adverb* getrennt, besonders

sepelīre, sepelio, sepelivi, sepultum *(4/380)* bestatten, begraben

seponere, sepono, seposui, sepositum *(3/380)* beiseite legen, trennen, absondern, entfernen

septem sieben

septeni, septenae, septena *(o/a/329)* je sieben

septentrionalis, septentrionalis, septentrionale *(i/343)* nördlich

septentriones, septentrionum *(kons./331) m [plurale tantum]* Sternbild „Wagen"/„Großer Bär", Norden

septimus, septima, septimum *(o/a/329)* der siebte

septingenti, septingentae, septingenta *(o/a/329)* siebenhundert

septuagesimus, septuagesima, septuagesimum *(o/a/329)* der siebzigste

septuaginta siebzig

sepulcrum, sepulcri *(o/327) n* Grab, Grabmal

sepultura, sepulturae *(a/325) f* Begräbnis, Bestattung, Verbrennung

sequax, sequacis *(i/342)* schnell folgend

sequi, sequor, secutus sum, – *(3/Deponens/392)* folgen, nachfolgen, verfolgen; *eā, quae secuta est, hieme* im folgenden Winter; *sequitur, ut* daraus ergibt sich, dass

sequius *Adverb* anders, weniger, schlechter

sera, serae *(a/325) f* Riegel

serenus, serena, serenum *(o/a/329)* heiter, wolkenlos

serere, sero, serui, sertum *(3/380)* reihen, aneinanderreihen, verknüpfen

serere, sero, sevi, satum *(3/380)* säen, pflanzen

series, seriei *(e/351) f* Reihe, Folge, Serie

serio *Adverb* ernst, im Ernst

serius, seria, serium *(o/a/329) [Adverb serio]* ernst, ernsthaft

sermo, sermonis *(kons./333) m* Gespräch; Sprache, Umgangssprache, Redeweise; *sermonem habere* ein Gespräch führen; *in sermone omnium esse* in aller Munde sein

sero *Adverb* spät, zu spät

serpens, serpentis *(kons./334) m* Schlange

serpere, serpo, serpsi, serptum *(3/380)* kriechen, schleichen

serta, sertorum *(o/327) n [plurale tantum]* Kranz, Girlande

serus, sera, serum *(o/a/329)* spät, verspätet

serva, servae *(a/325) f* Sklavin, Magd, Dienerin

servare, servo, servavi, servatum *(1/380) [a mit Ablativ]* retten, bewahren, behüten, schützen (vor), erhalten; beobachten

servilis, servilis, servile *(i/343)* Sklaven betreffend, Sklaven-, sklavisch, knechtisch

servīre, servio, servivi, servitum *(4/380)* dienen, frönen, Sklave sein; *vitiis servire* Lastern frönen

servitium, servitii *(o/327) n* Sklaverei, Knechtschaft; *Plural* **servitia, servitiorum** Sklaven; *aliquem in servitium ducere* jemanden versklaven

servitus, servitutis *(kons./333) f* Sklaverei, Knechtschaft; *servitutem servire* in Knechtschaft leben

servulus, servuli *(o/326) m* junger Sklave

servus, servi *(o/326) m* Sklave, Knecht, Dienerin

sescenti, sescentae, sescenta *(o/a/329)* sechshundert

sestertius, sestertii *(o/326) m* Sesterz (= ursprünglich 2,5 As, klassisch 4 As)

setius *Adverb* anders, weniger, schlechter

severitas, severitatis *(kons./334) f* Ernst, Strenge

severus, severa, severum *(o/326)* ernst, gesetzt, streng

sex sechs

Sex. Sextus (Vorname)

sexagesimus, sexagesima, sexagesimum *(o/a/329)* der sechzigste

sexaginta sechzig

sextus, sexta, sextum *(o/a/329)* der sechste

sexus, sexus *(u/350) m* Geschlecht

si *(422) Konjunktion* wenn, falls, ob

sic *Adverb* so, auf diese Weise; *sic ... ut* so ... wie

sica, sicae *(a/325) f* Dolch, Meuchelmord

sicarius, sicaria *(o/326) m* Meuchelmörder

siccare, sicco, siccavi, siccatum *(1/380)* trocknen, austrocknen

siccus, sicca, siccum *(o/a/329)* trocken, durstig, nüchtern

sicubi *(422) Konjunktion* wenn irgendwo

sicut *Adverb* wie, so wie, wie zum Beispiel

sidere, sido, sedi, sessum *(3/380)* sich setzen, sich senken

sidereus, siderea, sidereum *(o/a/329)* gestirnt, Sternen-

sidus, sideris *(kons./335) n* Gestirn, Sternbild; *sidera, quae errantia vocantur* die so genannten Planeten

sigillum, sigilli *(o/327) n* Statuette, Siegel

signare, signo, signavi, signatum *(1/380)* zeichnen, bezeichnen; siegeln, versiegeln

signifer, signiferi *(o/328) m* Bannerträger, Fähnrich

significare, significo, significavi, significatum *(1/380)* bezeichnen, bedeuten

significatio, significationis *(kons./333) f* Zeichen, Anzeichen, Bezeichnung, Bedeutung

signum, signi *(o/327) n* Feldzeichen, Standarte, Zeichen, Parole, Losung, Merkmal, Bild, Bildnis; *signa relinquere* fahnenflüchtig werden; *signa inferre* angreifen

silentium, silentii *(o/327) n* Schweigen, Stille, Ruhe

silēre, sileo, silui, – *(2/380)* schweigen, still sein, ruhen

silex, silicis *(kons./331) m* Kiesel, Stein, Fels

silva, silvae *(a/325) f* Wald

silvestris, silvestris, silvestre *(i/343)* bewaldet, im Wald lebend, wild

similis, similis, simile *(i/343)* ähnlich, gleichartig; *veri similis/verisimilis* wahrscheinlich

similitudo, similitudinis *(kons./333) f* Ähnlichkeit

simplex, simplicis *(i/342)* einfach, natürlich, schlicht, arglos

simplicitas, simplicitatis *(kons./334) f* Einfachheit, Schlichtheit, Aufrichtigkeit

simul *Adverb* zugleich, gleichzeitig

simul *(422) Konjunktion [mit Indikativ Perfekt]* sobald

simul ac (simulatque) *(422) Konjunktion [mit Indikativ Perfekt]* sobald als

simul atque *[mit Indikativ Perfekt]* sobald als

simulacrum, simulacri *(o/327) n* Bild, Bildnis, Abbild; Trugbild; Götterbild

simulare, simulo, simulavi, simulatum *(1/380)* nachahmen, etwas vorgeben, heucheln, so tun als ob; *Marcus se aegrum esse simulat.* Marcus stellt sich krank.

simulatio, simulationis *(kons./333) f* Verstellung, Vorwand

simultas, simultatis *(kons./334) f* Feindschaft

sin (autem) *(422) Konjunktion* wenn aber

sincerus, sincera, sincerum *(o/a/329)* rein, unversehrt, aufrichtig

sine *(420) Präposition [Ablativ]* ohne

sinere, sino, sivi, situm *(3/380)* lassen, zulassen, erlauben; *Non sino te abire.* Ich lasse dich nicht weggehen.

singularis, singularis, singulare *(i/343)* einzeln, einzigartig, ausgezeichnet

singuli, singulae, singula *(o/a/329)* einzelne, je ein; *in singulos annos* jeweils für ein Jahr

sinister, sinistra, sinistrum *(o/a/330)* links, linkisch; Unglück verheißend; *ad sinistram (manum)* zur Linken (Hand), auf der linken Seite

sinus, sinus *(u/350) m* Biegung, Krümmung, Bucht; Bausch, Gewandbausch, Busen, Tasche; *sinus maritimus* Meerbusen, Meeresbucht

siquidem *(422) Konjunktion* wenn wirklich

sistere, sisto, stiti, – *(3/380)* stellen, hinstellen, zum Stehen bringen, sich stellen, sich hinstellen, stehen bleiben, bestehen

Sisyphus, Sisyphi *(o/326) m* Sisyphus

sitīre, sitio, sitivi, sititum *(4/380)* dürsten, trocken sein

sitis, sitis *(i/338) f* Durst, Dürre; *sitim explere* den Durst löschen

situs, sita, situm *(o/a/329)* gelegen, liegend, befindlich (bei Ortsangaben); *urbs ad flumen sita* die Stadt am Fluss

situs, situs *(u/350) m* Lage, Stellung; Vernachlässigung

sive/seu *(422) Konjunktion* oder wenn; oder; *sive … sive/seu … seu* sei es, dass … oder dass

sobrius, sobria, sobrium *(o/a/329)* nüchtern, enthaltsam, besonnen

soccus, socci *(o/326) m* niederer/leichter Schuh

socer, soceri *(o/328) m* Schwiegervater

socialis, socialis, sociale *(i/343)* freundschaftlich, kameradschaftlich, ehelich

sociare, socio, sociavi, sociatum *(1/380)* verbinden, vereinigen, zum Bundesgenossen machen

societas, societatis *(kons./334) f* Gemeinschaft, Gesellschaft, Bündnis, Verbindung; *latronum societas* Räuberbande

socius, socii *(o/326) m* Verbündeter, Bundesgenosse, Gefährte, Kamerad; *adjektivisch* verbündet, gemeinsam

socordia, socordiae *(a/325) f* Sorglosigkeit, Beschränktheit

socors, socordis *(i/342)* fahrlässig, sorglos, schwerfällig, beschränkt

Socrates, Socratis *(kons./331) m* Sokrates (griechischer Philosoph)

socrus, socrus *(u/350) f* Schwiegermutter

sodalis, sodalis *(g/339) m* Gefährte, Kamerad, Freund, Mitglied, Genosse

sol, solis *(kons./331) m* Sonne, Sonnengott, Tag; *sole oriente* bei Sonnenaufgang; *sole occidente* bei Sonnenuntergang

solacium, solacii *(o/327) n* Trost

solamen, solaminis *(kons./336) n* Trost

solari, solor, solatus sum, – *(1/Deponens/392)* trösten, lindern, mildern

solea, soleae *(a/325) f* Sandale

solēre, soleo, solitus sum, – *(2/380) [mit Infinitiv]* pflegen, gewohnt sein (etwas zu tun); *Hoc quotannis accidere solet.* Dies kommt gewöhnlich in jedem Jahr vor.

solidus, solida, solidum *(o/a/329)* gediegen, fest, echt, ganz

solitudo, solitudinis *(kons./333) f* Einsamkeit, Einöde

solitus, solita, solitum *(o/a/329)* gewohnt, üblich, gebräuchlich

solium, solii *(o/327) n* Thron

sollemnis, sollemnis, sollemne *(i/343)* feierlich, alljährlich (jährlich wiederkehrend); *Plural* **sollemnia, sollemnium** substantivisch Feierlichkeiten

sollers, sollertis *(i/342)* kunstfertig, geschickt, schlau

sollertia, sollertiae *(a/325) f* Geschicklichkeit, Schlauheit

sollicitare, sollicito, sollicitavi, sollicitatum *(1/380)* heftig bewegen, heftig erregen, stören, beunruhigen, stark bewegen, aufwiegeln

sollicitudo, sollicitudinis *(kons./333) f* Erregung, Unruhe, Kummer, Sorge; *magnā affectus sollicitudine* von großer Unruhe erfüllt

sollicitus, sollicita, sollicitum *(o/a/329)* heftig erregt, besorgt, stark bewegt, unruhig, beunruhigt, besorgt; *sollicita plebs* die erregte Volksmenge

Solo, Solonis *(kons./333) m* Solon (athenischer Gesetzgeber)

solum, soli *(o/327) n* Boden, Sohle, Grundfläche, Erdboden; *urbem solo (Dativ) aequare* die Stadt dem Erdboden gleichmachen

solum *Adverb* allein, nur; *non solum ... sed etiam* nicht nur ... sondern auch

solus, sola, solum *[Genitiv solius, Dativ soli]* allein, einzig, einsam

solutus, soluta, solutum *(o/a/329)* ungebunden, frei, schlaff, gelöst, zügellos

solvere, solvo, solvi, solutum *(3/380)* lösen, ablösen, auflösen, befreien, zahlen; *vela solvere* die Segel setzen; *pecuniam debitam solvere* Schulden bezahlen

somniare, somnio, somniavi, somniatum *(1/380)* träumen

somnium, somnii *(o/327) n* Traum, Traumbild; *somnium videre* träumen

somnus, somni *(o/326) m* Schlaf, Untätigkeit; *somnum capere non posse* nicht einschlafen können

sonare, sono, sonui, –, sonaturus *(1/380)* tönen, schallen, klirren, klingen

sonipes, sonipedis *(kons./334) m* Pferd, Ross

sonitus, sonitus *(u/350) m* Ton, Geräusch

sonorus, sonora, sonorum *(o/a/329)* tönend, rauschend

sonus, sonus *(u/350) m* Laut, Schall, Ton, Klang

sopīre, sopio, sopivi, sopitum *(4/380)* einschläfern, tief einschlafen

sopor, soporis *(kons./331) m* tiefer Schlaf

sordēre, sordeo, sordui, – *(2/380)* schmutzig sein

sordes, sordium *(kons./331) f* Schmutz, niedrige Gesinnung

sordidus, sordida, sordidum *(o/a/329)* schmutzig, gemein, niedrig, schäbig

soror, sororis *(kons./331) f* Schwester

sors, sortis *(g/340) f* Los, Losorakel, Schicksal; *sorti destinatus* dem Schicksal verfallen

sortīri, sortior, sortitus sum, – *(4/Deponens/392)* losen, erlosen; *sortito* durch das Los

sospes, sospitis *(kons./345)* wohlbehalten, unversehrt

spargere, spargo, sparsi, sparsum *(3/380)* sprengen, besprengen, streuen, ausstreuen, zerstreuen, werfen

spatiari, spatior, spatiatus sum, – *(1/Deponens/392)* einhergehen, spazieren gehen

spatiosus, spatiosa, spatiosum *(o/a/329)* ausgedehnt, weit, geräumig, groß

spatium, spatii *(o/327) n* Raum, Strecke, Zwischenraum; Zeitraum; *magno spatio confecto* nachdem eine große Strecke bewältigt war; *triginta dierum spatium dare* eine Frist von dreißig Tagen einräumen

specere, specio, spexi, spectum *(5/380)* schauen

specialis, specialis, speciale *(i/343)* besonders

species, speciei *(e/351) f* Aussehen, Gestalt, Anblick, Gestalt; Anschein, Schein, Vorwand; *prima specie* auf den ersten Blick

specimen, speciminis *(kons./336) n* Probe, Muster

speciosus, speciosa, speciosum *(o/a/329)* schön, stattlich, blendend, glänzend

spectabilis, spectabilis, spectabile *(i/343)* sichtbar; herrlich, ansehnlich

spectaculum, spectaculi *(o/327) n* Schauspiel, Tribüne; *spectaculum capere* sich ein Schauspiel ansehen

spectare, specto, spectavi, spectatum *(1/380)* schauen, anschauen, betrachten, anstreben

spectator, spectatoris *(kons./331) m* Zuschauer, Betrachter

spectatus, spectata, spectatum *(o/a/329)* erprobt, anerkannt, bewährt, geprüft

specula, speculae *(a/325) f* Aussichtspunkt, Warte

speculari, speculor, speculatus sum, – *(1/Deponens/392)* auskundschaften, beobachten

speculator, speculatoris *(kons./331) m* Kundschafter, Späher

speculum, speculi *(o/327) n* Spiegel

specus, specus *(u/350) m* Höhle, Grotte, Graben, Stollen

spelunca, speluncae *(a/325)* f Höhle, Grotte

sperare, spero, speravi, speratum *(1/380)* hoffen, erhoffen, erwarten; *sperare salutem/de salute* auf Rettung hoffen

spernere, sperno, sprevi, spretum *(3/380)* abweisen, verachten, verschmähen

spes, spei *(e/351)* f Hoffnung, Erwartung; *spem ponere in + Ablativ* seine Hoffnung setzen auf

sphaera, sphaerae *(a/325)* f Kugel

spiculum, spiculi *(o/327)* n Spitze, Wurfspieß, Lanze, Pfeil

spina, spinae *(a/325)* f Dorn, Stachel

spira, spirae *(a/325)* f Windung

spirare, spiro, spiravi, spiratum *(1/380)* hauchen, atmen, wehen

spiritus, spiritus *(u/350)* m Atem, Hauch, Lufthauch, Seele, Gesinnung; *extremo spiritu* beim letzten Atemzug

spissus, spissa, spissum *(o/a/329)* dicht, voll, mühsam, langsam

splendēre, splendeo, splendui, – *(2/380)* glänzen, schimmern, strahlen

splendidus, splendida, splendidum *(o/a/329)* glänzend, angesehen, prächtig

splendor, splendoris *(kons./331)* m Glanz

spoliare, spolio, spoliavi, spoliatum *(1/380)* entkleiden, plündern, ausplündern, berauben

spolium, spolii *(o/327)* n *[meist im Plural]* erbeutete Rüstung, Beute, Raub

spondēre, spondeo, spopondi, sponsum *(2/380)* geloben, versprechen, bürgen

sponsio, sponsionis *(kons./333)* f Gelöbnis, Bürgschaft; Wette

sponsor, sponsoris *(kons./331)* m Bürge

sponsus, sponsi *(o/326)* m Bräutigam, Verlobter; *adjektivisch* verlobt

(meā/tuā/suā/nostrā/vestrā) sponte f aus eigenem Antrieb, freiwillig; *Meā sponte hoc feci.* Das habe ich aus eigenem Antrieb getan.

S. P. Q. R. (Senatus populusque Romanus) Senat und Volk von Rom

spuere, spuo, spui, sputum *(3/380)* speien, spucken

spuma, spumae *(a/325)* f Schaum, Gischt

spumare, spumo, spumavi, spumatum *(1/380)* schäumen

spumeus, spumea, spumeum *(o/a/329)* schäumend

squalēre, squaleo, –, – *(2/380)* rau sein, starren, schmutzig sein

squalidus, squalida, squalidum *(o/a/329)* schmutzig, ungepflegt

squalor, squaloris *(kons./331)* m Schmutz, Trauer, Trauerkleidung

squama, squamae *(a/325)* f Schuppe

squilla, squillae *(a/325)* f Krabbe, Krebs

SS. (sestertii) Sesterzen

Stabiae, Stabiarum *(a/325)* f *[plurale tantum]* Stabiä (Kleinstadt am Golf von Neapel)

stabilīre, stabilio, stabilivi, stabilitum *(4/380)* befestigen, sichern

stabilis, stabilis, stabile *(i/343)* standhaft, dauerhaft, zuverlässig, beständig, fest

stabilitas, stabilitatis *(kons./334)* f Festigkeit, Bestand, Beständigkeit

stabulum, stabuli *(o/327)* n Stall, Gehege

stadium, stadii *(o/327)* n Stadion, Rennbahn

stagnum, stagni *(o/327)* n Tümpel, Teich

stamen, staminis *(kons./336)* n Faden, Schicksalsfaden

stare, sto, steti, staturus *(1/380)* stehen

statim *Adverb* auf der Stelle, sofort, sogleich

statio, stationis *(kons./333)* f Standort, Posten, Wache, Wachmannschaft

stativa, stativorum *(o/327)* n *[plurale tantum]* Standlager

stativus, stativa, stativum *(o/a/329)* stehend

statua, statuae *(a/325)* f Statue, Standbild

statuere, statuo, statui, statutum *(3/380)* hinstellen, aufstellen; feststellen; beschließen, festsetzen; *arborem statuere* einen Baum pflanzen

statura, staturae *(a/325)* f Gestalt, Wuchs

status, status *(u/350)* m Stand, Zustand, Verfassung, Bestand; *status belli* die Lage des Krieges/Kriegslage

stella, stellae *(a/325)* f Stern

sterilis, sterilis, sterile *(i/343)* unfruchtbar, ertraglos

sternere, sterno, stravi, stratum *(3/380)* ausbreiten, hinbreiten, hinwerfen, hinstrecken, niederwerfen

stertere, sterto, –, – *(3/380)* schnarchen

stilla, stillae *(a/325)* f Tropfen

stilus, stili *(o/326)* m Schreibgriffel, Schreibart

stimulare, stimulo, stimulavi, stimulatum *(1/380)* anstacheln, beunruhigen, quälen

stimulus, stimuli *(o/326)* m Stachel, Ansporn

stipare, stipo, stipavi, stipatum *(1/380)* zusammendrängen, umringen

stipendiarius, stipendiaria, stipendiarium *(o/a/329)* tributpflichtig

stipendium, stipendii *(o/327)* n Steuer, Abgabe, Tribut, Sold; *Plural* **stipendia, stipendiorum** Kriegsdienst; *Populi subacti stipendia pependerunt.* Die unterdrückten Völker zahlten Steuern.; *stipendia facere/merere* Sold verdienen, Kriegsdienst leisten

stipes, stipitis *(kons./331)* m Baumstamm, Pfahl

stipula, stipulae *(a/325)* f Stroh, Strohhalm, Rohr, Halm

stirps, stirpis *(kons./331)* f Wurzelstock, Ursprung, Spross, Geschlecht

stola, stolae *(a/325)* f langes Kleid (von Frauen)

stolidus, stolida, stolidum *(o/a/329)* töricht, dumm

stomachari, stomachor, stomachatus sum, – *(1/Deponens/392)* unwillig sein, sich ärgern

stomachus, stomachi *(o/326)* m Schlund, Magen; Verdruss, Ärger

strages, stragis f Niederlage, Vernichtung, Verwüstung, Gemetzel

stramentum, stramenti *(o/327)* n Streu, Stroh

stratum, strati *(o/327)* n Decke, Polster, Lager

strenuus, strenua, strenuum *(o/a/329)* tätig, tüchtig, tatkräftig, rührig, wacker

strepere, strepo, strepui, – *(3/380)* lärmen, rauschen, toben

strepitus, strepitus *(u/350)* m Lärm, Geräusch, Getöse

stridēre, strideo, stridi, – *(2/380)* pfeifen, zischen

stridor, stridoris *(kons./331)* m Pfeifen, Zischen

stringere, stringo, strinxi, strictum *(3/380)* (eine Waffe) ziehen, abstreifen; *gladio stricto* mit gezücktem Schwert

struere, struo, struxi, structum *(3/380)* aufbauen, schichten, ordnen

studēre, studeo, studui, – *(2/380)* *[Dativ]* sich bemühen um, eifrig betreiben, streben nach, begünstigen; *studere litteris* sich wissenschaftlich betätigen; *id studere, ut* sich darum bemühen, dass

studiosus, studiosa, studiosum *(o/a/329)* *[Genitiv]* eifrig bemüht (um), bedacht (auf), wissbegierig; *studiosissimus litterarum* ein großer Freund der Wissenschaften

studium, studii *(o/327)* n Eifer, Studium, Streben, Beschäftigung; Vorliebe, Neigung, Voreingenommenheit; *studium discendi* Lerneifer; *sine ira et studio* objektiv

stultitia, stultitiae *(a/325)* f Torheit, Dummheit

stultus, stulta, stultum *(o/a/329)* töricht, dumm

stupefacere, stupefacio, stupefeci, stupefactum *(5/380)* verblüffen; betäuben

stupēre, stupeo, stupui, – *(2/380)* staunen, stutzen

stupidus, stupida, stupidum *(o/a/329)* verdutzt, stumpfsinnig

stuprum, stupri *(o/327) n* Unzucht, Ehebruch, Schändung

suadēre, suadeo, suasi, suasum *(2/380)* raten, anraten, empfehlen, zureden; *pacem suadere* zum Frieden raten; *Tibi suadeo, ne sero venias.* Ich rate dir, nicht zu spät zu kommen.

suavis, suavis, suave *(i/343)* süß, lieblich, angenehm

suavitas, suavitatis *(kons./334) f* Süßigkeit, Annehmlichkeit

sub *(420) Präposition* (Akkusativ) unter, unterhalb, gegen, um, bei, unter … hin; (Ablativ) unter, unterhalb, während, innerhalb, gegen, bei

subdere, subdo, subdidi, subditum *(3/380)* unterwerfen; unterschieben, unterstellen, vorschieben

subdolus, subdola, subdolum *(o/a/329)* arglistig, betrügerisch, hinterlistig

subducere, subduco, subduxi, subductum *(3/380)* wegführen, entziehen

subesse, subsum, –, – *(unreg./398)* darunter sein, zu Grunde liegen, vorhanden sein

subicere, subicio, subieci, subiectum *(5/380)* unterwerfen, unterordnen; *subiectis parcere* die Unterworfenen schonen

subigere, subigo, subegi, subactum *(3/380)* hinunter-/hinauftreiben; zwingen, bezwingen, unterwerfen, unterjochen, gefügig machen

subinde *Adverb* unmittelbar darauf, wiederholt

subīre, subeo, subii, subitum *(unreg./414)* (heimlich) herangehen an, heranrücken an, emporsteigen, unternehmen, sich unterziehen, auf sich nehmen, erdulden; *pericula subire* Gefahren auf sich nehmen; *locum subire* sich einem Ort nähern

subito *Adverb* plötzlich

subitus *Adverb* unvermutet, plötzlich; *subito (Adverb)* plötzlich

sublabi, sublabor, sublapsus sum, – *(3/Deponens/392)* heranschleichen

sublevare, sublevo, sublevavi, sublevatum *(1/380)* erleichtern, emporheben, aufrichten, unterstützen, fördern

sublica, sublicae *(a/325) f* Pfahl

sublime *Adverb* hochragend, erhaben

sublimis, sublimis, sublime *(i/343)* hochragend, erhaben

submergere, submergo, submersi, submersum *(3/380)* untertauchen, versenken

submittere, submitto, submisi, submissum *(3/380)* herablassen; heimlich nachsenden, zu Hilfe schicken

submovēre, submoveo, submovi, submotum *(2/380)* wegschaffen, vertreiben, fern halten

subnectere, subnecto, subnexui, subnexum *(3/380)* (von unten) anknüpfen

subnisus/subnixus, subnisa, subnisum *(o/a/329)* gestützt auf

suboles, subolis *(kons./331) f* Nachkommenschaft

subridēre, subrideo, subrisi, subrisum *(2/380)* lächeln, anlächeln

subruere, subruo, subrui, subrutum *(3/380)* unterwühlen, untergraben

subsellium, subsellii *(o/327) n* Schemel, Bank

subsequi, subsequor, subsecutus sum, – *(3/Deponens/392)* unmittelbar folgen, nachfolgen, nachahmen

subsidere, subsido, subsedi, – *(3/380)* sich niedersetzen, sich senken

subsidium, subsidii *(o/327) n* Hilfe, Hintertreffen, Reserve; *Plural* **subsidia, subsidiorum** Hilfstruppen, Entsatz

subsistere, subsisto, substiti, – *(3/380)* Halt machen, stillstehen, standhalten

subter *Adverb* unterhalb, unten

subter *(420)* Präposition *[Akkusativ/Ablativ]* unterhalb von, unter

subtilis, subtilis, subtile *(i/343)* fein, genau

subtilitas, subtilitatis *(kons./334)* f Scharfsinn, Feinheit, Genauigkeit, Schlichtheit

subtrahere, subtraho, subtraxi, subtractum *(3/380)* (heimlich) entziehen

Subura, Suburae *(a/325)* f Subura (Stadtviertel Roms)

suburbanus, suburbana, suburbanum *(o/a/329)* in Stadtnähe, vorstädtisch

subvehere, subveho, subvexi, subvectum *(3/380)* hinaufführen, zuführen

subvenīre, subvenio, subveni, subventum *(4/380)* zu Hilfe kommen, abhelfen; *amicis subvenire* den Freunden zu Hilfe kommen

subvertere, subverto, subverti, subversum *(3/380)* umstürzen, vernichten

succedere, succedo, successi, successum *(3/380)* heranrücken, nachrücken, nachfolgen, ablösen; gelingen; *patri succedere* den Vater ablösen

succendere, succendo, succendi, succensum *(3/380)* n anzünden, in Brand stecken, entflammen

successor, successoris *(kons./331)* m Nachfolger

successus, successus *(u/350)* m Vorrücken, Erfolg

succīdere, succīdo, succīdi, succīsum *(3/380)* (unten) abschneiden, abmähen

succingere, succingo, succinxi, succinctum *(3/380)* aufschürzen, hochbinden, umgürten, umgeben

succumbere, succumbo, succubui, succubitum *(3/380)* unterliegen

succurrere, succurro, succurri, succursum *(3/380)* zu Hilfe eilen, beistehen; in den Sinn kommen

sucinum, sucini *(o/327)* n Bernstein

sucus, suci *(o/326)* m Saft

sudare, sudo, sudavi, sudatum *(1/380)* schwitzen

sudis, sudis *(g/339)* f Pfahl

sudor, sudoris *(kons./331)* m Schweiß, Anstrengung

suere, suo, sui, sutum *(3/380)* nähen

suescere, suesco, suevi, suetum *(3/380)* gewöhnen, sich gewöhnen

Suetonius, Suetonii *(o/326)* m Gaius Suetonius Tranquillus (Geschichtsschreiber, Biograph)

sufficere, sufficio, suffeci, suffectum *(5/380)* darreichen, ausreichen, genügen

suffragium, suffragii *(o/327)* n Abstimmung, Stimme, Stimmrecht

suffundere, suffundo, suffusi, suffusum *(3/380)* übergießen

sui/sibi/se *(360)* sich

sulcus, sulci *(o/326)* m Furche

Sulla, Sullae *(a/325)* m Lucius Cornelius Sulla

sulphur, sulphuris *(kons./336)* n Schwefel

sumere, sumo, sumpsi, sumptum *(3/380)* an sich nehmen

summa, summae *(a/325)* f Hauptsache, Gesamtheit, Gesamtzahl, Inbegriff; *in summā* im Ganzen, kurz

summergere, summergo, summersi, summersum *(3/380)* untertauchen, versenken

summus, summa, summum *(o/a/329)* der höchste, der oberste, der größte; *in summo muro* oben auf der Mauer; *in summa aqua* auf der Wasseroberfläche

sumptus, sumptus *(u/350)* m Aufwand, Kosten; *suo sumptu* auf eigene Kosten

supellex, supellectilis *(kons./331)* f Hausgerät, Ausstattung

super/supra *(420)* Präposition *[Akkusativ]* oberhalb, über, oben auf, über … hinaus, über

super/supra Adverb *[Akkusativ]* oben, darüber

superare, supero, superavi, superatum *(1/380)* überlegen sein, überragen, überwinden, übertreffen, besiegen; *aliquem gloriā superare* jemanden an Ruhm übertreffen

superbia, superbiae *(a/325)* f Stolz, Hochmut, Überheblichkeit; *inanis superbia* eitler Hochmut

superbus, superba, superbum *(o/a/329)* hochmütig, stolz; prächtig; *pecuniā superbus esse* stolz auf sein Geld sein

superesse, supersum, superfui, –, superfuturus *(unreg./398)* überflüssig sein, übrig sein; überlegen sein; überleben; *virtute superesse* an Tapferkeit überlegen sein

superi, superorum *(o/328)* m die Überirdischen, die Götter, die Oberwelt

superior, superior, superius *(i/343)* der höhere, der obere; der überlegene; der frühere; *superiore hieme* im vorigen Winter

supernus, superna, supernum *(o/a/329)* oben befindlich, himmlisch

supersidēre, supersideo, supersedi, supersessum *(2/380) [Ablativ]* sich hinwegsetzen über

superstes, superstitis *(kons./345)* überlebend

superstitio, superstitionis *(kons./333)* f Aberglaube

superstitiosus, superstitiosa, superstitiosum *(o/a/329)* abergläubisch

superus, supera, superum *(o/a/329)* oben befindlich

supervacaneus, supervacanea, supervacaneum *(o/a/329)* überflüssig, unnütz

supervacuus, supervacua, supervacuum *(o/a/329)* überflüssig, unnütz

supervenīre, supervenio, superveni, superventum *(4/380)* überraschen, überfallen, zu Hilfe kommen

supinus, supina, supinum *(o/a/329)* angelehnt, auf dem Rücken liegend

suppeditare, suppedito, suppeditavi, suppeditatum *(1/380)* darreichen, reichlich vorhanden sein

suppetere, suppeto, suppetivi, suppetitum *(3/380)* (reichlich) vorhanden sein, zur Verfügung stehen

supplementum, supplementi *(o/327)* n Ergänzung, Verstärkung, Nachschub

supplēre, suppleo, supplevi, suppletum *(2/380)* auffüllen, ergänzen

supplex, supplicis *(i/342)* demütig bittend, flehend, flehentlich

supplicare, supplico, supplicavi, supplicatum *(1/380)* flehentlich bitten, anflehen

supplicatio, supplicationis *(kons./333)* f Dankfest, Bußfest

supplicium, supplicii *(o/327)* n (demütiges) Bitten, Flehen, Gebet; Strafe, Todesstrafe, Hinrichtung; *supplicium sumere* die (Todes-)Strafe vollstrecken

supponere, suppono, supposui, suppositum *(3/380) [Dativ]* darunterlegen, anstelle … setzen

supportare, supporto, supportavi, supportatum *(1/380)* herbeitragen, beischaffen

supra *Adverb* darüber hinaus, außerdem, oben, oberhalb

supra *(420) Präposition* oberhalb, über

supremus, suprema, supremum *(o/a/329)* der höchste, der oberste, der letzte; *supremi montes* Berggipfel; *suprema hora* Todesstunde

sura, surae *(a/325)* f Wade

surdus, surda, surdum *(o/a/329)* taub, ungehört, still

surgere, surgo, surrexi, surrectum *(3/380)* aufstehen, sich erheben; *Tempestas surgit.* Ein Sturm kommt auf.

surripere, surripio, surripui, surreptum *(5/380)* heimlich wegnehmen, stehlen, entziehen

sus, suis *(kons./331)* f Schwein, Sau

suscensēre, suscenseo, suscensui, suscensum *(2/380)* zürnen

suscipere, suscipio, suscepi, susceptum *(5/380)* aufnehmen, übernehmen, unternehmen, auf sich nehmen; *negotium suscipere* eine Aufgabe übernehmen

suscitare, suscito, suscitavi, suscitatum *(1/380)* aufjagen, aufschrecken; aufwecken, ermutigen, erregen

suspectare, suspecto, suspectavi, suspectatum *(1/380)* argwöhnen, beargwöhnen, verdächtigen

suspectus, suspecta, suspectum *(o/a/329)* verdächtig

suspendere, suspendo, suspendi, suspensum *(3/380)* aufhängen

suspensus, suspensa, suspensum *(o/a/329)* schwebend, ungewiss, unentschieden; *in suspenso relinquere* unentschieden lassen

suspicari, suspicor, suspicatus sum, – *(1/Deponens/392)* vermuten, argwöhnen

suspicere, suspicio, suspexi, suspectum *(5/380)* vermuten, argwöhnen

suspicio, suspicionis *(kons./333)* f Argwohn, Verdacht, Vermutung, Ahnung; *in suspicionem incidere/venire* in Verdacht geraten; *suspicionem inicere* Verdacht einflößen; *suspicionem tollere* den Verdacht nehmen

suspiciosus, suspiciosa, suspiciosum *(o/a/329)* argwöhnisch, misstrauisch

suspirare, suspiro, suspiravi, suspiratum *(1/380)* seufzen

sustentare, sustento, sustentavi, sustentatum *(1/380)* unterstützen, aushalten

sustinēre, sustineo, sustinui, sustentum *(2/380)* aushalten, übernehmen, ertragen; *labores sustinere* Strapazen aushalten

sutor, sutoris *(kons./331)* m Schuster

suus, sua, suum *(o/a/329)* sein, ihr (Singular); *Plural* **sui** die Angehörigen; *sua* der Besitz

T. Titus (Vorname)

tabella, tabellae *(a/325)* f Täfelchen, Urkunde

tabellarius, tabellarii *(o/326)* m Briefbote

taberna, tabernae *(a/325)* f Hütte, Laden, Bude, Wirtshaus

tabernaculum, tabernaculi *(o/327)* n Zelt

tabes, tabis f Fäulnis, Zersetzung, Gift, Verwesung; Schwindsucht

tabescere, tabesco, tabui, – *(3/380)* hinschwinden, vergehen

tabula, tabulae *(a/325)* f Brett, Tafel, Schreibtafel; Verzeichnis; Gemälde

tabulatum, tabulati *(o/327)* n Stockwerk

tabum, tabi *(o/327)* n Eiter, Gift

tacēre, taceo, tacui, tacitum *(2/380)* schweigen, verschweigen; *Si tacuisses, philosophus mansisses.* Wenn du geschwiegen hättest, wärest du ein Philosoph geblieben.

taciturnus, taciturna, taciturnum *(o/a/329)* schweigsam, schweigend

tacitus, tacita, tacitum *(o/a/329)* verschwiegen, schweigend, lautlos

Tacitus, Taciti *(o/326)* m Publius Cornelius Tacitus (Geschichtsschreiber)

tactus, tactus *(u/350)* m Berührung, Tastsinn

taeda, taedae *(a/325)* f Kieferholz, Fackel, Hochzeitsfackel; Hochzeit

taedet, taedet, taeduit, – es ekelt; *Me belli taedet.* Der Krieg ekelt mich an.

taedium, taedii *(o/327)* n Ekel, Überdruss

taeter, taetra, taetrum *(o/a/330)* ekelhaft, abscheulich, widerwärtig

talentum, talenti *(o/327)* n Talent (Geldsumme)

talis, talis, tale *(i/343)* derartig, ein solcher, so beschaffen; *talis … qualis* so beschaffen … wie

talus, tali *(o/326)* m Knöchel, Fußknöchel; Würfel

tam *Adverb* so sehr; *tam ... quam* so ... wie; *Cicero tam disertus fuit in defendendo quam in accusando.* Cicero konnte Verteidigungsreden genauso gut halten wie Anklagereden.

tamen *(422) Konjunktion* doch, dennoch, trotzdem; *neque tamen* und trotzdem nicht

tametsi *(422) Konjunktion [mit Indikativ/Konjunktiv]* wenn auch, selbst wenn, obgleich

tamquam *Adverb* so wie, gleichsam, als ob

tandem *Adverb* endlich, denn

tangere, tango, tetigi, tactum *(3/380)* berühren, anrühren

Tantalus, Tantali *(o/326) m* Tantalus (Vater des Pelops)

tantisper *Adverb* so lange, inzwischen

tantopere *Adverb* so sehr

tantulus, tantula, tantulum *(o/a/329)* so klein, so wenig

tantum *Adverb* so sehr, so viel, nur; *Nunc tantum id dicam.* Ich will jetzt nur so viel sagen.; *tantum ingenii* so viel an Begabung

tantummodo nur

tantus, tanta, tantum *(o/a/329)* so groß; *tanti haberi* so hoch eingeschätzt werden; *tantus ... quantus* so groß ... wie

tardare, tardo, tardavi, tardatum *(1/380)* zögern, verzögern, aufhalten

tarditas, tarditatis *(kons./334) f* Trägheit, Langsamkeit

tardus, tarda, tardum *(o/a/329)* langsam, träge

Tarquinius Superbus, Tarquinii Superbi *(o/326) m* Tarquinius Superbus

Tartarus, Tartari *(o/326) m* Tartarus (Unterwelt, Totenreich)

taurus, tauri *(o/326) m* Stier

taxus, taxi *(o/326) f* Eibe

tectum, tecti *(o/327) n* Dach, Obdach, Haus; *amicum tecto/in tectum recipere* den Freund in sein Haus aufnehmen

tegere, tego, texi, tectum *(3/380)* decken, zudecken, bedecken, verhüllen, schirmen, schützen; *muro tectus* durch eine Mauer geschützt

tegimentum, tegimenti *(o/327) n* Bedeckung, Decke, Hülle, Gewand, Schutz

tegula, tegulae *(a/325) f* Dachziegel

tela, telae *(a/325) f* Gewebe

tellus, telluris *(kons./335) f* Erde, Erdboden

telum, teli *(o/327) n* Geschoss, Wurfgeschoss, Waffe zum Werfen; *tela conicere* Wurfspeere schleudern

temerare, temero, temeravi, temeratum *(1/380)* entweihen, entehren

temerarius, temeraria, temerarium *(o/a/329)* unüberlegt, unbesonnen, verwegen, aufs Geratewohl

temere *Adverb* zufällig, unüberlegt, blindlings, planlos, ohne Überlegung

temeritas, temeritatis *(kons./334) f* Unbesonnenheit, Planlosigkeit, Verwegenheit

temnere, temno, tempsi, temptum *(3/380)* verachten

temperantia, temperantiae *(a/325) f* Selbstbeherrschung, Mäßigung

temperare, tempero, temperavi, temperatum *(1/380)* *(mit Dativ)* schonen, mäßigen; *(mit Akkusativ)* einrichten, ordnen; *sibi temperare* sich beherrschen; *hosti temperare* den Feind schonen; *irae (Dativ) temperare* den Zorn mäßigen; *spectaculum temperare* ein Schauspiel leiten; *rem publicam bonis legibus temperare* den Staat durch gute Gesetze ordnen

temperatio, temperationis *(kons./333) f* rechtes Maß

tempestas, tempestatis *(kons./334) f* Wetter, Unwetter, Ungewitter, Sturm, Zeit; *tempestas ad navigandum idonea* günstiges Wetter zum Segeln; *eā tempestate* zu dieser Zeit

tempestivus, tempestiva, tempestivum *(o/a/329)* rechtzeitig, günstig

templum, templi *(o/327) n* Tempel, Heiligtum

temptare, tempto, temptavi, temptatum *(1/380)* betasten, untersuchen, versuchen; angreifen; *morbo temptari* von einer Krankheit befallen werden

tempus, temporis *(kons./335) n* Zeit, Zeitpunkt, Zeitraum; *Plural* **tempores, temporum** Umstände, Lage; *suo tempore* zur rechten Zeit; *pro tempore et re* nach den Umständen; *antiquis temporibus* in alten Zeiten; *Multum temporis consumpsi legendo.* Ich verbrachte viel Zeit mit Lesen.; *temporibus cogi* sich durch die Umstände gezwungen sehen

tempus, temporis *(kons./331) n* Schläfe; *Plural* **tempora, temporum** Haupt

temulentus, temulenta, temulentum *(o/a/329)* berauscht

tenax, tenacis *(i/342)* kleinlich, beharrlich, zäh

tendere, tendo, tetendi, tentum *(3/380)* dehnen, spannen, anspannen, strecken, ausstrecken; streben

tenebrae, tenebrarum *(a/325) f [plurale tantum]* Finsternis

tener, tenera, tenerum *(o/a/330)* zart, weich, jung

tenēre, teneo, tenui, tentum *(2/380)* halten, festhalten, besitzen; *Magna spes me tenet.* Große Hoffnung erfüllt mich.

tentorium, tentorii *(o/327) n* Zelt

tenuare, tenuo, tenuavi, tenuatum *(1/380)* dünn machen, mindern, vermindern, schwächen

tenuis, tenuis, tenue *(i/343)* fein, dünn; schwach, gering; gut, schlicht; *tenuis aqua* flaches/seichtes Wasser

tenuitas, tenuitatis *(kons./334) f* Dünne, Dünnheit; Feinheit, Schlichtheit; Dürftigkeit, Armut

tenus *[nach Genitiv/Ablativ]* bis zu; *Tauro tenus* bis zum Taurusgebirge; *verbo tenus* dem Wort nach

tepefacere, tepefacio, tepefeci, tepefactum *(5/380)* wärmen, erwärmen

tepēre, tepeo, tepui, – *(2/380)* lau sein, lauwarm sein

tepidus, tepida, tepidum *(o/a/329)* warm, lau, mild, matt

ter *Adverb* dreimal

terere, tero, trivi, tritum *(3/380)* reiben, aufreiben, abnutzen, aufbrauchen; *tempus terere* Zeit vergeuden, unnütz verstreichen lassen

teres, teretis *(i/342)* glatt, rund, abgerundet, länglich, schlank

tergum, tergi *(o/327) n* Rücken; *a tergo* von hinten, im Rücken; *terga vertere* fliehen

terminare, termino, terminavi, terminatum *(1/380)* begrenzen, beschränken

terminus, termini *(o/326) m* Grenzstein, Grenze, Ziel

terni, ternae, terna *(o/a/329)* je drei

terra, terrae *(a/325) f* Land, Festland, Erde; *motus terrae* Erdbeben; *orbis terrarum* Erdkreis; *terrā marique* zu Wasser und zu Land

terrenus, terrena, terrenum *(o/a/329)* aus Erde, erdig, irdisch, irden

terrēre, terreo, terrui, territum *(2/380)* (jemanden) erschrecken, abschrecken, abhalten; *rumoribus terreri* sich von Gerüchten erschrecken lassen

terrester/terrestris, terrestris, terrestre *(i/344)* auf dem Land befindlich, irdisch, Erd-, Land-

terribilis, terribilis, terribile *(i/343)* Furcht erregend, schrecklich

territare, territo, territavi, territatum *(1/380)* (jemanden) sehr erschrecken, in Schrecken versetzen

terror, terroris *(kons./331) m* Schrecken

tertius, tertia, tertium *(o/a/329)* der dritte

testa, testae *(a/325) f* Schale, Tonscherbe, Topf, Krug, Lampe

testamentum, testamenti *(o/327) n* Testament, letzter Wille

testari, testor, testatus sum, – *(1/Deponens/392)* als Zeugen anrufen, bezeugen; sein Testament machen

testificari, testificor, testificatus sum, – *(1/Deponens/392)* zum Zeugen anrufen, bezeugen

testimonium, testimonii *(o/327) n* Zeugnis, Beweis

testis, testis *(g/339) m/f* Zeuge, Zeugin

testudo, testudinis *(kons./333) f* Schildkröte; Schilddach, Schutzdach

texere, texo, texui, textum *(3/380)* weben, flechten, verfertigen

textum, texti *(o/327) n* Gewebe; Gefüge

thalamus, thalami *(o/326) m* Gemach, Schlafgemach, Wohnung, Ehebett; Ehe

theatrum, theatri *(o/327) n* Zuhörerschaft, Schauplatz, Theater

Thebae, Thebarum *(a/325) f [plurale tantum]* Theben

thermae, thermarum *(a/325) f [plurale tantum]* Thermen, Badeanlage

thesaurus, thesauri *(o/326) m* Schatzkammer, Schatz

thymum, thymi *(o/327) n* Thymian

thyrsus, thyrsi *(o/326) m* Stängel, Bacchusstab

TI(B). Tiberius (Vorname)

Tiberis, Tiberis *(g/339) m [Akkusativ Tiberim]* Tiber (Fluss durch Rom)

tibia, tibiae *(a/325) f* Flöte

tibicen, tibicinis *(kons./336) m* Flötenspieler

tignum, tigni *(o/327) n* Bauholz, Balken

tigris, tigris/tigridis *(kons./332) m/f* Tiger

timēre, timeo, timui, – *(2/380)* fürchten, sich fürchten, befürchten, *(mit Dativ)* bangen um; *Timeo, ne quid tibi accidat.* Ich fürchte, dass dir etwas zustößt.; *timere saluti suae* um sein Leben fürchten

timiditas, timiditatis *(kons./334) f* Ängstlichkeit, Schüchternheit

timidus, timida, timidum *(o/a/329)* furchtsam, ängstlich

timor, timoris *(kons./331) m* Angst, Furcht, Besorgnis; *timorem inicere* Furcht einjagen, Furcht einflößen; *timore affici* von Furcht befallen werden, in Furcht geraten

tinea, tineae *(a/325) f* Raupe, Motte

ting(u)ere, tinguo, tinxi, tinctum *(3/380)* eintauchen, färben

tiro, tironis *(kons./333) m* Rekrut

titulus, tituli *(o/326) m* Überschrift, Ehrenname

toga, togae *(a/325) f* Obergewand, Toga

togatus, togata, togatum *(o/a/329)* mit der Toga bekleidet, römisch; *substantivisch* römischer Bürger

tolerabilis, tolerabilis, tolerabile *(i/343)* erträglich

tolerare, tolero, toleravi, toleratum *(1/380)* aushalten, erdulden, ertragen; *sitim tolerare* Durst ertragen

tollere, tollo, sustuli, sublatum *(3/380)* emporheben, aufheben, erheben; wegschaffen, beseitigen, vernichten; *ancoras tollere* die Anker lichten

tonare, tono, tonui, – *(1/380)* donnern, dröhnen

tondēre, tondeo, totondi, tonsum *(2/380)* scheren, abscheren, beschneiden

tonitrus, tonitrus *(u/350) m* Donner

tonsor, tonsoris *(kons./331) m* Bartscherer, Barbier, Friseur

toral, toralis *(i/338) n* Bettdecke

tormentum, tormenti *(o/327) n* Winde, Wurfmaschine, Folter

torpedo, torpedinis *(kons./333) f* Lähmung, Betäubung, Stumpfheit

torpēre, torpeo, torpui, – *(2/380)* starr, betäubt, schlaff sein

torpescere, torpesco, torpui, – *(3/380)* erschlaffen

torquēre, torqueo, torsi, tortum *(2/380)* drehen, foltern

torquis, torquis *(g/339) m* Halskette

torrens, torrentis *(i/342)* brennend, heiß, glühend

torrens, torrentis *(i/342) m* (reißender) Wildbach; *adjektivisch* reißend

torrēre, torreo, torrui, tostum *(2/380)* dörren, trocknen, rösten

tortuosus, tortuosa, tortuosum *(o/a/329)* gewunden, verwickelt, verworren

torus, tori *(o/326) m* Muskel; Polster, Bett

torvus, torva, torvum *(o/a/329)* finster, grimmig, schrecklich

tot *Adverb* so viele; *tot ... quot* so viele ... wie

totidem ebenso viele

totie(n)s *Adverb* sooft

totus, totius, tota, totum *[Dativ toti]* ganz, völlig, vollständig; *totā urba* in der ganzen Stadt

trabs, trabis *(kons./334) f* Balken, Baumstamm, Schiff

tractare, tracto, tractavi, tractatum *(1/380)* behandeln, betreiben, besprechen, umgehen mit; *partem philosophiae tractare* ein Teilgebiet der Philosophie abhandeln

tractus, tractus *(u/350) m* Ziehen, Sichhinziehen; Lage, Richtung, Land, Gegend

tradere, trado, tradidi, traditum *(3/380)* übergeben, überliefern; *alicui epistulam tradere* jemandem einen Brief überbringen; *traditur* es ist überliefert, man sagt

tra(ns)ducere, traduco, traduxi, traductum *(3/380)* hinüberführen, übersetzen, hinbringen; *copias flumen traducere* die Truppen über den Fluss schaffen

tragicus, tragica, tragicum *(o/a/329)* zur Tragödie gehörig, tragisch; *tragicus poeta* Tragödiendichter

tragoedia, tragoediae *(a/325) f* Trauerspiel, Tragödie

tragoedus, tragoedi *(o/326) m* tragischer Schauspieler

tragula, tragulae *(a/325) f* Wurfspieß

trahere, traho, traxi, tractum *(3/380)* ziehen, schleppen; *ab incepto trahere* vom Vorhaben abbringen

traicere, traicio, traieci, traiectum *(5/380)* hinüberwerfen; durchbohren; übersetzen; *(se) in Africam traicere* nach Afrika übersetzen

trames, tramitis *(kons./331) m* Seitenweg, Pfad

tranare, trano, tranavi, tranatum *(1/380)* hinüberschwimmen, hindurchschwimmen

tranatare, tranato, tranatavi, tranatatum *(1/380)* hinüberschwimmen

tranquillitas, tranquillitatis *(kons./334) f* Ruhe, Windstille; *tranquillitas animi* Gemütsruhe, innere Ausgeglichenheit

tranquillus, tranquilla, tranquillum *(o/a/329)* ruhig, still, friedlich; *mare tranquillum* Meeresstille

trans *(420) Präposition [Akkusativ]* über, hinüber, über ... hinüber, jenseits

transcendere, transcendo, transcendi, transcensum *(3/380)* übersteigen, überschreiten, hinüberschreiten

transferre, transfero, transtuli, translatum *(unreg./400)* hinüberbringen, hinübertragen, übertragen

transfigere, transfigo, transfixi, transfixum *(3/380)* durchbohren

transfuga, transfugae *(a/325) m* Überläufer

transgredi, transgredior, transgressus sum, – *(5/Deponens/392)* überschreiten, hinübergehen

transigere, transigo, transegi, transactum *(3/380)* vollenden, durchstoßen; *tempus transigere* die Zeit verbringen; *se gladio transigere* sich mit dem Schwert durchbohren

transilīre, transilio, transilui, – *(4/380)* hinüberspringen, überspringen

transīre, transeo, transii, transitum *(unreg./414)* hinübergehen, überschreiten

transitus, transitus *(u/350) m* Übergang, Übertritt, Durchgang

transmarinus, transmarina, transmarinum *(o/a/329)* überseeisch

transmittere, transmitto, transmisi, transmissum *(3/380)* hinüberschicken, übersetzen, vorübergehen lassen

transportare, transporto, transportavi, transportatum *(1/380)* hinüberschaffen, hinüberbringen

transtrum, transtri *(o/327) n* Querbalken, Ruderbank

transvehere, transveho, transvexi, transvectum *(3/380)* hinüberbringen, übersetzen

transversus, transversa, transversum *(o/a/329)* quer, schräg

trecenti, trecentae, trecenta *(o/a/329)* dreihundert

tremefacere, tremefacio, tremefeci, tremefactum *(5/380)* erzittern lassen

tremendus, tremenda, tremendum *(o/a/329)* schrecklich, furchtbar

tremere, tremo, tremui, – *(3/380)* zittern, beben

tremescere, tremesco, –, – *(3/380) [Akkusativ]* erzittern (vor)

tremor, tremoris *(kons./331) m* Zittern

tremulus, tremula, tremulum *(o/a/329)* zitternd

trepidare, trepido, trepidavi, trepidatum *(1/380)* aufgeregt umherlaufen, sich ängstigen, zittern, schwanken; *Totā urbe trepidatur.* In der ganzen Stadt ängstigt man sich.

trepidatio, trepidationis *(kons./333) f* Aufregung, Verwirrung, Panik

trepidus, trepida, trepidum *(o/a/329)* ängstlich, unruhig, aufgeregt

tres, tres, tria *(378)* drei

triarii, triariorum *(o/326) m* Soldaten der dritten Reihe, Triarier

tribuere, tribuo, tribui, tributum *(3/380)* zuteilen, verteilen, zugestehen, zuweisen, zuschreiben, anrechnen; *Hoc tibi superbiae tribuitur.* Das wird dir als Hochmut ausgelegt.

tribunal, tribunalis *(i/338) n* Richterstuhl, Gerichtshof

tribunatus, tribunatus *(u/350) m* Amt des Tribuns, Tribunat

tribunicius, tribunicia, tribunicium *(o/a/329)* Tribun-, *substantivisch* ehemaliger Tribun

tribunus, tribuni *(o/326) m* Tribun; *tribunus plebis* Volkstribun; *tribunus militaris/militum* Militärtribun

tribus, tribus *(u/350) f* Gau, Stadtbezirk

tributum, tributi *(o/327) n* Tribut, Abgabe, Steuer

tricesimus, tricesima, tricesimum *(o/a/329)* der dreißigste

tridens, tridentis *(kons./334) m* Dreizack, *adjektivisch* dreizackig

triduum, tridui *(o/327) n* Zeitraum von 3 Tagen, 3 Tage

triennium, triennii *(o/327) m* Zeitraum von 3 Jahren

triginta dreißig

trini, trinae, trina *(o/a/329)* je drei

tripartitus, tripartita, tripartitum *(o/a/329)* dreigeteilt

tripertitus, tripertita, tripertitum *(o/a/329)* dreigeteilt

triplex, triplicis *(i/342)* dreifach

triremis (navis), triremis *(g/339) f* Dreiruderer, Dreidecker

tristis, tristis, triste *(i/343)* traurig, ernst, unfreundlich, übelgelaunt, schmerzlich

tristitia, tristitiae *(a/325) f* Trauer, Traurigkeit

triticum, tritici *(o/327) n* Weizen

triumphalis, triumphalis, triumphale *(i/343)* Triumph-

triumphare, triumpho, triumphavi, triumphatum *(1/380)* einen Triumph feiern, triumphieren

triumphus, triumphi *(o/326) m* Triumph, Triumphzug, Sieg, Siegeszug, Siegesfeier; *triumphum agere* einen Triumphzug veranstalten

triumvir, triumviri *(o/328) m [meist Plural]* Triumvir (eines Dreimännerkollegiums)

trivialis, trivialis, triviale *(i/343)* gewöhnlich

trivium, trivii *(o/327) n* Dreiweg, Scheideweg

Troia, Troiae *(a/325) f* Troja

Troianus, Troiana, Troianum *(o/a/329)* trojanisch; *substantivisch* Trojaner

tropaeum, tropaei *(o/327) n* Siegeszeichen, Denkmal, Trophäe, Sieg

trucidare, trucido, trucidavi, trucidatum *(1/380)* niedermetzeln, niederhauen, morden

truculentus, truculenta, truculentum *(o/a/329)* wild, unfreundlich

trudere, trudo, trusi, trusum *(3/380)* stoßen, fortstoßen, drängen

truncare, trunco, truncavi, truncatum *(1/380)* verstümmeln, niederschlagen

truncus, trunca, truncum *(o/a/329)* verstümmelt, gestutzt; *substantivisch* Baumstamm, Rumpf, Klotz; Tölpel

trutina, trutinae *(a/325)* f Waage, Maß

trux, trucis *(i/342)* trotzig, grimmig, wild, rau

tu, tui *(358)* du

tuba, tubae *(a/325)* f Tuba, Trompete

tuēri, tueor, tuitus/tutatus sum, – *(2/Deponens/392)* schützen, sorgen (für), bewahren, beschützen, erhalten, anschauen, betrachten; *ad tuendam libertatem* zum Schutz der Freiheit

tugurium, tugurii *(o/327)* n Hütte, Schuppen

tum *Adverb* damals, dann, darauf, da; *tum ... tum* bald ... bald

tumēre, tumeo, tumui, – *(2/380)* geschwollen, aufgeblasen, erregt sein

tumidus, tumida, tumidum *(o/a/329)* geschwollen, aufgeblasen

tumor, tumoris *(kons./331)* m Geschwulst, Schwellung; Aufwallung, Zorn, Aufgeblasenheit

tumultuari, tumultuor, tumultuatus sum, – *(1/Deponens/392)* lärmen

tumultuarius, tumultuaria, tumultuarium *(o/a/329)* zusammengerafft, ungeordnet

tumultuosus, tumultuosa, tumultuosum *(o/a/329)* lärmend, unruhig, beunruhigend

tumultus, tumultus *(u/350)* m Lärm, Aufruhr, Unruhe, Aufstand

tumulus, tumuli *(o/326)* m Hügel, Grabhügel

tunc *Adverb* damals, dann, darauf

tundere, tundo, tutudi, tusum *(3/380)* stoßen

tunica, tunicae *(a/325)* f Unterkleid, Rock, Tunika

turba, turbae *(a/325)* f Verwirrung, Getümmel, Schar, Gedränge, Menschenmenge

turbare, turbo, turbavi, turbatum *(1/380)* verwirren, durcheinander bringen, stören

turbidus, turbida, turbidum *(o/a/329)* unruhig, aufgewühlt, stürmisch, erregt

turbo, turbinis *(kons./333)* m Wirbel, Wirbelwind

turbulentus, turbulenta, turbulentum *(o/a/329)* unruhig, stürmisch, verwirrend, aufgeregt

turdus, turdi *(o/326)* m Drossel

turgēre, turgeo, tursi, – *(2/380)* schwellen, anschwellen

turgidus, turgida, turgidum *(o/a/329)* geschwollen, angeschwollen

turma, turmae *(a/325)* f Haufe, Schwarm, Abteilung, Reiterabteilung

turpare, turpo, turpavi, turpatum *(1/380)* entstellen, verunstalten, beflecken, entehren

turpis, turpis, turpis *(i/343)* hässlich, schmählich, schimpflich, schändlich

turpitudo, turpitudinis *(kons./333)* f Hässlichkeit, Schmach, Schande

turris, turris *(i/338)* f Turm

tus, turis *(kons./335)* n Weihrauch

tussis, tussis *(g/339)* f Husten

tutari, tuto, tutavi, tutatus *(1/Deponens/392)* beschützen

tutela, tutelae *(a/325)* f Schutz, Vormundschaft

tutor, tutoris *(kons./331)* m Beschützer, Vormund

tutus, tuta, tutum *(o/a/329) [Adverb tuto]* geschützt, sicher, vorsichtig; *tutus a periculo* vor der Gefahr sicher

tuus, tua, tuum *(o/a/329)* dein

tympanum, tympani *(o/327)* n Handpauke, Tamburin

tyrannus, tyranni *(o/326)* m Gewaltherrscher, Tyrann

U

uber, uberis *(kons./332) n* Euter, Fruchtbarkeit
uber, uberis *(i/342)* fruchtbar, ergiebig, reich an, reich, üppig
ubertas, ubertatis *(kons./334) f* Fruchtbarkeit, Fülle, Reichtum
ubi *Adverb* wo, sobald
ubi (primum) *(422) Konjunktion (mit Indikativ Perfekt)* sobald als; *(mit Indikativ)* immer, wenn; sooft
ubicumque *Adverb* wo auch immer, überall
ubique *Adverb* überall
udus, uda, udum *(o/a/329)* feucht, nass; flüssig; weich
ulcerare, ulcero, ulceravi, ulceratum *(1/380)* verwunden
ulcisci, ulciscor, ultus sum, – *(3/Deponens/392) [Akkusativ]* rächen, sich rächen (an/für), strafen; *ulcisci amicum* für den Freund Rache nehmen, den Freund rächen; *ulcisci inimicum pro (Ablativ)* sich am Feind rächen, für den Feind bestrafen; *ulcisci iniuriam amici* (sich für) das Unrecht rächen, das dem Freund zugefügt worden ist; *ulcisci socios pro perfidia* sich an den Bundesgenossen für die Treulosigkeit rächen
ullus, ullius, ulla, ullum *[adjektivisch]* irgendein; *sine ulla spe* ohne jede Hoffnung
ulmus, ulmi *(o/326) f* Ulme
ulna, ulnae *(a/325) f* Ellenbogen, Elle
ulterior, ulterior, ulterius *(i/343)* der jenseitige, der entferntere, der weiter entfernte; *Gallia ulterior* Gallien jenseits der Alpen
ultimus, ultima, ultimum *(o/a/329)* der äußerste, der letzte; *in ultimis aedibus* im entlegensten Teil des Hauses
ultio, ultionis *(kons./333) f* Rache
ultor, ultoris *(kons./331) m* Rächer; *adjektivisch* rächend

ultra *(420) Präposition [Akkusativ]* jenseits, über … hinaus
ultra *Adverb* weiterhin, darüber hinaus, jenseits; *Nihil ultra requiratis!* Darüber hinaus sollt ihr nichts verlangen!
ultrix, ultricis *(kons./332) f* Rächerin; *adjektivisch* rächend
ultro *Adverb* noch dazu, von selbst, von sich aus, aus freien Stücken
ululare, ululo, ululavi, ululatum *(1/380)* schreien, heulen
ululatus, ululatus *(u/350) m* Geheul, Geschrei
ulva, ulvae *(a/325) f* Schilf, Sumpfgras
umbo, umbonis *(kons./333) m* Schildbuckel, Schild
umbra, umbrae *(a/325) f* Schatten; *umbra arboris* Schatten eines Baumes
umbrosus, umbrosa, umbrosum *(o/a/329)* schattig, Schatten spendend, dunkel
umēre, umeo, –, – *(2/380)* feucht, nass sein
umerus, umeri *(o/326) m* Schulter
umidus, umida, umidum *(o/a/329)* feucht
umor, umoris *(kons./331) m* Feuchtigkeit
umquam *Adverb* jemals
unā (cum) *Adverb [Ablativ]* gemeinsam mit, miteinander, zusammen mit, zugleich mit, gleichzeitig
uncus, unca, uncum *(o/a/329)* gekrümmt, gebogen; *substantivisch* Haken
unda, undae *(a/325) f* Welle, Woge, Gewässer, Flut
undare, undo, undavi, undatum *(1/380)* wogen, wallen
unde *Adverb* woher, weshalb, womit, wovon
undecim elf
undecimus, undecima, undecimum *(o/a/329)* elfter
undique *Adverb* von allen Seiten, von überall her
unguentum, unguenti *(o/327) n* Salbe, Fett
unguere, unguo, unxi, unctum *(3/380)* salben
unguis, unguis *(g/339) m* Nagel, Kralle, Klaue

ungula, ungulae *(a/325) f* Klaue, Huf

unicus, unica, unicum *(o/a/329)* einzig, einzigartig

universum, universi *(o/327) n* Weltall

universus, universa, universum *(o/a/329)* ganz, gesamt, sämtlich

unus, unius, una, unum *(377)* ein, einer, einzig, allein, nur, bloß; *unus de/ex* (mit Ablativ) einer von

unusquisque, uniusquisque, unaquaeque, unumquidque/unumquodque (*substantivisch* und *adjektivisch*) jeder (einzelne); *Se quisque maxime amat.* Jeder liebt sich selbst am meisten.

urbanus, urbana, urbanum *(o/a/329)* städtisch, gebildet, feingebildet

urbs, urbis *(g/339) f* Stadt, Rom; *Quid novi in urbe?* Was gibt's Neues in Rom?

urere, uro, ussi, ustum *(3/380)* (etwas) verbrennen, sengen, versengen, frieren machen; *frigore uri* frieren, erfrieren

urg(u)ere, urgo, ursi, – *(3/380)* drängen, bedrängen, zusetzen

urgēre, urgeo, ursi, – *(2/380)* drängen, bedrängen; *Nihil me urget.* Ich habe keine Eile.

urna, urnae *(a/325) f* Krug, Topf

ursa, ursae *(a/325) f* Bärin

ursus, ursi *(o/326) m* Bär

urus, uri *(o/326) m* Ur, Auerochs

usitatus, usitata, usitatum *(o/a/329)* gebräuchlich, üblich

usquam *Adverb* irgendwo

usque (ad) *Adverb [Akkusativ]* in einem fort, ununterbrochen bis, bis zu

usurpare, usurpo, usurpavi, usurpatum *(1/380)* sich aneignen, gebrauchen, in Anspruch nehmen

usus, usus *(u/350) m* Bedürfnis, Gebrauch, Umgang, Nutzen, Übung; *magno usui esse* sehr nützlich/von großem Nutzen sein; *ex usu* zum Nutzen; *ex usu est* es ist zum Vorteil

ut/uti *(422) Konjunktion (mit Indikativ Perfekt)* sobald als; *(mit Indikativ)* wie, immer, wenn; sooft; *(mit Konjunktiv)* dass, damit, so dass nicht, (nach Verben des Fürchtens und Hinderns) dass nicht; *ut non* (mit Konjunktiv) so dass nicht; *ut eo* (mit *Komparativ)* damit desto, damit umso

utcumque *Adverb* wie auch immer

uter, utrius, utra, utrum *[Dativ utri]* (*substantivisch* und adjektivisch) wer von beiden, welcher von beiden; *Uter nostrum?* Wer von uns beiden?

uter, utris *(kons./331) m* Schlauch

uterque, utriusque, utraque, utrumque *[Dativ utrique]* (*substantivisch* und *adjektivisch*) jeder von beiden, beide; *Uterque consul cecidit.* Beide Konsuln fielen.

uterus, uteri *(o/326) m* Höhlung, Bauch, Unterleib, Mutterleib

uti, utor, usus sum, – *(3/Deponens/392) [Ablativ]* gebrauchen, benutzen, genießen, haben, besitzen, Umgang haben; *occasione uti* die Gelegenheit nützen; *pace uti* Frieden halten; *exemplis uti* Beispiele anführen

utilis, utilis, utile *(i/343)* nützlich, brauchbar

utilitas, utilitatis *(kons./334) f* Nutzen, Vorteil

utinam *(422) Konjunktion [mit Konjunktiv]* wenn doch, dass doch, hoffentlich; *Utinam amicus viveret!* Wenn doch der Freund noch am Leben wäre!

utique *Adverb* jedenfalls, besonders

utpote *Adverb* nämlich, da, weil

utrimque *Adverb* auf beiden Seiten

utrobique *Adverb* auf beiden Seiten

utroque *Adverb* nach beiden Seiten

utrum *Adverb* ob; *utrum ... an* (ob ...) oder

utut *Adverb* wie auch immer

uva, uvae *(a/325) f* Traube, Wein

uvidus, uvida, uvidum *(o/a/329)* feucht, nass; berauscht

uxor, uxoris *(kons./331) f* Ehefrau, Gattin

V

VA (Vale/Valeas) Leb wohl

vacare, vaco, vacavi, vacatum *(1/380) [Ablativ] (mit Ablativ)* leer sein (von etwas), frei sein (von etwas); *(mit Dativ)* Zeit haben für; *Curis vaco.* Ich habe keine Sorgen.

vacatio, vacationis *(kons./333)* f Urlaub, Dienstbefreiung

vacca, vaccae *(a/325)* f Kuh

vacuitas, vacuitatis *(kons./334)* f *[Genitiv/a + Ablativ]* Freisein (von), Befreiung (von)

vacuus, vacua, vacuum *(o/a/329) [Ablativ]* leer, frei von etwas, frei für etwas *(mit Dativ)*; *irā vacuus* frei von Zorn

vadere, vado, –, – *(3/380)* gehen, schreiten; *Quo vadis?* Wohin gehst du?

vadimonium, vadimonii *(o/327)* n Bürgschaft, Erscheinen vor Gericht, Prozess, Prozesstermin

vadum, vadi *(o/327)* n Furt, Untiefe, seichte Stelle; *vadum fluminis tentare* sich durch die Furt des Flusses wagen

vae! wehe!

vafer, vafra, vafrum *(o/a/330)* pfiffig, schlau, findig, verschmitzt

vagari, vagor, vagatus sum, – *(1/Deponens/392)* schweifen, umherschweifen, umherziehen, sich ausbreiten, sich verbreiten

vagina, vaginae *(a/325)* f Schwertscheide

vagus, vaga, vagum *(o/a/329)* umherschweifend, unstet

multus *Adverb* sehr; *Valde gaudeo.* Ich freue mich sehr.

valens, valentis *(i/342)* stark, gesund, einflussreich, mächtig

valēre, valeo, valui, –, valiturus *(2/380)* gesund sein, stark sein, Einfluss haben, vermögen, gelten; *Vale!* Leb wohl!; *Valete!* Lebt wohl!; *plus valere quam* mehr gelten als, stärker sein als; *multum apud plebem valere* beim Volk großen Einfluss haben

valescere, valesco, valui, – *(3/380)* erstarken, zunehmen

valetudo, valetudinis *(kons./333)* f Befinden, Gesundheit, Gesundheitszustand, Krankheit; *valetudini parcere* auf die Gesundheit Rücksicht nehmen; *Propter valetudinem venire non possum.* Wegen meines Befindens kann ich nicht kommen.; *valetudinem simulare* Krankheit vortäuschen; *bona valetudine uti* sich bester Gesundheit erfreuen

validus, valida, validum *(o/a/329)* kräftig, gesund, stark

vallare, vallo, vallavi, vallatum *(1/380)* verschanzen, einschließen

vallis, vallis *(g/339)* f Tal

vallum, valli *(o/327)* n Wall, Schutzwehr, Verschanzung

vallus, valli *(o/326)* m Pfahl, Schanzpfahl, Verschanzung

valvae, valvarum *(a/325)* f *[plurale tantum]* Türflügel, Flügeltüre

vanitas, vanitatis *(kons./334)* f leerer Schein, Täuschung, Prahlerei, Erfolglosigkeit, Vergeblichkeit

vanus, vana, vanum *(o/a/329)* nichtig, leer, hohl, erfolglos, eingebildet

vappa, vappae *(a/325)* f verdorbener Wein, verdorbener Mensch, Taugenichts

vapulare, vapulo, vapulavi, vapulatum *(1/380)* Prügel bekommen; ruiniert werden

variare, vario, variavi, variatum *(1/380)* verschieden gestalten, verbrämen, (intransitiv) unterschiedlich sein, verschieden sein

varietas, varietatis *(kons./334)* f Buntheit, Mannigfaltigkeit, Verschiedenheit, Abwechslung

varius, varia, varium *(o/a/329)* bunt, farbig, verschieden, verschiedenartig, vielfältig, wechselnd; *studia varia* verschiedene Untersuchungen

Varus, Vari *(o/326)* m Varus (Feldherr des Augustus)

varus, vara, varum *(o/a/329)* krummbeinig, auseinander gekrümmt

vas, vasis *(kons./331)* n Gefäß; *Plural* **vasa, vasorum** Kriegsgeräte, Gepäck

vas, vadis *(kons./331) m* Bürge

vastare, vasto, vastavi, vastatum *(1/380)* verwüsten, verheeren, entblößen

vastatio, vastationis *(kons./333) f* Verwüstung

vastitas, vastitatis *(kons./334) f* Leere, Verwüstung, Öde

vastus, vasta, vastum *(o/a/329)* wüst, öde, leer; unermesslich weit; *mare vastum* das unermessliche Meer

vates, vatis *m/f* Seher, Seherin, Prophet, Prophetin; Dichter, Dichterin

vaticinari, vaticinor, vaticinatus sum, – *(1/Deponens/392)* weissagen

vaticinatio, vaticinationis *(kons./333) f* Weissagung

-ve *(422) Konjunktion* oder

vecordia, vecordiae *(a/325) f* Torheit, Wahnsinn, Sinnlosigkeit

vecors, vecordis *(i/342)* unsinnig, verrückt, wahnsinnig

vectigal, vectigalis *(i/338) n* Abgabe, Steuer, Zoll

vectigalis, vectigalis, vectigale *(i/343)* abgabenpflichtig

vegetus, vegeta, vegetum *(o/a/329)* lebhaft, rührig

vehemens, vehementis *(i/342)* heftig, stürmisch, energisch

vehere, veho, vexi, vectum *(3/380)* ziehen, fahren, bringen, befördern; *currum vehere* den Wagen ziehen

vehi, vehor, vectus sum, – *(3/Deponens/392) [intransitiv]* fahren, befördert werden; *curru vehi* im Wagen fahren; *equo vehi* reiten; *nave vehi* segeln

vehiculum, vehiculi *(o/327) n* Wagen, Fahrzeug

vel *(422) Konjunktion* oder, *(mit Konjunktiv)* sogar, besonders; *vel ... vel* entweder ... oder

velamen, velaminis *(kons./336) n* Gewand, Schleier, Hülle

velare, velo, velavi, velatum *(1/380)* verhüllen, verschleiern

veles, velitis *(kons./331) m* Leichtbewaffneter, Plänkler

velim/vellem *(422) Konjunktion* wenn doch!, hoffentlich; *Velim scribas!* Schriebest du doch!

velle, volo, volui, – *(unreg./408)* wollen; *Quid tibi vis?* Was fällt dir ein?

vellere, vello, velli/vulsi, vulsum *(3/380)* rupfen, zupfen, raufen, ausreißen

vellus, velleris *(kons./335) n* Schaffell, Vlies, Wolle; Haut

velocitas, velocitatis *(kons./334) f* Schnelligkeit

velox, velocis *(i/342)* schnell, rasch, geschwind, behend

velum, veli *(o/327) n* Segel, Tuch; *vela facere/dare* Segel setzen

velut *Adverb* wie, gleichwie, wie zum Beispiel

vena, venae *(a/325) f* Vene, Ader; Metallader

venalis, venalis, venale *(i/343)* käuflich, verkäuflich, feil; *substantivisch* Sklave

venari, venor, venatus sum, – *(1/Deponens/392)* jagen

venatio, venationis *(kons./333) f* Jagd, Tierhetze

venator, venatoris *(kons./331) m* Jäger

venatus, venatus *(u/350) m* Jagd

vendere, vendo, vendidi, venditum *(3/380)* verkaufen; *magno vendere* teuer verkaufen; *parvo vendere* billig verkaufen; *rem parvi/magni vendere* eine Sache billig/teuer verkaufen

venditor, venditoris *(kons./331) m* Verkäufer

veneficium, veneficii *(o/327) n* Giftmischerei, Zauberei, Liebestrank

venenum, veneni *(o/327) n* Gifttrank, Gift; *venenum haurire* Gift nehmen

venerari, veneror, veneratus sum, – *(1/Deponens/392)* anbeten, verehren

veneratio, venerationis *(kons./333) f* Verehrung

venia, veniae *(a/325) f* Gefälligkeit, Gunst, Erlaubnis, Gnade, Nachsicht, Verzeihung; *veniam rogare* um Gnade bitten; *veniam errori dare* einen Irrtum verzeihen; *bonā veniā* mit gütiger Erlaubnis

venīre, venio, veni, ventum *(4/380)* kommen

vēnīre, veneo, venii, – *(unreg./414)* verkauft werden

venter, ventris *(kons./331) m* Bauch, Magen

ventitare, ventito, ventitavi, ventitatum *(1/380)* regelmäßig/wiederholt kommen

ventosus, ventosa, ventosum *(o/a/329)* windreich, windig, unbeständig

ventus, venti *(o/326) m* Wind

Venus, Veneris *(kons./335) f* Venus, Göttin der Liebe und der Schönheit

venus, veneris *(kons./331) f* Anmut, Liebreiz, Liebe

venustas, venustatis *(kons./334) f* Anmut, Reiz, Liebreiz, Liebenswürdigkeit, Schönheit

venustus, venusta, venustum *(o/a/329)* lieblich, reizend

ver, veris *(kons./332) n* Frühling; *primo vere* bei Frühlingsbeginn

verbenae, verbenarum *(a/325) f [plurale tantum]* Zweige

verber, verberis *(kons./332) n* Schlag, Hieb; Rute, Peitsche; *Plural* **verbera, verberorum** Hiebe, Züchtigung, Prügel, Vorwürfe

verberare, verbero, verberavi, verberatum *(1/380)* geißeln, züchtigen, schlagen, peitschen

verbum, verbi *(o/327) n* Wort, Aussage; *verbi gratiā/causā* zum Beispiel

verecundia, verecundiae *(a/325) f* Scheu, Ehrfurcht, Scham, Verehrung, Rücksicht

verecundus, verecunda, verecundum *(o/a/329)* scheu, schüchtern, zurückhaltend, bescheiden

verēri, vereor, veritus sum, – *(2/Deponens/392)* sich scheuen, verehren, sich fürchten, Bedenken tragen; *Vereor in publicum prodire.* Ich scheu mich, öffentlich aufzutreten.; *deos vereri* die Götter verehren; *Vereor, ne sero veniam.* Ich fürchte, zu spät zu kommen.

vergere, vergo, versi, – *(3/380)* sich neigen, sich erstrecken, liegen

verisimilis, verisimilis, verisimile *(i/343)* wahrscheinlich

veritas, veritatis *(kons./334) f* Wahrheit, Wirklichkeit

vermis, vermis *(g/339) m* Wurm

verna, vernae *(a/325) m* im Haus geborener Sklave, Haussklave

vernus, verna, vernum *(o/a/329)* Frühjahrs-

vero *(422) Konjunktion* aber, allerdings, in der Tat, jedoch, wirklich, vollends, wahrlich

verrere, verro, –, versum *(3/380)* kehren, zusammenkehren, fegen, schleppen, schleifen

versare, verso, versavi, versatum *(1/380)* hin- und herwenden, drehen, überlegen, beunruhigen

versari, versor, versatus sum, – *(1/Deponens/392)* tätig sein, sich beschäftigen, sich aufhalten, verweilen; *in periculis versari* in Gefahr schweben; *in re publica versari* politisch tätig sein

versiculus, versiculi *(o/326) m* Verslein, Verschen, kurze Zeile

versus, versus *(u/350) m* Reihe, Zeile, Vers; *versūs facere* dichten

versus/versum *(420) Präposition* zugewandt, gegen … hin

versutus, versuta, versutum *(o/a/329)* schlau, listig, klug, verschlagen

vertere, verto, verti, versum *(3/380)* drehen, wenden, auslegen, übersetzen, verwandeln; *terga vertere* fliehen

vertex, verticis *(kons./332) m* Wirbel, Scheitel, Spitze, Gipfel

veru, verus *(kons./331) n* Wurfspieß, Bratspieß

verum *(422) Konjunktion* aber, sondern, jedoch

verus, vera, verum *(o/a/329)* wahr, aufrichtig, wirklich, echt, richtig; *re verā* in Wirklichkeit; *vir vere Romanus* ein echter Römer; *verum reperire* die Wahrheit ermitteln; *verum investigare* die Wahrheit aufspüren

vesci, vescor, –, – *(3/Deponens/392) [Ablativ]* sich nähren, speisen

vesper, vesperi *(o/328) m* Abend, Abendstern, Westen; *vesperi/vespere* abends, am Abend

vespertinus, vespertina, vespertinum *(o/a/329)* abendlich, westlich

Vesta, Vestae *(a/325) f* Vesta (Göttin des Herdfeuers)

Vestalis, Vestalis *(g/339) f* Vestalin (Priesterin der Göttin Vesta); *virgo Vestalis* vestalische Jungfrau, Vestalin

vester, vestra, vestrum *(o/a/330)* euer

vestibulum, vestibuli *(o/327) n* Vorhalle, Vorhof

vestigare, vestigo, vestigavi, vestigatum *(1/380)* aufspüren, nachspüren, suchen, nachforschen, finden

vestigium, vestigii *(o/327) n* Fußspur, Spur, Fährte; *vestigia alicuius persequi* jemanden verfolgen; *vestigium temporis* Zeitpunkt, Augenblick; *e/in vestigio* auf der Stelle, sofort

vestimentum, vestimenti *(o/327) n* Kleidungsstück, Kleid

vestīre, vestio, vestivi, vestitum *(4/380)* bekleiden, schmücken

vestis, vestis *(g/339) f* Kleidung, Kleider, Gewand; *hominem ex veste aestimare* einen Menschen nach seiner Kleidung beurteilen

vestitus, vestitus *(u/350) m* Bekleidung, Tracht

Vesuvius, Vesuvii *(o/326) m* Vesuv

vetare, veto, vetui, vetitum *(1/380)* verhindern, (jemandem) verbieten *(mit Akkusativ)*; *Quis nos vetabit?* Wer wird es uns verbieten?

veteranus, veterana, veteranum *(o/a/329)* altgedient, alt, *substantivisch* altgedienter Soldat, Veteran

vetulus, vetula, vetulum *(o/a/329)* ältlich

vetus, veteris *(kons./345)* alt, betagt, bejahrt; *milites veteres* altgediente Soldaten

vetustas, vetustatis *(kons./334) f* Alter, Altertum

vetustus, vetusta, vetustum *(o/a/329)* alt

vexare, vexo, vexavi, vexatum *(1/380)* plagen, quälen, beunruhigen; verheeren, heimsuchen; *conscientiā vexari* vom (schlechten) Gewissen gequält werden

vexillarius, vexillarii *(o/326) m* Fähnrich

vexillum, vexilli *(o/327) n* Fahne, Fähnlein, Abteilung

via, viae *(a/325) f* Weg, Straße, Strecke

viaticum, viatici *(o/327) n* Reisegeld

viator, viatoris *(kons./331) m* Wanderer, Reisender

vibrare, vibro, vibravi, vibratum *(1/380)* schwingen, zittern, blitzen, funkeln

vicanus, vicana, vicanum *(o/a/329)* dörflich, *substantivisch* Dorfbewohner

vice(n)simus, vicesima, vicesimum *(o/a/329)* der zwanzigste

vicinia, viciniae *(a/325) f* Nachbarschaft, Nähe

vicinitas, viciniatis *(kons./334) f* Nachbarschaft, Nähe

vicinus, vicina, vicinum *(o/a/329)* benachbart, *substantivisch* Nachbar

vicis (Genitiv) *[Akkusativ vicem, Ablativ vice]* Wechsel, Stellvertretung, Stelle, Rolle

vicissim *Adverb* wiederum, abwechselnd, dagegen, andererseits

vicissitudo, vicissitudinis *f* Wechsel, Abwechslung

victima, victimae *(a/325) f* Opfer, Opfertier

victor, victoris *(kons./331) m* Sieger, *adjektivisch* siegreich

victoria, victoriae *(a/325) f* Sieg

victrix, victricis *(kons./332) f* Siegerin, *adjektivisch* siegreich

victus, victus *(u/350) m* Unterhalt, Lebensunterhalt, Nahrung; Lebensweise

viculus, viculi *(o/326) m* Dörfchen

vicus, vici *(o/326) m* Dorf, Stadtviertel, Stadtteil, Häuserreihe

videlicet *Adverb* offenbar, natürlich (ironisch), nämlich

vidēre, video, vidi, visum *(2/380)* sehen, erblicken, darauf achten, erleben; *videre, ut* (mit Konjunktiv) zusehen, dass, beachten, dass; *videndum est, ut* man muss darauf achten, dass

vidēri, videor, visus sum, – *(2/Deponens/392)* scheinen, angesehen werden als, gelten als, beschließen; *videri + NcI* scheinen; *Non omnes beati sunt, qui beati esse videntur.* Nicht alle sind glücklich, die es zu sein scheinen.; *mihi videtur* ich beschließe, halte für richtig; *Senatui visum est legatos mittere.* Der Senat beschloss Gesandte zu schicken.; *mihi videor* ich glaube von mir, ich bilde mir ein; *Illi omnia posse sibi videntur.* Jene bilden sich ein, alles zu können.

vidua, viduae *(a/325) f* Witwe

viduus, vidua, viduum *(o/a/329)* verwitwet, unverheiratet, ledig; beraubt, leer

vigēre, vigeo, vigui, - *(2/380)* lebenskräftig, frisch sein, gesund sein; *animo vigere* guten Mutes sein

vigil, vigil, vigile wach, *substantivisch* Wächter

vigilantia, vigilantiae *(a/325) f* Wachsamkeit

vigilare, vigilo, vigilavi, vigilatum *(1/380)* wachen

vigilia, vigiliae *(a/325) f* Wache, Nachtwache; *secundā vigiliā* zur Zeit der 2. Nachtwache

viginti zwanzig

vigor, vigoris *(kons./331) m* Kraft, Lebenskraft, Frische

vilicus, vilica, vilicum *(o/a/329)* Verwalter

vilis, vilis, vile wohlfeil, billig, wertlos

villa, villae *(a/325) f* Haus, Landhaus, Landgut; *villa rustica* Landgut

villula, villulae *(a/325) f* kleines Landgut

villus, villi *(o/326) m* Zottelhaar

vimen, viminis *(kons./336) n* Flechtwerk, Weidenruten

vincere, vinco, vici, victum *(3/380)* siegen, besiegen, *(mit Ablativ)* übertreffen an/durch; *Olympiā vincere* bei den Olympischen Spielen gewinnen

vincīre, vincio, vinxi, vinctum *(4/380)* binden, fesseln; *manūs post tergum vincire* die Hände auf dem Rücken fesseln

vinculum, vinculi *(o/327) n* Band, Fessel; *Plural* **vincula** Gefängnis; *in vincula conicere* in Fesseln legen, ins Gefängnis werfen; *in vincula conici* ins Gefängnis geworfen werden

vindemia, vindemiae *(a/325) f* Weinlese, Wein

vindex, vindicis *(kons./332) m* Beschützer, Rächer

vindicare, vindico, vindicavi, vindicatum *(1/380)* beanspruchen, befreien, sichern, beschützen, strafen, bestrafen, rächen; *libertatem vindicare* die Freiheit bewahren

vindicta, vindictae *(a/325) f* Befreiung, Rettung; Strafe

vinea, vineae *(a/325) f* Weinberg, Weinlaube; Schutzdach

vinetum, vineti *(o/327) n* Weinberg, Weingarten

vinitor, vinitoris *(kons./331) m* Winzer

vinosus, vinosa, vinosum *(o/a/329)* weinselig, trunksüchtig, betrunken

vinum, vini *(o/327) n* Wein

viola, violae *(a/325) f* Veilchen

violare, violo, violavi, violatum *(1/380)* kränken, verletzen, misshandeln

violens, violentis heftig, ungestüm

violentia, violentiae *(a/325) f* Gewaltsamkeit, Ungestüm, Gewalt

violentus, violenta, violentum *(o/a/329)* gewalttätig, gewaltsam, ungestüm

vipera, viperae *(a/325) f* Viper, Schlange, Natter

vipereus, viperea, vipereum *(o/a/329)* Schlangen...

viperinus, viperina, viperinum *(o/a/329)* Schlangen...

vir, viri *(o/328) m* Mann, Held; *plane vir* ein ganzer Mann

virēre, vireo, virui, – *(2/380)* grün/frisch/kräftig sein

virga, virgae *(a/325) f* dünner Zweig, Rute, Gerte

virgineus, virginea, virgineum *(o/a/329)* jungfräulich

virginitas, virginitatis *(kons./334) f* Jungfräulichkeit

virgo, virginis *f* Mädchen, Jungfrau

virgultum, virgulti *(o/327) n* Gebüsch, Strauchwerk

viridare, virido, viridavi, viridatum *(1/380)* grünen

viridis, viridis, viride grün, frisch, jung
virilis, virilis, virile männlich, mannhaft
viritim *Adverb* Mann für Mann, einzeln
virtus, virtutis *(kons./333) f* Tüchtigkeit, Tatkraft,
Tugend, Tapferkeit, Vortrefflichkeit, sittliche Vollkommenheit; *Plural* **virtutes, virtutum** Vorzüge; *virtutes
animi* positive Eigenschaften
virus *n [nur Nominativ und Akkusativ]* Schleim, Gift
vis *(i/338) f [Akkusativ vim, Ablativ vi]* Kraft, Stärke,
Gewalt, Menge; *Plural* **vires, virium** (körperliche)
Kräfte, Truppen, Streitkräfte; *vim adhibere* Gewalt
anwenden; *summis viribus resistere* mit aller Kraft
Widerstand leisten; *magna vis auri* eine große
Menge Geld; *Vires solvuntur.* Die Kräfte lassen
nach.; *viribus coniunctis* mit vereinten Kräften; *vim
facere* Gewalt anwenden; *vi et armis capere* mit
Waffengewalt einnehmen
viscera, viscerum *n [plurale tantum]* Fleisch, Eingeweide
viscum, visci *(o/327) n* Mistel
visere, viso, visi, – *(3/380)* besichtigen, betrachten,
besuchen
visio, visionis *(kons./333) f* Anblick, Erscheinung, Vorstellung, Idee
visitare, visito, visitavi, visitatum *(1/380)* besuchen
visum, visi *(o/327) n* Erscheinung
visus, visus *(u/350) m* Anblick, Blick, Erscheinung
vita, vitae *(a/325) f* Leben; *de vita decedere* sterben;
vitam agere sein Leben verbringen/führen
vitabundus, vitabunda, vitabundum *(o/a/329)* (ständig) ausweichend
vitalis, vitalis, vitale lebenserhaltend, Leben spendend
vitare, vito, vitavi, vitatum *(1/380)* meiden, vermeiden,
entgehen
vitellus, vitelli *(o/326) m* Kälbchen
vitiare, vitio, vitiavi, vitiatum *(1/380)* verderben, entstellen, beschädigen, verfälschen

vitiosus, vitiosa, vitiosum *(o/a/329)* fehlerhaft, lasterhaft
vitis, vitis *(g/339) f* Weinrebe, Weinstock
vitium, vitii *(o/327) n* Fehler, Mangel, Vergehen, Fehltritt, Laster; *alicui vitio dare* jemandem als Fehler
anrechnen
vitreus, vitrea, vitreum *(o/a/329)* gläsern, klar, glänzend
vitrum, vitri *(o/327) n* Glas
vitta, vittae *(a/325) f* Binde
vitula, vitulae *(a/325) f* (weibliches) Kalb
vitulus, vituli *(o/326) m* Kalb
vituperare, vitupero, vituperavi, vituperatum *(1/380)*
tadeln
vivax, vivacis *(i/342)* frisch, lebhaft, langlebig, dauerhaft
vivere, vivo, vixi, –, victurus *(3/380)* leben; *modus
vivendi* Lebensweise
vividus, vivida, vividum *(o/a/329)* belebt, lebhaft
vivus, viva, vivum *(o/a/329)* lebend, lebendig, zu Lebzeiten; *Hannibale vivo* zu Lebzeiten Hannibals
vix *Adverb* kaum, mit Mühe; *vix quisquam* kaum
jemand
vixdum *Adverb* kaum noch, eben erst
vocabulum, vocabuli *(o/327) n* Benennung, Name,
Wort, Vokabel
vocalis, vocalis, vocale stimmbegabt, klangvoll
vocare, voco, vocavi, vocatum *(1/380)* rufen, nennen,
benennen; *aliquem stultum vocare* jemanden als
dumm bezeichnen
vociferari, vociferor, vociferatus sum, – *(1/Depo-
nens/392)* laut rufen, schreien, kreischen
volare, volo, volavi, volatum *(1/380)* fliegen, eilen;
Horae volant. Die Stunden vergehen wie im Flug.
volatus, volatus *(u/350) m* Flug
volitare, volito, volitavi, volitatum *(1/380)* flattern,
herumfliegen, sich brüsten
volucer, volucris, volucre geflügelt, schnell
volucris, volucris *(g/339) f* Vogel

volumen, voluminis *(kons./336) n* Buchrolle, Buch
voluntarius, voluntaria, voluntarium *(o/a/329)* freiwillig
voluntas, voluntatis *(kons./334) f [Genitiv]* Wille, Wunsch, Absicht (zu); *voluntate* freiwillig
voluptas, voluptatis *(kons./334) f* Vergnügen, Lust, Genuss
volutare, voluto, volutavi, volutatum *(1/380)* wälzen, überdenken
volvere, volvo, volvi, volutum *(3/380)* wälzen, rollen, überlegen, erwägen; *(Passiv)* sich drehen; *Plurima per noctem volvi.* In der Nacht habe ich mir viele Gedanken gemacht.; *volventibus annis* im Lauf der Jahre
vomer, vomeris *(kons./332) m* Pflug, Pflugschar
vomere, vomo, vomui, – *(3/380)* speien (transitiv und intransitiv)
vorago, voraginis *f* Schlund, Abgrund, Strudel
vorare, voro, voravi, voratum *(1/380)* verschlingen, fressen, verzehren
vos, vestri/vestrum *(358)* ihr
votivus, votiva, votivum *(o/a/329)* gelobt, versprochen
votum, voti *(o/327) n* Wunsch, Gelübde, Gebet
vovēre, voveo, vovi, votum *(2/380)* geloben, feierlich versprechen
vox, vocis *(kons./332) f* Rede, Ausspruch, Laut, Stimme, Wort, Äußerung; *unā voce* einstimmig; *magnā voce* mit lauter Stimme
vulgare, vulgo, vulgavi, vulgatum *(1/380)* unter die Leute bringen, veröffentlichen, verbreiten
vulgaris, vulgaris, vulgare gewöhnlich, gemein, allbekannt
vulgo *Adverb* vor aller Welt, allgemein, massenhaft, gewöhnlich
vulgus, vulgi *(o/326) n* Menge, Volk, breite Masse, Pöbel
vulnerare, vulnero, vulneravi, vulneratum *(1/380)* verwunden, verletzen

vulnus, vulneris *(kons./335) n* Wunde, Schmerz; *vulnera accipere* verwundet werden; *vulnus curare* die Wunde pflegen; *vulneribus confectus* von Wunden erschöpft; *ex vulnere recreare* sich von einer Verwundung erholen
vulpes, vulpis *f* Fuchs
vultur, vulturis *(kons./336) m* Geier
vultus, vultus *(u/350) m* Gesicht, Miene, Antlitz, Gesichtsausdruck; *vultus avertere* die Blicke abwenden

X (decem) zehn

zephyrus, zephyri *(o/326) m* Westwind
zona, zonae *(a/325) f* Gürtel, Zone, Landstrich, Erdgürtel

Deutsch – Lateinisch

Aas cadaver, cadaveris *n*
abberufen avocare; revocare
abbiegen *(intransitiv)* deflectere
Abbild effigies, effigiei *f*; exemplar, exemplaris *n*; imago, imaginis *f*; simulacrum, simulacri *n*
abbrechen interrumpere; rescindere
abbringen abducere; deterrēre
abdanken abdicare *[Ablativ]*
Abend occasus, occasus *m*; vesper, vesperi *m*; *es wird* ~ advesperascit
abendländisch hesperius
abendlich vespertinus
Abendstern Hesperus, Hesperi *m*; vesper, vesperi *m*
aber ast *Kj*; at *Kj*; atqui(n) *Kj*; autem *Kj*; ceterum *Adv*; sed *Kj*; vero *Kj*; verum *Kj*
Aberglaube religio, religionis *f*; superstitio, superstitionis *f*
abergläubisch superstitiosus
Abfall defectio, defectionis *f*
abfallen desciscere; ~ *(von einem Verbündeten)* deficere
abfallend *steil* ~ praeruptus
abfangen intercipere
abfassen conscribere
abfeilen limare
abfressen depascere
abführen deducere
Abgabe munus, muneris *n*; stipendium, stipendii *n*; tributum, tributi *n*; vectigal, vectigalis *n*
abgabenfrei immunis, immunis, immune
abgabenpflichtig vectigalis, vectigalis, vectigale
abgelegen avius; devius; reconditus; remotus
abgeneigt alienus

abgenutzt obsoletus
abgerundet teres, teretis
Abgeschiedenheit recessus, recessus *m*; secretum, secreti *n*
abgesondert secretus
abgewandt devexus
abgrenzen finīre; *genau* ~ definīre
Abgrund barathrum, barathri *n*; gurges, gurgitis *m*; vorago, voraginis *f*
abhalten abstinēre *[(a) + Ablativ]*; arcēre; terrēre; ~ *(von)* prohibēre *[a mit Ablativ]*
Abhang clivus, clivi *m*
abhängen pendēre
Abhängigkeit clientela, clientelae *f*
abhärten durare
Abhärtung duritia, duritiae *f*
abhauen abscīdere; decīdere; excīdere; recīdere
abhelfen medēri *[Dativ]*; subvenīre
Abhilfe remedium, remedii *n*
abirren aberrare
Abkommen pactum, pacti *n*; *ein* ~ *treffen* decīdere
Abkunft genus, generis *n*; origo, originis *f*; *von niederer* ~ ignobilis, ignobilis, ignobile
ablassen absistere; desinere; ~ *von* desistere *[Ablativ]*
ablegen abicere; deponere; exuere
Ableger propago, propagonis *f*
ablehnen abnuere; aspernari; detractare/detrectare; recusare; reicere; renuere; repudiare
ableiten derivare
ablenken avocare; declinare
ableugnen dissimulare
abliefern referre
ablösen solvere; succedere
abmachen decīdere

abmähen succīdere
Abmarsch profectio, profectionis *f*
abmarschieren proficisci
abmessen exigere
abmühen *sich ~* allaborare
abnehmen demere
Abneigung invidia, invidiae *f*; odium, odii *n*
abnutzen atterere; conterere; terere
abordnen legare
abpflücken decerpere
abprallen resultare
abreiben atterere
Abreise discessus, discessus *m*; profectio, profectionis *f*
abreisen proficisci
abreißen abrumpere; abscindere; avellere; carpere; diripere; refigere
abschaffen abrogare; refigere
abschätzen aestimare
Abschätzung aestimatio, aestimationis *f*
abscheren tondēre
abscheulich detestabilis, detestabilis, detestabile; taeter, taetra, taetrum
Abschied missio, missionis *f*
abschlagen denegare
abschleifen atterere
abschließen claudere; concludere; quadrare
Abschluss conclusio, conclusionis *f*
abschneiden abscīdere; amputare; decīdere; deputare; intercludere; praecīdere; recīdere; secare; *(ringsum)* ~ circumcidere; *(unten)* ~ succīdere
abschrecken absterrēre; deterrēre; terrēre
abschüssig declivis, declivis, declive; devexus; praeceps, praecipitis; praeruptus; proclivis, proclivis, proclive; pronus

abschütteln decutere; excutere
abschweifen digredi
absetzen deponere
Absicht animus, animi *m*; consilium, consilii *n*; voluntas, voluntatis *f [Genitiv]*; *ohne ~* insciens, inscientis
absichtlich consulto *Adv*
Absichtslosigkeit imprudentia, imprudentiae *f*
absolut absolutus
absondern secernere; segregare; semovēre; separare; seponere
Absonderung secessio, secessionis *f*
absperren excludere; intercludere
abstammen orīri
abstammend prognatus
Abstammung genus, generis *n*; natio, nationis *f*; origo, originis *f*; progenies, progeniei *f*
abstatten persolvere
abstellen deponere
absterben emori
abstimmen censēre
Abstimmung suffragium, suffragii *n*
abstoßend foedus
abstreifen stringere
abstumpfen obtundere
Abteilung classis, classis *f*; ordo, ordinis *m*; turma, turmae *f*; vexillum, vexilli *n*
abtrotzen extorquēre
abtrünnig *machen* abalienare; alienare
abwägen compensare; deliberare; expendere; pendere; pensare; ponderare
abwarten ex(s)pectare
abwärts deorsum *Adv*
abwaschen abluere
abwechselnd alternus; invicem *Adv*; vicissim *Adv*

Abwechslung varietas, varietatis *f*; vicissitudo, vicissitudinis *f*

abwehren arcēre; avertere; defendere; propellere; propulsare

abweichen declinare; deflectere; dissidēre

Abweichung declinatio, declinationis *f*

abweiden *(lassen)* depascere

abweisen reicere; repellere; spernere

Abweisung repulsa, repulsae *f*

abwenden avertere; detorquēre; reflectere; retorquēre; *sich ~* aversari; desciscere

abwesend absens, absentis; *~ sein* abesse; deesse

abwiegen pendere

abwinken abnuere; renuere

abzahlen persolvere

Abzeichen insigne, insignis *n*

abziehen avocare

Abzug discessus, discessus *m*

ach heu

Achse axis, axis *m*; cardo, cardinis *m*

Achsel ala, alae *m*

acht octo

Acht *geben* animadvertere *[in + Akkusativ]*; attendere; cavēre *[Akkusativ]*; *~ geben auf* observare; *sich in ~ nehmen vor* cavēre *[Akkusativ]*

achte *der ~* octavus

achten *darauf ~* vidēre

ächten proscribere

Achterdeck puppis, puppis *f*

achthundert octingenti

Achtung reverentia, reverentiae *f*

Ächtung proscriptio, proscriptionis *f*

achtzehn duodeviginti

achtzig octoginta

achzigste *der ~* octogesimus

Acker ager, agri *m*

Ackerbau agricultura, agriculturae *f*; aratio, arationis *f*

Ackerland arvum, arvi *n*

ackern arare

Adel nobilitas, nobilitatis *f*

adelig patricius

Adeligen *die ~* proceres, procerum *m*

Ader vena, venae *f*

Ädil aedilis, aedilis *m*

Adler aquila, aquilae *f*

adlig nobilis, nobilis, nobile

Adliger nobilis, nobilis, nobile

adoptieren adoptare

Adoption adoptio, adoptionis *f*

Afrika *(Nordafrika)* Africa, Africae *f*

Ägypten Aegyptus, Aegypti *f*

Ahn proavus, proavi *m*

ahnen augurare; augurari; divinare; praesentīre

ähnlich similis, similis, simile; *ganz ~* consimilis, consimilis, consimile; *für ~ halten* assimulare

Ähnlichkeit similitudo, similitudinis *f*

Ahnung odor, odoris *m*; praesensio, praesensionis *f*; suspicio, suspicionis *f*

ahnungslos inopinans, inopinantis; inopinatus

Ähre arista, aristae *f*; culmus, culmi *m*

albanisch Albanus

albern ineptus; insipiens, insipientis

allbekannt vulgaris

alle omnes, omnes, omnia

allein solum *Adv*; solus; unus, unius, una, unum

Alleinherrschaft dominatio, dominationis *f*; dominatus, dominatus *m*

allem *vor* ~ imprimis *Adv*
allenthalben passim *Adv*
allerdings equidem *Adv*; etenim *Adv*; nimirum *Adv*;
 quippe *Adv*; sane *Adv*; vero *Kj*
Allerheiligstes adytum, adyti *n*
allgemein communis, communis, commune; generalis, generalis, generale; publice *Adv*; vulgo *Adv*
alljährlich quotannis *Adv*; sollemnis, sollemnis, sollemne
allmächtig omnipotens, omnipotentis
allmählich paul(l)atim *Adv*; sensim *Adv*
alltäglich cottidianus; obsoletus
allzu nimium *Adv*; ~ *(sehr)* nimis *Adv*
Alpen *die* ~ Alpes, Alpium *f*
als cum *Kj*; ~ *(Vergleich)* quam *Adv*
also ergo *Kj*; igitur *Kj*; proinde *Adv*
alt annosus; antiquus; anus, anus *f*; canus; priscus;
 senex, senis *m*; veteranus; vetus, veteris; vetustus; ~
 werden consenescere; inveterascere; senescere; ~
 werden (lassen) inveterare
Altar altaria, altarium *n*; ara, arae *f*
altehrwürdig antiquus; priscus
Alter canities, canitiei *f*; vetustas, vetustatis *f*; *(hohes)*
 ~ antiquitas, antiquitatis *f*; senecta, senectae *f*;
 senectus, senectutis *f*; *dem ~ nach* natu *Adv*
älter maior, maior, maius; senior, senioris
altern consenescere; senescere
alters *von* ~ *her* antiquitus *Adv*
Altersgenosse aequalis, aequalis, aequale
 [Genitiv]
Altertum antiquitas, antiquitatis *f*; vetustas, vetustatis *f*
altertümlich antiquus; priscus
älteste *der* ~ maximus
altgedient veteranus
ältlich vetulus
altweiberhaft anilis, anilis, anile

Amboss incus, incudis *f*
Ameise formica, formicae *f*
Amme nutrix, nutricis *f*
Amor Amor, Amoris *m*
Amphitheater amphitheatrum, amphitheatri *n*
Amphore amphora, amphorae *f*
Amsel merula, merulae *f*
Amt magistratus, magistratus *m*; ministerium,
 ministerii *n*; munus, muneris *n*; *ohne öffentliches* ~
 otiosus
Amtsbewerber candidatus
Amtsbezirk provincia, provinciae *f*
Amtserschleichung ambitus, ambitus *m*
Amtsgenosse collega, collegae *m*
Amtsgewalt potestas, potestatis *f*
Amtsstuhl sella curulis, sellae curulis *f*
Amtsträger magistratus, magistratus *m*
an ad *Präp [Akkusativ]*; in *Präp*; *teilnehmen* ~ interesse; ~ ... *vorbei* praeter *Präp [Akkusativ]*
Anbau cultura, culturae *f*; cultus, cultus *m*
anbauen inaedificare
anbeten adorare; venerari
anbieten offerre
anbinden adnectere; alligare; deligare; illigare; religare
anblasen conflare
Anblick aspectus, aspectus *m*; conspectus,
 conspectus *m*; prospectus, prospectus *m*;
 species, speciei *f*; visio, visionis *f*; visus,
 visus *m*
anblicken aspectare
anbrennen adurere; amburere
andere *der* ~ *(von zweien)* alter, alterius
anderer *ein* ~ alius, alterius
andererseits rursus/rursum *Adv*; vicissim *Adv*
andermal *ein* ~ alias *Adv*

ändern mutare

anders aliter *Adv*; secus *Adv*; sequius *Adv*; setius *Adv*

anderswo alibi *Adv*

anderswoher aliunde *Adv*

anderswohin alio *Adv*

Änderung mutatio, mutationis *f*

andeuten adumbrare

Andrang frequentia, frequentiae *f*; impetus, impetus *m*

androhen denuntiare; minari; minitari

andrücken applicare

aneignen *sich ~* asciscere; percipere; usurpare

aneinanderreihen serere

anempfehlen conciliare

anerkannt spectatus

anerkennen agnoscere

Anerkennung laus, laudis *f*

anfachen conflare

anfallen incessere

Anfang exordium, exordii *n*; inceptum, incepti *n*; initium, initii *n*; limen, liminis *n*; origo, originis *f*; primordium, primordii *n*; principium, principii *n*

anfangen coeptare; exordīri; inceptare; incipere; incohare; instituere; occipere; ordīri; orīri

anfangs primo *Adv*

anfeinden obtrectare *[Dativ]*

Anfeindung invidia, invidiae *f*

anfertigen conficere; fabricare/fabricari

anfeuern adhortari; cohortari; exhortari

anflehen adorare; affari; deprecari; implorare; obsecrare; precari; supplicare

anfügen applicare; indere

anführen ductare; perhibēre

Anführer ductor, ductoris *m*; dux, ducis *m*; magister, magistri *m*

anfüllen complēre; explēre; implēre

Angabe definitio, definitionis *f*

angeben perhibēre

Angeber index, indicis *m*

angeboren innatus; nativus; naturalis, naturalis, naturale

angefangen *haben* coepisse

angefüllt fetus

Angeklagter reus, rei *m*

Angelegenheit ratio, rationis *f*; res, rei *f*

angelehnt supinus

Angelhaken hamus, hami *m*

angemessen commodus; dignus *[Ablativ]*; modicus; par, paris

angenehm amoenus; dulcis, dulcis, dulce; gratus; iucundus; placitus; suavis, suavis, suave

angeschwollen turgidus

angesehen gravis, gravis, grave; honestus; ornatus; splendidus; *~ werden als* vidēri

angesichts coram *Präp [Ablativ]*

angespannt intentus

angleichen adaequare; aequare *[Akkusativ]*; coaequare

angreifen adīre; adorīri; aggredi; appetere; impugnare; incessere; incurrere; incursare; invadere; offendere; oppugnare; petere; temptare

Angreifer invasor, invasoris *m*

angrenzen *an* adhaerēre

angrenzend accola, accolae *m*; finitimus

Angriff impetus, impetus *m*; incursio, incursionis *f*; incursus, incursus *m*; petitio, petitionis *f*; *zum ~ vorgehen* propugnare

angriffsbereit infestus

Angst angor, angoris *m*; metus, metus *m*; pallor, palloris *m*; pavor, pavoris *m*; timor, timoris *m*

ängstigen angere; *sich ~* pallescere; pavēre; trepidare

ängstlich anxius; timidus; trepidus
Ängstlichkeit timiditas, timiditatis f
angürten accingere
anhalten inhibēre
anhaltend diuturnus
Anhang clientela, clientelae f
Anhänger fautor, fautoris m
anhänglich amans, amantis
Anhänglichkeit pietas, pietatis f
anhauchen afflare
anhäufen acccumulare; congerere; cumulare
anheften affigere; figere; infigere
Anhöhe collis, collis m
anhören audīre; auscultare
Anker ancora, ancorae f
Anklage accusatio, accusationis f; *falsche* ~ calumnia, calumniae f
anklagen accusare; arguere; compellare; incusare; *fälschlich* ~ calumniari
Ankläger accusator, accusatoris m
anklopfen pulsare
anknüpfen innectere; *(von unten)* ~ subnectere
ankommen advenīre
Ankömmling advena, advenae m
ankündigen denuntiare; indicere; portendere
Ankunft adventus, adventus m
anlächeln arridēre *[Dativ]*; subridēre
Anlagen *natürliche* ~ indoles, indolis f
anlanden applicare
Anlass materia/materies, materiae/materiei f
anlegen collocare; induere
anlehnen reclinare
Anleitung institutio, institutionis f

anlocken allicere; illicere; pellicere
Anmarsch adventus, adventus m
anmaßend arrogans, arrogantis; insolens, insolentis
Anmaßung arrogantia, arrogantiae f; insolentia, insolentiae f
Anmut decor, decoris m; gratia, gratiae f; lepos/lepor, leporis m; venus, veneris f; venustas, venustatis f
anmutig amoenus; facetus; lepidus
Annäherung accessio, accessionis f; accessus, accessus m
Annalen annales (libri), annalium m
annehmbar probabilis, probabilis, probabile
annehmen accipere; arbitrari; ascīre; asciscere; assumere; *an Kindes Statt* ~ adoptare
Annehmlichkeit commoditas, commoditatis f; iucunditas, iucunditatis f; suavitas, suavitatis f
anordnen edicere; instituere; iubēre *[Akkusativ]*
Anordnung compositio, compositionis f; edictum, edicti n; interdictum, interdicti n
anpassen accommodare; aptare
anpflanzen conserere
Anprall impetus, impetus m
anraten suadēre
anrechnen imputare; tribuere
anreden affari; alloqui; appellare; compellare
anregen arrigere
Anreiz incitamentum, incitamenti n
anrücken adīre; adventare
anrufen compellare; implorare; invocare; *als Zeugen* ~ contestari
anrühren attingere; tangere
ansagen indicere
anschauen aspectare; aspicere; contemplari; intuēri; spectare; tuēri; *(aus der Ferne)* ~ prospectare

Anschein species, speciei *f*
anschicken *sich* ~ parare
Anschlag insidiae, insidiarum *f*
anschlagen affligere
Anschlagtafel album, albi *n*
anschließen adiungere; aggregare
anschreien increpare
Anschuldigung criminatio, criminationis *f*
anschwellen intumescere; luxuriare; turgēre
ansehen inspicere; intuēri
Ansehen auctoritas, auctoritatis *f*; dignitas, dignitatis *f*; honos, honoris *m*; maiestas, maiestatis *f*
ansehnlich conspicuus; opimus; spectabilis, spectabilis, spectabile
ansiedeln *sich* ~ considere
Ansiedler cultor, cultoris *m*
Ansiedlung colonia, coloniae *f*
anspannen contendere; intendere; tendere
Ansporn stimulus, stimuli *m*
anspornen acuere
Ansprache cohortatio, cohortationis *f*
ansprechen affari; alloqui
Anspruch petitio, petitionis *f*; *in* ~ *nehmen* usurpare
anstacheln instigare; stimulare
Anstand decor, decoris *m*; elegantia, elegantiae *f*; honestas, honestatis *f*; modestia, modestiae *f*
anständig bonus; honestus; ingenuus; integer, integra, integrum; modestus; probus
anstecken inficere
Ansteckung contagio, contagionis *f*
anstehen *schlecht* ~ dedecēre
ansteigend acclivis, acclivis, acclive; proclivis, proclivis, proclive

anstelle ... *setzen* supponere *[Dativ]*; ~ *von* pro *Präp [Ablativ]*
Anstieg clivus, clivi *m*
anstiften conflare; immittere
Anstoß impulsus, impulsus *m*; offensa, offensae *f*; offensio, offensionis *f*; pulsus, pulsus *m*
anstoßen illidere; offendere
anstreben spectare
anstrengen *sich* ~ adniti; coniti; contendere; elaborare; eniti; intendere; laborare
Anstrengung conamen, conaminis *n*; contentio, contentionis *f*; labor, laboris *m*; moles, molis *f*; nisus, nisus *m*; sudor, sudoris *m*
Ansturm concursus, concursus *m*; impetus, impetus *m*; incursus, incursus *m*
anstürmen incurrere; incursare; ingruere; ruere
Anteil pars, partis *f*; portio, portionis *f*
Antlitz facies, faciei *f*; os, oris *n*; vultus, vultus *m*
Antrag rogatio, rogationis *f*
antreiben conciēre; concitare; impellere; incitare; movēre
antreten inīre
Antrieb impulsus, impulsus *m*; *aus eigenem* ~ (meā/tuā/suā/nostrā/vestrā) sponte *f*
Antwort responsum, responsi *n*
antworten respondēre; responsare
anvertrauen commendare; committere; credere; mandare; permittere
anwachsen accrescere; coalescere; gliscere
Anwalt patronus, patroni *m*
anwehen afflare
anweisen *(Geld)* ~ perscribere
anwenden adhibēre; inhibēre
anwerben conducere; conscribere
anwesend praesens, praesentis; ~ *sein* adesse

Anwesenheit praesentia, praesentiae *f*
Anwohner accola, accolae *m*
Anzahl numerus, numeri *m*
Anzeichen significatio, significationis *f*
Anzeige delatio, delationis *f*; indicium, indicii *n*
anzeigen indicare
Anzeiger index, indicis *m*
anziehen astringere; induere
anzünden accendere; incendere; succendere *n*
anzweifeln ambigere
Apenninen Ap(p)enninus, Apennini *m*
Apfel malum, mali *n*
Apfelbaum malus, mali *f*
Apollo Apollo, Apollinis *m*
Aquädukt aquaeductus, aquaeductus *m*
Arbeit labor, laboris *m*; opera, operae *f*; opus, operis *n*
arbeiten laborare; operari
Arbeiter faber, fabri *m*
Architekt architectus, architecti *m*
Arg *ohne ~* sedulo *Adv*
Ärger molestia, molestiae *f*; offensio, offensionis *f*; stomachus, stomachi *m*
ärgern *sich ~* stomachari; *sich ~ (über)* indignari *[Akkusativ]*
arglistig dolosus; malitiosus; subdolus
arglos simplex, simplicis
Argwohn suspicio, suspicionis *f*
argwöhnen suspectare; suspicari; suspicere
argwöhnisch suspiciosus
arm egens, egentis; egenus; indotatus; inops, inopis; miser, misera, miserum; pauper, pauperis
Arm armus, armi *m*; bracchium, bracchii *n*; lacertus, lacerti *m*

Armen *die ~* plebs, plebis *f*
armselig miser, misera, miserum
Armut egestas, egestatis *f*; inopia, inopiae *f*; pauperies, pauperiei *f*; paupertas, paupertatis *f*; tenuitas, tenuitatis *f*
Art modus, modi *m*; *gewählte ~* elegantia, elegantiae *f*; *von welcher ~* qualis; *~ und Weise* genus, generis *n*; ratio, rationis *f*
Arznei medicina (ars), medicinae *f*
Arzt medicus, medici *m*
As *(römische Münze)* as, assis *m*
Asche cinis, cineris *m*; *(heiße) ~* favilla, favillae *f*
Asien Asia, Asiae *f*
Ast ramus, rami *m*
Astrologe astrologus, astrologi *m*; mathematicus, mathematici *m*
Astronom astrologus, astrologi *m*
Atem anima, animae *f*; flatus, flatus *m*; spiritus, spiritus *m*
Athen Athenae, Athenarum *f*
Athener Atheniensis, Atheniensis *m*
atmen spirare
Atom atomus, atomi *m*
Atrium atrium, atrii *n*
auch et *Kj*; etiam *Kj*; item *Adv*; quoque *Kj*; *~ nicht* nec *Kj*
Auerochs urus, uri *m*
auf in *Präp*
aufatmen respirare
aufbauen struere
aufbewahren conservare; reservare
Aufbewahrung conservatio, conservationis *f*
aufblasen inflare
aufblühen efflorescere
aufbrauchen abuti *[Ablativ]*; consumere; terere
aufbrechen proficisci; refringere

Aufbruch profectio, profectionis *f*
aufbürden imponere; iniungere
aufdecken aperīre; detegere; patefacere;
retegere
Aufenthalt mora, morae *f*
auferlegen imponere; indicere;
iniungere
aufessen comedere; exedere
auffallend conspicuus; insignis, insignis, insigne;
mirus; notabilis, notabilis, notabile
auffangen deprehendere
auffassen concipere
auffinden reperīre
auffordern adhortari; cohortari; exhortari; hortari;
provocare
auffüllen replēre; supplēre
Aufgabe munus, muneris *n*; negotium, negotii *n*; pensum, pensi *n*
Aufgang ortus, ortus *m*
aufgeben amittere; deponere; deserere; dimittere;
omittere
aufgeblasen tumēre; tumidus
Aufgeblasenheit tumor, tumoris *m*
Aufgebot classis, classis *f*
aufgebracht infensus
aufgehen oborīri
aufgelöst dissolutus
aufgeregt trepidus; turbulentus
aufgewühlt turbidus
aufgraben effodere
aufgürten discingere
aufhalten cohibēre; demorari; morari; morari;
remorari; retardare; tardare; *sich* ~ commorari;
morari; remorari; versari
aufhängen pendere; suspendere
aufhäufen aggerare; exaggerare

aufheben dissolvere; levare; tollere; *(durch
Volksbeschluss)* ~ abrogare; *(wieder)* ~
relevare
aufhören absistere; cessare; desinere; ~ *mit* abstinēre *[(a) + Ablativ]*; desistere *[Ablativ]*
aufjagen consternare; exagitare; excīre; excitare; suscitare
aufkaufen coëmere
aufklären aperīre
aufkündigen renuntiare
auflauern insidiari
Auflauf concitatio, concitationis *f*
auflegen imponere
auflehnen *sich* ~ rebellare
auflesen colligere; legere
aufleuchten refulgēre
auflodern aestuare; exaestuare
auflösen diluere; dissolvere; exsolvere; liquefacere;
resolvere; solvere
aufmachen *sich* ~ proficisci
aufmerken attendere
aufmerksam attentus
aufmuntern adhortari; cohortari; exhortari
Aufmunterung cohortatio, cohortationis *f*; hortamen,
hortaminis *n*
aufnehmen accipere; ascīre; asciscere; concipere;
excipere; percipere; recipere; suscipere; *gierig* ~
haurīre; *wieder* ~ resumere
aufregen conciēre; concitare; incitare; *sich* ~ indignari *[Akkusativ]*
Aufregung commotio, commotionis *f*; trepidatio, trepidationis *f*
aufreiben conficere; conterere; terere
aufreißen revellere
aufreizen conciēre; concitare; exagitare;
incitare

aufrichten arrigere; attollere; erigere; extollere; levare; sublevare; *sich* ~ insurgere
aufrichtig sincerus; verus
Aufrichtigkeit candor, candoris *m*; simplicitas, simplicitatis *f*
aufrollen revolvere
aufrufen citare; evocare
Aufruhr concitatio, concitationis *f*; seditio, seditionis *f*; tumultus, tumultus *m*
aufrührerisch seditiosus
aufsagen recitare
aufsaugen absorbēre
aufsaugend bibulus
aufscheuchen excīre
aufschichten construere; ex(s)truere
aufschieben differre; prolatare
aufschließen recludere
aufschrecken excitare; exterrēre; suscitare
aufschreien exclamare
Aufschrift index, indicis *m*
Aufschub mora, morae *f*
aufschürzen succingere
aufschütten aggerare
Aufschwung elatio, elationis *f*
aufseufzen ingemiscere
aufspringen ex(s)ultare
aufspüren anquirere; indagare; investigare; vestigare
aufstacheln exstimulare
Aufstand motus, motus *m*; rebellio, rebellionis *f*; seditio, seditionis *f*; tumultus, tumultus *m*
aufständisch rebellis, rebellis, rebelle
aufstehen assurgere; consurgere; insurgere; surgere; *wieder* ~ resurgere

aufstellen collocare; constituere; instituere; instruere; locare; statuere; *öffentlich* ~ proponere
Aufstieg ascensus, ascensus *m*
aufstöbern eruere
aufstreichen illinere
aufsuchen adīre; anquirere; appetere; expetere; petere; requirere; *wieder* ~ revisere
auftauchen *(lassen)* emergere
aufteilen dispertīre
Auftrag mandatum, mandati *n*; negotium, negotii *n*; *ohne* ~ iniussū *Adv*
auftragen imperare *[Dativ]*; mandare
auftreten ex(s)istere; prodīre; provenīre
aufwachen expergisci
aufwallen aestuare; exaestuare
Aufwallung tumor, tumoris *m*
Aufwand apparatus, apparatus *m*; impendium, impendii *n*; impensa (pecunia), impensae *f*; luxus, luxus *m*; sumptus, sumptus *m*
aufwecken excīre; excitare; suscitare
aufwenden impendere; insumere
aufwerfen iacere
aufwiegeln conciēre; concitare; exagitare; incitare; sollicitare
aufzählen enumerare
aufzehren macerare
Aufzeichnung commentarius (liber), commentarii *m*
aufziehen educare; educere
Auge oculus, oculi *m*
Augenblick monumentum, monumenti *n*; punctum, puncti *n*; *kritischer* ~ discrimen, discriminis *n*
Augenlicht lumen, luminis *n*
Augenzeuge arbiter, arbitri *m*
Äuglein ocellus, ocelli *m*

Augur augur, auguris *m*
aus e/ex *Präp [Ablativ]*
ausarbeiten *(sorgfältig)* ~ elaborare
ausatmen exhalare
ausbessern sarcīre
ausbilden alere; colere; erudīre; excolere
Ausbildung cultura, culturae *f*
Ausblick despectus, despectus *m*
ausbrechen erumpere; ~ *(Krieg)* exardescere
ausbreiten dispergere; distendere; excutere;
    fundere; pandere; sternere; *sich* ~ grassari; vagari
Ausbruch eruptio, eruptionis *f*; *zum* ~ *kommen* pro-
    rumpere
Ausdauer constantia, constantiae *f*; firmitas, firmitatis
    f; patientia, patientiae *f*
ausdauern perstare
ausdauernd patiens, patientis; pernix, pernicis
ausdehnen dilatare; distendere; extendere; produ-
    cere; propagare
Ausdehnung latitudo, latitudinis *f*
ausdenken comminisci
ausdrücken effingere; exprimere
ausdrucksvoll argutus
auseinander *gehen* discedere
auseinander reißen divellere
auseinander setzen disputare; disserere;
    exponere
auseinander stieben diffugere
auseinander treiben disturbare
auseinander ziehen diducere
auserlesen egregius; exquisitus
Ausfall eruptio, eruptionis *f*; excursio, excursionis *f*
ausfallen erumpere
ausfindig *machen* eruere

Ausflüchte ambages, ambagum *f*
ausforschen exquirere
ausfragen percontare; percontari
ausführen agere; committere; conficere; exportare;
    ex(s)equi; facessere; gerere; ministrare; patrare;
    peragere
Ausführender actor, actoris *m*
ausführlich latus
Ausführung actio, actionis *f*
ausfüllen explēre; implēre
Ausgabe expensum, expensi *n*
Ausgang egressus, egressus *m*; eventum, eventi *n*;
    eventus, eventus *m*; exitus, exitus *m*
ausgeben expendere; impendere
ausgebreitet patulus
ausgedehnt latus; longus; spatiosus
ausgedient emeritus
ausgeglichen concinnus
Ausgeglichenheit aequitas, aequitatis *f*
ausgehen deficere; *von etwas* ~ proficisci
Ausgehen defectio, defectionis *f*
ausgelassen lascivus; ~ *sein* gestīre; lascivīre; luxuriare
Ausgelassenheit lascivia, lasciviae *f*; petulantia, petu-
    lantiae *f*
ausgestattet praeditus
ausgezeichnet egregius; exquisitus; insignis, insignis,
    insigne; ornatus; praeclarus; singularis, singularis, sin-
    gulare
ausgießen defundere; diffundere; fundere; libare
ausgleichen compensare
ausgraben effodere; eruere
aushalten pati; perferre; sustentare; sustinēre; tolerare
ausharren durare; permanēre
aushauchen efflare; exhalare; ex(s)pirare

aushauen excīdere
Aushebung delectus, delectus *m*; dilectus, dilectus *m*
aushöhlen cavare
auskosten perfrui *[Ablativ]*
auskundschaften explorare; pervestigare; speculari
auslachen deridēre; irridēre; ridēre *[Akkusativ]*
Ausland barbaria, barbariae *f*
Ausländer alienigena, alienigenae *m*; barbarus; peregrinus
ausländisch adventicius; alienigena, alienigenae *m*; barbaricus; barbarus; externus; exter(us); peregrinus
auslassen praetermittere
auslegen interpretari; vertere
Auslegung interpretatio, interpretationis *f*
auslesen excerpere
ausliefern dedere; exhibēre; prodere
auslöschen exstinguere; oblitterare; restinguere
ausmalen pingere
ausnehmen excipere
ausnehmend eximius
auspfeifen explodere
ausplaudern enuntiare
ausplündern compilare; spoliare
ausraufen avellere
ausrechnen enumerare
Ausrede excusatio, excusationis *f*
ausreichen sufficere
ausreichend satis/sat *Adv*
ausreißen avellere; evellere; vellere
Ausreißer fugitivus
ausrichten dirigere; facessere
ausrotten exscindere; *mit der Wurzel* ~ exstirpare
ausrücken exīre

ausrufen exclamare
Ausrufer praeco, praeconis *m*
ausruhen conquiescere; quiescere; requiescere
ausrüsten aptare; armare; exornare; instruere
Ausrüstung ornamentum, ornamenti *n*; ornatus, ornatus *m*
Aussaat sementis, sementis *f*
Aussage enuntiatio, enuntiationis *f*; indicium, indicii *n*; verbum, verbi *n*
aussagen praedicare
Ausschau *halten* prospicere
ausschauen ex(s)pectare
Ausschlag monumentum, monumenti *n*
ausschließen excludere; semovēre
Ausschluss interdictum, interdicti *n*
ausschmücken dinstinguere; exornare
ausschöpfen exhaurīre
Ausschreibung proscriptio, proscriptionis *f*
ausschütten effundere
ausschweifend libidinosus; luxuriosus; ~ *leben* luxuriare
Ausschweifung luxuria, luxuriae *f*; luxus, luxus *m*
Aussehen aspectus, aspectus *m*; conspectus, conspectus *m*; facies, faciei *f*; forma, formae *f*; habitus, habitus *m*; species, speciei *f*
außen extrinsecus *Adv*; *von* ~ *(her)* extrinsecus *Adv*; ~ *befindlich* exter(us)
außer extra *Präp [Akkusativ]*; praeter *Präp [Akkusativ]*
außerdem insuper *Adv*; praeterea *Adv*; supra *Adv*
äußere *der* ~ exterior, exterior, exterius
außerhalb extra *Präp [Akkusativ]*
äußern *sich* ~ eloqui
außerordentlich eximius; mirificus; nimium *Adv*
äußerst oppido *Adv*

äußerste *der* ~ extremus; novissimus; ultimus
Äußerung dictum, dicti *m*; vox, vocis *f*
aussetzen exponere
Aussicht despectus, despectus *m*; prospectus, prospectus *m*; *in* ~ *stellen* ostendere; promittere; proponere
Aussichtspunkt specula, speculae *f*
ausspannen extendere
aussprechen effari; eloqui; enuntiare; proloqui; *feierlich* ~ nuncupare
Ausspruch dictum, dicti *m*; vox, vocis *f*
ausspülen proluere
ausstatten exornare; instruere; ornare
Ausstattung paratus, paratus *m*; supellex, supellectilis *f*
ausstechen effodere
ausstrecken porrigere; tendere
ausstreichen oblitterare
ausstreuen dispergere; spargere
austauschen commutare; permutare
Auster ostrea, ostreae *f*
austrocknen siccare
ausüben fungi *[Ablativ]*
Auswahl delectus, delectus *m*; selectio, selectionis *f*
auswählen deligere; eligere; excerpere; legere
auswandern demigrare; emigrare
auswärtig externus; exter(us)
Ausweg effugium, effugii *n*; exitus, exitus *m*
ausweichen declinare; eludere
ausweichend vitabundus
ausweisen relegare
auswendig memoriter *Adv*
auszeichnen decorare; distinguere; honorare; *sich* ~ antecellere; excellere; praecellere; praestare *[Akkusativ]*

Auszeichnung beneficium, beneficii *n*; benficium, benficii *n*; ornamentum, ornamenti *n*; praemium, praemii *n*
ausziehen exuere
auszischen explodere
Auszug secessio, secessionis *f*

B

Bacchusstab thyrsus, thyrsi *m*
Bach rivus, rivi *m*
Backe gena, genae *f*; mala, malae *f*
Backofen furnus, furni *m*
Bad balneum, balnei *n*
Badeanlage thermae, thermarum *f*
bald mox *Adv*; ~ ... *bald* modo – modo *Adv*; ~ *darauf* brevi *Adv*
Balken malus, mali *m*; tignum, tigni *n*; trabs, trabis *f*
Ball globus, globi *m*; pila, pilae *f*
Band copula, copulae *f*; vinculum, vinculi *n*
bändigen domare; mansuefacere
Bändiger domitor, domitoris *m*
bangen *um* timēre
Bank sedile, sedilis *n*; subsellium, subsellii *n*
Bankier argentarius, argentarii *m*; negotiator, negotiatoris *m*
Bannerträger signifer, signiferi *m*
Bär ursus, ursi *m*
Barbar barbarus
Barbarei barbaria, barbariae *f*
Barbier tonsor, tonsoris *m*
Bärin ursa, ursae *f*

Barke lembus, lembi *m*
Barmherzigkeit misericordia, misericordiae *f*
barsch asper, aspera, asperum
Bart barba, barbae *f*
bärtig barbatus
bartlos imberbis, imberbis, imberbe
Bartscherer tonsor, tonsoris *m*
Base consobrina, consobrinae *f*
Bauch alveus, alvei *m*; alvus, alvi *f*; uterus, uteri *m*;
  venter, ventris *m*
bauen aedificare
Bauer agrestis, agrestis *m*; agricola, agricolae *m*;
  colonus, coloni *m*; paganus, pagani *m*; ruricola, ruri-
  colae *m*; rusticus
bäuerisch rusticus
bäuerlich agrestis, agrestis, agreste; rusticus
Bauholz tignum, tigni *n*
Baukunst fabrica, fabricae *f*
Baum arbor, arboris *f*; lignum, ligni *n*
Baum- arboreus
baumartig arboreus
Baumeister architectus, architecti *m*
Baumfrucht pomum, pomi *n*
Baumnymphe dryas, dryadis *f*
Baumpflanzung arbustum, arbusti *n*
Baumstamm codex, codicis *m*; stipes, stipitis *m*;
  trabs, trabis *f*; truncus
Bauplatz area, areae *f*
bäurisch agrestis, agrestis, agreste
Bausch sinus, sinus *m*
Baustoff materia/materies, materiae/materiei *f*
beabsichtigen cogitare; intendere
beachten animadvertere *[in + Akkusativ]*;
  conservare; observare; respicere; *nicht* ~ neglegere

Beamtenkörper collegium, collegii *n*
Beamter magistratus, magistratus *m*
beanspruchen vindicare
bearbeiten excolere; pertractare
Bearbeiter cultor, cultoris *m*
bearbeitet rudis, rudis, rude
Bearbeitung cultura, culturae *f*; cultus, cultus *m*
beargwöhnen suspectare
beauftragen iubēre *[Akkusativ]*
bebauen colere
Bebauer cultor, cultoris *m*
beben pavēre; tremere
Beben pavor, pavoris *m*
bebend pavidus
Becher calix, calicis *m*; poculum, poculi *n*; scyphus,
  scyphi *m*
bedacht *(auf)* studiosus *[Genitiv]*
bedächtig sensim *Adv*
bedauern dolēre; miserari
bedecken consternere; contegere; cooperīre;
  integere; obducere; obruere; operīre; protegere;
  tegere
Bedeckung tegimentum, tegimenti *n*
bedenken cogitare; considerare; dispicere
Bedenken dubitatio, dubitationis *f*; scrupulus, scrupuli *m*; ~ *tragen* verēri
bedeuten significare
bedeutend amplus; gravis, gravis, grave; magnus;
  praevalidus
Bedeutung amplitudo, amplitudinis *f*; gravitas,
  gravitatis *f*; magnitudo, magnitudinis *f*; momentum,
  momenti *n*; monumentum, monumenti *n*; pondus,
  ponderis *n*; significatio, significationis *f*
bedienen ministrare

Bedingung condicio, condicionis *f*; lex, legis *f*; pactum, pacti *n*

bedrängen circumvenīre; instare; premere; urg(u)ere; urgēre

bedroht *sein* periclitari

bedrücken angere

bedürfen egēre *[Ablativ]*; indigēre *[Ablativ]*

Bedürfnis usus, usus *m*

bedürftig egens, egentis; egenus

Bedürftigkeit indigentia, indigentiae *f*

beeilen *sich ~* accelerare; festinare; maturare; properare

beeindrucken commovēre

beeinflussen movēre

beeinträchtigen imminuere

beenden finīre; perficere

beendigen finīre

Beendigung missio, missionis *f*

beerdigen efferre; humare

Beere baca, bacae *f*

befallen invadere

Befehl dicio, dicionis *f*; imperium, imperii *n*; iussum, iussi *n*; mandatum, mandati *n*; nutus, nutus *m*; praeceptum, praecepti *n*; praedictum, praedicti *n*; *auf ~* iussū *Adv*; *göttlicher ~* numen, numinis *n*; *ohne ~* iniussū *Adv*

befehlen imperare *[Dativ]*; indicere; iubēre *[Akkusativ]*; praecipere; praedicere

befehligen ductare; imperitare *[Dativ]*; praeesse *[Dativ]*; praesidēre

Befehlsgewalt *die ~ übergeben* praeficere

Befehlshaber praefectus, praefecti *m*

Befehlsstelle praefectura, praefecturae *f*

befestigen communīre; figere; firmare; fundare; munīre; pangere; stabilīre

Befestigung castellum, castelli *n*; moenia, moenium *n*; munimentum, munimenti *n*; munitio, munitionis *f*; opus, operis *n*

befeuchten madefacere; rorare

befinden *sich ~* inesse

Befinden valetudo, valetudinis *f*

befindlich situs

beflecken commaculare; contaminare; foedare; inquinare; maculare; polluere; turpare

befleckt incestus; sceleratus

befolgen observare

befördern producere; promovēre; provehere; vehere

befördert *werden* vehi

befragen consulere *[Akkusativ/in + Akkusativ/Dativ]*; consultare; interrogare; percontari

Befragung interrogatio, interrogationis *f*

befreien eripere; expedīre; redimere; resolvere; solvere; vindicare; *~ (von)* liberare *[a mit Ablativ]*; privare *[Ablativ]*

Befreiung vindicta, vindictae *f*; *~ (von)* vacuitas, vacuitatis *f [Genitiv/a + Ablativ]*

befreunden conciliare

befreundet amicus; familiaris, familiaris, familiare

befrieden pacare

befriedet pacatus

befriedigen explēre; satisfacere

befürchten metuere; timēre

befürworten laudare

begabt ingeniosus; praeditus

Begabung indoles, indolis *f*; ingenium, ingenii *n*

begegnen occurrere; occursare

begegnend obvius

begehen committere

begehren appetere; avēre; cupere; desiderare *[Akkusativ]*; *heftig ~* concupiscere

begehrlich incontinens, incontinentis
Begehrlichkeit cupiditas, cupiditatis *f*; cupido, cupidinis *f*
begeistern attonare
begeistert rabidus
Begeisterung ardor, ardoris *m*; rabies, rabiei *f*
Begierde cupiditas, cupiditatis *f*; cupido, cupidinis *f*; libido, libidinis *f*
begierig procax, procaci; ~ *nach* avidus *[Genitiv]*; cupidus *[Genitiv]*
begießen perfundere
Beginn inceptum, incepti *n*; initium, initii *n*
beginnen coeptare; committere; exordīri; inceptare; incipere; incohare; ingredi; inīre; ordīri
Beginnen inceptum, incepti *n*
begleiten comitari
Begleiter comes, comitis *m/f*
Begleitung comitatus, comitatus *m*
beglücken beare
beglückt beatus; fortunatus
begraben sepelīre
Begräbnis funus, funeris *n*; sepultura, sepulturae *f*
Begräbnisfeier funus, funeris *n*
begreifen capere; comprehendere
begrenzen finīre; terminare
Begriff comprehensio, comprehensionis *f*; notio, notionis *f*; notitia, notitiae *f*
begrüßen salutare
Begrüßung salutatio, salutationis *f*
begünstigen favēre *[Dativ]*; fovēre; studēre *[Dativ]*
begütert beatus; locuples, locupletis
begütigen lenīre
behaart comans, comantis
behalten *(im Besitz)* ~ retinēre

Behälter capsa, capsae *f*; loculus, loculi *m*
behandeln afficere *[Ablativ]*; pertractare; tractare; *neu* ~ retractare
Behandlung curatio, curationis *f*
beharren perseverare; perstare
beharrlich assiduus; pertinax, pertinacis; pervicax, pervicacis; tenax, tenacis
Beharrlichkeit assiduitas, assiduitatis *f*; pertinacia, pertinaciae *f*
behaupten affirmare; contendere; dicere; *(eine Stellung)* ~ obtinēre; *ernsthaft* ~ asseverare; ~ , *dass nicht* negare
behauptet(e) ait
behend agilis, agilis, agile; pernix, pernicis; velox, velocis
beherrschen regere
Beherrschung moderatio, moderationis *f*
beherzigen recordari *[Akkusativ/de + Ablativ]*
behindern impedīre
behindert impeditus
behüten custodīre; servare *[a mit Ablativ]*
bei ad *Präp [Akkusativ]*; apud *Präp [Akkusativ]*; circa/circum *Präp [Akkusativ]*; in *Präp*; penes *Präp [Akkusativ]*; sub *Präp*; *nahe* ~ apud *Präp [Akkusativ]*; propter *Präp [Akkusativ]*
beibehalten retinēre
beibringen afferre
beide ambo; uterque, utriusque; ~ *zusammen* ambo
Beifall assensio, assensionis *f*; assensus, assensus *m*; favor, favoris *m*
Beifallklatschen plausus, plausus *m*
Beifallklatscher plausor, plausoris *m*
Beifallspender fautor, fautoris *m*
beifügen apponere
beigesellen aggregare

Beil securis, securis *f*
Beilegung compositio, compositionis *f*
beimischen admiscēre; immiscēre
Bein crus, cruris *n*
beinahe paene *Adv*; prope *Adv*; propemodum *Adv*
Beiname cognomen, cognominis *n*
beipflichten assentīri
beischaffen supportare
Beischlaf coitus, coitus *m*; concubitus, concubiti *m*
beischleppen aggere
beiseite *legen* seponere
Beispiel exemplum, exempli *n*; *(warnendes)* ~
   documentum, documenti *n*; *wie zum* ~ sicut *Adv*;
   velut *Adv*
beißen mordēre
beißend mordax, mordacis
beistehen adesse; assidēre *[Dativ]*; assistere; succurrere
beistimmen adnuere; assentari; assentīri; nuere;
   nicht ~ dissentīre *[a mit Ablativ]*
Beitrag *(Geld)* collatio, collationis *f*
beitragen conferre
bejahrt annosus; anus, anus *f*; senex, senis *m*; vetus,
   veteris
bejammern deplorare; lamentari; miserari
bejammernswert miser, misera, miserum; miserabilis, miserabilis, miserabile
bekämpfen impugnare
bekannt familiaris, familiaris, familiare; gnarus; inclu-
   tus/inclitus; nobilis, nobilis, nobile; notus; ~ *geben*
   edicere; ~ *machen* indicere; nobilitare
bekannt geben proscribere
bekannt machen ēdere; praedicare; prodere
Bekanntmachung edictum, edicti *n*; praeconium,
   praeconii *n*

Bekanntschaft notitia, notitiae *f*
bekennen confitēri; fatēri; *(offen)* ~ profitēri
Bekenntnis confessio, confessionis *f*
beklagen deplorare; lamentari; miserari; plorare;
   (sich) ~ *(über)* queri *[Akkusativ]*
beklagenswert flebilis, flebilis, flebile
bekleiden amicīre; vestīre
Bekleidung vestitus, vestitus *m*
Beklemmung angor, angoris *m*
bekommen adipisci; apisci; capere; nancisci; *wieder* ~
   recipere; *zu* ~ *versuchen* quaerere *[ex/ab mit Ablativ]*
bekräftigen affirmare; confirmare; consignare; firmare; sancīre
bekränzen coronare; redimīre
bekümmert aeger, aegra, aegrum
beladen gravare; onerare; onustus
belagern assidēre *[Dativ]*; circumsedēre; obsidēre;
   oppugnare
Belagerung obsessio, obsessionis *f*; obsidio, obsidionis *f*; obsidium, obsidii *n*; oppugnatio, oppugnationis *f*
Belang *von* ~ *sein* attinēre
belasten gravare; onerare; praegravare; premere
belaubt comans, comantis; frondosus; ~ *sein* frondēre
beleben animare; celebrare; *neu* ~ reficere
belebt animalis, animalis, animale; vividus
Belebtheit celebritas, celebritatis *f*
belecken lambere
belehren *gründlich* ~ edocēre
beleidigen laedere; offendere
beleidigt offensus
Beleidigung contumelia, contumeliae *f*; iniuria, iniuriae *f*; ludibrium, ludibrii *n*; offensa, offensae *f*; offensio, offensionis *f*
Belieben arbitratus, arbitratus *m*

beliebig quamvis *Adv*
beliebt gratiosus; iucundus
Beliebtheit gratia, gratiae *f*
bellen latrare
Belohnung praemium, praemii *n*
bemächtigen *sich ~* potīri *[Ablativ]*
bemerken animadvertere *[in + Akkusativ]*; cognoscere
bemerkenswert notabilis, notabilis, notabile
bemessen exigere; metiri
bemitleiden miserēri *[Genitiv]*
bemühen *sich ~* coniti; luctari; niti; *sich ~ um* studēre *[Dativ]*
bemüht *eifrig ~ (um)* studiosus *[Genitiv]*
Bemühung conamen, conaminis *n*
benachbart finitimus; propinquus; vicinus
benagen rodere
beneiden invidēre *[Dativ]*
benennen nominare; nuncupare; vocare
Benennung vocabulum, vocabuli *n*
benetzen imbuere
benutzen uti *[Ablativ]*
beobachten arbitrari; notare; observare; servare *[a mit Ablativ]*; speculari
Beobachtung observatio, observationis *f*
bepackt *leicht ~* expeditus
bepflanzen conserere
bequem commodus; facilis, facilis, facile
beraten consulere *[Akkusativ/in + Akkusativ/Dativ]*; deliberare
beratschlagen consulere *[Akkusativ/in + Akkusativ/Dativ]*; consultare
Beratung consilium, consilii *n*
berauben exuere; nudare; orbare; praedari; spoliare; *(einer Sache) ~* privare *[Ablativ]*

beraubt viduus
berauscht ebrius; temulentus; uvidus
berechnen computare; putare; reputare; rēri
berechnet ratus
Berechnung ratio, rationis *f*
beredet copiosus
Beredsamkeit eloquentia, eloquentiae *f*; facundia, facundiae *f*
beredt disertus; eloquens, eloquentis; facundus
bereichern ditare; locupletare
bereisen obīre
bereit promptus; *~ machen* expedīre
bereiten comparare; parare
bereits iam *Adv*
Bereitschaft *in ~ setzen* expedīre
Bereitwilligkeit facilitas, facilitatis *f*
bereuen paenitēre
Berg mons, montis *m*
Bergbewohner montani, montanorum *m*
bergen condere
Bergesche ornus, orni *f*
Berggipfel arx, arcis *f*
Bergrücken iugum, iugi *n*
Bergvorsprung promonturium/promunturium, promonturii *n*
Bergwerk metallum *n*
berichten ferre; memorare *[Akkusativ]*; referre; renuntiare
berichtigen corrigere
Berichtigung correctio, correctionis *f*
beritten equester, equestris, equestre
Bernstein electrum, electri *n*; sucinum, sucini *n*
bersten fatiscere
berüchtigt famosus; infamis, infamis, infame

195

berücksichtigen respicere
Beruf officium, officii *n*
berufen convocare
Berufung provocatio, provocationis *f*; ~ *einlegen*
provocare
beruhen *auf* initi
beruhigen mulcēre; permulcēre; placare; sanare;
sedare; *sich* ~ acquiescere; conquiescere
Beruhigung sedatio, sedationis *f*
berühmt celeber, celebris, celebre; clarus; famosus;
illustris, illustris, illustre; inclutus/inclitus; nobilis,
nobilis, nobile; praeclarus; ~ *machen* nobilitare
Berühmtheit celebritas, celebritatis *f*; claritudo, claritudinis *f*; fama, famae *f*; nobilitas, nobilitatis *f*
berühren attingere; contingere; perstringere; tangere
Berührung contagio, contagionis *f*; tactus, tactus *m*
besäen conserere
besänftigen lenīre; mitigare; mollīre; piare; placare
Besatzung praesidium, praesidii *n*
beschädigen vitiare
beschaffen comparare; prospicere; *so* ~ talis, talis,
tale; *vorher* ~ antecapere
Beschaffenheit qualitas, qualitatis *f*; *natürliche* ~
natura, naturae *f*
Beschaffung paratus, paratus *m*
beschäftigen distinēre; occupare; *sich* ~ operari; versari
beschäftigt occupatus
Beschäftigung negotium, negotii *n*; occupatio,
occupationis *f*; studium, studii *n*
beschauen contuēri
bescheiden demissus; modestus; modicus; pauper,
pauperis; pudens, pudentis; verecundus
Bescheidenheit modestia, modestiae *f*
bescheinen illustrare

beschenken beare; donare; mactare
Beschimpfung contumelia, contumeliae *f*; ignominia,
ignominiae *f*; opprobrium, opprobrii *n*; probrum, probri *n*
beschlagen *vorne* ~ praefigere
beschlagnahmen publicare
beschleunigen accelerare; celerare; citare; festinare; maturare; praecipitare; properare
beschließen censēre; consciscere; constituere; consulere *[Akkusativ/in + Akkusativ/Dativ]*; decernere;
sciscere; statuere; vidēri
Beschluss auctoritas, auctoritatis *f*; consultum, consulti *n*; decretum, decreti *n*; plebiscitum, plebisciti *n*;
scitum, sciti *n*
beschmieren linere; oblinere
beschmutzen inquinare
beschneiden amputare; putare; resecare; tondēre
beschränken constringere; recīdere; terminare
beschränkt socors, socordis
Beschränktheit socordia, socordiae *f*
beschreiben describere
beschuldigen accusare; arguere; criminari; culpare;
incusare; insimulare
beschützen protegere; tuēri; tutari; vindicare
Beschützer custos, custodis *m/f*; fautor, fautoris *m*;
patronus, patroni *m*; tutor, tutoris *m*; vindex, vindicis *m*
Beschwerde querela, querelae *f*; querimonia, querimoniae *f*; questus, questus *m*
beschweren *sich* ~ conqueri; *sich* ~ *(über)* queri
[Akkusativ]
beschwerlich incommodus; laboriosus; molestus
Beschwerlichkeit molestia, molestiae *f*
beschwichtigen delenīre; mulcēre; permulcēre; placare; reprimere
beschwören obsecrare; obtestari

beseelen animare
beseitigen abolēre; eximere; interimere; tollere
besessen furiosus
besetzen capere; occupare; osidere; possidere; *im Voraus* ~ antecapere; *vorher* ~ praeoccupare
besetzt *halten* obsidēre
Besetzung occupatio, occupationis *f*
besichtigen circumīre; perspicere; visere
besiegeln obsignare
besiegen debellare; expugnare; superare; vincere; *völlig* ~ devincere; evincere; pervincere
besingen canere; cantare
Besitz dominium, dominii *n*; mancipium, mancipii *n*; possessio, possessionis *f*; res, rei *f*; *im* ~ penes *Präp [Akkusativ]*; *in* ~ *nehmen* possidere
besitzen habēre; obtinēre; possidēre; tenēre; uti *[Ablativ]*
Besitzer dominus, domini *m*
besonders imprimis *Adv*; maxime *Adv*; praecipue *Adv*; praesertim (cum) *Kj*; separatim *Adv*; specialis, specialis, speciale; utique *Adv*; vel *Kj*
besonnen frugi; moderatus; sanus; sobrius
Besonnenheit sanitas, sanitatis *f*
besonnt apricus
besorgen administrare; curare; ministrare; procurare; prospicere
Besorgnis cura, curae *f [Genitiv]*; metus, metus *m*; scrupulus, scrupuli *m*; timor, timoris *m*
besorgt anxius; sollicitus; sollicitus
Besorgung curatio, curationis *f*
besprechen disserere; tractare; *sich* ~ colloqui
besprengen aspergere; spargere
bespritzen aspergere
bespülen alluere
besser melior, melior, melius; potior, potior, potius

bessern reficere
Bestand stabilitas, stabilitatis *f*; status, status *m*
beständig constans, constantis; perennis, perennis, perenne; perpetuus; stabilis, stabilis, stabile
Beständigkeit stabilitas, stabilitatis *f*
bestärken confirmare
bestätigen affirmare; comprobare; confirmare; consignare; sancīre
bestatten condere; efferre; sepelīre
Bestattung funus, funeris *n*; sepultura, sepulturae *f*; *zur* ~ *gehörig* funebris, funebris, funebre
beste *der* ~ optimus; potissimus
bestechen corrumpere
Bestechung corruptela, corruptelae *f*; largitio, largitionis *f*
bestehen durare; sistere; ~ *aus* consistere
besteigen ascendere; conscendere; escendere; scandere
bestimmen destinare
bestimmt certus
bestimmter *ein* ~ quidam, cuiusdam
Bestimmung constitutio, constitutionis *f*
bestrafen multare; punīre; sancīre; vindicare
bestraft *werden* plecti
Bestrafung animadversio, animadversionis *f*; noxa, noxae *f*
bestreichen illinere; linere; oblinere
bestürmen oppugnare
bestürzt attonitus
besuchen adīre; celebrare; convenīre; frequentare; invisere; obīre; visere; visitare
besucht *viel* ~ celeber, celebris, celebre
besudeln foedare; maculare; polluere
betagt vetus, veteris
betasten temptare
betäuben attonare; stupefacere

betäubt torpēre; *(vom Donner)* ~ attonitus
Betäubung torpedo, torpedinis *f*
betauen rorare
betaut roscidus
beteiligt consors, consortis; particeps, participis
beten orare; precari
beteuern confirmare; obtestari
betiteln inscribere
betrachten circumspicere; considerare; contemplari; contuēri; introspicere; intuēri; invisere; spectare; tuēri; visere; *genau* ~ collustrare
Betrachter spectator, spectatoris *m*
beträchtlich aliquantus
Betrachtung contemplatio, contemplationis *f*; obtutus, obtutus *m*
betrauern lugēre; maerēre
betreffen pertinēre *[ad mit Akkusativ]*
betreiben agere; exercēre; tractare; *eifrig* ~ agitare; insistere; studēre *[Dativ]*
Betreiben *eifriges* ~ agitatio, agitationis *f*
Betreiber actor, actoris *m*
betreten calcare; ingredi; intrare; introīre
betreuen assidēre *[Dativ]*
Betrübnis maeror, maeroris *m*
betrübt maestus; ~ *sein* maerēre
Betrug dolus, doli *m*; fraus, fraudis *f*
betrügen circumducere; ~ *(um)* fraudare *[Ablativ]*
betrügerisch captiosus; dolosus; fallax, fallacis; falsus; fraudulentus; subdolus
betrunken ebrius; madidus; potus; vinosus; ~ *machen* madefacere
Bett lectus, lecti *m*; torus, tori *m*
Bettdecke toral, toralis *n*
Bettler mendicus

beugen flectere; inclinare; inflectere; *sich* ~ inclinare
Beugung inclinatio, inclinationis *f*
beunruhigen permovēre; perturbare; sollicitare; stimulare; versare; vexare
beunruhigend anxius; tumultuosus
beunruhigt sollicitus
beurteilen aestimare; existimare; interpretari; iudicare; metiri; ponderare
Beute exuviae, exuviarum *f*; manubiae, manubiarum *f*; praeda, praedae *f*; raptum, rapti *n*; spolium, spolii *n*
bevölkern frequentare
bevölkert *dicht* ~ celeber, celebris, celebre
bevor antequam *Kj*; priusquam *Kj*
bevorstehen portenderi; *drohend* ~ imminēre; impendēre; instare
bewachen custodīre
Bewachung custodia, custodiae *f*
bewaffnen armare
bewaffnet *leicht* ~ nudus
Bewaffnete *der* ~ armatus, armati *m*
Bewaffnung armatura, armaturae *f*
bewahren conservare; custodīre; servare *[a mit Ablativ]*; tuēri
Bewahrer conservator, conservatoris *m*
bewährt spectatus
Bewahrung conservatio, conservationis *f*
bewaldet silvestris, silvestris, silvestre
bewässern irrigare; rigare
bewässert irriguus
bewegen agitare; commovēre; movēre; *heftig* ~ permovēre; sollicitare; *stark* ~ sollicitare
beweglich agilis, agilis, agile; facilis, facilis, facile; mobilis, mobilis, mobile
Beweglichkeit mobilitas, mobilitatis *f*

bewegt *stark* ~ sollicitus

Bewegung actus, actus *m*; momentum, momenti *n*; motio, motionis *f*; motus, motus *m*; *heftige* ~ agitatio, agitationis *f*; *in* ~ *setzen* ciēre; molīri

beweinen deflēre; flēre

Beweis approbatio, approbationis *f*; argumentum, argumenti *n*; documentum, documenti *n*; experimentum, experimenti *n*; indicium, indicii *n*; testimonium, testimonii *n*

Beweise *anführen* argumentari

beweisen approbare; convincere; demonstrare; praestare *[Akkusativ]*; probare

Beweismittel argumentum, argumenti *n*

bewerben *sich* ~ petere

Bewerbung petitio, petitionis *f*; ~ *(um ein politisches Amt)* ambitio, ambitionis *f*

bewerkstelligen molīri

bewirken dare; efficere; facere

bewohnen colere; habitare; incolere

Bewohner cultor, cultoris *m*; incola, incolae *m*

bewundern admirari *[Akkusativ]*; mirari *[Akkusativ]*

bewundernswert admirabilis, admirabilis, admirabile; mirabilis, mirabilis, mirabile; mirificus

Bewunderung admiratio, admirationis *f*

bewusst sciens, scientis

Bewusstsein conscientia, conscientiae *f*; *im* ~ *von* memor, memoris *[Genitiv]*

bezahlen expendere; luere; pendere; pensare

bezähmen cohibēre; compescere

bezeichnen designare; notare; signare; significare

Bezeichnung significatio, significationis *f*

bezeugen contestari; testari; testificari

bezichtigen insimulare

beziehen *sich* ~ *(auf)* pertinēre *[ad mit Akkusativ]*

Beziehung coniunctio, coniunctionis *f*

Bezug *in* ~ *auf* erga *Präp [Akkusativ]*

bezwingen domare; subigere

Bezwinger domitor, domitoris *m*

biegen curvare; flectere; inflectere; *rückwärts* ~ reflectere

biegsam lentus

Biegung flexus, flexus *m*; sinus, sinus *m*

Biene apis, apis *f*

Bienenkorb alveus, alvei *m*

Bier cervisia, cervisiae *f*

bieten *auf etwas* ~ licēri

Bild effigies, effigiei *f*; imago, imaginis *f*; signum, signi *n*; simulacrum, simulacri *n*

bilden conformare; erudīre; excudere; fingere; formare; informare

Bildnis imago, imaginis *f*; signum, signi *n*; simulacrum, simulacri *n*

Bildung conformatio, conformationis *f*; cultus, cultus *m*; disciplina, disciplinae *f*; doctrina, doctrinae *f*; eruditio, eruditionis *f*; humanitas, humanitatis *f*

billig aequus; vilis

billigen approbare; comprobare; probare

Billigkeit aequitas, aequitatis *f*

Billigung approbatio, approbationis *f*

Bimsstein pumex, pumicis *m*

Binde vitta, vittae *f*

binden ligare; vincīre

binnen intra *Präp [Akkusativ]*; ~ *kurzem* dudum *Adv*

Binnenland mediterranea, mediterraneorum *n*

binnenländisch mediterraneus

Birnbaum pirus, piri *f*

Birne pirum, piri *n*

bis donec *Kj*; quoad *Kj*; ~ ... *in* in *Präp*; ~ *dahin*
adeo *Adv*; ~ *zu* ad *Präp [Akkusativ]*; tenus; usque
(ad) *Adv [Akkusativ]*

bisher adhuc *Adv*

Biss morsus, morsus *m*

Bissen frustum, frusti *n*

bissig mordax, mordacis

bisweilen interdum *Adv*; nonnumquam *Adv*

Bitte petitio, petitionis *f*; rogatio, rogationis *f*; *auf* ~
gewährt precarius

bitten obtestari; optare; orare; precari; rogare; *(er-)* ~
petere; *flehentlich* ~ supplicare; *ich bitte/wir* ~
quaeso/quaesumus

Bitten preces, precum *f*; *(demütiges)* ~ supplicium,
supplicii *n*

bitter acerbus; amarus; asper, aspera, asperum

Bitterkeit acerbitas, acerbitatis *f*

blasen canere; flare

Blasen flamen, flaminis *n*; flatus, flatus *m*

blass albus; pallidus; ~ *sein* pallēre

Blässe pallor, palloris *m*

Blatt charta, chartae *f*; folium, folii *n*; pagina, paginae *f*

blau caeruleus/caerul(e)us

blaugrau glaucus

bläulich lividus; ~ *sein* livēre

Blei plumbum, plumbi *n*

Bleibe mansio, mansionis *f*

bleiben haerēre; manēre; ~ *bei* insistere

bleifarbig *sein* livēre

blenden occaecare

blendend speciosus

Blick obtutus, obtutus *m*; visus, visus *m*; *scharfer* ~
sagacitas, sagacitatis *f*

blind caecus

Blindheit caecitas, caecitatis *f*

blindlings temere *Adv*

blinken coruscare

blinkend coruscus

Blitz fulgur, fulguris *n*; fulmen, fulminis *n*

blitzen coruscare; fulgēre; micare; vibrare

Blitzen fulgor, fulgoris *m*

blitzend coruscus

Blitzschlag fulmen, fulminis *n*

Blitzstrahl fulmen, fulminis *n*

Blockade obsessio, obsessionis *f*; obsidio, obsidionis *f*; obsidium, obsidii *n*

blöken balare

Blöken balatus, balatus *m*

blond flavus; ~ *sein* flavēre

bloß unus, unius, una, unum

bloßstellen arguere

blühen florēre

Blume flos, floris *m*

Blut sanguis, sanguinis *m*; *(vergossenes)* ~ cruor,
cruoris *m*; *aus* ~ sanguineus

Blutbad caedes, caedis *f*

blutbefleckt cruentus; sanguinulentus

blutdürstig cruentus; sanguineus

Blüte flos, floris *m*

blutig crudus; cruentus; sanguineus

blutlos exsanguis, exsanguis, exsangue

blutsverwandt cognatus; consanguineus

Blutvergießen sanguis, sanguinis *m*

Bock hircus, hirci *m*

Boden fundus, fundi *m*; humus, humi *f*; solum, soli *n*;
zu ~ *werfen* profligare; prosternere

Bodensatz faex, faecis *f*

Bogen arcus, arcus *m*; fornix, fornicis *m*

Bogenschütze sagittarius, sagittarii *m*
Bohne faba, fabae *f*
Bollwerk propugnaculum, propugnaculi *n*
Boot lembus, lembi *m*; navigium, navigii *n*; scapha, scaphae *f*
Bordell fornix, fornicis *m*
borgen mutuari
Borste saeta, saetae *f*
borstig hirsutus
bösartig malignus
böse improbus; malus
boshaft malignus; malitiosus
Bosheit flagitium, flagitii *n*; malitia, malitiae *f*
böswillig ater, atra, atrum
Bote nuntius, nuntii *m*
Botschaft nuntius, nuntii *m*
Boxer pugil, pugilis *m*
Brand incendium, incendii *n*; *in ~ geraten* ardescere; *in ~ stecken* incendere; succendere; *in ~ stehen* ardēre
brandend aestuosus
Brandstiftung incendium, incendii *n*
Brandung aestus, aestus *m*; fretum, freti *n*
Bratspieß veru, verus *n*
Brauch consuetudo, consuetudinis *f*; institutum, instituti *n*; mos, moris *m*; ritus, ritus *m*; *dem ~ gemäß* rite *Adv*
brauchbar utilis, utilis, utile
bräunlich fulvus
brausen fervēre; fremere
Braut nupta, nuptae *f*
Bräutigam sponsus, sponsi *m*
brechen confringere; frangere; rumpere
breit latus; patulus

Breite latitudo, latitudinis *f*
brennen adurere; ardēre; flagrare; flammare; *(ringsum)* ~ amburere
brennend torrens, torrentis
Brett tabula, tabulae *f*
Brettergerüst pulpitum, pulpiti *n*
Brief codicilli, codicillorum *m*; epistula, epistulae *f*
Briefbote tabellarius, tabellarii *m*
bringen ferre; portare; vehere; *fertig ~* efficere; *zusammen ~* conflare; *zustande ~* committere; conflare
Britannien Britannia, Britanniae *f*
Britannier Britannus, Britanni *m*
Bronze aes, aeris *n*
Brot far, farris *n*; panis, panis *m*
Bruchstück fragmentum, fragmenti *n*
Brücke pons, pontis *m*
Bruder frater, fratris *m*; germanus
brüderlich fraternus
Brühe ius *n*
brüllen mugīre; rudere
Brüllen mugitus, mugitus *m*
brummen fremere
Brummen fremitus, fremitus *m*
Brunnen puteus, putei *m*
Brust mamma, mammae *f*; pectus, pectoris *n*; praecordia, praecordiorum *m*
brüsten *sich ~* gloriari; volitare
Brusthöhle praecordia, praecordiorum *m*
Brustwarze mamma, mammae *f*
Brustwehr lorica, loricae *f*; pluteus/pluteum, plutei *m/n*
Buch codex, codicis *m*; liber, libri *m*; scriptum, scripti *n*; volumen, voluminis *n*
Buche fagus, fagi *f*

Büchlein libellus, libelli *m*
Buchrolle volumen, voluminis *n*
Buchsbaum buxus, buxi *f*
Buchsbaumholz buxus, buxi *f*
Buchstabe littera, litterae *f*
Bucht sinus, sinus *m*
Bude taberna, tabernae *f*
Bühne pulpitum, pulpiti *n*; scaena, scaenae *f*
Bündel fascis, fascis *m*; sarcina, sarcinae *f*
Bundesgenosse socius, socii *m*
Bündnis foedus, foederis *n*; societas, societatis *f*
bunt varius
Buntheit varietas, varietatis *f*
Bürde onus, oneris *n*
Burg arx, arcis *f*; castrum, castri *n*
Bürge obses, obsidis *m/f*; sponsor, sponsoris *m*; vas, vadis *m*
bürgen spondēre
Bürger civis, civis *m*
Bürger einer Landstadt municeps, municipis *m*
bürgerlich civicus; civilis, civilis, civile; plebeius
Bürgerrecht civitas, civitatis *f*
Bürgerschaft civitas, civitatis *f*
Bürgerstand plebes, plebei *f*; plebs, plebis *f*
Bürgschaft intercessio, intercessionis *f*; pignus, pignoris/pigneris *n*; sponsio, sponsionis *f*; vadimonium, vadimonii *n*
Busch frutex, fruticis *m*
Busen sinus, sinus *m*
Buße multa, multae *f*; poena, poenae *f*
büßen luere; ~ *lassen* multare
Bußfest supplicatio, supplicationis *f*
Bußgeld poena, poenae *f*

C

Ceres Ceres, Cereris *f*
Chaos chaos *n*
Charakter ingenium, ingenii *n*; *mit* ~ moratus
charakteristisch proprius
Chor chorus, chori *m*
Chortanz chorea, choreae *f*
Christen *die* ~ Christiani, Christianorum *m*
Christus Christus, Christi *m*
Chronik acta, actorum *n*

D

da cum *Kj*; ea *Adv*; ibi *Adv*; illic *Adv*; quia *Kj*; quod *Kj*; tum *Adv*; utpote *Adv*; *von* ~ *an* hinc *Adv*; *von* ~ *aus* exinde *Adv*; ~ *ja* quoniam *Kj*; ~ *sein* esse; *nicht* ~ *sein* abesse
da hast du! em!
da ist! en
dabei sein interesse
dabeistehen astare
Dach culmen, culminis *n*; tectum, tecti *n*
Dachziegel tegula, tegulae *f*
dagegen contra *Adv*; vicissim *Adv*; ~ *sein* obesse
dagegenstoßen illidere
daher eo *Adv*; ergo *Kj*; hinc *Adv*; igitur *Kj*; inde *Adv*; itaque *Kj*; proinde *Adv*; quocirca *Adv*
dahin eo *Adv*; illuc *Adv*; isto/istuc *Adv*
dahintreiben fluctuare; fluitare

daliegen iacēre

damals tum *Adv*; tunc *Adv*

Dame matrona, matronae *f*

damit ut/uti *Kj*; ~ *(nicht)* ne *Kj*

Damm agger, aggeris *m*; moles, molis *f*; ob(i)ex, obicis *f*

Dampf fumus, fumi *n*; nidor, nidoris *m*

dampfen fumare

danach inde *Adv*; postilla *Adv*

daneben iuxta *Adv [Akkusativ]*

Dank grates *f*; gratia, gratiae *f*

dankbar gratus

Dankfest supplicatio, supplicationis *f*

Danksagung gratulatio, gratulationis *f*

dann deinde *Adv*; exinde *Adv*; tum *Adv*; tunc *Adv*

darauf deinde *Adv*; tum *Adv*; tunc *Adv*; *unmittelbar* ~ subinde *Adv*

darben egēre *[Ablativ]*; indigēre *[Ablativ]*

darin *sein* inesse

darlegen approbare; demonstrare; docēre; exponere; ostendere; probare; proponere

Darlegung explicatio, explicationis *f*

darniederliegen iacēre

darreichen porrigere; praebēre; sufficere; suppeditare

darstellen effingere; exprimere

Darsteller actor, actoris *m*

dartun *deutlich* ~ coarguere

darüber insuper *Adv*; super/supra *Adv [Akkusativ]*; ~ *hinaus* supra *Adv*; ultra *Adv*

darüberhängen impendēre

darunter infra *Präp [Akkusativ]*; ~ *sein* subesse

darunterlegen supponere *[Dativ]*

Dasein *beschauliches* ~ otium, otii *n*

dass ne *Kj*; quod *Kj*; ut/uti *Kj*; ~ *(nicht)* quin *Kj*; ~ *doch* utinam *Kj*; ~ *nicht* quominus *Kj*; *so* ~ *nicht* ut/uti *Kj*

Dauer *lange* ~ diuturnitas, diuturnitatis *f*

dauerhaft stabilis, stabilis, stabile; vivax, vivacis

dauern durare; manēre; permanēre; *lang* ~ diuturnus

dauernd diutinus/diuturnus; longus

Daumen pollex, pollicis *m*

davonführen abducere

dazu *noch* ~ ultro *Adv*

dazukommen accedere

dazutreten assistere

dazwischenkommen intervenīre

dazwischenliegen interesse

dazwischenstellen interponere

dazwischentreten intercedere

Decke aulaeum, aulaei *n*; stratum, strati *n*; tegimentum, tegimenti *n*

decken contegere; tegere

Definition definitio, definitionis *f*

dehnen tendere

dein tuus

Dekurio decurio, decurionis *m*

Delphi Delphi, Delphorum *m*

Delphin delphinus/delphin, delphini/delphinis *m*

delphisch Delphicus

demgemäß proinde *Adv*

demnach itaque *Kj*

demütig humilis, humilis, humile; ~ *bittend* supplex, supplicis

Denar denarius, denarii *m*

denken cogitare; *daran* ~ meminisse *[Genitiv]*

Denken cogitatio, cogitationis *f*

denkend *an* memor, memoris *[Genitiv]*

Denkmal monumentum, monumenti *n*; tropaeum, tropaei *n*

Denkvermögen mens, mentis *f*

denkwürdig memorabilis, memorabilis, memorabile

denn enim *Kj*; etenim *Adv*; nam *Kj*; namque *Kj*; tandem *Adv*

dennoch tamen *Kj*

Denunziant delator, delatoris *m*

der is, sui, ea, id; qui, cuius, quae, quod; ~ *da* iste, istius, ista, istud

derartig eiusmodi *Adv*; huiusmodi; talis, talis, tale

derb durus

derjenige is, sui, ea, id

derselbe *(eben)* ~ idem, eiusdem, eadem, idem

Deserteur desertor, desertoris *m*

deshalb ideo *Adv*; itaque *Kj*; propterea *Adv*; quapropter *Kj*; quare *Adv*; quocirca *Adv*

deswegen eo *Adv*; idcirco *Adv*; ideo *Adv*; propterea *Adv*; quam ob rem *Adv*

deuten interpretari

Deuter coniector, coniectoris *m*

deutlich argutus; dilucidus; lucidus; perspicuus; plane *Adv*; planus; ~ *sein* liquere

Deutlichkeit perspicuitas, perspicuitatis *f*

Deutung coniectura, coniecturae *f*; explicatio, explicationis *f*

Dezember Dec. (december); *zum* ~ *gehörig* December, Decembris, Decembre

Dezemvir decemvir, decemviri *m*

dicht creber, crebra, crebrum; densus; spissus; ~ *machen* densare; densēre

dichtbevölkert frequens, frequentis

Dichter poeta, poetae *m*; vates, vatis *m/f*

Dichterin vates, vatis *m/f*

dichtgedrängt confertus *[Ablativ]*; densus; refertus *[Ablativ]*

Dichtkunst musica, musicae *f*

dick crassus

Dicke crassitudo, crassitudinis *f*

Dickicht dumetum, dumeti *n*

Dieb fur, furis *m/f*

Diebin fur, furis *m/f*

Diebstahl furtum, furti *n*

dienen militare; servīre

Diener administer, administri *m*; famulus, famuli *m*; minister, ministri *m*

Dienerin ancilla, ancillae *f*; famula, famulae *f*; serva, servae *f*; servus, servi *m*

Dienerschaft familia, familiae *f*

Dienst officium, officii *n*; opera, operae *f*

Dienstbefreiung vacatio, vacationis *f*

Dienstleistung ministerium, ministerii *n*; officium, officii *n*

dieser hic, huius, haec, hoc; is, sui, ea, id; ~ *da (bei dir)* iste, istius, ista, istud

diesjährig hornus

diesseitig citerior, citerior, citerius

diesseits cis/citra *Präp*; citra *Adv*; citra *Präp [Akkusativ]*

Diktator dictator, dictatoris *m*

Diktatur dictatura, dictaturae *f*

diktieren dictare

Ding res, rei *f*

Dinkel far, farris *n*

Diplomat legatus, legati *m*

direkt directus

Dirne meretrix, meretricis *f*; scortum, scorti *n*

Diskus discus, disci *m*

Diskussion disceptatio, disceptationis *f*

diskutieren disputare

doch atqui(n) *Kj*; ceterum *Adv*; nempe *Adv*; tamen *Kj*; *also* ~ nempe *Adv*

Dolch mucro, mucronis *m*; pugio, pugionis *m*; sica, sicae *f*

Dolmetscher interpres, interpretis *m*

Donau Danuvius, Danuvii *m*

Donner tonitrus, tonitrus *m*

donnern intonare; tonare

Doppelaxt bipennis, bipennis, bipenne

doppelköpfig biceps, bicepitis

Doppelschritt passus, passus *m*

doppelt duplex, duplicis; geminus/gemellus

doppelzüngig duplex, duplicis

Dorf vicus, vici *m*

Dorfbewohner vicanus, vicani *m*

Dörfchen viculus, viculi *m*

Dorfgemeinde pagus, pagi *m*

dörflich vicanus

Dorn spina, spinae *f*

Dornbusch sentis, sentis *m*

Dornstrauch sentis, sentis *m*

dörren torrēre

dort ea *Adv*; ibi *Adv*; illic *Adv*; istic *Adv*; *von* ~ illinc *Adv*; istinc *Adv*

dorthin eo *Adv*; illo *Adv*; illuc *Adv*; isto/istuc *Adv*

Drache anguis, anguis *m/f*; draco, draconis *f*

Drang impetus, impetus *m*

drängen adigere; premere; trudere; urg(u)ere; urgēre

Drangsal aerumna, aerumnae *f*

draußen foris *Adv*; *nach* ~ foris *Adv*; *von* ~ foris *Adv*; ~ *liegen* excubare

drehen detorquēre; intorquēre; torquēre; versare; vertere; *sich* ~ volvere

Drehpunkt cardo, cardinis *m*

drei tres, tres, tria; *je* ~ terni; trini

Dreidecker triremis (navis), triremis *f*

dreifach triplex, triplicis

dreigeteilt tripartitus; tripertitus

dreihundert trecenti

dreimal ter *Adv*

Dreiruderer triremis (navis), triremis *f*

dreißig triginta

dreißigste *der* ~ tricesimus

dreist protervus

Dreiweg trivium, trivii *n*

Dreizack tridens, tridentis *m*

dreizackig tridens, tridentis *m*

dringend *verlangen* deposcere

drinnen intus *Adv*

dritte *der* ~ tertius

drohen imminēre; impendēre; instare; minitari; *(mit Worten)* ~ minari

drohend minax, minacis

dröhnen intonare; mugīre; remugīre; tonare; *laut* ~ intonare

Dröhnen fragor, fragoris *m*; mugitus, mugitus *m*; murmur, murmuris *n*

Drohungen minae, minarum *f*

Drossel turdus, turdi *m*

drücken premere

drückend gravis, gravis, grave; ~ *werden* ingravescere

Druide Druida, Druidae *m*

Dryade dryas, dryadis *f*

du tu, tui

Duft nidor, nidoris *m*; odor, odoris *m*

duften fragrare

duftend odoratus

dulden pati

dumm excors, excordis; stolidus; stultus

Dummheit stultitia, stultitiae *f*

dumpf raucus; ~ *(Stimme)* fuscus

Dünger fimum, fimi *n*

dunkel ater, atra, atrum; caecus; caeruleus/caerul(e)us; fuscus; niger, nigra, nigrum; nigrans, nigrantis; obscurus; opacus; pullus; umbrosus; ~ *(Nacht)* intempestus

Dunkel caligo, caliginis *f*

Dünkel fastus, fastus *m*

dunkelfarbig caeruleus/caerul(e)us

Dunkelheit obscuritas, obscuritatis *f*

dünn exilis, exilis, exile; tenuis, tenuis, tenue; ~ *machen* extenuare; tenuare

Dünne tenuitas, tenuitatis *f*

Dünnheit tenuitas, tenuitatis *f*

Dunst aër, aëris *m*; nebula, nebulae *f*; nidor, nidoris *m*

durch per *Präp [Akkusativ]*; ~ ... *hindurch* per *Präp [Akkusativ]*

durchaus prorsus *Adv*

durchbohren configere; figere; percutere; perforare; perfordere; traicere; transfigere

durchbrechen perfringere; perrumpere

durchdringen penetrare; pervadere

durchdringend acer, acris, acre

durcheilen decurrere; percurrere

durcheinander *bringen* turbare

durchforschen perquirere; pervestigare; rimari

durchführen peragere

Durchgang transitus, transitus *m*; *enger* ~ angiportum, angiporti *n*

durchgehen *lassen* permittere

durchirren pererrare

durchlesen perlegere

durchlöchern perforare

durchmessen emetïri

durchmustern perlustrare

durchschauen perspicere

durchscheinend perlucidus

durchschneiden incïdere; secare

durchschreiten perambulare

durchsetzen efficere; impetrare; perficere; perpellere; perpetrare; pervincere

durchsichtig dilucidus; perlucidus; perspicuus

durchstoßen transigere

durchstreifen peragrare; pererrare

durchsuchen excutere; rimari

Durchsuchung scrutatio, scrutationis *f*

durchwandern emetïri; peragrare; perambulare

durchwühlen effodere; rimari

dürftig exilis, exilis, exile

Dürftigkeit tenuitas, tenuitatis *f*

dürr aridus; gracilis, gracilis, gracile; ~ *sein* arēre

Dürre sitis, sitis *f*

Durst sitis, sitis *f*; ~ *hervorrufend* aridus

dürsten sitïre

durstig aridus; bibulus; siccus; ~ *sein* arēre

düster ater, atra, atrum; niger, nigra, nigrum

Duumvir duumvir, duumviri *m*

E

eben aequalis, aequalis, aequale *[Genitiv]*; aequus; campester, campestris, campestre; modo *Adv*; placidus; planus; ~ *erst* vixdum *Adv*

Ebenbild effigies, effigiei *f*
ebenda ibidem *Adv*
ebendaher indidem *Adv*
ebendorthin eodem *Adv*
Ebene aequor, aequoris *n*; campus, campi *m*; planities, planitiei *f*; *in der ~ befindlich* campester, campestris, campestre
ebenfalls item *Adv*
ebenso item *Adv*; itidem *Adv*; perinde *Adv*; proinde *Adv*
Eber aper, apri *m*
echt incorruptus; merus; solidus; verus
Ecke angulus, anguli *m*
edel generosus; ingenuus; liberalis, liberalis, liberale; nobilis, nobilis, nobile
edelgeboren generosus
edelmütig generosus
Edelstein gemma, gemmae *f*
Efeu hedera, hederae *f*
ehe antequam *Kj*; priusquam *Kj*
Ehe coniugium, coniugii *n*; coniunctio, coniunctionis *f*; conubium, conubii *n*; matrimonium, matrimonii *n*; thalamus, thalami *m*
Ehebett thalamus, thalami *m*
Ehebrecher adulter, adultera, adulterum; moechus, moechi *m*
Ehebrecherin moecha, moechae *m*
ehebrecherisch adulter, adultera, adulterum
Ehebruch adulterium, adulterii *n*; probrum, probri *n*; stuprum, stupri *n*
Ehefrau coniu(n)x, coniugis *f*; matrona, matronae *f*; mulier, mulieris *f*; uxor, uxoris *f*
Ehegatte maritus, mariti *m*

ehelich iugalis, iugalis, iugale; socialis, socialis, sociale
ehelos *(Mann)* caelebs, caelibis
Ehemann maritus, mariti *m*
eher potius *Adv*; prius *Adv*
ehern aen(e)us/a(h)eneus/a(h)enus; aeratus; aereus
ehrbar honestus
Ehrbarkeit honestas, honestatis *f*
Ehre decus, decoris *n*; dignatio, dignationis *f*; gloria, gloriae *f*; honestas, honestatis *f*; honos, honoris *m*
ehren colere; decorare; honorare; mactare; ornare; *(Götter) ~* adolēre
Ehrenamt honos, honoris *m*
ehrenhaft honestus
Ehrenname titulus, tituli *m*
Ehrenstelle honos, honoris *m*
ehrenvoll honestus; honorificus
Ehrenzeichen insigne, insignis *n*
Ehrerbietung reverentia, reverentiae *f*
Ehrfurcht caerimonia, caerimoniae *f*; pietas, pietatis *f*; reverentia, reverentiae *f*; verecundia, verecundiae *f*
ehrfurchtsvoll augustus
Ehrgefühl pudor, pudoris *m*
Ehrgeiz ambitio, ambitionis *f*; gloria, gloriae *f*
ehrgeizig ambitiosus; gloriosus
ehrwürdig augustus; sanctus
Ei ovum, ovi *n*
Eibe taxus, taxi *f*
Eiche quercus, quercus *f*
Eichel glans, glandis *f*
eichen robustus
Eid ius iurandum/iusiurandum, iuris iurandi *n*; sacramentum, sacramenti *n*

Eidechse lacerta, lacertae *f*

Eifer alacritas, alacritatis *f*; ardor, ardoris *m*; sedulitas, sedulitatis *f*; studium, studii *n*

Eifersucht aemulatio, aemulationis *f*

eifersüchtig aemulus; ~ *sein* aemulari

eifrig acer, acris, acre; alacer, alacris, alacre; intentus; sedulus; ~ *in* cupidus *[Genitiv]*

eigen privus; proprius

Eigenschaft ars, artis *f*; qualitas, qualitatis *f*; *gute* ~ bonum, boni *n*

eigensinnig pervicax, pervicacis

Eigentum mancipium, mancipii *n*

eigentümlich proprius

Eile festinatio, festinationis *f*

eilen celerare; contendere; ferri; festinare; properare; ruere; volare

eilens confestim *Adv*; propere *Adv*; raptim *Adv*

eilig citus; properus

ein unus, unius, una, unum; *je* ~ singuli

einbalsamieren condīre

Einbildung opinatio, opinationis *f*

einbrechen infringere; irrumpere

einbringen ferre; redigere

einbürgern *sich* ~ inveterascere

Einbuße damnum, damni *n*; iactura, iacturae *f*

eindeutig evidens, evidentis

eindrängen *sich* ~ insinuare

eindringen insinuare; invadere; invehi; irruere; irrumpere; penetrare; permanare; ~ *auf* incessere

Eindruck affectio, affectionis *f*

eindrücken imprimere

eine *der* ~ *(von zweien)* alter, alterius

einebnen coaequare

einer quidam, cuiusdam; unus, unius, una, unum; *je* ~ privus; ~ *von beiden* alteruter

einfach directus; simplex, simplicis

Einfachheit simplicitas, simplicitatis *f*

Einfall incessus, incessus *m*; incursio, incursionis *f*

einfältig excors, excordis; ineptus

einflechten intorquēre

einflößen incutere; indere; inicere

Einfluss auctoritas, auctoritatis *f*; contagio, contagionis *f*; potentia, potentiae *f*; ~ *haben* valēre

einflussreich factiosus; valens, valentis

einfordern exigere

einfügen inserere; intericere

einführen importare; inducere

einfüllen implēre

Eingang foris, foris *f*; ianua, ianuae *f*; introitus, introitus *m*; limen, liminis *n*; ostium, ostii *n*

eingebildet vanus; ~ *(z.B. Schmerz)* opinabilis, opinabilis, opinabile

Eingeborener indigena, indigenae *m*

eingedenk memor, memoris *[Genitiv]*

eingehen *(als Ertrag)* ~ redīre

eingestehen confitēri; fatēri

Eingeweide exta, extorum *n*; ilia, ilium *n*; praecordia, praecordiorum *m*; viscera, viscerum *n*

Eingeweideschau haruspicina, haruspicinae *f*

eingeweiht *in* conscius *[Genitiv]*

eingießen defundere; infundere; offundere

eingraben defodere; infodere

eingravieren scalpere

einhalten observare

einhauchen inspirare

einheimisch incola, incolae *m*; indigena, indigenae *m*; internus

einhergehen incedere; spatiari

einherschreiten incedere; ingredi

einholen assequi; consequi; persequi

einhüllen amicīre; involvere; obtendere

einig conveniens, convenientis

einige aliquot; complures, complures, complura; quidam, cuiusdam

einigen *sich* ~ convenīre

Einigkeit concordia, concordiae *f*

Einigung compositio, compositionis *f*

einjagen inicere

einjährig annuus

einkehren devertere/deverti

Einkommen reditus, reditus *m*

einladen invitare

einlassen admittere

einleuchtend evidens, evidentis

einmal quondam *Adv*; semel *Adv*; *(endlich)* ~ aliquando *Adv*

einmischen immiscēre

einnehmen occupare; *für sich* ~ delenīre

einnehmend blandus

einnicken dormitare

Einöde deserta, desertorum *n*; solitudo, solitudinis *f*

einpflanzen inserere

einprägen imprimere

einräumen concedere

einreiben inunguere; perunguere

einreihen inserere; numerare; ordinare; ponere

einreißen diruere; proruere; rescindere

einrichten accommodare; instituere; instruere; moderari; temperare

Einrichtung institutio, institutionis *f*; institutum, instituti *n*

einrücken *lassen* introducere

einsam avius; desertus; devius; solus

Einsamkeit solitudo, solitudinis *f*

einschätzen aestimare; existimare

Einschätzung aestimatio, aestimationis *f*; existimatio, existimationis *f*

einschieben interponere

einschlafen dormitare; *tief* ~ sopīre

einschläfern sopīre

einschlagen infringere; *(einen Weg)* ~ affectare

einschließen circumvallare; claudere; cohibēre; concludere; continēre; includere; saepīre; vallare

Einschließung conclusio, conclusionis *f*

einschmeichelnd blandus

einschneiden incīdere; insecare

Einschnitt fissum, fissi *n*

einschränken contrahere

einschreiben inscribere

einschreiten *gegen* animadvertere *[in + Akkusativ]*

einschüchtern perterrēre

einsehen intellegere

einsetzen constituere; *wieder* ~ restituere

Einsicht intellegentia, intellegentiae *f*; sapientia, sapientiae *f*; scientia, scientiae *f*

einsichtig *sein* sapere

einsichtsvoll perspicax, perspicacis

Einspruch intercessio, intercessionis *f*; ~ *erheben* intercedere

einst aliquando *Adv*; olim *Adv*; quondam *Adv*

einstudieren commentari

Einsturz ruina, ruinae *f*

einstürzen concidere; corruere; illabi; prolabi; ~ *(lassen)* proruere

eintauchen demergere; demittere; mergere; mersare; ting(u)ere

einteilen digerere; discribere; distribuere

Einteilung discriptio, discriptionis *f*; divisio, divisionis *f*

Eintracht concordia, concordiae *f*

einträchtig concors, concordis; conveniens, convenientis

eintragen ascribere

einträglich fructuosus

einträufeln instillare

eintreiben exigere; redigere

eintreten intrare

Eintritt introitus, introitus *m*

Einübung meditatio, meditationis *f*

einwandern immigrare

einweben intexere

einwenden opponere

einwickeln implicare; involvere

Einwirkung affectio, affectionis *f*

Einwohner incola, incolae *m*

einwurzeln inveterare; inveterascere

einzäunen saepīre

einzeln privus; singularis, singularis, singulare; viritim *Adv*

einzelne singuli

einziehen publicare

einzig solus; unicus; unus, unius, una, unum

einzigartig singularis, singularis, singulare; unicus

Einzug introitus, introitus *m*

Eis glacies, glaciei *f*

Eisen ferrum, ferri *n*

eisenbeschlagen ferratus

eisern ferreus, ferrei *m*

eiskalt gelidus

Eiskälte gelu, gelus *n*

eitel inanis, inanis, inane

Eiter sanies, saniei *f*; tabum, tabi *n*

Ekel fastidium, fastidii *n*; taedium, taedii *n*; ~ *empfinden* fastidīre

ekelhaft taeter, taetra, taetrum

Elch alces, alcis *f*

Elefant elephantus, elephanti *m*

elegant facetus; mundus

Elektron electrum, electri *n*

Element elementum, elementi *n*

elend miser, misera, miserum

Elend miseria, miseriae *f*

elf undecim

Elfenbein ebur, eboris *n*; elephantus, elephanti *m*

elfenbeinern eburn(e)us

elfter undecimus

Elitesoldat antesignanus, antesignani *m*

Elle cubitus/cubitum, cubiti *m/n*; ulna, ulnae *f*

Ellenbogen cubitus/cubitum, cubiti *m/n*; ulna, ulnae *f*

Elternlosigkeit orbitas, orbitatis *f*

empfangen accipere; concipere; percipere

empfänglich capax, capacis

empfehlen commendare; suadēre

Empfehlung commendatio, commendationis *f*

Empfindung sensus, sensus *m*

emporarbeiten *sich* ~ eniti

emporbinden religare

empören *sich* ~ rebellare

emporführen evehere

emporheben attollere; erigere; extollere; provehere; sublevare; tollere

emporsteigen subīre

empört *sein* indignari *[Akkusativ]*

Empörung rebellio, rebellionis *f*
emsig gnavus; navus
Emsigkeit sedulitas, sedulitatis *f*
Ende exitus, exitus *m*; finis, finis *m*
endlich demum *Adv*; denique *Adv*; tandem *Adv*
energisch vehemens, vehementis
eng angustus; artus
Engagement industria, industriae *f*
Enge angustiae, angustiarum *f*
engherzig angustus
Engpass angustiae, angustiarum *f*; fauces, faucium *f*
Enkel nepos, nepotis *m*
Enkelin neptis, neptis *f*
entarten degenerare
entartet degener, degeneris
entbehren carēre *[Ablativ]*
entblößen nudare; retegere; vastare
entblößt nudus
entbrennen ardescere; exardescere
entdecken detegere; invenīre; retegere
entehren foedare; temerare; turpare
entehrt probrosus
entfalten explicare
entfernen abdere; amovēre; demovēre; dimovēre; praecīdere; removēre; semovēre; seponere; *sich ~* absistere; discedere; facessere
entfernt remotus; *~ sein* abesse; distare
Entfernung longinquitas, longinquitatis *f*
entflammen accendere; incendere; inflammare; succendere *n*
entfliehen aufugere; effugere *[Akkusativ]*; profugere
entfremden abalienare; alienare
entführen abripere

Entführer raptor, raptoris *m*
Entführung raptus, raptus *m*
entgegen obviam *Adv*
entgegenarbeiten obtrectare *[Dativ]*
entgegenbringen offerre
entgegeneilen occurrere
entgegengehen obīre
entgegengesetzt adversus; aliter *Adv*; contrarius; diversus
entgegenhalten opponere
entgegenkommend obvius
entgegenlaufen occurrere; occursare
entgegenstehen obstare
entgegenstellen opponere; *sich ~* obsistere; officere *[Dativ]*
entgegenstemmen obniti
entgegentönen obstrepere
entgegentreten adversari *[Dativ]*; occursare
entgegenwehen aspirare
entgegenwerfen obicere; obiectare
entgehen effugere *[Akkusativ]*; fallere; fugere *[Akkusativ]*; vitare
entgleiten elabi
enthalten continēre; *sich ~* abstinēre *[(a) + Ablativ]*; carēre *[Ablativ]*; *~ sein* inesse
enthaltsam continens, continentis; sobrius
Enthaltsamkeit continentia, continentiae *f*
enthüllen aperīre; detegere; promere
entkleiden nudare; spoliare
entkommen effugere *[Akkusativ]*; evadere
entkräften infringere; macerare; *(Vorwürfe) ~* diluere
entkräftet exsanguis, exsanguis, exsangue
entlang secundum *Präp [Akkusativ]*

entlassen dimittere
Entlassung missio, missionis *f*
entlaufen fugitivus
entlegen remotus
entleihen mutuari
entlocken elicere
entmutigen affligere
entnehmen depromere; haurīre
entreißen deripere; detrahere; eripere; extorquēre; intercipere
entriegeln reserare
entrinnen effugere *[Akkusativ]*
entrüsten *sich ~* indignari *[Akkusativ]*
entrüstet *sein* indignari *[Akkusativ]*
Entrüstung indignatio, indignationis *f*; indignitas, indignitatis *f*
entschädigen satisfacere
entscheiden arbitrari; decernere; diiudicare; disceptare; iudicare
Entscheidung arbitrium *n*; disceptatio, disceptationis *f*; discrimen, discriminis *n*; *bis zur ~ kämpfen* decertare; depugnare; *um die ~ kämpfen* depugnare
entschließen *sich ~* destinare; dignari
entschlossen promptus; *fest ~* obstinatus
entschlüpfen elabi
Entschluss consilium, consilii *n*
entschuldigen expurgare; *(sich) ~* excusare
Entschuldigung excusatio, excusationis *f*
entseelen exanimare
entseelt exanimis, exanimis, exanime
entsenden dimittere
Entsendung missio, missionis *f*
entsetzen *sich ~* formidare; horrēre *[Akkusativ]*; horrescere; perhorrescere; reformidare

entsetzlich horridus
entsetzt exanimis, exanimis, exanime
entsiegeln resignare
entsprechen respondēre
entsprechend par, paris; secundum *Präp [Akkusativ]*
entsprossen prognatus
entstehen coorīri; exorīri; ex(s)istere; fieri; innasci; nasci; oborīri; orīri; provenīre
Entstehung ortus, ortus *m*
entstellen deformare; depravare; foedare; turpare; vitiare
entstellt deformis, deformis, deforme
entsühnen expiare
entvölkern depopulari; populari
entweder aut *Kj*
entweichen dilabi
entweihen contaminare; maculare; polluere; temerare
entweiht sceleratus
entwickeln explicare; *sich ~* crescere
entwinden extorquēre
entwischen elabi
entwöhnt desuetus
Entwurf commentarius (liber), commentarii *m*
entziehen abrogare; subducere; surripere; *(heimlich) ~* subtrahere
entzücken delectare
Entzücken delectatio, delectationis *f*
entzünden flammare; *(als Brandopfer) ~* adolēre
Epoche aetas, aetatis *f*
er is, sui, ea, id
erbarmen *sich ~* miserēri *[Genitiv]*
erbauen aedificare; construere; ex(s)truere
Erbe heres, heredis *m/f*; *(väterliches) ~* patrimonium, patrimonii *n*

erbeuten praedari
Erbin heres, heredis *m/f*
erbitten exposcere
erbittert infensus
erblassen pallescere
erblicken aspicere; conspicari; conspicere;
   dispicere; vidēre
erblühen efflorescere
Erbschaft hereditas, hereditatis *f*
Erdachse polus, poli *m*
Erdboden humus, humi *f*; solum, soli *n*; tellus, telluris *f*
Erde humus, humi *f*; tellus, telluris *f*; terra, terrae *f*; *aus*
   ~ terrenus
erdenken cogitare; excogitare
Erdgürtel zona, zonae *f*
erdichten fingere; mentīri
erdig terrenus
Erdkreis orbis, orbis *m*
Erdreich humus, humi *f*
erdreisten *sich* ~ audēre
erdrücken obruere
Erdscholle glaeba/gleba, glaebae *f*
erdulden perpeti; subīre; tolerare
ereignen *sich* ~ accidere; evenīre
Ereignis eventum, eventi *n*; eventus, eventus *m*;
   factum, facti *n*; res, rei *f*
ererbt avitus; paternus
erfahren callidus; cognoscere; comperīre; discere;
   experīri; noscere; resciscere; sciscere; *vorher* ~
   praediscere; ~ *(in etwas)* consultus; peritus *[Geni-*
   tiv]; sciens, scientis
Erfahrung experientia, experientiae *f*; peritia, peritiae
   f; *in* ~ *bringen* comperīre
erfassen complecti; concipere; occupare; percipere

erfinden invenīre
Erfinder inventor, inventoris *m*
Erfindung inventio, inventionis *f*; inventum, inventi *n*;
   machinatio, machinationis *f*
Erfindungsgabe inventio, inventionis *f*
erflehen adorare; deprecari; exorare; implorare
Erfolg eventus, eventus *m*; felicitas, felicitatis *f*;
   successus, successus *m*; ~ *haben* procedere
erfolglos incassum *Adv*; irritus; nequiquam *Adv*; vanus
Erfolglosigkeit vanitas, vanitatis *f*
erfolgreich efficax, efficacis; felix, felicis
erfordern requirere
erforschen explorare; indagare; investigare; percontare; percontari; scrutari
Erforschung investigatio, investigationis *f*
erfreuen delectare; iuvare *[Akkusativ]*; *sich* ~ *an* frui
   [Ablativ]
erfreulich iucundus; laetus
erfrischen recreare
erfüllen complēre; explēre; imbuere; implēre; perfundere; persolvere
erfunden commenticius
ergänzen replēre; supplēre
Ergänzung supplementum, supplementi *n*
ergeben deditus; devotus
Ergebnis eventus, eventus *m*; exitus, exitus *m*
ergiebig fecundus; ferax, feracis; fructuosus; uber, uberis
ergießen *sich* ~ redundare
erglühen ardescere; exardescere
ergötzen delectare
ergreifen capere; capessere; comprehendere; corripere;
   permovēre; prehendere; prensare; *erneut* ~ retractare
erhaben augustus; celsus; excelsus; grandis, grandis,
   grande; sublime *Adv*; sublimis, sublimis, sublime

Erhabenheit maiestas, maiestatis f
erhalten nancisci; reservare; servare *[a mit Ablativ]*; tuēri
Erhalter conservator, conservatoris m
Erhaltung conservatio, conservationis f
erheben efferre; evehere; tollere; *sich* ~ assurgere;
  consurgere; insurgere; orīri; surgere; *sich erneut* ~
  resurgere
Erhebung elatio, elationis f
erheitern oblectare
erhellen illustrare
erhitzen coquere
erhoffen sperare
erholen *sich* ~ convalescere; *sich wieder* ~ respirare
Erholung quies, quietis f; requies, requietis f
erhören exaudīre
erinnern admonēre *[Genitiv; de + Ablativ]*; *sich* ~
  commemorare; recordari *[Akkusativ/de + Ablativ]*;
  reminisci; *sich* ~ *(an)* meminisse *[Genitiv]*; ~ *(mit
  Acl)* monēre; ~ *an* memorare *[Akkusativ]*
Erinnerung memoria, memoriae f; recordatio, recordationis f
erkannt cognitus
erkennen cernere; cognoscere; dispicere; intellegere; perspicere; *(wieder)* ~ agnoscere
Erkenntnis cognitio, cognitionis f; inventum, inventi
  n; perceptio, perceptionis f
erklären declarare; explanare; explicare; illustrare;
  feierlich ~ nuncupare; *offen* ~ profitēri
Erklärung explicatio, explicationis f; interpretatio,
  interpretationis f
erklimmen ascendere
Erkrankung offensio, offensionis f
erkunden inquirere; investigare
erkundigen *sich* ~ percontari; requirere

erlangen adipisci; apisci; assequi; impetrare; potīri
  [Ablativ]; *(zufällig)* ~ nancisci
erlassen condonare; remittere
erlauben concedere; permittere; sinere
Erlaubnis licentia, licentiae f; venia, veniae f
erlaucht illustris, illustris, illustre
Erle alnus, alni m
erleben vidēre
erledigen conficere; defungi *[Ablativ]*
erleichtern laxare; levare; relaxare; relevare;
  sublevare
Erleichterung levatio, levationis f
erleiden oppetere; perpeti
erlernen condiscere; ediscere
erleuchten illustrare; *(hell)* ~ collustrare
erlosen sortīri
ermahnen admonēre *[Genitiv; de + Ablativ]*; hortari;
  monēre
ermahnend memor, memoris *[Genitiv]*
Ermahnung monitum, moniti n; monitus, monitus m
ermatten defetisci; deficere; fatiscere; hebescere;
  languescere
ermattet defessus; fessus
ermessen metiri
Ermessen arbitratus, arbitratus m; arbitrium n
ermitteln exquirere; reperīre
ermorden iugulare
ermüden defetisci; fatigare; *ganz* ~ defatigare
ermüdet defessus; fessus
Ermüdung lassitudo, lassitudinis f
ermuntern hortari
ermutigen animare; confirmare; excitare; extollere;
  suscitare
ernähren alere; nutrīre

Ernährerin nutrix, nutricis *f*

ernennen appellare; designare; dicere; nominare

erneuern novare; renovare; restaurare; resumere

ernst austerus; gravis, gravis, grave; serio *Adv*;
serius; severus, severa, severum; tristis, tristis, triste

Ernst gravitas, gravitatis *f*; severitas, severitatis *f*; *im ~
serio Adv*

ernsthaft serius

Ernte messis, messis *f*

ernten metere

Eroberer invasor, invasoris *m*

erobern capere; expugnare; potīri *[Ablativ]*

Eroberung captivitas, captivitatis *f*

eröffnen aperīre

erörtern disceptare; disputare; disserere; iactare

Erörterung disceptatio, disceptationis *f*; disputatio,
disputationis *f*; explicatio, explicationis *f*

erpressen exprimere; extorquēre

erproben approbare; experīri; periclitari; probare

erprobt cognitus; probatus; spectatus

erquicken recreare

erraffen rapere

errechnen computare

erregen commovēre; conciēre; excīre; excitare;
incendere; irritare; permovēre; suscitare; *heftig ~*
sollicitare

erregt ictus; turbidus; *heftig ~* sollicitus; *~ sein* tumēre

Erregung commotio, commotionis *f*; motus, motus
m; sollicitudo, sollicitudinis *f*

erreichen adaequare; adipisci; aequare *[Akkusativ]*;
apisci; assequi; consequi; impetrare; nancisci; *zu ~
(ver)suchen* petere

errichten aedificare; collocare; construere;
ex(s)truere; iacere

erringen adipisci; apisci

erröten erubescere

erschaffen creare; generare

erschallen insonare

erscheinen apparēre; ex(s)istere

Erscheinung visio, visionis *f*; visum, visi *n*; visus,
visus *m*

erschlaffen fatiscere; torpescere

erschöpfen conficere; exanimare; fatigare

erschöpft defessus; effetus; fessus

erschrecken consternare; consternere; exanimare;
exterrēre; *(jemanden) ~* terrēre; *(jemanden) sehr ~*
concutere; perterrēre; territare

erschüttern concutere; convellere; emovēre; labefacere; percellere; percutere; quatere; *heftig ~* labefactare; quassare

erschweren gravare

ersehnen desiderare *[Akkusativ]*; exoptare

ersetzen compensare; reponere

ersinnen comminisci; excogitare; machinari; mentīri

erst demum *Adv*; modo *Adv*

erstarken convalescere; valescere

erstarren concrescere; obstupescere

Erstarrung rigor, rigoris *m*

Erstattungsrichter recuperator, recuperatoris *m*

erstaunen obstupescere

erstaunlich admirabilis, admirabilis, admirabile;
incredibilis, incredibilis, incredibile; mirabilis, mirabilis, mirabile; mirificus; mirus

erste *der ~* primus

Erste princeps, principis *m*

erstechen iugulare

ersteigen ascendere

erster princeps, principis *m*

erstreben affectare; appetere; expetere; petere; *mühsam* ~ allaborare

erstrecken *sich* ~ patēre; pertinēre *[ad mit Akkusativ]*; vergere

ertappen comperīre; deprehendere

ertönen insonare; resonare; ~ *(lassen)* intonare

Ertrag fructus, fructus *m*; frux, frugis *f*; seges, segetis *f*

ertragen ferre; pati; perferre; perpeti; sustinēre; tolerare

erträglich tolerabilis, tolerabilis, tolerabile

ertraglos sterilis, sterilis, sterile

ertragreich ferax, feracis; fertilis, fertilis, fertile

erwachen expergisci

erwachsen adultus; exoletus; grandis, grandis, grande; puber, puberis; pubes, puberis

erwägen circumspicere; cogitare; considerare; deliberare; expendere; ponderare; reputare; volvere

erwähnen commemorare; memorare *[Akkusativ]*; narrare; nominare

Erwähnung mentio, mentionis *f*

erwärmen tepefacere

erwarten ex(s)pectare; manēre; opperīri; prospectare; sperare

Erwartung exspectatio, exspectationis *f*; spes, spei *f*; *in gespannte* ~ *versetzen* arrigere

erwartungsvoll intentus

erweichen mollīre

erweisen arguere; praestare *[Akkusativ]*

erweitern dilatare; prolatare; propagare

Erwerb quaestus, quaestus *m*

erwerben acquirere; apparare; comparare; merēre; parare; parere; ~ *(wollen)* quaerere *[ex/ab mit Ablativ]*

erwiesen manifestus

erwirken impetrare

erwünscht prosper(us), prospera, prosperum

Erz aes, aeris *n*

erzählen narrare

Erzählung fabula, fabulae *f*; historia, historiae *f*; *kleine* ~ fabella, fabellae *f*

erzeugen creare; generare; gignere

Erzeuger genitor, genitoris *m*

Erzeugerin genetrix, geniticis *f*

erziehen educare

Erzieher paedagogus, paedagogi *m*

Erziehung disciplina, disciplinae *f*; eruditio, eruditionis *f*

erzittern *(vor)* tremescere *[Akkusativ]*; ~ *lassen* tremefacere

erzogen alumnus, alumni *m*

erzürnen irritare

erzürnt iratus

es is, sui, ea, id

es beliebt libet

es beschämt pudet

es ekelt taedet

es gefällt libet

es ist erlaubt licet

es regnet pluit

es steht frei licet

es verdrießt piget

Esche fraxinus, fraxini *f*

Esel asellus, aselli *m*; asinus, asini *m*

Esse caminus, camini *m*

essen cenare; edere; epulari; mandere

Essen cena, cenae *f*; cibus, cibi *m*; mensa, mensae *f*

Essig acetum, aceti *n*

etwa an; fere/ferme *Adv*; ~ ? -ne; num

etwas paul(l)um *Adv*

euer vester, vestra, vestrum

Eunuch eunuchus, eunuchi *m*
Europa Europa, Europae *f*
Euter mamma, mammae *f*; uber, uberis *n*
ewig aeternus; sempiternus
Ewigkeit aeternitas, aeternitatis *f*; aevum, aevi *n*

F

Fabel fabella, fabellae *f*; fabula, fabulae *f*
Fach disciplina, disciplinae *f*
Fackel fax, facis *f*; lampas, lampadis *f*; taeda, tae-
dae *f*
Faden filum, fili *n*; stamen, staminis *n*
fähig idoneus
Fähigkeit copia, copiae *f*; facultas, facultatis *f*
fahl luridus; pallidus; ~ *sein* pallēre
Fahne vexillum, vexilli *n*
Fahneneid sacramentum, sacramenti *n*
Fahnenflüchtiger desertor, desertoris *m*
Fähnlein vexillum, vexilli *n*
Fähnrich signifer, signiferi *m*; vexillarius, vexillarii *m*
fahren innare; innatare; vehere; vehi
fahrlässig socors, socordis
Fährte vestigium, vestigii *n*
Fahrzeug navigium, navigii *n*; vehiculum, vehiculi *n*
Falke accipiter, accipitris *m*
Fall casus, casus *m*; excidium, excidii *n*; labes, labis *f*;
ruina, ruinae *f*
fallen cadere; concidere
fällen caedere
Fallgrube fovea, foveae *f*
falls si *Kj*

falsch absurdus; duplex, duplicis; falsus; perfidus;
perperam *Adv*; perversus
fälschen corrumpere
fälschlich falso *Adv*
Falte ruga, rugae *f*
falten plicare
Familie familia, familiae *f*; *zur* ~ *gehörig* familiaris,
familiaris, familiare
fangen captare
Farbe color, coloris *m*; *dunkle* ~ ferrugo, ferruginis *f*
färben inficere; ting(u)ere
farbig varius
Färbung color, coloris *m*
Faser fibra, fibrae *f*
Fass dolium, dolii *n*
fassen capere; prehendere; prensare; *zu* ~ *versuchen* captare
fassend *viel* ~ capax, capacis
fast fere/ferme *Adv*; paene *Adv*; propemodum *Adv*
Fasten ieiunium, ieiunii *n*; inedia, inediae *f*
faul puter, putris, putre
Faulheit pigritia, pigritiae *f*
faulig putidus; ~ *riechen* putēre
Fäulnis tabes, tabis *f*
Faust pugnus, pugni *m*
Faustkämpfer pugil, pugilis *m*
fechten proeliari
Fechter gladiator, gladiatoris *m*
Feder penna, pennae *f*; pinna, pinnae *f*; pluma, plumae *f*
fegen verrere
fehlen abesse; deesse; deficere; peccare
Fehler error, erroris *m*; malum, mali *n*; mendum,
mendi *n*; peccatum, peccati *n*; vitium, vitii *n*; ~
machen delinquere

fehlerfrei emendatus
fehlerhaft mendosus; vitiosus
Fehltritt lapsus, lapsus *m*; vitium, vitii *n*
Feier festum, festi *n*; *(Bacchus-)* ~ orgia, orgiorum *n*;
  religiöse ~ caerimonia, caerimoniae *f*
feierlich festus; sollemnis, sollemnis, sollemne; ~
  versprechen vovēre
Feierlichkeit caerimonia, caerimoniae *f*
feiern bacchari; celebrare
Feiertage feriae, feriarum *f*
feige ignavus
Feige ficus, fici *f*
Feigenbaum ficus, fici *f*
Feigheit ignavia, ignaviae *f*
feil venalis, venalis, venale; ~ *sein* licēre
Feile lima, limae *f*
feilen limare
fein bellus; delicatus; facetus; lautus; lepidus; subtilis,
  subtilis, subtile; tenuis, tenuis, tenue
Feind hostis, hostis *m/f*; inimicus, inimici *m*
Feindin hostis, hostis *m/f*
feindlich adversarius, adversarii *m*; adversus; hostilis,
  hostilis, hostile; infestus; inimicus
Feindschaft inimicitiae, inimicitiarum *f*; simultas,
  simultatis *f*
feindselig alienus; infensus; infestus
Feindseligkeit maleficium, maleficii *n*
feingebildet elegans, elegantis; urbanus
Feinheit elegantia, elegantiae *f*; lepos/lepor,
  leporis *m*; subtilitas, subtilitatis *f*; tenuitas,
  tenuitatis *f*
Feinschmeckerzunge lingula, lingulae *f*
Feld ager, agri *m*; campus, campi *m*; rus, ruris *n*
Feldfrucht frux, frugis *f*

Feldherr dux, ducis *m*; imperator, imperatoris *m*;
  praetor, praetoris *m*
Feldherrn *zum* ~ *gehörig* praetorius
Feldherrnzelt praetorium, praetorii *n*
Feldmesser geometres, geometrae *m*
Feldmesskunst geometria, geometriae *f*
Feldzeichen signum, signi *n*
Feldzug bellum, belli *n*; expeditio, expeditionis *f*
Fell corium, corii *m*; pellis, pellis *f*
Fels rupes, rupis *f*; saxum, saxi *n*; silex, silicis *m*
Felsblock saxum, saxi *n*
Felsen scopulus, scopuli *m*
Felsenschlucht rupes, rupis *f*
Fenster fenestra, fenestrae *f*
Ferien feriae, feriarum *f*
fern longinquus; procul *Adv*; remotus
Ferne *aus der* ~ eminus *Adv*; *aus/in d.* ~ procul *Adv*
ferner ac *Kj*; atque *Kj*; autem *Kj*; etiam *Kj*; porro *Adv*
fern halten abstinēre *[(a) + Ablativ]*; arcēre;
  prohibēre *[a mit Ablativ]*; submovēre
Fernkampf *im* ~ eminus *Adv*
Ferse calx, calcis *f*
Fertigkeit ars, artis *f*; artificium, artificii *n*; machinatio,
  machinationis *f*
Fessel catena, catenae *f*; vinculum, vinculi *n*
fesseln astringere; constringere; devincīre; impedīre;
  obstringere; vincīre
fest firmus; solidus; stabilis, stabilis, stabile; ~ *stehen*
  constare
Fest festum, festi *n*
festbinden devincīre; ligare; obligare; religare; revincīre
festhalten arripere; attinēre; coërcēre; cohibēre; continēre; detinēre; obtinēre; retinēre; tenēre
festhängen inhaerēre

Festigkeit firmitas, firmitatis *f*; stabilitas, stabilitatis *f*
Festland continens, continentis *f*; terra, terrae *f*
festlegen praedicere
festlich festus; genialis, genialis, geniale
festmachen affigere; destinare
festnehmen comprehendere
festsetzen constituere; decernere; destinare; dicere; pangere; sancīre; statuere
Festsetzung definitio, definitionis *f*
festsitzen haerēre
feststellen definīre; statuere
Festung oppidum, oppidi *n*
Festzug pompa, pompae *f*
fett opimus; pinguis, pinguis, pingue
Fett unguentum, unguenti *n*
feucht humidus; madidus; udus; umēre; umidus; uvidus; ~ *sein* rorare
Feuchtigkeit humor, humoris *m*; ros, roris *m*; umor, umoris *m*
Feuer flamma, flammae *f*; ignis, ignis *m*; incendium, incendii *n*
Feuersbrunst incendium, incendii *n*
Feuerstätte focus, foci *m*
feurig acer, acris, acre; igneus
Fichte pinus, pini *f*
Fieber febris, febris *f*
Figur figura, figurae *f*; forma, formae *f*
finden invenīre; reperīre; vestigare
findig vafer, vafra, vafrum
Finger digitus, digiti *m*
finster torvus
Finsternis caligo, caliginis *f*; caligo, caliginis *f*; nox, noctis *f*; tenebrae, tenebrarum *f*
Finte astus, astus *m*

First columen, columinis *n*; culmen, culminis *n*
Fisch obsonium, obsonii *n*; piscis, piscis *m*
Fischer piscator, piscatoris *m*
Fistel fistula, fistulae *f*
flach planus
Fläche plaga, plagae *f*; *freie* ~ area, areae *f*
Flachs linum, lini *n*
Flagge mappa, mappae *f*
Flamme fax, facis *f*; flamma, flammae *f*
Flanke latus, lateris *n*
Flasche lagoena, lagoenae *f*
flattern volitare
Flaum pluma, plumae *f*
flechten comere; intorquēre; texere
Flechtwerk cratis, cratis *f*; vimen, viminis *n*
Fleck macula, maculae *f*; *blauer* ~ livor, livoris *m*
Flehen supplicium, supplicii *n*
flehend supplex, supplicis
flehentlich supplex, supplicis
Fleisch caro, carnis *f*; obsonium, obsonii *n*; viscera, viscerum *n*
Fleischmarkt macellum, macelli *n*
Fleischstück pulmentum, pulmenti *n*
Fleiß industria, industriae *f*; sedulitas, sedulitatis *f*
fleißig assiduus; impiger, impigra, impigrum; sedulo *Adv*; sedulus
flicken sarcīre
Fliege musca, muscae *f*
fliegen volare
fliehen refugere; *eilig* ~ fugitare; ~ *(vor)* fugere *[Akkusativ]*
fließen fluere; liqui; manare; permanare
fließend fluxus; liquidus

219

flink pernix, pernicis
Floß ratis, ratis *f*
Flöte buxus, buxi *f*; tibia, tibiae *f*
Flötenspieler tibicen, tibicinis *m*
Flotte classis, classis *f*
Flucht effugium, effugii *n*; fuga, fugae *f*; *in die ~ schlagen* fugare
flüchten *sich ~* confugere; profugere
flüchtig fugax, fugacis; fugitivus; profugus
Flüchtling desertor, desertoris *m*; profugus
Flug volatus, volatus *m*
Flügel ala, alae *m*; penna, pennae *f*; pinna, pinnae *f*; *auf dem ~ stehend* alarius
Flügeltüre valvae, valvarum *f*
Flur arvum, arvi *n*
Fluss amnis, amnis *m*; fluentum, fluenti *n*; flumen, fluminis *n*; fluvius, fluvii *m*
Flussbett alveus, alvei *m*
flüssig liquere; liquidus; udus; *~ sein* liqui; *~ werden* liquescere
Flüssigkeit latex, laticis *m*; liquor, liquoris *m*
Flut aestus, aestus *m*; fluctus, fluctus *m*; unda, undae *f*
Föhre pinus, pini *f*
Folge series, seriei *f*
folgen sequi
folgend posterus
folgende *der ~* secundus
folgender hic, huius, haec, hoc
folgern concludere
Folgerung conclusio, conclusionis *f*
folglich ergo *Kj*; igitur *Kj*; itaque *Kj*
Folter cruciatus, cruciatus *m*; tormentum, tormenti *n*
Folterbank eculeus, eculei *m*

foltern torquēre
Förderer auctor, auctoris *m*
förderlich *sein* prodesse
fordern exigere; exposcere; expostulare; poscere; postulare; requirere; *dringend ~* flagitare; *ungestüm ~* flagitare
fördern adiutare; alere; augēre; promovēre; sublevare
Forderung postulatum, postulati *n*
Form forma, formae *f*
Formel carmen, carminis *n*
formen excudere; fingere; formare; informare
forschen quaerere *[ex/ab mit Ablativ]*
Forschung historia, historiae *f*
fort *in einem ~* usque (ad) *Adv [Akkusativ]*
fortbewegen molīri
Fortdauer perpetuitas, perpetuitatis *f*
fortdauern permanēre; perstare
fortdauernd perpetuus
fortfahren pergere; perseverare
fortführen provehere
fortgehen decedere
fortpflanzen propagare
fortreißen rapere; raptare
fortschaffen amovēre; demovēre; emovēre; exportare; movēre
fortschicken relegare
fortschleppen abstrahere; raptare
Fortschritt progressio, progressionis *f*
Fortschritte *machen* proficere; progredi
fortsetzen continuare; pergere
fortstoßen trudere
forttragen asportare; auferre
forttreiben proturbare

fortwährend continuus

Forum forum, fori *n*; *zum ~ gehörig* forensis, forensis, forense

Frage interrogatio, interrogationis *f*; quaestio, quaestionis *f*; rogatio, rogationis *f*

fragen interrogare; percontare; percontari; rogare; *(erneut/wiederholt)* ~ rogitare; *(jemanden)* ~ quaerere *[ex/ab mit Ablativ]*; *nach etwas* ~ requirere

Frame framea, frameae *f*

Frau femina, feminae *f*; mulier, mulieris *f*; *alte* ~ anus, anus *f*; *junge* ~ nurus, nurus *f*; *verheiratete* ~ matrona, matronae *f*

frech audax, audacis; improbus; petulans, petulantis; procax, procaci; protervus

frei liber, libera, liberum; licens, licentis; solutus; ~ *für etwas* vacuus *[Ablativ]*; ~ *machen* expedīre; ~ *sein* carēre *[Ablativ]*; vacare *[Ablativ]*; ~ *von etwas* vacuus *[Ablativ]*

Freie *das* ~ divum, divi *n*

Freier procus, proci *m*

freigebig benignus; largus

Freigebigkeit benignitas, benignitatis *f*; largitio, largitionis *f*; liberalitas, liberalitatis *f*; munificentia, munificentiae *f*

freigeboren ingenuus

freigelassen libertinus, libertini *m*

Freigelassener libertinus, libertini *m*; libertus, liberti *m*

freigiebig liberalis, liberalis, liberale

Freiheit libertas, libertatis *f*; licentia, licentiae *f*

Freiheitsliebe libertas, libertatis *f*

Freiheitssinn libertas, libertatis *f*

freilassen emittere

freilich equidem *Adv*; nimirum *Adv*; quidem *Kj*; quippe *Adv*; sane *Adv*

Freimut libertas, libertatis *f*

freimütig liber, libera, liberum

Freisein *(von)* vacuitas, vacuitatis *f [Genitiv/a + Ablativ]*

freisprechen absolvere; liberare *[a mit Ablativ]*

freiwillig gratuitus; officiosus; (meā/tuā/suā/nostrā/vestrā) sponte *f*; voluntarius

Freizeit otium, otii *n*

fremd advena, advenae *m*; adventicius; alienus; barbaricus; externus; hospitus; insolitus; peregrinus

Fremde barbaria, barbariae *f*; *in der* ~ peregre *Adv*; *in die* ~ peregre *Adv*

Fremder advena, advenae *m*; alienigena, alienigenae *m*; hospes, hospitis *m*; peregrinus

fressen devorare; edere; vorare

Freude gaudium, gaudii *n*; laetitia, laetitiae *f*

freudig alacer, alacris, alacre

freuen delectare; iuvare *[Akkusativ]*; *sich* ~ gaudēre; laetari *[(de) + Ablativ]*

Freund amator, amatoris *m*; amicus, amici *m*; sodalis, sodalis *m*; *vertrauter* ~ familiaris, familiaris *m*

Freundin amica, amicae *f*

freundlich amicus; blandus; comis, comis, come; gratiosus; humanus; placidus; ~ *gesonnen* mollis, mollis, molle

Freundlichkeit comitas, comitatis *f*; humanitas, humanitatis *f*

Freundschaft amicitia, amicitiae *f*; coniunctio, coniunctionis *f*; familiaritas, familiaritatis *f*; necessitudo, necessitudinis *f*

freundschaftlich familiaris, familiaris, familiare; socialis, socialis, sociale

Frevel nefas *n*; sacrilegium, sacrilegii *n*; scelus, sceleris *n*

frevelhaft nefandus; nefastus; sceleratus; scelestus

Friede pax, pacis *f*; quies, quietis *f*; requies, requietis *f*

friedlich imbellis, imbellis, imbelle; mitis, mitis, mite; pacatus; placidus; quietus; tranquillus

frieren algēre; frigēre; ~ *machen* urere
frisch recens, recentis; viridis; vivax, vivacis; ~ *sein* vigēre
Frische vigor, vigoris *m*
Friseur tonsor, tonsoris *m*
Frist dies, diei *m/f*
froh hilaris, hilaris, hilare; hilarus; laetus
fröhlich genialis, genialis, geniale; laetus
Fröhlichkeit laetitia, laetitiae *f*
frohlocken ex(s)ultare; gestīre; ovare
fromm castus; pius; religiosus
Frömmigkeit pietas, pietatis *f*; religio, religionis *f*
frönen servīre
Front acies, aciei *f*; frons, frontis *f*
Frosch rana, ranae *f*
Frost frigus, frigoris *n*; gelu, gelus *n*
Frucht fetus, fetus *m*; fructus, fructus *m*
fruchtbar almus; fecundus; felix, felicis; ferax, feracis; fertilis, fertilis, fertile; fetus; fructuosus; frugifer, frugifera, frugiferum; uber, uberis
Fruchtbarkeit uber, uberis *n*; ubertas, ubertatis *f*
fruchtbringend frugifer, frugifera, frugiferum
früher ante *Adv*; antea *Adv*; pristinus; prius *Adv*
frühere *der* ~ prior, prior, prius; superior, superior, superius
Frühling ver, veris *n*
frühmorgens mane *Adv*
Frühstück prandium, prandii *n*
frühstücken prandēre
frühzeitig acerbus; maturus
Fuchs vulpes, vulpis *f*
fühlen sentīre
führen ducere; ductare; gerere; *beiseite* ~ seducere; *im Mund* ~ loqui; ~ *(gegen)* obducere

führend princeps, principis *m*
Führer auspex, auspicis *m*; ductor, ductoris *m*; dux, ducis *m*; princeps, principis *m*
Fuhrmann auriga, aurigae *m*
Führung auspicium, auspicii *n*; ductus, ductus *m*
Fülle copia, copiae *f*; latitudo, latitudinis *f*; ubertas, ubertatis *f*
füllen farcīre
Füllen eculeus, eculei *m*
Fundament fundamentum, fundamenti *n*
fünf quinque; *je* ~ quini
Fünfdecker quinqueremis (navis), quinqueremis *f*
fünfhundert D (quingenti)
fünfjährig quinquennis, quinquennis, quinquenne
Fünfruderer quinqueremis (navis), quinqueremis *f*
fünfte *der* ~ quintus
fünfzehn quindecim
fünfzig quingenti; quinquaginta
fünfzigste *der* ~ quinquagesimus
funkeln vibrare
für in *Präp*; pro *Präp [Ablativ]*
Furagieren pabulatio, pabulationis *f*
Furche sulcus, sulci *m*
Furcht formido, formidinis *f*; metus, metus *m*; timor, timoris *m*; ~ *erregend* formidolosus/formidulosus; terribilis, terribilis, terribile; *in* ~ *geraten* extimescere; pertimescere
furchtbar atrox, atrocis; foedus; tremendus
fürchten metuere; timēre; *sich* ~ extimescere; formidare; pertimescere; reformidare; timēre; verēri
fürchterlich formidolosus/formidulosus
furchtsam formidolosus/formidulosus; pavidus; timidus
Furie Furia, Furiae *f*

Fürsorge caritas, caritatis *f*; cura, curae *f [Genitiv]*; providentia, providentiae *f*
fürsorglich providus
Fürst princeps, principis *m*; regulus, reguli *m*
Fürstenhof aula, aulae *f*
Furt vadum, vadi *n*
fürwahr enim *Adv*; enimvero *Adv*; equidem *Adv*; namque *Kj*; profecto *Adv*
Fuß pes, pedis *m*; *zu* ~ pedester, pedestris, pedestre
Füßen *mit* ~ *treten* calcare
Fußfessel compes, compedis *f*
Fußknöchel talus, tali *m*
Fußpfad semita, semitae *f*
Fußspur vestigium, vestigii *n*
Fußvolk peditatus, peditatus *m*
Futter esca, escae *f*; pabulum, pabuli *n*; pastus, pastus *m*; ~ *holen* pabulari
Futterholen pabulatio, pabulationis *f*
Futterholer pabulator, pabulatoris *m*
füttern pascere
Fütterung pastus, pastus *m*

G

Gabe donum, doni *n*; dos, dotis *f*
Gabel furca, furcae *f*
gähnen hiare
Galgenstrick furcifer, furciferi *m*
Galle bilis, bilis *f*
Gallien Gallia, Galliae *f*
Gallier Gallus, Galli *m*

Gang gressus, gressus *m*; incessus, incessus *m*; *unterirdischer* ~ cuniculus, cuniculi *m*
Gans anser, anseris *m*
ganz admodum *Adv*; cunctus; omnis, omnis, omne; solidus; totus, totius; universus; ~ *und gar* admodum *Adv*; omnino *Adv*
ganzjährig perennis, perennis, perenne
gänzlich omnino *Adv*; plane *Adv*
Garküche popina, popinae *f*
Gärtchen hortulus, hortuli *m*
Garten hortus, horti *m*
Gast conviva, convivae *f*; hospes, hospitis *m*
Gastfreund hospes, hospitis *m*
gastfreundlich hospitalis, hospitalis, hospitale; hospitus
Gastfreundschaft hospitium, hospitii *n*
Gastgeber hospes, hospitis *m*; parochus, parochi *m*
Gastmahl convivium, convivii *n*
Gastwirt caupo, cauponis *f*; parochus, parochi *m*
Gastwirtschaft caupona, cauponae *f*
Gatte coniux/coniunx, coniugis *m/f*
Gattin coniu(n)x, coniugis *f*; coniux/coniunx, coniugis *m/f*; uxor, uxoris *f*
Gattung genus, generis *n*
Gau pagus, pagi *m*; tribus, tribus *f*
Gaubewohner paganus, pagani *m*
Gaul caballus, caballi *m*
Gaumen palatum, palati *n*
Gazelle damma, dammae *f*
geachtet probatus
geartet moratus
Gebärde gestus, gestus *m*
gebären gignere; parere; ~ *(wollen)* parturire
Gebärende puerpera, puerperae *f*

Gebäude aedificium, aedificii *n*
Gebell latratus, latratus *m*
geben dare; donare
Gebet preces, precum *f*; supplicium, supplicii *n*;
  votum, voti *n*
Gebiet ager, agri *m*; regio, regionis *f*
gebieten imperare *[Dativ]*
Gebieter dominus, domini *m*
gebieterisch imperiosus
Gebilde figura, figurae *f*
gebildet cultus; doctus; humanus; urbanus
Gebirge mons, montis *m*; *im ~ befindlich* montanus
gebirgig montanus
Gebirgskamm dorsum, dorsi *n*
gebogen curvus; pandus; uncus; *rückwärts ~*
  recurvus
geboren natus; *~ werden* innasci; nasci; *wieder ~*
  werden renasci
geborgt mutuus
Gebot fas *n*; lex, legis *f*
gebraten assus
Gebrauch usus, usus *m*
gebrauchen usurpare; uti *[Ablativ]*
gebräuchlich solitus; usitatus
Gebrechlichkeit debilitas, debilitatis *f*
gebt her! cedo!
Gebühr meritum, meriti *n*
Geburt partus, partus *m*; *von ~* natu *Adv*; *zur ~*
  gehörig natalis, natalis, natale
Geburtstag natalis, natalis *m*
Gebüsch dumetum, dumeti *n*; virgultum, virgulti *n*
Gedächtnis memoria, memoriae *f*
Gedanke cogitatio, cogitationis *f*; mens, mentis *f*;
  sensus, sensus *m*; sententia, sententiae *f*

gedenken commemorare; meminisse *[Genitiv]*;
  memorare *[Akkusativ]*
Gedicht carmen, carminis *n*; poema, poematis *n*
gediegen solidus
Gedränge turba, turbae *f*
Geduld patientia, patientiae *f*
geduldig patiens, patientis
geehrt honestus
geeignet aptus; habilis, habilis, habile; idoneus;
  opportunus
Gefahr discrimen, discriminis *n*; periculum, periculi *n*;
  in ~ geraten periclitari
gefährlich infestus; periculosus
Gefährte comes, comitis *m/f*; consors, consortis;
  socius, socii *m*; sodalis, sodalis *m*
Gefährtin comes, comitis *m/f*
gefallen arridēre *[Dativ]*; placēre
Gefallen *einen ~ tun* gratificari
gefällig beneficus; comis, comis, come; concinnus;
  gratus; officiosus; placitus
Gefälligkeit beneficium, beneficii *n*; venia, veniae *f*
gefangen captivus
Gefangener captivus, captivi *m*
Gefangenschaft captivitas, captivitatis *f*
Gefängnis carcer, carceris *n*
Gefäß vas, vasis *n*
Gefecht proelium, proelii *n*; pugna, pugnae *f*
gefeiert celeber, celebris, celebre
Gefilde arvum, arvi *n*
geflügelt volucer
Gefolge cohors, cohortis *f*
Gefolgschaft comitatus, comitatus *m*
Gefolgsmann comes, comitis *m/f*
gefräßig edax, edacis

Gefüge textum, texti *n*
gefügig *machen* subigere
Gefühl sensus, sensus *m*
gefühllos crudus
gegen ad *Präp [Akkusativ]*; adversus; adversus *Präp [Akkusativ]*; circa/circum *Präp [Akkusativ]*; erga *Präp [Akkusativ]*; in *Präp*; ob *Präp [Akkusativ]*; sub *Präp*; ~ *(feindlich)* contra *Präp [Akkusativ]*; ~ *(zeitlich)* prope *Präp [Akkusativ]*; propter *Präp [Akkusativ]*; ~ ... *hin* ob *Präp [Akkusativ]*; versus/versum *Präp*
Gegend plaga, plagae *f*; regio, regionis *f*; tractus, tractus *m*
Gegensatz diversitas, diversitatis *f*
gegensätzlich contrarius
gegenseitig mutuus
Gegenteil *im* ~ contra *Adv*; immo (vero) *Kj*
gegenüber adversus *Präp [Akkusativ]*; contra *Präp [Akkusativ]*; contra *Adv*; erga *Präp [Akkusativ]*; ob *Präp [Akkusativ]*
gegenüberliegend contrarius
Gegenwart praesentia, praesentiae *f*; *in* ~ *von* coram *Präp [Ablativ]*; palam *Präp [Ablativ]*
gegenwärtig praesens, praesentis; praesto *Adv*
Gegner adversarius, adversarii *m*
gegnerisch adversarius, adversarii *m*
Gehege cohors, cohortis *f*; saepes, saepis *f*; stabulum, stabuli *n*
geheim arcanus; occultus; secretus
Geheimnis mysterium, mysterii *n*; secretum, secreti *n*
geheimste *der* ~ intimus
Geheiß *auf* ~ iussū *Adv*
gehen cedere; īre; meare; vadere; *auseinander* ~ digredi; ~ *lassen* mittere
Geheul ululatus, ululatus *m*

Gehilfe adiutor, adiutoris *m*; administer, administri *m*; minister, ministri *m*
Gehirn cerebrum, cerebri *n*
Gehör auditus, auditus *m*; ~ *schenken* oboedīre
gehorchen auscultare; oboedīre; obsequi; obtemperare; parēre
gehören *sich* ~ decēre; ~ *(zu)* pertinēre *[ad mit Akkusativ]*
gehörig rite *Adv*; ~ *verrichten* perfungi *[Ablativ]*
gehörnt corniger, cornigera, cornigerum
Gehorsam obsequium, obsequii *n*
gehört *es* ~ *sich* oportet
Geier vultur, vulturis *m*
Geisel obses, obsidis *m/f*
Geißel flagellum, flagelli *n*
geißeln verberare
Geist animus, animi *m*; ingenium, ingenii *n*; mens, mentis *f*
Geisteskraft ingenium, ingenii *n*
geistreich ingeniosus
Geiz avaritia, avaritiae *f*
geizig avarus *[Genitiv]*
gekauft mercen(n)arius
Gekläff latratus, latratus *m*
Gekreisch convicium, convicii *n*
gekrümmt concavus; curvus; pandus; uncus; *(einwärts)* ~ aduncus
Gelächter risus, risus *m*
Gelage convivium, convivii *n*
gelangen devenīre; ~ *(zu/nach)* pervenīre *[ad/in mit Akkusativ]*
gelassen lenis, lenis, lene; quietus; remissus
Gelassenheit aequitas, aequitatis *f*
gelb flavus; ~ *sein* flavēre

gelblich luridus

Geld argentum, argenti *n*; divitiae, divitiarum *f*; pecunia, pecuniae *f*; *(Kupfer)* ~ aes, aeris *n*

Geldkasse fiscus, fisci *m*

Geldstrafe multa, multae *f*

Geldstück nummus, nummi *m*

Geldverleiher fenerator, feneratoris *m*

Geldwechsler argentarius, argentarii *m*

gelegen situs

Gelegenheit facultas, facultatis *f*; opportunitas, opportunitatis *f*; potestas, potestatis *f*; ~ *(zu)* occasio, occasionis *f [Genitiv]*

gelehrig docilis, docilis, docile

Gelehrsamkeit doctrina, doctrinae *f*

gelehrt doctus

Gelehrter philosophus, philosophi *m*

Geleit comitatus, comitatus *m*

geleiten ex(s)equi; prosequi

Gelenk articulus, articuli *m*; artus, artus *m*

gelingen contingere; provenīre; succedere

geloben spondēre; vovēre

Gelöbnis sponsio, sponsionis *f*

gelobt votivus

gelöst solutus

gelten valēre; ~ *als* vidēri

Gelübde votum, voti *n*

Gemach thalamus, thalami *m*

Gemahl maritus, mariti *m*

Gemahlin coniux/coniunx, coniugis *m/f*

Gemälde pictura, picturae *f*; tabula, tabulae *f*

gemäß pro *Präp [Ablativ]*; secundum *Präp [Akkusativ]*

gemäßigt moderatus

gemein gregarius; sordidus; vulgaris

Gemeinde civitas, civitatis *f*

gemeinsam communis, communis, commune; consors, consortis; promiscu(u)s; socius, socii *m*; ~ *mit* unā (cum) *Adv [Ablativ]*

Gemeinschaft communitas, communitatis *f*; societas, societatis *f*

Gemeinsinn communitas, communitatis *f*

Gemeinwesen respublica, respublicae *f*

Gemetzel caedes, caedis *f*; strages, stragis *f*

gemietet mercen(n)arius

gemischt promiscu(u)s

Gemse damma, dammae *f*

Gemurmel murmur, murmuris *n*

Gemüse holus, holeris *n*; olus, oleris *n*

Gemüt animus, animi *m*; cor, cordis *n*

Gemütsverfassung affectus, affectus *m*

genau accuratus; subtilis, subtilis, subtile

Genauigkeit subtilitas, subtilitatis *f*

genehmigen comprobare

geneigt declivis, declivis, declive; proclivis, proclivis, proclive; pronus; propensus; propitius; *abwärts* ~ devexus; *nach vorne* ~ praeceps, praecipitis

Genie ingenium, ingenii *n*

genießen carpere; frui *[Ablativ]*; gustare; uti *[Ablativ]*

Genius genius, genii *m*; *dem* ~ *geweiht* genialis, genialis, geniale

Genosse consors, consortis *m*; sodalis, sodalis *m*

genug satis/sat *Adv*; *nicht* ~ parum *Adv*

Genüge *leisten* satisfacere; ~ *tun* satisfacere

genügen sufficere

Genuss oblectatio, oblectationis *f*; voluptas, voluptatis *f*

Genusssucht libido, libidinis *f*; luxuria, luxuriae *f*

Geometrie geometria, geometriae *f*

geometrisch geometricus

Gepäck sarcina, sarcinae *f*

gepflegt comptus

geplagt laboriosus

Gepränge pompa, pompae *f*

geprüft spectatus

geprügelt *werden* plecti

gequält exercitatus

gerade demum *Adv*; directus; ipse, ipsius, ipsa, ipsum; potissimum *Adv*; rectus

geradeaus recte *Adv*; rectus

geradewegs prorsus *Adv*

geradlinig directus

Gerät apparatus, apparatus *m*; arma, armorum *n*; instrumentum, instrumenti *n*

geraten *aneinander ~* confligere; *in etwas ~* cadere; incidere *[in mit Akkusativ]*; *~ (in)* incidere *[in mit Akkusativ]*

Geratewohl *aufs ~* fortuito *Adv*; temerarius

geräumig amplus; capax, capacis; laxus; spatiosus

Geräusch rumor, rumororis *m*; sonitus, sonitus *m*; strepitus, strepitus *m*; *dumpfes ~* murmur, murmuris *n*

gerecht aequus; iustus

Gerechtigkeit aequitas, aequitatis *f*; iustitia, iustitiae *f*

Gerede fabula, fabulae *f*; rumor, rumororis *m*

Gericht iudicium, iudicii *n*; mensa, mensae *f*; *Erscheinen vor ~* vadimonium, vadimonii *n*; *vor ~ fordern* arcessere; *zum ~ gehörig* forensis, forensis, forense

Gerichtshalle basilica, basilicae *f*

Gerichtshof tribunal, tribunalis *n*

Gerichtstag conventus, conventus *m*

Gerichtsverhandlung iudicium, iudicii *n*

gering brevis, brevis, breve; exiguus; humilis, humilis, humile; malus; mediocris, mediocris, mediocre; parvus; paul(l)ulus; paul(l)us; tenuis, tenuis, tenue

geringer deterior, deterior, deterius; minor, minor, minus; peior, peior, peius

geringere *der ~* inferior, inferior, inferius; posterior, posterior, posterius

geringfügig levis, levis, leve

geringschätzen contemnere; despicere

Geringschätzung contemptio, contemptionis *f*; contemptus, contemptus *m*

geringste deterrimus; *der ~* imus; infimus; minimus; pessimus; postremus

Germane Germanus, Germani *m*

Germanien Germania, Germaniae *f*

germanisch Germanicus

gern libens, libentis

gerne libenter *Adv*

Gerste hordeum, hordei *n*

Gerte virga, virgae *f*

Geruch odor, odoris *m*

Gerücht fama, famae *f*; opinio, opinionis *f*; rumor, rumoris *m*

geruhen dignari

geruhsam otiosus

Gerümpel scruta, scrutorum *n*

gesalzen salsus

gesamt cunctus; universus

Gesamtheit corpus, corporis *n*; summa, summae *f*

Gesamtzahl summa, summae *f*

Gesandter legatus, legati *m*

Gesandtschaft legatio, legationis *f*

Gesang cantus, cantus *m*; carmen, carminis *n*

Geschäft negotium, negotii *n*

Geschäftsmann negotiator, negotiatoris *m*

geschehen accidere; fieri

gescheit catus

Geschenk donum, doni *n*; munus, muneris *n*
Geschichte fabula, fabulae *f*; historia, historiae *f*
Geschichtsschreiber scriptor, scriptoris *m*
Geschick fatum, fati *n*
Geschicklichkeit ars, artis *f*; sollertia, sollertiae *f*
geschickt faber, fabri *m*; sciens, scientis; scitus; sollers, sollertis; ~ *(in)* peritus *[Genitiv]*
geschlagen ictus; ~ *werden* plecti
Geschlecht aetas, aetatis *f*; gens, gentis *f*; genus, generis *n*; sexus, sexus *m*; stirps, stirpis *f*
Geschmack elegantia, elegantiae *f*; sal, salis *m/n*; sapor, saporis *m*
geschmackvoll elegans, elegantis
geschmückt cultus; decorus
Geschoss telum, teli *n*
Geschrei clamor, clamoris *m*; clangor, clangoris *m*; ululatus, ululatus *m*
geschützt tutus
geschwätzig garrulus; loquax, loquacis
geschweige *denn, dass* nedum *Kj*
geschwind velox, velocis
geschwollen tumēre; tumidus; turgidus
Geschworener iuratus
Geschwulst tumor, tumoris *m*
gesegnet beatus
Gesellschaft societas, societatis *f*
Gesellschafter convictor, convictoris *m*
Gesetz lex, legis *f*
Gesetzesvorschlag rogatio, rogationis *f*
gesetzlich legalis, legalis, legale; legitimus; ~ *verfügen* legare
gesetzt severus, severa, severum
Gesicht facies, faciei *f*; frons, frontis *f*; os, oris *n*; vultus, vultus *m*

Gesichtsausdruck vultus, vultus *m*
Gesinde familia, familiae *f*
Gesinnung animus, animi *m*; sensus, sensus *m*; spiritus, spiritus *m*; *edle* ~ liberalitas, liberalitatis *f*; *liebevolle* ~ pietas, pietatis *f*; *niedrige* ~ sordes, sordium *f*
gesittet moratus
Gespann iugum, iugi *n*
gespannt attentus; contentus; intentus
Gespenst formido, formidinis *f*
Gespött ludibrium, ludibrii *n*
Gespräch colloquium, colloquii *n*; sermo, sermonis *m*
Gestalt conformatio, conformationis *f*; effigies, effigiei *f*; facies, faciei *f*; figura, figurae *f*; forma, formae *f*; species, speciei *f*; statura, staturae *f*
gestalten conformare; fingere; formare; informare
Gestaltung conformatio, conformationis *f*
Geständnis confessio, confessionis *f*
Gestank hircus, hirci *m*; nidor, nidoris *m*
gestehen confitēri; fatēri; profitēri
gestern heri *Adv*
Gestirn astrum, astri *n*; sidus, sideris *n*
gestirnt sidereus
gestohlen furtivus
gestrig hesternus
Gestrüpp dumus, dumi *m*
gestutzt truncus
gestützt *auf* subnisus/subnixus
gesund saluber, salubris, salubre; salvus; sanus; valens, valentis; validus; ~ *sein* valēre; vigēre
Gesundheit salus, salutis *f*; sanitas, sanitatis *f*; valetudo, valetudinis *f*
Gesundheitszustand valetudo, valetudinis *f*
Getöse fremitus, fremitus *m*; strepitus, strepitus *m*
Getreide frumentum, frumenti *n*; ~ *holen* frumentari

Getreidebeschaffung frumentatio, frumentationis *f*

Getreidefeld arvum, arvi *n*

Getreidemühle pistrinum, pistrini *n*

Getreidespeicher horreum, horrei *n*

getrennt separatim *Adv*; ~ halten distinēre

getroffen ictus

Getümmel turba, turbae *f*

geübt exercitatus

gewählt elegans, elegantis

gewähren dare; largīri; porrigere; praebēre

gewährleisten praestare *[Akkusativ]*

Gewährsmann auctor, auctoris *m*

Gewalt dicio, dicionis *f*; imperium, imperii *n*; potentia, potentiae *f*; violentia, violentiae *f*; vis *f*; *ohne* ~ impotens, impotentis; *in seine* ~ *bringen* potīri *[Ablativ]*

Gewaltherrscher tyrannus, tyranni *m*

gewaltig ingens, ingentis

gewaltsam violentus

Gewaltsamkeit violentia, violentiae *f*

gewalttätig iniuriosus; violentus

Gewand tegimentum, tegimenti *n*; velamen, velaminis *n*; vestis, vestis *f*

Gewandbausch sinus, sinus *m*

gewandt callidus

Gewandtheit calliditas, calliditatis *f*

gewaschen lautus

Gewässer unda, undae *f*

Gewebe tela, telae *f*; textum, texti *n*

geweiht sanctus; *(jemandem)* ~ sacer, sacra, sacrum *[Genitiv]*

Gewerbe quaestus, quaestus *m*

Gewicht momentum, momenti *n*; pondus, ponderis *n*; *an* ~ pondo *Adv*

Gewinn emolumentum, emolumenti *n*; fructus, fructus *m*; lucrum, lucri *n*; praeda, praedae *f*; praemium, praemii *n*; quaestus, quaestus *m*; *kleiner* ~ lucellum, lucelli *n*

gewinnen acquirere; *(für sich)* ~ conciliare; *für sich* ~ delenīre

gewiss certus; profecto *Adv*; quidem *Kj*; quin *Adv*; sane *Adv*

Gewissen conscientia, conscientiae *f*

gewissenhaft diligens, diligentis; religiosus

Gewissenhaftigkeit diligentia, diligentiae *f*; religio, religionis *f*

gewissenlos impius

gewisser *ein* ~ quidam, cuiusdam

Gewissheit *mit* ~ certe *Adv*

gewitzigt callidus

gewitzt callidus; catus; cautus

gewogen pronus; propitius; ~ *sein* favēre *[Dativ]*

gewöhnen assuefacere; suescere; *sich* ~ assuescere; consuescere; suescere

Gewohnheit consuetudo, consuetudinis *f*; mos, moris *m*

gewöhnlich gregarius; promiscu(u)s; trivialis, trivialis, triviale; vulgaris; vulgo *Adv*; ~ *tun* factitare

gewohnt assuetus; solitus; *nicht* ~ insuetus; ~ *sein (etwas zu tun)* solēre

Gewölbe fornix, fornicis *m*

gewölbt cavus; concavus; curvus; ~ *(nach außen)* convexus

gewunden tortuosus

Gewürz condimentum, condimenti *m*

Gezänk convicium, convicii *n*

geziemen *sich* ~ decēre

geziemend decorus

gib her! cedo!

Giebel culmen, culminis *n*; fastigium, fastigii *n*

gierig avidus *[Genitiv]*

gießen fundere; *voll* ~ implēre

Gift medicamen, medicaminis *n*; medicamentum, medicamenti *n*; sanies, saniei *f*; tabes, tabis *f*; tabum, tabi *n*; venenum, veneni *n*; virus, viri *n*

Giftmischerei veneficium, veneficii *n*

Gifttrank venenum, veneni *n*

Gipfel cacumen, cacuminis *n*; columen, columinis *n*; culmen, culminis *n*; fastigium, fastigii *n*; vertex, verticis *m*

Girlande serta, sertorum *n*

Gischt spuma, spumae *f*

Gitter cancelli, cancellorum *m*

Gladiator gladiator, gladiatoris *m*

Glanz fulgor, fulgoris *m*; lumen, luminis *n*; maiestas, maiestatis *f*; nitor, nitoris *m*; splendor, splendoris *m*; *weißer* ~ candor, candoris *m*

glänzen candēre; collucēre; fulgēre; nitēre; splendēre

glänzend amplus; candidus; illustris, illustris, illustre; luculentus; magnificus; nitidus; opulentus; praeclarus; speciosus; splendidus; vitreus

Glas vitrum, vitri *n*

gläsern vitreus

glatt levis, levis, leve; lubricus; teres, teretis

glätten limare; placare; polīre

Glaube fides, fidei *f*; religio, religionis *f*

glauben arbitrari; credere; ducere; putare; rēri

glaubhaft credibilis, credibilis, credibile

glaublich probabilis, probabilis, probabile

Glaubwürdigkeit auctoritas, auctoritatis *f*

gleich aequalis, aequalis, aequale *[Genitiv]*; aequus; par, paris

gleichaltrig aequalis, aequalis, aequale *[Genitiv]*

gleichartig similis, similis, simile

gleichberechtigt aequus

Gleiche *der* ~ idem, eiusdem, eadem, idem

gleichermaßen pariter *Adv*

gleichfalls itidem *Adv*

gleichförmig aequalis, aequalis, aequale *[Genitiv]*

Gleichgewicht *im* ~ *halten* librare

Gleichheit aequitas, aequitatis *f*

gleichkommen adaequare; *(jemandem)* ~ aequare *[Akkusativ]*

gleichmachen adaequare; aequare *[Akkusativ]*

gleichmäßig aequabilis, aequabilis, aequabile; aequalis, aequalis, aequale *[Genitiv]*

Gleichmäßigkeit aequabilitas, aequabilitatis *f*

Gleichmut aequitas, aequitatis *f*

gleichsam quasi *Adv*; tamquam *Adv*

gleichwertig par, paris

gleichwie velut *Adv*

gleichwohl atqui(n) *Kj*

gleichzeitig aequalis, aequalis, aequale *[Genitiv]*; pariter *Adv*; simul *Adv*; unā (cum) *Adv [Ablativ]*

gleiten labi

Gleiten lapsus, lapsus *m*

Glied articulus, articuli *m*; artus, artus *m*; membrum, membri *n*

Glück felicitas, felicitatis *f*; fortuna, fortunae *f*; ~ *bringend* faustus; ~ *verheißend* dexter, dext(e)ra, dext(e)rum; ~ *wünschen* gratari; gratulari

glücken contingere

glücklich beatus; felix, felicis; fortunatus; prosper(us), prospera, prosperum

Glückwunsch gratulatio, gratulationis *f*

glühen aestuare; ardēre; calēre; fervēre; flagrare

glühend aestuosus; fervidus; igneus; torrens, torrentis

Glut aestus, aestus *m*; ardor, ardoris *m*; fervor, fervoris *m*; flamma, flammae *f*

Gnade venia, veniae *f*
gnädig propitius
Gold aurum, auri *n*
golden aureus
goldgelb flavus
Gönner fautor, fautoris *m*
Gott deus, dei *m*; divus, divi *m*; numen, numinis *n*
Götter caelestes, caelestium *m/f*; caelites, caelitum *m*; *die ~* superi, superorum *m*; *die unterirdischen ~* inferi, inferorum *m*
Götterbild simulacrum, simulacri *n*
Göttermahl pulvinar, pulvinaris *n*
Göttersitz pulvinar, pulvinaris *n*
Götterspruch fatum, fati *n*; oraculum, oraculi *n*
Göttertrank nectar, nectaris *n*
Götterverehrung religio, religionis *f*
Gottesdienst sacrum, sacri *n*
Gottesfurcht religio, religionis *f*
Gottheit caelicola, caelicolae *m*; deus, dei *m*; numen, numinis *n*; *zur ~ erheben* consecrare
Gottheiten caelestes, caelestium *m/f*
Göttin dea, deae *f*
göttlich caelestis, caelestis, caeleste; divinus; divus
Göttlichkeit divinitas, divinitatis *f*
gottlos impius; nefarius; profanus; sacrilegus
Grab bustum, busti *n*; sepulcrum, sepulcri *n*
graben fodere
Graben fossa, fossae *f*; specus, specus *m*
Grabhügel tumulus, tumuli *m*
Grabmal bustum, busti *n*; monumentum, monumenti *n*; sepulcrum, sepulcri *n*
Grad gradus, gradus *m*; *im höchsten ~* maxime *Adv*
Gram aegritudo, aegritudinis *f*; maeror, maeroris *m*

Grammatik grammatica, grammaticae *f*
Grammatiker grammaticus
grammatisch grammaticus
Granne arista, aristae *f*
Gras gramen, graminis *n*; herba, herbae *f*; *aus ~* gramineus
grasbedeckt gramineus
grässlich atrox, atrocis; foedus; infandus
Grässlichkeit atrocitas, atrocitatis *f*
gratulieren gratari; gratulari
grau canus; *~ sein* canēre
Grau canities, canitiei *f*
grauenvoll formidolosus/formidulosus
graugelb ravus
graugrün glaucus
grausam crudelis, crudelis, crudele; ferus; immitis, immitis, immite
Grausamkeit crudelitas, crudelitatis *f*
Grausen formido, formidinis *f*
grausig dirus
greifen captare
Greis senex, senis *m*
Greisenalter senecta, senectae *f*; senectus, senectutis *f*
greisenhaft senilis, senilis, senile
Greisin anus, anus *f*
Grenze extremitas, extremitatis *f*; finis, finis *m*; limes, limitis *m*; margo, marginis *f*; modus, modi *m*; terminus, termini *m*
Grenzgebiet confinium, confinii *n*
Grenzlinie regio, regionis *f*
Grenzscheide confinium, confinii *n*
Grenzstein terminus, termini *m*
Grenzwall limes, limitis *m*

Grieche Graecus, Graeci *m*
Griechenland Graecia, Graeciae *f*
griechisch Graecus
Griff capulus, capuli *m*
Grille cicada, cicadae *f*
grimmig ferox, ferocis; saevus; torvus; trux, trucis
grob asper, aspera, asperum
groß amplus; grandis, grandis, grande; ingens, ingentis; magnus; spatiosus; *sehr* ~ permagnus; *so* ~ tantus; *wie* ~ quantus; *ziemlich* ~ aliquantus; *zu* ~ nimius
großartig amplus; magnificus
Großartigkeit amplitudo, amplitudinis *f*; magnificentia, magnificentiae *f*
Größe amplitudo, amplitudinis *f*; latitudo, latitudinis *f*; magnitudo, magnitudinis *f*; maiestas, maiestatis *f*
größer maior, maior, maius
Großhändler negotiator, negotiatoris *m*
großherzig celsus
Großmutter avia, aviae *f*
größte *der* ~ maximus; summus
Großvater avus, avi *m*
großväterlich avitus
Großvieh armentum, armenti *n*
großzügig liberalis, liberalis, liberale
Grotte antrum, antri *n*; specus, specus *m*; spelunca, speluncae *f*
Grube fovea, foveae *f*; puteus, putei *m*; scrobis, scrobis *m/f*
grün viridis
Grund argumentum, argumenti *n*; causa, causae *f*; fundamentum, fundamenti *n*; *von* ~ *aus* funditus *Adv*; radicitus *Adv*
Grunde *zu* ~ *gehen* perīre; *zu* ~ *liegen* subesse; *zu* ~ *richten* perdere

gründen condere; fundare
Gründer auctor, auctoris *m*; conditor, conditoris *m*
Grundfläche solum, soli *n*
Grundlage fundamentum, fundamenti *n*; principium, principii *n*
gründlich penitus *Adv*
grundlos frustra *Adv*
Grundsatz institutum, instituti *n*
Grundschule ludus, ludi *m*
Grundstoff elementum, elementi *n*; materia/materies, materiae/materiei *f*
Grundstück fundus, fundi *m*; praedium, praedii *n*
grünen viridare
Grünspan aerugo, aeruginis *f*
Gruppe *politische* ~ factio, factionis *f*
Gruß salus, salutis *f*
grüßen salutare
gültig ratus
Gunst aura, aurae *f*; favor, favoris *m*; gratia, gratiae *f*; venia, veniae *f*
Gunsterweis beneficium, beneficii *n*
günstig aequus; commodus; faustus; prosper(us), prospera, prosperum; secundus; tempestivus; ~ *gelegen* opportunus; ~ *sein* favēre *[Dativ]*; ~ *sein (Orakel)* addicere
Günstling gratiosus
Gurgel guttur, gutturis *n*
Gürtel balteus, baltei *m*; cingulum, singuli *n*; zona, zonae *f*
gut bene *Adv*; bonus; probus; recte *Adv*; tenuis, tenuis, tenue; *weniger* ~ deterior, deterior, deterius
Gut *das* ~ bonum, boni *n*; *kleines* ~ agellus, agelli *m*
Gutachten auctoritas, auctoritatis *f*
gutartig benignus
Gütchen agellus, agelli *m*

Gute *das ~* bonum, boni *n*
Güte benignitas, benignitatis *f*; bonitas, bonitatis *f*; liberalitas, liberalitatis *f*
gutheißen laudare
gütig almus; benignus; liberalis, liberalis, liberale

H

Haar capillus, capilli *m*; crinis, crinis *m*; *graues ~* canities, canitiei *f*
haben habēre; possidēre; uti *[Ablativ]*; *gern ~* amare; *nicht ~* carēre *[Ablativ]*; egēre *[Ablativ]*
Habgier avaritia, avaritiae *f*
habgierig avarus *[Genitiv]*
Habicht accipiter, accipitris *m*
Habsucht avaritia, avaritiae *f*
habsüchtig avarus *[Genitiv]*
Hacke ligo, ligonis *m*; raster, rastri *m*
Hafen portus, portus *m*
Hafenzoll portorium, portorii *n*
Hafer avena, avenae *f*
Haft custodia, custodiae *f*
haften haerēre; *~ an* adhaerēre; inhaerēre
Hagel grando, grandinis *f*
Hahn gallus, galli *m*
Hain lucus, luci *m*; nemus, nemoris *n*
Haken hamus, hami *m*; uncus, unci *m*
hakenförmig *(gebogen)* aduncus
halb dimidius
Halbinsel paeninsula, paeninsulae *f*
Halbstiefel calceus, calcei *m*
halb tot semianimis, semianimis, semianime

Halle atrium, atrii *n*; aula, aulae *f*; basilica, basilicae *f*; porticus, porticus *f*
Halm avena, avenae *f*; calamus, calami *m*; culmus, culmi *m*; stipula, stipulae *f*
Hals cervix, cervicis *f*; collum, colli *n*
Halskette torquis, torquis *m*
Halt *machen* consistere; subsistere
halten habēre; tenēre; *~ für* arbitrari; deputare; ducere; iudicare; putare
haltlos fluxus
Haltung gestus, gestus *m*; habitus, habitus *m*
Halunke furcifer, furciferi *m*
Hand manus, manus *f*; *flache ~* palma, palmae *f*; *zur ~* praesto *Adv*
Handel commercium, commercii *n*; mercatura, mercaturae *f*; *~ treiben* mercari; negotiari
handeln facere
Handfläche palma, palmae *f*
Handgemenge manus, manus *f*; pugna, pugnae *f*
handgreiflich manifestus
Händler mercator, mercatoris *m*
handlich habilis, habilis, habile
Handlung actio, actionis *f*; actus, actus *m*; factum, facti *n*
Handlungen acta, actorum *n*
Handpauke tympanum, tympani *n*
Handwerk ars, artis *f*; artificium, artificii *n*; fabrica, fabricae *f*
Handwerker faber, fabri *m*; opifex, opificis *m*
hängen pendēre; *~ bleiben* haerēre
Harmonie concentus, concentus *m*
harmonisch canorus
Harnisch lorica, loricae *f*
hart durus; immitis, immitis, immite; rigidus
Härte duritia, duritiae *f*; rigor, rigoris *m*

härten durare

hartherzig durus

hartnäckig obstinatus; pertinax, pertinacis; pervicax, pervicacis

Hartnäckigkeit pertinacia, pertinaciae *f*

haschen captare

Hase lepus, leporis *m*

Hass invidia, invidiae *f*; odium, odii *n*; *voll ~ (gegen jemanden)* exosus *[Akkusativ]*; perosus *[Akkusativ]*

hassen odisse

hassend *(jemanden)* ~ exosus *[Akkusativ]*; perosus *[Akkusativ]*

hässlich deformis, deformis, deforme; foedus; indecorus; informis, informis, informe; inhonestus; turpis, turpis, turpis

Hässlichkeit turpitudo, turpitudinis *f*

Hast festinatio, festinationis *f*

hastig raptim *Adv*

Hauch spiritus, spiritus *m*

hauchen spirare

hauen caedere

Haufe acervus, acervi *m*; cumulus, cumuli *m*; globus, globi *m*; plebs, plebis *f*; turma, turmae *f*

häufig creber, crebra, crebrum; crebro *Adv*; frequens, frequentis

Haupt caput, capitis *n*

Haupthaar caesaries, caesariei *f*; coma, comae *f*

Häuptling regulus, reguli *m*

Hauptsache caput, capitis *n*; summa, summae *f*

hauptsächlich potissimum *Adv*

Hauptstadt caput, capitis *n*

Haus domicilium, domicilii *n*; domus, domus *f*; limen, liminis *n*; penates, penatium *m*; tectum, tecti *n*; villa, villae *f*; *zum ~ gehörig* familiaris, familiaris, familiare; *~ und Hof* focus, foci *m*

Häuserblock insula, insulae *f*

Häuserreihe vicus, vici *m*

Hausgemeinschaft familia, familiae *f*

Hausgerät supellex, supellectilis *f*

Hausgott Lar, Laris *m*

Hausgötter penates, penatium *m*

Hausheiligtum penetralia, penetralium *n*

Hausherr erus, eri *m*; parochus, parochi *m*

Hausherrin era, erae *f*

häuslich domesticus; familiaris, familiaris, familiare

Haussklave verna, vernae *m*

Haustein caementum, caementi *n*

Haustier pecus, pecudis *f*

Haustüre ianua, ianuae *f*

Haut corium, corii *m*; cutis, cutis *f*; membrana, membranae *f*; pellis, pellis *f*; vellus, velleris *n*; *mit heiler ~* incolumis, incolumis, incolume; salvus

Hebamme obstetrix, obstetricis *f*

Heck puppis, puppis *f*

Heer exercitus, exercitus *m*

Heeresflügel ala, alae *m*; cornu, cornus *n*

Heereszug agmen, agminis *n*

Hefe faex, faecis *f*

Heft libellus, libelli *m*

heften figere

heftig acer, acris, acre; vehemens, vehementis; violens, violentis

hegen fovēre

Heide paganus, pagani *m*

heil incolumis, incolumis, incolume; sanus

Heil salus, salutis *f*; *~ dir!* macte (esto)

heilen medēri *[Dativ]*; sanare

heilig divinus; religiosus; sacer, sacra, sacrum *[Genitiv]*; sanctus

heiligen sacrare

Heiligkeit sanctitas, sanctitatis *f*

Heiligtum adytum, adyti *n*; delubrum, delubri *n*; fanum, fani *n*; sacrarium, sacrarii *n*; sacrum, sacri *n*; templum, templi *n*

Heilkraut herba, herbae *f*

Heilkunst medicina (ars), medicinae *f*

Heilmittel medicamen, medicaminis *n*; medicamentum, medicamenti *n*; medicina (ars), medicinae *f*; remedium, remedii *n*

heilsam saluber, salubris, salubre; salutaris, salutaris, salutare

Heimat domus, domus *f*; patria, patriae *f*

heimatlich paternus; patrius

heimatlos profugus

heimisch domesticus; paternus; patrius

Heimkehr reditus, reditus *m*

heimlich clam *Adv*; clanculum *Adv*; clandestinus; furtim *Adv*; furtivus

heimsuchen vexare

heimtückisch malitiosus

heiraten *(eine Frau)* ~ ductare; ~ *(einen Mann)* nubere (viro)

Heiratsrecht conubium, conubii *n*

heiser raucus

heiß calidus; fervidus; torrens, torrentis; ~ *sein* calēre; ~ *werden* incalescere

heißen iubēre *[Akkusativ]*

heiter hilaris, hilaris, hilare; hilarus; serenus

Heiterkeit hilaritas, hilaritatis *f*

Held heros, herois *m*; vir, viri *m*

Heldentat factum, facti *n*

helfen adesse; adiutare; adiuvare *[Akkusativ]*; assistere; auxiliari; iuvare *[Akkusativ]*

helfend auxiliaris, auxiliaris, auxiliare; auxiliarius

Helfer adiutor, adiutoris *m*; administer, administri *m*

Helferin adiutrix, adiutricis *f*

Helfershelfer satelles, satellitis *m*

hell albus; clarus; illustris, illustris, illustre; liquidus; lucidus; luculentus; *es wird* ~ lucescit; *sehr* ~ perlucidus; ~ *sein* albēre; lucēre; ~ *werden* albescere

Helle claritudo, claritudinis *f*

Helligkeit lux, lucis *f*

helltönend argutus

Helm apex, apicis *m*; galea, galeae *f*

Helmbusch crista, cristae *f*

hemmen inhibēre

Hengst equus, equi *m*

Henker carnifex, carnificis *m*

Henne gallina, gallinae *f*

her damit! cedo!

herab *von oben* ~ desuper *Adv*

herabbringen deferre; devehere

herabeilen decurrere

herabfallen decidere; excidere; labi

herabfließen defluere

herabgießen defundere

herabgleiten defluere; delabi

herablassen demittere; submittere

herabreißen deripere

herabsehen despicere

herabsetzen detractare/detrectare; obtrectare *[Dativ]*; rodere

herabsinken delabi

herabspringen desilīre
herabsteigen descendere
herabstürzen *kopfüber ~ (intransitiv)* praecipitare
herabwerfen deicere
herabziehen detrahere
heranbringen admovēre; advehere
heranfließen affluere
heranführen adducere; advehere
herangehen adīre; aggredi; obīre; *(heimlich) ~ an* subīre
herangleiten allabi
herankommen accedere; advenīre
Herankommen accessus, accessus *m*
heranrücken accedere; adventare; succedere; *~ an* incedere; subīre
heranschaffen admovēre
heranschleichen sublabi
herantreiben adigere; admovēre; appellere
herantreten accedere; adīre
heranwachsen adolescere
heranwachsend adulescens, adulescentis *m*
herausfallen excidere
herausfließen effluere
herausfordern lacessere; provocare
herausführen educere
herausgeben ēdere; exhibēre
herausgehen egredi *[Ablativ]*; excedere; exīre
heraushämmern extundere
herausheben efferre
herausholen exhibēre
herauslassen emittere
herauslocken elicere
herausnehmen excerpere; excipere; eximere
herauspressen exprimere

herausreißen revellere
herausrufen evocare
herausschlagen excudere
herausschneiden exsecare
herausschöpfen haurīre
herausspringen exsilīre
herausstoßen elidere; excutere
heraustreiben exigere; expellere; extundere
herausziehen educere; extrahere
herb acerbus; amarus; asper, aspera, asperum; austerus
herbeibringen afferre; apportare
herbeieilen advolare
herbeifliegen advolare
herbeiholen accīre; arcessere; excīre
herbeilaufen accurrere
herbeirufen accīre; advocare; ciēre; citare
herbeischaffen comportare
herbeitragen afferre; aggere; apportare; supportare
herbeitreiben adigere
herbeiwünschen exoptare
herbeiziehen adhibēre
Herberge hospitium, hospitii *n*
Herbheit acerbitas, acerbitatis *f*
Herbst autumnus, autumni *m*
Herd focus, foci *m*
Herde armentum, armenti *n*; grex, gregis *m*; pecus, pecoris *n*
hereinbrechen ingruere
hereinragen imminēre
Herkules *beim ~ !* meherc(u)le!
Herkunft natio, nationis *f*; origo, originis *f*
hernach postea *Adv*
Herold praeco, praeconis *m*

Heros heros, herois *m*
Herr dominus, domini *m*; erus, eri *m*
Herrin domina, dominae *f*; era, erae *f*
herrisch imperiosus
herrlich spectabilis, spectabilis, spectabile
Herrschaft dicio, dicionis *f*; dominatio,
    dominationis *f*; dominatus, dominatus *m*; dominium,
    dominii *n*; imperium, imperii *n*; regnum, regni *n*;
    sceptrum, sceptri *n*
herrschen dominari; *(als König)* ~ regnare; ~ *(über)*
    imperare *[Dativ]*; ~ *über* imperitare *[Dativ]*
Herrscher imperator, imperatoris *m*; princeps, princi-
    pis *m*; regnator, regnatoris *m*; rex, regis *m*
hersagen *laut* ~ declamare
herstellen efficere; fabricare/fabricari
herumdrehen contorquēre; *(im Kreis)* ~ rotare
herumfahren circumvehi
herumfliegen volitare
herumführen circumducere
herumgehen ambīre; circumīre
herumschicken *(um etwas)* ~ circummittere
herumstehen circumstare
herunterschlagen decutere
hervorbrechen erumpere; prorumpere
hervorbringen creare; ēdere; ferre; gignere; parere;
    procreare; proferre
hervorgehen prodīre
hervorholen depromere; promere
hervorkommen evadere; prodīre; provenīre
hervorkriechen prorepere
hervorleuchten effulgēre; elucēre
hervorlocken elicere
hervorragen antecellere; eminēre; excellere; prae-
    cellere; prominēre

hervorragend conspicuus; editus; egregius; excel-
    lens, excellentis; praecipuus; primarius
hervorrufen provocare
hervorspringen emicare; prosilīre
hervorstehen ex(s)tare
hervorstrahlen emicare
hervorstrecken protendere
hervorstürzen erumpere; prosilīre
hervortreten procedere; prodīre
hervorziehen *erneut* ~ retrahere
hervorzucken emicare
Herz animus, animi *m*; cor, cordis *n*; pectus, pectoris
    n; praecordia, praecordiorum *m*
hetzen agitare
heucheln simulare
heulen ululare
heurig hornus
heute hodie *Adv*
heutig hodiernus
Hieb ictus, ictus *m*; plaga, plagae *f*; verber, verberis *n*
hier hac *Adv*; hāc (viā) *Adv*; hic *Adv*; *von* ~ *aus*
    dehinc *Adv*; hinc *Adv*
hier ist! en
hierauf dehinc *Adv*; exinde *Adv*
hierher hac *Adv*; huc *Adv*; *(bis)* ~ huc *Adv*; *bis* ~
    hactenus *Adv*
hierhin huc *Adv*
hierzu huc *Adv*
hiesig hic, huius, haec, hoc
Hilfe adiumentum, adiumenti *n*; auxilium, auxilii *n*;
    ops, opis *f*; subsidium, subsidii *n*; *zu* ~ *eilen* succur-
    rere; *zu* ~ *kommen* subvenīre; supervenīre; *zu* ~
    schicken submittere
Hilfeleistung administratio, administrationis *f*

hilflos inops, inopis
Hilflosigkeit imbecillitas, imbecillitatis *f*
Hilfs- auxiliarius
hilfsbereit officiosus
Hilfsmittel adiumentum, adiumenti *n*; instrumentum, instrumenti *n*
Himmel aether, aetheris *m*; caelum, caeli *n*; polus, poli *m*; *am* ~ caelestis, caelestis, caeleste; *freier* ~ divum, divi *n*
Himmelsbewohner caelicola, caelicolae *m*
Himmelsgewölbe axis, axis *m*; convexa, convexorum *n*
himmlisch aetherius; caeles, caelitis; caelestis, caelestis, caeleste; supernus
Himmlischen *die* ~ caelites, caelitum *m*
hinabführen demittere
hinabgehen degredi; descendere
hinablassen demittere
hinabschicken demittere
hinabstoßen detrudere
hinabtragen deferre
hinaufführen subvehere
hinaufspringen insilīre
hinaufsteigen ascendere; escendere
hinaufwälzen involvere
hinaus foras *Adv*
hinausbringen evehere
hinausdrängen exturbare
hinausgehen evadere; excedere; exīre
hinausstoßen extrudere
hinaustragen efferre
hinaustreiben expellere
hinauswerfen eicere
hinausziehen extrahere
hinblicken inspectare

hinbreiten sternere
hinbringen perducere; perferre; tra(ns)ducere
hinderlich *sein* obesse
hindern impedīre; morari; obstare; officere *[Dativ]*; prohibēre *[a mit Ablativ]*
Hindernis impedimentum, impedimenti *n*; ob(i)ex, obicis *f*
Hindin cerva, cervae *f*
hindrehen detorquēre
hindurch per *Präp [Akkusativ]*
hindurchbrechen perrumpere
hindurchdringen pervadere
hindurchschwimmen tranare
hineilen decurrere
hinein intro *Adv*; introrsum *Adv*; *tief* ~ penitus *Adv*
hineinbauen inaedificare
hineinblasen inflare
hineinblicken introspicere
hineinbringen invehere
hineindrücken imprimere
hineinfahren invehi
hineinfallen incidere *[in mit Akkusativ]*
hineinfließen influere
hineinführen introducere; invehere
hineingehen incedere; ingredi; inīre; intrare; introīre
hineingeraten incidere *[in mit Akkusativ]*
hineingießen infundere; offundere
hineingleiten illabi
hineinlassen intromittere
hineinlaufen incurrere
hineinlegen imponere
hineinrennen irruere
hineinschauen introspicere
hineinschicken immittere; intromittere

hineinschwimmen innare; innatare
hineinsehen inspicere
hineinspringen insilīre
hineinstecken inserere
hineinstoßen defigere; illidere; incutere; infigere
hineinströmen influere
hineinstürzen irruere
hineintragen inferre
hineintun indere
hineinwälzen involvere
hineinwerfen inicere
hinfällig caducus; fragilis, fragilis, fragile
hinfließen permanare
hinführen perducere
hingeben dedere; profundere; *sich* ~ indulgēre; obsequi
hingegeben deditus
hingegen ast *Kj*; at *Kj*
hingelangen pervenīre *[ad/in mit Akkusativ]*
hinkommen devenīre; pervenīre *[ad/in mit Akkusativ]*
hinlaufen percurrere
hinlenken advertere; convertere; dirigere
hinneigen *sich* ~ inclinare
Hinrichtung cruciatus, cruciatus *m*; supplicium, supplicii *n*
hinschwinden tabescere
hinsichtlich quoad *Präp [Akkusativ]*
hinstellen sistere; statuere; *sich* ~ assistere; consistere; insistere; sistere
hinstrecken intendere; sternere
hintanstellen postponere
hinten pone *Adv*; post *Adv*
hinter pone *Präp [Akkusativ]*; post *Präp [Akkusativ]*
Hinterbacken clunis, clunis *f*

Hinterdeck puppis, puppis *f*
Hinterhalt insidiae, insidiarum *f*
Hinterlist dolus, doli *m*; furtum, furti *n*; insidiae, insidiarum *f*
hinterlistig dolosus; subdolus
Hintertreffen subsidium, subsidii *n*
hinüber trans *Präp [Akkusativ]*
hinüberbringen transferre; transportare; transvehere
hinüberführen tra(ns)ducere
hinübergehen transgredi; transīre
hinüberschaffen transportare
hinüberschicken transmittere
hinüberschreiten transcendere
hinüberschwimmen tranare; tranatare
hinüberspringen transilīre
hinübertragen transferre
hinüberwerfen traicere
hinunterschlucken absorbēre
hinwegsetzen *sich* ~ *über* supersidēre *[Ablativ]*
hinweisen demonstrare
hinwenden advertere; convertere
hinwerfen adicere; conicere; proicere; sternere
hinzufügen addere; adicere; apponere; ascribere
hinzukommen accedere
hinzuschreiben ascribere
hinzustellen apponere
hinzutreten accedere
hinzuwachsen accrescere
hinzuziehen adhibēre
Hirn cerebrum, cerebri *n*
Hirsch cervus, cervi *m*
Hirschkuh cerva, cervae *f*
Hirte pastor, pastoris *m*

Hirtenpfeife avena, avenae *f*; fistula, fistulae *f*
Hitze aestus, aestus *m*; ardor, ardoris *m*; calor, caloris *m*; fervor, fervoris *m*
hitzig calidus; fervidus
hoch altus; editus; excelsus
Hochachtung dignatio, dignationis *f*
hochbetagt longaevus
hochbinden succingere
hochgewachsen procerus
hochheilig sacrosanctus
hochherzig generosus; liberalis, liberalis, liberale; magnanimus
Hochmut arrogantia, arrogantiae *f*; fastidium, fastidii *n*; fastus, fastus *m*; superbia, superbiae *f*
hochmütig superbus
hochragend arduus; celsus; excelsus; sublime *Adv*; sublimis, sublimis, sublime
hochschätzen diligere
höchste *der* ~ summus; supremus
höchstens dumtaxat *Adv*
Hochzeit hymenaeus, hymenaei *m*; nuptiae, nuptiarum *f*; taeda, taedae *f*
hochzeitlich genialis, genialis, geniale
Hochzeitsfackel taeda, taedae *f*
Hochzeitslied hymenaeus, hymenaei *m*
Hof area, areae *f*; aula, aulae *f*; regia (domus), regiae *f*
hoffen confidere *[Dativ/Ablativ]*; sperare
hoffentlich utinam *Kj*; velim/vellem *Kj*
Hoffnung spes, spei *f*; *die* ~ *aufgeben* desperare
Hoffnungslosigkeit desperatio, desperationis *f*
Höflichkeit comitas, comitatis *f*
Höfling purpuratus, purpurati *m*
Höhe altitudo, altitudinis *f*; altum, alti *n*; *in die* ~ *heben* levare

Hoheit maiestas, maiestatis *f*
höhere *der* ~ superior, superior, superius
hohl cavus; concavus; inanis, inanis, inane; vanus
Höhle antrum, antri *n*; caverna, cavernae *f*; specus, specus *m*; spelunca, speluncae *f*
Höhlung alveus, alvei *m*; alvus, alvi *f*; caverna, cavernae *f*; uterus, uteri *m*
höhnen increpitare
holen arcessere; petere
Holz lignum, ligni *n*; materia/materies, materiae/ materiei *f*; ~ *holen* lignari
Honig favus, favi *m*; mel, mellis *n*
Honigwabe favus, favi *m*
Honorar merces, mercedis *f*
hören audīre; *deutlich* ~ exaudīre; *sich* ~ *lassen* insonare
Hören auditus, auditus *m*
Hörer auditor, auditoris *m*
Hörfähigkeit auditus, auditus *m*
Hörige *der* ~ cliens, clientis *m*
Horn cornu, cornus *n*
Hörsinn auditus, auditus *m*
Hose braca, bracae *f*
hübsch bellus
Huf calx, calcis *f*; ungula, ungulae *f*
Hügel clivus, clivi *m*; collis, collis *m*; mons, montis *m*; tumulus, tumuli *m*
Huhn gallina, gallinae *f*
Hülle tegimentum, tegimenti *n*; velamen, velaminis *n*
Hund canis, canis *m/f*; *junger* ~ catulus, catuli *m*
hundert centum
hundertarmig centimanus
Hundertschaft centuria, centuriae *f*
hundertste *der* ~ centesimus

Hündin canis, canis *m/f*
Hunger fames, famis *f*; ieiunium, ieiunii *n*; ~ *haben* esurīre
hungern esurīre
Hungern inedia, inediae *f*
Hungersnot fames, famis *f*
hungrig ieiunus
hüpfen salīre
Hürde cratis, cratis *f*
hurtig pernix, pernicis
Husten tussis, tussis *f*
hüten custodīre; pascere; *sich* ~ cavēre *[Akkusativ]*
Hütte casa, casae *f*; taberna, tabernae *f*; tugurium, tugurii *n*

I

ich ego, mei
Idee visio, visionis *f*
Iden *die* ~ *(Monatsmitte, 13. bzw. 15. Tag)* Idus, Iduum *f*
ihr vos, vestri/vestrum; ~ *(Singular)* suus
immer cum *Kj*; semper *Adv*; *wie auch* ~ utcumque *Adv*; utut *Adv*; ~ *, wenn* ubi (primum) *Kj*; ut/uti *Kj*
immerwährend sempiternus
imstande *sein* posse
in in *Präp*; ~ ... *hinein* in *Präp*
Inbegriff summa, summae *f*
Infanterie peditatus, peditatus *m*
Infanterist pedes, peditis *m*
infolge e/ex *Präp [Ablativ]*
Inhalt argumentum, argumenti *n*
Inländer indigena, indigenae *m*

innen intus *Adv*; penitus *Adv*; *nach* ~ introrsum *Adv*; introrsus *Adv*; intus *Adv*
innere *der* ~ interior, interior, interius
innerhalb in *Präp*; intra *Präp [Akkusativ]*; sub *Präp*
innerlich internus; intestinus; penetralis, penetralis, penetrale
innerste *der* ~ intimus
innewohnen inesse
Insel insula, insulae *f*
insgeheim clam *Adv*; secreto *Adv*
insofern *als* quatenus
inwendig intestinus
inzwischen interea *Adv*; interim *Adv*; tantisper *Adv*
irden terrenus
irdisch mortalis, mortalis, mortale; terrenus; terrester/terrestris, terrestris, terrestre
irgendein aliqui, alicuius; qui, cuius; ullus, ullius
irgendeiner aliquis, alicuius; quidam, cuiusdam; quis, cuiuc, quis, quid; quisquam, cuiusquam
irgendeinmal aliquando *Adv*; quando-que *Adv*
irgendwann aliquando *Adv*
irgendwo alicubi *Adv*; usquam *Adv*
irgendwoher alicunde *Adv*
irgendwohin aliquo *Adv*
irren errare; *sich* ~ errare
Irrfahrt error, erroris *m*
irrig falsus
Irrtum error, erroris *m*; fraus, fraudis *f*; peccatum, peccati *n*
irrtümlich perperam *Adv*
Irrwege ambages, ambagum *f*
Italien Italia, Italiae *f*
italisch Italicus

J

Jagd venatio, venationis f; venatus, venatus m

jagen agitare; venari

Jäger venator, venatoris m

Jahr annus, anni m; *auf das ~ bezogen* annalis, annalis, annale; *das ganze ~ dauernd* perennis, perennis, perenne; *~ für Jahr* quotannis *Adv*; *jedes ~ wiederkehrend* anniversarius

Jahrbücher annales (libri), annalium m

Jahresernte annona, annonae f

Jahreszeit annus, anni m; hora, horae f

Jahrhundert saeculum, saeculi n

jährlich anniversarius; annuus; quotannis *Adv*

Jähzorn iracundia, iracundiae f

jähzornig iracundus

jammern deplorare; lamentari

Jammern miseratio, miserationis f

jammervoll luctuosus

Janus *(Gott der Türen und Tore)* Ianus, Iani m; *dem ~ geweiht* Ianuarius

jauchzen ex(s)ultare; iubilare

je *nachdem* prout *Kj*

jedenfalls utique *Adv*

jeder omnis, omnis, omne; quisque, quaeque, quidque, quodque; *~ (einzelne)* unusquisque, uniusquisque; *~ , der* quisquis, cuiuscuius; *~ beliebige* quilibet; quivis, cuiusvis; *~ der* quicumque, cuiuscumque; *~ von beiden* uterque, utriusque

jedoch ast *Kj*; at *Kj*; autem *Kj*; sed *Kj*; vero *Kj*; verum *Kj*

jemals umquam *Adv*

jemand aliquis, alicuius; quis, cuiuc, quis, quid; quisquam, cuiusquam

jener ille, illius, illa, illud

jenseitige der *~* ulterior, ulterior, ulterius

jenseits trans *Präp [Akkusativ]*; ultra *Präp [Akkusativ]*; ultra *Adv*

jetzig hic, huius, haec, hoc

jetzt hic *Adv*; nunc *Adv*; *bis ~* adhuc *Adv*; *von ~ an* hinc *Adv*; *~ eben* nunciam *Adv*

Joch iugum, iugi n

jubeln ex(s)ultare; iubilare; ovare

Jucken scabies, scabiei f

Jugend adulescentia, adulescentiae f; iuventa, iuventae f; iuventas, iuventatis f; iuventus, iuventutis f

Jugendkraft pubertas, pubertatis f

jugendlich iuvenalis, iuvenalis, iuvenale; iuvenilis, iuvenilis, iuvenile

jung iuvenis, iuvenis m; recens, recentis; tener, tenera, tenerum; viridis; *ganz ~* parvulus; *sehr ~* adulescentulus; parvulus

Junge puer, pueri m

jünger iunior, iunioris

Junges catulus, catuli m; fetus, fetus m; partus, partus m; *~ (eines Tieres)* pullus, pulli m

Jungfrau innupta, innuptae f; virgo, virginis f

jungfräulich virgineus

Jungfräulichkeit virginitas, virginitatis f

Jüngling adulescens, adulescentis m; iuvenis, iuvenis m

Jungmannschaft iuventus, iuventutis f

jüngst nunc *Adv*; nuper *Adv*

Juno Iuno, Iunonis f

Jupiter Iuppiter, Iovis m

K

Käfig cavea, caveae *f*
kahl nudus
Kahn cumba, cumbae *f*; lembus, lembi *m*; linter, lintris *f*; scapha, scaphae *f*; ~ *(aus Erlenholz gefertigt)* alnus, alni *m*
Kaiser imperator, imperatoris *m*
kaiserlich imperatorius
Kalb vitulus, vituli *m*
Kälbchen vitellus, vitelli *m*
Kalenden *die* ~ *(der 1. Monatstag)* Kalendae, Kalendarum *f*
Kalender fasti, fastorum *m*
Kalk calx, calcis *f*
kalt frigidus; ~ *sein* frigēre
Kälte frigus, frigoris *n*; hiems, hieme *f*
Kamerad socius, socii *m*; sodalis, sodalis *m*
kameradschaftlich socialis, socialis, sociale
Kamin caminus, camini *m*
Kaminfeuer caminus, camini *m*
Kamm buxus, buxi *f*; pecten, pectinis *n*
kämmen comere
Kammer cella, cellae *f*
Kampf bellum, belli *n*; certamen, certaminis *n*; dimicatio, dimicationis *f*; proelium, proelii *n*; pugna, pugnae *f*
kampfbereit expeditus; infestus
kämpfen bellare; certare; confligere; congredi; contendere; dimicare; proeliari; pugnare; *schwer zu* ~ *haben* conflictare/conflictari
kampflustig pugnax, pugnacis
Kampfplatz arena, arenae *f*; harena, harenae *f*
Kampfriemen *(des Faustkämpfers)* caestus, caestus *m*

Kaninchen cuniculus, cuniculi *m*
Kanne alveus, alvei *m*
Kap promonturium/promunturium, promonturii *n*
Kapelle sacrarium, sacrarii *n*
Kapsel capsa, capsae *f*; scrinium, scrinii *n*
kärglich parcus
Karren carrus, carri *m*
Karst raster, rastri *m*
Karthager Carthaginiensis, Carthaginiensis *m*
karthagisch Carthaginiensis, Carthaginiensis, Carthaginiense
Karthago Carthago, Carthaginis *f*
Käse caseus, casei *m*
Kasse fiscus, fisci *m*
Kastanie castanea, castaneae *f*
Kastanienbaum castanea, castaneae *f*
Kästchen loculus, loculi *m*
Kastell castellum, castelli *n*
Kastrat eunuchus, eunuchi *m*
Katze felis/feles, felis *f*
kauen mandere
Kauf emptio, emptionis *f*; mancipium, mancipii *n*
kaufen emere; mercari
Käufer emptor, emptoris *m*
käuflich venalis, venalis, venale
Kaufmann mercator, mercatoris *m*
Kaufvollzug mancipium, mancipii *n*
kaum aegre *Adv*; vix *Adv*; ~ *noch* vixdum *Adv*
keck audax, audacis
Keckheit audacia, audaciae *f*
Kegel meta, metae *f*
Kehle gula, gulae *f*; guttur, gutturis *n*; iugulum, iuguli *n*; *die* ~ *abschneiden* iugulare
kehren verrere

Keil cuneus, cunei *m*

Keiler aper, apri *m*

kein nullus, nullius

keiner nemo, nullius; nullus, nullius; ~ *von beiden* neuter, neutrius, neutra, neutrum

keinesfalls neutiquam *Adv*

keineswegs haudquaquam *Adv*; minime *Adv*; nequaquam *Adv*; neutiquam *Adv*

Kelch calix, calicis *m*

Keller cella, cellae *f*

Kelte Gallus, Galli *m*

kennen noscere; scīre; *nicht* ~ ignorare; nescīre; ~ *lernen* cognoscere

kennen lernen noscere; *gründlich* ~ pernoscere

kenntlich insignis, insignis, insigne

Kenntnis intellegentia, intellegentiae *f*; notio, notionis *f*; notitia, notitiae *f*; peritia, peritiae *f*; scientia, scientiae *f*

Kennzeichen index, indicis *m*; indicium, indicii *n*; insigne, insignis *n*

kennzeichnend insignis, insignis, insigne

Kerker carcer, carceris *n*

Kernholz robur, roboris *n*

Kerntruppe robur, roboris *n*

Kessel aenum, aeni *n*

Kette catena, catenae *f*

Keuchen bringend *zum* ~ anhelus

keuchend anhelus

keusch castus; pudicus

Keuschheit pudicitia, pudicitiae *f*

Kichererbse cicer, ciceris *n*

Kiefer picea, piceae *f*

Kieferholz taeda, taedae *f*

Kiesel lapillus, lapilli *m*; silex, silicis *m*

Kind partus, partus *m*; puer, pueri *m*

Kinder liberi, liberorum *m*

Kinderlosigkeit orbitas, orbitatis *f*

Kindheit pueritia, pueritiae *f*

kindisch puerilis, puerilis, puerile

kindlich puerilis, puerilis, puerile

Kinn mentum, menti *n*

Kinnbacke mala, malae *f*

Kiste arca, arcae *f*

klaffen hiare

Klage actio, actionis *f*; dica, dicae *f*; querela, querelae *f*; querimonia, querimoniae *f*; questus, questus *m*

Klagelied nenia, neniae *f*

klagen conqueri; lamentari; queri *[Akkusativ]*

klagend flebilis, flebilis, flebile; querulus

Kläger actor, actoris *m*

kläglich flebilis, flebilis, flebile; luctuosus; miser, misera, miserum; miserabilis, miserabilis, miserabile; querulus

Klammer fibula, fibulae *f*

Klang cantus, cantus *m*; clangor, clangoris *m*; sonus, sonus *m*

klangvoll vocalis

klar clarus; dilucidus; disertus; illustris, illustris, illustre; liquere; liquidus; perspicuus; planus; vitreus; ~ *sein* apparēre

Klarheit candor, candoris *m*

Klasse classis, classis *f*; ordo, ordinis *m*

klatschen *(Beifall)* ~ plaudere

Klatschen plausus, plausus *m*

Klaue unguis, unguis *m*; ungula, ungulae *f*

kleben *an* adhaerēre

Kleid vestimentum, vestimenti *n*; *langes* ~ *(von Frauen)* stola, stolae *f*

Kleider vestis, vestis *f*

Kleidung habitus, habitus *m*; vestis, vestis *f*
Kleidungsstück vestimentum, vestimenti *n*
klein exiguus; minutus; parvus; paul(l)us; *sehr* ~ minimus; parvulus; *so* ~ tantulus
Kleinasien Asia, Asiae *f*
kleiner minor, minor, minus
Kleinigkeiten nugae, nugarum *f*
Kleinkind *(das noch nicht sprechen kann)* infans, infantis *m/f*
kleinlich pusillus; tenax, tenacis
Kleinodien divitiae, divitiarum *f*
Kleinstadt municipium, municipii *n*
kleinstädtisch oppidanus
kleinste *der* ~ minimus
Kleinvieh pecus, pecoris *n*
Klient cliens, clientis *m*
Klientel clientela, clientelae *f*
Klima caelum, caeli *n*
klingen sonare
Klippe cautes, cautis *f*; rupes, rupis *f*; saxum, saxi *n*; scopulus, scopuli *m*
klirren crepitare; sonare
klopfen pulsare; ~ *(an die Tür)* pultare
Klotz truncus
Kluft hiatus, hiatus *m*
klug callidus; prudens, prudentis; scitus; versutus
Klugheit calliditas, calliditatis *f*; prudentia, prudentiae *f*
Klüngel factio, factionis *f*
Knabe puer, pueri *m*
knapp angustus; artus; exiguus
Knappheit exiguitas, exiguitatis *f*
knarren crepare; rudere
Knecht servus, servi *m*
knechtisch servilis, servilis, servile

Knechtschaft servitium, servitii *n*; servitus, servitutis *f*
Kneipe popina, popinae *f*
Knie genu, genus *n*; poples, poplitis *m*
Kniekehle poples, poplitis *m*
knirschen frendere
Knöchel talus, tali *m*
Knochen os, ossis *n*
Knospe gemma, gemmae *f*
Knoten nodus, nodi *m*
knotig nodosus
knüpfen nectere
Knüppel fustis, fustis *f*
kochen coquere
Köcher pharetra, pharetrae *f*
Köder esca, escae *f*
Kohl caulis, caulis *f*; holus, holeris *n*; olus, oleris *n*
Kohle carbo, carbonis *m*
Kohorte cohors, cohortis *f*
Kolonie colonia, coloniae *f*
Kolonist colonus, coloni *m*
komisch comicus
Komitium comitium, comitii *n*
Kommando praefectura, praefecturae *f*
kommen venire; *regelmäßig/wiederholt* ~ ventitare; ~ *lassen* arcessere
Komödie comoedia, comoediae *f*; *zur* ~ *gehörig* comicus
König rex, regis *m*; ~ *(eines kleinen Landes)* regulus, reguli *m*
Königin regina, reginae *f*
königlich regalis, regalis, regale; regius
Königreich regnum, regni *n*
Königsfamilie regia (domus), regiae *f*
Königshalle basilica, basilicae *f*

Königshof aula, aulae *f*
Königsschloss regia (domus), regiae *f*
Königtum regnum, regni *n*
können pollēre; posse; quīre; *nicht* ~ nequīre
Konsul consul, consulis *m*; *gewesener* ~ consularis, consularis *m*; *stellvertretender* ~ proconsul, proconsulis *m*
konsularisch consularis, consularis, consulare
Konsulat consulatus, consulatus *m*
Kopf caput, capitis *n*
Kopfsalat lactuca, lactucae *f*
kopfüber praeceps, praecipitis
Korb calathus, calathi *m*; fiscus, fisci *m*
Korinth Corinthus, Corinthi *f*
Kork cortex, corticis *m*
Korn granum, grani *n*
Kornelkirsche cornum, corni *n*
Körper corpus, corporis *n*
Körperschaft corpus, corporis *n*
Korrektur litura, liturae *f*
kostbar pretiosus
kosten gustare
Kosten impendium, impendii *n*; impensa (pecunia), impensae *f*; sumptus, sumptus *m*
Kothurn cothurnus, cothurni *m*
Krabbe squilla, squillae *f*
krachen crepitare; mugīre
Krachen fragor, fragoris *m*; mugitus, mugitus *m*
Kraft lacertus, lacerti *m*; nervus, nervi *m*; ops, opis *f*; robur, roboris *n*; vigor, vigoris *m*; vis *f*
kräftig puber, puberis; robustus; validus
kräftigen confirmare; firmare
kraftlos debilis, debilis, debile; ignavus; imbecillus; infirmus; mancus

Krähe cornix, cornicis *f*
Kralle unguis, unguis *m*
Kran serta, sertorum *n*
Kranich grus, gruis *f/m*
krank aeger, aegra, aegrum; aegrotus; infirmus; ~ *sein* aegrotare
kränken laedere; mordēre; offendere; violare
Krankheit aegritudo, aegritudinis *f*; aegrotatio, aegrotationis *f*; infirmitas, infirmitatis *f*; morbus, morbi *m*; valetudo, valetudinis *f*
Kranksein aegrotatio, aegrotationis *f*
Kränkung contumelia, contumeliae *f*; iniuria, iniuriae *f*
Kranz corona, coronae *f*
Krater crater/cratera, crateris/craterae *m*
Krätze scabies, scabiei *f*
kratzen radere; scalpere
Kraut herba, herbae *f*
Krebs cancer, cancri *m*; squilla, squillae *f*
Kreide creta, cretae *f*
Kreis circulus, circuli *m*; circus, circi *m*; gyrus, gyri *m*; orbis, orbis *m*; *im* ~ *drehen* circumagere
Kreisbahn circulus, circuli *m*
kreischen vociferari
Kreisel buxus, buxi *f*
Kreislauf gyrus, gyri *m*
Kreta Creta, Cretae *f*
Kreuz crux, crucis *f*
kreuzigen cruciare; excruciare
Kreuzigung crux, crucis *f*
Kreuzweg compitum, compiti *n*
Kreuzzeichen crux, crucis *f*
kriechen repere; serpere
Kriecherei adulatio, adulationis *f*

Krieg bellum, belli *n*; militia, militiae *f*; *den ~ beenden* debellare; *den ~ erneuern* rebellare; *~ führen* bellare; *zum ~ gehörig* bellicus

Krieger bellator, bellatoris *m*; miles, militis *m*

kriegerisch armiger, armigera, armigerum; armipotens, armipotentis; bellator, bellatoris *m*; bellicosus; bellicus; militaris, militaris, militare

Kriegs- bellator, bellatoris *m*; bellicus; militaris, militaris, militare

Kriegsbeute manubiae, manubiarum *f*

Kriegsdienst milita, militae *f*; militia, militiae *f*; *~ leisten* militare; *~ tun* merēre

kriegsgefangen captivus, captivi *m*

Kriegsgefangener captivus, captivi *m*

Kriegskamerad commilito, commilitonis *m*

Kriegsmantel chlamys, chlamydis *f*; sagum/sagulum, sagi/saguli *n*

Kriegsrat praetorium, praetorii *n*

kriegsstark armipotens, armipotentis

Kriegswesen *zum ~ gehörig* militaris, militaris, militare

Krippe praes(a)epe, praes(a)epis *n*

kritisieren reprehendere

Krokodil crocodilus, crocodili *m*

Krone corona, coronae *f*

krönen coronare

Kröte rana, ranae *f*

Krug amphora, amphorae *f*; cadus, cadi *m*; lagoena, lagoenae *f*; testa, testae *f*; urna, urnae *f*

krumm curvus

krummbeinig varus

krümmen curvare; inflectere

Krummstab lituus, litui *m*

Krümmung pravitas, pravitatis *f*; sinus, sinus *m*

Küche culina, culinae *f*

Kuchen libum, libi *n*; placenta, placentae *f*

Kugel globus, globi *m*; sphaera, sphaerae *f*

kugelförmig globosus

Kuh bos, bovis *m/f*; vacca, vaccae *f*

kühl frigidus

kühn audax, audacis

Kühnheit audacia, audaciae *f*

Kult religio, religionis *f*

kultiviert celeber, celebris, celebre

Kummer aegrimonia, aegrimoniae *f*; aegritudo, aegritudinis *f*; aerumna, aerumnae *f*; dolor, doloris *m*; sollicitudo, sollicitudinis *f*; *~ empfinden* indolescere

kümmern *sich ~ um* curare

kummervoll aeger, aegra, aegrum

Kunde fama, famae *f*

kundig consultus; gnarus; peritus *[Genitiv]*; sciens, scientis; scitus

Kundschafter explorator, exploratoris *m*; speculator, speculatoris *m*

kundtun fatēri

künftig futurus; posthac *Adv*; reliquus

Kunst ars, artis *f*; *~ der Musen* musica, musicae *f*

kunstfertig artifex, artificis *m*; faber, fabri *m*; sollers, sollertis

kunstgerecht concinnus

Kunstgriff ars, artis *f*; machinatio, machinationis *f*

Künstler artifex, artificis *m*; faber, fabri *m*

kunstlos inconditus; rudis, rudis, rude

kunstreich artificiosus

kunstvoll artificiosus

Kunstwerk artificium, artificii *n*

Kupfer aes, aeris *n*; cuprum, cupri *n*

kupfern aen(e)us/aheneus/a(h)enus

Kuppe apex, apicis *m*

Kuppler leno, lenonis *f*
Kurie curia, curiae *f*
Kurs cursus, cursus *m*
kurz brevis, brevis, breve
Kürze brevitas, brevitatis *f*; exiguitas, exiguitatis *f*
Kurzweil iocus, ioci *m*; ludicrum, ludicri *n*
kurzweilig ludicer/ludicrus, ludicra, ludicrum
Kuss osculum, osculi *n*
Küste litus, litoris *n*; ora, orae *f*
Küster custos, custodis *m/f*
Kutsche petorritum, petorriti *n*

L

Lache lacuna, lacunae *f*
lächeln renidēre; subrīdēre
lachen irridēre; rīdēre *[Akkusativ]*
Lachen risus, risus *m*
lächerlich ridiculus
Laden taberna, tabernae *f*
Ladung onus, oneris *n*
Lage condicio, condicionis *f*; res, rei *f*; situs, situs *m*;
   tractus, tractus *m*; *günstige* ~ opportunitas, opportunitatis *f*; *in eine* ~ *versetzen* redigere
Lager cubile, cubilis *n*; stratum, strati *n*; *kleines* ~ castellum, castelli *n*; *zum* ~ *gehörig* castrensis, castrensis, castrense
lagern *sich* ~ considere
Lagerstätte cubile, cubilis *n*
lahm claudus
lähmen debilitare
Lähmung torpedo, torpedinis *f*

lallend balbus
Lamm agnus, agni *m*; *weibliches* ~ agna, agnae *f*
Lampe lampas, lampadis *f*; lucerna, lucernae *f*;
   lumen, luminis *n*; testa, testae *f*
Land rus, ruris *n*; terra, terrae *f*; tractus, tractus *m*;
   offenes ~ ager, agri *m*; *auf dem* ~ *befindlich* terres-
   ter/terrestris, terrestris, terrestre
landen applicare; ~ *(lassen)* appellere
Landesfeind hostis, hostis *m/f*
Landgut fundus, fundi *m*; praedium, praedii *n*; rus,
   ruris *n*; villa, villae *f*; *kleines* ~ villula, villulae *f*
Landhaus villa, villae *f*
ländlich agrestis, agrestis, agreste; ruricola,
   ruricolae *m*; rusticus
Landmann agrestis, agrestis *m*; agricola, agricolae *m*
Landsmann popularis, popularis, populare
Landstadt municipium, municipii *n*; oppidum, oppidi *n*
Landstrich regio, regionis *f*; zona, zonae *f*
Landvermessung geometria, geometriae *f*
Landzunge cornu, cornus *n*; lingua, linguae *f*
lang longus
lang dauernd diutinus/diuturnus; longus
lange *so* ~ tantisper *Adv*
Länge longinquitas, longinquitatis *f*; longitudo, longitudinis *f*; *in die* ~ *ziehen* extrahere
länger diutius *Adv*
langlebig vivax, vivacis
länglich teres, teretis
längs secundum *Präp [Akkusativ]*
langsam lentus; piger, pigra, pigrum; segnis, segnis,
   segne; spissus; tardus
Langsamkeit segnitia, segnitiae *f*; tarditas, tarditatis *f*
längst dudum *Adv*; pridem *Adv*
langwierig longinquus

Lanze cuspis, cuspidis *f*; hasta, hastae *f*; hastile, hastilis *n*; lancea, lanceae *f*; spiculum, spiculi *n*

Lanzenschaft hastile, hastilis *n*

Lappen pannus, panni *m*

Lärm clamor, clamoris *m*; fragor, fragoris *m*; fremitus, fremitus *m*; strepitus, strepitus *m*; tumultus, tumultus *m*

lärmen fremere; strepere; tumultuari

lärmend tumultuosus

lassen iubēre *[Akkusativ]*; sinere; *im Stich* ~ deesse; deficere; deserere; destituere

lässig segnis, segnis, segne

Last moles, molis *f*; onus, oneris *n*; pondus, ponderis *n*

Laster vitium, vitii *n*

lasterhaft impurus; vitiosus

lästern maledicere *[Dativ]*

lästig molestus

Lasttier iumentum, iumenti *n*

lasttragend onerarius

Lastwagen plaustrum, plaustri *n*

lateinisch Latinus

Latte longurius, longurii *m*

lau tepidus; ~ *sein* tepēre

Laub frons, frondis *f*; *(poetisch)* ~ coma, comae *f*

laubreich frondosus

Lauch porrum/porrus, porri *n/m*

Lauf cursus, cursus *m*

Laufbahn cursus, cursus *m*

laufen currere; *auseinander* ~ discurrere

Läufer cursor, cursoris *m*

laut clarus

Laut sonus, sonus *m*; vox, vocis *f*

Laute fides, fidium *f*; lyra, lyrae *f*; plectrum, plectri *n*

Lautenspieler fidicen, fidicinis *m*

lauter candidus; purus

lautlos mutus; tacitus

lauwarm *sein* tepēre

leben degere; vivere

Leben vita, vitae *f*; *das öffentliche* ~ forum, fori *n*; *das* ~ *betreffend* capitalis, capitalis, capitale

Leben spendend vitalis

lebend animans, animantis; vivus

lebendig vivus

Lebensalter aetas, aetatis *f*

lebenserhaltend vitalis

Lebenshaltungskosten *hohe* ~ caritas, caritatis *f*

Lebenskraft anima, animae *f*; vigor, vigoris *m*

lebenskräftig vigēre

Lebensmittel cibaria, cibariorum *n*

Lebensunterhalt victus, victus *m*

Lebensweise cultus, cultus *m*; victus, victus *m*

Lebenszeit aevum, aevi *n*

Leber iecur, iecoris *n*

Lebewesen animal, animalis *n*; animans, animantis

lebhaft alacer, alacris, alacre; vegetus; vivax, vivacis; vividus

leblos exanimis, exanimis, exanime; exsanguis, exsanguis, exsangue; inanimus

Lebzeiten *zu* ~ vivus

lecken lambere

Leder corium, corii *m*

Lederhelm galea, galeae *f*

Lederschild *leichter* ~ caetra, caetrae *f*

ledig viduus

lediglich dumtaxat *Adv*

leer inanis, inanis, inane; vacuus *[Ablativ]*; vanus; vastus; viduus; ~ *sein* vacare *[Ablativ]*

Leere chaos *n*; vastitas, vastitatis *f*

leeren exhaurīre

Legat legatus, legati *m*

legen circumicere; ponere; *sich (auf etwas)* ~ incumbere *[Dativ]*; *sich zu jemandem* ~ concumbere *[cum mit Ablativ]*

Legion legio, legionis *f*

Legionsfeldzeichen aquila, aquilae *f*

Legionssoldat legionarius, legionarii *m*

Lehm lutum, luti *n*

Lehre disciplina, disciplinae *f*; doctrina, doctrinae *f*; praeceptum, praecepti *n*; ratio, rationis *f*

lehren docēre; praecipere

Lehrer doctor, doctoris *m*; magister, magistri *m*; praeceptor, praeceptoris *m*

Lehrfach doctrina, doctrinae *f*

Lehrsatz decretum, decreti *n*; praeceptum, praecepti *n*

Leib corpus, corporis *n*

Leibesfrucht partus, partus *m*

leiblich germanus

Leibwache *zur kaiserlichen* ~ *gehörig* praetorianus

Leibwächter satelles, satellitis *m*

Leiche corpus, corporis *n*

Leichenbegängnis ex(s)equiae, ex(s)equiarum *f*; funus, funeris *n*

Leichenzug pompa, pompae *f*

Leichnam cadaver, cadaveris *n*

leicht facile *Adv*; facilis, facilis, facile; levis, levis, leve; pronus; *sehr* ~ perfacilis, perfacilis, perfacile

Leichtbewaffneter veles, velitis *m*

leichter *machen* levare

leichtfertig dissolutus

leichtgewichtig levis, levis, leve

leichtgläubig credulus

Leichtgläubigkeit credulitas, credulitatis *f*

Leichtigkeit facilitas, facilitatis *f*; levitas, levitatis *f*

Leichtsinn levitas, levitatis *f*

leichtsinnig levis, levis, leve

Leid *es tut* ~ miseret *[Genitiv]*

Leid dolor, doloris *m*

leiden aegrotare; dolēre; pati; ~ *an* laborare

leidend aeger, aegra, aegrum; aegrotus

Leidenschaft ardor, ardoris *m*; calor, caloris *m*; cupiditas, cupiditatis *f*; cupido, cupidinis *f*; fervor, fervoris *m*; iracundia, iracundiae *f*; perturbatio, perturbationis *f*

leidenschaftlich animosus; iracundus

Leier fides, fidium *f*; lyra, lyrae *f*

leihen mutuari

Leinentuch linteum, lintei *n*

Leinwand linum, lini *n*

leisten fungi *[Ablativ]*; praestare *[Akkusativ]*

Leistung munus, muneris *n*

Leistungen munia, munium *n*

leiten administrare; gubernare; praeesse *[Dativ]*; regere

Leiter auspex, auspicis *m*; gubernator, gubernatoris *m*; moderator, moderatoris *m*; rector, rectoris *m*; scalae, scalarum *f*

Leitung administratio, administrationis *f*; ductus, ductus *m*; moderatio, moderationis *f*; regimen, regiminis *n*

Lende lumbus, lumbi *m*

lenken dirigere; flectere; frenare; gubernare; moderari; regere

Lenker gubernator, gubernatoris *m*; moderator, moderatoris *m*; rector, rectoris *m*

Lenkung regimen, regiminis *n*

lernen condiscere; discere; noscere; *auswendig* ~ ediscere

lesen legere

Leser lector, lectoris *m*

letzte novissimus; proximus; *der* ~ extremus; postremus; supremus; ultimus

letztenmal *zum* ~ postremum *Adv*

leuchten collucēre; fulgēre; lucēre

leuchtend lucidus

Leuchter lampas, lampadis *f*

Leuchtkörper lumen, luminis *n*

leugnen denegare; infitiari; negare

Leute *unter die* ~ *bringen* divulgare; vulgare

Leutseligkeit comitas, comitatis *f*

Licht fax, facis *f*; lampas, lampadis *f*; lumen, luminis *n*; lux, lucis *f*; ~ *bringend* lucifer, lucifera, luciferum

lieb carus; dulcis, dulcis, dulce

lieb gewinnen adamare

Liebe amor, amoris *m*; caritas, caritatis *f*; venus, veneris *f*

lieben amare; diligere

liebenswert amabilis, amabilis, amabile

liebenswürdig amabilis, amabilis, amabile; dulcis, dulcis, dulce

Liebenswürdigkeit iucunditas, iucunditatis *f*; venustas, venustatis *f*

lieber potius *Adv*

Liebestrank veneficium, veneficii *n*

liebevoll amans, amantis; pius

Liebhaber adulter, adulteri *m*; amator, amatoris *m*

lieblich amoenus; dulcis, dulcis, dulce; suavis, suavis, suave; venustus

Lieblichkeit amoenitas, amoenitatis *f*; dulcedo, dulcedinis *f*

Liebreiz amoenitas, amoenitatis *f*; venus, veneris *f*; venustas, venustatis *f*

liebsten *am* ~ potissimum *Adv*

Lied carmen, carminis *n*; plectrum, plectri *n*

liederlich exoletus

Liederlichkeit nequitia, nequitiae *f*

Liege lectus, lecti *m*

liegen cubare; iacēre; recubare; vergere; ~ *auf* incubare *[Dativ]*

liegend situs

Liktor lictor, lictoris *m*

Lilie lilium, lilii *n*

lind lenis, lenis, lene

lindern consolari; lenīre; mitigare; relevare; solari

Linderung levamen/levamentum, levaminis/levamenti *n*; levatio, levationis *f*

Linderungsmittel levamen/levamentum, levaminis/levamenti *n*

Lineal regula, regulae *f*

Linie linea, lineae *f*; lineamentum, lineamenti *n*; *in erster* ~ praesertim (cum) *Kj*; ~ *(auf dem Spielbrett)* scriptum, scripti *n*

link laevus

linkisch laevus; sinister, sinistra, sinistrum

links sinister, sinistra, sinistrum

Lippe labrum, labri *n*

List astus, astus *m*; dolus, doli *m*; machina, machinae *f*

listig astutus; versutus

Lob laus, laudis *f*

loben laudare; *nachdrücklich* ~ collaudare

lobenswert laudabilis, laudabilis, laudabile

Lobpreis praeconium, praeconii *n*

Lobrede laudatio, laudationis *f*

Lobredner laudator, laudatoris *m*

Loch foramen, foraminis *n*; lacuna, lacunae *f*; scrobis, scrobis *m/f*

lockend blandus

locker discinctus; laxus; puter, putris, putre; remissus
lockern laxare; relaxare
lodern aestuare; flagrare; flammare
Lohn merces, mercedis *f*; praemium, praemii *n*; pretium, pretii *n*
Lorbeer laurus, lauri *f*
Lorbeerbaum laurus, lauri *f*
Lorbeerkranz laurea (corona), laureae *f*
Los sors, sortis *f*
losbinden disiungere
losbrechen coorīri; exorīri
lose laxus
Lösegeld pretium, pretii *n*
losen sortīri
lösen absolvere; luere; resolvere; solvere
losfahren invehi
losgürten discingere
loskaufen redimere
loslassen amittere
loslösen dissolvere; exsolvere
losmachen absolvere; refigere
Losorakel sors, sortis *f*
losreißen abrumpere; convellere; divellere
lossagen *sich ~ (von)* abdicare *[Ablativ]*
Losung signum, signi *n*
Löwe leo, leonis *m*
Luchs lynx, lycis *f*
Lücke lacuna, lacunae *f*
Luft aër, aëris *m*; aether, aetheris *m*; aura, aurae *f*
Lufthauch anima, animae *f*; aura, aurae *f*; spiritus, spiritus *m*
luftig aetherius; animalis, animalis, animale
Luftzug aura, aurae *f*

Lüge mendacium, mendacii *n*
lügen mentīri
lügnerisch mendax, mendacis
Lumpen pannus, panni *m*
Lunge pulmo, pulmonis *m*
Lust deliciae, deliciarum *f*; libido, libidinis *f*; voluptas, voluptatis *f*
lüstern *sein nach* ligurrīre *[Akkusativ]*
lustig *sich ~ machen über* ridēre *[Akkusativ]*
Lustspiel comoedia, comoediae *f*; *zum ~ gehörig* comicus
Lyra lyra, lyrae *f*

M

machbar facilis, facilis, facile
machen facere; *zu etwas ~* efficere; reddere
Macht imperium, imperii *n*; ius, iuris *n*; numen, numinis *n*; ops, opis *f*; opulentia, opulentiae *f*; potentia, potentiae *f*; potestas, potestatis *f*; *ohne ~* impotens, impotentis
mächtig compos, compotis *[Genitiv]*; imperiosus; opulentus; potens, potentis; praevalidus; valens, valentis; *(überaus) ~* praepotens, praepotentis
machtlos impotens, impotentis; inops, inopis
Mädchen puella, puellae *f*; virgo, virginis *f*
Magd ancilla, ancillae *f*; serva, servae *f*; *junge ~* ancillula, ancillulae *f*
Magen stomachus, stomachi *m*; venter, ventris *m*
mager exilis, exilis, exile; gracilis, gracilis, gracile; macer, macra, macrum
Magerkeit macies, maciei *f*
Magier magus, magi *m*

magisch magicus
mähen metere
Mahl cena, cenae f; daps, dapis f
mahlen molere
Mahlzeit cena, cenae f; epulae, epularum f
Mähne caesaries, caesariei f; iuba, iubae f
mahnen hortari; monēre
Mahner monitor, monitoris m
Mahnung auf ~ admonitū Adv
Makedonen die ~ Macedones, Macedonum m
Makedonien Macedonia, Macedoniae f
Makel labes, labis f; macula, maculae f
mal ... mal modo – modo Adv
Mal nota, notae f; zum ersten ~ primum Adv
malen pingere
Maler pictor, pictoris m
Malerei pictura, picturae f
Malve malva, malvae f
mancher nonnemo; nonnullus
manchmal aliquando Adv; interdum Adv; nonnumquam Adv
Manen manes, manium m
Mangel egestas, egestatis f; indigentia, indigentiae f; inopia, inopiae f; penuria, penuriae f; vitium, vitii n
mangelhaft mancus
mangeln deesse
Manipel manipulus, manipuli m; zu einem ~ gehörig manipularis, manipularis, manipulare
Mann homo, hominis m; vir, viri m; alter ~ senex, senis m; junger ~ adulescens, adulescentis m; iuvenis, iuvenis m; ~ für Mann viritim Adv
mannbar pubes, puberis
Mannbarkeit pubertas, pubertatis f
Männchen mas, maris m

mannhaft virilis
Mannigfaltigkeit varietas, varietatis f
männlich mas, maris; masculus; virilis
Mannschaft manus, manus f; junge (waffenfähige) ~ pubes, pubis f
Mantel amictus, amictus m; palla, pallae f
Märchen fabula, fabulae f
Mark (in Knochen und Pflanzen) medulla, medullae f
Marketender lixa, lixae f
Markt forum, fori n; mercatura, mercaturae f
Markthalle basilica, basilicae f
Marktplatz forum, fori n
Marktpreis annona, annonae f
Marmor marmor, marmoris n; aus ~ marmoreus
marmorn marmoreus
Mars Mars, Martis m; dem ~ gehörend Martius
Marsch iter, itineris n
marschieren proficisci
Marter cruciatus, cruciatus m
martern cruciare; excruciare
Maschine machina, machinae f
Maske persona, personae f
Maß mensura, mensurae f; metrum, metri n; modulus, moduli m; modus, modi m; trutina, trutinae f; rechtes ~ temperatio, temperationis f
Masse acervus, acervi m; moles, molis f; multitudo, multitudinis f; pondus, ponderis n; breite ~ vulgus, vulgi n
massenhaft vulgo Adv
mäßig continens, continentis; frugi; modicus
mäßigen continēre; moderari; temperare
Mäßigung continentia, continentiae f; frugalitas, frugalitatis f; mediocritas, mediocritatis f; moderatio, moderationis f; modestia, modestiae f; modus, modi m; temperantia, temperantiae f

maßlos immoderatus; immodicus; incontinens, incontinentis

Maßstab formula, formulae *f*; modulus, moduli *m*; regula, regulae *f*

maßvoll moderatus; modestus

Mast malus, mali *m*

Mastbaum malus, mali *m*

Mathematiker mathematicus, mathematici *m*

Mätresse paelex, paelicis *f*

Matrose nauta, nautae *m*

matt frigidus; hebes, hebetis; imbecillus; languēre; languidus; lassus; puter, putris, putre; tepidus

Mattigkeit languor, languoris *m*; lassitudo, lassitudinis *f*

Mauer murus, muri *m*

Mauern moenia, moenium *n*

Mauerring moenia, moenium *n*

Mauerzinnen minae, minarum *f*

Maultier mulus/mula, muli/mulae *m/f*

Maus mus, muris *m*

Mäuschen musculus, musculi *m*

Medizin medicina (ars), medicinae *f*

Meer aequor, aequoris *n*; mare, maris *n*; pelagus, pelagi *n*; pontus, ponti *m*; sal, salis *m/n*; *zum ~ gehörig* marinus; maritimus; *am ~ gelegen* marinus; maritimus

Meer- aequoreus

Meerenge fretum, freti *n*

Meeresfläche aequor, aequoris *n*; *(glänzende) ~* marmor, marmoris *n*

Meeresspiegel aequor, aequoris *n*

Meeresufer litus, litoris *n*

Mehl farina, farinae *f*

mehr amplius *Adv*; magis *Adv*; plures; plus *Adv*; plus, pluris *n*

mehrere complures, complures, complura

mehrfach identidem *Adv*

meiden fugere *[Akkusativ]*; fugitare; profugere; vitare

mein meus

Meineid periurium, periurii *n*

meineidig periurus

meinen aestimare; arbitrari; censēre; dicere; existimare; iudicare; opinari; putare; rēri; sentīre

Meinung existimatio, existimationis *f*; opinio, opinionis *f*; sententia, sententiae *f*; *verschiedener ~ sein* dissentīre *[a mit Ablativ]*

Meinungsverschiedenheit controversia, controversiae *f*; dissensio, dissensionis *f*

meist fere/ferme *Adv*; plerumque *Adv*

meiste *der ~* plurimus

meisten *am ~* maxime *Adv*; plurimum *Adv*; *die ~* plerique; plurimi

meistens plerumque *Adv*

Meister magister, magistri *m*

melden afferre; deferre; indicare; nuntiare; referre; renuntiare

Menge copia, copiae *f*; multitudo, multitudinis *f*; numerus, numeri *m*; plebes, plebei *f*; plebs, plebis *f*; vis *f*; vulgus, vulgi *n*

Mensch homo, hominis *m*; *verdorbener ~* vappa, vappae *f*

Menschenalter aevum, aevi *n*; saeculum, saeculi *n*

menschenfreundlich humanus

Menschenmenge multitudo, multitudinis *f*; turba, turbae *f*

menschlich humanus

Menschlichkeit humanitas, humanitatis *f*

merken sentīre

Merkmal nota, notae *f*; signum, signi *n*

Merkur Mercurius, Mercurii *m*

messen metiri; *sich* ~ contendere
Messer culter, cultri *m*
Messung mensura, mensurae *f*
Metall metallum, metalli *n*
Metallader vena, venae *f*
Methode ratio, rationis *f*
Metzger lanius, lanii *m*
Meuchelmord sica, sicae *f*
Meuchelmörder sicarius, sicaria *m*
Meuterei discordia, discordiae *f*; seditio, seditionis *f*
meuternd seditiosus
Miene os, oris *n*; vultus, vultus *m*
mieten conducere
Mietshaus insula, insulae *f*
Milch lac, lactis *n*
milchig lacteus
mild clemens, clementis; lenis, lenis, lene; mitis, mitis, mite; mollis, mollis, molle; tepidus
Milde clementia, clementiae; lenitas, lenitatis *f*; mansuetudo, mansuetudinis *f*; mollitia/mollities, mollitiae/mollitiei
mildern consolari; lenīre; mitigare; mollīre; relevare; sedare; solari
militärisch militaris, militaris, militare
Mime mimus, mimi *m*
Mimus mimus, mimi *m*
minder minor, minor, minus
mindern extenuare; tenuare
Minerva Minerva, Minervae *f*
mischen miscēre
Mischkessel crater/cratera, crateris/craterae *m*
Mischkrug crater/cratera, crateris/craterae *m*
missachten contemnere

Missachtung contemptio, contemptionis *f*
missbilligen improbare
missbrauchen abuti *[Ablativ]*
Missetat facinus, facinoris *n*
missfallen displicēre
Missgunst invidia, invidiae *f*; obtrectatio, obtrectationis *f*
missgünstig invidus *[Dativ]*
misshandeln violare
misstönend absurdus
misstrauen diffidere *[Dativ/Ablativ]*
misstrauisch suspiciosus
Mist fimum, fimi *n*
Mistel viscum, visci *n*
mit cum *Präp [Ablativ]*
Mitbürger civis, civis *m*
miteinander unā (cum) *Adv [Ablativ]*
Miterbe coheres, coheredis *m/f*
Mitgefühl miseratio, miserationis *f*
Mitgift dos, dotis *f*; *ohne* ~ indotatus
Mitglied sodalis, sodalis *m*
Mitleid miseratio, miserationis *f*; misericordia, misericordiae *f*; ~ *haben* miserēri *[Genitiv]*
Mitmensch alter, alterius
Mitsklave conservus, conservi *m*
Mittag meridies, meridiei *m*; *vor* ~ a. m. (ante meridiem)
mittägig meridianus
Mitte medium, medii *n*
mitteilen communicare
Mittelmaß mediocritas, mediocritatis *f*
mittelmäßig mediocris, mediocris, mediocre
Mittelmäßigkeit mediocritas, mediocritatis *f*
mittels per *Präp [Akkusativ]*
mitten *gelegen* medius

mittlere *der* ~ medius
Mitwissen conscientia, conscientiae *f*
Mitwisser conscius *[Genitiv]*
Mode saeculum, saeculi *n*; *aus der* ~ *kommen* exolescere
modrig putidus
möglich potis, potis, pote
Möglichkeit copia, copiae *f*; facultas, facultatis *f*; potestas, potestatis *f*
Mohn papaver, papaveris *n*
Monat mensis, mensis *m*
Mond luna, lunae *f*
Moos muscus, musci *m*
Mord caedes, caedis *f*; nex, necis *f*; parricidium, parricidii *n*
morden trucidare
Morden caedes, caedis *f*
Mörder interfector, interfectoris *m*; parricida, parricidae *m/f*; percussor, percussoris *m*
morgen cras *Adv*
Morgen *am* ~ mane *Adv*; *ein* ~ *Landes* iugerum, iugeri *n*
morgendlich matutinus
Morgenröte aurora, aurorae *f*; Eos, Eos *f*
morgens mane *Adv*
Morgenstern eous, eoi *m*
morgig crastinus
morsch fessus; puter, putris, putre
Motte tinea, tineae *f*
Mücke culex, culicis *m*
müde defessus; fessus; lassus; ~ *machen* lassare
Mühe labor, laboris *m*; opera, operae *f*; *mit* ~ aegre *Adv*; vix *Adv*
mühelos facilis, facilis, facile
mühevoll operosus

Mühle mola, molae *f*; pistrinum, pistrini *n*
Mühlstein mola, molae *f*
mühsam difficilis, difficilis, difficile; laboriosus; spissus
Mühseligkeit aerumna, aerumnae *f*
Mulde alveus, alvei *m*
Mund os, oris *n*; *offener* ~ rictus/rictum, ricti *m/n*; *den* ~ *aufsperren* hiare; inhiare
Mündel pupillus, pupilli *m*
Mundtuch mappa, mappae *f*
Mündung ostium, ostii *n*
munter alacer, alacris, alacre; laetus
Münze nummus, nummi *m*
mürbe *machen* fatigare
murren fremere
Murren fremitus, fremitus *m*; murmur, murmuris *n*
Muschel concha, conchae *f*
Muschelschale concha, conchae *f*
Musen Musae, Musarum *f*
Musik musica, musicae *f*
musikalisch musicus
Musiker musicus, musici *m*
Muskel musculus, musculi *m*; nervus, nervi *m*; torus, tori *m*
Muße otium, otii *n*
müssen debēre
müßig otiosus; ~ *sein* desidēre
Müßiggang desidia, desidiae *f*
Muster exemplar, exemplaris *n*; exemplum, exempli *n*; specimen, speciminis *n*
mustern circumspicere; collustrare; lustrare; recensēre
Mut animus, animi *m*; audacia, audaciae *f*; fortitudo, fortitudinis *f*; *wilder* ~ ferocia, ferociae *f*
mutig animosus; audax, audacis; fortis, fortis, forte

Mutter genetrix, geniticis *f*; genitrix, genitricis *f*; mater, matris *f*; parens, parentis *m/f*
Mutterleib uterus, uteri *m*
mütterlich maternus
Mutterschaf agna, agnae *f*
Mutwille lascivia, lasciviae *f*; petulantia, petulantiae *f*
mutwillig lascivus; petulans, petulantis; ~ *sein* lascivīre
Myrrhe murra, murrae *f*; myrrha, myrrhae *f*
Myrte murtus, murti *f*; myrtus, myrti *f*
Myrtenholz murtus, murti *f*; myrtus, myrti *f*

nach in *Präp*; post *Präp [Akkusativ]*
nachahmen imitari; simulare; subsequi
Nachahmer imitator, imitatoris *m*
Nachahmung imitatio, imitationis *f*
Nachbar accola, accolae *m*; vicinus
Nachbarschaft vicinia, viciniae *f*; vicinitas, vicinitatis *f*
nachbilden assimulare; effingere; imitari
nachdem cum *Kj*; postquam *Kj*
nachdenken *über* meditari *[Akkusativ/de + Ablativ]*
Nachdenken meditatio, meditationis *f*
nacheifern aemulari
Nachen linter, lintris *f*
nachfolgen assequi; consequi; insequi; sequi; subsequi; succedere
Nachfolger successor, successoris *m*
nachforschen requirere; vestigare
nachgeben cedere; concedere; obsequi
nachgeboren postumus
nachgiebig mollis, mollis, molle

Nachgiebigkeit obsequium, obsequii *n*
nachher deinde *Adv*; post *Adv*; postea *Adv*
nachjagen consectari; sectari *[Akkusativ]*
Nachkomme progenies, progeniei *f*; proles, prolis *f*
Nachkommen posteri, posterorum *m*
nachkommend posterus
Nachkommenschaft progenies, progeniei *f*; suboles, subolis *f*
nachlassen cessare; deficere; remittere
nachlässig incuriosus; remissus
Nachlässigkeit incuria, incuriae *f*; neglegentia, neglegentiae *f*; securitas, securitatis *f*
nachlaufen sectari *[Akkusativ]*
Nachricht nuntius, nuntii *m*
nachrücken succedere
Nachschrift P. S. (Postscriptum)
Nachschub commeatus, commeatus *m*; supplementum, supplementi *n*
nachsenden *heimlich* ~ submittere
nachsetzen insistere
Nachsicht clementia, clementiae *f*; indulgentia, indulgentiae *f*; venia, veniae *f*; ~ *schenken* indulgēre
nachsichtig clemens, clementis; ~ *sein* indulgēre
nachspüren vestigare
nächste *der* ~ proximus
Nächste alter, alterius
nachstellen insidiari
Nachstellungen insidiae, insidiarum *f*
nächstens brevi *Adv*
nächstverwandte *der* ~ proximus
Nacht nox, noctis *f*; *bei* ~ noctu *Adv*
Nachteil detrimentum, detrimenti *n*; incommodum, incommodi *n*
Nachtigall luscinia, lusciniae *f*

nächtlich nocturnus

nachts noctu *Adv*

Nachtwache vigilia, vigiliae *f*

nachwachsen renasci

nachweisen demonstrare

Nachwelt posteritas, posteritatis *f*

Nacken cervix, cervicis *f*

nackt nudus

Nadel acus, acus *f*

Nagel clavus, clavi *m*; unguis, unguis *m*

nahe prope *Adv*; propinquus; ~ *bei* iuxta *Präp [Akkusativ]*; prope *Präp [Akkusativ]*; ~ *bevorstehend* propinquus; ~ *stehend* finitimus; necessarius

Nähe propinquitas, propinquitatis *f*; vicinia, viciniae *f*; vicinitas, vicinitatis *f*; *in der* ~ comminus *Adv*; iuxta *Adv [Akkusativ]*; prope *Adv*

nahen appetere; appropinquare *[Dativ]*

nähen suere

näher propior, propior, propius; propius *Adv*

näher kommen accedere

nähern *sich* ~ appropinquare *[Dativ]*; propinquare

nahestehend affinis, affinis, affine; propinquus

Nahestehende necessarii, necessariorum

Nahkampf *im* ~ comminus *Adv*

nähren alere; nutrīre; pascere; *sich* ~ vesci *[Ablativ]*

nährend almus

Nahrung alimentum, alimenti *n*; cibus, cibi *m*; pabulum, pabuli *n*; victus, victus *m*

Nahrungsmittel alimentum, alimenti *n*

Najade naias, naiadis *f*

Name nomen, nominis *n*; vocabulum, vocabuli *n*

namentlich nominatim

nämlich enim *Kj*; etenim *Adv*; nam *Kj*; utpote *Adv*; videlicet *Adv*

nämliche *der* ~ idem, eiusdem, eadem, idem

Napf catinus, catini *m*

Narde nardus, nardi *f*

Narzisse narcissus, narcissi *m*

Nase nasus, nasi *m*

Nasenloch naris, naris *f*

Naserümpfen fastus, fastus *m*

nass madidus; udus; uvidus; ~ *machen* madefacere; ~ *sein* madēre; umēre

Nass latex, laticis *m*; ros, roris *m*

Nation natio, nationis *f*

Natter vipera, viperae *f*

Natur natura, naturae *f*; *die* ~ *betreffend* physicus

Naturanlage ingenium, ingenii *n*

naturkundlich physicus

natürlich nativus; naturalis, naturalis, naturale; quippe *Adv*; scilicet *Adv*; simplex, simplicis; ~ *(ironisch)* videlicet *Adv*

naturphilosophisch physicus

Nebel aër, aëris *m*; nebula, nebulae *f*; nimbus, nimbi *m*; *dunkler* ~ caligo, caliginis *f*

neben iuxta *Präp [Akkusativ]*; prope *Präp [Akkusativ]*; propter *Präp [Akkusativ]*

Nebenbuhler rivalis, rivalis *m*

Nebenfrau paelex, paelicis *f*

necken ludere

Neffe nepos, nepotis *m*

nehmen capere; emere; haurīre; prensare; *an sich* ~ adimere; sumere; *auf sich* ~ adīre; subīre; suscipere; *in die Hand* ~ comprehendere; *zu sich* ~ gustare

Neid aemulatio, aemulationis *f*; aerugo, aeruginis *f*; invidia, invidiae *f*; livor, livoris *m*; obtrectatio, obtrectationis *f*

neidisch aemulus; invidiosus; invidus *[Dativ]*; lividus; ~ *sein* livēre

neigen inclinare; *sich* ~ vergere
Neigung fastigium, fastigii *n*; studium, studii *n*
Nektar nectar, nectaris *n*
nennen appellare; clamare; dicere; nominare; nuncupare; perhibēre; vocare
Neptun Neptunus, Neptuni *m*
Nest nidus, nidi *m*
nett bellus; scitus
Netz rete, retis *n*
neu novus; recens, recentis
neuartig novus
neuem *von* ~ denuo *Adv*
neugierig curiosus
Neuheit novitas, novitatis *f*
neulich nunc *Adv*; nuper *Adv*
neun novem
neunmal novie(n)s *Adv*
neunte *der* ~ nonus
neunzig nonaginta
neunzigste *der* ~ nonagesimus
nicht haud *Adv*; non *Adv*; *auch* ~ neque *Kj*; *durch-*
   aus ~ haudquaquam *Adv*; nequaquam *Adv*; *noch*
   ~ nondum *Adv*; *oder* ~ necne *Kj*; neve/neu *Kj*; *und*
   ~ neque *Kj*; neve/neu *Kj*
nichtig futilis, futilis, futile; inanis, inanis, inane; vanus
nichts nihil/nil, nullius rei; ~ *weiter als* merus
Nichts nihilum, nihili *n*
nichtsdestoweniger nihilominus/nihilo minus *Adv*
nichtsnutzig nequam
Nichtsnutzigkeit nequitia, nequitiae *f*
Nichtswürdigkeit indignitas, indignitatis *f*
nicken adnuere; nuere; nutare
nie numquam *Adv*
niederbrennen *(transitiv und intransitiv)* deflagrare

niederdrücken deprimere; praegravare
niederfallen occidere; procidere; procumbere
niedergeschlagen humilis, humilis, humile
niederhauen caedere; concīdere; occīdere; trucidare
niederkämpfen debellare
Niederlage calamitas, calamitatis *f*; clades, cladis *f*;
   strages, stragis *f*
niederlassen *sich* ~ considere; consistere; insidere
Niederlassung colonia, coloniae *f*
niederlegen deponere; *sich* ~ recumbere
niedermachen interficere; obtruncare
niedermetzeln trucidare
niederreißen demolīri; destruere
niederringen debellare
niederschlagen affligere; obtruncare; occīdere; profligare; truncare
niederschreiben perscribere
niedersetzen *sich* ~ subsidere
niedersinken occidere; occumbere
niederstrecken prosternere
niederträchtig flagitiosus
niedertreten proterere
niederwerfen affligere; consternere; deicere; percellere; proturbare; sternere; *sich* ~ procumbere; provolvere
niedrig demissus; humilis, humilis, humile; obscurus;
   plebeius; sordidus
Niedrigkeit humilitas, humilitatis *f*
niemals numquam *Adv*
niemand nemo, nullius
Nieren renes, renium/renum *m*
nirgends nusquam *Adv*
noch etiam *Kj*; quoque *Kj*; *nun* ~ num; ~ *immer*
   adhuc *Adv*

Nonen *die ~ (der 9. Tag vor den Iden, d.h. der 5. bzw. der 7. Tag eines Monats)* Nonae, Nonarum *f*

Norden aquilo, aquilonis *m*; boreas, boreae *m*; septentriones, septentrionum *m*

nördlich septentrionalis, septentrionalis, septentrionale

Nordwestwind caurus, cauri *m*

Nordwind aquilo, aquilonis *m*; boreas, boreae *m*

Norm formula, formulae *f*

Not angustiae, angustiarum *f*; egestas, egestatis *f*; indigentia, indigentiae *f*; inopia, inopiae *f*; miseria, miseriae *f*; necessitudo, necessitudinis *f*; pauperies, pauperiei *f*; paupertas, paupertatis *f*

nötig necessarius; *~ haben* egēre *[Ablativ]*; indigēre *[Ablativ]*

nötigen compellere

Notizbuch libellus, libelli *m*

Notlage necessitas, necessitatis *f*; necessitudo, necessitudinis *f*

notwendig necessarius; *es ist ~* necesse est

Notwendigkeit necessitas, necessitatis *f*; necessitudo, necessitudinis *f*

nüchtern ieiunus; impransus; siccus; sobrius

Nüchternheit ieiunium, ieiunii *n*

nun iam *Adv*; nunc *Adv*

nur merus; modo *Adv*; solum *Adv*; tantum *Adv*; tantummodo; unus, unius, una, unum

Nuss nux, nucis *f*

Nutzen bonum, boni *n*; emolumentum, emolumenti *n*; fructus, fructus *m*; usus, usus *m*; utilitas, utilitatis *f*

nützen prodesse; proficere

nützlich salutaris, salutaris, salutare; utilis, utilis, utile

nutzlos inutilis, inutilis, inutile

Nymphe nympha, nymphae *f*

ob an; num; si *Kj*; utrum *Adv*; *als ~* quasi *Adv*; tamquam *Adv*; *so tun als ~* simulare; *~ ?* -ne

Obdach tectum, tecti *n*

oben super/supra *Adv [Akkusativ]*; supra *Adv*; *~ auf* super/supra *Präp [Akkusativ]*; *~ befindlich* supernus; superus

Oberarm lacertus, lacerti *m*

Oberbefehl auspicium, auspicii *n*

obere *der ~* superior, superior, superius

Obergewand toga, togae *f*

oberhalb super/supra *Präp [Akkusativ]*; supra *Adv*; supra *Präp*

oberirdisch aetherius

Oberpriester pontifex, pontificis *m*

oberpriesterlich pontificius

Oberschenkel femur, feminis/femoris *n*

oberste *der ~* summus; supremus

Oberwelt aether, aetheris *m*; *die ~* superi, superorum *m*

obgleich cum *Kj*; etiamsi *Kj*; etsi *Kj*; quamquam *Kj*; tametsi *Kj*

obsttragend pomifer, pomifera, pomiferum

obwohl cum *Kj*; quamquam *Kj*; quamvis *Kj*

Ochse bos, bovis *m/f*

Ochsen- bubulus

öde desertus; vastus

Öde vastitas, vastitatis *f*

oder an; aut *Kj*; sive/seu *Kj*; -ve *Kj*; vel *Kj*

Ofen caminus, camini *m*; fornax, fornacis *f*

offen apertus; palam *Adv*; *~ (stehend)* patulus; *~ stehen* patēre

offenbar manifestus; videlicet *Adv*; ~ *sein* patēre
offenbaren confitēri
offenkundig apertus; ~ *sein* apparēre
öffentlich civilis, civilis, civile; communis, communis, commune; palam *Adv*; propalam *Adv*; publice *Adv*; publicus
Öffentlichkeit lux, lucis *f*; medium, medii *n*
öffnen aperīre; diducere; pandere; patefacere; recludere; reserare; resignare; retegere; *sich* ~ dehiscere
Öffnung foramen, foraminis *n*; hiatus, hiatus *m*; ianua, ianuae *f*
oft crebro *Adv*; multum *Adv*; saepe *Adv*; saepenumero *Adv*; *sehr* ~ persaepe *Adv*; *wie* ~ quotiens; *wie* ~ *auch immer* quotie(n)scumque *Adv*
oftmals saepe *Adv*; saepenumero *Adv*
ohne sine *Präp [Ablativ]*
Ohr auricula, auriculae *f*; auris, auris *f*
Ohrläppchen auricula, auriculae *f*
Öl olivum, olivi *n*
Ölbaum olea, oleae *f*; oleum, olei *n*; oliva, olivae *f*; *wilder* ~ oleaster, oleastri *m*
Olive baca, bacae *f*; olea, oleae *f*; oleum, olei *n*; oliva, olivae *f*
Olivenöl olivum, olivi *n*
Öllampe lucerna, lucernae *f*
Olympia Olympia, Olympiae *f*
Onkel *(Bruder der Mutter)* avunculus, avunculi *m*; ~ *(Bruder des Vaters)* patruus, patrui *m*
Opfer donum, doni *n*; sacrificium, sacrificii *n*; sacrum, sacri *n*; victima, victimae *f*
Opferkuchen libum, libi *n*
Opfermehl far, farris *n*

opfern donare; gratificari; immolare; mactare; operari; sacrificare
Opferpriester *(einer bestimmten Gottheit)* flamen, flaminis *m*
Opferschale patera, paterae *f*
Opferschauer haruspex, haruspicis *m*
Opfertier bidens, bidentis *f*; hostia, hostiae *f*; victima, victimae *f*
Orakel oraculum, oraculi *n*
Orakelspruch oraculum, oraculi *n*
Orakelstätte oraculum, oraculi *n*
ordnen componere; digerere; disponere; moderari; ordinare; struere; temperare
Ordnung ordo, ordinis *m*; *es ist in* ~ oportet
Orgien orgia, orgiorum *n*
Orpheus Orpheus, Orphei *m*
Ort loc. (locus); locus, loci *m*
Osten oriens (sol), orientis *m*
östlich eous

P

Paar par, paris *n*
Pächter arator, aratoris *m*; colonus, coloni *m*
packen capessere; corripere; *sich* ~ facessere
Packsattel clitellae, clitellarum *f*
Pädagoge paedagogus, paedagogi *m*
Palme palma, palmae *f*
Panik trepidatio, trepidationis *f*
Panzer lorica, loricae *f*
Papier charta, chartae *f*; pagina, paginae *f*
Pappel populus, populi *f*

Papyrus charta, chartae *f*
Parasit parasitus, parasiti *m*
Parole signum, signi *n*
Partei factio, factionis *f*
Pass iugum, iugi *n*; saltus, saltus *m*
passen decēre; quadrare; *schlecht* ~ disconvenīre; ~
    zu convenīre; *nicht* ~ *zu* abhorrēre
passend aptus; conveniens, convenientis; idoneus
passierbar pervius
passieren evenīre
Patrizier patricius
Patronat patrocinium, patrocinii *n*
Pause mora, morae *f*
Pech pix, picis *f*; *aus* ~ piceus
pechschwarz piceus
Peiniger carnifex, carnificis *m*
Peitsche flagellum, flagelli *n*; lorum, lori *n*; verber, ver-
    beris *n*
peitschen verberare
Pelz pellis, pellis *f*
Penaten penates, penatium *m*
Pergament membrana, membranae *f*
Perle baca, bacae *f*; concha, conchae *f*; margarita,
    margaritae *f*
Perser *die* ~ Persae, Persarum *m*
Person persona, personae *f*; *für die eigene* ~ privatim
    Adv
persönlich coram *Adv*; ipse, ipsius, ipsa, ipsum; pro-
    prius; ~ *(anwesend)* praesens, praesentis; ~ *zu*
    eigen privatus
Pest pestilentia, pestilentiae *f*; pestis, pestis *f*
Pfad limes, limitis *m*; trames, tramitis *m*
Pfahl palus, pali *m*; stipes, stipitis *m*; sublica, sublicae
    f; sudis, sudis *f*; vallus, valli *m*

Pfand pignus, pignoris/pigneris *n*
Pfanne patina, patinae *f*
Pfau pavo, pavonis *m*
Pfeffer piper, piperis *n*
pfeifen stridēre
Pfeifen stridor, stridoris *m*
Pfeil sagitta, sagittae *f*; spiculum, spiculi *n*
Pfeiler columna, columnae *f*; pila, pilae *f*
Pfeilschütze sagittarius, sagittarii *m*
Pferch ovile, ovilis *n*
Pferd caballus, caballi *m*; equus, equī *m*; sonipes,
    sonipedis *m*
Pferdestall equile, equilis *n*
pfiffig vafer, vafra, vafrum
Pflanze herba, herbae *f*; planta, plantae *f*
pflanzen serere
Pflanzen satus, satus *m*
Pflanzungen sata, satorum *n*
Pflege cultura, culturae *f*; cultus, cultus *m*; cura,
    curae *f [Genitiv]*; curatio, curationis *f*
pflegen colere; curare; fovēre; nutrīre; solēre; *zu tun*
    ~ factitare
Pflegesohn alumnus, alumni *m*
Pflicht munus, muneris *n*; officium, officii *n*; *sittliche* ~
    fas *n*
pflichtbewusst pius
Pflichten munia, munium *n*
Pflichtgefühl officium, officii *n*; pietas, pietatis *f*
pflichtgetreu pius
pflichtvergessen impius
pflücken carpere
Pflug aratrum, aratri *n*; vomer, vomeris *m*
pflügen arare
Pflügen aratio, arationis *f*

Pflüger arator, aratoris *m*
Pflugschar vomer, vomeris *m*
Pforte porta, portae *f*
Pförtner ianitor, ianitoris *m*
Pfosten postis, postis *m*
Pfund libra, librae *f*; pondo *Adv*
Pfütze palus, paludis *f*
Philologe grammaticus
Philologie grammatica, grammaticae *f*
Philosoph philosophus, philosophi *m*; sapiens, sapientis *m*
Philosophie philosophia, philosophiae *f*; sapientia, sapientiae *f*
philosophieren philosophari
physikalisch physicus
Pilger peregrinus, peregrini *m*
Pionier faber, fabri *m*
Pirat pirata, piratae *m*
pissen mingere
Plage labor, laboris *m*
plagen exercēre; exercitare; vexare; *sich ~* molīri
Plan consilium, consilii *n*; propositum, propositi *n*
planen cogitare
Plänkler veles, velitis *m*
planlos temere *Adv*
Planlosigkeit temeritas, temeritatis *f*
plappern garrīre
Platane platanus, platani *f*
Plattfisch rhombus, rhombi *m*
Platz forum, fori *n*; locus, loci *m*; *fester ~* castrum, castri *n*; *freier ~* campus, campi *m*
Plebejer plebeius; *~ (Plural)* plebes, plebei *f*; plebs, plebis *f*

plötzlich repens, repentis; repente *Adv*; repentinus; subito *Adv*; subitus *Adv*
plump crassus; inconcinnus; rusticus
Plunder scruta, scrutorum *n*
plündern compilare; diripere; praedari; raptare; spoliare
Plünderung depopulatio, depopulationis *f*; populatio, populationis *f*
Pöbel vulgus, vulgi *n*
Pokal scyphus, scyphi *m*
Pol axis, axis *m*; polus, poli *m*
polieren polīre
politisch civilis, civilis, civile
Polster stratum, strati *n*; torus, tori *m*
Polstersitz pulvinar, pulvinaris *n*
Pomp pompa, pompae *f*
Pony mannus, manni *m*
Popularen populares, popularium *m*
Posse mimus, mimi *m*
Possen nugae, nugarum *f*; *~ treiben* nugari
Possenreißer mimus, mimi *m*
Posten locus, loci *m*; praesidium, praesidii *n*; statio, stationis *f*
potztausend! babae
Pracht luxus, luxus *m*; magnificentia, magnificentiae *f*; pompa, pompae *f*
prächtig magnificus; splendidus; superbus
prahlen gloriari; ostentare
Prahlerei gloria, gloriae *f*; magnificentia, magnificentiae *f*; ostentatio, ostentationis *f*; vanitas, vanitatis *f*
prahlerisch gloriosus; magnificus
prangen rubēre
Prätor praetor, praetoris *m*; *stellvertretender ~* propraetor, propraetoris *m*; *zum ~ gehörig* praetorius

Prätorenamt praetura, praeturae *f*
Prätur praetura, praeturae *f*
Preis pretium, pretii *n*
preisen celebrare; laudare; praedicare
preisgeben prodere; proicere
prellen circumducere
Priester sacerdos, sacerdotis *m/f*; *keltischer ~* Druida, Druidae *m*
Priesteramt sacerdotium, sacerdotii *n*
Priesterin sacerdos, sacerdotis *m/f*
priesterlich pontificius
Priestermütze apex, apicis *m*
Prinz regulus, reguli *m*
Prinzipat *der ~* principatus, principatus *m*
privat privatus
Privatmann *als ~* privatim *Adv*
Probe experientia, experientiae *f*; experimentum, experimenti *n*; periculum, periculi *n*; specimen, speciminis *n*
Profit lucrum, lucri *n*
Prokurator procurator, procuratoris *m*
Prolog prologus, prologi *m*
propfen *(auf) ~* inserere
Prophet vates, vatis *m/f*
Prophetin vates, vatis *m/f*
Prophezeiung praedictio, praedictionis *f*
Prostituierte scortum, scorti *n*
Protokoll acta, actorum *n*
Provinz provincia, provinciae *f*
Provinzverwaltung praefectura, praefecturae *f*
Prozess causa, causae *f*; dica, dicae *f*; iudicium, iudicii *n*; litis, litis *f*; vadimonium, vadimonii *n*
Prozession pompa, pompae *f*

Prozesstermin vadimonium, vadimonii *n*
prüfen approbare; examinare; expendere; experiri; explorare; exquirere; inspicere; introspicere; pertemptare; probare
Prüfung examen, examinis *n*
Prügel fustis, fustis *f*; *~ bekommen* vapulare
Prunk apparatus, apparatus *m*; pompa, pompae *f*
punisch puniceus
Punkt punctum, puncti *n*
Pünktlichkeit diligentia, diligentiae *f*
Pupursaum clavus, clavi *m*
Pupurschnecke murex, municis *m*
Purpur concha, conchae *f*; murex, municis *m*; ostrum, ostri *n*
Purpurfarbe fucus, fuci *m*; purpura, purpurae *f*
Purpurgewand ostrum, ostri *n*
Purpurkleid purpura, purpurae *f*
purpurn puniceus; purpureus
Pyramide meta, metae *f*

Q

Qual cruciatus, cruciatus *m*
quälen cruciare; excruciare; fatigare; stimulare; vexare
Qualm caligo, caliginis *f*; nidor, nidoris *m*
Quästor quaestor, quaestoris *m*
Quästur quaestura, quaesturae *f*
Quelle fons, fontis *m*
quer transversus
Querbalken transtrum, transtri *n*

R

Rabe corvus, corvi *m*

Rache poena, poenae *f*; ultio, ultionis *f*; ~ *nehmen* punïre

Rachegeist Furia, Furiae *f*

Rachen fauces, faucium *f*; rictus/rictum, ricti *m/n*

rächen ulcisci *[Akkusativ]*; vindicare; *sich* ~ *(an/für)* ulcisci *[Akkusativ]*

rächend ultor, ultoris *m*; ultrix, ultricis *f*

Rächer ultor, ultoris *m*; vindex, vindicis *m*

Rächerin ultrix, ultricis *f*

Rad rota, rotae *f*

Radspeiche radius, radii *m*

raffen rapere; *an sich* ~ arripere

Rahe antemna, antemnae *f*

Rain limes, limitis *m*

Rammbock aries, arietis *m*

Rand labrum, labri *n*; margo, marginis *f*; ora, orae *f*; *(äußerster)* ~ extremitas, extremitatis *f*

Rang dignatio, dignationis *f*; dignitas, dignitatis *f*; gradus, gradus *m*; locus, loci *m*; numerus, numeri *m*

Ranke flagellum, flagelli *n*

rasch celer, celeris, celere; velox, velocis

rasen bacchari; furere; saevïre

Rasen caespes, caespitis *m*

rasend furialis, furialis, furiale; furibundus; furiosus; insanus; rabidus

Rasenstück caespes, caespitis *m*

Raserei furor, furoris *m*; rabies, rabiei *f*

Rast mora, morae *f*; quies, quietis *f*; requies, requietis *f*

rasten cessare; conquiescere

rastlos impiger, impigra, impigrum

Rat consilium, consilii *n*; *um* ~ *fragen* consulere *[Akkusativ/in + Akkusativ/Dativ]*; ~ *Suchender* consultor, consultoris *m*

raten suadëre

Ratgeber consultor, consultoris *m*; magister, magistri *m*

Rathaus curia, curiae *f*

Ratschlag consilium, consilii *n*

Ratsversammlung consilium, consilii *n*; curia, curiae *f*

rau asper, aspera, asperum; hispidus; horridus; immitis, immitis, immite; raucus; rigidus; trux, trucis; ~ *sein* squalëre

Raub exuviae, exuviarum *f*; manubiae, manubiarum *f*; rapina, rapinae *f*; raptum, rapti *n*; raptus, raptus *m*; spolium, spolii *n*

rauben abripere; adimere; diripere; praedari; rapere; raptare

Räuber latro, latronis *m*; praedo, praedonis *m*; raptor, raptoris *m*

Räuberei latrocinium, latrocinii *n*; rapina, rapinae *f*

räuberisch rapax, rapacis

Raubtier bestia, bestiae *f*

Raubzug latrocinium, latrocinii *n*

Rauch fumus, fumi *n*

rauchen fumare

raufen vellere

Rauferei rixa, rixae *f*

Rauheit asperitas, asperitatis *f*; scabies, scabiei *f*

Raum spatium, spatii *n*

räumen *aus dem Weg* ~ interimere

Raupe tinea, tineae *f*

Raureif pruina, pruinae *f*

rauschen crepitare; strepere

rauschend sonorus

Rebschössling palmes, palmitis *f*

rechnen putare; rēri
recht rectus
Recht ius, iuris *n*; *(göttliches)* ~ fas *n*; *mit* ~ merito *Adv*; *zu* ~ recte *Adv*; ~ *sprechen* iudicare
rechtfertigen expurgare; purgare
rechtmäßig iustus; legalis, legalis, legale; legitimus
rechts dexter, dext(e)ra, dext(e)rum
Rechtsanwalt cognitor, cognitoris *m*
Rechtsbeistand advocatus, advocati *m*
rechtschaffen frugi; innocens, innocentis; innocuus; innoxius; pius; probus
Rechtschaffenheit bonitas, bonitatis *f*; frugalitas, frugalitatis *f*; innocentia, innocentiae *f*; probitas, probitatis *f*; sanctitas, sanctitatis *f*
Rechtssache causa, causae *f*
Rechtsstreit causa, causae *f*; litis, litis *f*
rechtzeitig maturus; tempestivus
Rede contio, contionis *f*; oratio, orationis *f*; vox, vocis *f*; *seine* ~ *beenden* perorare; *eine* ~ *halten* contionari
Redefähigkeit facundia, facundiae *f*
Redegabe oratio, orationis *f*
redegewandt disertus; eloquens, eloquentis; facundus
Redegewandtheit eloquentia, eloquentiae *f*; facundia, facundiae *f*
Redekunst *die* ~ *betreffend* rhetoricus
Redelehrer rhetor, rhetoris *m*
reden loqui; orare
Redeweise eloquium, eloquii *n*; sermo, sermonis *m*
Redlichkeit integritas, integritatis *f*
Redner orator, oratoris *m*; rhetor, rhetoris *m*
rednerisch oratorius; rhetoricus
redselig loquax, loquacis
Regel formula, formulae *f*; norma, normae *f*; regula, regulae *f*; *in der* ~ fere/ferme *Adv*

Regen imber, imbris *m*; pluvia, pluviae *f*
Regen bringend pluvius
Regenguss imber, imbris *m*; pluvia, pluviae *f*
regenreich aquosus
Regenschauer nimbus, nimbi *m*
Regenwolke nimbus, nimbi *m*
regieren regere; regnare
regnerisch pluvius
regsam gnavus; navus
Regsamkeit industria, industriae *f*
Reh caprea, capreae *f*; damma, dammae *f*
reiben terere
reich beatus; copiosus; dis, ditis; dives, divitis; fortunatus; locuples, locupletis; opimus; opulentus; satur; uber, uberis; ~ *an* fetus; uber, uberis; ~ *sein an* abundare *[mit Ablativ]*
Reich imperium, imperii *n*; sceptrum, sceptri *n*
reichlich abunde *Adv*; fecundus; largus; multus; ~ *vorhanden sein* suppeditare
Reichsverweser interrex, interregis *m*
Reichtum divitiae, divitiarum *f*; opulentia, opulentiae *f*; ubertas, ubertatis *f*
reif maturus
Reif pruina, pruinae *f*
Reife maturitas, maturitatis *f*
reifen maturescere
Reigen chorea, choreae *f*; chorus, chori *m*
Reihe ordo, ordinis *m*; series, seriei *f*; versus, versus *m*; *der* ~ *nach* deinceps *Adv*
reihen serere
rein castus; integer, integra, integrum; merus; mundus; purus; sincerus
reinigen expurgare; lustrare; purgare
Reise iter, itineris *n*

Reisegeld viaticum, viatici *n*
reisen ambulare; proficisci
Reisender viator, viatoris *m*
Reisewagen raeda, raedae *f*
reißen *an sich* ~ arripere; *mit sich* ~ abripere
reißend rapax, rapacis; rapidus; torrens, torrentis
reiten equitare
Reiter eques, equitis *m*
Reiterabteilung ala, alae *m*; turma, turmae *f*
Reiterei equitatus, equitatus *m*
Reiz venustas, venustatis *f*
reizen conciēre; concitare; incitare; irritare; lacessere
reizend delicatus; venustus; ~ *(gelegen)* amoenus
Rekrut tiro, tironis *m*
rekrutieren conscribere
Rekrutierung *von Soldaten* dilectus, dilectus *m*
Religion religio, religionis *f*
religiös religiosus
Rennbahn circus, circi *m*; curriculum, curriculi *n*; stadium, stadii *n*
rennen currere
Rennwagen currus, currus *m*
Reserve subsidium, subsidii *n*
Rest reliquiae, reliquiarum *f*
retten conservare; servare *[a mit Ablativ]*
rettend salutaris, salutaris, salutare
Rettung conservatio, conservationis *f*; salus, salutis *f*; vindicta, vindictae *f*
Reue paenitentia, paenitentiae *f*
Rhein Rhenus, Rheni *m*
richten intendere; *starr* ~ *auf* defigere; ~ *gegen* intentare; *sich* ~ *nach* parēre
Richter iudex, iudicis *m*

Richterstuhl tribunal, tribunalis *n*
richtig recte *Adv*; rectus; verus
Richtschnur linea, lineae *f*; norma, normae *f*; regula, regulae *f*
Richtung regio, regionis *f*; tractus, tractus *m*
riechen fragrare; odorari; ~ *(nach)* olēre *[Akkusativ/Ablativ]*
Riegel claustra, caustrorum *n*; ob(i)ex, obicis *f*; sera, serae *f*
Riemen habena, habenae *f*; lorum, lori *n*; remus, remi *m*
riesig immanis, immanis, immane
Riff cautes, cautis *f*
Rind bos, bovis *m/f*; *junges* ~ iuvencus, iuvenci *m*
Rinde cortex, corticis *m*
Rinder- bubulus
Ring anulus, anuli *m*; circus, circi *m*; gyrus, gyri *m*
ringen luctari
Ringerschule gymnasium, gymnasii *n*
Ringkunst palaestra, palaestrae *f*
Ringschule palaestra, palaestrae *f*
ringsum circa/circum *Präp [Akkusativ]*; circa/circum *Präp [Akkusativ]*; passim *Adv*
rinnen manare
Rippe costa, costae *f*
Riss rima, rimae *f*
Ritter eques, equitis *m*
ritterlich equester, equestris, equestre
Ritterring anulus, anuli *m*
Ritterstand equitatus, equitatus *m*
Ritze rima, rimae *f*
Rivale rivalis, rivalis *m*
Rock tunica, tunicae *f*

roh agrestis, agrestis, agreste; asper, aspera, asperum; barbarus; crudelis, crudelis, crudele; crudus; efferus; ferus; horridus; rudis, rudis, rude

Rohheit barbaria, barbariae *f*; feritas, feritatis *f*; immanitas, immanitatis *f*

Rohr avena, avenae *f*; calamus, calami *m*; canna, cannae *f*; stipula, stipulae *f*

Röhre canalis, canalis *m*

Rohrflöte calamus, calami *m*

Rohrpfeife harundo, harundinis *f*

Rolle vicis (Genitiv)

rollen volvere; *vorwärts* ~ provolvere

Rom Roma, Romae *f*; urbs, urbis *f*

Römer Romanus, Romani *m*

römisch Romanus

Rose rosa, rosae *f*

Rosenstrauch rosa, rosae *f*

rosig roseus

Ross sonipes, sonipedis *m*

Rost *(Eisen-)* ~ ferrugo, ferruginis *f*

rösten torrēre

rot ruber, rubra, rubrum; sanguineus; ~ *sein* rubēre; ~ *werden* rubescere

Röte rubor, ruboris *m*

rotgelb fulvus

rötlich rutilus

Rotte globus, globi *m*; grex, gregis *m*

Rübe *kleine* ~ rapulum, rapuli *n*

ruchlos improbus; nefandus; nefarius

Ruchlosigkeit improbitas, improbitatis *f*

Rücken tergum, tergi *n*; ~ *(eines Tieres oder eines Berges)* dorsum, dorsi *n*; *auf dem* ~ *liegend* resupinus; supinus

Rückkehr reditus, reditus *m*; regressus, regressus *m*

Rücksicht verecundia, verecundiae *f*

rücksichtslos importunus

Rücktritt receptus, receptus *m*

rückwärts retro *Adv*; retrorsum *Adv*; rursus/rursum *Adv*

Rückzug receptus, receptus *m*; recessus, recessus *m*; regressus, regressus *m*

Rudel armentum, armenti *n*

Ruder remus, remi *m*

Ruderbank transtrum, transtri *n*

Ruderer remex, remigis *m*

Rudermannschaft remigium, remigii *n*

rudern remigare

Ruderstange contus, conti *m*

Rudervolk remigium, remigii *n*

Ruderwerk remigium, remigii *n*

Ruf existimatio, existimationis *f*; fama, famae *f*; rumor, rumoris *m*; *guter* ~ opinio, opinionis *f*; *übler* ~ infamia, infamiae *f*

rufen ciēre; clamare; vocare; *laut* ~ conclamare; vociferari; *zu Hilfe* ~ advocare

Rüge animadversio, animadversionis *f*

rügen notare

Ruhe otium, otii *n*; quies, quietis *f*; requies, requietis *f*; silentium, silentii *n*; tranquillitas, tranquillitatis *f*; *zur* ~ *bringen* sedare; *zur* ~ *kommen* acquiescere; conquiescere; quiescere; requiescere

Ruhelager lectus, lecti *m*

ruhen cessare; conquiescere; quiescere; recubare; requiescere; silēre

Ruhetage feriae, feriarum *f*

ruhig lenis, lenis, lene; otiosus; pacatus; placidus; quietus; sedatus; tranquillus

Ruhm gloria, gloriae *f*; laus, laudis *f*

rühmen iactare; praedicare; *sich ~* gloriari; *wortreich*
~ collaudare
rühmlich egregius
ruhmlos inglorius
ruhmvoll gloriosus
rühren commovēre
rührig agilis, agilis, agile; strenuus; vegetus
Ruin naufragium, naufragii *n*
ruiniert naufragus; *~ werden* vapulare
Rumpf truncus
rund globosus; rotundus; teres, teretis
Rundschild clipeus/clupeus; parma, parmae *f*
Runzel ruga, rugae *f*
rupfen vellere
rüsten apparare
Rüstung arma, armorum *n*; *(dem Feind) abgenommene*
~ exuviae, exuviarum *f*; *erbeutete ~* spolium, spolii *n*
Rute verber, verberis *n*; virga, virgae *f*

Saat satus, satus *m*; seges, segetis *f*
Saaten sata, satorum *n*
Saatfeld seges, segetis *f*
Saatfelder sata, satorum *n*
Sache causa, causae *f*; res, rei *f*
Sachwalter advocatus, advocati *m*
Sack saccus, sacci *m*
säen serere
Säen satus, satus *m*
Safran crocus, croci *m*
safrangelb croceus

Saft sucus, suci *m*
Sage fabula, fabulae *f*
sagen dicere; fari; loqui; *oft ~* dictitare; *wiederholt ~*
dictitare; *~ , dass nicht* negare; *zu ~ pflegen* dictitare
sagenhaft fabulosus
sagenumwoben fabulosus
sagt(e) ait
Saite chorda, chordae *f*; fides, fidium *f*; nervus, nervi *m*
Saitenspiel fides, fidium *f*
Salat lactuca, lactucae *f*
Salbe unguentum, unguenti *n*
salben inunguere; perunguere; unguere
Salz sal, salis *m/n*
salzig salsus
Salzlake muria, muriae *f*
Same satus, satus *m*; semen, seminis *n*
Samenkorn semen, seminis *n*
sammeln cogere; colligere; conferre; conquirere;
contrahere; legere
sämtlich universus
Sand arena, arenae *f*; harena, harenae *f*
Sandale solea, soleae *f*
Sandfläche arena, arenae *f*; harena, harenae *f*
sanft clemens, clementis; lenis, lenis, lene; mitis,
mitis, mite; mollis, mollis, molle; placidus; remissus
Sänfte lectica, lecticae *f*
Sanftheit clementia, clementiae *f*; lenitas, lenitatis *f*;
mansuetudo, mansuetudinis *f*
Sänger cantor, cantoris *m*
Satire satura, saturae *f*
satt satur
sättigen satiare; saturare
Sättigung satietas, satietatis *f*

Satyr Satyrus, Satyri *m*

Satz enuntiatio, enuntiationis *f*; sententia, sententiae *f*

Satzung ritus, ritus *m*

Sau sus, suis *f*

sauber lautus; mundus

Sauberkeit munditia/mundities, munditiae/munditiei *f*

säubern purgare

sauer acidus; ~ *sein* acēre

säugen nutrīre

säugend fetus

Säule columna, columnae *f*; *spitze* ~ meta, metae *f*

Säulengang porticus, porticus *f*

säumen cessare

Saumsattel clitellae, clitellarum *f*

schäbig obsoletus; sordidus

Schacht cuniculus, cuniculi *m*

schaden nocēre; obesse

Schaden calamitas, calamitatis *f*; clades, cladis *f*; damnum, damni *n*; detrimentum, detrimenti *n*; fraus, fraudis *f*; incommodum, incommodi *n*; malum, mali *n*; noxa, noxae *f*

schädlich calamitosus; damnosus; inutilis, inutilis, inutile; nocens, nocentis; noxius; perniciosus

Schaf bidens, bidentis *f*; ovis, ovis *f*; pecus, pecudis *f*

Schafe pecus, pecoris *n*

Schaffell vellus, velleris *n*

Schafstall ovile, ovilis *n*

Schaft hasta, hastae *f*

Schale calathus, calathi *m*; lanx, lancis *f*; patera, paterae *f*; testa, testae *f*

Schall cantus, cantus *m*; sonus, sonus *m*

schallen crepare; crepitare; sonare

Scham pudor, pudoris *m*; rubor, ruboris *m*; verecundia, verecundiae *f*

schämen *sich* ~ erubescere

Schamgefühl pudor, pudoris *m*

schamhaft pudicus

schamlos impudens, impudentis; impudicus

Schamlosigkeit impudentia, impudentiae *f*

Schamröte rubor, ruboris *m*

Schande dedecus, dedecoris *n*; flagitium, flagitii *n*; ignominia, ignominiae *f*; infamia, infamiae *f*; opprobrium, opprobrii *n*; probrum, probri *n*; rubor, ruboris *m*; turpitudo, turpitudinis *f*

Schandfleck labes, labis *f*; macula, maculae *f*

schändlich flagitiosus; infamis, infamis, infame; inhonestus; probrosus; pudendus; turpis, turpis, turpis

Schandtat flagitium, flagitii *n*

Schändung stuprum, stupri *n*

Schanze castellum, castelli *n*

schanzen munīre

Schanzpfahl vallus, valli *m*

Schar agmen, agminis *n*; caterva, catervae *f*; chorus, chori *m*; cohors, cohortis *f*; grex, gregis *m*; manipulus, manipuli *m*; manus, manus *f*; turba, turbae *f*; *dichte* ~ nubes, nubis *f*

scharf acer, acris, acre; acutus; salsus

Schärfe acies, aciei *f*; sagacitas, sagacitatis *f*

schärfen acuere

Scharfrichter carnifex, carnificis *m*

Scharfsinn acumen, acuminis *n*; subtilitas, subtilitatis *f*

scharfsinnig acutus; argutus; perspicax, perspicacis; sagax, sagacis

Schatten umbra, umbrae *f*

Schatten spendend umbrosus

schattig opacus; umbrosus

Schatz gaza, gazae *f*; thesaurus, thesauri *m*

Schätze divitiae, divitiarum *f*

schätzen aestimare; censēre; diligere; existimare; pendere; putare

Schätzer censor, censoris *m*

Schatzkammer thesaurus, thesauri *m*

Schatzmeister quaestor, quaestoris *m*

Schätzung census, census *m*

Schau *zur* ~ *stellen* ostentare; *zur* ~ *tragen* gerere

schau! *schaut!* ecce *Adv*

Schauder horror, horroris *m*

schaudern horrēre *[Akkusativ]*; horrescere; perhorrescere

schauen specere; spectare

Schauer frigus, frigoris *n*

schauerlich horribilis, horribilis, horribile

Schaum spuma, spumae *f*

schäumen spumare

schäumend spumeus

Schauplatz scaena, scaenae *f*; theatrum, theatri *n*

schaurig horridus

Schauspiel fabula, fabulae *f*; ludus, ludi *m*; spectaculum, spectaculi *n*; *kurzes* ~ fabella, fabellae *f*

Schauspieler histrio, histrionis *m*; mimus, mimi *m*; *tragischer* ~ tragoedus, tragoedi *m*

Scheffel *(Getreidemaß)* modius, modii *m*

Scheibe clipeus/clupeus, clipei/clupei *m/n*; orbis, orbis *m*; rota, rotae *f*

scheiden cernere; disiungere

Scheideweg trivium, trivii *n*

Schein ostentatio, ostentationis *f*; species, speciei *f*; *leerer* ~ vanitas, vanitatis *f*

scheinen vidēri

Scheitel vertex, verticis *m*

Scheiterhaufen pyra, pyrae *f*; rogus, rogi *m*

schelten compellare; increpare; increpitare; obiurgare

Scheltrede convicium, convicii *n*

Schemel subsellium, subsellii *n*

Schenke caupona, cauponae *f*

Schenkel crus, cruris *n*; femur, feminis/femoris *n*

schenken condonare; donare; *(reichlich)* ~ largīri; *wieder* ~ redonare

scheren radere; tondēre

Scherz iocus, ioci *m*; ludus, ludi *m*

scherzen iocari; ludere

scherzhaft iocosus

scheu verecundus; ~ *machen* consternare

Scheu reverentia, reverentiae *f*; verecundia, verecundiae *f*

scheuen *sich* ~ verēri

Scheune horreum, horrei *n*

Scheusal monstrum, monstri *n*

schichten struere

schicken mittere; *sich nicht* ~ dedecēre

schicklich decorus

Schicksal fas *n*; fatum, fati *n*; fortuna, fortunae *f*; sors, sortis *f*; *vom* ~ *bestimmt* fatalis, fatalis, fatale

Schicksalsfaden stamen, staminis *n*

Schiedsrichter arbiter, arbitri *m*

Schienbein crus, cruris *n*

Schierling cicuta, cicutae *f*

Schiff abies, abietis *f*; carina, carinae *f*; navigium, navigii *n*; navis, navis *f*; trabs, trabis *f*; *zu* ~ *fahren* navigare

Schiffbruch naufragium, naufragii *n*

schiffbrüchig naufragus

Schiffchen *(Webstuhl)* radius, radii *m*

Schiffer nauta, nautae *m*

Schifffahrt navigatio, navigationis *f*

Schifflein navicula, naviculae *f*

Schiffsbug prora, prorae *f*

Schiffskiel carina, carinae *f*

Schiffsschnabel rostrum, rostri *n*

Schiffstau rudens, rudentis *m*

Schikane calumnia, calumniae *f*

Schild umbo, umbonis *m*; *(der)* ~ scutum, scuti *n*; *mit leichtem ~ bewaffnet* caetratus

Schildbuckel umbo, umbonis *m*

Schilddach testudo, testudinis *f*

schildern describere; pingere

Schildkröte testudo, testudinis *f*

Schilf canna, cannae *f*; ulva, ulvae *f*

Schilfrohr harundo, harundinis *f*

schimmern candēre; coruscare; micare; rubēre; splendēre

schimpflich indecoris, indecoris, indecore; infamis, infamis, infame; probrosus; pudendus; turpis, turpis, turpis

Schimpfwort convicium, convicii *n*

Schinken perna, pernae *f*

Schirmdach pluteus/pluteum, plutei *m/n*

schirmen tegere

Schlacht acies, aciei *f*; agmen, agminis *n*; proelium, proelii *n*; pugna, pugnae *f*

schlachten ferīre; mactare

Schlachtordnung acies, aciei *f*; *keilförmige* ~ cuneus, cunei *m*

Schlachtreihe acies, aciei *f*; phalanx, phalangis *f*

Schlaf quies, quietis *f*; requies, requietis *f*; somnus, somni *m*; *tiefer* ~ sopor, soporis *m*

Schläfe tempus, temporis *n*

schlafen acquiescere; dormīre; *mit jemandem* ~ concumbere *[cum mit Ablativ]*

schlaff fluxus; languēre; languidus; laxus; puter, putris, putre; remissus; segnis, segnis, segne; solutus; ~ *werden* languescere

Schlaffheit segnitia, segnitiae *f*

Schlafgemach thalamus, thalami *m*

Schlafraum cubiculum, cubiculi *n*

schläfrig *sein* dormitare

Schlafzimmer cubiculum, cubiculi *n*

Schlag ictus, ictus *m*; plaga, plagae *f*; verber, verberis *n*

schlagen caedere; ferīre; pellere; pulsare; verberare; *zu Boden* ~ affligere; *(an die Brust)* ~ *(zum Zeichen der Trauer)* plangere

Schlagen pulsus, pulsus *m*

schlagfertig intentus; promptus; *nicht* ~ impeditus

Schlagriemen caestus, caestus *m*

Schlagstäbchen *(zum Zitherspiel)* plectrum, plectri *n*

Schlamm limus, limi *m*; lutum, luti *n*

schlammig lutulentus

Schlange anguis, anguis *m/f*; draco, draconis *f*; serpens, serpentis *m*; vipera, viperae *f*; *(kleine)* ~ coluber, colubri *m*

schlank gracilis, gracilis, gracile; procerus; teres, teretis

schlau callidus; catus; sagax, sagacis; sollers, sollertis; vafer, vafra, vafrum; versutus

Schlauch uter, utris *m*

Schläue calliditas, calliditatis *f*

Schlauheit sollertia, sollertiae *f*

schlecht improbus; male *Adv*; malus; pravus; *sehr* ~ pessimus

schlechter deterior, deterior, deterius; peior, peior, peius; sequius *Adv*; setius *Adv*

schlechteste *der* ~ deterrimus; pessimus

Schlechtigkeit improbitas, improbitatis *f*; malitia, malitiae *f*; pravitas, pravitatis *f*

schleichen serpere

Schleier velamen, velaminis *n*

schleifen verrere

Schleim pituita, pituitae *f*; virus, viri *n*
schleppen trahere; verrere
Schleuder funda, fundae *f*
Schleuderer funditor, funditoris *m*
Schleuderkugel glans, glandis *f*
Schleudermaschine ballista, ballistae *f*
schleudern conicere; contorquēre; emittere; iacere;
   iactare; iaculari; intorquēre; librare
schlicht simplex, simplicis; tenuis, tenuis, tenue
schlichten dirimere
Schlichtheit simplicitas, simplicitatis *f*; subtilitas, subtilitatis *f*; tenuitas, tenuitatis *f*
schließen claudere; *ins Herz* ~ amplecti; amplexari
schließlich demum *Adv*; denique *Adv*; postremo *Adv*
schlimm malus
schlimmste *der* ~ pessimus
Schlinge laqueus, laquei *m*
Schlucht fauces, faucium *f*; rupes, rupis *f*; saltus, saltus *m*
Schlund crater/cratera, crateris/craterae *m*; fauces,
   faucium *f*; gula, gulae *f*; gurges, gurgitis *m*; stomachus, stomachi *m*; vorago, voraginis *f*
schlüpfrig lubricus
Schlupfwinkel latebra, latebrae *f*; latibulum, latibuli *f*
Schlüssel clavis, clavis, clave
Schlussrede *eine* ~ *halten* perorare
Schmach contumelia, contumeliae *f*; dedecus, dedecoris *n*; ignominia, ignominiae *f*; indignitas, indignitatis *f*; turpitudo, turpitudinis *f*
schmächtig exilis, exilis, exile; gracilis, gracilis, gracile
schmachvoll flagitiosus; indignus
schmähen maledicere *[Dativ]*
schmählich turpis, turpis, turpis
Schmähung convicium, convicii *n*; maledictum,
   maledicti *n*

schmal angustus
schmälern deminuere; imminuere
Schmarotzer parasitus, parasiti *m*
Schmaus daps, dapis *f*
schmecken sapere
Schmeichelei adulatio, adulationis *f*; assentatio,
   assentationis *f*; blandimentum, blandimenti *n*;
   blanditia, blanditiae *f*
schmeicheln adulari; assentari; blandīri; scurrari
schmeichelnd blandus
Schmeichler assentator, assentatoris *m*; scurra,
   scurrae *m*
schmelzen liquefacere; liquescere
Schmelzofen caminus, camini *m*; fornax, fornacis *f*
Schmerz dolor, doloris *m*; vulnus, vulneris *n*; ~ *emp-*
   finden dolēre; indolescere
schmerzlich aeger, aegra, aegrum; tristis, tristis, triste
Schmerzlosigkeit indolentia, indolentiae *f*
Schmettern clangor, clangoris *m*
Schmied faber, fabri *m*
schmieden fabricare/fabricari
Schminke fucus, fuci *m*
schmuck mundus
Schmuck decor, decoris *m*; decus, decoris *n*; orna-
   mentum, ornamenti *n*; ornatus, ornatus *m*
schmücken decorare; ornare; vestīre
Schmuckstück ornamentum, ornamenti *n*
Schmutz caenum, caeni *n*; limus, limi *m*; lutum, luti *n*;
   sordes, sordium *f*; squalor, squaloris *m*
schmutzig illutus; impurus; lutulentus; obsc(a)enus;
   sordidus; squalidus; ~ *sein* sordēre; squalēre
Schnabel rostrum, rostri *n*
Schnalle fibula, fibulae *f*
schnarchen stertere

Schnee nix, nivis *f*
schneebedeckt nivalis, nivalis, nivale; niveus
schneeweiß nivalis, nivalis, nivale; niveus
schneiden secare
schnell actuarius, actuaria, actuarium; celer, celeris,
celere; cito *Adv*; citus; pernix, pernicis; rapidus;
velox, velocis; volucer; ~ *folgend* sequax, sequacis
schneller ocior, ocior, ocius; ocius, ocissime *Adv*
Schnelligkeit celeritas, celeritatis *f*; mobilitas, mobilitatis *f*; velocitas, velocitatis *f*
Schnupfen pituita, pituitae *f*
Schnur linum, lini *n*; *leinene* ~ linea, lineae *f*
schon iam *Adv*
schön decorus; formosus; pulcher, pulchra, pulchrum;
speciosus
schonen parcere *[Dativ]*; temperare
schonend parcus
Schönheit forma, formae *f*; pulchritudo,
pulchritudinis *m*; venustas, venustatis *f*
schöpfen haurīre
Schöpfer artifex, artificis *m*; effector, effectoris *m*; opifex, opificis *m*
Schöpfung natura, naturae *f*
Schoß gremium, gremii *n*
Schössling palmes, palmitis *f*
schräg obliquus; transversus
Schranken cancelli, cancellorum *m*; *in* ~ *halten*
arcēre; coërcēre
Schrecken horror, horroris *m*; terror, terroris *m*; *in* ~
versetzen territare
schrecklich atrox, atrocis; dirus; formidolosus/formi-
dulosus; horrendus; horribilis, horribilis, horribile;
immanis, immanis, immane; terribilis, terribilis, terribile; torvus; tremendus

Schrecklichkeit immanitas, immanitatis *f*
Schreibart stilus, stili *m*
schreiben scribere; *neu* ~ rescribere
Schreiben scriptura, scripturae *f*
Schreiber scriba, scribae *m*; scriptor, scriptoris *m*
Schreibgriffel stilus, stili *m*
Schreibtafel codex, codicis *m*; codicilli,
codicillorum *m*; tabula, tabulae *f*
Schreibweise scriptura, scripturae *f*
schreien clamare; clamitare; conclamare; rudere;
ululare; vociferari
schreiten gradi; incedere; vadere
Schrift scriptum, scripti *n*
Schriftrolle charta, chartae *f*
Schriftsteller auctor, auctoris *m*; scriptor, scriptoris *m*
Schriftstück charta, chartae *f*; scriptura, scripturae *f*
Schriftzeichen nota, notae *f*
Schritt gradus, gradus *m*; gressus, gressus *m*; passus, passus *m*
schrittweise gradatim *Adv*
schroff praeruptus
schüchtern verecundus
Schüchternheit timiditas, timiditatis *f*
Schuh calceus, calcei *m*; *niederer/leichter* ~ soccus,
socci *m*
Schuld crimen, criminis *n*; debitum, debiti *n*; meritum,
meriti *n*; noxa, noxae *f*; noxia, noxiae *f*; ~ *(an)* culpa,
culpae *f [Genitiv]*
schulden debēre
schuldig nocens, nocentis; noxius; obnoxius; ~ *sprechen* damnare
Schule ludus, ludi *m*; schola, scholae *f*
Schüler auditor, auditoris *m*; discipulus, discipuli *m*
Schülerin discipula, discipulae *f*

274

Schulter umerus, umeri *m*
Schulterblatt armus, armi *m*
Schuppe squama, squamae *f*
Schuppen tugurium, tugurii *n*
Schurke scelus, sceleris *n*
Schuss ictus, ictus *m*
Schüssel calix, calicis *m*; catinus, catini *m*; lanx, lancis *f*; patina, patinae *f*
Schüsselchen catillus, catilli *m*
Schuster sutor, sutoris *m*
schütteln excutere; iactare; quassare; quatere
Schutz fides, fidei *f*; munimentum, munimenti *n*; patrocinium, patrocinii *n*; praesidium, praesidii *n*; tegimentum, tegimenti *n*; tutela, tutelae *f*
Schutzdach testudo, testudinis *f*; vinea, vineae *f*
schützen munīre; praesidēre; protegere; tegere; tuēri; ~ *(vor)* prohibēre *[a mit Ablativ]*; servare *[a mit Ablativ]*
Schutzgeist genius, genii *m*
Schutzgott Lar, Laris *m*
Schutzherr patronus, patroni *m*
Schutzherrschaft patrocinium, patrocinii *n*
Schützling cliens, clientis *m*
Schutzwehr propugnaculum, propugnaculi *n*; vallum, valli *n*
schwach debilis, debilis, debile; imbecillus; infirmus; invalidus; tenuis, tenuis, tenue
Schwäche debilitas, debilitatis *f*; humilitas, humilitatis *f*; imbecillitas, imbecillitatis *f*; infirmitas, infirmitatis *f*
schwächen atterere; debilitare; deminuere; frangere; imminuere; infirmare; macerare; minuere; tenuare
schwächere *der* ~ inferior, inferior, inferius
schwachsinnig delirus; ~ *sein* delirare
Schwalbe hirundo, hirundinis *f*
Schwan cycnus, cycni *m*; olor, oloris *m*

schwanger gravidus *[Ablativ]*
schwanken ambigere; dubitare; fluctuare; fluitare; labare; nutare; pendēre; trepidare
schwankend ambiguus; coruscus; inconstans, inconstantis
Schwanz cauda, caudae *f*
Schwarm examen, examinis *n*; globus, globi *m*; turma, turmae *f*
schwärmen bacchari; ~ *(für)* favēre *[Dativ]*
schwarz ater, atra, atrum; niger, nigra, nigrum; nigrans, nigrantis
schwärzlich fuscus; pullus
schwätzen garrīre
schweben pendēre
schwebend suspensus
Schwefel sulphur, sulphuris *n*
Schweif cauda, caudae *f*
schweifen vagari
schweigen reticēre; silēre; tacēre
Schweigen silentium, silentii *n*
schweigend taciturnus; tacitus
schweigsam taciturnus
Schwein porcus, porci *m*; sus, suis *f*
Schweine pecus, pecoris *n*
Schweiß sudor, sudoris *m*
schwelgen luxuriare
Schwelle limen, liminis *n*
schwellen luxuriare; turgēre
Schwellung tumor, tumoris *m*
schwer difficilis, difficilis, difficile; gravis, gravis, grave
Schwere gravitas, gravitatis *f*
schwerfällig hebes, hebetis; pinguis, pinguis, pingue; socors, socordis
schwergewichtig gravis, gravis, grave

Schwert ensis, ensis *m*; ferrum, ferri *n*; gladius, gladii *m*
Schwertgriff capulus, capuli *m*
Schwertkämpfer gladiator, gladiatoris *m*
Schwertscheide vagina, vaginae *f*
Schwertspitze mucro, mucronis *m*
Schwester germanus; soror, sororis *f*
Schwiegermutter socrus, socrus *f*
Schwiegersohn gener, generi *m*
Schwiegertochter nurus, nurus *f*
Schwiegervater socer, soceri *m*
schwierig arduus; difficilis, difficilis, difficile; impeditus; *sehr* ~ perdifficilis, perdifficilis, perdifficile
Schwierigkeit difficultas, difficultatis *f*
schwimmen innare; innatare; nare; natare
Schwindsucht tabes, tabis *f*
schwingen intorquēre; librare; rotare; vibrare
schwitzen sudare
schwören iurare; *falsch* ~ peierare; periurare
Schwung elatio, elationis *f*; impetus, impetus *m*; nisus, nisus *m*
Schwur ius iurandum/iusiurandum, iuris iurandi *n*
sechs sex; *je* ~ seni
sechshundert sescenti
sechsmonatig seme(n)stris, semestris, semestre
sechste *der* ~ sextus
sechzehn sedecim
sechzig sexaginta
sechzigste *der* ~ sexagesimus
See lacus, lacus *m*; *die* ~ mare, maris *n*; *die hohe* ~ altum, alti *n*; *zur* ~ *fahren* navigare
Seefahrt navigatio, navigationis *f*
Seekrankheit nausea, nauseae *f*
Seele anima, animae *f*; animus, animi *m*; mens, mentis *f*; pectus, pectoris *n*; spiritus, spiritus *m*

Seemann nauta, nautae *m*; nauticus
Seeräuber pirata, piratae *m*
Segel linteum, lintei *n*; velum, veli *n*
segeln navigare
Segelstange antemna, antemnae *f*
Segelwerk armamenta, armamentorum *n*
Segen spendend almus
sehen cernere; vidēre
Seher vates, vatis *m/f*
Sehergabe divinatio, divinationis *f*
Seherin vates, vatis *m/f*
seherisch providus
Sehkraft acies, aciei *f*
Sehne nervus, nervi *m*
sehnen *sich* ~ *nach* desiderare *[Akkusativ]*
Sehnsucht desiderium, desiderii *n [Genitiv]*
sehr admodum *Adv*; magnopere *Adv*; multum *Adv*; multus *Adv*; *so* ~ tantopere *Adv*; tantum *Adv*; *zu* ~ nimis *Adv*
seht! ecce *Adv*
Seil funis, funis *m*; rudens, rudentis *m*
sein esse; suus; *da* ~ adesse; *schlaff* ~ torpēre
seit a/ab/abs *Präp [Ablativ]*; e/ex *Präp [Ablativ]*; ~ *langem* dudum *Adv*
Seite latus, lateris *n*; pagina, paginae *f*; pars, partis *f*
Seiten *von allen* ~ undique *Adv*
Seitengasse angiportum, angiporti *n*
Seitenweg trames, tramitis *m*
selbst ipse, ipsius, ipsa, ipsum; -met; *von* ~ ultro *Adv*
Selbstbeherrschung continentia, continentiae *f*; moderatio, moderationis *f*; temperantia, temperantiae *f*

selbstverständlich scilicet *Adv*
Sellerie apium, apii *n*
selten insolitus; raro *Adv*; rarus
seltsam mirus
Senat senatus, senatus *m*
Senator senator, senatoris *m*
senatorisch senatorius
Senatsbeschluss S. C. (senatus consultum)
Senatsversammlung concilium, concilii *n*; senatus, senatus *m*
senden mittere
Sendung missio, missionis *f*
sengen urere
senken demittere; *sich* ~ sidere; subsidere
Serie series, seriei *f*
Serviette mappa, mappae *f*
Sessel sedile, sedilis *n*; sella, sellae *f*
Sesterz sestertius, sestertii *m*
setzen ponere; *sich* ~ considere; residere; sidere; *sich* ~ *auf* insidere
Setzling propago, propagonis *f*
Seuche pestilentia, pestilentiae *f*; pestis, pestis *f*
seufzen gemere; suspirare
Seufzen gemitus, gemitus *m*
sich sui/sibi/se; *von* ~ *aus* ultro *Adv*; ~ *flüchten* perfugere; ~ *stellen* sistere
Sichel falx, falcis *f*
sicher certo *Adv*; certus; securus; tutus
Sicherheit securitas, securitatis *f*
sicherlich certe *Adv*; enim *Adv*; profecto *Adv*
sichern firmare; fundare; munīre; saepīre; stabilīre; vindicare
Sichhinziehen tractus, tractus *m*

sichtbar conspicuus; promptus; spectabilis, spectabilis, spectabile
sichten cernere
sie *(Plural)* ii (ei)
sieben septem; *je* ~ septeni
siebenhundert septingenti
siebte *der* ~ septimus
siebzig septuaginta
siebzigste *der* ~ septuagesimus
siedeln incolere
sieden fervēre
siedend fervidus
Siedler colonus, coloni *m*
Siedlung colonia, coloniae *f*
Sieg triumphus, triumphi *m*; tropaeum, tropaei *n*; victoria, victoriae *f*
Siegel sigillum, sigilli *n*
siegeln consignare; obsignare; signare
Siegelring anulus, anuli *m*; gemma, gemmae *f*
siegen vincere
Sieger victor, victoris *m*
Siegerin victrix, victricis *f*
Siegesfeier triumphus, triumphi *m*
Siegespreis palma, palmae *f*
Siegeszeichen tropaeum, tropaei *n*
Siegeszug triumphus, triumphi *m*
siegreich victor, victoris *m*; victrix, victricis *f*
siehe da! ecce *Adv*; em!
Signalhorn lituus, litui *m*
Signaltuch mappa, mappae *f*
Silber argentum, argenti *n*
Silbergeld argentum, argenti *n*
singen canere; cantare
sinken labi; ~ *lassen* demittere

Sinn animus, animi *m*; mens, mentis *f*; sensus, sensus *m*; sententia, sententiae *f*; *scharfer ~* sagacitas, sagacitatis *f*; *in den ~ kommen* succurrere

sinnen *auf* meditari *[Akkusativ/de + Ablativ]*

Sinnesart mens, mentis *f*

sinnlos absurdus

Sinnlosigkeit amentia, amentiae *f*; dementia, dementiae *f*; vecordia, vecordiae *f*

Sinnspruch sententia, sententiae *f*

Sintflut diluvium, diluvii *n*

Sippe cognatio, cognationis *f*; gens, gentis *f*; *einer ~ angehörig* gentilis, gentilis, gentile

Sisyphus Sisyphus, Sisyphi *m*

Sitte mos, moris *m*; ritus, ritus *m*

sittenrein castus

sittsam pudens, pudentis

Sittsamkeit pudicitia, pudicitiae *f*

Sitz sedes, sedis *f*; sedile, sedilis *n*

sitzen sedēre; *~ (bei)* assidēre *[Dativ]*; *~ bleiben* residēre

skizzieren adumbrare

Sklave mancipium, mancipii *n*; servus, servi *m*; venalis, venalis, venale; *ehemaliger ~* libertus, liberti *m*; *im Haus geborener ~* verna, vernae *m*; *junger ~* servulus, servuli *m*; *~ sein* servīre

Sklaverei servitium, servitii *n*; servitus, servitutis *f*

Sklavin serva, servae *f*

sklavisch servilis, servilis, servile

Skorpion scorpio, scorpionis *m*

Skrupel scrupulus, scrupuli *m*

so eiusmodi *Adv*; ita *Adv*; sic *Adv*; *~ sehr* adeo *Adv*; tam *Adv*; *~ weit* adeo *Adv*

sobald simul *Kj*; ubi *Adv*; *~ als* simul ac (simulatque) *Kj*; simul atque; ubi (primum) *Kj*; ut/uti *Kj*

soeben modo *Adv*

sofort confestim *Adv*; continuo *Adv*; extemplo *Adv*; ilico *Adv*; protinus *Adv*; statim *Adv*

sogar etiam *Kj*; quoque *Kj*; vel *Kj*; *ja ~* immo (vero) *Kj*; quin *Adv*

sogleich continuo *Adv*; extemplo *Adv*; statim *Adv*; *~ nach* secundum *Präp [Akkusativ]*

Sohle solum, soli *n*

Sohn filius, filii *m*

solange quoad *Kj*; *~ als* donec *Kj*; dum *Kj*; *~ bis* donec *Kj*; dum *Kj*

solcher *ein ~* talis, talis, tale

Sold merces, mercedis *f*; stipendium, stipendii *n*

Soldat manipularis, manipularis, manipulare; miles, militis *m*; *altgedienter ~* veteranus

Soldatenmantel sagum/sagulum, sagi/saguli *n*

soldatisch militaris, militaris, militare

Söldner latro, latronis *m*; mercen(n)arius

sollen debēre

Sommer aestas, aestatis *f*

Sommer- aestivus

Sommerhitze aestas, aestatis *f*

sommerlich aestivus

sonderbar admirabilis, admirabilis, admirabile; mirus

sondern sed *Kj*; verum *Kj*

Sonne sol, solis *m*; *aufgehende ~* oriens (sol), orientis *m*

Sonnengott sol, solis *f*

sonnig apricus

sonst alias *Adv*; alioqui(n) *Adv*; aliter *Adv*

sooft cum *Kj*; quandoque *Kj*; quotiens; totie(n)s *Adv*; ubi (primum) *Kj*; ut/uti *Kj*

Sorge sollicitudo, sollicitudinis *f*; *~ (für)* cura, curae *f* *[Genitiv]*

sorgen tuēri; ~ *für* consultare; curare; prospicere; providēre; ~ *für (mit Dativ)* consulere *[Akkusativ/in + Akkusativ/Dativ]*
Sorgfalt cura, curae *f [Genitiv]*; diligentia, diligentiae *f*
sorgfältig curiosus; diligens, diligentis
sorglos discinctus; dissolutus; incautus; incuriosus; securus; socors, socordis
Sorglosigkeit incuria, incuriae *f*; securitas, securitatis *f*; socordia, socordiae *f*
Späher explorator, exploratoris *m*; speculator, speculatoris *m*
Spalt fissum, fissi *n*; rima, rimae *f*
spalten abscindere; diffindere; findere; rimari; scindere; *sich* ~ dehiscere
Spange fibula, fibulae *f*
Spanien Hispania, Hispaniae *f*
spannen tendere
sparen parcere *[Dativ]*
sparsam frugi; parcus
Sparsamkeit parsimonia, parsimoniae *f*
Spaß iocus, ioci *m*
Spaßmacher scurra, scurrae *m*; ~ *sein* scurrari
spät sero *Adv*; serus; *zu* ~ sero *Adv*
später post *Adv*; postea *Adv*; posthac *Adv*; postilla *Adv*
spätere *der* ~ posterior, posterior, posterius
spätgeboren postumus
spazieren gehen ambulare; spatiari
Speck lar(i)dum, lar(i)di *n*
Speer abies, abietis *f*; hasta, hastae *f*; hastile, hastilis *n*; pilum, pili *n*
speerbewaffnet hastatus
Speerschaft hastile, hastilis *n*
Speerträger hastatus
speien spuere; vomere

Speise cibus, cibi *m*; esca, escae *f*
speisen cenare; epulari; vesci *[Ablativ]*
Speisen epulae, epularum *f*
Spelt far, farris *n*
spenden largīri; *(Trankopfer)* ~ libare
Spiegel speculum, speculi *n*
Spiel ludicrum, ludicri *n*; ludus, ludi *m*; lusus, lusi *m*
spielen cantare; ludere; *(ein Instrument)* ~ canere
spielerisch ludicer/ludicrus, ludicra, ludicrum
Spielzeug ludibrium, ludibrii *n*
Spieß hasta, hastae *f*
Spitze acumen, acuminis *n*; apex, apicis *m*; cacumen, cacuminis *n*; cuspis, cuspidis *f*; fastigium, fastigii *n*; spiculum, spiculi *n*; vertex, verticis *m*; ~ *der Ähre* arista, aristae *f*; *an der* ~ *stehen* praeesse *[Dativ]*; *an die* ~ *stellen* praeficere; praeponere
spitzig acutus
Spitzsäule *(als Grabmal)* cippus, cippi *m*
Splitter fragmentum, fragmenti *n*
Sporn calcar, calcaris *n*
Sport ludicrum, ludicri *n*
Spott ludibrium, ludibrii *n*
spottend dicax, dicacix
Spötter derisor, derisoris *m*
Spottrede convicium, convicii *n*
Sprache lingua, linguae *f*; os, oris *n*; sermo, sermonis *m*
Sprachkunde grammatica, grammaticae *f*
sprachwissenschaftlich grammaticus
sprechen dicere; loqui; ~ *über* disserere
sprengen spargere
Sprichwort proverbium, proverbii *n*
springen salīre
Sproß stirps, stirpis *f*

Sprössling flagellum, flagelli *n*; proles, prolis *f*; propago, propagonis *f*

Spruch carmen, carminis *n*

Sprung saltus, saltus *m*

spucken spuere

Spur vestigium, vestigii *n*

spüren sentīre

Staat civitas, civitatis *f*; republica, respublicae *f*

staatlich civilis, civilis, civile; publicus

Staatsbürger civis, civis *m*

Staatskasse aerarium, aerarii *n*; fiscus, fisci *m*

Staatskosten *auf ~ publice Adv*

Stab baculum, baculi *n*

Stäbchen bacillum, bacilli *n*

Stachel aculeus, aculei *m*; cuspis, cuspidis *f*; spina, spinae *f*; stimulus, stimuli *m*

stachelig hirsutus

Stadion stadium, stadii *n*

Stadt oppidum, oppidi *n*; urbs, urbis *f*

Stadtbezirk tribus, tribus *f*

Städter oppidanus, oppidani *m*

städtisch oppidanus; urbanus

Stadtmauern moenia, moenium *n*

Stadtnähe *in ~* suburbanus

Stadtteil vicus, vici *m*

Stadtviertel vicus, vici *m*

Stahl adamas, adamantis *m*

stählern adamantinus

Stall praes(a)epe, praes(a)epis *n*; stabulum, stabuli *n*

Stamm codex, codicis *m*; gens, gentis *f*

stammelnd balbus

stampfen calcare

Stand classis, classis *f*; ordo, ordinis *m*; status, status *m*

Standarte signum, signi *n*

Standbild statua, statuae *f*

Stande *zu ~ bringen* perficere

standhaft constans, constantis; firmus; stabilis, stabilis, stabile

Standhaftigkeit constantia, constantiae *f*

standhalten subsistere

Standlager stativa, stativorum *n*

Standort statio, stationis *f*

Standpunkt locus, loci *m*

Stange contus, conti *m*; longurius, longurii *m*

Stängel calamus, calami *m*; caulis, caulis *f*; thyrsus, thyrsi *m*; *~ (einer Pflanze)* collum, colli *n*

stark firmus; fortis, fortis, forte; potens, potentis; robustus; valens, valentis; validus; *sehr ~* praevalidus; *zu ~* praevalidus; *~ sein* pollēre; valēre; *besonders ~ sein* praevalēre

Stärke firmitas, firmitatis *f*; ops, opis *f*; robur, roboris *n*; vis *f*

stärken confirmare; firmare

starr gelidus; rigidus; torpēre

starren horrēre *[Akkusativ]*; horrescere; rigēre; squalēre

Statthalter praefectus, praefecti *m*; praetor, praetoris *m*; proconsul, proconsulis *m*; propraetor, propraetoris *m*; *~ einer Provinz* legatus, legati *m*

stattlich amplus; lautus; opimus; speciosus

Statue statua, statuae *f*

Statuette sigillum, sigilli *n*

Staub pulvis, pulveris *m*

staubig pulverulentus

staunen mirari *[Akkusativ]*; stupēre

Staunen admiratio, admirationis *f*

stechen fodere; pungere

stecken haerēre

stecken bleiben haesitare

stehen stare; *aufrecht* ~ astare; ~ *bleiben* consistere; perstare; resistere; sistere

Stehen *zum* ~ *bringen* sistere

stehend stativus

stehlen furari; surripere

steif rigidus; ~ *sein* rigēre

steigen scandere

steigern acccumulare; amplificare; augēre; cumulare; exaggerare; *sich* ~ gliscere

Steigung fastigium, fastigii *n*

steil arduus; convexus; praeceps, praecipitis

Stein lapis, lapidis *m*; saxum, saxi *n*; silex, silicis *m*

Steinblock saxum, saxi *n*

Steinbutt rhombus, rhombi *m*

Steinchen lapillus, lapilli *m*; *(spitzes)* ~ scrupulus, scrupuli *m*

Steineiche ilex, ilicis *f*

steinern lapideus

Steiß clunis, clunis *f*

Stelle loc. (locus); locus, loci *m*; vicis (Genitiv); *auf der* ~ ilico *Adv*; statim *Adv*; *die erste* ~ principatus, principatus *m*

stellen locare; ponere; sistere; ~ *um* circumicere

Stellung situs, situs *m*

Stellvertretung vicis (Genitiv)

sterben acquiescere; decedere; decidere; defungi *[Ablativ]*; ex(s)pirare; interīre; mori; obīre; occidere; occumbere; *(gewaltsam)* ~ perīre; *(langsam)* ~ emori

sterbend moribundus

sterblich mortalis, mortalis, mortale

Stern astrum, astri *n*; stella, stellae *f*

Sternbild astrum, astri *n*; sidus, sideris *n*

Sterndeuter astrologus, astrologi *m*

stets semper *Adv*

Steuer stipendium, stipendii *n*; tributum, tributi *n*; vectigal, vectigalis *n*

Steuerklasse classis, classis *f*

Steuermann gubernator, gubernatoris *m*

steuern gubernare

Steuerpächter publicanus, publicani *m*

Steuerruder clavus, clavi *m*; gubernaculum, gubernaculi *n*

Stich plaga, plagae *f*; punctum, puncti *n*

Stiefel calceus, calcei *m*

Stiefmutter noverca, novercae *f*

Stiefsohn privignus, privigni *m*

Stier ruricola, ruricolae *m*; taurus, tauri *m*; *junger* ~ iuvencus, iuvenci *m*

Stifter conditor, conditoris *m*

still placidus; quietus; surdus; tranquillus; ~ *sein* silēre

Stille quies, quietis *f*; requies, requietis *f*; silentium, silentii *n*

stillen sedare

stillstehen subsistere

stimmbegabt vocalis

Stimme suffragium, suffragii *n*; vox, vocis *f*

Stimmrecht suffragium, suffragii *n*

Stimmung affectio, affectionis *f*; habitus, habitus *m*

stinken putēre; ~ *(nach)* olēre *[Akkusativ/Ablativ]*

Stirn frons, frontis *f*

Stirnbinde infula, infulae *f*

Stock baculum, baculi *n*; fustis, fustis *f*

Stockwerk contabulatio, contabulationis *f*; tabulatum, tabulati *n*

Stoff argumentum, argumenti *n*; materia/materies, materiae/materiei *f*

stöhnen gemere

Stöhnen gemitus, gemitus *m*

Stollen specus, specus *m*

stolz superbus

Stolz superbia, superbiae *f*

Storch ciconia, ciconiae *f*

stören interpellare; obstrepere; sollicitare; turbare

Stoß ictus, ictus *m*

stoßen laedere; pellere; percellere; pulsare; quatere; trudere; tundere; ~ *auf* incidere *[in mit Akkusativ]*; incurrere

Stoßen pulsus, pulsus *m*

stottern haesitare

stotternd balbus

strafbar noxius

Strafe noxa, noxae *f*; piaculum, piaculi *n*; poena, poenae *f*; supplicium, supplicii *n*; vindicta, vindictae *f*

strafen animadvertere *[in + Akkusativ]*; castigare; coërcēre; multare; persequi; punīre; ulcisci *[Akkusativ]*; vindicare

straff contentus

straflos impune *Adv*

Straflosigkeit impunitas, impunitatis *f*

Strahl radius, radii *m*

strahlen radiare; splendēre; *(vor Freude)* ~ renidēre

Strand litus, litoris *n*

Straße platea, plateae *f*; via, viae *f*

Straßenräuber latro, latronis *m*; praedo, praedonis *m*

sträuben *sich* ~ retractare

Strauch frutex, fruticis *m*

Strauchwerk virgultum, virgulti *n*

streben niti; tendere; ~ *nach* studēre *[Dativ]*

Streben studium, studii *n*; ~ *(nach)* appetitio, appetitionis *f [Genitiv]*; appetitus, appetiti *m [Genitiv]*

Strecke spatium, spatii *n*; via, viae *f*

strecken tendere

streicheln mulcēre; permulcēre

streifen perstringere

Streifzug excursio, excursionis *f*; expeditio, expeditionis *f*

Streit certamen, certaminis *n*; certatio, certationis *f*; contentio, contentionis *f*; controversia, controversiae *f*; disceptatio, disceptationis *f*; iurgium, iurgii *n*; litis, litis *f*; rixa, rixae *f*

streitbar bellicosus; pugnax, pugnacis

streiten ambigere; certare; disceptare; iurgare; proeliari; pugnare; rixare

Streitwagen currus, currus *m*; essedum, essedi *n*

streng acerbus; asper, aspera, asperum; austerus; immitis, immitis, immite; severus, severa, severum

Strenge severitas, severitatis *f*

Streu stramentum, stramenti *n*

streuen spargere

Strich lineamentum, lineamenti *n*

Strick laqueus, laquei *m*

Stroh stipula, stipulae *f*; stramentum, stramenti *n*

Strohhalm culmus, culmi *m*; stipula, stipulae *f*

Strom amnis, amnis *m*; fluentum, fluenti *n*; flumen, fluminis *n*; fluvius, fluvii *m*

strömen fluere

Strömung aestus, aestus *m*; fluctus, fluctus *m*; fluentum, fluenti *n*; flumen, fluminis *n*

Strudel gurges, gurgitis *m*; vorago, voraginis *f*

struppig hirsutus; hispidus

Stück pars, partis *f*

Stückchen frustum, frusti *n*

Studium studium, studii *n*

Stufe gradus, gradus *m*

stufenweise gradatim *Adv*

Stuhl sedile, sedilis *n*; sella, sellae *f*

stumm mutus

stumpf hebes, hebetis; ~ *werden* hebescere
Stumpfheit torpedo, torpedinis *f*
stumpfsinnig stupidus
Stunde hora, horae *f*
Sturm hiems, hieme *f*; procella, procellae *f*; tempestas, tempestatis *f*
Sturmangriff oppugnatio, oppugnationis *f*
Sturmbock aries, arietis *m*
stürmisch turbidus; turbulentus; vehemens, vehementis
Sturz lapsus, lapsus *m*; ruina, ruinae *f*
stürzen cadere; ferri; prolabi; ruere
Stute equa, equae *f*
stutzen stupēre
stützen fulcīre; *sich ~ auf* adniti; initi; niti
Stützpunkt praesidium, praesidii *n*
suchen circumspicere; quaerere *[ex/ab mit Ablativ]*; vestigare; *eifrig ~* quaeritare
süchtig avidus *[Genitiv]*
Süden auster, austri *m*; meridies, meridiei *m*
südlich australis, australis, australe; meridianus
Südostwind eurus, euri *m*
Südwind auster, austri *m*; notus, noti *m*
sühnen luere; lustrare; piare; purgare
Sühneopfer lustrum, lustri *n*; piaculum, piaculi *n*
Sumpf palus, paludis *f*
Sumpfgras ulva, ulvae *f*
sumpfig paluster, palustris, palustre
Sünde nefas *n*; peccatum, peccati *n*
sündigen peccare
Suppe ius *n*
süß dulcis, dulcis, dulce; suavis, suavis, suave
Süße dulcedo, dulcedinis *f*
Süßigkeit dulcedo, dulcedinis *f*; suavitas, suavitatis *f*
Szene scaena, scaenae *f*

T

Tadel convicium, convicii *n*; reprehensio, reprehensionis *f*
tadeln castigare; compellare; culpare; increpitare; notare; obiurgare; perstringere; reprehendere; vituperare
Tafel tabula, tabulae *f*
Täfelchen tabella, tabellae *f*
Tag dies, diei *m/f*; sol, solis *f*; *am ~* interdiu *Adv*; *am folgenden ~* postridie *Adv*; *am vorhergehenden ~* pridie *Adv*; *bei ~* diurnus; *es wird ~* lucescit; *~ für Tag* cottidie *Adv*; *an den ~ legen* praeferre
Tagebuch commentarius (liber), commentarii *m*
Tagelöhner mercen(n)arius
Tageslicht dies, diei *m/f*; lux, lucis *f*
Tagewerk pensum, pensi *n*
täglich cottidianus; cottidie *Adv*; diurnus
tags *darauf* postridie *Adv*; *~ zuvor* pridie *Adv*
tagsüber interdiu *Adv*
Takelage armamenta, armamentorum *n*
Takelwerk armamenta, armamentorum *n*
Takt numerus, numeri *m*
Tal convallis, convallis *f*; vallis, vallis *f*
Talent *(Geldsumme)* talentum, talenti *n*
talentiert ingeniosus
Talkessel convallis, convallis *f*; convexa, convexorum *n*
Tamariske myrica, myricae *f*
Tamburin tympanum, tympani *n*
Tanne abies, abietis *f*
Tannenholz abies, abietis *f*
tanzen saltare

tapfer fortis, fortis, forte

Tapferkeit fortitudo, fortitudinis *f*; virtus, virtutis *f*

Tasche sinus, sinus *m*

Tastsinn tactus, tactus *m*

Tat facinus, facinoris *n*; factum, facti *n*; *in der* ~ enim *Adv*; enimvero *Adv*; profecto *Adv*; reapse *Adv*; vero *Kj*

Taten acta, actorum *n*

Tatenlosigkeit quies, quietis *f*; requies, requietis *f*

tätig operosus; strenuus; ~ *sein* versari

Tätigkeit actio, actionis *f*; negotium, negotii *n*

Tatkraft fortitudo, fortitudinis *f*; virtus, virtutis *f*

tatkräftig acer, acris, acre; gnavus; navus; strenuus

Tatsache res, rei *f*

tatsächlich profecto *Adv*

Tau funis, funis *m*; *der* ~ ros, roris *m*

taub surdus; ~ *werden* obsurdescere

Taube columba, columbae *f*

tauchen demergere; mergere

tauen rorare

tauend roscidus

Taugenichts nebulo, nebulonis *f*; vappa, vappae *f*

tauglich habilis, habilis, habile; idoneus

tauschen mutare

täuschen decipere; fallere; fraudare *[Ablativ]*; frustrari; *sich* ~ errare

täuschend *(echt)* mendax, mendacis

Täuschung dolus, doli *m*; fraus, fraudis *f*; mendacium, mendacii *n*; ostentatio, ostentationis *f*; vanitas, vanitatis *f*

tausend mille

tausendste *der* ~ millesimus

Teich lacus, lacus *m*; stagnum, stagni *n*

Teil membrum, membri *n*; pars, partis *f*; *zum* ~ partim *Adv*

Teilchen particula, particulae *f*

teilen dimovēre; dividere; partīri

Teilhaber consors, consortis

teilhaftig compos, compotis *[Genitiv]*; particeps, participis

teils partim *Adv*

Teilung divisio, divisionis *f*; partitio, partitionis *f*

teilweise partim *Adv*

Tempel adytŭm, adyti *n*; aedes/aedis, aedis *f*; delubrum, delubri *n*; fanum, fani *n*; templum, templi *n*

Tempelraub sacrilegium, sacrilegii *n*

Tempelräuber sacrilegus, sacrilegi *m*

tempelräuberisch sacrilegus

Tenne area, areae *f*

Teppich aulaeum, aulaei *n*

Termin dies, diei *m/f*

Testament testamentum, testamenti *n*; *sein* ~ *machen* testari

teuer carus

Teuerung annona, annonae *f*; caritas, caritatis *f*

Theater theatrum, theatri *n*

Theaterstück fabula, fabulae *f*

Theben Thebae, Thebarum *f*

Thema argumentum, argumenti *n*

Theorie artificium, artificii *n*

Thermen thermae, thermarum *f*

Thron solium, solii *n*

Thymian thymum, thymi *n*

Tiber Tiberis, Tiberis *m*

tief altus; intempestus; obliquus; profundus

Tiefe altitudo, altitudinis *f*

tiefere *der* ~ inferior, inferior, inferius

Tier animal, animalis *n*; fera (bestia), ferae *f*; *wildes* ~ bestia, bestiae *f*; fera (bestia), ferae *f*

Tierhetze venatio, venationis *f*
Tiger tigris, tigris/tigridis *m/f*
tilgen delēre; exstinguere; restinguere
Tinte atramentum, atramenti *n*
Tisch mensa, mensae *f*; *sich zu ~ legen* discumbere
Tischgast *(ständiger)* ~ parasitus, parasiti *m*
Tischgenosse convictor, convictoris *m*; conviva, convivae *f*
Titel index, indicis *m*; nomen, nominis *n*
toben furere; saevīre; strepere
tobend furialis, furialis, furiale; furiosus
Tochter filia, filiae *f*
Tod letum, leti *n*; mors, mortis *f*; nex, necis *f*; obitus, obitus *m*
todbringend funestus; mortifer, mortifera, mortiferum
Todesstrafe supplicium, supplicii *n*
tödlich capitalis, capitalis, capitale; funebris, funebris, funebre; letalis, letalis, letale; mortifer, mortifera, mortiferum
Toga toga, togae *f*; *purpurbesetzte* ~ praetexta (toga), praetextae (togae) *f*
toll rabidus
Tollwut rabies, rabiei *f*
Tölpel truncus
Ton plectrum, plectri *n*; sonitus, sonitus *m*; sonus, sonus *m*
tönen insonare; sonare
tönend sonorus
Tonscherbe testa, testae *f*
Topf testa, testae *f*; urna, urnae *f*
Töpfer figulus, figuli *m*
Tor porta, portae *f*
Torheit stultitia, stultitiae *f*; vecordia, vecordiae *f*

töricht ineptus; insipiens, insipientis; stolidus; stultus; ~ *sein* desipere
tosen fremere
tot exanimis, exanimis, exanime; exsanguis, exsanguis, exsangue; mortuus; *halb ~* seminex, seminecis
töten caedere; exanimare; interficere; interimere; necare; occīdere
Totenopfer inferiae, inferiarum *f*
Trabant satelles, satellitis *m*
Tracht vestitus, vestitus *m*
trachten *nach (mit Dativ)* inhiare
träg deses, desidis
träge ignavus; iners, inertis; lentus; piger, pigra, pigrum; segnis, segnis, segne; tardus
tragen ferre; gerere; portare; *(bei sich)* ~ *(Waffen und Kleider)* gestare
Trägheit desidia, desidiae *f*; ignavia, ignaviae *f*; inertia, inertiae *f*; languor, languoris *m*; pigritia, pigritiae *f*; segnitia, segnitiae *f*; tarditas, tarditatis *f*
tragisch tragicus
Tragödie tragoedia, tragoediae *f*; *zur ~ gehörig* tragicus
Träne lacrima, lacrimae *f*
tränenerregend lacrimosus
tränenreich lacrimosus
Trank potio, potionis *f*; potus, potus *m*
tränken madefacere
Transport commeatus, commeatus *m*
Traube uva, uvae *f*
trauen fidere *[Dativ/Ablativ]*; *sich ~* audēre
Trauer maeror, maeroris *m*; maestitia, maestitiae *f*; plangor, plangoris *m*; squalor, squaloris *m*; tristitia, tristitiae *f*; *(laute)* ~ luctus, luctus *m*; *zur ~ gehörig* lugubris, lugubris, lugubre
Trauerkleidung squalor, squaloris *m*

Trauerlied nenia, neniae *f*
trauern lugēre; maerēre; plangere
Trauerspiel tragoedia, tragoediae *f*
Traum somnium, somnii *n*
Traumbild somnium, somnii *n*
Traumdeuter coniector, coniectoris *m*
träumen somniare
traurig luctuosus; maestus; tristis, tristis, triste; ~
    gestimmt lugubris, lugubris, lugubre
Traurigkeit maestitia, maestitiae *f*; tristitia, tristitiae *f*
treffen ferīre; percutere; *schwer* ~ conflictare/conflictari
Treffen proelium, proelii *n*
trefflich pulcher, pulchra, pulchrum
treiben agere; fluctuare; fluitare; natare; pellere;
    hinunter/hinauf ~ subigere
trennen abscindere; diducere; dimovēre; dinstinguere;
    dirimere; discernere; disiungere; distinguere; distra-
    here; dividere; secernere; seducere; segregare; seiun-
    gere; separare; seponere; *sich* ~ digredi; secedere
Trennung discessus, discessus *m*; secessio, seces-
    sionis *f*; seditio, seditionis *f*
Treppe scalae, scalarum *f*
treten *(auf etwas)* ~ calcare
treu fidelis, fidelis, fidele; fidus
Treubund foedus, foederis *n*
Treue fides, fidei *f*
Treueid sacramentum, sacramenti *n*
treulos infidelis, infidelis, infidele; infidus; perfidus
Treulosigkeit adulterium, adulterii *n*; perfidia, perfidiae *f*
Triarier triarii, triariorum *m*
Tribun tribunus, tribuni *m*; *ehemaliger* ~ tribunicius
Tribunat tribunatus, tribunatus *m*
Tribüne pulpitum, pulpiti *n*; spectaculum, spectaculi *n*
Tribut stipendium, stipendii *n*; tributum, tributi *n*

tributpflichtig stipendiarius
triefäugig lippus
triefen madēre
Trinkbecher poculum, poculi *n*
trinken bibere; haurīre; potare
Trinker potor, potoris *m*
Triumph triumphus, triumphi *m*; *einen* ~ *feiern* trium-
    phare
triumphieren ovare; triumphare
Triumphzug triumphus, triumphi *m*
Triumvir triumvir, triumviri *m*
trocken aridus; assus; siccus; ~ *sein* arēre; sitīre
trocknen siccare; torrēre
Trompete tuba, tubae *f*
tropfen rorare
Tropfen gutta, guttae *f*; stilla, stillae *f*
Trophäe tropaeum, tropaei *n*
Trossknecht calo, calonis *m*
Trost consolatio, consolationis *f*; solacium, solacii *n*;
    solamen, solaminis *n*
trösten consolari; solari
Tröstung consolatio, consolationis *f*
Trotz contumacia, contumaciae *f*; ferocia, ferociae *f*
trotzdem nihilominus/nihilo minus *Adv*; tamen *Kj*
trotzig atrox, atrocis; ferox, ferocis; trux, trucis
trüb nubilus
Trübsal aerumna, aerumnae *f*
Trugbild imago, imaginis *f*; simulacrum, simu-
    lacri *n*
trügerisch fallax, fallacis; mendax, mendacis
Truhe arca, arcae *f*
trunken ebrius
trunksüchtig vinosus
Trupp caterva, catervae *f*

286

Truppe militia, militiae *f*
Truppengattung armatura, armaturae *f*
Tuba tuba, tubae *f*
Tuch velum, veli *n*
tüchtig bonus; probus; strenuus
tüchtiger melior, melior, melius; potior, potior, potius
Tüchtigkeit virtus, virtutis *f*
tüchtigste *der* ~ potissimus
Tugend virtus, virtutis *f*
Tümpel stagnum, stagni *n*
tun agere; facere
Tunika tunica, tunicae *f*
Tür porta, portae *f*
Türangel cardo, cardinis *m*
Türe foris, foris *f*; ianua, ianuae *f*
Türflügel foris, foris *f*; valvae, valvarum *f*
Türhüter ianitor, ianitoris *m*
Turm turris, turris *f*
Turnschule gymnasium, gymnasii *n*
Türpfosten postis, postis *m*
Tyrann rex, regis *m*; tyrannus, tyranni *m*
tyrannisch imperiosus

U

Übel malum, mali *n*
übelgelaunt tristis, tristis, triste
Übeltat maleficium, maleficii *n*
üben exercēre; *tüchtig* ~ exercitare
über circa/circum *Präp [Akkusativ]*; de *Präp [Ablativ]*; super/supra *Präp [Akkusativ]*; super/supra *Präp [Akkusativ]*; supra *Präp*; trans *Präp [Akkusativ]*; ~ ... *hin* per *Präp [Akkusativ]*; ~ ... *hinaus* praeter *Präp [Akkusativ]*; super/supra *Präp [Akkusativ]*; ultra *Präp [Akkusativ]*; ~ ... *hinüber* trans *Präp [Akkusativ]*

überall passim *Adv*; ubicumque *Adv*; ubique *Adv*; *von* ~ *her* undique *Adv*
überaus magnopere *Adv*; nimium *Adv*; oppido *Adv*
Überbleibsel reliquiae, reliquiarum *f*
überbringen deferre; perferre
überdenken meditari *[Akkusativ/de + Ablativ]*; volutare
Überdruss fastidium, fastidii *n*; satietas, satietatis *f*; taedium, taedii *n*; ~ *empfinden* fastidīre
überdrüssig fastidiosus
übereilen praecipitare
übereilt inconsultus
übereinkommen convenire
Übereinkommen pactio, pactionis *f*
übereinstimmen concinere; congruere; consentīre; consonare; *nicht* ~ disconvenīre; discrepare; dissidēre
übereinstimmend consentaneus; conveniens, convenientis
Übereinstimmung concentus, concentus *m*; consensio, consensionis *f*; consensus, consensus *m*; convenientia, convenientiae *f*
überfallen invadere; occupare; opprimere; supervenīre
überfließen redundare
Überfluss abundantia, abundantiae *f*; luxuria, luxuriae *f*; *im* ~ abunde *Adv*; *im* ~ *besitzen* abundare *[mit Ablativ]*; *im* ~ *vorhanden sein* affluere; redundare
überflüssig supervacaneus; supervacuus; ~ *sein* superesse
überführen coarguere; comperīre; *(einer Schuld)* ~ convincere
Übergabe deditio, deditionis *f*
Übergang transitus, transitus *m*

übergeben dedere; mandare; tradere
übergehen omittere; praeterīre; praetermittere
übergenug abunde *Adv*
Übergewicht *das ~ haben* praevalēre
übergießen perfundere; suffundere
überhaupt alioqui(n) *Adv*; denique *Adv*; omnino *Adv*
überheben *sich ~* intumescere
überheblich insolens, insolentis
Überheblichkeit arrogantia, arrogantiae *f*; superbia, superbiae *f*
überholen antecedere; anteīre; praecurrere; praeterīre
Überirdischen *die ~* superi, superorum *m*
überlassen condonare; permittere
überlaufen perfugere
Überläufer perfuga, perfugae *m*; transfuga, transfugae *m*
überleben superesse
überlebend superstes, superstitis
überlegen argumentari; cogitare; considerare; deliberare; pensare; pertemptare; reputare; versare; volvere; *reiflich ~* commentari; *~ sein* superare; superesse
überlegene *der ~* superior, superior, superius
überlegt consulto *Adv*; frugi
Überlegung cogitatio, cogitationis *f*; consilium, consilii *n*; deliberatio, deliberationis *f*; ratio, rationis *f*; *ohne ~* temere *Adv*
überliefern prodere; tradere
Überlieferung memoria, memoriae *f*
Übermacht multitudo, multitudinis *f*
übermächtig praevalidus
übermäßig immodicus; nimius
übermütig *sein* ex(s)ultare
übernachten pernoctare
übernehmen adīre; suscipere; sustinēre
überragen superare

überraschen opprimere; supervenīre
überraschend inopinatus
überreden persuadēre *[Dativ]*
überrumpeln opprimere
überschreiten transcendere; transgredi; transīre
Überschrift titulus, tituli *m*
überschütten acccumulare; cumulare; obruere
überschwemmen inundare
Überschwemmung diluvium, diluvii *n*
überseeisch transmarinus
übersehen neglegere
übersetzen interpretari; tra(ns)ducere; traicere; transmittere; transvehere; vertere
Übersetzer interpres, interpretis *m*
Übersetzung interpretatio, interpretationis *f*
übersiedeln migrare
überspringen transilīre
überstehen defungi *[Ablativ]*; perfungi *[Ablativ]*
übersteigen exsuperare; transcendere
überströmen abundare *[mit Ablativ]*
überstürzt praeceps, praecipitis
übertönen obstrepere
übertragen deferre; transferre
übertreffen antecedere; antecellere; anteīre; exsuperare; praecedere; praecellere; praestare *[Akkusativ]*; superare; vincere
Übertritt transitus, transitus *m*
überwältigen opprimere; profligare
überwinden exsuperare; frangere; superare
überwintern hibernare; hiemare
Überwurf amictus, amictus *m*; chlamys, chlamydis *f*
überzeugen persuadēre *[Dativ]*
üblich solitus; usitatus
übrig reliquus; *~ sein* superesse

übrig bleiben restare
übrigen *die* ~ ceteri; *im* ~ alioqui(n) *Adv*; ceterum *Adv*
übrigens ceterum *Adv*
übriglassen relinquere
Übung exercitatio, exercitationis *f*; usus, usus *m*
Ufer ripa, ripae *f*
Ulme ulmus, ulmi *f*
um prope *Präp [Akkusativ]*; propter *Präp [Akkusativ]*; sub *Präp*; ~ ... herum circa/circum *Präp [Akkusativ]*; prope *Präp [Akkusativ]*; propter *Präp [Akkusativ]*; ~ herum circum *Präp [Akkusativ]*
umarmen amplectere; amplecti; amplexari; complectere; complecti
Umarmung amplexus, amplexus *m*; complexus, complexus *m*
umbilden diffingere
umbinden evincīre; ligare
umbringen enicare; interficere; necare; occīdere
umdrängen celebrare
umdrehen invertere; pervertere
Umdrehung conversio, conversionis *f*
umfahren circumvehi
Umfang circu(m)itus, circuitus *m*
umfangen amplectere; complectere
umfassen amplectere; amplecti; amplexari; complectere; complecti; continēre
Umfassung amplexus, amplexus *m*; complexus, complexus *m*
umflechten intexere
Umgang commercium, commercii *n*; consuetudo, consuetudinis *f*; usus, usus *m*; *vertrauter* ~ familiaritas, familiaritatis *f*; ~ haben uti *[Ablativ]*
umgänglich comis, comis, come
Umgänglichkeit comitas, comitatis *f*; facilitas, facili-

tatis *f*; mansuetudo, mansuetudinis *f*
Umgangssprache sermo, sermonis *m*
umgeben cingere; circumdare; circumfundere; circummunīre; incingere; intexere; succingere; *mit etwas* ~ circumicere
Umgebung *in der* ~ *von* erga *Präp [Akkusativ]*
umgehen circumīre; ~ *mit* tractare
umgraben eruere
umgürten accingere; cingere; incingere; praecingere; succingere
Umhang amictus, amictus *m*; *langer* ~ palla, pallae *f*
umhegen saepīre
umhergehen ambulare
umherlaufen *aufgeregt* ~ trepidare
umherschweifen vagari
umherschweifend vagus
umherstehen circumstare
umherstreifen dispalari; palari
umhertreiben circumagere
umherziehen vagari
umkehren reverti
Umkehrung conversio, conversionis *f*
umkommen cadere; interīre; occidere; perīre
Umkreis circu(m)itus, circuitus *m*
Umlauf conversio, conversionis *f*
ummauern *(rings)* ~ circummunīre
umringen circumsistere; circumstare; circumvenīre; stipare
Umriss lineamentum, lineamenti *n*
umschauen *sich* ~ circumspicere
Umschlag fomentum, fomenti *n*
umschließen ambīre; cingere; circumvenīre
umschlingen amplecti
umschreiben rescribere

umschreiten circumīre

Umschweife ambages, ambagum *f*

Umsicht diligentia, diligentiae *f*

umsichtig diligens, diligentis

umsonst frustra *Adv*; gratuito *Adv*; nequiquam *Adv*

umstimmen flectere

umstürzen evertere; invertere; pervertere; subvertere

Umweg ambitus, ambitus *m*; circu(m)itus, circuitus *m*; flexus, flexus *m*

Umwege ambages, ambagum *f*

umwenden convertere; flectere; invertere

umwerben ambīre

umwerfen deicere; evertere

umwinden comere; evincīre; redimīre

umzäunen saepīre

umzingeln cingere; circumīre; circumsedēre; circumvenīre

Umzug pompa, pompae *f*

Unabhängigkeit libertas, libertatis *f*

unabsichtlich imprudens, imprudentis; insciens, inscientis

Unabsichtlichkeit imprudentia, imprudentiae *f*

unähnlich *(in)* dissimilis, dissimilis, dissimile *[Ablativ]*

Unähnlichkeit dissimilitudo, dissimilitudinis *f*

unangebracht intempestivus

unangenehm ingratus

unangetastet integer, integra, integrum

unansehnlich inhonestus

unanständig obsc(a)enus

unausweichlich *es ist ~* necesse est

unbändig effrenatus; ferox, ferocis

unbearbeitet incultus

unbedeutend exiguus; ignobilis, ignobilis, ignobile; levis, levis, leve; mediocris, mediocris, mediocre; minutus; parvus

Unbedeutendheit humilitas, humilitatis *f*

unbedingt absolutus

unbeerdigt inhumatus

unbegrenzt immoderatus; infinitus

unbeherrscht impotens, impotentis; incontinens, incontinentis

Unbeherrschtheit intemperantia, intemperantiae *f*

unbehindert expeditus

unbekannt ignarus; ignobilis, ignobilis, ignobile; ignotus; nescius; obscurus; *~ sein* latēre

Unbekanntheit obscuritas, obscuritatis *f*

unbekümmert securus

unbelebt inanimus

unbemerkt *bleiben* fallere

unbequem incommodus

Unbequemlichkeit incommodum, incommodi *n*

unberühmt ignobilis, ignobilis, ignobile

unberührt impubis, impubis, impube; intactus; integer, integra, integrum

unbeschäftigt otiosus

Unbescheidenheit immodestia, immodestiae *f*

unbescholten integer, integra, integrum

unbeschränkt liber, libera, liberum

unbesiegbar invictus

unbesiegt invictus

unbesonnen temerarius

Unbesonnenheit temeritas, temeritatis *f*

unbeständig inconstans, inconstantis; mobilis, mobilis, mobile; ventosus

Unbeständigkeit inconstantia, inconstantiae *f*; mobilitas, mobilitatis *f*

unbestechlich incorruptus
unbestimmt incertus; infinitus
unbeteiligt expers, expertis
unbewaffnet inermis, inermis, inerme
unbeweglich immobilis, immobilis, immobile; immotus
unbewegt immotus
unbeweint illacrimabilis, illacrimabilis, illacrimabile
unbewohnt desertus
unbezwinglich indomitus
unbillig iniquus
unblutig incruentus
unbrauchbar inutilis, inutilis, inutile
und ac *Kj*; atque *Kj*; et *Kj*; -que *Kj*; ~ *dazu* ac *Kj*;
atque *Kj*; ~ *doch* atqui(n) *Kj*; ~ *nicht* nec *Kj*; ~ *so*
weiter (usw.) etc. (et cetera); ~ *sogar* ac *Kj*; atque *Kj*
undankbar immemor, immemoris *[Genitiv]*; ingratus
uneben iniquus
Unebenheit iniquitas, iniquitatis *f*
Unehre dedecus, dedecoris *n*
unehrenhaft inhonestus
uneingedenk immemor, immemoris *[Genitiv]*
uneinig discors, discordis; ~ *sein* disconvenīre; discordare
Uneinigkeit discordia, discordiae *f*; dissensio, dissensionis *f*
uneins discors, discordis; ~ *sein* dissentīre *[a mit*
Ablativ]; dissidēre
Unempfindlichkeit indolentia, indolentiae *f*
unendlich aeternus; infinitus
Unendlichkeit infinitas, infinitatis *f*; infinitio, infinitionis *f*
unentgeltlich gratis *Adv*; gratuito *Adv*; gratuitus
unentschieden anceps, ancipitis; suspensus
unerbittlich illacrimabilis, illacrimabilis, illacrimabile

unerfahren imperitus; impubis, impubis, impube;
inexpertus; rudis, rudis, rude
Unerfahrenheit imperitia, imperitiae *f*
unerhört inautidus; inusitatus
unermesslich immensus
unermüdlich assiduus
unerprobt inexpertus
unerschrocken impavidus; interritus
Unerschrockenheit ferocia, ferociae *f*
unerschütterlich immotus
unerträglich intolerabilis, intolerabilis, intolerabile;
intolerandus
unerwartet inopinatus; necopinatus; repens, repentis; repentinus
unfähig nescius
Unfall calamitas, calamitatis *f*; casus, casus *m*; offensio, offensionis *f*
unförmig informis, informis, informe
unfreundlich tristis, tristis, triste; truculentus
unfruchtbar sterilis, sterilis, sterile
ungastlich inhospitalis, inhospitalis, inhospitale
ungebildet barbarus; incultus; indoctus; inhumanus;
rudis, rudis, rude
ungebräuchlich inusitatus
ungebunden liber, libera, liberum; licens, licentis; solutus
ungeduldig impatiens, impatientis
ungefähr ad *Präp [Akkusativ]*; admodum *Adv*; circiter *Adv*; fere/ferme *Adv*; quasi *Adv*
ungeheuer immanis, immanis, immane; ingens, ingentis
Ungeheuer belua, beluae *f*; monstrum, monstri *n*;
ostentum, ostenti *n*; portentum, portenti *n*; prodigium, prodigii *n*
ungehört inautidus; surdus
ungelegen intempestivus

ungelehrig indocilis, indocilis, indocile
ungelehrt indocilis, indocilis, indocile
ungemein immensus; oppido *Adv*
ungeordnet inconditus; tumultuarius
ungepflegt incomptus; incultus; squalidus
ungerächt inultus
ungerade *(Zahl)* impar, imparis
ungerecht iniquus; iniuriosus; iniurius; iniustus
Ungerechtigkeit iniquitas, iniquitatis *f*; iniuria, iniuriae *f*; iniustitia, iniustitiae *f*
ungern aegre *Adv*; invitus
ungerührt illacrimabilis, illacrimabilis, illacrimabile
ungeschehen infectus
Ungeschick inscitia, inscitiae *f*
Ungeschicklichkeit inertia, inertiae *f*
ungeschickt absurdus; inconcinnus; indoctus; iners,
inertis; inscitus; rudis, rudis, rude
ungeschoren intonsus
ungeschützt incautus; intutus
ungestalt informis, informis, informe
ungestraft impune *Adv*; inultus
ungestüm protervus; rapidus; violens, violentis; violentus
Ungestüm impetus, impetus *m*; violentia, violentiae *f*
ungesund pestilens, pestilentis
ungewaschen illutus
ungeweiht profanus
ungewiss dubius; incertus; suspensus
Ungewitter tempestas, tempestatis *f*
ungewöhnlich novus
Ungewöhnlichkeit insolentia, insolentiae *f*
ungewohnt desuetus; insolens, insolentis; insolitus;
insuetus; inusitatus
ungezähmt ferus; indomitus

unglaublich incredibilis, incredibilis, incredibile
ungleich dispar, disparis; impar, imparis; iniquus
Ungleichheit iniquitas, iniquitatis *f*
Unglück calamitas, calamitatis *f*; clades, cladis *f*;
incommodum, incommodi *n*; miseria, miseriae *f*; ~
verheißend sinister, sinistra, sinistrum
unglücklich infaustus; infelix, infelicis; miser, misera,
miserum
unglückselig infelix, infelicis
Unglücksfall calamitas, calamitatis *f*
ungültig irritus
Ungunst iniquitas, iniquitatis *f*
ungünstig adversus; importunus; infaustus;
iniquus
unharmonisch inconcinnus
Unheil calamitas, calamitatis *f*; labes, labis *f*; malum,
mali *n*; pestis, pestis *f*
unheilbringend pestifer, pestifera, pestiferum
unheilig nefastus; profanus
unheilvoll ater, atra, atrum; calamitosus; exitiosus;
infelix, infelicis; obsc(a)enus
Unkenntnis ignorantia, ignorantiae *f*; ignoratio, ignorationis *f*; imprudentia, imprudentiae *f*; inscientia, inscientiae *f*; inscitia, inscitiae *f*
unkeusch impudicus
Unkeuschheit impudicitia, impudicitiae *f*
unklar obscurus
unklug imprudens, imprudentis; inscitus
unkriegerisch imbellis, imbellis, imbelle
unkundig ignarus; imperitus; imprudens, imprudentis; inscius
unmäßig incontinens, incontinentis
unmenschlich inhumanus
Unmenschlichkeit immanitas, immanitatis *f*

unmittelbar *folgen* subsequi; ~ *folgend* continens, continentis; ~ *nach* iuxta *Präp [Akkusativ]*; secundum *Präp [Akkusativ]*
Unmut indignatio, indignationis *f*
Unnachgiebigkeit contumacia, contumaciae *f*
unnütz inanis, inanis, inane; supervacaneus; supervacuus
unparteiisch aequabilis, aequabilis, aequabile
Unparteilichkeit aequabilitas, aequabilitatis *f*
unpassend absurdus; alienus; incommodus; ineptus
Unrat caenum, caeni *n*
Unrecht iniuria, iniuriae *f*; nefas *n*
unrechtmäßig iniuriosus
unredlich improbus
unreif acerbus
unrein immundus; impurus; incestus
Unruhe motus, motus *m*; sollicitudo, sollicitudinis *f*; tumultus, tumultus *m*
unruhig anxius; inquietus; sollicitus; trepidus; tumultuosus; turbidus; turbulentus
unrühmlich indecoris, indecoris, indecore; indecorus; inglorius
unsagbar infandus
unschädlich innocens, innocentis; innocuus; innoxius
unscheinbar obsoletus
unschicklich indecorus
Unschuld innocentia, innocentiae *f*
unschuldig immerens, immerentis; immeritus; innocens, innocentis; innocuus; innoxius; insons, insontis
unselig funestus
unser noster, nostra, nostrum
unsicher ambiguus; dubius; incertus; intutus; lubricus; precarius
unsichtbar caecus

unsinnig amens, amentis; demens, dementis; insanus; vecors, vecordis; ~ *sein* desipere
unsterblich immortalis, immortalis, immortale
Unsterblichkeit immortalitas, immortalitatis *f*
unstet vagus
Untat facinus, facinoris *n*
untätig deses, desidis; ignavus; iners, inertis; otiosus
Untätigkeit desidia, desidiae *f*; ignavia, ignaviae *f*; inertia, inertiae *f*; somnus, somni *m*
Untauglichkeit nequitia, nequitiae *f*
unteilbar individuus
unteilhaftig expers, expertis
unten deorsum *Adv*; infra *Adv*; subter *Adv*; *nach* ~ deorsum *Adv*; ~ *befindlich* infernus; inferus
unter infra *Präp [Akkusativ]*; sub *Präp*; subter *Präp [Akkusativ/Ablativ]*; *(mitten)* ~ inter *Präp [Akkusativ]*; ~ ... *hin* sub *Präp*
unterbrechen dirimere; incīdere; intercipere; intermittere; interpellare; interrumpere; intervenīre
unterbringen collocare
unterdessen interea *Adv*; interim *Adv*
unterdrücken calcare; comprimere; deprimere; opprimere
untere *der* ~ inferior, inferior, inferius; inferus
Unterfeldherr legatus, legati *m*
Untergang casus, casus *m*; excidium, excidii *n*; exitium, exitii *n*; interitus, interitus *m*; letum, leti *n*; obitus, obitus *m*; occasus, occasus *m*; pernicies, perniciei *f*; ruina, ruinae *f*
Untergebener minister, ministri *m*
untergehen excidere; interīre; occidere; praecipitare
untergraben subruere
unterhalb infra *Präp [Akkusativ]*; sub *Präp*; subter *Adv*; ~ *von* subter *Präp [Akkusativ/Ablativ]*
Unterhalt victus, victus *m*

unterhalten delectare; oblectare; *sich* ~ colloqui
unterhaltsam lepidus; ludicer/ludicrus, ludicra, ludicrum
Unterhaltung delectatio, delectationis *f*; oblectatio, oblectationis *f*
unterirdisch infernus
unterjochen subigere
Unterkleid tunica, tunicae *f*
unterlassen omittere; praetermittere
unterlegene *der* ~ inferior, inferior, inferius
Unterleib ilia, ilium *n*; inguen, inguinis *n*; uterus, uteri *m*
unterliegen succumbere
unternehmen adoriri; aggredi; conari; instituere; moliri; occipere; subire; suscipere
Unternehmen coeptum, coepti *n*; conatus, conatus *m*
Unternehmung expeditio, expeditionis *f*
Unternehmungsgeist industria, industriae *f*
unterordnen subicere
Unterpfand pignus, pignoris/pigneris *n*
unterreden *sich* ~ colloqui
Unterredung colloquium, colloquii *n*
Unterricht disciplina, disciplinae *f*; doctrina, doctrinae *f*; eruditio, eruditionis *f*; institutio, institutionis *f*
unterrichten docēre; erudīre; instituere; instruere
untersagen interdicere
unterscheiden dignoscere; diiudicare; dinstinguere; discernere; disiungere; distinguere; internoscere; secernere; seiungere; *sich* ~ differre; discrepare; distare; interesse
Unterscheidung distinctio, distinctionis *f*
unterschieben subdere
Unterschied differentia, differentiae *f*; discrimen, discriminis *n*; distinctio, distinctionis *f*; diversitas, diversitatis *f*
unterschiedlich *sein* variare

unterschiedlos promiscu(u)s
unterschlagen fraudare *[Ablativ]*
Unterschlagung peculatus, peculatus *m*
Unterschleif peculatus, peculatus *m*
Unterstatthalter legatus, legati *m*
unterste *der* ~ imus; infimus
unterstellen subdere
unterstützen adiutare; adiuvare *[Akkusativ]*; iuvare *[Akkusativ]*; sublevare; sustentare
Unterstützung adiumentum, adiumenti *n*; auxilium, auxilii *n*
untersuchen anquirere; cognoscere; excutere; inquirere; pertractare; quaerere *[ex/ab mit Ablativ]*; scrutari; temptare
Untersuchung cognitio, cognitionis *f*; disputatio, disputationis *f*; notio, notionis *f*; quaestio, quaestionis *f*; scrutatio, scrutationis *f*
untertags interdiu *Adv*
Untertan deditius
untertänig dediticius
untertauchen submergere; summergere
unterweisen instituere; instruere
Unterwelt chaos *n*; *zur* ~ *gehörig* infernus
unterwerfen pacare; subdere; subicere; subigere
Unterwerfung deditio, deditionis *f*
unterworfen deditius
unterwühlen subruere
unterwürfig obnoxius
Unterwürfigkeit humilitas, humilitatis *f*
unterziehen *sich* ~ subire
Untiefe vadum, vadi *n*
Untier belua, beluae *f*
untrennbar inseparabilis, inseparabilis, inseparabile
untüchtig iners, inertis

unüberlegt inconsultus; temerarius; temere *Adv*
Unüberlegtheit inscitia, inscitiae *f*
ununterbrochen continuus; perpetuus; ~ *bis* usque (ad) *Adv [Akkusativ]*
unveränderlich immutabilis, immutabilis, immutabile
unverändert *bleiben* constare
unverdient immeritus; indignus
unverdorben incorruptus
unverdrossen impiger, impigra, impigrum
unvergänglich aeternus
unverheiratet caelebs, caelibis; innupta, innuptae *f*; viduus
unverletzlich inviolatus; sacrosanctus
Unverletzlichkeit sanctitas, sanctitatis *f*
unverletzt incolumis, incolumis, incolume; incruentus; inviolatus; salvus; sanctus
Unverletztheit incolumitas, incolumitatis *f*
unvermählt caelebs, caelibis
unvermischt merus; purus
unvermutet improvisus; inopinatus; necopinatus; repentinus; subitus *Adv*
unverschämt improbus; impudens, impudentis; impudicus
Unverschämtheit impudentia, impudentiae *f*; insolentia, insolentiae *f*
unversehrt incolumis, incolumis, incolume; incorruptus; intactus; integer, integra, integrum; salvus; sincerus; sospes, sospitis
Unversehrtheit incolumitas, incolumitatis *f*; integritas, integritatis *f*
unversiegbar iugis, iugis, iuge
unversöhnlich implacabilis, implacabilis, implacabile
Unverstand inscitia, inscitiae *f*
unverständig inscitus; insipiens, insipientis

unverzüglich confestim *Adv*; protinus *Adv*
unvollständig mancus
unvorhergesehen improvisus
unvorsichtig incautus
unwegsam impeditus; invius
Unwetter tempestas, tempestatis *f*
unwiderstehlich rapax, rapacis
unwillig indignari *[Akkusativ]*; ~ *sein* stomachari
unwirtlich inhospitalis, inhospitalis, inhospitale
unwissend ignarus; insciens, inscientis; inscius; nescius
Unwissenheit ignorantia, ignorantiae *f*; ignoratio, ignorationis *f*; inscientia, inscientiae *f*
unwürdig indignus
unzählbar innummerabilis, innummerabilis, innummerabile
unzählig innumerabilis, innumerabilis, innumerabile
unzeitig intempestivus
unzertrennlich inseparabilis, inseparabilis, inseparabile
unziemlich indignus
Unzucht impudicitia, impudicitiae *f*; stuprum, stupri *n*
unzufrieden *sein* paenitēre
Unzufriedenheit invidia, invidiae *f*
unzugänglich impeditus; importunus
Unzugänglichkeit *(eines Menschen)* difficultas, difficultatis *f*
unzuverlässig futilis, futilis, futile; incertus; infidelis, infidelis, infidele; infidus; intutus
üppig laetus; luxuriosus; uber, uberis; ~ *wachsen* luxuriare
Üppigkeit luxuria, luxuriae *f*
Ur urus, uri *m*
Urgroßvater proavus, proavi *m*
Urheber auctor, auctoris *m*; conditor, conditoris *m*; effector, effectoris *m*

Urkunde monumentum, monumenti *n*; tabella, tabellae *f*
Urlaub commeatus, commeatus *m*; vacatio, vacationis *f*
Ursache causa, causae *f*; momentum, momenti *n*
Ursprung exordium, exordii *n*; fons, fontis *m*; origo, originis *f*; primordium, primordii *n*; stirps, stirpis *f*
Urteil arbitrium *n*; existimatio, existimationis *f*; iudicium, iudicii *n*; sapor, saporis *m*; sententia, sententiae *f*
urteilen existimare; iudicare

V

Vater genitor, genitoris *m*; parens, parentis *m/f*; pater, patris *m*
Vaterland patria, patriae *f*
vaterländisch patrius
väterlich paternus; patrius
Vatermörder parricida, parricidae *m/f*
Vaterstadt patria, patriae *f*
Veilchen viola, violae *f*
Vene vena, venae *f*
Venus Venus, Veneris *f*
verabreden pacisci
Verabredung praedictum, praedicti *n*
verabscheuen detestari
verabscheuenswürdig detestabilis, detestabilis, detestabile
verachten aspernari; contemnere; despicere; spernere; temnere
Verachtung contemptio, contemptionis *f*; contemptus, contemptus *m*; despectus, despectus *m*
veraltet exoletus
veränderlich mutabilis, mutabilis, mutabile

verändern commutare; convertere; immutare; mutare; permutare
Veränderung commutatio, commutationis *f*; immutatio, immutationis *f*
verängstigen perturbare
verängstigt pavidus
veranlassen adducere; commovēre; compellere; impellere; perducere; permovēre
veranstalten instaurare; instituere
veräußern abalienare
Verband fomentum, fomenti *n*
verbannen deportare; expellere; fugare; relegare
verbannt ex(s)ul, exulis; profugus; ~ *sein* ex(s)ulare
Verbannter ex(s)ul, exulis *m*
Verbannung ex(s)ilium, exilii *n*; fuga, fugae *f*; *in der* ~ *leben* ex(s)ulare
verbauen inaedificare; obstruere
verbergen abdere; abscondere; celare; condere; contegere; dissimulare; obscurare; occulere; occultare; recondere
verbessern corrigere; emendare
Verbesserung correctio, correctionis *f*
verbieten interdicere; sancīre; vetare
verbinden adnectere; colligare; conectere; coniungere; connectere; contexere; copulare; immiscēre; implicare; iungere; obligare; sociare
Verbindung coniunctio, coniunctionis *f*; iunctura, iuncturae *f*; nexus, nexus *m*; societas, societatis *f*; *enge* ~ necessitudo, necessitudinis *f*
verbleiben permanēre; remanēre
verblendet caecus
Verblendung caecitas, caecitatis *f*
verblüffen stupefacere
verblüfft *sein* obstupescere

verborgen occultus; reconditus; ~ *bleiben* fallere; latēre; ~ *sein* latēre

Verbot interdictum, interdicti *n*

verboten nefastus

verbrämen praetexere; variare

verbrauchen absumere; consumere

Verbrechen crimen, criminis *n*; facinus, facinoris *n*; parricidium, parricidii *n*; scelus, sceleris *n*

Verbrecher scelus, sceleris *n*

verbrecherisch nefarius; nocens, nocentis; sceleratus; scelestus; scleratus

verbreiten diffundere; dispergere; ēdere; excutere; vulgare; *sich* ~ manare; vagari

verbrennen adolēre; adurere; amburere; comburere; concremare; cremare; flammare; *(etwas)* ~ urere; *(gänzlich)* ~ exurere; perurere

Verbrennung sepultura, sepulturae *f*

verbringen degere

verbünden *sich eidlich* ~ coniurare

verbündet foederatus; socius, socii *m*

Verbündeter foederatus; socius, socii *m*

verbürgen praestare *[Akkusativ]*

Verdacht suspicio, suspicionis *f*

verdächtig suspectus

verdächtigen insimulare; suspectare

Verdächtigung criminatio, criminationis *f*

verdanken debēre

verdecken occulere

verderben contaminare; corrumpere; perdere; vitiare

Verderben corruptela, corruptelae *f*; exitium, exitii *n*; pernicies, perniciei *f*; pestis, pestis *f*

verderblich calamitosus; damnosus; dirus; exitiosus; funestus; perniciosus; pestifer, pestifera, pestiferum; pestilens, pestilentis

Verderbnis corruptela, corruptelae *f*

verdichten densare; densēre

verdienen commerēre; emerēre; merēre; merēri

Verdienst laus, laudis *f*; meritum, meriti *n*; *nach* ~ merito *Adv*

verdient dignus *[Ablativ]*; *sich* ~ *machen* emerēre; merēri

verdientermaßen merito *Adv*

verdoppeln duplicare; geminare; ingeminare

verdorben pravus

verdrängen depellere; detrudere

verdrehen detorquēre; distorquēre; intorquēre

verdreht perversus

verdrießlich molestus

verdrossen piger, pigra, pigrum

Verdruss molestia, molestiae *f*; offensio, offensionis *f*; stomachus, stomachi *m*

verdunkeln obscurare

verdutzt stupidus

verehren adorare; colere; venerari; verēri

Verehrer cultor, cultoris *m*

Verehrung caerimonia, caerimoniae *f*; cultus, cultus *m*; veneratio, venerationis *f*; verecundia, verecundiae *f*

vereidigt iuratus

vereinbaren decīdere

Vereinbarung condicio, condicionis *f*; pactio, pactionis *f*

vereinigen communicare; congregare; coniungere; iungere; sociare; *sich* ~ coīre

Vereinigung coetus, coetus *m*; coitus, coitus *m*; collegium, collegii *n*; confusio, confusionis *f*

vereinzelt raro *Adv*; rarus

verewigen sacrare

verewigt divus

verfahren *ernstlich* ~ asseverare

Verfall defectio, defectionis *f*

verfallen puter, putris, putre; senescere
verfälschen vitiare
verfänglich captiosus
verfassen componere; concipere; conscribere; pangere; scribere
Verfasser auctor, auctoris *m*; conditor, conditoris *m*
Verfassung constitutio, constitutionis *f*; status, status *m*
verfeinern polīre
verfertigen fabricare/fabricari; texere
verflechten contexere
verfluchen abominari; devovēre; ex(s)ecrari
verflucht devotus; sacer, sacra, sacrum *[Genitiv]*
verfolgen consectari; exagitare; ex(s)equi; insectari; insequi; persequi; prosequi; sequi
Verfügung edictum, edicti *n*; *zur ~* praesto *Adv*; *zur ~ stehen* suppetere
Verfügungen acta, actorum *n*
Verführung corruptela, corruptelae *f*; illecebra, illecebrae *f*
vergangen antiquus
vergänglich caducus; fluxus; fugax, fugacis
vergeben condonare
vergebens frustra *Adv*
vergeblich futilis, futilis, futile; incassum *Adv*; nequiquam *Adv*
Vergeblichkeit vanitas, vanitatis *f*
vergehen decedere; effluere; evanescere; exolescere; mori; tabescere; *sich ~* delinquere
Vergehen delictum, delicti *n*; noxia, noxiae *f*; peccatum, peccati *n*; vitium, vitii *n*
vergelten reponere
vergessen oblivisci *[Genitiv]*
vergessend immemor, immemoris *[Genitiv]*

Vergessenheit oblivio, oblivionis *f*; oblivium, oblivii *f*; *in ~ bringen* oblitterare
Vergesslichkeit oblivio, oblivionis *f*; oblivium, oblivii *f*
vergeuden confringere; consumere; conterere; dissipare
vergießen profundere
vergiften inficere
Vergleich collatio, collationis *f*; comparatio, comparationis *f*; *im ~ zu* prae *Präp [Ablativ]*
vergleichen assimulare; comparare; componere; conferre
Vergnügen delectatio, delectationis *f*; deliciae, deliciarum *f*; gaudium, gaudii *n*; voluptas, voluptatis *f*
vergnügt hilaris, hilaris, hilare; hilarus
vergoldet auratus
vergraben defodere; infodere
vergrößern augēre; exaggerare; prolatare
Vergünstigung benficium, benficii *n*; commodum, commodi *n*
Verhältnis *im ~ zu* pro *Präp [Ablativ]*
verhandeln agere; agitare; disceptare; orare
Verhandlung actio, actionis *f*; disceptatio, disceptationis *f*
Verhängnis fatum, fati *n*
verhängnisvoll fatalis, fatalis, fatale
verharren permanēre; perseverare
verhasst invidiosus; invisus; odiosus
verheeren depopulari; populari; vastare; vexare
Verheerung depopulatio, depopulationis *f*; populatio, populationis *f*
verhehlen celare; *etwas ~* dissimulare
verheimlichen abscondere; celare; dissimulare
Verheimlichung dissimulatio, dissimulationis *f*
verheiratet maritus, mariti *m*
verheißen profitēri

verherrlichen celebrare; exornare; illustrare; *(durch Opfer)* ~ mactare

verhindern impedīre; prohibēre *[a mit Ablativ]*; vetare

verhöhnen insultare

Verhör interrogatio, interrogationis *f*

verhüllen celare; contegere; cooperīre; obscurare; obtendere; operīre; tegere; velare

verirren *sich* ~ aberrare; errare

verjagen abigere; deicere; depellere; deturbare; fugare

verkaufen vendere

Verkäufer venditor, venditoris *m*

verkäuflich venalis, venalis, venale

verkauft *werden* vēnīre

Verkehr commeatus, commeatus *m*; commercium, commercii *n*; *geselliger* ~ consuetudo, consuetudinis *f*

verkehren commeare

verkehrt perversus; pravus; *etwas* ~ *machen* peccare

Verkehrtheit pravitas, pravitatis *f*

verkleinern minuere

verknüpfen colligare; conectere; connectere; conserere; copulare; innectere; nectere; serere

verkrüppelt mancus

verkümmern senescere

verkünden edicere; fari; nuntiare; ominari; pronuntiare; renuntiare; *öffentlich* ~ declarare

verkündigen edicere

verkürzen corripere

verkürzt curtus

Verkürzung contractio, contractionis *f*

verlachen deridēre; irridēre

verlangen appetere; avēre; desiderare *[Akkusativ]*; exigere; expetere; exposcere; expostulare; petere; poscere; postulare; requirere; *heftig* ~ gestīre

Verlangen appetitio, appetitionis *f [Genitiv]*; appetitus, appetiti *m [Genitiv]*; cupiditas, cupiditatis *f*; cupido, cupidinis *f*; ~ *(nach)* desiderium, desiderii *n [Genitiv]*

verlängern proferre; prorogare

verlassen deficere; deserere; desertus; destituere; egredi *[Ablativ]*; linquere; relinquere

Verlässlichkeit fides, fidei *f*

verleben degere

Verlegenheit angustiae, angustiarum *f*

verleiten adducere; inducere

verletzen laedere; offendere; pungere; violare; vulnerare

Verleugnung dissimulatio, dissimulationis *f*

verleumden calumniari

Verleumdung calumnia, calumniae *f*; maledictum, maledicti *n*

verlieren amittere; perdere; *ganz* ~ deperdere; *sich* ~ evanescere

verlobt sponsus, sponsi *m*

Verlobter sponsus, sponsi *m*

verlocken allicere; illicere; pellicere

Verlockung illecebra, illecebrae *f*

Verlust amissio, amissionis *f*; clades, cladis *f*; damnum, damni *n*; detrimentum, detrimenti *n*; iactura, iacturae *f*

vermachen legare

Vermächtnis legatum, legati *n*

Vermählung nuptiae, nuptiarum *f*

vermehren amplificare; augēre; multiplicare

vermeiden declinare; effugere *[Akkusativ]*; fugitare; vitare

vermengen commiscēre; confundere

vermieten locare

vermindern deminuere; extenuare; imminuere; limare; minuere; tenuare

Verminderung levatio, levationis *f*

vermischen admiscēre; commiscēre; confundere; miscēre; permiscēre

vermischt promiscu(u)s

Vermischung confusio, confusionis *f*

vermissen desiderare *[Akkusativ]*

vermitteln conciliare

Vermittler interpres, interpretis *m*

Vermittlung intercessio, intercessionis *f*

vermögen pollēre; posse; valēre

Vermögen pecunia, pecuniae *f*; *geschätztes* ~ census, census *m*

Vermögensschätzung census, census *m*

vermuten conicere; coniectare; opinari; praesumere; suspicari; suspicere

vermutlich opinabilis, opinabilis, opinabile

Vermutung coniectura, coniecturae *f*; odor, odoris *m*; opinatio, opinationis *f*; opinio, opinionis *f*; suspicio, suspicionis *f*

vernachlässigen neglegere

Vernachlässigung neglegentia, neglegentiae *f*; situs, situs *m*

vernehmen accipere

verneinen negare

vernichten absumere; contundere; corrumpere; delēre; evellere; exedere; exscindere; exstinguere; interimere; iugulare; necare; perdere; perimere; prosternere; proterere; rescindere; restinguere; subvertere; tollere

Vernichtung interitus, interitus *m*; internecio, internecionis *f*; pernicies, perniciei *f*; strages, stragis *f*

Vernunft ratio, rationis *f*; sanitas, sanitatis *f*; *zur* ~ *bringen* sanare

vernünftig integer, integra, integrum; sanus; sapiens, sapientis

veröffentlichen divulgare; proferre; promulgare; publicare; vulgare

verordnen edicere; monstrare; praescribere

Verordnung edictum, edicti *n*; praescriptum, praescripti *n*

Verpflegung commeatus, commeatus *m*

verpflichten obligare; obstringere

verpflichtet obnoxius

Verpflichtung debitum, debiti *n*; nexus, nexus *m*

verprassen comedere

verprügeln concīdere

Verrat proditio, proditionis *f*

verraten prodere

Verräter desertor, desertoris *m*; index, indicis *m*; proditor, proditoris *m*

verräterisch perfidus

verrichten fungi *[Ablativ]*; gerere

verringern extenuare; minuere

verrucht nefandus; sacrilegus; scelestus

verrückt insanus; vecors, vecordis; ~ *sein* insanīre

Verrücktheit insania, insaniae *f*

verrufen infamis, infamis, infame

Vers versus, versus *m*

versagen abnuere

versammeln cogere; conducere; congregare

Versammlung circulus, circuli *m*; coetus, coetus *m*; consessus, consessus *m*; contio, contionis *f*; conventus, conventus *m*; corona, coronae *f*

Versammlungsplatz comitium, comitii *n*

verschaffen comparare; ministrare; parare

verschämt pudens, pudentis

verschanzen circumvallare; munīre; vallare

Verschanzung vallum, valli *n*; vallus, valli *m*

verscheiden defungi *[Ablativ]*

Verschen versiculus, versiculi *m*

verschieben proferre

verschieden dispar, disparis; dissimilis, dissimilis, dissimile *[Ablativ]*; diversus; varius; ~ *(tönend)* dissonus; ~ *gestalten* variare; ~ *sein* differre; discrepare; variare

verschiedenartig varius

Verschiedenheit dissimilitudo, dissimilitudinis *f*; varietas, varietatis *f*

verschlagen astutus; callidus; deferre; versutus

verschlechtern depravare

verschleiern velare

verschleppen extrahere

verschließen claudere; cooperīre; includere; obstruere; operīre; praecludere

verschlimmern *sich* ~ ingravescere

verschlingen devorare; vorare

Verschluss claustra, caustrorum *n*

verschmähen aspernari; contemnere; dedignari; fastidīre; repellere; repudiare; respuere; spernere

verschmitzt vafer, vafra, vafrum

verschneit nivalis, nivalis, nivale; niveus

verschonen parcere *[Dativ]*

verschreiben assignare

verschulden admittere

verschwägert affinis, affinis, affine

Verschwägerung affinitas, affinitatis *f*

verschweigen reticēre; tacēre

verschwenden consumere; effundere; profundere

verschwenderisch luxuriosus; prodigus

Verschwendung luxuria, luxuriae *f*

Verschwendungssucht luxuria, luxuriae *f*

verschwiegen arcanus; tacitus

verschwinden abīre *[Ablativ]*; effluere; exolescere

verschwören *sich* ~ coniurare; conspirare

Verschworenen *die* ~ coniurati, coniuratorum *m*

Verschworener coniuratus

Verschwörer coniurati, coniuratorum *m*

Verschwörung coniuratio, coniurationis *f*

Verse *elegische* ~ elegi, elegorum *m*

versehen *(mit)* afficere *[Ablativ]*; *vorne* ~ *mit* praefigere

Versehen lapsus, lapsus *m*; mendum, mendi *n*; *aus* ~ perperam *Adv*; *ein* ~ *begehen* peccare

versengen urere

versenken demergere; mergere; submergere; summergere

versiegeln obsignare; signare

Verslein versiculus, versiculi *m*

Versmaß metrum, metri *n*

versöhnen conciliare; expiare; piare; placare; reconciliare

versöhnlich placabilis, placabilis, placabile

Versöhnung compositio, compositionis *f*

versonnen commenticius

verspätet serus

verspotten deridēre; eludere; illudere; irridēre

versprechen pollicēri; profitēri; promittere; spondēre; *förmlich* ~ despondēre

Versprechen pactio, pactionis *f*; pollicitatio, pollicitationis *f*; promissum, promissi *n*

versprochen votivus

verstaatlichen publicare

Verstand animus, animi *m*; cerebrum, cerebri *n*; cor, cordis *n*; intellegentia, intellegentiae *f*; mens, mentis *f*; sensus, sensus *m*; *ohne* ~ excors, excordis; ~ *haben* sapere

verständig sapiens, sapientis; ~ *sein* sapere

Verstärkung supplementum, supplementi *n*

Versteck latebra, latebrae *f*

verstecken abdere; occultare

versteckt obscurus; occultus
verstehen intellegere; scīre
Versteigerung auctio, auctionis *f*
verstellen *sich ~* dissimulare
Verstellung dissimulatio, dissimulationis *f*; simulatio, simulationis *f*
versterben emori
verstohlen furtim *Adv*; furtivus
verstorben mortuus
verstoßen exturbare
verstreichen *lassen* omittere
verstricken obstringere
verstümmeln obtruncare; truncare
verstümmelt curtus; mancus; truncus
verstummen conticescere; obmutescere
Versuch conamen, conaminis *n*; conatus, conatus *m*; experientia, experientiae *f*; experimentum, experimenti *n*; periculum, periculi *n*
versuchen conari; experīri; periclitari; temptare; *nochmals ~* retemptare
vertauschen mutare
verteidigen defendere; defensare; praesidēre; propugnare
Verteidiger defensor, defensoris *m*; patronus, patroni *m*
Verteidigung actio, actionis *f*; defensio, defensionis *f*; patrocinium, patrocinii *n*
verteilen dispertīre; disponere; distribuere; dividere; tribuere
Verteilung discriptio, discriptionis *f*; divisio, divisionis *f*
Vertrag foedus, foederis *n*; formula, formulae *f*; pactum, pacti *n*; *~ schließen* pacisci
vertrauen confidere *[Dativ/Ablativ]*; credere; fidere *[Dativ/Ablativ]*
Vertrauen fides, fidei *f*; fiducia, fiduciae *f*

vertrauend *(auf)* fretus *[Ablativ]*
vertraut familiaris, familiaris, familiare; *~ machen* imbuere
Vertrauter familiaris, familiaris *m*
vertrauteste *der ~* intimus
vertreiben abigere; depellere; eicere; emovēre; exigere; expellere; exterminare; exturbare; fugare; pellere; propellere; propulsare; submovēre
Vertreter actor, actoris *m*
Vertretung patrocinium, patrocinii *n*
verunreinigen inquinare
verunstalten foedare; turpare
Verunstaltung pravitas, pravitatis *f*
verursachen creare; dare; importare; inicere; movēre
verurteilen condemnare; damnare
Verurteilung damnatio, damnationis *f*
vervielfältigen multiplicare
verwahren condere; custodīre; deponere; recondere
verwaist orbus
verwalten administrare; fungi *[Ablativ]*; procurare
Verwalter procurator, procuratoris *m*; vilicus
Verwaltung administratio, administrationis *f*; curatio, curationis *f*; procuratio, procurationis *f*; regimen, regiminis *n*
verwandeln mutare; vertere
verwandt finitimus; necessarius; propinquus
Verwandte necessarii, necessariorum
Verwandtenmord parricidium, parricidii *n*
Verwandtenmörder parricida, parricidae *m/f*
Verwandtschaft affinitas, affinitatis *f*; cognatio, cognationis *f*; coniunctio, coniunctionis *f*; propinquitas, propinquitatis *f*
verwegen audax, audacis; temerarius

Verwegenheit audacia, audaciae *f*; ferocia, ferociae *f*; temeritas, temeritatis *f*

verweichlichen effeminare

verweigern abnegare; abnuere; denegare; negare

verweilen commorari; morari; remorari; versari

verwelken senescere

verwenden insumere; ~ *auf* consumere

verwerfen explodere; improbare

Verwesung tabes, tabis *f*

verwickelt tortuosus

Verwicklung nodus, nodi *m*

verwildert efferatus

verwirren confundere; conturbare; implicare; miscēre; permiscēre; perturbare; turbare

verwirrend turbulentus

Verwirrung confusio, confusionis *f*; perturbatio, perturbationis *f*; trepidatio, trepidationis *f*; turba, turbae *f*

verwitwet viduus

verwöhnt delicatus

verworren dissonus; tortuosus

verwunden sauciare; ulcerare; vulnerare

Verwunderung admiratio, admirationis *f*

verwundet saucius

verwünschen abominari; detestari; ex(s)ecrari

Verwünschung preces, precum *f*

verwüsten depopulari; populari; vastare

Verwüstung strages, stragis *f*; vastatio, vastationis *f*; vastitas, vastitatis *f*

verzehren comedere; devorare; epulari; exedere; mandere; rodere; vorare

Verzeichnis album, albi *n*; tabula, tabulae *f*

verzeihen ignoscere

Verzeihung venia, veniae *f*

verzichten *(auf)* abīre *[Ablativ]*

verzögern commorari; demorari; morari; retardare; tardare

Verzögerung mora, morae *f*

verzweifeln *(an)* desperare

Verzweiflung desperatio, desperationis *f*

Veschiedenheit diversitas, diversitatis *f*

Veteran veteranus

Vetter consobrinus, consobrini *m*

Vieh pecus, pecoris *n*; *Stück* ~ pecus, pecudis *f*

viel multum *Adv*; multus; *sehr* ~ permultus; plurimum *Adv*; plurimus; *so* ~ tantum *Adv*; *ziemlich* ~ aliquantum *Adv*; *zu* ~ nimius

viele multi; *ebenso* ~ totidem; *sehr* ~ permulti; plerique; plurimi; *so* ~ tot *Adv*; *wie* ~ quot; *ziemlich* ~ complures, complures, complura

vielfältig multiplex, multitplicis; varius

vielleicht forsitan *Adv*; fortasse/fortassis *Adv*

vielmehr potius *Adv*; *nein* ~ immo (vero) *Kj*

Vielzahl multitudo, multitudinis *f*

vier quattuor

viereckig quadratus; ~ *machen* quadrare; ~ *sein* quadrare

vierfüßig quadrupes, quadrupedis

Viergespann quadrigae, quadrigarum *f*

vierhundert quadringenti

viermal quater *Adv*

vierte *der* ~ quartus

Viertelas quadrans, quadrantis *m*

vierzig quadraginta

vierzigste *der* ~ quadragesimus

Viper vipera, viperae *f*

Vlies vellus, velleris *n*

Vogel ales, alitis *m*; avis, avis *f*; volucris, volucris *f*

Vogelfänger auceps, aucupis *m*

Vogelschau augurium, augurii *n*; auspicium, auspicii *n*; ~ *halten* auspicari

Vogelschauer auspex, auspicis *m*

Vokabel vocabulum, vocabuli *n*

Volk gens, gentis *f*; natio, nationis *f*; plebs, plebis *f*; populus, populi *m*; vulgus, vulgi *n*; *einem* ~ *angehörig* gentilis, gentilis, gentile

volkreich celeber, celebris, celebre

Volksbeschluss plebiscitum, plebisciti *n*; scitum, sciti *n*

volksfreundlich popularis, popularis, populare

Volksmenge frequentia, frequentiae *f*; plebes, plebei *f*; plebs, plebis *f*; populus, populi *m*

Volkspartei populares, popularium *m*

Volksstamm natio, nationis *f*

volkstümlich popularis, popularis, populare

Volksversammlung concilium, concilii *n*; contio, contionis *f*

voll differtus; spissus; ~ *(von/mit)* plenus *[Genitiv]*; ~ *machen* quadrare; ~ *von* confertus *[Ablativ]*; gravidus *[Ablativ]*; refertus *[Ablativ]*

voll gestopft differtus; ~ *mit* confertus *[Ablativ]*; refertus *[Ablativ]*

voll stopfen farcīre; refercīre

vollauf abunde *Adv*

vollbringen patrare; perpetrare

vollenden absolvere; conficere; efficere; exigere; patrare; peragere; perficere; transigere

vollendet absolutus; perfectus

vollends vero *Kj*

Vollendung maturitas, maturitatis *f*; perfectio, perfectionis *f*

vollführen perpetrare

völlig admodum *Adv*; funditus *Adv*; penitus *Adv*; plane *Adv*; radicitus *Adv*; totus, totius

vollkommen absolutus; perfectus; rotundus

Vollkommenheit perfectio, perfectionis *f*; *sittliche* ~ virtus, virtutis *f*

vollständig totus, totius

vollziehen ex(s)equi; perpetrare

von a/ab/abs *Präp [Ablativ]*; de *Präp [Ablativ]*; ~ ... *an* a/ab/abs *Präp [Ablativ]*; de *Präp [Ablativ]*; e/ex *Präp [Ablativ]*; ~ ... *her* a/ab/abs *Präp [Ablativ]*; ~ ... *herab* de *Präp [Ablativ]*; ~ ... *weg* de *Präp [Ablativ]*; ~ *da* inde *Adv*; ~ *dort* inde *Adv*; ~ *hier* abhinc *Adv*; ~ *jetzt an* abhinc *Adv*; ~ *nunmehr* abhinc *Adv*

vor ante *Präp [Akkusativ]*; coram *Präp [Ablativ]*; prae *Präp [Ablativ]*; pro *Präp [Ablativ]*; *(zeitlich)* ~ citra *Präp [Akkusativ]*; ~ *kurzem* nunc *Adv*; nuper *Adv*

vorangehen antecedere; anteīre; praecedere; praegredi; praeīre

vorankommen procedere

voranstehen praestare *[Akkusativ]*

voranstellen anteponere

vorantragen anteferre; praeferre

vorausgehen antecedere; antegredi

vorauslaufen praecurrere

voraussagen augurari; portendere

vorausschicken praemittere

voraussehen providēre

voraussehend providus

Vorbedeutung omen, ominis *n*

vorbei *an* praeter *Präp [Akkusativ]*

vorbeifließen praefluere

vorbeigehen *lassen* praetermittere

vorbereiten apparare; comparare; parare; praeparare; *(sich)* ~ meditari *[Akkusativ/de + Ablativ]*

Vorbereitung meditatio, meditationis *f*; paratus, paratus *m*

Vorbild exemplar, exemplaris *n*; exemplum, exempli *n*

Vorderbug *(eines Tieres)* armus, armi *m*
Vorderdeck prora, prorae *f*
vordere *der* ~ prior, prior, prius
Vorderseite frons, frontis *f*
vorderste *der* ~ primoris, primoris, primore; primus
Vordringen incessus, incessus *m*
voreilig praeceps, praecipitis
Voreingenommenheit studium, studii *n*
vorenthalten detinēre
Vorfahre avus, avi *m*
Vorfahren maiores, maiorum *m*
vorführen producere
vorgeben praetendere; praetexere; *etwas* ~ simulare
Vorgebirge promonturium/promunturium, promonturii *n*
vorgehen grassari; ~ *gegen* animadvertere *[in + Akkusativ]*; consulere *[Akkusativ/in + Akkusativ/Dativ]*
vorhaben parare
Vorhaben coeptum, coepti *n*; inceptum, incepti *n*; institutum, instituti *n*
Vorhalle vestibulum, vestibuli *n*
vorhanden *sein* esse; ex(s)tare; subesse; *(reichlich)* ~ *sein* suppetere
Vorhang aulaeum, aulaei *n*
vorher ante *Adv*; antea *Adv*; ant(e)hac *Adv*
vorherempfinden praesentīre
Vorhersage praedictio, praedictionis *f*; praedictum, praedicti *n*
vorhersagen praedicere
vorhersehen prospicere; providēre
vorherwissend praescius
Vorhof vestibulum, vestibuli *n*
Vorkämpfer antesignanus, antesignani *m*
vorkommen nasci

vorladen citare
vorlegen proponere
vorlesen recitare
Vorleser lector, lectoris *m*
Vorliebe studium, studii *n*
vormalig pristinus
Vormund tutor, tutoris *m*
Vormundschaft tutela, tutelae *f*
vorn adversus; *von* ~ adversus
vornehm illustris, illustris, illustre; liberalis, liberalis, liberale; nobilis, nobilis, nobile; primarius
vornehmen *sich* ~ proponere
Vornehmen *die* ~ proceres, procerum *m*
vornehmlich potissimum *Adv*; praecipue *Adv*
vornehmste *der* ~ primoris, primoris, primore
Vornehmsten *die* ~ primores, primorum *m*
Vorrang principatus, principatus *m*
Vorrangstellung principatus, principatus *m*
Vorrat copia, copiae *f*; gaza, gazae *f*
Vorrecht ius, iuris *n*
Vorrede prologus, prologi *m*
Vorrichtung machina, machinae *f*
vorrücken pergere; procedere; procurrere; prodīre; progredi
Vorrücken incessus, incessus *m*; successus, successus *m*
vorsagen *(oft)* ~ dictare
Vorsatz consilium, consilii *n*; propositum, propositi *n*
vorschieben promovēre; subdere
Vorschlag mentio, mentionis *f*
vorschlagen proponere
vorschreiben monstrare; praecipere; praescribere

Vorschrift lex, legis *f*; praeceptum, praecepti *n*; praescriptum, praescripti *n*

vorschützen obtendere; praetendere; praetexere

vorsehen *sich ~* cavēre *[Akkusativ]*

Vorsehung providentia, providentiae *f*

vorsichtig cautus; providus; tutus

Vorsitz *den ~ führen* praesidēre

Vorsorge providentia, providentiae *f*

vorsorgen prospicere; providēre

vorsprechen dictare

vorstädtisch suburbanus

vorstehen praeesse *[Dativ]*

vorstellen *sich ~* fingere

Vorstellung visio, visionis *f*

vorstrecken praetendere

vorstürmen procurrere

vortäuschen assimulare

Vorteil commodum, commodi *n*; emolumentum, emolumenti *n*; lucrum, lucri *n*; opportunitas, opportunitatis *f*; praeda, praedae *f*; utilitas, utilitatis *f*

Vortrag oratio, orationis *f*

vortragen pronuntiare; recitare

vortrefflich excellens, excellentis; praeclarus; praestabilis, praestabilis, praestabile; praestans, praestantis; probus

Vortrefflichkeit excellentia, excellentiae *f*; praestantia, praestantiae *f*; virtus, virtutis *f*

vortreiben promovēre

vorübergehen praeterīre; *~ lassen* intermittere; praetermittere; transmittere

Vorwand simulatio, simulationis *f*; species, speciei *f*

vorwärts porro *Adv*; protinus *Adv*; *~ gehen* procedere

vorwärts gleiten prolabi

vorwärts tragen proferre

vorwärts treiben propellere

vorwegnehmen antecapere; praecipere; praesumere

vorwerfen criminari; exprobrare; obicere; obiectare; proicere

Vorwurf crimen, criminis *n*; opprobrium, opprobrii *n*; probrum, probri *n*

Vorwürfe *machen* obicere

Vorzeichen augurium, augurii *n*; auspicium, auspicii *n*; avis, avis *f*; omen, ominis *n*; portentum, portenti *n*; prodigium, prodigii *n*

vorzeigen exhibēre

vorziehen anteferre; anteponere; obtendere; praeferre; praeponere

Vorzug praestantia, praestantiae *f*

vorzüglich imprimis *Adv*; praecipuus; praestabilis, praestabilis, praestabile; praestans, praestantis

vorzüglicher potior, potior, potius

Vorzüglichkeit bonitas, bonitatis *f*

vorzüglichste *der ~* potissimus

vorzugsweise potissimum *Adv*

Waage libra, librae *f*; trutina, trutinae *f*

wach vigil

Wache custodia, custodiae *f*; excubiae, excubiarum *f*; statio, stationis *f*; vigilia, vigiliae *f*; *~ halten* excubare

wachen vigilare

Wachmannschaft statio, stationis *f*

Wachposten excubiae, excubiarum *f*

Wachs cera, cerae *f*

Wachsamkeit vigilantia, vigilantiae *f*

wachsen crescere; innasci

Wachstafel cera, cerae *f*
Wächter custos, custodis *m/f*; vigil, vigilis *m*
wacker frugi; strenuus
Wade sura, surae *f*
Waffe *zum Werfen* telum, teli *n*
Waffen arma, armorum *n*; ~ *führend* armiger, armigera, armigerum; ~ *tragend* armiger, armigera, armigerum
Waffengattung armatura, armaturae *f*
waffenlos inermis, inermis, inerme
waffenstark armipotens, armipotentis
Waffenstillstand indutiae, indutiarum *f*
Wagemut audacia, audaciae *f*
wagen audēre; conari
Wagen axis, axis *m*; currus, currus *m*; plaustrum, plaustri *n*; vehiculum, vehiculi *n*; *(offener)* ~ petorritum, petorriti *n*; *vierrädriger* ~ carrus, carri *m*
wägen pendere; ponderare
Wagenkämpfer essedarius, essedarii *m*
Wagenlenker auriga, aurigae *m*
waghalsig audax, audacis
Wagnis ausum, ausi *n*
Wahl optio, optionis *f*
wählen creare; deligere; eligere
wählerisch fastidiosus
Wahlmöglichkeit optio, optionis *f*
Wahnsinn amentia, amentiae *f*; dementia, dementiae *f*; furor, furoris *m*; insania, insaniae *f*; vecordia, vecordiae *f*
wahnsinnig amens, amentis; delirus; demens, dementis; furialis, furialis, furiale; furiosus; insanus; vecors, vecordis; ~ *sein* delirare; insanīre
wahr verus
während dum *Kj*; in *Präp*; inter *Präp [Akkusativ]*; per *Präp [Akkusativ]*; sub *Präp*; ~ *dagegen* cum *Kj*
wahrhaftig profecto *Adv*

Wahrheit veritas, veritatis *f*
wahrlich vero *Kj*
wahrnehmen animadvertere *[in + Akkusativ]*; cernere; conspicere; dispicere; intellegere; notare; percipere; sentīre
Wahrnehmung animadversio, animadversionis *f*; perceptio, perceptionis *f*
Wahrsager augur, auguris *m*; coniector, coniectoris *m*
wahrscheinlich probabilis, probabilis, probabile; verisimilis, verisimilis, verisimile
Wahrzeichen monstrum, monstri *n*; ~ *beobachten* augurari
Waise pupillus, pupilli *m*
Wald nemus, nemoris *n*; silva, silvae *f*; *im* ~ *lebend* silvestris, silvestris, silvestre
Waldgebirge saltus, saltus *m*
Waldschlucht saltus, saltus *m*
Wall agger, aggeris *m*; vallum, valli *n*
wallen undare
wallend fervidus
Walze cylindrus, cylindri *m*
wälzen volutare; volvere
Wand paries, parietis *m*
Wanderer viator, viatoris *m*
wandern migrare
Wange gena, genae *f*; mala, malae *f*
Wankelmut mobilitas, mobilitatis *f*
wankelmütig mobilis, mobilis, mobile
wanken labare; nutare
Wanken *ins* ~ *bringen* inclinare; *zum* ~ *bringen* labefactare
wankend *machen* labefacere
wann quando *Adv*; ~ *auch immer* quandocumque *Adv*
Wanne alveus, alvei *m*

Ware merx, mercis *f*

warm calidus; tepidus; ~ *sein* calēre

Wärme calor, caloris *m*

wärmen fovēre; tepefacere

warnen admonēre *[Genitiv; de + Ablativ]*; ~ *(mit ne)* monēre

Warner monitor, monitoris *m*

Warnung *auf* ~ admonitū *Adv*

Warte specula, speculae *f*

warten ex(s)pectare; opperīri; ~ *auf* manēre

Wartung curatio, curationis *f*

warum quapropter *Kj*; quare *Adv*; ~ *? cur *Adv*; ~ *nicht?* quidni *Adv*; quin *Adv*

was quis, cuius; ~ *betrifft* quoad *Präp [Akkusativ]*

waschen lavare

Wasser aqua, aquae *f*; latex, laticis *m*; liquor, liquoris *m*; ~ *holen* aquari

Wasserleitung aquaeductus, aquaeductus *m*

Wassernymphe naias, naiadis *f*

wasserreich aquosus

Wasserrinne canalis, canalis *m*

Wasserrohr fistula, fistulae *f*

Wasserschlange hydrus/hydra, hydri/hydrae *m/f*

weben texere

Weberkamm pecten, pectinis *n*

Wechsel commutatio, commutationis *f*; mutatio, mutationis *f*; vicis (Genitiv); vicissitudo, vicissitudinis *f*

wechseln mutare

wechselnd varius

wechselseitig mutuus

wechselweise invicem *Adv*

Weg iter, itineris *n*; platea, plateae *f*; via, viae *f*; *am* ~ *liegend* obvius; *seinen* ~ *nehmen* commeare

wegbrennen exurere

wegbringen avehere; deportare; devehere; provehere

wegdrängen deturbare; exturbare

wegdrehen retorquēre

Wege *im* ~ *stehen* obstare

Wegebau munitio, munitionis *f*

wegen ob *Präp [Akkusativ]*; prae *Präp [Ablativ]*; propter *Präp [Akkusativ]*

wegfangen excipere

wegführen abducere; avehere; deducere; subducere

Weggabelung compitum, compiti *n*

weggeben dedere

weggehen abscedere; decedere; degredi; demigrare; discedere; exīre; secedere; ~ *(von)* abīre *[Ablativ]*

weglassen emittere; praetermittere

wegnehmen adimere; alienare; auferre; demere; excerpere; eximere; intercipere; *heimlich* ~ surripere

wegreißen abripere; avellere; deripere; diripere; divellere; eripere

wegrufen avocare

wegschaffen amovēre; asportare; devehere; emovēre; removēre; submovēre; tollere

wegschicken amittere; dimittere; emittere; relegare

wegschleppen abstrahere

wegschneiden resecare

wegspülen proluere

wegstellen deponere

wegstoßen excutere; extrudere; repellere

wegtragen asportare; auferre

wegtreiben exigere

wegwaschen proluere

wegwenden avertere; detorquēre

wegwerfen abicere; omittere; proicere

wegziehen abstrahere

wehe heu; ~ *!* vae!

wehen aspirare; flare; spirare
Wehen flamen, flaminis *n*; flatus, flatus *m*
Wehklage *(laute)* ~ plangor, plangoris *m*
wehklagen lamentari; plorare
Wehklagen lamenta, lamentorum *n*; lamentatio,
   lamentationis *f*
Wehrgehenk balteus, baltei *m*
wehrlos inermis, inermis, inerme
Weib mulier, mulieris *f*
weibisch femineus
weiblich femineus; muliebris, muliebris, muliebre
weich mitis, mitis, mite; mollis, mollis, molle; tener,
   tenera, tenerum; udus; ~ *machen* mollīre
weichen cedere; concedere; decedere
weichlich mollis, mollis, molle
Weichlichkeit mollitia/mollities, mollitiae/mollitiei
Weide pastus, pastus *m*; salix, salicis *f*
Weideland pascuum, pascui *n*
weiden pascere
Weidenruten vimen, viminis *n*
weigern *sich* ~ abnegare; recusare; retractare
weihen consecrare; dedicare; devovēre; dicare;
   donare; libare; mactare; sacrare; sancīre
Weihrauch tus, turis *n*
weil cum *Kj*; quia *Kj*; quod *Kj*; utpote *Adv*; ~ *ja* quoniam *Kj*; ~ *nun* quoniam *Kj*
Weilchen *ein* ~ pau(l)lisper *Adv*
Wein uva, uvae *f*; vindemia, vindemiae *f*; vinum, vini *n*;
   unvermischter ~ merum, meri *n*; *verdorbener* ~
   vappa, vappae *f*
Weinbeere racemus, racemi *m*
Weinberg vinea, vineae *f*; vinetum, vineti *n*
weinen deflēre; flēre; lacrimare; plorare
Weinen *das* ~ fletus, fletus *m*

weinend flebilis, flebilis, flebile
weinerlich lacrimosus
Weingarten arbustum, arbusti *n*; vinetum, vineti *n*
Weinhefe faex, faecis *f*
Weinlaub pampinus, pampini *m*; *aus* ~ *bestehend*
   pampineus
Weinlaube vinea, vineae *f*
Weinlese vindemia, vindemiae *f*
Weinranke pampinus, pampini *m*
Weinrebe vitis, vitis *f*
weinselig vinosus
Weinstock vitis, vitis *f*
Weintraube racemus, racemi *m*
weise sapiens, sapientis
Weise modus, modi *m*; *auf diese* ~ ita *Adv*; sic *Adv*;
   auf welche ~ quemadmodum/quomodo; quomodo
   Adv; *der* ~ sapiens, sapientis
Weisheit sapientia, sapientiae *f*
weiß albēre; albus; *blendend* ~ candidus; ~ *gekleidet*
   candidatus; ~ *sein* candēre; canēre; ~ *werden*
   albescere
weissagen augurare; augurari; divinare; ominari;
   praedicere; vaticinari
weissagend divinus
Weissager haruspex, haruspicis *m*
Weissagung augurium, augurii *n*; divinatio, divinationis *f*; fatum, fati *n*; vaticinatio, vaticinationis *f*
Weisung dicio, dicionis *f*; mandatum, mandati *n*
weit amplus; latus; longus; multum *Adv*; patulus; procul *Adv*; spatiosus; *so* ~ hactenus *Adv*; quoad *Kj*;
   unermesslich ~ vastus; ~ *entfernt* longinquus; ~
   und breit passim *Adv*
Weite amplitudo, amplitudinis *f*
weitem *bei* ~ longe *Adv*; *von* ~ longe *Adv*

weiter amplius *Adv*; protinus *Adv*
weiterbringen provehere
weitergehen progredi
weiterhin ultra *Adv*
weitermachen pergere
weithin longe *Adv*
Weizen triticum, tritici *n*
welcher qui, cuius, quae, quod; ~ /welche/welches qui, cuius; ~ *von beiden* uter, utrius
welk puter, putris, putre; ~ *sein* languēre
Welle unda, undae *f*
Welt mundus, mundi *m*; *vor aller* ~ vulgo *Adv*
Weltall mundus, mundi *m*; natura, naturae *f*; universum, universi *n*
wenden circumagere; convertere; flectere; vertere
Wendepunkt meta, metae *f*
Wendung flexus, flexus *m*; inclinatio, inclinationis *f*
wenig paul(l)ulus; paul(l)um *Adv*; *(um) ein* ~ paulo *Adv*; *ein* ~ paul(l)um *Adv*; *sehr* ~ minime *Adv*; *so* ~ tantulus; *zu* ~ parum *Adv*
wenige pauci; *sehr* ~ perpauci
weniger minus *Adv*; sequius *Adv*; setius *Adv*
wenigsten *am* ~ minime *Adv*
wenigstens certe *Adv*; quidem *Kj*; saltem *Adv*
wenn cum *Kj*; si *Kj*; *auch* ~ etiamsi *Kj*; *oder* ~ sive/seu *Kj*; *selbst* ~ etiamsi *Kj*; etsi *Kj*; tametsi *Kj*; *wie* ~ quasi *Adv*; ~ ... *nicht* nisi/ni *Kj*; ~ *aber* quodsi *Kj*; sin (autem) *Kj*; ~ *also* quodsi *Kj*; ~ *auch* etiamsi *Kj*; etsi *Kj*; tametsi *Kj*; ~ *auch (noch so)* quamvis *Kj*; ~ *auch nur* dumtaxat *Adv*; ~ *doch* utinam *Kj*; ~ *nur* dum *Kj*; dummodo *Kj*; modo *Kj*; ~ *wirklich* siquidem *Kj*
wer quis, cuius; ~ *auch immer* quicumque, cuiuscumque; quisquis, cuiuscuius; ~ *denn?* quisnam; ~ *von beiden* uter, utrius

werden fieri; *gemacht* ~ fieri
werfbar missilis, missilis, missile
werfen conicere; iacere; iactare; immittere; mittere; spargere
Werk opus, operis *n*; *kleines* ~ *(Literatur)* opusculum, opusculi *n*; *ins* ~ *setzen* molīri
Werkstatt fabrica, fabricae *f*; officina, officinae *f*
werktäglich profestus
Werkzeug instrumentum, instrumenti *n*
wert carus; dignus *[Ablativ]*
Wert pretium, pretii *n*; *hoher* ~ caritas, caritatis *f*
wertlos futilis, futilis, futile; inanis, inanis, inane; vilis
Wertlosigkeit nequitia, nequitiae *f*
Wertschätzung dignatio, dignationis *f*
wertvoll carus; pretiosus
Wesen ingenium, ingenii *n*; natura, naturae *f*; *schroffes* ~ asperitas, asperitatis *f*; *weibliches* ~ femina, feminae *f*
wesentlich proprius
weshalb quapropter *Kj*; quare *Adv*; unde *Adv*
Westen occasus, occasus *m*; occidens, occidentis *m*; vesper, vesperi *m*
westlich hesperius; vespertinus
Westwind zephyrus, zephyri *m*
Wette sponsio, sponsionis *f*; *um die* ~ certatim
Wetteifer aemulatio, aemulationis *f*; certatio, certationis *f*
wetteifern aemulari; certare
wetteifernd aemulus
Wetter caelum, caeli *n*; tempestas, tempestatis *f*
Wetterleuchten fulgur, fulguris *n*
Wettkampf certamen, certaminis *n*; certatio, certationis *f*
Wettlauf curriculum, curriculi *n*
Wettstreit certamen, certaminis *n*
Wetzstein cos, cotis *f*

wichtig antiquus; gravis, gravis, grave
wichtiger potior, potior, potius
wichtigste *der* ~ potissimus
Widder aries, arietis *m*; laniger, lanigera, lanigerum
wider praeter *Präp [Akkusativ]*
widerfahren evenīre; obtingere
widerhallen recinere; resonare; resultare; ~ *(lassen)* personare
widerlegen convincere; redarguere; refellere
widerlich putidus
widerraten dissuadēre
widerruflich precarius
widersetzen *sich* ~ adversari *[Dativ]*; obsistere; resistere
widersprechen dissentīre *[a mit Ablativ]*; dissidēre; repugnare
widersprechend discors, discordis
Widerspruch dissensio, dissensionis *f*
Widerstand *leisten* obsistere; repugnare; resistere; restare
widerstehen repugnare; responsare
widerstreben repugnare
widerwärtig fastidiosus; odiosus; taeter, taetra, taetrum
Widerwille fastidium, fastidii *n*
widerwillig aegre *Adv*; invitus; piger, pigra, pigrum
widmen dedere; dedicare; dicare; *sich* ~ incumbere *[Dativ]*
widrig adversus
wie ac *Kj*; atque *Kj*; ceu *Adv*; qua *Adv*; quam *Adv*; quem-ad-modum/quomodo; quomodo *Adv*; sicut *Adv*; ut/uti *Kj*; velut *Adv*; *so* ~ ceu *Adv*; sicut *Adv*; tamquam *Adv*; ~ *(beschaffen) auch immer* qualiscumque; ~ *(sehr) auch* quamlibet *Adv*; ~ ? qui *Adv*; ~ *beschaffen* qualis; ~ *denn?* qui *Adv*; ~ *sehr* quam *Adv*; ~ *sehr auch* quamvis *Kj*; ~ *viel* quantum, quanti; ~ *wenn* ceu *Adv*

wieder denuo *Adv*; rursus/rursum *Adv*; *immer* ~ identidem *Adv*
wiedereinsetzen restituere
wiedererlangen recipere; recuperare
wiederfinden reperīre
wiedergewinnen reconciliare; reparare; repetere
wiedergutmachen sanare; sarcīre
wiederherstellen instaurare; reconciliare; recreare; redintegrare; reficere; renovare; reparare; restaurare; restituere
wiederholen geminare; iterare; repetere
wiederholt identidem *Adv*; subinde *Adv*
wiederum iterum *Adv*; rursus/rursum *Adv*; vicissim *Adv*
Wiege cunae, cunarum *f*
Wiese pratum, prati *n*
wievielte *der* ~ quotus
wild atrox, atrocis; efferus; ferox, ferocis; ferus; indomitus; saevus; truculentus; trux, trucis
Wildbach amnis, amnis *m*; *(reißender)* ~ torrens, torrentis *m*
Wildheit atrocitas, atrocitatis *f*; feritas, feritatis *f*; immanitas, immanitatis *f*
Wildschwein aper, apri *m*
Wille voluntas, voluntatis *f [Genitiv]*; *göttlicher* ~ numen, numinis *n*; *letzer* ~ testamentum, testamenti *n*
Willen *gegen den* ~ invitus
willfahren obsequi
Willfährigkeit indulgentia, indulgentiae *f*; obsequium, obsequii *n*
willig facilis, facilis, facile; libens, libentis; sedulus
willkommen gratus; iucundus
Willkür arbitrium, arbitrii *n*; libido, libidinis *f*; licentia, licentiae *f*
willkürlich libidinosus

Wind flamen, flaminis *n*; flatus, flatus *m*; notus, noti *m*; ventus, venti *m*

Windbeutel nebulo, nebulonis *f*

Winde tormentum, tormenti *n*

windig ventosus

windreich ventosus

Windstille tranquillitas, tranquillitatis *f*

Windung spira, spirae *f*

Wink nutus, nutus *m*

Winkel angulus, anguli *m*; *rechter* ~ norma, normae *f*

winken adnuere; nuere

Winter bruma, brumae *f*; hiems, hieme *f*

Winterkälte bruma, brumae *f*

winterlich hibernus

Wintersonnenwende bruma, brumae *f*

Winterzelt hibernaculum, hibernaculi *n*

Winzer vinitor, vinitoris *m*

winzig exiguus; minutus; paul(l)ulus; pusillus

Wipfel cacumen, cacuminis *n*

wir nos, nostri/nostrum

Wirbel gurges, gurgitis *m*; turbo, turbinis *m*; vertex, verticis *m*

Wirbelsturm procella, procellae *f*

Wirbelwind turbo, turbinis *m*

wirklich nempe *Adv*; profecto *Adv*; reapse *Adv*; sane *Adv*; vero *Kj*; verus

Wirklichkeit veritas, veritatis *f*

wirksam efficax, efficacis; praesens, praesentis

Wirt parochus, parochi *m*

Wirtschaftlichkeit frugalitas, frugalitatis *f*

Wirtshaus taberna, tabernae *f*

wissbegierig studiosus *[Genitiv]*

wissen novisse; scīre; *nicht* ~ ignorare; nescīre

Wissen scientia, scientiae *f*; *ohne* ~ insciens, inscientis

Wissenschaft doctrina, doctrinae *f*; scientia, scientiae *f*

wissentlich sciens, scientis

wittern odorari

Witwe vidua, viduae *f*

Witz acetum, aceti *n*; lepos/lepor, leporis *m*; sal, salis *m/n*

witzig dicax, dicacix; facetus; ridiculus; salsus

wo qua *Adv*; ubi *Adv*; ~ *auch immer* ubicumque *Adv*

Wöchnerin puerpera, puerperae *f*

wodurch qui *Adv*

Woge unda, undae *f*

wogen fervēre; undare

woher unde *Adv*

wohin quo *Adv*; ~ ? quorsum *Adv*; ~ *auch immer* quocumque *Adv*

wohingegen cum *Kj*

wohl sane *Adv*; ~ , *denn* en

Wohl salus, salutis *f*

wohlbehalten salutaris, salutaris, salutare; salvus; sospes, sospitis

Wohlergehen salus, salutis *f*

wohlfeil vilis

wohlgesetzt disertus

wohlhabend fortunatus; locuples, locupletis; opulentus

wohlriechend odoratus

Wohltat beneficium, beneficii *n*; benficium, benficii *n*

wohltätig beneficus

Wohltätigkeit beneficentia, beneficentiae *f*

wohltönend canorus

wohlüberlegt consultus

Wohlwollen benevolentia, benevolentiae *f*

wohlwollend benevolus

wohnen habitare; incolere

Wohnsitz domicilium, domicilii *n*; sedes, sedis *f*

Wohnung domicilium, domicilii *n*; thalamus, thalami *m*

wölben curvare

Wölbung fornix, fornicis *m*

Wolf lupus, lupi *m*

Wolke nebula, nebulae *f*; nubes, nubis *f*

wolkenlos serenus

wolkig nubilus

Wolle lana, lanae *f*; vellus, velleris *n*; *aus ~* laneus; *~ tragend* laniger, lanigera, lanigerum

wollen cupere; velle; *lieber ~* malle; *nicht ~* nolle

womit unde *Adv*

Wonne deliciae, deliciarum *f*

Wort dictum, dicti *m*; verbum, verbi *n*; vocabulum, vocabuli *n*; vox, vocis *f*; *ins ~ fallen* interpellare

wortreich copiosus

Wortwechsel iurgium, iurgii *n*

wovon unde *Adv*

wozu quorsum *Adv*

Wucher fenus, fenoris *n*

Wuchs statura, staturae *f*

Wunde vulnus, vulneris *n*

Wunder miraculum, miraculi *n*; ostentum, ostenti *n*; portentum, portenti *n*; prodigium, prodigii *n*

wunderbar mirus

Wunderding miraculum, miraculi *n*

wundern *sich ~ (über)* admirari *[Akkusativ]*; mirari *[Akkusativ]*

Wunderzeichen monstrum, monstri *n*; prodigium, prodigii *n*

Wunsch voluntas, voluntatis *f [Genitiv]*; votum, voti *n*

wünschen cupere; optare; precari

wünschenswert optabilis, optabilis, optabile

Würde decor, decoris *m*; decus, decoris *n*; dignatio, dignationis *f*; dignitas, dignitatis *f*; gravitas, gravitatis *f*; honestas, honestatis *f*; magnitudo, magnitudinis *f*; maiestas, maiestatis *f*

würdevoll gravis, gravis, grave

würdig *(einer Sache)* dignus *[Ablativ]*; *für ~ halten* dignari

würdigen dignari

Würdigung dignatio, dignationis *f*

Wurf iactus, iactus *m*

Würfel alea, aleae *f*; talus, tali *m*

Würfelspiel alea, aleae *f*

Wurfgeschoss missile, missilis *n*; telum, teli *n*

Wurfmaschine scorpio, scorpionis *m*; tormentum, tormenti *n*

Wurfnetz funda, fundae *f*

Wurfscheibe discus, disci *m*

Wurfspeer framea, frameae *f*; lancea, lanceae *f*

Wurfspieß contus, conti *m*; iaculum, iaculi *n*; pilum, pili *n*; spiculum, spiculi *n*; tragula, tragulae *f*; veru, verus *n*

Wurm vermis, vermis *m*

Würze condimentum, condimenti *m*

Wurzel radix, radicis *f*; *mit der ~* radicitus *Adv*

Wurzelstock stirps, stirpis *f*

würzen condīre

wüst vastus

Wüste deserta, desertorum *n*

Wut furor, furoris *m*; ira, irae *f*; rabies, rabiei *f*; saevitia, saevitiae *f*

wüten furere; saevīre

wütend furialis, furialis, furiale; furiosus; iratus; rabidus; saevus

Z

Zacken dens, dentis *m*

zaghaft iners, inertis

zäh lentus; tenax, tenacis

Zahl numerus, numeri *m*; *geringe* ~ paucitas, paucitatis *f*

zahlen dare; pendere; solvere

zählen numerare

zahllos innumerus; innummerabilis, innummerabilis, innummerabile

zahlreich creber, crebra, crebrum; frequens, frequentis; multitplex, multitplicis; multus

zahm mansuetus

zähmen compescere; domare; mansuefacere

Zahn dens, dentis *m*

Zähre lacrima, lacrimae *f*

Zange forceps, forcipis *m*

Zank iurgium, iurgii *n*; rixa, rixae *f*

zanken iurgare

zart tener, tenera, tenerum

zärtlich blandus

Zauberei veneficium, veneficii *n*

Zauberer magus, magi *m*

Zaubertrank medicamen, medicaminis *n*; medicamentum, medicamenti *n*

zaudern cunctari

Zaum frenum, freni *n*; *im* ~ *halten* frenare

Zaun saepes, saepis *f*

zechen potare

Zecher potor, potoris *m*

Zeder cedrus, cedri *f*

Zedernholz cedrus, cedri *f*

Zedernöl cedrus, cedri *f*

Zehe digitus, digiti *m*

zehn decem; *je* ~ deni

Zehnasstück denarius, denarii *m*

zehnmal decie(n)s *Adv*

zehnte *der* ~ decimus/decumus

Zehntel decuma, decumae *f*

Zehnter decuma, decumae *f*

Zehntschaft decuria, decuriae *f*

Zeichen nota, notae *f*; significatio, significationis *f*; signum, signi *n*

zeichnen notare; signare

zeigen confitēri; demonstrare; docēre; monstrare; ostendere; ostentare; *sich* ~ apparēre; oborīri

Zeile versus, versus *m*; *kurze* ~ versiculus, versiculi *m*

Zeit aetas, aetatis *f*; aevum, aevi *n*; hora, horae *f*; tempestas, tempestatis *f*; tempus, temporis *n*; *(auf) kurze* ~ parumper *Adv*; *freie* ~ otium, otii *n*; *lange* ~ diu *Adv*; *seit alter* ~ antiquitus *Adv*; *vor langer* ~ antiquitus *Adv*; olim *Adv*; pridem *Adv*; ~ *haben* vacare *[Ablativ]*; *eine* ~ *lang* aliquamdiu *Adv*

Zeitalter aetas, aetatis *f*; aevum, aevi *n*; saeculum, saeculi *n*

Zeitgeist saeculum, saeculi *n*

Zeitgenosse aequalis, aequalis, aequale *[Genitiv]*

Zeitlang *eine* ~ pau(l)lisper *Adv*

Zeitpunkt tempus, temporis *n*

Zeitraum monumentum, monumenti *n*; spatium, spatii *n*; tempus, temporis *n*; ~ *von fünf Jahren* lustrum, lustri *n*

Zeitvertreib oblectatio, oblectationis *f*

Zelle cella, cellae *f*

Zelt tabernaculum, tabernaculi *n*; tentorium, tentorii *n*; *gemeinsames* ~ contubernium, contubernii *n*

Zeltgemeinschaft contubernium, contubernii *n*

Zensor censor, censoris *m*
zensorisch censorius
Zensur censura, censurae *f*
Zenturie centuria, centuriae *f*
Zenturio centurio, centurionis *m*
Zepter sceptrum, sceptri *n*
zerbersten dissilīre
zerbrechen confringere; frangere; perfringere; rumpere
zerbrechlich fragilis, fragilis, fragile
zerbröseln conterere
zerfallen dilabi
zerfetzen laniare
zerfleischen lacerare; laniare
zerfließen liqui
zerfressen exedere
zerhauen concīdere
zerreiben conterere; proterere
zerreißen distrahere; divellere; lacerare; rumpere; scindere
zerrissen lacer, lacera, lacerum
zerrütten concutere
zerschlagen collidere; contundere; infringere
zerschmettern contundere; elidere
Zersetzung tabes, tabis *f*
zerspalten diffindere; findere
zersprengen discutere; disicere; dissipare
zerspringen dissilīre
zerstören delēre; demolīri; destruere; diruere; disicere; disturbare; eruere; evertere; excīdere; exscindere; perimere
zerstreuen differre; diffundere; discutere; disicere; dispergere; dissipare; fundere; spargere; *sich ~* diffugere; discedere; dispalari; palari
zerteilen digerere; distrahere

zertreten obterere
Zeuge auctor, auctoris *m*; testis, testis *m/f*
zeugen gignere; parere; procreare
Zeugen *als ~ anrufen* testari; *zum ~ anrufen* testificari
Zeugin testis, testis *m/f*
Zeugnis testimonium, testimonii *n*
Zeugung satus, satus *m*
Zicklein haedus, haedi *m*
Ziege capella, capellae *f*; capra/caprella, caprae/caprellae *f*; *wilde ~* caprea, capreae *f*
Ziegel *aus ~* latericius, latericia, latericium
Ziegelstein later, lateris *m*
Ziegen pecus, pecoris *n*
Ziegenbock caper, capri *m*; hircus, hirci *m*; *junger ~* haedus, haedi *m*
ziehen destringere; ducere; trahere; vehere; *(eine Waffe) ~* stringere
Ziehen tractus, tractus *m*
Ziel finis, finis *m*; meta, metae *f*; terminus, termini *m*; *ans ~ gelangen* pervenīre *[ad/in mit Akkusativ]*
Zielsäule meta, metae *f*
ziemen *sich nicht ~* dedecēre
ziemlich admodum *Adv*
Zierde decus, decoris *n*; flos, floris *m*; gloria, gloriae *f*
zieren decēre
zierlich concinnus; decorus; lepidus
Zikade cicada, cicadae *f*
Zimmer aedes/aedis, aedis *f*; conclave, conclavis *n*
Zimmermann faber, fabri *m*
zimmern fabricare/fabricari
Zinsen fenus, fenoris *n*
Zirkus circus, circi *m*
zischen stridēre
Zischen stridor, stridoris *m*

Zither cithara, citharae *f*; plectrum, plectri *n*
Zitherspielerin psaltria, psaltriae *f*
zittern pavēre; tremere; trepidare; vibrare; ~ *vor*
horrēre *[Akkusativ]*; horrescere
Zittern pavor, pavoris *m*; tremor, tremoris *m*
zitternd coruscus; pavidus; tremulus
zögern cessare; cunctari; demorari; dubitare; morari;
tardare
Zögern cunctatio, cunctationis *f*; dubitatio, dubitationis *f*
Zögling alumnus, alumni *m*
Zoll vectigal, vectigalis *n*
Zone ora, orae *f*; zona, zonae *f*
Zorn bilis, bilis *f*; ira, irae *f*; tumor, tumoris *m*
zornig iratus; ~ *werden* intumescere; irasci
Zottelhaar villus, villi *m*
zu ad *Präp [Akkusativ]*; in *Präp*; ~ ... *hin* ad *Präp*
[Akkusativ]
zu Fuß *Soldat* ~ pedes, peditis *m*
zubereiten apparare
zubinden obstringere
Zucht disciplina, disciplinae *f*
züchtig pudens, pudentis
züchtigen castigare; coërcēre; verberare
zucken coruscare; micare; ~ *lassen* coruscare
zücken *(Waffe)* destringere; intentare
zuckend coruscus
zudecken cooperīre; operīre; tegere
zudringlich procax, procaci
zuerkennen decernere
zuerst primo *Adv*; primum *Adv*
Zufall casus, casus *m*; fors, fortis *f*; *durch* ~ forte
Adv
zufallen cedere; obvenīre

zufällig casu *Adv*; forte *Adv*; fortuito *Adv*; fortuitus;
temere *Adv*
Zuflucht perfugium, perfugii *n*; receptus, receptus *m*;
seine ~ *nehmen* confugere
Zufluchtsort perfugium, perfugii *n*
zufrieden contentus; ~ *stellen* satisfacere
zufügen inferre
Zufuhr commeatus, commeatus *m*
zuführen subvehere
Zug agmen, agminis *n*; ductus, ductus *m*
Zugang aditus, aditus *m*; ianua, ianuae *f*; introitus,
introitus *m*
zugänglich apertus; patulus; pervius
Zugänglichkeit commoditas, commoditatis *f*
zugeben concedere
zugegen praesto *Adv*
Zügel frenum, freni *n*; habena, habenae *f*; lorum, lori *n*
zügellos dissolutus; effrenatus; impotens, impotentis;
lascivus; libidinosus; licens, licentis; solutus
Zügellosigkeit immodestia, immodestiae *f*; impunitas, impunitatis *f*; intemperantia,
intemperantiae *f*; lascivia, lasciviae *f*; licentia, licentiae *f*; luxuria, luxuriae *f*
zügeln coërcēre; cohibēre; frenare
zugesellen adiungere
zugespitzt *vorn* ~ praeacutus
zugestehen concedere; tribuere
zugetan amans, amantis
zugewandt versus/versum *Präp*
zugleich simul *Adv*; ~ *mit* unā (cum) *Adv [Ablativ]*
zugrunde *gehen* interīre; occidere; ~ *richten* pervertere
zugrunde gehen concidere
Zugtier iumentum, iumenti *n*
Zuhälter leno, lenonis *f*

Zuhause mansio, mansionis *f*
zuhören audīre; auscultare
Zuhörerkreis corona, coronae *f*
Zuhörerschaft theatrum, theatri *n*
Zukost *(zum Brot)* obsonium, obsonii *n*
Zukunft posteritas, posteritatis *f*
zukünftig futurus
zulächeln arridēre *[Dativ]*
zulassen admittere; concedere; pati; sinere
zuletzt denique *Adv*; postremo *Adv*; postremum
　Adv
zumal *(da)* praesertim (cum) *Kj*
zunehmen crescere; valescere
zuneigend *sich* ~ propensus
Zuneigung affectio, affectionis *f*; affectus, affectus *m*;
　inclinatio, inclinationis *f*
Zunge lingua, linguae *f*
zunichte *machen* perfringere
zunicken adnuere; nuere
zuordnen asciscere
zupfen vellere
zurechtmachen aptare
zurechtweisen corrigere; reprehendere
Zurechtweisung correctio, correctionis *f*
zureden alloqui; suadēre
zürnen irasci; suscensēre
Zurschaustellung ostentatio, ostentationis *f*
zurück retro *Adv*; retrorsum *Adv*
zurückbewegen removēre
zurückbinden religare
zurückbleiben remanēre; residēre; restare
zurückblicken respicere
zurückbringen referre; reportare; revehere
zurückbrüllen remugīre

zurückdrängen reprimere
zurückdrehen retorquēre
zurückfallen relabi
zurückfließen refluere
zurückfordern repetere; reposcere
zurückführen reducere; restituere; revehere
zurückführend redux, reducis
zurückgeben reddere; reponere
zurückgebogen recurvus
zurückgehen redīre; regredi
Zurückgehen recessus, recessus *m*
zurückgekehrt reversus
zurückgelehnt resupinus
zurückgewinnen reconciliare; recuperare
zurückgießen refundere
zurückgleiten relabi
zurückhalten attinēre; continēre; retinēre
zurückhaltend verecundus
Zurückhaltung modestia, modestiae *f*
zurückkaufen redimere
zurückkehren redīre; regredi; remeare; reverti
zurückkehrend redux, reducis
zurückkommen remeare
zurückkommend redux, reducis
zurücklassen destituere; linquere; relinquere
zurücklaufen recurrere
zurücklegen reponere
zurücklehnen reclinare
zurücknehmen recipere
zurückrufen revocare
zurückschaudern abhorrēre
zurückschicken remittere
zurückschlagen propulsare
zurückschrecken abhorrēre

zurückschreiben rescribere
zurückspringen resultare
zurückstellen postponere; reponere
zurückstoßen repellere
zurückstrahlen renidēre
zurücktragen reportare
zurücktreiben redigere; repellere
zurücktreten *(von einem Amt)* abīre *[Ablativ]*
zurückverlangen reposcere
zurückversetzen restituere
zurückwälzen revolvere
zurückweichen recedere; refugere
zurückweisen aversari; explodere; recusare; refellere; reicere; relegare; repudiare
Zurückweisung repulsa, repulsae *f*
zurückwerfen reicere
zurückziehen recipere; reducere; retractare; retrahere; *sich ~* recedere; retractare
Zurüstung apparatus, apparatus *m*
zusagen placēre
zusammen *mit* unā (cum) *Adv [Ablativ]*; *~ singen* concinere
zusammenballen conglobare; glomerare
zusammenbinden colligare; copulare
zusammenbrechen concidere
zusammenbringen conciēre; conciliare; conferre; convehere
zusammendrängen glomerare; stipare
zusammendrücken comprimere
zusammenfallen congruere
zusammenfalten plicare
zusammenfassen comprehendere
Zusammenfassung comprehensio, comprehensionis *f*

zusammenfließen confluere
zusammenfügen committere; contexere
zusammenführen conducere
zusammengefügt aptus
zusammengerafft tumultuarius
zusammengespannt iugalis, iugalis, iugale; iugis, iugis, iuge
zusammenhalten coёrcēre; cohibēre; continēre
zusammenhängen cohaerēre
zusammenhängend continens, continentis; continuus
zusammenhauen concīdere
zusammenheften configere
zusammenkaufen coёmere
zusammenkehren verrere
Zusammenklang concentus, concentus *m*
zusammenklingen consonare
zusammenkommen coīre; convenīre
Zusammenkunft coetus, coetus *m*; congressus, congressus *m*; conventus, conventus *m*
Zusammenlauf concursus, concursus *m*
zusammenlaufen concurrere; *wiederholt ~* concursare
zusammenpressen comprimere
zusammenraffen corripere
zusammenrechnen computare
zusammenreihen conserere
zusammenrollen plicare
zusammenrufen conclamare; convocare
zusammenscharen conglobare
zusammenschlagen concutere
zusammenschnüren constringere
Zusammensetzung compositio, compositionis *f*
zusammensinken collabi
zusammenstellen componere

Zusammenstoß concursus, concursus *m*; congressus, congressus *m*

zusammenstoßen concurrere; confligere; congredi; ~ *(transitiv)* collidere

zusammenstürzen collabi; concidere; corruere

zusammensuchen colligere; conquirere

zusammentragen comportare; conferre; congerere

Zusammentragen collatio, collationis *f*

zusammentreffen congredi; congruere

Zusammentreffen coetus, coetus *m*; concursio, concursionis *f*

zusammentreiben cogere; compellere

zusammenwachsen coalescere; concrescere

zusammenwerfen conicere

zusammenwickeln plicare

zusammenwirken conspirare

zusammenziehen astringere; contrahere

Zusammenziehung contractio, contractionis *f*

zuschauen inspectare

Zuschauer spectator, spectatoris *m*

Zuschauerraum *(im Theater)* cavea, caveae *f*

zuschreiben attribuere; tribuere

zusetzen urg(u)ere

zusprechen addicere

Zustand affectio, affectionis *f*; affectus, affectus *m*; habitus, habitus *m*; status, status *m*; *in einen ~ versetzen* redigere

zustande *bringen* conficere; patrare

zustimmen assentari; assentiri; consentire

Zustimmung approbatio, approbationis *f*; assensio, assensionis *f*; assensus, assensus *m*; nutus, nutus *m*

zustoßen accidere; obtingere

zuteil *werden* contingere; obtingere; obvenire

zuteilen attribuere; discribere; dispertire; distribuere; dividere; impertire; tribuere

Zuteilung discriptio, discriptionis *f*

zutraulich *sein* adulari

Zutritt accessus, accessus *m*; aditus, aditus *m*

zuverlässig certus; fidelis, fidelis, fidele; fidus; firmus; stabilis, stabilis, stabile

Zuverlässigkeit fiducia, fiduciae *f*

Zuversicht fiducia, fiduciae *f*

zuvorkommen antevenire; praecurrere; praegredi; praeoccupare; praevenire; praevertere

Zuwachs accessio, accessionis *f*

zuweilen interdum *Adv*

zuweisen assignare; attribuere; tribuere; *(durch Volksbeschluss)* ~ arrogare

zuwenden obvertere

Zuwendung *liebevolle* ~ caritas, caritatis *f*

zuwider offensus

Zwangslage necessitas, necessitatis *f*

zwanzig viginti

zwanzigste *der* ~ vice(n)simus

zwar quidem *Kj*

Zweck finis, finis *m*; *zu welchem* ~ *?* quorsum *Adv*

Zweckmäßigkeit commoditas, commoditatis *f*

zwei duo, duae, duo

zweideutig ambiguus; anceps, ancipitis

zweifach duplex, duplicis

Zweifel dubitatio, dubitationis *f*; dubium, dubii *n*

zweifelhaft ambiguus; dubius

zweifeln ambigere; dubitare

Zweig ramus, rami *m*; *dünner* ~ virga, virgae *f*

Zweige verbenae, verbenarum *f*

Zweigespann bigae, bigarum *f*; biiugus/biiugis

zweihundert ducenti
zweimal bis *Adv*
zweischneidig bipennis, bipennis, bipenne
zweiseitig anceps, ancipitis
zweispännig biiugus/biiugis
zweite *der* ~ secundus; *jeder* ~ alternus
Zwerchfell praecordia, praecordiorum *m*
Zwiespalt seditio, seditionis *f*
Zwietracht discordia, discordiae *f*
zwieträchtig discors, discordis
Zwillings- geminus/gemellus

zwingen adigere; cogere; frangere; subigere
zwischen inter *Präp [Akkusativ]*
Zwischenkönig interrex, interregis *m*
Zwischenraum intervallum, intervalli *n*; spatium, spatii *n*
Zwischenregierung interregnum, interregni *n*
Zwist dissensio, dissensionis *f*; seditio, seditionis *f*
zwölf duodecim
zwölfte *der* ~ duodecimus
Zylinder cylindrus, cylindri *m*
Zypresse cupressus, cupressi *f*

Referenzgrammatik

Wortarten

Es gibt im Latein folgende Wortarten:

Substantiv	Subst.	wer?, was?	quis?, quid?	Gaius, Roma, pater
Pronomen	Pron.	wer?, was?	quis?, quid?	ego, is, hic, ille, quis
Adjektiv	Adj.	wie beschaffen?	qualis, quale?	bonus, fortis
Zahlwort, Numerale	Num.	wie viele?	quot?	unus, duo, tres
Verbum	Verb.	was geschieht?		laudare, agere
Adverb	Adv.	wie geschieht es?	quomodo?	bene, ita, non
Präposition	Präp.	wann?, warum?, wo?, wozu?	quando?, cur?, ubi?, quo?	in, ab, cum
Konjunktion	Konj.	wann?, warum?, wo?, wozu?	quando?, cur?, ubi?, quo?	et, autem, sed
Subjunktion	Subj.	wann?, warum?, wo?, wozu?	quando?, cur?, ubi?, quo?	ut, ne, cum
Interjektion	Interj.			heu, ecce

Substantive, Pronomen, Adjektive und Numeralia werden als *Nomen* zusammengefasst.

Adverbien, Präpositionen, Konjunktionen, Subjunktionen und Interjektionen sind *Partikeln* mit dem gemeinsamen Kennzeichen der Undeklinierbarkeit.

Kasus (Fälle)

Es gibt im Latein folgende Kasus (Fälle):

Nominativ	Nom.	wer?, was?	quis?, quid?	pater	der Vater
Genitiv	Gen.	wessen?	cuius?	patris	des Vaters
Dativ	Dat.	wem?	cui?	patri	dem Vater
Akkusativ	Akk.	wen?	quem?, quid?	patrem	den Vater
Vokativ	Vok.	Anrede		pater	o Vater!
Ablativ	Abl.	wann?, wo?, woher?, warum?, womit?, wodurch?	quando?, ubi?, unde?, quare?, quo?	patre	vom, mit dem Vater

Numerus

Numerus gibt es nur zwei: Singular und Plural.
Singular: pater – der/ein Vater
Plural: pateres – Väter

Einen Dual gibt es nicht.

Einige Substantive gibt es nur als so genannte Pluralwörter (pluralia tantum) wie z. B. arma, armorum – Waffen; castra, castrorum – (ein) Lager

Deklinationen

Die Bildung der verschiedenen Kasus geschieht nach so genannten Deklinationsmustern, von denen es im Latein entsprechend traditioneller Zählung fünf gibt, wobei die Dritte oder konsonantische Deklination aber mehrere Mischformen einschließt.

Die Zugehörigkeit eines Substantivs oder Adjektivs zu einem bestimmten Muster kann man nur teilweise an der Grundform, dem Nominativ Singular, erkennen. Deshalb wird im Wörterbuch immer der Genitiv Singular mit angegeben (und im Unterricht mit gelernt).

		Genitiv singular	Genitiv plural
Erste Deklination (a)	domina, dominae	-ae	-ārum
Zweite Deklination (o)	dominus, domini	-ī	-ōrum
Dritte Deklination	rex, regis	-is	-um
Vierte Deklination (u)	manus, manus	-ūs	-uum
Fünfte Deklination (e)	res, rei	-eī	-ērum

Wenn man die Endung des Genitivs Singular abtrennt, erhält man den Wortstock.

Wenn man vom Genitiv Plural die Endung -um oder -rum wegnimmt, erhält man den Wortstamm.

Erste Deklination (a)

Kasus	Singular		Plural	
Nominativ	mens-**a**	der (ein) Tisch	mens-**ae**	(die) Tische
Genitiv	mens-**ae**	des (eines) Tisches	mens-**ārum**	(der) Tische
Dativ	mens-**ae**	dem (einem) Tisch	mens-**īs**	(den) Tischen
Akkusativ	mens-**am**	den (einen) Tisch	mens-**ās**	(die) Tische
Vokativ	mens-**a**	o Tisch!	mens-**ae**	o Tische!
Ablativ	mens-**ā**	mit dem (einem) Tisch	mens-**īs**	mit (den) Tischen

Fast alle Substantive der ersten Deklination sind Feminina mit Ausnahme des natürlichen Geschlechts bei z. B. nauta – Seemann, agricola – Bauer u. a.

Zweite Deklination (o)

Substantive auf -us

Kasus	Singular		Plural	
Nominativ	amic-**us**	der (ein) Freund	amic-**i**	(die) Freunde
Genitiv	amic-**ī**	des (eines) Freundes	amic-**ōrum**	(der) Freunde
Dativ	amic-**ō**	dem (einem) Freund	amic-**īs**	(den) Freunden
Akkusativ	amic-**um**	den (einen) Freund	amic-**ōs**	(die) Freunde
Vokativ	amic-**e**	o Freund!	amic-**ī**	o Freunde!
Ablativ	cum amic-**o**	mit dem (einem) Freund	cum amic-**īs**	mit (den) Freunden

Die Substantive auf -us sind in der Regel Maskulina außer Namen für Länder, Bäume, Inseln und Städte, wie auch das Wort humus. Vulgus und virus sind Neutra.

Substantive auf -um

Kasus	Singular		Plural	
Nominativ	bell-**um**	der (ein) Krieg	bell-**a**	(die) Kriege
Genitiv	bell-**ī**	des (eines) Krieges	bell-**ōrum**	(der) Kriege
Dativ	bell-**ō**	dem (einem) Kriege	bell-**īs**	(den) Kriegen
Akkusativ	bell-**um**	den (einen) Krieg	bell-**a**	(die) Kriege
Vokativ	bell-**um**	o Krieg!	bell-**a**	o Kriege!
Ablativ	de bell-**ō**	über den (einen) Krieg	de bell-**īs**	über (die) Kriege

Die Substantive auf -um sind Neutra.

Substantive auf -r (-er)

Kasus	Singular		Plural	
Nominativ	puer	der (ein) Knabe	puer-**ī**	(die) Knaben
Genitiv	puer-**ī**	des (eines) Knaben	puer-**ōrum**	(der) Knaben
Dativ	puer-**ō**	dem (einem) Knaben	puer-**īs**	(den) Knaben
Akkusativ	puer-**um**	den (einen) Knaben	puer-**ōs**	(die) Knaben
Vokativ	puer	o Knabe!	puer-**ī**	o Knaben!
Ablativ	cum puer-**ō**	mit dem (einem) Knaben	cum puer-**īs**	mit (den) Knaben

Kasus	Singular		Plural	
Nominativ	ager	der (ein) Acker	agr-**ī**	(die) Äcker
Genitiv	agr-**ī**	des (eines) Ackers	agr-**ōrum**	(der) Äcker
Dativ	agr-**ō**	dem (einem) Acker	agr-**īs**	(den) Äckern
Akkusativ	agr-**um**	den (einen) Acker	agr-**ōs**	(die) Äcker
Vokativ	ager	o Acker!	agr-**ī**	o Äcker!
Ablativ	in agr-**ō**	auf dem Acker	in agr-**īs**	auf den Äckern

Die Substantive auf -r (-er) sind Maskulina.

Adjektive der Ersten und Zweiten Deklination

Adjektive auf -us, -a, -um

Kasus	Singular			Plural		
Nominativ	bonus	bona	bonum	bonī	bonae	bona
Genitiv	bonī	bonae	bonī	bonōrum	bonārum	bonōrum
Dativ	bonō	bonae	bonō	bonīs	bonīs	bonīs
Akkusativ	bonum	bonam	bonum	bonōs	bonās	bona
Vokativ	bone	bona	bonum	bonī	bonae	bona
Ablativ	bonō	bonā	bonō	bonīs	bonīs	bonīs

Adjektive auf -r (-er), -a, -um

Kasus	Singular			Plural		
	Maskulinum	Femininum	Neutrum	Maskulinum	Femininum	Neutrum
Nominativ	niger	nigr-**a**	nigr-**um**	nigr-**ī**	nigr-**ae**	nigr-**a**
Genitiv	nigr-**ī**	nigr-**ae**	nigr-**ī**	nigr-**ōrum**	nigr-**ārum**	nigr-**ōrum**
Dativ	nigr-**ō**	nigr-**ae**	nigr-**ō**	nigr-**īs**	nigr-**īs**	nigr-**īs**
Akkusativ	nigr-**um**	nigr-**am**	nigr-**um**	nigr-**ōs**	nigr-**ās**	nigr-**a**
Vokativ	niger	nigr-**a**	nigr-**um**	nigr-**ī**	nigr-**ae**	nigr-**a**
Ablativ	nigr-**ō**	nigr-**ā**	nigr-**ō**	nigr-**īs**	nigr-**īs**	nigr-**īs**

Kasus	Singular			Plural		
	Maskulinum	Femininum	Neutrum	Maskulinum	Femininum	Neutrum
Nominativ	asper	asper-**a**	asper-**um**	asper-**ī**	asper-**ae**	asper-**a**
Genitiv	asper-**ī**	asper-**ae**	asper-**ī**	asper-**ōrum**	asper-**ārum**	asper-**ōrum**
Dativ	asper-**ō**	asper-**ae**	asper-**ō**	asper-**īs**	asper-**īs**	asper-**īs**
Akkusativ	asper-**um**	asper-**am**	asper-**um**	asper-**ōs**	asper-**ās**	asper-**a**
Vokativ	asper	asper-**a**	asper-**um**	asper-**ī**	asper-**ae**	asper-**a**
Ablativ	asper-**ō**	asper-**ā**	asper-**ō**	asper-**īs**	asper-**īs**	asper-**īs**

Konsonantenstämme der Dritten Deklination

a) Maskulina

Kasus	Singular	Plural
Nominativ	orator	orator-**ēs**
Genitiv	orator-**is**	orator-**um**
Dativ	orator-**ī**	orator-**ibus**
Akkusativ	orator-**em**	orator-**ēs**
Vokativ	orator	orator-**ēs**
Ablativ	cum orator-**e**	cum orator-**ibus**

Kasus	Singular	Plural
Nominativ	miles	milit-**ēs**
Genitiv	milit-**is**	milit-**um**
Dativ	milit-**ī**	milit-**ibus**
Akkusativ	milit-**em**	milit-**ēs**
Vokativ	miles	milit-**ēs**
Ablativ	cum milit-**e**	cum milit-**ibus**

Kasus	Singular	Plural
Nominativ	consul	consul-**ēs**
Genitiv	consul-**is**	consul-**um**
Dativ	consul-**ī**	consul-**ibus**
Akkusativ	consul-**em**	consul-**ēs**
Vokativ	consul	consul-**ēs**
Ablativ	cum consul-**e**	cum consul-**ibus**

Kasus	Singular	Plural
Nominativ	rex	reg-**ēs**
Genitiv	reg-**is**	reg-**um**
Dativ	reg-**ī**	reg-**ibus**
Akkusativ	reg-**em**	reg-**ēs**
Vokativ	rex	reg-**ēs**
Ablativ	cum reg-**e**	cum reg-**ibus**

Deklinationen

Kasus	Singular	Plural
Nominativ	dux	duc-**ēs**
Genitiv	duc-**is**	duc-**um**
Dativ	duc-**ī**	duc-**ibus**
Akkusativ	duc-**em**	duc-**ēs**
Vokativ	dux	duc-**ēs**
Ablativ	duc-**e**	duc-**ibus**

Kasus	Singular	Plural
Nominativ	mos	mor-**ēs**
Genitiv	mor-**is**	mor-**um**
Dativ	mor-**ī**	mor-**ibus**
Akkusativ	mor-**em**	mor-**ēs**
Vokativ	mos	mor-**ēs**
Ablativ	mor-**e**	mor-**ibus**

Kasus	Singular	Plural
Nominativ	agger	agger-**ēs**
Genitiv	agger-**is**	agger-**um**
Dativ	agger-**ī**	agger-**ibus**
Akkusativ	agger-**em**	agger-**ēs**
Vokativ	agger	agger-**ēs**
Ablativ	agger-**e**	agger-**ibus**

Kasus	Singular	Plural
Nominativ	lapis	lapid-**ēs**
Genitiv	lapid-**is**	lapid-**um**
Dativ	lapid-**ī**	lapid-**ibus**
Akkusativ	lapid-**em**	lapid-**ēs**
Vokativ	lapis	lapid-**ēs**
Ablativ	lapid-**e**	lapid-**ibus**

b) Feminina

Kasus	Singular	Plural
Nominativ	oratio	oration-**ēs**
Genitiv	oration-**is**	oration-**um**
Dativ	oration-**ī**	oration-**ibus**
Akkusativ	oration-**em**	oration-**ēs**
Vokativ	oratio	oration-**ēs**
Ablativ	oration-**e**	oration-**ibus**

Kasus	Singular	Plural
Nominativ	consuetudo	consuetudin-**ēs**
Genitiv	consuetudin-**is**	consuetudin-**um**
Dativ	consuetudin-**ī**	consuetudin-**ibus**
Akkusativ	consuetudin-**em**	consuetudin-**ēs**
Vokativ	consuetudo	consuetudin-**ēs**
Ablativ	consuetudin-**e**	consuetudin-**ibus**

Kasus	Singular	Plural
Nominativ	palus	palud-**ēs**
Genitiv	palud-**is**	palud-**um**
Dativ	palud-**ī**	palud-**ibus**
Akkusativ	palud-**em**	palud-**ēs**
Vokativ	palus	palud-**ēs**
Ablativ	palud-**e**	palud-**ibus**

Kasus	Singular	Plural
Nominativ	salus	salut-**ēs**
Genitiv	salut-**is**	salut-**um**
Dativ	salut-**ī**	salut-**ibus**
Akkusativ	salut-**em**	salut-**ēs**
Vokativ	salus	salut-**ēs**
Ablativ	salut-**e**	salut-**ibus**

Deklinationen

Kasus	Singular	Plural
Nominativ	merces	merced-**ēs**
Genitiv	merced-**is**	merced-**um**
Dativ	merced-**ī**	merced-**ibus**
Akkusativ	merced-**em**	merced-**ēs**
Vokativ	merces	merced-**ēs**
Ablativ	merced-**e**	merced-**ibus**

Kasus	Singular	Plural
Nominativ	gens	gent-**ēs**
Genitiv	gent-**is**	gent-**um**
Dativ	gent-**ī**	gent-**ibus**
Akkusativ	gent-**em**	gent-**ēs**
Vokativ	gens	gent-**ēs**
Ablativ	gent-**e**	gent-**ibus**

Kasus	Singular	Plural
Nominativ	trabs	trab-**ēs**
Genitiv	trab-**is**	trab-**um**
Dativ	trab-**ī**	trab-**ibus**
Akkusativ	trab-**em**	trab-**ēs**
Vokativ	trabs	trab-**ēs**
Ablativ	trab-**e**	trab-**ibus**

Kasus	Singular	Plural
Nominativ	aestas	aestat-**ēs**
Genitiv	aestat-**is**	aestat-**um**
Dativ	aestat-**ī**	aestat-**ibus**
Akkusativ	aestat-**em**	aestat-**ēs**
Vokativ	aestas	aestat-**ēs**
Ablativ	aestat-**e**	aestat-**ibus**

c) Neutra

Kasus	Singular	Plural
Nominativ	corpus	corpor-**a**
Genitiv	corpor-**is**	corpor-**um**
Dativ	corpor-ī	corpor-**ibus**
Akkusativ	corpus	corpor-**a**
Vokativ	corpus	corpor-**a**
Ablativ	corpor-**e**	corpor-**ibus**

Kasus	Singular	Plural
Nominativ	genus	gener-**a**
Genitiv	gener-**is**	gener-**um**
Dativ	gener-ī	gener-**ibus**
Akkusativ	genus	gener-**a**
Vokativ	genus	gener-**a**
Ablativ	gener-**e**	gener-**ibus**

Kasus	Singular	Plural
Nominativ	ius	iur-**a**
Genitiv	iur-**is**	iur-**um**
Dativ	iur-ī	iur-**ibus**
Akkusativ	ius	iur-**a**
Vokativ	ius	iur-**a**
Ablativ	iur-**e**	iur-**ibus**

Kasus	Singular	Plural
Nominativ	robur	robor-**a**
Genitiv	robor-**is**	robor-**um**
Dativ	robor-ī	robor-**ibus**
Akkusativ	robur	robor-**a**
Vokativ	robur	robor-**a**
Ablativ	robor-**e**	robor-**ibus**

Kasus	Singular	Plural
Nominativ	fulgur	fulgur-**a**
Genitiv	fulgur-**is**	fulgur-**um**
Dativ	fulgur-**ī**	fulgur-**ibus**
Akkusativ	fulgur	fulgur-**a**
Vokativ	fulgur	fulgur-**a**
Ablativ	fulgur-**e**	fulgur-**ibus**

Kasus	Singular	Plural
Nominativ	nomen	nomin-**a**
Genitiv	nomin-**is**	nomin-**um**
Dativ	nomin-**ī**	nomin-**ibus**
Akkusativ	nomen	nomin-**a**
Vokativ	nomen	nomin-**a**
Ablativ	nomin-**e**	nomin-**ibus**

Kasus	Singular	Plural
Nominativ	cor	cord-**a**
Genitiv	cord-**is**	cord-**um**
Dativ	cord-**ī**	cord-**ibus**
Akkusativ	cor	cord-**a**
Vokativ	cor	cord-**a**
Ablativ	cord-**e**	cord-**ibus**

Kasus	Singular	Plural
Nominativ	caput	capit-**a**
Genitiv	capit-**is**	capit-**um**
Dativ	capit-**ī**	capit-**ibus**
Akkusativ	caput	capit-**a**
Vokativ	caput	capit-**a**
Ablativ	capit-**e**	capit-**ibus**

Kasus	Singular	Plural
Nominativ	mel	mell-**a**
Genitiv	mell-**is**	mell-**um**
Dativ	mell-**ī**	mell-**ibus**
Akkusativ	mel	mell-**a**
Vokativ	mel	mell-**a**
Ablativ	mell-**e**	mell-**ibus**

Kasus	Singular	Plural
Nominativ	lac	lact-**a**
Genitiv	lact-**is**	lact-**um**
Dativ	lact-**ī**	lact-**ibus**
Akkusativ	lac	lact-**a**
Vokativ	lac	lact-**a**
Ablativ	lact-**e**	lact-**ibus**

i-Stämme der Dritten Deklination

Kasus	Singular	Plural
Nominativ	mare	mar-**ia**
Genitiv	mar-**is**	mar-**ium**
Dativ	mar-**ī**	mar-**ibus**
Akkusativ	mare	mar-**ia**
Vokativ	mare	mar-**ia**
Ablativ	mar-**ī**	mar-**ibus**

Kasus	Singular	Plural
Nominativ	turr-**is**	turr-**ēs**
Genitiv	turr-**is**	turr-**ium**
Dativ	turr-**ī**	turr-**ibus**
Akkusativ	turr-**im**	turr-**ēs**
Vokativ	turr-**is**	turr-**ēs**
Ablativ	turr-**ī**	turr-**ibus**

Kasus	Singular	Plural
Nominativ	animal	animal-**ia**
Genitiv	animal-**is**	animal-**ium**
Dativ	animal-**ī**	animal-**ibus**
Akkusativ	animal	animal-**ia**
Vokativ	animal	animal-**ia**
Ablativ	animal-**ī**	animal-**ibus**

Kasus	Singular	Plural
Nominativ	exemplar	exemplar-**ia**
Genitiv	exemplar-**is**	exemplar-**ium**
Dativ	exemplar-**ī**	exemplar-**ibus**
Akkusativ	exemplar	exemplar-**ia**
Vokativ	exemplar	exemplar-**ia**
Ablativ	exemplar-**ī**	exemplar-**ibus**

Gemischte Formen der Dritten Deklination

Kasus	Singular	Plural
Nominativ	imber	imbr-**ēs**
Genitiv	imbr-**is**	imbr-**ium**
Dativ	imbr-**ī**	imbr-**ibus**
Akkusativ	imbr-**em**	imbr-**ēs**
Vokativ	imber	imbr-**ēs**
Ablativ	imbr-**e**	imbr-**ibus**

Kasus	Singular	Plural
Nominativ	nav-**is**	nav-**ēs**
Genitiv	nav-**is**	nav-**ium**
Dativ	nav-**ī**	nav-**ibus**
Akkusativ	nav-**em**	nav-**ēs**
Vokativ	nav-**is**	nav-**ēs**
Ablativ	nav-**e/ī**	nav-**ibus**

Kasus	Singular	Plural
Nominativ	nub-**ēs**	nub-**ēs**
Genitiv	nub-**is**	nub-**ium**
Dativ	nub-**ī**	nub-**ibus**
Akkusativ	nub-**em**	nub-**ēs**
Vokativ	nub-**ēs**	nub-**ēs**
Ablativ	nub-**e**	nub-**ibus**

Kasus	Singular	Plural
Nominativ	urbs	urb-**ēs**
Genitiv	urb-**is**	urb-**ium**
Dativ	urb-**ī**	urb-**ibus**
Akkusativ	urb-**em**	urb-**ēs**
Vokativ	urbs	urb-**ēs**
Ablativ	urb-**e**	urb-**ibus**

Deklinationen

Kasus	Singular	Plural
Nominativ	ars	art-**ēs**
Genitiv	art-**is**	art-**ium**
Dativ	art-**ī**	art-**ibus**
Akkusativ	art-**em**	art-**ēs**
Vokativ	ars	art-**ēs**
Ablativ	art-**e**	art-**ibus**

Kasus	Singular	Plural
Nominativ	nox	noct-**ēs**
Genitiv	noct-**is**	noct-**ium**
Dativ	noct-**ī**	noct-**ibus**
Akkusativ	noct-**em**	noct-**ēs**
Vokativ	nox	noct-**ēs**
Ablativ	noct-**e**	noct-**ibus**

Kasus	Singular	Plural
Nominativ	pater	patr-**ēs**
Genitiv	patr-**is**	patr-**um**
Dativ	patr-**ī**	patr-**ibus**
Akkusativ	patr-**em**	patr-**ēs**
Vokativ	pater	patr-**ēs**
Ablativ	patr-**e**	patr-**ibus**

Kasus	Singular	Plural
Nominativ	os	oss-**a**
Genitiv	oss-**is**	oss-**ium**
Dativ	oss-**ī**	oss-**ibus**
Akkusativ	os	oss-**a**
Vokativ	os	oss-**a**
Ablativ	oss-**e**	oss-**ibus**

Kasus	Singular	Plural
Nominativ	can-**is**	can-**ēs**
Genitiv	can-**is**	can-**um**
Dativ	can-**ī**	can-**ibus**
Akkusativ	can-**em**	can-**ēs**
Vokativ	can-**is**	can-**ēs**
Ablativ	can-**e**	can-**ibus**

Kasus	Singular	Plural
Nominativ	iuven-**is**	iuven-**ēs**
Genitiv	iuven-**is**	iuven-**um**
Dativ	iuven-**ī**	iuven-**ibus**
Akkusativ	iuven-**em**	iuven-**ēs**
Vokativ	iuven-**is**	iuven-**ēs**
Ablativ	iuven-**e**	iuven-**ibus**

Adjektive der Dritten Deklination

a) i-Stämme der Dritten Deklination
Adjektive mit einer Endung im Nominativ Singular

Kasus	Singular			Plural		
	Maskulinum	Femininum	Neutrum	Maskulinum	Femininum	Neutrum
Nominativ	felix	felix	felix	felic-**ēs**	felic-**ēs**	felic-**ia**
Genitiv	felic-**is**	felic-**is**	felic-**is**	felic-**ium**	felic-**ium**	felic-**ium**
Dativ	felic-**ī**	felic-**ī**	felic-**ī**	felic-**ibus**	felic-**ibus**	felic-**ibus**
Akkusativ	felic-**em**	felic-**em**	felix	felic-**ēs**	felic-**ēs**	felic-**ia**
Vokativ	felix	felix	felix	felic-**ēs**	felic-**ēs**	felic-**ia**
Ablativ	felic-**ī**	felic-**ī**	felic-**ī**	felic-**ibus**	felic-**ibus**	felic-**ibus**

Kasus	Singular			Plural		
	Maskulinum	Femininum	Neutrum	Maskulinum	Femininum	Neutrum
Nominativ	prudens	prudens	prudens	prudent-**ēs**	prudent-**ēs**	prudent-**ia**
Genitiv	prudent-**is**	prudent-**is**	prudent-**is**	prudent-**ium**	prudent-**ium**	prudent-**ium**
Dativ	prudent-**ī**	prudent-**ī**	prudent-**ī**	prudent-**ibus**	prudent-**ibus**	prudent-**ibus**
Akkusativ	prudent-**em**	prudent-**em**	prudens	prudent-**ēs**	prudent-**ēs**	prudent-**ia**
Vokativ	prudens	prudens	prudens	prudent-**ēs**	prudent-**ēs**	prudent-**ia**
Ablativ	prudent-**ī**	prudent-**ī**	prudent-**ī**	prudent-**ibus**	prudent-**ibus**	prudent-**ibus**

342

Adjektive mit zwei Endungen im Nominativ Singular

Kasus	Singular			Plural		
	Maskulinum	Femininum	Neutrum	Maskulinum	Femininum	Neutrum
Nominativ	fort-**is**	fort-**is**	fort-**e**	fort-**ēs**	fort-**ēs**	fort-**ia**
Genitiv	fort-**is**	fort-**is**	fort-**is**	fort-**ium**	fort-**ium**	fort-**ium**
Dativ	fort-**ī**	fort-**ī**	fort-**ī**	fort-**ibus**	fort-**ibus**	fort-**ibus**
Akkusativ	fort-**em**	fort-**em**	fort-**e**	fort-**ēs**	fort-**ēs**	fort-**ia**
Vokativ	fort-**is**	fort-**is**	fort-**e**	fort-**ēs**	fort-**ēs**	fort-**ia**
Ablativ	fort-**ī**	fort-**ī**	fort-**ī**	fort-**ibus**	fort-**ibus**	fort-**ibus**

Adjektive mit drei Endungen im Nominativ Singular

Kasus	Singular			Plural		
	Maskulinum	Femininum	Neutrum	Maskulinum	Femininum	Neutrum
Nominativ	acer	acr-**is**	acr-**e**	acr-**ēs**	acr-**ēs**	acr-**ia**
Genitiv	acr-**is**	acr-**is**	acr-**is**	acr-**ium**	acr-**ium**	acr-**ium**
Dativ	acr-**ī**	acr-**ī**	acr-**ī**	acr-**ibus**	acr-**ibus**	acr-**ibus**
Akkusativ	acr-**em**	acr-**em**	acr-**e**	acr-**ēs**	acr-**ēs**	acr-**ia**
Vokativ	acer	acr-**is**	acr-**e**	acr-**ēs**	acr-**ēs**	acr-**ia**
Ablativ	acr-**ī**	acr-**ī**	acr-**ī**	acr-**ibus**	acr-**ibus**	acr-**ibus**

Kasus	Singular			Plural		
	Maskulinum	Femininum	Neutrum	Maskulinum	Femininum	Neutrum
Nominativ	celer	celer-**is**	celer-**e**	celer-**ēs**	celer-**ēs**	celer-**a**
Genitiv	celer-**is**	celer-**is**	celer-**is**	celer-**um**	celer-**um**	celer-**um**
Dativ	celer-**ī**	celer-**ī**	celer-**ī**	celer-**ibus**	celer-**ibus**	celer-**ibus**
Akkusativ	celer-**em**	celer-**em**	celer-**e**	celer-**ēs**	celer-**ēs**	celer-**a**
Vokativ	celer	celer-**is**	celer-**e**	celer-**ēs**	celer-**ēs**	celer-**a**
Ablativ	celer-**ī**	celer-**ī**	celer-**ī**	celer-**ibus**	celer-**ibus**	celer-**ibus**

b) Konsonantenstämme der Dritten Deklination

Kasus	Singular			Plural		
	Maskulinum	Femininum	Neutrum	Maskulinum	Femininum	Neutrum
Nominativ	pauper	pauper	pauper	pauper-**ēs**	pauper-**ēs**	pauper-**a**
Genitiv	pauper-**is**	pauper-**is**	pauper-**is**	pauper-**um**	pauper-**um**	pauper-**um**
Dativ	pauper-**ī**	pauper-**ī**	pauper-**ī**	pauper-**ibus**	pauper-**ibus**	pauper-**ibus**
Akkusativ	pauper-**em**	pauper-**em**	pauper	pauper-**ēs**	pauper-**ēs**	pauper-**a**
Vokativ	pauper	pauper	pauper	pauper-**ēs**	pauper-**ēs**	pauper-**a**
Ablativ	pauper-**e**	pauper-**e**	pauper-**e**	pauper-**ibus**	pauper-**ibus**	pauper-**ibus**

Kasus	Singular			Plural		
	Maskulinum	Femininum	Neutrum	Maskulinum	Femininum	Neutrum
Nominativ	vetus	vetus	vetus	veter-**ēs**	veter-**ēs**	veter-**a**
Genitiv	veter-**is**	veter-**is**	veter-**is**	veter-**um**	veter-**um**	veter-**um**
Dativ	veter-**ī**	veter-**ī**	veter-**ī**	veter-**ibus**	veter-**ibus**	veter-**ibus**
Akkusativ	veter-**em**	veter-**em**	vetus	veter-**ēs**	veter-**ēs**	veter-**a**
Vokativ	vetus	vetus	vetus	veter-**ēs**	veter-**ēs**	veter-**a**
Ablativ	veter-**e**	veter-**e**	veter-**e**	veter-**ibus**	veter-**ibus**	veter-**ibus**

Deklinationen

Kasus	Singular			Plural		
	Maskulinum	Femininum	Neutrum	Maskulinum	Femininum	Neutrum
Nominativ	dives	dives	dives	divit-**ēs**	divit-**ēs**	divit-**a**
Genitiv	divit-**is**	divit-**is**	divit-**is**	divit-**um**	divit-**um**	divit-**um**
Dativ	divit-**ī**	divit-**ī**	divit-**ī**	divit-**ibus**	divit-**ibus**	divit-**ibus**
Akkusativ	divit-**em**	divit-**em**	dives	divit-**ēs**	divit-**ēs**	divit-**a**
Vokativ	dives	dives	dives	divit-**ēs**	divit-**ēs**	divit-**a**
Ablativ	divit-**e**	divit-**e**	divit-**e**	divit-**ibus**	divit-**ibus**	divit-**ibus**

Kasus	Singular			Plural		
	Maskulinum	Femininum	Neutrum	Maskulinum	Femininum	Neutrum
Nominativ	particeps	particeps	particeps	particip-**ēs**	particip-**ēs**	particip-**a**
Genitiv	particip-**is**	particip-**is**	particip-**is**	particip-**um**	particip-**um**	particip-**um**
Dativ	particip-**ī**	particip-**ī**	particip-**ī**	particip-**ibus**	particip-**ibus**	particip-**ibus**
Akkusativ	particip-**em**	particip-**em**	particeps	particip-**ēs**	particip-**ēs**	particip-**a**
Vokativ	particeps	particeps	particeps	particip-**ēs**	particip-**ēs**	particip-**a**
Ablativ	particip-**e**	particip-**e**	particip-**e**	particip-**ibus**	particip-**ibus**	particip-**ibus**

Kasus	Singular			Plural		
	Maskulinum	Femininum	Neutrum	Maskulinum	Femininum	Neutrum
Nominativ	princeps	princeps	princeps	princip-**ēs**	princip-**ēs**	princip-**a**
Genitiv	princip-**is**	princip-**is**	princip-**is**	princip-**um**	princip-**um**	princip-**um**
Dativ	princip-**ī**	princip-**ī**	princip-**ī**	princip-**ibus**	princip-**ibus**	princip-**ibus**
Akkusativ	princip-**em**	princip-**em**	princeps	princip-**ēs**	princip-**ēs**	princip-**a**
Vokativ	princeps	princeps	princeps	princip-**ēs**	princip-**ēs**	princip-**a**
Ablativ	princip-**e**	princip-**e**	princip-**e**	princip-**ibus**	princip-**ibus**	princip-**ibus**

Kasus	Singular			Plural		
	Maskulinum	Femininum	Neutrum	Maskulinum	Femininum	Neutrum
Nominativ	compos	compos	compos	compot-**ēs**	compot-**ēs**	compot-**a**
Genitiv	compot-**is**	compot-**is**	compot-**is**	compot-**um**	compot-**um**	compot-**um**
Dativ	compot-**ī**	compot-**ī**	compot-**ī**	compot-**ibus**	compot-**ibus**	compot-**ibus**
Akkusativ	compot-**em**	compot-**em**	compos	compot-**ēs**	compot-**ēs**	compot-**a**
Vokativ	compos	compos	compos	compot-**ēs**	compot-**ēs**	compot-**a**
Ablativ	compot-**e**	compot-**e**	compot-**e**	compot-**ibus**	compot-**ibus**	compot-**ibus**

Deklinationen

Kasus	Singular			Plural		
	Maskulinum	Femininum	Neutrum	Maskulinum	Femininum	Neutrum
Nominativ	superstes	superstes	superstes	superstit-**ēs**	superstit-**ēs**	superstit-**a**
Genitiv	superstit-**is**	superstit-**is**	superstit-**is**	superstit-**um**	superstit-**um**	superstit-**um**
Dativ	superstit-**ī**	superstit-**ī**	superstit-**ī**	superstit-**ibus**	superstit-**ibus**	superstit-**ibus**
Akkusativ	superstit-**em**	superstit-**em**	superstes	superstit-**ēs**	superstit-**ēs**	superstit-**a**
Vokativ	superstes	superstes	superstes	superstit-**ēs**	superstit-**ēs**	superstit-**a**
Ablativ	superstit-**e**	superstit-**e**	superstit-**e**	superstit-**ibus**	superstit-**ibus**	superstit-**ibus**

Kasus	Singular			Plural		
	Maskulinum	Femininum	Neutrum	Maskulinum	Femininum	Neutrum
Nominativ	sospes	sospes	sospes	sospit-**ēs**	sospit-**ēs**	sospit-**a**
Genitiv	sospit-**is**	sospit-**is**	sospit-**is**	sospit-**um**	sospit-**um**	sospit-**um**
Dativ	sospit-**ī**	sospit-**ī**	sospit-**ī**	sospit-**ibus**	sospit-**ibus**	sospit-**ibus**
Akkusativ	sospit-**em**	sospit-**em**	sospes	sospit-**ēs**	sospit-**ēs**	sospit-**a**
Vokativ	sospes	sospes	sospes	sospit-**ēs**	sospit-**ēs**	sospit-**a**
Ablativ	sospit-**e**	sospit-**e**	sospit-**e**	sospit-**ibus**	sospit-**ibus**	sospit-**ibus**

Komparative der Adjektive aller Deklinationen

Kasus	Singular			Plural		
	Maskulinum	Femininum	Neutrum	Maskulinum	Femininum	Neutrum
Nominativ	longior	longior	longius	longior-**ēs**	longior-**ēs**	longior-**a**
Genitiv	longior-**is**	longior-**is**	longior-**is**	longior-**um**	longior-**um**	longior-**um**
Dativ	longior-ī	longior-ī	longior-ī	longior-**ibus**	longior-**ibus**	longior-**ibus**
Akkusativ	longior-**em**	longior-**em**	longius	longior-**ēs**	longior-**ēs**	longior-**a**
Vokativ	longior	longior	longius	longior-**ēs**	longior-**ēs**	longior-**a**
Ablativ	longior-**e**	longior-**e**	longior-**e**	longior-**ibus**	longior-**ibus**	longior-**ibus**

Partizip Präsens

Kasus	Singular			Plural		
	Maskulinum	Femininum	Neutrum	Maskulinum	Femininum	Neutrum
Nominativ	laudans	laudans	laudans	laudant-**ēs**	laudant-**ēs**	laudant-**ia**
Genitiv	laudant-**is**	laudant-**is**	laudant-**is**	laudant-**ium**	laudant-**ium**	laudant-**ium**
Dativ	laudant-ī	laudant-ī	laudant-ī	laudant-**ibus**	laudant-**ibus**	laudant-**ibus**
Akkusativ	laudant-**em**	laudant-**em**	laudans	laudant-**ēs**	laudant-**ēs**	laudant-**ia**
Vokativ	laudans	laudans	laudans	laudant-**ēs**	laudant-**ēs**	laudant-**ia**
Ablativ	laudant-**e**	laudant-**e**	laudant-**e**	laudant-**ibus**	laudant-**ibus**	laudant-**ibus**

349

Vierte Deklination (u)

Kasus	Singular	Plural
Nominativ	fruct-**us**	fruct-**ūs**
Genitiv	fruct-**ūs**	fruct-**uum**
Dativ	fruct-**uī** (**ū**)	fruct-**ibus**
Akkusativ	fruct-**um**	fruct-**ūs**
Vokativ	fruct-**us**	fruct-**ūs**
Ablativ	fruct-**ū**	fruct-**ibus**

Kasus	Singular	Plural
Nominativ	corn-**ū**	corn-**ua**
Genitiv	corn-**ūs**	corn-**uum**
Dativ	corn-**ū** (**uī**)	corn-**ibus**
Akkusativ	corn-**ū**	corn-**ua**
Vokativ	corn-**ū**	corn-**ua**
Ablativ	corn-**ū**	corn-**ibus**

Fünfte Deklination (e)

Kasus	Singular	Plural
Nominativ	di-**ēs**	di-**ēs**
Genitiv	di-**ēī**	di-**ērum**
Dativ	di-**ēī**	di-**ēbus**
Akkusativ	di-**em**	di-**ēs**
Vokativ	di-**ēs**	di-**ēs**
Ablativ	di-**ē**	di-**ēbus**

Kasus	Singular	Plural
Nominativ	r-**ēs**	r-**ēs**
Genitiv	r-**eī**	r-**ērum**
Dativ	r-**eī**	r-**ēbus**
Akkusativ	r-**em**	r-**ēs**
Vokativ	r-**ēs**	r-**ēs**
Ablativ	r-**ē**	r-**ēbus**

Genus

Es gibt im Latein drei Genera:
Maskulinum, Femininum und Neutrum

Bei der Bestimmung des Genus eines Substantivs gilt entweder das natürliche oder das grammatische Geschlecht.

Nach dem natürlichen Geschlecht sind Maskulina:
Männliche Personen (nauta), Flüsse und Winde
Nach dem natürlichen Geschlecht sind Feminina:
Weibliche Personen und Feminina

Das grammatische Geschlecht kann bei einem großen Teil der Substantive anhand der Deklination und des Nominativs erkannt werden. Allerdings gibt es, insbesondere bei der konsonantischen (Dritten) Deklination, zahlreiche Ausnahmen. Im Wörterbuch wird bei jedem Substantiv das Genus angegeben. Folgende Hauptregeln helfen bei unbekannten Substantiven:

Erste Dekl. (a)		Femininum	rosa
Zweite Dekl. (o)	Substantive auf -**us**	Maskulinum	dominus
Zweite Dekl. (o)	Substantive auf -**r (-er)**	Maskulinum	puer
Zweite Dekl. (o)	Substantive auf -**um**	Neutrum	donum
Dritte Dekl.	Substantive auf -**or**	Maskulinum	labor
Dritte Dekl.	Substantive auf -**os**	Maskulinum	mos
Dritte Dekl.	Substantive auf -**er**	Maskulinum	carcer

Dritte Dekl.	Substantive auf -**l**	Maskulinum	sol
Dritte Dekl.	Substantive auf -**es/-itis**	Femininum	miles
Dritte Dekl.	Substantive auf -**o**	Femininum	oratio
Dritte Dekl.	Substantive auf -**as**	Femininum	dignitas
Dritte Dekl.	Substantive auf -**es/-is**	Femininum	nubes/turris
Dritte Dekl.	Substantive auf -**s n. Kons.**	Femininum	urbs
Dritte Dekl.	Substantive auf -**x**	Femininum	lex
Dritte Dekl.	Substantive auf -**us**	Neutrum	corpus
Dritte Dekl.	Substantive auf -**en**	Neutrum	nomen
Dritte Dekl.	Substantive auf -**ur**	Neutrum	robur
Dritte Dekl.	Substantive auf -**e**	Neutrum	mare
Dritte Dekl.	Substantive auf -**ar**	Neutrum	exemplar
Dritte Dekl.	Substantive auf -**al**	Neutrum	animal
Vierte Dekl.	Substantive auf -**us**	Maskulinum	passus
Vierte Dekl.	Substantive auf -**u**	Neutrum	cornu
Fünfte Dekl.	Substantive auf -**es**	Femininum	res

Steigerung der Adjektive

Im Latein können von den Adjektiven sowohl ein Komparativ als auch ein Superlativ gebildet werden. Die Ausgangsform wird *Positiv* genannt.

Der Komparativ wird aus der Zusammensetzung des Wortstockes des Adjektives und des Suffixes -**ior** gebildet, der Superlativ aus Wortstock und Suffix -**issimus**. Die Deklination des Komparativs geschieht nach dem Muster der Konsonantenstämme der Dritten Deklination, die des Superlativs nach der Zweiten Deklination. Die Adjektive der Zweiten Deklination auf -**er** bilden den Superlativ auf -**errimus**.

Fünf Adjektive auf -**ilis** bilden den Superlativ auf -**illimus**: facilis, difficilis, similis, dissimilis und humilis.

Adjektive mit einem **u** am Ende des Wortstockes bilden den Komparativ mit der Umschreibung *magis* und den Superlativ mit *maxime*.

Positiv	Komparativ		Superlativ	
longus, longa, longum	long-**ior**, -**ius**	länger	long-**issimus**	der längste, sehr lang
piger, pigra, pigrum	pigr-**ior**, -**ius**	fauler	piger-**rimus**	der faulste, sehr faul
felix, felicis	felic-**ior**, -**ius**	glücklicher	felic-**issimus**	der glücklichste, sehr glücklich
celer, celere	celer-**ior**, -**ius**	schneller	celer-**rimus**	der schnellste, sehr schnell
brevis, breve	brev-**ior**, -**ius**	kürzer	brev-**issimus**	der kürzeste, sehr kurz
facilis, facile	facil-**ior**, -**ius**	leicht	facil-**limus**	der leichteste, sehr leicht
pius, pia, pium	magis pius, pia, pium	frommer	maxime pius, -**a**, -**um**	der frommste, sehr fromm
antiquus, antiqua, antiquum	antiqu-**ior**, -**ius**	älter	antiqu-**issimus**	der älteste, sehr alt

Anormale Steigerungen

Positiv	Komparativ		Superlativ	
bonus, bona, bonum	melior, melius	besser	optimus	der beste, sehr gut
malus, mala, malum	peior, peius	schlechter	pessimus	der schlechteste, sehr schlecht
magnus, magna, magnum	maior, maius	größer	maximus	der größte, sehr groß
parvus, parva, parvum	minor, minus	kleiner	minimus	der kleinste, sehr klein
vetus	vetustior, vetustius	älter	veterrimus	der älteste
multum	plus (Gen. pluris)	mehr	plurimum	das meiste, sehr viel
multi	plures, pluria, plurium	mehr	plurimi	die meisten, sehr viele
(extra)	exterior, exterius	der äußere	extremus	der äußerste
(intra)	interior, interius	der innere	intimus	der innerste
(infra)	inferior, inferius	der untere	infimus	der unterste
(supra)	superior, superius	der obere	supremus	der oberste
(prope)	propior, propius	der nähere	proximus	der nächste
(post)	posterior, posterius	der spätere	postremus	der späteste
(prae)	prior, prius	der frühere	primus	der erste

Positiv	Komparativ		Superlativ	
(citra)	citerior, citerius	näher liegend, diesseitig	citimus	am nächsten liegend
(ultra)	ulterior, ulterius	jenseitig	ultimus	der letzte
(de)	deterior, deterius	geringer, schlechter	deterrimus	der geringste, der schlechteste

Adverb

Wenn Adjektive zur näheren Bestimmung einer Handlung verwendet werden, haben sie eine besondere Form, deren Bildung aus folgender Tabelle hervorgeht:

Adjektiv	Adverb/Positiv	Komparativ	Superlativ
rectus, recta, rectum	recte	rectius	rectissime
pulcher, pulchra, pulchrum	pulchre	pulchrius	pulcherrime
miser, misera, miserum	misere	miserius	miserrime
fortis, forte	fortiter	fortius	fortissime
acer, acris, acre	acriter	acrius	acerrime
celer, celere	celeriter	celerius	celerrime
felix	feliciter	felicius	felicissime

Adjektiv	Adverb/Positiv	Komparativ	Superlativ
prudens	prudenter	prudentius	prudentissime
bonus	bene	melius	optime
malus	male	peius	pessime
validus	valde	valdius	valdissime
facilis	facile	facilius	facillime
difficilis	difficile	difficilius	difficillime
audax	audacter	audacius	audacissime
alius	aliter		
	diu	diutius	diutissime
	magnopere	magis	maxime
	saepe	saepius	saepissime

Eine Reihe von Adjektiven der Ersten und Zweiten Deklination bilden das Adverb auf -ō, z. B. certō, falsō, necessariō, rarō, subitō, tutō, primō, postremō.

Pronomina

1. Personalpronomen

Kasus	Singular		Plural	
Nominativ	ego	ich	nōs	wir
Genitiv	meī	meiner	nostrī, nostrum	unser, von uns/unter uns
Dativ	mihi	mir	nōbīs	uns
Akkusativ	mē	mich	nōs	uns
Ablativ	a mē, mēcum	von mir, mit mir	a nōbīs, nōbīscum	von uns, mit uns
Nominativ	tū	du	vōs	ihr
Genitiv	tuī	deiner	vestrī, vestrum	euer, von euch/unter euch
Dativ	tibi	dir	vōbīs	euch
Akkusativ	tē	dich	vōs	euch
Ablativ	a tē, tēcum	von dir, mit dir	a vōbīs, vōbīscum	von euch, mit euch

Kasus	Singular		Plural	
	Maskulinum	Femininum	Neutrum	
Nominativ	is	ea	id	er, sie, es
Genitiv	eius	eius	eius	seiner, ihrer, seiner
Dativ	eī	eī	eī	ihm, ihr, ihm
Akkusativ	eum	eam	id	ihn, sie, es
Ablativ	cum eō	cum eā	cum eō	mit ihm, ihr, ihm
Nominativ	iī (eī)	eae	ea	sie
Genitiv	eōrum	eārum	eōrum	ihrer
Dativ	iīs (eīs)	iīs (eīs)	iīs (eīs)	ihnen
Akkusativ	eōs	eās	ea	sie
Ablativ	cum iīs (eīs)	cum iīs (eīs)	cum iīs (eīs)	mit ihnen

Reflexivpronomen

Kasus	Singular		Plural	
Nominativ	-	-	-	-
Genitiv	suī	seiner	suī	ihrer
Dativ	sibi	sich	sibi	sich
Akkusativ	sē	sich	sē	sich
Ablativ	ā sē, sēcum	von sich, mit sich	ā sē, sēcum	von sich, mit sich

2. Possessivpronomen

Person			
	Maskulinum	Femininum	Neutrum
1. Pers. Sing.	meus	mea	meum	mein
2. Pers. Sing.	tuus	tua	tuum	dein
3. Pers. Sing.	eius	eius	eius	sein, ihr, sein (dessen, deren, dessen)
3. Pers. Sing.	suus	sua	suum	sein, ihr, sein (reflexiv)
1. Pers. Pl.	noster	nostra	nostrum	unser
2. Pers. Pl.	vester	vestra	vestrum	euer
3. Pers. Pl.	eōrum	eārum	eōrum	ihr
3. Pers. Pl.	suus	sua	suum	ihr (deren)

3. Demonstrativpronomen

hic, haec, hoc: dieser, diese, dieses
iste, ista, istud: jener, jene, jenes
ille, illa, illud: dieser da, diese da, dieses da
is, ea, id: der, die, das
idem, eadem, idem: derselbe, dieselbe, dasselbe
ipse, ipsa, ipsum: er, sie, es selbst (persönlich)

Kasus	Singular			Plural		
	Maskulinum	Femininum	Neutrum	Maskulinum	Femininum	Neutrum
Nominativ	hic	haec	hoc	hī	hae	haec
Genitiv	huius	huius	huius	hōrum	hārum	hōrum
Dativ	huic	huic	huic	hīs	hīs	hīs
Akkusativ	hunc	hanc	hoc	hōs	hās	haec
Ablativ	hōc	hāc	hōc	hīs	hīs	hīs

Kasus	Singular			Plural		
	Maskulinum	Femininum	Neutrum	Maskulinum	Femininum	Neutrum
Nominativ	iste	ista	istud	istī	istae	ista
Genitiv	istīus	istīus	istīus	istōrum	istārum	istōrum
Dativ	istī	istī	istī	istīs	istīs	istīs
Akkusativ	istum	istam	istud	istōs	istās	ista
Ablativ	istō	istā	istō	istīs	istīs	istīs

Kasus	Singular			Plural		
	Maskulinum	Femininum	Neutrum	Maskulinum	Femininum	Neutrum
Nominativ	ille	illa	illud	illī	illae	illa
Genitiv	illīus	illīus	illīus	illōrum	illārum	illōrum
Dativ	illī	illī	illī	illīs	illīs	illīs
Akkusativ	illum	illam	illud	illōs	illās	illa
Ablativ	illō	illā	illō	illīs	illīs	illīs

Kasus	Singular			Plural		
	Maskulinum	Femininum	Neutrum	Maskulinum	Femininum	Neutrum
Nominativ	is	ea	id	īī (eī)	eae	ea
Genitiv	eius	eius	eius	eōrum	eārum	eōrum
Dativ	eī	eī	eī	īīs (eīs)	īīs (eīs)	īīs (eīs)
Akkusativ	eum	eam	id	eōs	eās	ea
Ablativ	eō	eā	eō	īīs (eīs)	īīs (eīs)	īīs (eīs)

Kasus	Singular			Plural		
	Maskulinum	Femininum	Neutrum	Maskulinum	Femininum	Neutrum
Nominativ	īdem	eadem	idem	īīdem	eaedem	eadem
Genitiv	eiusdem	eiusdem	eiusdem	eōrundem	eārundem	eōrundem
Dativ	eidem	eidem	eidem	īsdem (īīsdem)	īsdem (īīsdem)	īsdem (īīsdem)
Akkusativ	eundem	eandem	idem	eōsdem	eāsdem	eadem
Ablativ	eōdem	eādem	eōdem	īsdem (īīsdem)	īsdem (īīsdem)	īsdem (īīsdem)

Kasus	Singular			Plural		
	Maskulinum	Femininum	Neutrum	Maskulinum	Femininum	Neutrum
Nominativ	ipse	ipsa	ipsum	ipsī	ipsae	ipsa
Genitiv	ipsīus	ipsīus	ipsīus	ipsōrum	ipsārum	ipsōrum
Dativ	ipsī	ipsī	ipsī	ipsīs	ipsīs	ipsīs
Akkusativ	ipsum	ipsam	ipsum	ipsōs	ipsās	ipsa
Ablativ	ipsō	ipsā	ipsō	ipsīs	ipsīs	ipsīs

4. Relativpronomen

Kasus	Singular			Plural		
	Maskulinum	Femininum	Neutrum	Maskulinum	Femininum	Neutrum
Nominativ	quī	quae	quod	quī	quae	quae
Genitiv	cuius	cuius	cuius	quōrum	quārum	quōrum
Dativ	cui	cui	cui	quibus (quīs)	quibus (quīs)	quibus (quīs)
Akkusativ	quem	quam	quod	quōs	quās	quae
Ablativ	quō	quā	quō	quibus (quīs)	quibus (quīs)	quibus (quīs)

Entsprechend wird auch quicumque, qaecumque, quodcumque (wer auch immer, jeder der) dekliniert.

5. Interrogativpronomen

Kasus	Singular			
	Maskulinum	Femininum	Neutrum	
Nominativ	quis	quis	quid	wer? was?
Genitiv	cuius	cuius	cuius	wessen?
Dativ	cui	cui	cui	wem?
Akkusativ	quem	quem	quid	wen? was?
Ablativ	ā quō	ā quō	ā quō	von wem?

Die adjektivische Form des Interrogativpronomens ist mit dem Relativpronomen identisch: qui, quae quod

6. Indefinitpronomen

aliquis, aliquid (adjektivisch: aliqui, aliqua, aliquod): irgendeiner, irgendjemand
quisqam, quicquam (adjektivisch: ullus, ulla, ullum): irgendeiner
quisque, quaeque, quidque (adjektivisch: quisque, quaeque, quodque): jeder einzelne
quivis, quaevis, quidvis (adjektivisch: quivis, quaevis, quodvis): jeder beliebige
uter, utra, utrum: jeder von beiden
alter, altera, alterum: der eine/andere von beiden
neuter, neutra, neutrum: keiner von beiden
nullus, nulla, nullum: keiner
alius, alia, aliud: ein anderer
unus, una, unum: einer, einzig
solus, sola, solum: allein
totus, tota, toum: ganz

Nach si, nisi, ne, num, quo, quantum, cum wird aliquis zu quis.

nemo: niemand

Kasus	substantivisch		adjektivisch		
	Mask./Femin.	Neutrum	Maskulinum	Feminimum	Neutrum
Nominativ	nemo	nihil	nullus	nulla	nullum
Genitiv	nullīus	nullīus reī	nullīus	nullīus	nullīus
Dativ	neminī	nullī reī	nullī	nullī	nullī
Akkusativ	neminem	nihil	nullum	nullam	nullum
Ablativ	nullō	nullā rē	nullō	nullā	nullō

7. Korrelativpronomen

Demonstrativa		Relativa		Interrogativa	
talis, tale	so beschaffen, ein solcher	qualis	wie beschaffen	qualis, quale?	wie beschaffen?
		qualiscumque	wie beschaffen auch immer		
tantus, -a, -um	so groß	quantus	wie groß	quantus, -a, -um?	wie groß?
tantum	so viel	quantum	wie viel	quantum?	wie viel?
tantundem	ebenso viel	qantumcumque	wie viel auch immer		
tot	so viele	quot	wie viele	quot?	wie viele?
totidem	ebenso viele	quotcumque, quotquot	wie viele auch immer		

Demonstrativa		Indefinita	
tantum	so viel	aliquantum	ziemlich viel
tot	so viele	aliquot	einige

8. Korrelative Pronominaladverbia

Interrogativa

quis? =>	ubī (<quubī)	wo?	quō?	wohin?	unde?	woher?

Demonstrativa

hic =>	hīc	hier	hūc	hierher	hinc	von hier
iste =>	istīc	dort	istō, istūc	dorthin	istinc	von dort
ille =>	illīc	dort	illō, illūc	dorthin	illinc	von dort
is =>	ibī	da	eō	dahin	inde	von da
idem =>	ibidem	ebenda	eōdem	ebendahin	indiden	ebendaher

Relativa

quī =>	ubī (<quubī)	wo	quō	wohin	unde	woher
quīcumque =>	ubicumque immer	wo auch	quōcumque auch immer	wohin	undecumque immer	woher auch

Indefinita

aliquis	=>	alicubī	irgendwo	aliquō	irgendwohin	alicunde	irgendwoher
quisquam	=>	usquam	irgendwo				
	=>	nusquam	nirgends				
quisque	=>	ubīque	überall			utrimque	von beiden Seiten
	=>					undique	von allen Seiten
alius	=>	alibī	anderswo	aliō	anderswohin	aliund	anderswoher

Zahlwörter (Numeralia) (1)

		Grundzahlen (cardinalia)	Ordnungszahlen (ordinalia)
1	I	unus, -a, -um	primus, -a, -um
2	II	duo, duae, duo	secundus/alter
3	III	tres, tria	tertius
4	IV	quattuor	quartus
5	V	quinque	quintus
6	VI	sex	sextus
7	VII	septem	septimus
8	VIII	octo	octavus
9	IX	novem	nonus
10	X	decem	decimus
11	XI	undecim	undecimus
12	XII	duodecim	duodecimus
13	XIII	tredecim	tertius decimus
14	XIV	quattuordecim	quartus decimus
15	XV	quindecim	quintus decimus
16	XVI	sedecim	sextus decimus

		Grundzahlen (cardinalia)	Ordnungszahlen (ordinalia)
17	XVII	septendecim	septimus decimus
18	XVIII	duodeviginti	duodevicesimus
19	XIX	undeviginti	undevicesimus
20	XX	viginti	vicesimus
21	XXI	unus et viginti/viginti unus	unus et vicesimus/ vicesimus primus
22	XXII	duo et viginti/viginti duo	alter et vicesimus/ vicesimus alter
28	XXVIII	duodetriginta	duodetricesimus
29	XXIX	undetriginta	undetricesumus
30	XXX	triginta	tricesimus
40	XL	quadraginta	quadragesimus
50	L	quinquaginta	quinquagesimus
60	LX	sexaginta	sexagesimus
70	LXX	septuaginta	septuagesimus
80	LXXX	octoginta	octogesimus
90	XC	nonaginta	nonagesimus
100	C	centum	centesimus
101	CI	centum (et) unus	centesimus primus
200	CC	ducenti, -ae, -a	ducentesimus

		Grundzahlen (cardinalia)	Ordnungszahlen (ordinalia)
300	CCC	trecenti, -ae, -a	trecentesimus
400	CD	quadringenti, -ae, -a	quadringentesimus
500	D	quingenti, -ae, -a	qingentesimus
600	DC	sescenti, -ae, -a	sescentesimus
700	DCC	septingenti, -ae, -a	septingentesimus
800	DCCC	octingenti, -ae, -a	octingentesimus
900	DCCCC/CM	nongenti, -ae, -a	nongentesimus
1000	M	mille	millesimus
2000		duo milia	bis millesimus
100 000		centum milia	centies millesimus
200 000		ducenta milia	ducenties millesimus
1 000 000		decies centena milia	decies centies millesimus

Zahlwörter (Numeralia) (2)

		Distributivzahlen (distributiva)	Zahladverbien (adverbia numeralia)
1	I	singuli, -ae, -a	semel
2	II	bini	bis
3	III	terni (trini)	ter
4	IV	quaterni	quater
5	V	quini	qinquie(n)s
6	VI	seni	sexie(n)s
7	VII	septeni	septie(n)s
8	VIII	octoni	octie(n)s
9	IX	noveni	novie(n)s
10	X	deni	decie(n)s
11	XI	undeni	undecie(n)s
12	XII	duodcni	duodccics
13	XIII	terni deni	ter decies
14	XIV	quaterni deni	quater decies
15	XV	quini deni	quinquies decies
16	XVI	seni deni	sexies decies

		Distributivzahlen (distributiva)	Zahladverbien (adverbia numeralia)
17	XVII	septeni deni	septies decies
18	XVIII	duodeviceni	duodevicies
19	XIX	undeviceni	undevicies
20	XX	viceni	vicies
21	XXI	singuli et viceni/viceni singuli	semel et vicies/vicies semel
22	XXII	bini et viceni/viceni bini	bis et vicies/vicies bis
28	XXVIII	duodetriceni	duodetricies
29	XXIX	undetriceni	undetricies
30	XXX	triceni	tricies
40	XL	quadrageni	quadragies
50	L	quinquageni	quinquagies
60	LX	sexageni	sexagies
70	LXX	septuageni	septuagies
80	LXXX	octogeni	octogies
90	XC	nonageni	nonagies
100	C	centeni	centies
101	CI	centeni singuli	centies semel
200	CC	duceni	ducenties

		Distributivzahlen (distributiva)	Zahladverbien (adverbia numeralia)
300	CCC	treceni	trecenties
400	CD	quadringeni	quadringenties
500	D	qingeni	quingenties
600	DC	sesceni	sescenties
700	DCC	septingeni	septingenties
800	DCCC	octingeni	octingenties
900	DCCCC/CM	nongeni	nongenties
1000	M	singula milia	milies
2000		bina milia	bis milies
100 000		centena milia	centies milies
200 000		ducena milia	ducenties milies
1 000 000		decies centena milia	decies centies milies

Zahlwörter (Numeralia) (3)

Kasus	Maskulinum	Femininum	Neutrum
Nominativ	unus	una	unum
Genitiv	unīus	unīus	unīus
Dativ	unī	unī	unī
Akkusativ	unum	unam	unum
Ablativ	unō	unā	unō

Kasus	Maskulinum	Femininum	Neutrum
Nominativ	duo	duae	duo
Genitiv	duōrum	duārum	duōrum
Dativ	duobus	duabus	duobus
Akkusativ	duo, duos	duas	duo
Ablativ	duobus	duabus	duobus

Kasus	Maskulinum	Femininum	Neutrum
Nominativ	tres	tres	tria
Genitiv	trium	trium	trium
Dativ	tribus	tribus	tribus
Akkusativ	tres	tres	tria
Ablativ	tribus	tribus	tribus

Kasus	m/f/n
Nominativ	milia
Genitiv	milium
Dativ	milibus
Akkusativ	milia
Ablativ	milibus

Verben

Im Latein drücken die finiten Formen eines Verbums **Person, Numerus, Modus, Tempus und Zustand** aus. Die klassische Lateingrammatik ordnet die Verben, von einigen unregelmäßigen abgesehen, in fünf Konjugationsschemata ein.

Darin gibt es als finite Formen:
drei Personen: 1., 2. und 3.
zwei Numeri: Singular und Plural
drei Modi: Indikativ, Konjunktiv und Imperativ
zwei Zustände: Aktiv und Passiv
sechs Tempi: Präsens, Imperfekt, Futur I, Perfekt, Plusquamperfekt, Futur II

Zu den infiniten Formen zählen:
Infinitiv, Partizip, Gerundiv und Gerund

Die fünf Konjugationen unterscheiden sich nur im Präsensstamm, die Formen des Perfektstammes werden identisch gebildet.

Um ein Verb eindeutig einer Konjugation zuordnen und seinen Perfektstamm bilden zu können, lernt man von allen Verben vier Formen:
Infinitiv: laudare
1. Person Singular Indikativ Präsens Aktiv: laudo
1. Person Singular Indikativ Perfekt Aktiv: laudavi
Partizip Perfekt Passiv (PPP): laudatus (bzw. Supinum: laudatum – um zu loben)

Die Deklination des Partizip Präsens geschieht nach dem Muster der Konsonantenstämme der Dritten Deklination, die des Partizip Perfekt Passivs, des Partizip Futurs und des Gerundivs nach der Zweiten Deklination.

Eine besondere Gruppe bilden die so genannten Deponentien, Verben mit passivischen Formen, aber aktiver bzw. reflexiver Bedeutung wie z. B. hortari (ermuntern, ermahnen).

I. Aktiv

1. Finite Formen
Präsens Indikativ

	ā-Konj. (1)	ē-Konj. (2)	kons. Konj. (3)	ī-Konj. (4)	i-Konj. (5)
Sg. 1. P.	laudō	moneō	agō	audiō	capiō
2. P.	laudās	monēs	agis	audīs	capis
3. P.	laudat	monet	agit	audit	capit
Pl. 1. P.	laudāmus	monēmus	agimus	audīmus	capimus
2. P.	laudātis	monētis	agitis	audītis	capitis
3. P.	laudant	monent	agunt	audiunt	capiunt

Präsens Konjunktiv

	ā-Konj. (1)	ē-Konj. (2)	kons. Konj. (3)	ī-Konj. (4)	i-Konj. (5)
Sg. 1. P.	laudem	moneam	agam	audiam	capiam
2. P.	laudēs	moneās	agās	audiās	capiās
3. P.	laudet	moneat	agat	audiat	capiat
Pl. 1. P.	laudēmus	moneāmus	agāmus	audiāmus	capiāmus
2. P.	laudētis	moneātis	agātis	audiātis	capiātis
3. P.	laudent	moneant	agant	audiant	capiant

Imperfekt Indikativ

	ā-Konj. (1)	ē-Konj. (2)	kons. Konj. (3)	ī-Konj. (4)	i-Konj. (5)
Sg. 1. P.	laud**ābam**	mon**ēbam**	ag**ēbam**	aud**iēbam**	cap**iēbam**
2. P.	laud**ābās**	mon**ēbās**	ag**ēbās**	aud**iēbās**	cap**iēbās**
3. P.	laud**ābat**	mon**ēbat**	ag**ēbat**	aud**iēbat**	cap**iēbat**
Pl. 1. P.	laud**ābāmus**	mon**ēbāmus**	ag**ēbāmus**	aud**iēbāmus**	cap**iēbāmus**
2. P.	laud**ābātis**	mon**ēbātis**	ag**ēbātis**	aud**iēbātis**	cap**iēbātis**
3. P.	laud**ābant**	mon**ēbant**	ag**ēbant**	aud**iēbant**	cap**iēbant**

Imperfekt Konjunktiv

	ā-Konj. (1)	ē-Konj. (2)	kons. Konj. (3)	ī-Konj. (4)	i-Konj. (5)
Sg. 1. P.	laud**ārem**	mon**ērem**	ag**erem**	aud**īrem**	cap**erem**
2. P.	laud**ārēs**	mon**ērēs**	ag**erēs**	aud**īrēs**	cap**erēs**
3. P.	laud**āret**	mon**ēret**	ag**eret**	aud**īret**	cap**eret**
Pl. 1. P.	laud**ārēmus**	mon**ērēmus**	ag**erēmus**	aud**īrēmus**	cap**erēmus**
2. P.	laud**ārētis**	mon**ērētis**	ag**erētis**	aud**īrētis**	cap**erētis**
3. P.	laud**ārent**	mon**ērent**	ag**erent**	aud**īrent**	cap**erent**

Futur I

	ā-Konj. (1)	ē-Konj. (2)	kons. Konj. (3)	ī-Konj. (4)	i-Konj. (5)
Sg.1. P.	laudā**bō**	monē**bō**	ag**am**	audi**am**	capi**am**
2. P.	laudā**bis**	monē**bis**	ag**ēs**	audi**ēs**	capi**ēs**
3. P.	laudā**bit**	monē**bit**	ag**et**	audi**et**	capi**et**
Pl. 1. P.	laudā**bimus**	monē**bimus**	ag**ēmus**	audi**ēmus**	capi**ēmus**
2. P.	laudā**bitis**	monē**bitis**	ag**ētis**	audi**ētis**	capi**ētis**
3. P.	laudā**bunt**	monē**bunt**	ag**ent**	audi**ēnt**	capi**ent**

Imperativ

	ā-Konj. (1)	ē-Konj. (2)	kons. Konj. (3)	ī-Konj. (4)	i-Konj. (5)
Sg. 2. P.	laudā	monē	ag**e**	audī	cap**e**
Pl. 2. P.	laudā**te**	monē**te**	ag**ite**	audī**te**	cap**ite**
Sg. 2. P.	laudā**tō**	monē**tō**	ag**itō**	audī**tō**	cap**itō**
Sg. 3. P.	laudā**tō**	monē**tō**	ag**itō**	audī**tō**	cap**itō**
Pl. 2. P.	laudā**tōte**	monē**tōte**	ag**itōte**	audī**tōte**	cap**itōte**
Pl. 3. P.	laudа**ntō**	mone**ntō**	ag**untō**	audi**untō**	capi**untō**

Perfekt Indikativ

	ā-Konj. (1)	ē-Konj. (2)	kons. Konj. (3)	ī-Konj. (4)	i-Konj. (5)
Sg.1. P.	laudāvī	monuī	ēgī	audīvī	cēpī
2. P.	laudāvistī	monuistī	ēgistī	audīvistī	cēpistī
3. P.	laudāvit	monuit	ēgit	audīvit	cēpit
Pl. 1. P.	laudāvimus	monuimus	ēgimus	audīvimus	cēpimus
2. P.	laudāvistis	monuistis	ēgistis	audīvistis	cēpistis
3. P.	laudāvērunt	monuērunt	ēgērunt	audīvērunt	cēpērunt

Perfekt Konjunktiv

	ā-Konj. (1)	ē-Konj. (2)	kons. Konj. (3)	ī-Konj. (4)	i-Konj. (5)
Sg.1. P.	laudāverim	monuerim	ēgerim	audīverim	cēperim
2. P.	laudāveris	monueris	ēgeris	audīveris	cēperis
3. P.	laudāverit	monuerit	ēgerit	audīverit	cēperit
Pl. 1. P.	laudāverimus	monuerimus	ēgerimus	audīverimus	cēperimus
2. P.	laudāveritis	monueritis	ēgeritis	audīveritis	cēperitis
3. P.	laudāverint	monuerint	ēgerint	audīverint	cēperint

Plusquamperfekt Indikativ

	ā-Konj. (1)	ē-Konj. (2)	kons. Konj. (3)	ī-Konj. (4)	i-Konj. (5)
Sg. 1. P.	laudā**veram**	monu**eram**	ēg**eram**	audī**veram**	cēp**eram**
2. P.	laudā**verās**	monu**erās**	ēg**erās**	audī**verās**	cēp**erās**
3. P.	laudā**verat**	monu**erat**	ēg**erat**	audī**verat**	cēp**erat**
Pl. 1. P.	laudā**verāmus**	monu**erāmus**	ēg**erāmus**	audī**verāmus**	cēp**erāmus**
2. P.	laudā**verātis**	monu**erātis**	ēg**erātis**	audī**verātis**	cēp**erātis**
3. P.	laudā**verant**	monu**erant**	ēg**erant**	audī**verant**	cēp**erant**

Plusquamperfekt Konjunktiv

	ā-Konj. (1)	ē-Konj. (2)	kons. Konj. (3)	ī-Konj. (4)	i-Konj. (5)
Sg. 1. P.	laudā**vissem**	monu**issem**	ēg**issem**	audī**vissem**	cēp**issem**
2. P.	laudā**vissēs**	monu**issēs**	ēg**issēs**	audī**vissēs**	cēp**issēs**
3. P.	laudā**visset**	monu**isset**	ēg**isset**	audī**visset**	cēp**isset**
Pl. 1. P.	laudā**vissēmus**	monu**issēmus**	ēg**issēmus**	audī**vissēmus**	cēp**issēmus**
2. P.	laudā**vissētis**	monu**issētis**	ēg**issētis**	audī**vissētis**	cēp**issētis**
3. P.	laudā**vissent**	monu**issent**	ēg**issent**	audī**vissent**	cēp**issent**

Futur II

	ā-Konj. (1)	ē-Konj. (2)	kons. Konj. (3)	ī-Konj. (4)	i-Konj. (5)
Sg. 1. P.	laudā**verō**	monu**erō**	ēg**erō**	audī**verō**	cēp**erō**
2. P.	laudā**veris**	monu**eris**	ēg**eris**	audī**veris**	cēp**eris**
3. P.	laudā**verit**	monu**erit**	ēg**erit**	audī**verit**	cēp**erit**
Pl. 1. P.	laudā**verimus**	monu**erimus**	ēg**erimus**	audī**verimus**	cēp**erimus**
2. P.	laudā**veritis**	monu**eritis**	ēg**eritis**	audī**veritis**	cēp**eritis**
3. P.	laudā**verint**	monu**erint**	ēg**erint**	audī**verint**	cēp**erint**

2. Infinite Formen

	ā-Konj. (1)	ē-Konj. (2)	kons. Konj. (3)	ī-Konj. (4)	i-Konj. (5)
Inf. Präsens	laudā**re**	monē**re**	ag**ere**	audī**re**	cap**ere**
Inf. Futur	laudāt**ūrum** esse	monit**ūrum** esse	act**ūrum** esse	audīt**ūrum** esse	capt**ūrum** esse
Inf. Perfekt	laudā**visse**	monu**isse**	ēg**isse**	audī**visse**	cēp**isse**
Par. Präsens	laudā**ns, -ntis**	monē**ns, -ntis**	ag**ēns, -ntis**	audi**ēns, -ntis**	capi**ēns, -ntis**
Par. Futur	laudāt**ūrus**	monit**ūrus**	act**ūrus**	audīt**ūrus**	capt**ūrus**
Gerund	laudand**ī, -o, -um**	monend**ī, -o, -um**	agend**ī, -o, -um**	audiend**ī, -o, -um**	capiend**ī, -o, -um**

Die Deklination des Partizip Präsens geschieht nach dem Muster der Konsonantenstämme der Dritten Deklination, die des Partizip Futurs nach der Zweiten Deklination.

II. Passiv

1. Finite Formen
Präsens Indikativ

	ā-Konj. (1)	ē-Konj. (2)	kons. Konj. (3)	ī-Konj. (4)	i-Konj. (5)
Sg. 1. P.	laudor	moneor	agor	audior	capior
2. P.	laudāris	monēris	ageris	audīris	caperis
3. P.	laudātur	monētur	agitur	audītur	capitur
Pl. 1. P.	laudāmur	monēmur	agimur	audīmur	capimur
2. P.	laudāminī	monēminī	agiminī	audīminī	capiminī
3. P.	laudantur	monentur	aguntur	audiuntur	capiuntur

Präsens Konjunktiv

	ā-Konj. (1)	ē-Konj. (2)	kons. Konj. (3)	ī-Konj. (4)	i-Konj. (5)
Sg. 1. P.	lauder	monear	agar	audiar	capiar
2. P.	laudēris	moneāris	agāris	audiāris	capiāris
3. P.	laudētur	moneātur	agātur	audiātur	capiātur
Pl. 1. P.	laudēmur	moneāmur	agāmur	audiāmur	capiāmur
2. P.	laudēminī	moneāminī	agāminī	audiāminī	capiāminī
3. P.	laudentur	moneantur	agantur	audiantur	capiantur

386

Imperfekt Indikativ

	ā-Konj. (1)	ē-Konj. (2)	kons. Konj. (3)	ī-Konj. (4)	i-Konj. (5)
Sg. 1. P.	laudā**bar**	monē**bar**	ag**ēbar**	audi**ēbar**	capi**ēbar**
2. P.	laudā**bāris**	monē**bāris**	ag**ēbāris**	audi**ēbāris**	capi**ēbāris**
3. P.	laudā**bātur**	monē**bātur**	ag**ēbātur**	audi**ēbātur**	capi**ēbātur**
Pl. 1. P.	laudā**bāmur**	monē**bāmur**	ag**ēbāmur**	audi**ēbāmur**	capi**ēbāmur**
2. P.	laudā**bāminī**	monē**bāminī**	ag**ēbāminī**	audi**ēbāminī**	capi**ēbāminī**
3. P.	laudā**bantur**	monē**bantur**	ag**ēbantur**	audi**ēbantur**	capi**ēbantur**

Imperfekt Konjunktiv

	ā-Konj. (1)	ē-Konj. (2)	kons. Konj. (3)	ī-Konj. (4)	i-Konj. (5)
Sg. 1. P.	laudā**rer**	monē**rer**	ag**erer**	audī**rer**	cape**rer**
2. P.	laudā**rēris**	monē**rēris**	ag**erēris**	audī**rēris**	cape**rēris**
3. P.	laudā**rētur**	monē**rētur**	ag**erētur**	audī**rētur**	cape**rētur**
Pl. 1. P.	laudā**rēmur**	monē**rēmur**	ag**erēmur**	audī**rēmur**	cape**rēmur**
2. P.	laudā**rēminī**	monē**rēminī**	ag**erēminī**	audī**rēminī**	cape**rēminī**
3. P.	laudā**rentur**	monē**rentur**	ag**erentur**	audī**rentur**	cape**rentur**

Futur I

	ā-Konj. (1)	ē-Konj. (2)	kons. Konj. (3)	ī-Konj. (4)	i-Konj. (5)
Sg. 1. P.	laudā**bor**	monē**bor**	ag**ar**	audi**ar**	capi**ar**
2. P.	laudā**beris**	monē**beris**	ag**ēris**	audi**ēris**	capi**ēris**
3. P.	laudā**bitur**	monē**bitur**	ag**ētur**	audi**ētur**	capi**ētur**
Pl. 1. P.	laudā**bimur**	monē**bimur**	ag**ēmur**	audi**ēmur**	capi**ēmur**
2. P.	laudā**biminī**	monē**biminī**	ag**ēminī**	audi**ēminī**	capi**ēminī**
3. P.	laudā**buntur**	monē**buntur**	ag**entur**	audi**entur**	capi**entur**

Perfekt Indikativ

	ā-Konj. (1)	ē-Konj. (2)	kons. Konj. (3)	ī-Konj. (4)	i-Konj. (5)
Sg. 1. P.	laudā**tus sum**	moni**tus sum**	ac**tus sum**	audī**tus sum**	cap**tus sum**
2. P.	laudā**tus es**	moni**tus es**	ac**tus es**	audī**tus es**	cap**tus es**
3. P.	laudā**tus est**	moni**tus est**	ac**tus est**	audī**tus est**	cap**tus est**
Pl. 1. P.	laudā**tī sumus**	monī**tī sumus**	ac**tī sumus**	audī**tī sumus**	cap**tī sumus**
2. P.	laudā**tī estis**	monī**tī estis**	ac**tī estis**	audī**tī estis**	cap**tī estis**
3. P.	laudā**tī sunt**	monī**tī sunt**	ac**tī sunt**	audī**tī sunt**	cap**tī sunt**

Perfekt Konjunktiv

	ā-Konj. (1)	ē-Konj. (2)	kons. Konj. (3)	ī-Konj. (4)	i-Konj. (5)
Sg.1. P.	laud**ātus sim**	mon**itus sim**	act**us sim**	aud**ītus sim**	capt**us sim**
2. P.	laud**ātus sis**	mon**itus sis**	act**us sis**	aud**ītus sis**	capt**us sis**
3. P.	laud**ātus sit**	mon**itus sit**	act**us sit**	aud**ītus sit**	capt**us sit**
Pl. 1. P.	laud**ātī sīmus**	mon**itī sīmus**	act**ī sīmus**	aud**ītī sīmus**	capt**ī sīmus**
2. P.	laud**ātī sītis**	mon**itī sītis**	act**ī sītis**	aud**ītī sītis**	capt**ī sītis**
3. P.	laud**ātī sint**	mon**itī sint**	act**ī sint**	aud**ītī sint**	capt**ī sint**

Plusquamperfekt Indikativ

	ā-Konj. (1)	ē-Konj. (2)	kons. Konj. (3)	ī-Konj. (4)	i-Konj. (5)
Sg.1. P.	laud**ātus eram**	mon**itus eram**	act**us eram**	aud**ītus eram**	capt**us eram**
2. P.	laud**ātus erās**	mon**itus erās**	act**us erās**	aud**ītus erās**	capt**us erās**
3. P.	laud**ātus erat**	mon**itus erat**	act**us erat**	aud**ītus erat**	capt**us erat**
Pl. 1. P.	laud**ātī erāmus**	mon**itī erāmus**	act**ī erāmus**	aud**ītī erāmus**	capt**ī erāmus**
2. P.	laud**ātī erātis**	mon**itī erātis**	act**ī erātis**	aud**ītī erātis**	capt**ī erātis**
3. P.	laud**āīt erant**	mon**iīt erant**	ac**īt erant**	aud**iīt erant**	cap**īt erant**

Plusquamperfekt Konjunktiv

	ā-Konj. (1)	ē-Konj. (2)	kons. Konj. (3)	ī-Konj. (4)	i-Konj. (5)
Sg.1. P.	laudātus essem	monitus essem	actus essem	audītus essem	captus essem
2. P.	laudātus essēs	monitus essēs	actus essēs	audītus essēs	captus essēs
3. P.	laudātus esset	monitus esset	actus esset	audītus esset	captus esset
Pl. 1. P.	laudātī essēmus	monitī essēmus	actī essēmus	audītī essēmus	captī essēmus
2. P.	laudātī essētis	monitī essētis	actī essētis	audītī essētis	captī essētis
3. P.	laudātī essent	monitī essent	actī essent	audītī essent	captī essent

Futur II

	ā-Konj. (1)	ē-Konj. (2)	kons. Konj. (3)	ī-Konj. (4)	i-Konj. (5)
Sg.1. P.	laudātus erō	monitus erō	actus erō	audītus erō	captus erō
2. P.	laudātus eris	monitus eris	actus eris	audītus eris	captus eris
3. P.	laudātus erit	monitus erit	actus erit	audītus erit	captus erit
Pl. 1. P.	laudātī erimus	monitī erimus	actī erimus	audītī erimus	captī erimus
2. P.	laudātī eritis	monitī eritis	actī eritis	audītī eritis	captī eritis
3. P.	laudātī erunt	monitī erunt	actī erunt	audītī erunt	captī erunt

2. Infinite Formen

	ā-Konj. (1)	ē-Konj. (2)	kons. Konj. (3)	ī-Konj. (4)	i-Konj. (5)
Inf. Präsens	laudā**rī**	monē**rī**	ag**i**	audī**ri**	cap**i**
Inf. Futur	laudā**tum** iri	moni**tum** iri	ac**tum** iri	audī**tum** iri	cap**tum** iri
Inf. Perfekt	laudā**tus** esse	moni**tus** esse	ac**tus** esse	audī**tus** esse	cap**tus** esse
Par. Perfekt	laudā**tus**	moni**tus**	ac**tus**	audī**tus**	cap**tus**
Gerundiv	lauda**ndus**	mone**ndus**	age**ndus**	audi**endus**	capi**endus**

Die Deklination des Partizip Perfekt Passivs und des Gerundivs geschieht nach der Zweiten Deklination.

III. Deponentia (Mediopassiva)

1. Finite Formen
Präsens Indikativ

	ā-Konj. (1)	ē-Konj. (2)	kons. Konj. (3)	ī-Konj. (4)	i-Konj. (5)
Sg.1. P.	hort**or**	vere**or**	sequ**or**	largi**or**	pati**or**
2. P.	hortā**ris**	verē**ris**	sequ**eris**	largī**ris**	pat**eris**
3. P.	hortā**tur**	verē**tur**	sequ**itur**	largī**tur**	pati**tur**
Pl. 1. P.	hortā**mur**	verē**mur**	sequ**imur**	largī**mur**	pati**mur**
2. P.	hortā**minī**	verē**minī**	sequ**iminī**	largī**minī**	pati**minī**
3. P.	horta**ntur**	vere**ntur**	sequ**untur**	largi**untur**	pati**untur**

Präsens Konjunktiv

	ā-Konj. (1)	ē-Konj. (2)	kons. Konj. (3)	ī-Konj. (4)	i-Konj. (5)
Sg.1. P.	hort**er**	vere**ar**	sequ**ar**	largi**ar**	pati**ar**
2. P.	hort**ēris**	vere**āris**	sequ**āris**	largi**āris**	pati**āris**
3. P.	hort**ētur**	vere**ātur**	sequ**ātur**	largi**ātur**	pati**ātur**
Pl. 1. P.	hort**ēmur**	vere**āmur**	sequ**āmur**	largi**āmur**	pati**āmur**
2. P.	hort**ēminī**	vere**āminī**	sequ**āminī**	largi**āminī**	pati**āminī**
3. P.	hort**entur**	vere**antur**	sequ**antur**	largi**antur**	pati**antur**

Imperfekt Indikativ

	ā-Konj. (1)	ē-Konj. (2)	kons. Konj. (3)	ī-Konj. (4)	i-Konj. (5)
Sg. 1. P.	hortā**bar**	verē**bar**	sequē**bar**	largiē**bar**	patiē**bar**
2. P.	hortā**bāris**	verē**bāris**	sequē**bāris**	largiē**bāris**	patiē**bāris**
3. P.	hortā**bātur**	verē**bātur**	sequē**bātur**	largiē**bātur**	patiē**bātur**
Pl. 1. P.	hortā**bāmur**	verē**bāmur**	sequē**bāmur**	largiē**bāmur**	patiē**bāmur**
2. P.	hortā**bāminī**	verē**bāminī**	sequē**bāminī**	largiē**bāminī**	patiē**bāminī**
3. P.	hortā**bantur**	verē**bantur**	sequē**bantur**	largiē**bantur**	patiē**bantur**

Imperfekt Konjunktiv

	ā-Konj. (1)	ē-Konj. (2)	kons. Konj. (3)	ī-Konj. (4)	i-Konj. (5)
Sg. 1. P.	hortā**rer**	verē**rer**	seque**rer**	largī**rer**	pate**rer**
2. P.	hortā**rēris**	verē**rēris**	seque**rēris**	largī**rēris**	pate**rēris**
3. P.	hortā**rētur**	verē**rētur**	seque**rētur**	largī**rētur**	pate**rētur**
Pl. 1. P.	hortā**rēmur**	verē**rēmur**	seque**rēmur**	largī**rēmur**	pate**rēmur**
2. P.	hortā**rēminī**	verē**rēminī**	seque**rēminī**	largī**rēminī**	pate**rēminī**
3. P.	hortā**rentur**	verē**rentur**	seque**rentur**	largī**rentur**	pate**rentur**

Futur I

	ā-Konj. (1)	ē-Konj. (2)	kons. Konj. (3)	ī-Konj. (4)	i-Konj. (5)
Sg. 1. P.	hortā**bor**	verē**bor**	sequ**ar**	largi**ar**	pati**ar**
2. P.	hortā**beris**	verē**beris**	sequ**ēris**	largi**ēris**	pati**ēris**
3. P.	ortā**bitur**	verē**bitur**	sequ**ētur**	largi**ētur**	pati**ētur**
Pl. 1. P.	hortā**bimur**	verē**bimur**	sequ**ēmur**	largi**ēmur**	pati**ēmur**
2. P.	hortā**biminī**	verē**biminī**	sequ**ēminī**	largi**ēminī**	pati**ēminī**
3. P.	hortā**buntur**	verē**buntur**	sequ**entur**	largi**entur**	pati**entur**

Perfekt Indikativ

	ā-Konj. (1)	ē-Konj. (2)	kons. Konj. (3)	ī-Konj. (4)	i-Konj. (5)
Sg. 1. P.	hortā**tus sum**	veri**tus sum**	secū**tus sum**	largī**tus sum**	passus **sum**
2. P.	hortā**tus es**	veri**tus es**	secū**tus es**	largī**tus es**	passus **es**
3. P.	hortā**tus est**	veri**tus est**	secū**tus est**	largī**tus est**	passus **est**
Pl. 1. P.	hortā**tī sumus**	veri**tī sumus**	secū**tī sumus**	largī**tī sumus**	passī **sumus**
2. P.	hortā**tī estis**	veri**tī estis**	secū**tī estis**	largī**tī estis**	passī **estis**
3. P.	hortā**tī sunt**	veri**tī sunt**	secū**tī sunt**	largī**tī sunt**	passī **sunt**

Perfekt Konjunktiv

	ā-Konj. (1)	ē-Konj. (2)	kons. Konj. (3)	ī-Konj. (4)	i-Konj. (5)
Sg.1. P.	hortātus sim	veritus sim	secūtus sim	largītus sim	passus sim
2. P.	hortātus sis	veritus sis	secūtus sis	largītus sis	passus sis
3. P.	hortātus sit	veritus sit	secūtus sit	largītus sit	passus sit
Pl. 1. P.	hortātī sīmus	veritī sīmus	secūtī sīmus	largītī sīmus	passī sīmus
2. P.	hortātī sītis	veritī sītis	secūtī sītis	largītī sītis	passī sītis
3. P.	hortātī sint	veritī sint	secūtī sint	largītī sint	passī sint

Plusquamperfekt Indikativ

	ā-Konj. (1)	ē-Konj. (2)	kons. Konj. (3)	ī-Konj. (4)	i-Konj. (5)
Sg.1. P.	hortātus eram	veritus eram	secūtus eram	largītus eram	passus eram
2. P.	hortātus erās	veritus erās	secūtus erās	largītus erās	passus erās
3. P.	hortātus erat	veritus erat	secūtus erat	largītus erat	passus erat
Pl. 1. P.	hortātī erāmus	veritī erāmus	secūtī erāmus	largītī erāmus	passī erāmus
2. P.	hortātī erātis	veritī erātis	secūtī erātis	largītī erātis	passī erātis
3. P.	hortātī erant	veritī erant	secūtī erant	largītī erant	passī erant

Plusquamperfekt Konjunktiv

	ā-Konj. (1)	ē-Konj. (2)	kons. Konj. (3)	ī-Konj. (4)	i-Konj. (5)
Sg. 1. P.	hortātus essem	veritus essem	secūtus essem	largītus essem	passus essem
2. P.	hortātus essēs	veritus essēs	secūtus essēs	largītus essēs	passus essēs
3. P.	hortātus esset	veritus esset	secūtus esset	largītus esset	passus esset
Pl. 1. P.	hortātī essēmus	veritī essēmus	secūtī essēmus	largītī essēmus	passī essēmus
2. P.	hortātī essētis	veritī essētis	secūtī essētis	largītī essētis	passī essētis
3. P.	hortātī essent	veritī essent	secūtī essent	largītī essent	passī essent

Futur II

	ā-Konj. (1)	ē-Konj. (2)	kons. Konj. (3)	ī-Konj. (4)	i-Konj. (5)
Sg. 1. P.	hortātus erō	veritus erō	secūtus erō	largītus erō	passus erō
2. P.	hortātus eris	veritus eris	secūtus eris	largītus eris	passus eris
3. P.	hortātus erit	veritus erit	secūtus erit	largītus erit	passus erit
Pl. 1. P.	hortātī erimus	veritī erimus	secūtī erimus	largītī erimus	passī erimus
2. P.	hortātī eritis	veritī eritis	secūtī eritis	largītī eritis	passī eritis
3. P.	hortātī erunt	veritī erunt	secūtī erunt	largītī erunt	passī erunt

2. Infinite Formen

	ā-Konj. (1)	ē-Konj. (2)	kons. Konj. (3)	ī-Konj. (4)	i-Konj. (5)
Inf. Präsens	hort**ā**ri	ver**ē**ri	sequ**i**	larg**ī**ri	pat**i**
Inf. Futur	hort**ātūrum** esse	ver**itūrum** esse	sec**ūtūrum** esse	larg**ītūrum** esse	pass**ūrum** esse
Inf. Perfekt	hort**ātus** esse	ver**itus** esse	sec**ūtus** esse	larg**ītus** esse	pass**us** esse
Par. Präsens	hort**āns, -ntis**	ver**ēns, -ntis**	sequ**ēns, -ntis**	larg**iēns, -ntis**	pat**iēns, -ntis**
Part. Futur	hort**ātūrus**	ver**itūrus**	sec**ūtūrus**	larg**ītūrus**	pass**ūrus**
Gerund	hort**andī, -o, -um**	ver**endī, -o, -um**	sequ**endī, -o, -um**	larg**iendī, -o, -um**	pat**iendī, -o, -um**
Gerundiv	hort**andus**	ver**endus**	sequ**endus**	larg**iendus**	pat**iendus**

Die Deklination des Partizip Präsens geschieht nach dem Muster der Konsonantenstämme der Dritten Deklination, die des Partizip Futurs und des Gerundivs nach der Zweiten Deklination.

IV. Unregelmäßige Verben

esse
Präsensstamm

	Ind. Präsens	Konj. Präsens	Ind. Imperfekt	Konj. Imperfekt	Futur I
Sg. 1. P.	sum	sim	eram	essem	erō
2. P.	es	sīs	erās	essēs	eris
3. P.	est	sit	erat	esset	erit
Pl. 1. P.	sumus	sīmus	erāmus	essēmus	erimus
2. P.	estis	sītis	erātis	essētis	eritis
3. P.	sunt	sint	erant	essent	erunt

Imperativ

Sg. 2. P.	es
Pl. 2. P.	este
Sg. 2. P.	estō
Sg. 3. P.	estō
Pl. 2. P.	estōte
Pl. 3. P.	suntō

Perfektstamm

	Ind. Perfekt	Konj. Perfekt	Ind. Plusquamperfekt	Konj. Plusquamperfekt	Futur II
Sg. 1. P.	fuī	fuerim	fueram	fuissem	fuerō
2. P.	fuistī	fueris	fuerās	fuissēs	fueris
3. P.	fuit	fuerit	fuerat	fuisset	fuerit
Pl. 1. P.	fuimus	fuerimus	fuerāmus	fuissēmus	fuerimus
2. P.	fuistis	fueritis	fuerātis	fuissētis	fueritis
3. P.	fuērunt	fuerint	fuerant	fuissent	fuerint

Infinite Formen

Inf. Präsens	esse
Inf. Futur	futūrum esse
Inf. Perfekt	fuisse
Part. Futur	futūrus esse

399

ferre
Aktiv
Präsensstamm

	Ind. Präsens	Konj. Präsens	Ind. Imperfekt	Konj. Imperfekt	Futur I
Sg. 1. P.	ferō	feram	ferēbam	ferrem	feram
2. P.	fers	ferās	ferēbās	ferrēs	ferēs
3. P.	fert	ferat	ferēbat	ferret	feret
Pl. 1. P.	ferimus	ferāmus	ferēbāmus	ferrēmus	ferēmus
2. P.	fertis	ferātis	ferēbātis	ferrētis	ferētis
3. P.	ferunt	ferant	ferēbant	ferrent	ferent

Imperativ

Sg. 2. P.	fer
Pl. 2. P.	ferte
Sg. 2. P.	fertō
Sg. 3. P.	fertō
Pl. 2. P.	fertōte
Pl. 3. P.	feruntō

Perfektstamm

	Ind. Perfekt	Konj. Perfekt	Ind. Plusquamperfekt	Konj. Plusquamperfekt	Futur II
Sg.1. P.	tulī	tulerim	tuleram	tulissem	tulerō
2. P.	tulistī	tuleris	tulerās	tulissēs	tuleris
3. P.	tulit	tulerit	tulerat	tulisset	tulerit
Pl. 1. P.	tulimus	tulerimus	tulerāmus	tulissēmus	tulerimus
2. P.	tulistis	tuleritis	tulerātis	tulissētis	tuleritis
3. P.	tulērunt	tulerint	tulerant	tulissent	tulerint

Infinite Formen

Inf. Präsens	ferre
Inf. Futur	lātūrum esse
Inf. Perfekt	tulisse
Part. Präsens	ferēns, -ntis
Part. Futur	lātūrus
Gerund	ferendī, -o, -um

Passiv
Präsensstamm

	Ind. Präsens	Konj. Präsens	Ind. Imperfekt	Konj. Imperfekt	Futur I
Sg. 1. P.	feror	ferar	ferēbar	ferrer	ferar
2. P.	ferris	ferāris	ferēbāris	ferrēris	ferēris
3. P.	fertur	ferātur	ferēbātur	ferrētur	ferētur
Pl. 1. P.	ferimur	ferāmur	ferēbāmur	ferrēmur	ferēmur
2. P.	ferimini	ferāmini	ferēbāmini	ferrēmini	ferēmini
3. P.	feruntur	ferantur	ferēbantur	ferrentur	ferentur

Perfektstamm

	Ind. Perfekt	Konj. Perfekt	Ind. Plusquamperfekt	Konj. Plusquamperfekt	Futur II
Sg. 1. P.	lātus sum	lātus sim	lātus eram	lātus essem	lātus erō
2. P.	lātus es	lātus sīs	lātus erās	lātus essēs	lātus eris
3. P.	lātus est	lātus sit	lātus erat	lātus esset	lātus erit
Pl. 1. P.	lātī sumus	lātī sīmus	lātī erāmus	lātī essēmus	lātī erimus
2. P.	lātī estis	lātī sītis	lātī erātis	lātī essētis	lātī eritis
3. P.	lātī sunt	lātī sint	lātī erant	lātī essent	lātī erunt

Infinite Formen

Inf. Präsens	ferrī
Inf. Futur	lātum iri
Inf. Perfekt	lātum esse
Part. Perfekt	lātus
Gerundiv	ferendus

posse
Präsensstamm

	Ind. Präsens	Konj. Präsens	Ind. Imperfekt	Konj. Imperfekt	Futur I
Sg. 1. P.	possum	possim	poteram	possem	poterō
2. P.	potes	possīs	poterās	possēs	poteris
3. P.	potest	possit	poterat	posset	poterit
Pl. 1. P.	possumus	possīmus	poterāmus	possēmus	poterimus
2. P.	potestis	possītis	poterātis	possētis	poteritis
3. P.	possunt	possint	poterant	possent	poterunt

Perfektstamm

	Ind. Perfekt	Konj. Perfekt	Ind. Plusquamperfekt	Konj. Plusquamperfekt	Futur II
Sg. 1. P.	potuī	potuerim	potueram	potuissem	potuerō
2. P.	potuistī	potueris	potuerās	potuissēs	potueris
3. P.	potuit	potuerit	potuerat	potuisset	potuerit
Pl. 1. P.	potuimus	potuerimus	potuerāmus	potuissēmus	potuerimus
2. P.	potuistis	potueritis	potuerātis	potuissētis	potueritis
3. P.	potuērunt	potuerint	potuerant	potuissent	potuerint

Infinite Formen

Inf. Präsens	posse
Inf. Perfekt	potuisse

prodesse
Präsensstamm

	Ind. Präsens	Konj. Präsens	Ind. Imperfekt	Konj. Imperfekt	Futur I
Sg.1. P.	prōsum	prōsim	prōderam	prōdessem	prōderō
2. P.	prōdes	prōsīs	prōderās	prōdessēs	prōderis
3. P.	prōdest	prōsit	prōderat	prōdesset	prōderit
Pl. 1. P.	prōsumus	prōsīmus	prōderāmus	prōdessēmus	prōderimus
2. P.	prōdestis	prōsītis	prōderātis	prōdessētis	prōderitis
3. P.	prōsunt	prōsint	prōderant	prōdessent	prōderunt

Imperativ

Sg. 2. P.	prōdes
Pl. 2. P.	prōdeste

Perfektstamm

	Ind. Perfekt	Konj. Perfekt	Ind. Plusquamperfekt	Konj. Plusquamperfekt	Futur II
Sg.1. P.	prōfuī	prōfuerim	prōfueram	prōfuissem	prōfuerō
2. P.	prōfuistī	prōfueris	prōfuerās	prōfuissēs	prōfueris
3. P.	prōfuit	prōfuerit	prōfuerat	prōfuisset	prōfuerit
Pl. 1. P.	prōfuimus	prōfuerimus	prōfuerāmus	prōfuissēmus	prōfuerimus
2. P.	prōfuistis	prōfueritis	prōfuerātis	prōfuissētis	prōfueritis
3. P.	prōfuērunt	prōfuerint	prōfuerant	prōfuissent	prōfuerint

Infinite Formen

Inf. Präsens	prōdesse
Inf. Perfekt	prōfuisse
Part. Futur	prōfuturūs

velle
Präsensstamm

	Ind. Präsens	Konj. Präsens	Ind. Imperfekt	Konj. Imperfekt	Futur I
Sg. 1. P.	volō	velim	volēbam	vellem	volam
2. P.	vīs	velīs	volēbās	vellēs	volēs
3. P.	vult	velit	volēbat	vellet	volet
Pl. 1. P.	volumus	velīmus	volēbāmus	vellēmus	volēmus
2. P.	vultis	velītis	volēbātis	vellētis	volētis
3. P.	volunt	velint	volēbant	vellent	volent

Perfektstamm

	Ind. Perfekt	Konj. Perfekt	Ind. Plusquamperfekt	Konj. Plusquamperfekt	Futur II
Sg. 1. P.	voluī	voluerim	volueram	voluissem	voluerō
2. P.	voluistī	volueris	voluerās	voluissēs	volueris
3. P.	voluit	voluerit	voluerat	voluisset	voluerit
Pl. 1. P.	voluimus	voluerimus	voluerāmus	voluissēmus	voluerimus
2. P.	voluistis	volueritis	voluerātis	voluissētis	volueritis
3. P.	voluērunt	voluerint	voluerant	voluissent	voluerint

Infinite Formen

Inf. Präsens	velle
Inf. Perfekt	voluisse
Part. Präsens	volēns, -ntis

nolle
Präsensstamm

	Ind. Präsens	Konj. Präsens	Ind. Imperfekt	Konj. Imperfekt	Futur I
Sg 1. P.	nōlō	nōlim	nōlēbam	nōllem	nōlam
2. P.	nōn vis	nōlīs	nōlēbās	nōlles	nōlēs
3. P.	nōn vult	nōlit	nōlēbat	nōllet	nōlet
Pl. 1. P.	nōlumus	nōlīmus	nōlēbāmus	nōllēmus	nōlēmus
2. P.	nōn vultis	nōlītis	nōlēbātis	nōllētis	nōlētis
3. P.	nōlunt	nōlint	nōlēbant	nōllent	nōlent

Imperativ

Sg. 2. P.	nōlī [mit Infinitiv]
Pl. 2. P.	nōlīte [mit Infinitiv]
Sg. 2. P.	nōlītō [mit Infinitiv]
Sg. 3. P.	nōlītō [mit Infinitiv]
Pl. 2. P.	nōlītōte [mit Infinitiv]
Pl. 3. P.	nōluntō [mit Infinitiv]

Perfektstamm

	Ind. Perfekt	Konj. Perfekt	Ind. Plusquamperfekt	Konj. Plusquamperfekt	Futur II
Sg. 1. P.	nōluī	nōluerim	nōlueram	nōluissem	nōluerō
2. P.	nōluistī	nōlueris	nōluerās	nōluissēs	nōlueris
3. P.	nōluit	nōluerit	nōluerat	nōluisset	nōluerit
Pl. 1. P.	nōluimus	nōluerimus	nōluerāmus	nōluissēmus	nōluerimus
2. P.	nōluistis	nōlueritis	nōluerātis	nōluissētis	nōlueritis
3. P.	nōluērunt	nōluerint	nōluerant	nōluissent	nōluerint

Infinite Formen

Inf. Präsens	nōlle
Inf. Perfekt	nōluisse
Part. Präsens	nōlēns, -ntis

411

malle
Präsensstamm

	Ind. Präsens	Konj. Präsens	Ind. Imperfekt	Konj. Imperfekt	Futur I
Sg. 1. P.	mālō	mālim	mālēbam	māllem	mālam
2. P.	māvīs	mālīs	mālēbās	māllēs	mālēs
3. P.	māvult	mālit	mālēbat	māllet	mālet
Pl. 1. P.	mālumus	mālīmus	mālēbāmus	māllēmus	mālēmus
2. P.	māvultis	mālītis	mālēbātis	māllētis	mālētis
3. P.	mālunt	mālint	mālēbant	māllent	mālent

Perfektstamm

	Ind. Perfekt	Konj. Perfekt	Ind. Plusquamperfekt	Konj. Plusquamperfekt	Futur II
Sg. 1. P.	māluī	māluerim	mālueram	māluissem	māluerō
2. P.	māluistī	mālueris	māluerās	māluissēs	mālueris
3. P.	māluit	māluerit	māluerat	māluisset	māluerit
Pl. 1. P.	māluimus	māluerimus	māluerāmus	māluissēmus	māluerimus
2. P.	māluistis	mālueritis	māluerātis	māluissētis	mālueritis
3. P.	māluērunt	māluerint	māluerant	māluissent	māluerint

Infinite Formen

Inf. Präsens	mālle
Inf. Perfekt	māluisse

ire
Präsensstamm

	Ind. Präsens	Konj. Präsens	Ind. Imperfekt	Konj. Imperfekt	Futur I
Sg. 1. P.	eō	eam	ībam	īrem	ībō
2. P.	īs	eās	ībās	īrēs	ībis
3. P.	it	eat	ībat	īret	ībit
Pl. 1. P.	īmus	eāmus	ībāmus	īrēmus	ībimus
2. P.	ītis	eātis	ībātis	īrētis	ībitis
3. P.	eunt	eant	ībant	īrent	ībunt

Imperativ

Sg. 2. P.	ī
Pl. 2. P.	īte
Sg. 2. P.	ītō
Sg. 3. P.	ītō
Pl. 2. P.	ītōte
Pl. 3. P.	euntō

Perfektstamm

		Ind. Perfekt	Konj. Perfekt	Ind. Plusquamperfekt	Konj. Plusquamperfekt	Futur II
Sg.	1. P.	iī	ierim	ieram	īssem	ierō
	2. P.	īstī	ieris	ierās	īssēs	ieris
	3. P.	iit	ierit	ierat	īsset	ierit
Pl.	1. P.	iimus	ierimus	ierāmus	īssēmus	ierimus
	2. P.	īstis	ieritis	ierātis	īssētis	ieritis
	3. P.	iērunt	ierint	ierant	īssent	ierint

Infinite Formen

Inf. Präsens	īre
Inf. Futur	itūrum esse
Inf. Perfekt	īsse
Part. Präsens	iēns, euntis
Part. Futur	itūrus
Gerund	eundī, -o, -um

fieri
Präsensstamm

	Ind. Präsens	Konj. Präsens	Ind. Imperfekt	Konj. Imperfekt	Futur I
Sg. 1. P.	fīō	fīam	fīēbam	fierem	fīam
2. P.	fīs	fīās	fīēbās	fierēs	fīēs
3. P.	fit	fīat	fīēbat	fieret	fīet
Pl. 1. P.	fīmus	fīāmus	fīēbāmus	fierēmus	fīēmus
2. P.	fītis	fīātis	fīēbātis	fierētis	fīētis
3. P.	fīunt	fīant	fīēbant	fierent	fīent

Imperativ

Sg. 2. P.	fī
Pl. 2. P.	fīte

Perfektstamm

	Ind. Perfekt	Konj. Perfekt	Ind. Plusquamperfekt	Konj. Plusquamperfekt	Futur II
Sg. 1. P.	factus sum	factus sim	factus eram	factus essem	factus erō
2. P.	factus es	factus sīs	factus erās	factus essēs	factus eris
3. P.	factus est	factus sit	factus erat	factus esset	factus erit
Pl. 1. P.	factī sumus	factī sīmus	factī erāmus	factī essēmus	factī erimus
2. P.	factī estis	factī sītis	factī erātis	factī essētis	factī eritis
3. P.	factī sunt	factī sint	factī erant	factī essent	factī erunt

Infinite Formen

Inf. Präsens	fierī
Inf. Futur	factum īrī/fore futūrum esse
Inf. Perfekt	factum esse
Part. Futur	futūrus
Part. Perfekt	factus
Gerundiv	faciendus

meminisse
Perfektstamm

	Ind. Perfekt	Konj. Perfekt	Ind. Plusquamperfekt	Konj. Plusquamperfekt	Futur II
Sg. 1. P.	meminī	meminerim	memineram	meminissem	meminerō
2. P.	meministī	memineris	minerās	meminissēs	memineris
3. P.	meminit	meminerit	meminerat	meminisset	meminerit
Pl. 1. P.	meminimus	meminerimus	minerāmus	meminissēmus	meminerimus
2. P.	meministis	memineritis	minerātis	meminissētis	memineritis
3. P.	meminērunt	meminerint	meminerant	meminissent	meminerint

Imperativ

Sg. 2. P.	mementō
Pl. 2. P.	mementōte

Infinite Formen

Inf. Perfekt	meminisse

odisse
Perfektstamm

	Ind. Perfekt	Konj. Perfekt	Ind. Plusquamperfekt	Konj. Plusquamperfekt	Futur II
Sg. 1. P.	ōdī	ōderim	ōderam	ōdissem	ōderō
2. P.	ōdistī	ōderis	ōderās	ōdissēs	ōderis
3. P.	ōdit	ōderit	ōderat	ōdisset	ōderit
Pl. 1. P.	ōdimus	ōderimus	ōderāmus	ōdissēmus	ōderimus
2. P.	ōdistis	ōderitis	ōderātis	ōdissētis	ōderitis
3. P.	ōdērunt	ōderint	ōderant	ōdissent	ōderint

Infinite Formen

Inf. Perfekt	ōdisse
Part. Futur	ōsūrus

Präpositionen
mit dem Akkusativ

	örtlich	zeitlich	übertragen
ad	an, bei, zu	bis zu	ungefähr
adversus	gegen(über)		gegen(über)
ante	vor	vor	
apud	bei		
circa	um … herum, bei	um … herum, gegen	über
circum	um … herum, bei	um … herum, gegen	über
contra	gegen(über)		gegen
erga	in der Umgebung von		gegen(über), in Bezug
in	in, nach, gegen	bis … in, in … hinein	in, nach, zu, für
infra	unter(halb), darunter		unter
inter	zwischen, mitten unter	während	zwischen
intra	innerhalb	innerhalb, binnen	
iuxta	neben, nahe bei		
ob	gegen(über)		wegen
per	durch (… hindurch)	während	mittels
post	nach, hinter	nach	nach
praeter	vorbei an		außer, wider
prope	nahe bei, neben	um (… herum), gegen	

	örtlich	zeitlich	übertragen
propter	nahe bei, neben	um (… herum), gegen	wegen
secundum	längs	sogleich nach	gemäß
sub	unter, unterhalb	gegen, um, bei	unter (… hin)
super	oberhalb, über	über … hinaus	über
supra	oberhalb, über	über … hinaus	über
trans	über, hinüber, jenseits		
ultra	über … hinaus, jenseits	über … hinaus	über … hinaus
usque ad	bis zu	bis zu	

mit dem Ablativ

	örtlich	zeitlich	übertragen
a/ab	von, von … her	seit	von
cum	mit		
de	von, von … herab	von … an	von, über
e/ex	aus, aus … heraus	seit	infolge
in	in, an, auf	in, innerhalb, während	in, an, bei
prae	vor		vor, wegen
pro	vor		für, anstatt, je
sine			ohne
sub	unter (unterhalb)	während, innerhalb, gegen	unter, bei
unā cum	zusammen (mit)	zugleich (mit)	

Konjunktionen

ac	und, wie
atque	und, wie
aul	oder
aut … aut	entweder … oder
autem	aber
cum … tum	sowohl … als ganz besonders
enim	denn, nämlich
et	und
et … et	sowohl … als auch
etiam	auch
immo	ja sogar, vielmehr
nam	denn, nämlich
nec	und nicht, auch nicht
nec … nec	weder … noch
neque	und nicht, auch nicht
neque … neque	weder … noch
non solum (modo) …, sed etiam	nicht nur …, sondern auch
que	und

quoque	auch, sogar, noch
sed	aber
tamen	dennoch, trotzdem
vel	oder
vel … vel	entweder … oder
vero	ja sogar, vielmehr

Subjunktionen

Finalsätze

ut	Konjunktiv	dass, damit, um zu	
ne	Konjunktiv	dass nicht, damit nicht	
ne	Konjunktiv	dass	nach den Verben des Fürchtens und Hinderns
ut	Konjunktiv	dass nicht	nach den Verben des Fürchtens und Hinderns
quominus	Konjunktiv	dass	nach den Verben des Hinderns
quo	Konjunktiv	damit um so	mit einem Komparativ

Konsekutivsätze

ut	Konjunktiv	dass, so dass	
ut non	Konjunktiv	dass nicht	
quin	Konjunktiv	dass nicht	nach verneintem Hauptsatz

Temporalsätze

cum	Konjunktiv	als
cum	Indikativ	damals als

cum	Indikativ	sooft, (jedesmal) wenn
cum	Indikativ	als, da
cum	Indikativ	indem, dadurch dass
dum	Indikativ	während
dum, donec,	Indikativ	solange als
dum, donec, quoad	Indikativ/Konjunktiv	solange bis
antequam, priusquam	Indikativ/Konjunktiv	bevor
cum (primum)	Indikativ	sobald als
ubi (primum)	Indikativ	sobald als
ut (primum)	Indikativ	sobald als
simul, simulac, simulatque	Indikativ	sobald als
postquam	Indikativ	nachdem

Kausalsätze

quod, quia	Indikativ/Konjunktiv	weil, dass
quoniam, quando	Indikativ/Konjunktiv	weil ja, da ja
cum	Konjunktiv	da, weil

Konditionalsätze

si	Indikativ/Konjunktiv	wenn
nisi	Konjunktiv	wenn nicht
si non, si minus	Konjunktiv	wenn nicht
sin	Konjunktiv	wenn aber
quodsi	Konjunktiv	wenn aber

Konzessivsätze

quamquam	Indikativ	obwohl, obgleich
etsi	Indikativ	wenn auch
etiamsi	Indikativ/Konjunktiv	auch wenn
quamvis	Konjunktiv	obwohl, wie sehr auch
cum	Konjunktiv	obwohl, obgleich
ut	Konjunktiv	wenn auch

Adversativsätze

cum	Konjunktiv	während

Monatsnamen

1	mensis	Ianuarius		Januar
2	mensis	Februarius		Februar
3	mensis	Martius		März
4	mensis	Aprilis		April
5	mensis	Maius		Mai
6	mensis	Iunius		Juni
7	mensis	Iulius	vor Cäsar: Quintilis	Juli
8	mensis	Augustus	vor Kaiser Augustus: Sextilis	August
9	mensis	September		September
10	mensis	October		Oktober
11	mensis	November		November
12	mensis	December		Dezember

Wochentage

1	dies	Lunae	Montag
2	dies	Martis	Dienstag
3	dies	Mercurii	Mittwoch
4	dies	Iovis	Donnerstag
5	dies	Veneris	Freitag
6	dies	Saturni	Samstag
7	dies	Solis	Sonntag

Jahreszeiten

ver	Frühjahr
aestas	Sommer
autumnus	Herbst
hiems	Winter

Vornamen

Abkürzung	Vorname	Abkürzung	Vorname
A.	Aulus	Mam.	Mamercus
App.	Appius	N./Num.	Numerius
C.	Gaius	P.	Publius
Cn.	Gnaeus	Q.	Quintus
D.	Decimus	S./Sex.	Sextus
K.	Kaeso	Ser.	Servius
L.	Lucius	Sp.	Spurius
M.	Marcus	T.	Titus
M'.	Manius	Ti./Tib.	Tiberius

Latein im Selbststudium?

Wer außerhalb der Schule Latein lernen möchte, ist in der Regel auf den Selbstunterricht angewiesen. Folgende Auswahl ist keineswegs vollständig, sondern beschränkt sich auf die persönliche Empfehlung des Autors dieses Buches.

Karl Rösler, Langenscheidts Praktisches Lehrbuch (Lösungsschlüssel zu den Aufgaben separat erhältlich)

Dieses Buch greift in die Vollen, ist aber vom Konzept her auch für den Selbstunterricht geeignet. Gelegentlich wird das Alter des Buches kritisiert und mit modernen Unterrichtswerken verglichen. Dabei wird aber immer übersehen, dass die heutigen Unterrichtswerke eben **Unterrichts**-werke und nur sehr bedingt für den Autodidakten geeignet sind, außer er hat bereits Latein in der Schule gelernt und möchte es wieder intensiv auffrischen. Für diesen letzteren Personenkreis empfiehlt sich nicht zuletzt wegen seiner interessanten Texte:

Klaus Westphalen u.a., Felix. Das Lateinbuch. Ausgabe A, B und C
Dazu gibt es eine knappe, aber gut konzipierte Grammatik: Grammadux. Die lateinische Kurzgrammatik.

Nach Aneignung des Stoffes des einen oder anderen Werkes kann man sich getrost an die Lektüre von Originalschriftstellern wagen. Man sollte dies als Selbstlerner aber zum einen mit einer zweisprachigen Ausgabe, zum anderen begleitet von einem der für den Unterricht zusammengestellten Schülerkommentare angehen. Die verschiedenen lateinischen Autoren haben je ihre eigenen Ausdrucksweisen, die sich vom Schullatein der Lehrwerke unterrrscheiden und in die man nur mit Hilfestellungen so schnell hineinkommt, dass die Lektüre auch noch Freude macht.

Wer Latein wirklich **lesen** lernen und sich intensiv in die Sprache hineinversetzen möchte, dem sei wärmstens ein Lehrwerk der jüngsten Zeit empfohlen, das ein völlig neues Konzept verfolgt:
Hans H. Oerberg, Lingua Latina. Pars I: Familia Romana
ders., Lingua Latina. Pars II: Roma Aeterna
und verschiedene andere Ausgaben mit Originaltexten bzw. -dialogen.

Dieses Werk verfolgt das Ziel, dem Leser durch intensive Beschäftigung mit umfangreichen Texten Grammatik und Wortverständnis nahe zu bringen. Die Bücher sind nur in Latein geschrieben.
Wer gewisse Vorkenntnisse besitzt, sollten sie auch Jahre zurückliegen, dem wird die Lektüre von Anfang an ein Vergnügen sein. Auch für Schüler stellt dieses Werk eine willkommene Abwechslung und sinnvolle Ergänzung zu den Lektionstexten ihres Unterrichtswerkes dar, zumal der heutige Lehrplan oft über Wochen an einer einzigen kleinen Lektion herumknabbert.
Wer vorher noch nie mit Latein in Berührung gekommen ist, kann es damit ebenfalls von Anfang an lernen. Der Schwierigkeitsgrad der Texte steigert sich nur langsam. Man sollte aber die deutschen Ergänzungshefte (Studienanleitung, Lösungsschlüssel, Grammatikheft und Vokabular) als Hilfe heranziehen.
Die einzelnen Teile und Hefte sind über den Buchhandel oder über das Internet (auf Lager bei: http://www.antike-latein-spann.de/) erhältlich.

Sehr amüsant sind die auch in lateinischer Sprache erhältlichen Asterix-Comicalben. Man möge sich vom Genre nicht täuschen lassen: Das dortige Latein ist vorbildlich, für den Anfänger aber trotz des jedem Album beigelegten Glossars mit Übersetzung schwieriger Vokabeln und Redewendungen etwas zu anspruchsvoll und vielleicht sogar frustrierend. Für Schüler sind die Alben erst nach dem 3. Lernjahr geeignet, wenn die Grammatik einigermaßen durchgearbeitet ist, für den Selbstlerner analog nach Beendigung eines Lehrwerkes.

Es dürfte nur wenige geben, die Latein auch aktiv beherrschen möchten. Da dies in der Schule so gut wie nicht mehr gelernt und geübt wird, gibt es dafür auch kaum Übungsliteratur mit Lösungsschlüssel, außer z. B. das oben genannte Buch von Langenscheidt. Klassisches Latein selbst hervorbringen zu lernen, kann man eigentlich nur durch Rückübersetzen von klassischen Autoren lernen, was aber eine sehr intensive und zeitraubende Beschäftigung mit dem Stil dieser Autoren bedeutet.

Nicht zuletzt kann es sich für den Anfänger lohnen, im Freundes- und Bekanntenkreis jemanden zu suchen, der zumindest die ersten Schritte begleitet. Es gibt mehr Freunde des Latein, als man zunächst erwartet.

Internet für Lateinlernende

Es heißt immer, Latein wäre eine „tote" Sprache. Nun, Totgesagte leben meist länger. Das moderne Medium Internet bietet eine schier unglaubliche Fülle an Informationen und Materialien, was indirekt eine ziemliche Lebendigkeit des Latein beweist. Der Autor dieses Buches möchte hier keine Internetseite zum Thema Latein besonders herausheben, um andere, ebenfalls gute, nicht zu enttäuschen, weil sie aus Platzmangel nicht genannt werden können.

Neidlose Bewunderung und besondere Aufmerksamkeit verdient aber ein Unternehmen des Finnischen Rundfunks. Seit 1989 wird einmal wöchentlich eine Nachrichtensendung unter dem Titel *Nuntii Latini* ausgestrahlt, die man auch über das Internet anhören und nachlesen kann. So kurz diese Nachrichtensendung pro Woche auch ist, es hat sich damit über die Jahre nicht nur ein dennoch sehr beachtlicher Textkorpus (z.T. auch als Bücher erhältlich), sondern auch ein in der Praxis bewährtes Vokabular so genannter neulateinischer Wörter angesammelt, mit denen Dinge und Vorgänge der heutigen Welt lateinisch benannt werden können, die es zu Zeiten des klassischen oder mittelalterlichen Latein schlichtweg noch nicht gab.
Die Internetadresse dieses Service lautet:
http://www.yleradio1.fi/nuntii/

Für Anfänger bzw. bei Schwierigkeiten mit dem neulateinischen Vokabular eignet sich besonders die wöchentliche Aufbereitung dieser *Nuntii Latini* unter der Internetadresse:
http://www.hvgg.de/index.php?mode=nuntiilatini
Die Fachschaft Latein des Heinrich-von-Gagern-Gymnasiums in Frankfurt unternimmt Woche für Woche die mühevolle Aufgabe, die Texte der *Nuntii Latini* aus Finnland nicht nur zu wiederholen, sondern auch mit umfangreichen und ausführlichen Erläuterungen, Teilübersetzungen und Verständnishilfen bei Stolpersteinen der lateinischen Grammatik zu versehen. Es lassen sich neben den aktuellen Nachrichten auch die Texte und Erläuterungen bis Dezember 2000 zurück aufrufen und studieren.

Parallel dazu gibt es von Radio Bremen ebenfalls einen – allerdings nur monatlichen – Nachrichtenrückblick in lateinischer Sprache, der auch nicht zuletzt deshalb interessant ist, weil hier neben Weltnachrichten etwas ausführlichere Meldungen aus Technik und Wissenschaft geboten werden:
http://www.radiobremen.de/nachrichten/latein/index.php3